Gerhard Müller

ARBEITERLEBEN UND ARBEITERBEWEGUNG
IN DER OBERPFALZ 1848 – 1919

Schriftenreihe des
Bergbau- und Industriemuseums Ostbayern
Band 15

Gerhard Müller

ARBEITERLEBEN UND ARBEITERBEWEGUNG IN DER OBERPFALZ 1848 – 1919

Schriftenreihe des
Bergbau- und Industriemuseums Ostbayern

Band 15

Impressum:

Band 15 der Schriftenreihe des Bergbau- und Industriemuseums Ostbayern:
Arbeiterleben und Arbeiterbewegung in der Oberpfalz 1848 – 1919

Herausgeber: Verein der Freunde und Förderer
des Bergbau- und Industriemuseums Ostbayern, Portnerstraße 1, 8451 Theuern

Redaktion: Dr. Helmut Wolf

Verfasser: Dr. Gerhard Müller

Offsetdruck: „Der neue Tag", Weiden

© 1988 Bergbau- und Industriemuseum Ostbayern, Theuern

ISBN 3-925690-09-3

Titelfoto: Arbeiter des Hüttenwerks Weiherhammer

Dieser Band entstand mit besonderer Förderung
des Hauses der Bayerischen Geschichte, des Bezirks Oberpfalz und der Hans-Böckler-Stiftung.

INHALTSVERZEICHNIS

VORWORT, VORBEMERKUNG UND DANK 7, 9

ABKÜRZUNGEN 10

EINLEITUNG 11

A. ZUR WIRTSCHAFTS-UND BEVÖLKERUNGSSTRUKTUR DER OBERPFALZ 1848–1919 17

   I. Zum Begriff der Industrialisierung sowie zu den Voraussetzungen, zum Ablauf und Ausmaß und zu einzelnen Etappen der Initialphase (1850-1890) des Industrialisierungsprozesses in der Oberpfalz 17

   II. Zur Phase der verstärkten Industrialisierung in der Oberpfalz während der Vorkriegsära (1890-1914) 29

   III. Zur Bevölkerungsentwicklung, zu den Wanderungsbewegungen und zur Verstädterung sowie zu den Auswirkungen des Industrialisierungsprozesses auf die Bevölkerungs-und Erwerbsstruktur in der Oberpfalz 31

B. ARBEITERLEBEN IN DER OBERPFALZ 1848-1919 34

   I. Lebens- und Arbeitsverhältnisse 34

      1. Kinderarbeit 34

      2. Lehrlingsausbildung 37

      3. Frauenarbeit 39

      4. Heimarbeit 44

      5. Arbeitszeit 49

      6. Löhne und Preise, Lebensstandard 53

   II. Staatliche, betriebliche und gewerkschaftliche Sozialpolitik 61

      1. Kassenwesen 64

      2. Fabrikinspektion 73

      3. Gewerbegerichte 75

      4. Arbeitsämter 77

      5. Fabrikwohnungsbau 79

      6. Arbeiterurlaub 83

      7. Arbeiterausschüsse 85

      8. Fabriksparkassen 86

      9. Konsum- und Produktivgenossenschaften 88

      Zusammenfassung 91

   III. Gesundheitswesen 95

   IV. Mentalität, mentalitätsbildende Lebensbereiche (mit deren jeweiligen Vermittlungsbeauftragten) und eigenständige Kulturorganisationen der oberpfälzischen Arbeiterschaft 99

   V. Rekrutierung, Qualifizierung und Disziplinierung der Lohnarbeiterschaft in der Oberpfalz sowie daraus resultierende Konflikte und erste Ansätze zur kollektiven Gegenwehr und Bildung eines Klassenbewußtseins (anhand von Fallbeispielen) 115

C. ARBEITERBEWEGUNG IN DER OBERPFALZ 1848–1919 131
  I. Die gewerkschaftliche Arbeiterbewegung in der Oberpfalz 131
    1. Organisations- und Mitgliederentwicklung, Organisationshemmnisse (Frage der Agitationsmethode, Auseinandersetzungen um den Süddeutschen Eisenbahnerverband, Mitgliederfluktuation, Frauenagitation und Nicht-Organisierbarkeit der Landarbeiterschaft) sowie christliche und gelbe Konkurrenzorganisationen der Freien Gewerkschaften in der Oberpfalz 131
    2. Streiks, Aussperrungen, Tarifvertragswesen 149
    3. Zur Lage und zum gewerkschaftlichen Organisationsverhalten der wichtigsten Lohnarbeitergruppen in der Oberpfalz (mit Tabellen zu deren Versammlungstätigkeit und – soweit bekannt – Mitgliederentwicklung) 155
       a) Lage und Organisierung der Buchdrucker 155
       b) Lage und Organisierung der Bergarbeiter 161
       c) Lage und Organisierung der Glasarbeiter 175
       d) Lage und Organisierung der Bauarbeiter 192
       e) Lage und Organisierung der Metallarbeiter 204
       f) Lage und Organisierung der Porzellanarbeiter 212
  II. Die politische Arbeiterbewegung in der Oberpfalz 1848 – 1919 225
    1. Erste Ansätze zu einer Formierung der politischen Arbeiterbewegung in der Oberpfalz 1848 – 1878 225
    2. Auswirkungen von Bismarcks Sozialistengesetz (1878 – 1890) auf die politische Arbeiterbewegung in der Oberpfalz 239
    3. Die politische Arbeiterbewegung in der Oberpfalz 1890 – 1919 (mit Tabellen zu sozialdemokratischen Aktivitäten, Versammlungen etc.) 242

ZUSAMMENFASSUNG 327

ANHANG: Tabelle I zum Stand der Industrie in der Oberpfalz 1870 343

QUELLEN- UND LITERATURVERZEICHNIS, BILDNACHWEIS 355

ORTSREGISTER 366

VORWORT

Die Ausstellung „Die Oberpfalz, ein europäisches Eisenzentrum – 600 Jahre Große Hammereinung", die im Jubiläumsjahr 1987 gezeigt wurde, hatte zum Ziel, im Bergbau- und Industriemuseum die Geschichte des Oberpfälzer Eisens darzustellen. Das Auf und Ab eines ihrer wichtigsten Industriezweige von der Blütezeit zwischen dem 14. und beginnenden 17. Jahrhundert, dem anschließenden Niedergang und dem erneuten Aufschwung Mitte des 19. Jahrhunderts bis hin zur weltweiten Krise in der Stahlindustrie in unseren Tagen, prägte die Region für mehr als ein halbes Jahrtausend. Eine Reihe grundlegender Veröffentlichungen zu diesem Kapitel der Wirtschaftsgeschichte soll die verschiedenen Aspekte jenes facettenreichen Themenkomplexes beleuchten.

Wirtschaftsgeschichte eines Gebietes bedeutet immer auch regionalspezifische Strukturgeschichte der jeweiligen Gesellschaftsformen. Einer solchen Analyse wendet sich Gerhard Müller zu, der das Arbeiterleben in Verbindung mit der Arbeiterbewegung in der Oberpfalz in der Zeit zwischen 1848 und 1919 untersucht. Seine Leitfrage ist, wie weit sich die Oberpfälzer Arbeiterbewegung in die gesamtbayerische und gesamtdeutsche Arbeiterbewegung einfügt oder sich von ihr unterscheidet. Er stützt sich dabei auf umfangreiches Quellenmaterial, das er im wesentlichen selbst in 13 Archiven und zahlreichen Bibliotheken aufspüren und sammeln mußte, da einschlägige wissenschaftliche Vorarbeiten fast nicht vorhanden waren. Eben deshalb erhellt die vorliegende Untersuchung vieles bisher Unbeachtete und erfüllt damit ein wesentliches Forschungsdesiderat.

Das methodische Grundgerüst dieser Arbeit ist geprägt durch die jeder neueren Studie zur Geschichte der Arbeiterschaft innewohnende Begriffstrias von Struktur, Lage und Verhalten. So werden nach einer Darstellung der Industrialisierungsprozesse in der Oberpfalz zunächst deren Auswirkungen auf die Bevölkerungsstruktur und auf die Wanderungsbewegungen während dieser Industrialisierungsperiode analysiert. In einem zweiten Schritt beschreibt der Autor dann die soziale Lage der oberpfälzischen Arbeiterschaft, ihre Arbeits- und Lebensbedingungen sowie die Mentalität und die daraus sich entwickelnden Bewußtseinsformen bei der frühen Lohnarbeiterschaft. Das chronologische Grundmuster der Vorgehensweise wird in diesem Zusammenhang weitgehend zugunsten einer Reihe sektoraler Untersuchungen aufgegeben (einer der Schwerpunkte ist die – auch reichsweit betrachtet – einzigartige „Elendsindustrie" der oberpfälzischen Glasschleifen und -polieren), um die Oberpfalz-spezifischen Erscheinungsformen des Arbeiterlebens im Untersuchungszeitraum besser herausarbeiten zu können. Im dritten Abschnitt wird dann in einer Kombination aus Längs- und Querschnittanalysen aufgezeigt, wie die Lage und die Erfahrungen der Arbeiter ihr Verhalten bestimmten und deren gewerkschaftliche wie parteipolitische Organisation förderten oder hemmten. Damit wird versucht, aus der Beschränkung auf traditionelle Organisations- und Ideologiegeschichte herauszutreten und die Geschichte der oberpfälzischen sozialdemokratischen wie christlichen Arbeiterbewegung in gesellschaftsgeschichtliche und allgemeinpolitische Zusammenhänge einzuordnen.

Die 1982 unter der Betreuung von Herrn Professor Dr. Karl Bosl, Ludwig-Maximilians-Universität München, begonnene Dissertation wurde 1986 eingereicht. Die umfangreiche Arbeit, deren Entstehung von uns seit geraumer Zeit verfolgt wurde, bringt eine Vielzahl von Fakten über die Lebens- und Arbeitsverhältnisse der Oberpfälzer Arbeiter, weshalb sie – unabhängig von den Ergebnissen der Untersuchung – auch als wertvolle und übersichtlich gestaltete Materialsammlung Maßstäbe setzt. Der Autor, selbst aus einer Arbeiterfamilie aus Maxhütte-Haidhof kommend, geht das Thema sehr gründlich und engagiert an und versteht es, die Geschehnisse verständlicherweise subjektiv aber gerade deshalb plastisch und eindrucksvoll darzustellen. Mit diesem Gegengewicht zu manch ausführlicher, aber doch auch einseitiger Firmenchronik kann sich der kritische Leser nun ein der Wirklichkeit näher kommendes Bild der Sozial- und Wirtschaftsgeschichte machen, als dies bisher möglich war. Selbst wenn man nicht allen Schlußfolgerungen Müllers zustimmt, wird die Schaffung wertvoller Diskussionsansätze wohl außer Frage stehen.

Auf Grund dieser kurz geschilderten wissenschaftlichen Bedeutung der vorliegenden Arbeit für die historische Gesamtschau war es uns ein Anliegen, die Dissertation „Arbeiterleben und Arbeiterbewegung in der Oberpfalz 1848 – 1919" in die Schriftenreihe des Bergbau- und Industriemuseums Ostbayern aufzunehmen und als Band 15 herauszugeben. Bei dem Umfang des Manuskriptes war dies nur dank eines namhaften Zuschusses des Bezirkstages der Oberpfalz möglich, wofür insbesondere Herrn Präsidenten Alfred Spitzner gedankt werden soll, und durch einen Zuschuß der Bayerischen Staatskanzlei, dem Haus der Bayerischen Geschichte, München, dem unser herzlicher Dank gilt. Auch die Hans-Böckler-Stifung, das Mitbestimmungs-, Forschungs- und Studienförderungswerk des Deutschen Gewerkschaftsbundes, stellte einen Zuschuß zur Verfügung, wofür wir uns ebenso besonders bedanken möchten. Die Texterfassung, Vorbereitung für den Druck sowie der Rohumbruch wurde von Mitarbeitern des Vereins der Freunde und Förderer des Bergbau- und Industriemuseums durchgeführt, den Druck übernahm die Druckerei und Verlagsanstalt „Der neue Tag", Weiden. Für das Entgegenkommen und die großzügige Abwicklung gilt unser Dank dem Technischen Leiter Hans Hofmann.

Die Geschichte des Arbeiterlebens und der Arbeiterbewegung in der Oberpfalz wird im Band 15 der Schriftenreihe bis zum Jahr 1919 behandelt. Es wäre zu begrüßen, wenn diese Thematik auch bis zur Gegenwart fortgeschrieben werden könnte.

Dr. Helmut Wolf

VORBEMERKUNG UND DANK

In dieser im Herbst 1986 an der Philosophischen Fakultät der LMU München eingereichten Dissertation soll mit der Oberpfalz eine Region ins Bewußtsein gerückt werden, die gerade nicht zu den bisher fast ausschließlich behandelten Hochburgen von Sozialdemokratie und Gewerkschaften zählt(e), bei der es sich vielmehr um eine proletarische Randprovinz, ja „Diaspora" handelte. Damit sollen erstmals sowohl die Lebens- und Arbeitsverhältnisse als auch die gewerkschaftlichen und sozialdemokratischen Organisationsbemühungen für die Arbeiterschaft einer ganzen bayerischen Region im Zeitraum von der Mitte des 19. Jahrhunderts bis zum Ende des Ersten Weltkriegs dokumentiert und sozialgeschichtlich untersucht werden.

Eine solche Aufarbeitung der Geschichte der Arbeiterbewegung und, mehr noch, Lage der Arbeiterschaft in der Oberpfalz erscheint umso notwendiger, als auch in der Oberpfalz eine Reihe von existenzgefährdenden Problemen sich nicht mehr mit den in langen Jahren politischer und gewerkschaftlicher Arbeit selbstverständlich gewordenen Orientierungs- und Aktionsmustern bewältigen lassen und daher viele der gegenwärtig vertretenen Positionen hier wie anderswo völlig neu bestimmt werden müssen: auch und gerade auf der Grundlage einer solchen Aufarbeitung.

Für die Betreuung dieser Arbeit danke ich besonders Herrn Prof. Dr. Karl Bosl; mein Dank gilt vor allem auch meinen Eltern, dann den Freunden Paul Hoser, Karin und Karl Bayer und Ingrid Odau sowie Bernhard M. Baron, der mir bei der Fotoauswahl geholfen hat. Für materielle Förderung bzw. Druckkostenzuschüsse danke ich der Hans-Böckler-Stiftung, dem Haus der Bayerischen Geschichte und dem Bezirk Oberpfalz. Für die hervorragende Zusammenarbeit gebührt mein besonderer Dank Herrn Dr. Helmut Wolf, der als 1. Vorsitzender des Vereins der Freunde und Förderer des Bergbau- und Industriemuseums Ostbayern in Theuern für die Drucklegung und Herausgabe dieses Bandes verantwortlich zeichnet. Für ihre Hilfsbereitschaft bei der Benutzung von Archiven und Bibliotheken sowie bei der Texteingabe und Drucklegung sei den zuständigen Damen (hier besonders Frau Hummel und Frau Viehauser) und Herren herzlich gedankt.

In das Quellen- und Literaturverzeichnis wurden – um ein Ausufern zu vermeiden – nur im Text zitierte Quellen und Literatur aufgenommen; diese werden bei der jeweils ersten Nennung mit vollständigem Titel angeführt. Beim Zitieren wurde die Authentizität in Orthographie und Interpunktion des Originaltextes gewahrt; zur Quellenkennzeichnung werden neben dem Sigel für das betreffende Archival jeweils auch die Tagebuchnummer und das Ausstellungsdatum angegeben.

ABKÜRZUNGEN

a.a.O.	am angegebenen Ort	IWK	Internationale wissenschaftliche Korrespondenz zur Geschichte der deutschen Arbeiterbewegung
AfS	Archiv für Sozialgeschichte		
AR(e)	Arbeiterrat(räte)		
ABR(e)	Arbeiter- und Bauernrat(räte)	JW	Jahrbuch für Wirtschaftsgeschichte
ABSR(e)	Arbeiter-, Bauern- und Soldatenrat(räte)	ND	Neudruck
BBB	Bayerischer Bauernbund	OH	Oberpfälzer Heimat
BSKB	Beiträge zur Statistik des Königreichs Bayern	OK	Oberpfälzischer Kurier
BVP	Bayerische Volkspartei	o.O.u.J.	ohne Ort und Jahr
BZG	Beiträge zur Geschichte der (deutschen) Arbeiterbewegung	Rhein. Vjbl.	Rheinische Vierteljahrsblätter
		SJKB	Statistisches Jahrbuch für das Königreich Bayern
Diss.	Dissertation	SOWI	Sozialwissenschaftliche Informationen für Unterricht und Studium
DO	Die Oberpfalz		
DVP/DDP	Deutsche Volkspartei / Deutsche Demokratische Partei (auf Reichsebene)	(M)SP(D)	(Mehrheits-) Sozialdemokratische Partei (Deutschlands)
ebd.	ebenda	USP(D)	Unabhängige Sozialdemokratische Partei (Deutschlands)
FIBe	Jahresberichte der königlich bayerischen Fabrikinspektoren (später: Gewerbeinspektoren)	VHVO	Verhandlungen des Historischen Vereins für Oberpfalz und Regensburg
FT	Fränkische Tagespost		
FV	Fränkische Volkstribüne	VSWG	Vierteljahrschrift für Sozial- und Wirtschaftsgeschichte
GUG	Geschichte und Gesellschaft	ZBG	Zentralbibliothek der Gewerkschaften
IHK-Berichte	Jahres-Berichte der Handels- und Gewerbekammer der Oberpfalz und von Regensburg	ZBLG	Zeitschrift für bayerische Landesgeschichte
		ZSKB	Zeitschrift des Königlich Bayerischen Statistischen Bureaus
IRSH	International Review of Social History		

EINLEITUNG

Die Oberpfalz, vom 14./15. bis zum 17. Jahrhundert das „Ruhrgebiet" Deutschlands, ist heute auf weiten Gebieten der Gesellschafts- und Landesgeschichte noch eine terra incognita. Dabei böte diese meist als rückständig abgetane bayerische Region mit ihren spezifischen Sozial- und Wirtschaftsverhältnissen ein sehr interessantes Modell für regionaldifferentiale historische Strukturanalysen. Aus der Beschäftigung mit der Rätebewegung 1918/19 in der Oberpfalz[1], bei der die Landkarte der Ortsrealisierung der Räterepublik für die Oberpfalz gezeichnet werden sollte, ergab sich in sachlogischer Erweiterung des Themas[2] die Aufgabe, „Arbeiterleben und Arbeiterbewegung in der Oberpfalz 1848 – 1919" zu untersuchen und aus den Quellen zu analysieren, wie weit sich die Oberpfälzer Arbeiterbewegung in die gesamtbayerische und gesamtdeutsche Arbeiterbewegung einfügt bzw. sich von ihr unterscheidet. Dies auch, um mögliche Ausformungen der Arbeiterbewegung in verschieden strukturierten atypischen Industrielandschaften modellhaft aufzuzeigen.

Wissenschaftliche Vorarbeiten zu einer Gesellschafts- und Wirtschaftgeschichte der Oberpfalz im 19./20. Jahrhundert fehlen bis auf Werner Chrobaks minutiös gearbeitete Regensburger Parteien- und Stadtgeschichte[3] und Dieter Albrechts den derzeitigen Forschungsstand für Regensburg markierenden Beitrag[4] nahezu völlig[5]. Walter Stelzles außerordentlich interessante Untersuchung „Die wirtschaftlichen und sozialen Verhältnisse der bayerischen Oberpfalz um die Wende vom 19. zum 20. Jahrhundert"[6] beschränkt sich auf den ländlichen Bereich der Oberpfalz, hier insbesondere auf den Amtsbezirk Tirschenreuth.

Die Vorarbeiten zu einer Wirtschaftsgeschichte der Oberpfalz im 19. Jahrhundert erschöpfen sich bisher in einer Studie Heinrich Rubners über „Die Anfänge der großen Industrie in der Oberpfalz"[7] und in mehreren in ihrem Wert sehr unterschiedlichen Aufsätzen Robert R. Kuhnles[8] zum Wirtschaftsleben in der nördlichen Oberpfalz. Zur Entwicklung der eisenschaffenden Industrie in der Oberpfalz, hier v.a. der Eisenwerk-Gesellschaft Maximilianshütte, hat Volker Nichelmann mehrere Beiträge veröffentlicht[9]; vom selben Autor liegt seit kurzem auch eine Studie vor: „Die industrielle und wirtschaftliche Entwicklung Ambergs im 19. und 20. Jahrhundert (1800 – 1945)"[10]. Das weitgehende Fehlen wirtschaftsgeschichtlicher Regionalstudien wird von Historikern der Arbeiterbewegung häufig beklagt, würde doch eine systematisch aufbereitete Wirtschaftsgeschichte z.B. der Oberpfalz und vergleichbarer anderer Regionen zuverlässige Längs- als auch Querschnittsvergleiche ermöglichen. „Auf diese Weise dürfte manche Erscheinung der lokalen und regionalen Arbeiterbewegung, die bisher undurchsichtig ist, eine Klärung finden"[11].

Bei der Fülle des hier zu bewältigenden Materials zur Arbeiterbewegung und zu den Arbeitsverhältnissen in der Oberpfalz für den doch relativ langen Untersuchungszeitraum von 70 Jahren war es nicht möglich, eine bisher fehlende Gesellschafts- und Wirtschaftsgeschichte der Oberpfalz im 19./20. Jahrhundert im Rahmen dieser Arbeit nachzuliefern. Angesichts des geschilderten problematischen, ja teilweise desolaten Forschungsstandes wird sich die vorliegende Untersuchung in diesen Bereichen darauf beschränken müssen, Material für eine solche noch zu schreibende große Studie bereitzustellen.

Zur Geschichte der Arbeiterbewegung in der Oberpfalz stehen bisher an verwertbaren Vorarbeiten zur Verfügung Chrobaks Regensburger Parteien- und Stadtgeschichte, die sich sehr ausführlich mit der Entwicklung der sozialdemokratischen Partei und weniger detailliert – aufgrund der noch zu erörternden Quellenlage – mit den Freien Gewerkschaften in Regensburg befaßt sowie die von Bayer und Baron veröffentlichten lokalhistorischen Monographien zur Arbeiterbewegung in der nördlichen Oberpfalz[12]. Hilfreich war auch Heinrich Hirschfelders außerordentlich verdienstvolle regionalgeschichtliche Untersuchung der bayerischen Sozialdemokratie[13]; das Pendant hierzu, eine Geschichte der bayerischen Gewerkschaftsbewegung, die über eine reine Organisationsgeschichte (wie bei Hirschfelder) hinausgreifend auch noch die Arbeits- und Lebensverhältnisse der in den Gewerkschaften organisierten Arbeiter darstellen sollte, wäre ein dringendes Forschungsdesiderat, das aber wohl nur auf der Grundlage einer Reihe von Regionalstudien (wie der vorliegenden) zu verwirklichen ist. Schönhovens differenzierte Aufarbeitung gewerkschaftlicher Organisationsprobleme[14] für den Zeitraum 1890 bis 1914, die sich im Verlaufe der Arbeit als unentbehrliches Handbuch erwies[15], könnte hier für den systematischen Teil wegweisend sein. Das von Schönhoven konstatierte fast völlige Fehlen historisch fundierter Vorarbeiten[16] für die gewerkschaftliche Arbeiterbewegung[17] trifft im übrigen – mit den oben genannten wenigen Ausnahmen – auch und gerade für die Oberpfalz zu.

Die Quellengrundlage für diese Arbeit ist relativ breit gefächert und regional weit gestreut[18], zudem in ihren einzelnen Bereichen sehr ungleichgewichtig in Fülle wie Qualität. Die Quellenlage in dem für den Regierungsbezirk Oberpfalz zuständigen Staatsarchiv Amberg[19] ist für die einzelnen Bezirksämter sehr uneinheitlich und problematisch v.a. dadurch, daß die schwächer industrialisierten Amtsbezirke der Oberpfalz meist sehr quellenreich sind (hier v.a. Cham, Eschenbach und Parsberg), während für die „interessanten" Industriegebiete Burglengenfeld, Neustadt a.d.WN und Tirschenreuth v.a. die Monats-, Halbmonats- und Wochenberichte der Bezirksamtmänner an die „Regierung der Oberpfalz und von Regensburg" gänzlich fehlen.

Gerade die Bezirksämterberichte wie auch die von Hattenkofer bereits bearbeiteten Berichte der Regierungspräsidenten der Oberpfalz und von Regensburg (über die allgemeine Volksstimmung bzw. Anzeigen wichtiger Vorgänge) an das Innenministerium[20] sind die wohl wichtigste Quellengruppe des Staatsarchivs Amberg, da sich in ihnen die aufgrund des bayerischen Vereinsgesetzes von 1850 betriebene Überwachung – auch und gerade – der politischen Arbeiterbewegung widerspiegelt.

Es wurden, beginnend mit der Revolutionszeit 1848/49, sämtliche im Staatsarchiv Amberg vorhandenen Regierungspräsidenten-Berichte bzw. die im Bayerischen Hauptstaatsarchiv existierenden (von Hattenkofer nicht verwerteten) Auszüge aus den Regierungspräsidenten-Berichten für den Untersuchungszeitraum bis 1919 unter den Kriterien „Arbeiterbewegung" und „Arbeiterleben" durchgearbeitet; zum Vergleich, zur Korrektur und v.a. zur Präzisierung der so gewonnenen Informationen wurde danach mit den z.T. bis 1844 zurückreichenden Bezirksamtmänner-Berichten in gleicher Weise verfahren. Dies auch, weil der allgemeine Informationswert der Volksstimmungsberichte bestimmt und oft auch beeinträchtigt wird durch die nationalliberale Grundeinstellung der Regierungspräsidenten und deren Bestreben, beunruhigende Entwicklungen im eigenen Kreis – wenn die Berichterstattung darüber denn schon unumgänglich notwendig wurde – kommentierend zu relativieren und zu verharmlosen[21].

Die spezifischen Quellenprobleme der deutschen Arbeitergeschichtsforschung sind ja bekannt: Der (oben beschriebenen) Unmenge von Verwaltungs- und Regierungsakten stehen nur sehr spärliche (gedruckte und – schon gar nicht – ungedruckte) Äußerungen der Betroffenen selbst gegenüber (was nur zu leicht zu einer Geschichtsschreibung „von oben" verführt). Läßt sich die „äußere" Organisationsgeschichte der Sozialdemokratischen Partei und – mit kräftigen Abstrichen – auch der Freien Gewerkschaften noch am ehesten rekonstruieren, so stößt die Beurteilung binnenorganisatorischer Mitgliederstrukturen, Entscheidungsprozesse, Diskussionsverläufe und Konfliktaustragungen sehr rasch an ihre quellenbedingten Grenzen[22].

Für die Oberpfalz sind die Frühgeschichte der Arbeiterbewegung bis zum Jahre 1863[23] und die bis zum Erlaß des Sozialistengesetzes 1878 sich formierenden Gewerkschaften und Sozialdemokratischen Vereine nur sehr lückenhaft dokumentiert; schlechter noch ist die Quellenlage für die Zeit des Sozialistengesetzes, was aufgrund der in den Jahren 1878 bis 1890 gebotenen illegalen Arbeitsweise nicht weiter verwunderlich ist[24]. Gut dokumentiert ist die Entwicklung der Sozialdemokratischen Partei in der Oberpfalz für den Zeitraum von der Aufhebung des Sozialistengesetzes bis 1914 durch die Versammlungs- und v.a. die Rechenschaftsberichte zunächst des Agitationsvereins für Franken und die Oberpfalz (1890 – 1898), danach – von 1898 an – des Gauvorstandes Nordbayern, ferner durch die Landesparteitags- Protokolle der bayerischen Sozialdemokratie und – seit der Jahrhundertwende – v.a. durch die Zeitungsberichte über die Konferenzen der fünf sozialdemokratischen Wahlkreisorganisationen in der Oberpfalz, die bei allen Beschönigungs- und Harmonisierungsversuchen doch hin und wieder auch Rückschlüsse auf organisationsinterne Konflikte zulassen[25].

Überhaupt erwiesen sich die sozialdemokratischen Parteizeitungen als eine Quellengattung von besonderem Wert[26]. Eine eigenständige sozialdemokratische Publizistik existiert in der Oberpfalz zwar erst seit 1908/09 und beschränkt auf den Raum Regensburg[27]; dieser Mangel wird aber mehr als wettgemacht durch die in den einzelnen Bereichen unterschiedlich dichte, insgesamt aber kontinuierliche und fast den gesamten Untersuchungszeitraum abdeckende Berichterstattung und Kommentierung der „Fränkischen Tagespost"[28] zur Entwicklung von Arbeiterbewegung und Arbeitsverhältnissen in der Oberpfalz. Für die vorliegende Studie wurden sämtliche Jahrgänge der „FT" bzw. ihrer Vorläuferinnen – also die Jahrgänge 1871 bis 1919[29] – ausgewertet; als weitere sozialdemokratische Parteizeitung wurde die Bayreuther „Fränkische Volkstribüne" bearbeitet, die von der zweiten Jahreshälfte 1909 an im Impressum als „Sozialdemokratisches Organ" u.a. für den Reichstagswahlkreis Neustadt a.d.WN firmierte[30]. Für die einzelnen Modellorte wurde von Fall zu Fall auf die jeweilige konservative und – soweit vorhanden – liberale Ortszeitung zurückgegriffen.

Als außerordentlich problematisch erwies sich die Quellenlage zur Entwicklung der Gewerkschaften in der Oberpfalz. Die wenigen noch erhaltenen Gewerkschafts-Periodika (z.B. das "Correspondenzblatt der Generalkommission der Gewerkschaften Deutschlands") arbeiten mit einem für die oberpfälzischen Verhältnisse zu groben Raster, der auf die Bearbeitung der sozialdemokratischen Parteipresse zurückverweist, die aber auch nur einzelne Anhaltspunkte zum gewerkschaftlichen Organisationsverhalten (am ausführlichsten noch zur Glasarbeiter-Organisierung) in der Oberpfalz zu liefern vermag[31]. Der DGB-Landesbezirk Bayern besitzt kein eigenes Archiv, und von sämtlichen oberpfälzischen Gewerkschaftsgliederungen kann nur eine einzige mit organisationsinternen Materialien aus der Zeit vor 1919 aufwarten[32]. Wichtige Hinweise auf die über- und zwischenverbandliche Politik der Freien Gewerkschaften und auf die Willensbildungs- und Entscheidungsprozesse innerhalb derselben lieferten die Protokolle der Gewerkschaftskongresse auf nationaler[33] und v.a. auf regionaler Ebene[34].

Die weitaus wertvollsten Quellen aber sind – weil sie die äußere wie innere Organisationsgeschichte der Freien Gewerkschaften in der Oberpfalz und den innerverbandlichen Erfahrungsaustausch und Diskussionsverlauf, wenn auch lückenhaft, widerspiegeln – die Jahresberichte des 1908 gegründeten, für den östlichen Teil von Oberfranken und die nördliche Oberpfalz zuständigen Gewerkschaftssekretariats Marktredwitz[35] und ganz besonders die Jahres-, Rechenschafts- und Vorstandsberichte sowie Protokolle in der Zentralbibliothek der Gewerkschaften (ZBG) in Ost-Berlin[36].

Abschließend noch einige Anmerkungen zu zwei weiteren, Quellenstudien nur schwer zugänglichen Bereichen der Arbeitergeschichtsforschung: dem gesamten betriebsinternen Bereich sowie der Mentalitätsbildung und Bewußtseinsgeschichte der Arbeiterschaft in der Oberpfalz.

Ließe sich die wirtschaftliche Entwicklung der Oberpfalz für das letzte Drittel des 19. und für das beginnende 20. Jahrhundert anhand der Archivalien, des statistischen Quellenmaterials[37], der Jahresberichte der Handels- und Gewerbekammer der Oberpfalz und von Regensburg von 1869 an[38], v.a. aber anhand der von 1879/80 an im Auftrag des Innenministeriums erschienenen gedruckten Fabrikinspektorenberichte[39] noch einigermaßen rekonstruieren, so bleibt das betriebsinterne Geschehen – nicht nur – während des Untersuchungszeitraums weitgehend im Dunkeln. Betriebsarchive existieren in der Oberpfalz – bis auf zwei Ausnahmen[40] – nicht bzw. sind der Forschung nicht zugänglich[41], was – aufgrund des Fehlens bzw. der Unzugänglichkeit v.a. von über mehrere Jahre hinweg geführten Arbeiterstammlisten, Lohnbüchern und Betriebsordnungen – Aussagen über Herkunft, Qualifikation und Einkommen besonders der frühen Arbeiterschaft in der Oberpfalz und die Rekonstruktion „oberpfalz-spezifischer" proletarischer Lebensläufe außerordentlich erschwert[42]. Hilfreich für die Erhellung der betriebsinternen Verhältnisse waren auch hier wiederum die Fabrikinspektorenberichte und – mit Abstrichen – die „Generalberichte über die Sanitätsverwaltung im Königreich Bayern"; beide wurden von 1881 an in der „Fränkischen Tagespost" ausführlich und kritisch kommentiert.

Nur schwer lassen sich auch die tatsächlich verinnerlichte Mentalität, die ideologische Haltung und die aus dieser resultierenden Attitüden der Unterschichten im Bayern des 19. Jahrhunderts rekonstruieren[43], weil die Unterschichten – im Gegensatz zu anderen sozialen Schichten – lange Zeit so schriftarm geblieben sind, daß sie nur wenige Selbstaussagen hinterlassen haben. Die Quellenlage ist oft zu dürftig, als daß sich ein Bild der politischen Mentalität – als des Selbstverständnisses und der Bewußtseinslage – der Unterschichten konturieren ließe. Direkt widergespiegelt wird diese Bewußtseinslage nur in den Lebenserinnerungen prominenter Arbeiterführer (wie August Bebel), die aber die Mentalität ihrer Herkunftsschicht nur mehr bedingt repräsentieren und schon gar nicht repräsentativ sind für die relativ spät politisch „alphabetisierte" Arbeiterschaft der Oberpfalz. Auch und gerade für die Bewußtseinsgeschichte der Arbeiterschaft in der Oberpfalz wird die Erfahrung bestätigt, daß sich Erkenntnisse hier weniger aus Selbstaussagen, „originären Zeugnissen"[44] gewinnen lassen, sondern vielmehr auf Umwegen erschlossen werden müssen. So geben die Akten der öffentlichen Verwaltung aller Ebenen – besonders in unruhigen Zeiten – Aufschlüsse über die tatsächliche Einstellung der Unterschichten, wenn auch in der subjektiven Brechung durch die Mentalität der einzelnen Beamten[45]. Weitere Hilfsmittel waren die volkskundliche und belletristische Literatur zur Oberpfalz[46], vereinzelte Leserzuschriften an sozialdemokratische Zeitungen und die – auch für die Oberpfalz – bisher kaum genutzten Physikatsbeschreibungen[47]. Eine für die Erforschung der Arbeiterbewegung und -kultur immer wichtiger werdende – häufig wohl auch modisch überschätzte – Quelle ist das zeitgeschichtliche Interview[48], das – aus naheliegenden Gründen – aber nur für die letzten Jahre des hier gegebenen Untersuchungszeitraumes Anwendung finden konnte.

Moderne gesellschaftsgeschichtliche Untersuchungen sind nach Kocka[49] „dadurch gekennzeichnet, daß sie im Prinzip die verschiedensten Wirklichkeitsbereiche einbeziehen – von den materiellen Bedingungen, von den Bevölkerungsverhältnissen, vom wirtschaftlichen Wachstum und Wandel über die sozialen Klassen, Gruppen und Schichten, Allianzen, Proteste und Konflikte, Sozialisationsprozesse, Verhaltensmuster und kollektiven Mentalitäten bis hin zu den politischen Institutionen und Willensbildungsprozessen sowie den Veränderungen im Bereich der Kunst, Religion und Wissenschaft. Ihrem Grundansatz entsprechend versuchen sie, die untersuchten Phänomene, welchem Wirklichkeitsbereich im engeren Sinne sie auch zugehören mögen, mit sozialen bzw. sozialökonomischen Faktoren in Verbindung zu setzen, und zwar in einer Weise, die von deren hervorragender Wirkungsmächtigkeit innerhalb der Gesamtgeschichte ausgeht."

Auch die folgende Untersuchung ist in ihrem methodischen Grundgerüst vorgeprägt durch die jeder neueren Studie zur Geschichte der Arbeiterschaft innewohnende „Begriffstrias von Struktur, Lage und Verhalten"[50]. So werden nach einer Darstellung der Industrialisierungsprozesse in der Oberpfalz zunächst deren Auswirkungen auf die Bevölkerungsstruktur und auf die Wanderungsbewegungen während dieser Industrialisierungsperiode analysiert. In einem zweiten Schritt sollen dann die soziale Lage der oberpfälzischen Arbeiterschaft, ihre Arbeits- und Lebensbedingungen sowie Mentalität und die daraus sich entwickelnden Formen und das Ausmaß proletarischen (Klassen-) Bewußtseins bei der frühen Lohnarbeiterschaft beschrieben werden. Das chronologische Gründmuster der Vorgehensweise wird in diesem Stadium weitgehend zugunsten einer Reihe sektoraler Untersuchungen (einer der Schwerpunkte wird die – auch reichsweit betrachtet – wohl beispiellose Elendsindustrie der oberpfälzischen Glasschleifen und -polieren sein) aufgegeben werden müssen, um die oberpfalz-spezifischen Erscheinungsformen der Arbeiter-Lage im Untersuchungszeitraum besser herausarbeiten zu können.

In einem weiteren Abschnitt soll dann in einer Kombination aus Längs- und Querschnittanalysen aufgezeigt werden, wie die Lage und die Erfahrungen der Arbeiter ihr Verhalten bestimmten und die gewerkschaftliche wie parteipolitische Organisierung förderten oder hemmten. Damit soll versucht werden, aus der Beschränkung auf traditionelle Organisations- und Ideologiegeschichte herauszutreten und die Geschichte der oberpfälzischen Arbeiterbewegung in gesellschaftsgeschichtliche und allgemeinpolitische Zusammenhänge einzuordnen. Im Vordergrund wird dabei die sozialdemokratische Arbeiterbewegung stehen mit ihren beiden Hauptträgern, der Sozialdemokratischen Partei und den eng mit ihr verbundenen, ja verflochtenen Freien Gewerkschaften. „Als Gewerkschaften sollen die von Staat und Unternehmerschaft unabhängigen und selbstbestimmenden organisierten Interessenvertretungen der Arbeit(nehm)erschaft bezeichnet werden, die – selbst direkt und indirekt durch die industrielle Produktionsweise herausgebildet – gegen ihre ökonomische, soziale und politische Unterprivilegierung kämpft"[51]. Wegen der engen Verzahnung der Gewerkschafts- und Parteibildungsprozesse sollen deren Entwicklungsphasen in ihrer wechselweitigen Abhängigkeit voneinander dargestellt werden; eine Untersuchung des branchenspezifischen, immer auch von der jeweiligen Situation im Betrieb und am Arbeitsplatz abhängigen Organisationsverhaltens für die wichtigsten oberpfälzischen Berufszweige wird daran anschließen. Auf die liberalen und die – in der Oberpfalz besonders erfolgreichen – christlichen Arbeiterorganisationen[52] soll im Rahmen dieser Arbeit nur insoweit eingegangen werden, als sie als Vorläufer- bzw. Konkurrenzorganisationen einen Einfluß auf die Entwicklung sozialdemokratischer Vereinigungen hatten. Der zeitliche Rahmen dieser Untersuchung wurde so abgesteckt, daß sich wesentliche Traditionslinien der deutschen Arbeiterbewegung von ihrer Frühgeschichte[53] in den Arbeiterbildungsvereinen der Revolutionszeit 1848/49 bis zur Rätezeit von 1918/19 (mit der die Gründungsphase der Sozialdemokratie in der Oberpfalz abgeschlossen ist) auch für die Oberpfalz modellhaft nachzeichnen lassen. Dieser relativ lange Untersuchungszeitraum, der Entwicklungsphasen der Arbeiterbewegung ganz unterschiedlichen Charakters einschließt, stand aber oftmals eingehenderen Analysen entgegen.

Die Region, die hier untersucht werden soll, ist identisch mit dem Gebiet des heutigen Regierungsbezirks Oberpfalz, wie er vom 1.1.1838 an als einer von acht Kreisen bei der – mit geringfügigen Änderungen – bis heute geltenden Aufgliederung Bayerns entstanden ist[54]. Die einzige Änderung an diesem Gebietsbestand brachte im Jahre 1880 der Tausch der Bezirksämter Beilngries (zur Oberpfalz) und Hilpoltstein (zu Mittelfranken). Dieser Kreis „Oberpfalz und Regensburg" mit der Donaustadt Regensburg im Süden, Weiden im Norden, Neumarkt im Westen und der böhmischen Grenze im Osten wurde mit Wirkung vom 1. Juli 1862 an in 18 Bezirksämter aufgeteilt[55], die sich aus dem Gebietsumfang eines, meist aber zweier ehemaliger Landgerichte älterer Ordnung (äO) zusammensetzten. Damit war deren Doppelfunktion als Justiz- und Verwaltungsbehörde ein Ende gesetzt. Veränderungen in der oberpfälzischen Verwaltungsgliederung ergaben sich ebenfalls im Jahre 1880 durch die Aufhebung der Bezirksämter Hemau und Velburg und die Neubildung der Bezirksämter Oberviechtach (1900) und Riedenburg (1909).

FUSSNOTEN: EINLEITUNG

1) MÜLLER, Gerhard: Das Wirken der Räte 1918/19 in den wichtigsten Industrieorten der Oberpfalz, Sozialwissenschaftliche Fakultät der LMU München, Diplomarbeit 1980.

2) „Zweifellos ist der Wandel in der Gesellschaft und sein Einfluß auf die Entwicklung der politischen Parteien eine Voraussetzung und Ursache des Umbruchs seit 1918", beschreibt Karl BOSL den Kausalzusammenhang zwischen den inneren Spannungen der Prinzregentenzeit und dem Systemzusammenbruch von 1918, in: Gesellschaft und Politik in Bayern vor dem Ende der Monarchie, ZBLG, Bd. 28, 1965, S. 17; vgl. hierzu auch ders.: Der Mensch in seinem Lande. Stand, Aufgaben und Probleme der südostdeutschen Landesgeschichte, in: Rheinische Vierteljahrsblätter, Jg. 34, 1970, S. 126 f.

3) CHROBAK, Werner: Politische Parteien, Verbände und Vereine in Regensburg 1869 – 1914, Teil I, II und III, in: VHVO 119 (1979), S. 137 – 223; 120 (1980), S.211 – 384; 121 (1981), S. 183 – 284.

4) ALBRECHT, Dieter: Regensburg im Wandel. Studien zur Geschichte der Stadt im 19. und 20. Jahrhundert, Regensburg 1984.

5) „Bis heute ist eine Darstellung der politischen und sozialen Struktur einer bayerischen Region, also eines ihrer Regierungsbezirke, in der zweiten Hälfte des 19. Jahrhunderts bis zum Ausbruch des Ersten Weltkrieges nicht unternommen worden", resümiert Peter HATTENKOFER den desolaten Forschungsstand. In: Regierende und Regierte, Wähler und Gewählte in der Oberpfalz 1870 – 1914, München 1979.

6) In: ZBLG, Bd. 39, 1976, S. 487 – 540 und ders.: Magister- Arbeit unter gleichem Titel, München 1975.

7) In:VHVO 111, 1971, S. 183 – 195.

8) Vgl. Literaturverzeichnis

9) Vgl. Literaturverzeichnis

10) In: Amberg 1034 – 1984. Aus tausend Jahren Stadtgeschichte, Amberg 1984, S. 282 – 300.

11) DOWE, Dieter: Bibliographie zur Geschichte der deutschen Arbeiterbewegung, sozialistischen und kommunistischen Bewegung von den Anfängen bis 1863, in: AfS, Beiheft 5, Bonn 1976, S. 32.

12) Vgl. Literaturverzeichnis; im Frühjahr '85 ist ein von der Demokratischen Bildungsgemeinschaft Ostbayern e.V. herausgegebenes „Bilderlesebuch zur Geschichte der ostbayerischen Arbeiterbewegung" (u.a. mit zwei Beiträgen des Verfassers) erschienen (Titel: „Vorwärts immer, rückwärts nimmer!", Regensburg 1985).

13) HIRSCHFELDER, Heinrich: Die bayerische Sozialdemokratie 1864 - 1914, 2 Bände, Erlangen 1979.

14) SCHÖNHOVEN, Klaus: Expansion und Konzentration, Stuttgart 1980.

15) Ebenso wie ENGELHARDT, Ulrich: „Nur vereinigt sind wir stark". Die Anfänge der deutschen Gewerkschaftsbewegung 1862/63 bis 1869/70, 2 Bände, Stuttgart 1977; ALBRECHT, Willy: Fachverein, Berufsgewerkschaft, Zentralverband. Organisationsprobleme der deutschen Gewerkschaften 1870 – 1890, Bonn 1982 und FRICKE, Dieter: Die deutsche Arbeiterbewegung 1869 bis 1914, Berlin 1976. Wertvolles Zahlenmaterial liefert HIRSCHFELD, Paul: Die Freien Gewerkschaften in Deutschland. Ihre Verbreitung und Entwicklung 1896 – 1906, Jena 1908.

16) Elisabeth JÜNGLINGS Dissertation (Masch.): Die großen Streiks in Bayern 1890 bis 1914, München 1983, in der v.a. der Maxhütten-Streik 1907/1908 und die Steinarbeiter-Streiks in der nordöstlichen Oberpfalz und in Blauberg-Cham ausführlich behandelt werden, war dem Verfasser leider nicht zugänglich.

17) SCHÖNHOVEN, a.a.O., S. 13.

18) So wurden in 13 verschiedenen Archiven und Registraturen und in einer Reihe von Bibliotheken thematisch einschlägige Bestände bearbeitet; mit dieser Arbeit einhergingen ungezählte abschlägig beschiedene Anfragen andernorts. Vgl. hierzu auch ENGELHARDT, der als ein Spezifikum gerade des gewerkschaftlichen Materials seine Verstreutheit weit über die eigentlich zu bearbeitende Region hinaus bezeichnet, a.a.O., S. 1227.

19) Vgl. FUCHS, Achim: Quellen zur Geschichte der Arbeiterbewegung im Staatsarchiv Amberg, in: IWK 11 (1975), Heft 1, S. 353 – 364; dieses Verzeichnis ist aber teilweise bereits überholt.

20) HATTENKOFERS Verdienst, diese bis dahin nicht oder kaum benützte Quellengruppe für einen größeren Zeitraum erschlossen zu haben, wird leider getrübt durch eine Reihe unrichtiger Angaben im Detail.

21) Zur Bewertung dieser Quellengruppe vgl. HESSE, Horst: Behördeninterne Information über die Volksstimmung zur Zeit des liberal-ultramontanen Parteikampfs 1868/69, in: ZBLG, Bd. 34, 1971, S. 618 – 651 sowie HATTENKOFER, S. 6 f. und CHROBAK, S. 165.

22) Vgl. hierzu auch TENFELDE, Klaus / RITTER, Gerhard A. (Hrsg.): Bibliographie zur Geschichte der deutschen Arbeiterschaft und Arbeiterbewegung 1863 bis 1914, in: AfS, Beiheft 8, Bonn 1981, S. 114.

23) DOWE setzt als obere Epochengrenze für die Frühgeschichte der Arbeiterbewegung das Jahr 1863 an mit der m.E. überzeugenden Begründung, daß es den Beginn „der ständigen, ununterbrochen wirksamen Organisation der deutschen Arbeiterschaft im nationalen Rahmen" markiere, Bibliographie, S. 30.

24) Vgl. die „Hinweise zur Quellenlage und Literatur" für den Zeitraum 1878 bis 1890 bei HIRSCHFELDER, a.a.O., S. 591 – 593.

25) Das Archiv der sozialen Demokratie der Friedrich-Ebert- Stiftung in Bonn besitzt keine organisationsinternen Materialien (wie z.B. Protokollbücher, Mitgliederlisten) oberpfälzischer Parteigliederungen aus der Zeit vor 1919; das gleiche gilt für die Flugblatt-, Foto- und Personalia-Sammlung des Archivs. Die wenigen im Nachlaß Motteler und Nachlaß Vollmar im Internationalen Institut für Sozialgeschichte, Amsterdam, enthaltenen Briefe Regensburger Sozialdemokraten wurden bereits von CHROBAK verwertet; die vom Verfasser darüber hinaus stichprobenhaft konsultierte Korrespondenz Erhard Auers erwies sich als thematisch unergiebig. Das Bundesarchiv Koblenz ist zuständig v.a. für Behördenschriftgut und Parteien- und Verbandspublizistik auf Reichs- bzw. Bundesebene, enthält also nichts thematisch Einschlägiges, schon gar nicht für den hier zu behandelnden Zeitraum.

26) Als unentbehrliches bibliographisches Hilfsmittel hierzu EBERLEIN, Alfred: Die Presse der Arbeiterklasse und der Sozialen Bewegungen, von den dreißiger Jahren des 19. Jahrhunderts bis zum Jahre 1967, 5 Bände, Berlin 1968/69; weit ungenauer und damit unergiebiger EISFELD / KOSZYK: Die Presse der deutschen Sozialdemokratie. Eine Bibliographie, 2. Auflage, Bonn 1980.

27) Die drei sozialdemokratischen Blätter „Regensburger Volksfreund", „Donau-Post" und „Neue Donau-Post" wurden bereits von CHROBAK verwertet.

28) Unter dem Titel „Fürther Demokratisches Wochenblatt" wurde die erste Vorläuferin der „Fränkischen Tagespost" am 28. Oktober 1871 gegründet, am 1.1.1874 erfolgte dann die Umbenennung in „Social-Demokratisches Wochenblatt", am 1.10.1874 in „Nürnberg- Fürther Socialdemokrat" und schließlich - kurz vor Inkrafttreten des Ausnahmegesetzes vom 22.10.1878 – am 1.10.1878 in „Fränkische Tagespost" („FT"). Schon bald nach ihrer Gründung berichteten die „FT" bzw. ihre Vorläuferinnen regelmäßig aus der Oberpfalz; mit Beschluß des Nürnberger SDAP-Landeskongresses von Ostern 1874 hatte das Nürnberger Parteiblatt fortan als Organ für die nördlich der Donau gelegenen Bezirke Bayerns zu gelten. Die über weite Strecken glänzend geschriebene und redigierte „FT" gehörte während der Vorkriegszeit unter der Leitung von Chefredakteuren wie Adolf Braun und Kurt Eisner zu den wichtigsten Zeitungen der deutschen Sozialdemokratie (vgl. RÜCKEL, Gert: Die Fränkische Tagespost: Geschichte einer Parteizeitung, Nürnberg 1964).

29) Für den Zeitraum 1869 bis 1876 wurde auch noch ergänzend der „Volksstaat" herangezogen.

30) Die stichprobenartig bis 1910 durchgesehene Hofer „Oberfränkische Volkszeitung" erwies sich als absolut unergiebig – auch für die nördliche Oberpfalz – und als schwacher Abklatsch der „FT".

31) ENGELHARDTS Bewertung der Arbeiterpresse als weitaus wichtigster Quelle für den Historiker der frühen Gewerkschaftsbewegung hat aber sicher ihre Berechtigung für sehr großräumig angelegte und an stärker industrialisierten Regionen – als der Oberpfalz – orientierte Untersuchungen, a.a.O., S. 1231 f.

32) Die Verwaltungsstelle der IG Druck und Papier in Regensburg hat die lokalen Buchdrucker-Jahresberichte (vom Jahr 1899 an) aufbewahrt ebenso wie die – insgesamt vier – überaus wertvollen Festschriften des Regensburger Buchdrucker-Ortsvereins und der „Typographia", was – leider – durchaus keine Selbstverständlichkeit ist (von sämtlichen befragten oberpfälzischen Gewerkschaftsgliederungen konnte nur noch der Bezirksverband Schwandorf-Cham der IG Bau-Steine-Erden eine Festschrift vorweisen; soviel zur Traditionspflege in der Praxis.

33) Protokolle der Verhandlungen der Kongresse der Gewerkschaften Deutschlands (Reprints zur Sozialgeschichte, Hrsg.: Dieter DOWE), 7 Bände, Berlin/Bonn 1979/80.

34) Bibliothek des DGB, Düsseldorf: AKP 700: Protokolle der 3. 1906 – 6. 1913 Konferenz der Bayerischen Gewerkschaftskartelle; zu erschließen über das „Verzeichnis der in der Bibliothek des DGB vorhandenen Berichte und Protokolle der Ortskartelle bzw. Gewerkschaftskartelle der Gewerkschaften vor 1933".

35) AKP 831: Jahresberichte 1908 - 1932 des Ortskartells Marktredwitz, ebd.

36) Der zweibändige Bestandskatalog „Protokolle und Berichte der Zentralbibliothek der Gewerkschaften", Berlin (O) o.J. gibt nur einen groben Überblick; v.a. die branchenspezifischen ZBG- Bestände müssen über EBERLEINS Standortverzeichnis erschlossen werden. Wegen des Reichtums und des hohen Quellenwertes der ZBG- Bestände (die das für die Geschichte der Gewerkschaftsbewegung in der Oberpfalz – angesichts der dürftigen Quellenlage – sicherlich wertvollste Material enthalten) ist es mehr als lohnend, die langwierige Zulassungsprozedur zur ZBG in Kauf zu nehmen, zumal das Bibliothekspersonal äußerst zuvorkommend und hilfsbereit ist.

37) Hier v.a. die Beiträge zur Statistik des Königreichs Bayern (von 1850 an), die Zeitschrift des Königlich Bayerischen Statistischen Bureaus (von 1869 an) und die Statistischen Jahrbücher für das Königreich Bayern (von 1894 an), vgl. hierzu auch CHROBAK, VHVO 119, 1979, S. 164.

38) Diese Berichte enthalten allerdings keine Angaben zur Arbeiterbewegung und zu den Arbeitsverhältnissen in der Oberpfalz, sondern bieten eine sehr zufällige, allgemein gehaltene und wenig ergiebige Zusammenstellung von Lageberichten einzelner oberpfälzischer Betriebe.

39) Die Jahresberichte und systematischen Untersuchungen der Gewerbeaufsichtsbeamten erwiesen sich als eine sozialwissenschaftliche Fundgrube, die in der Forschung zur Wirtschafts- und Gesellschaftsgeschichte der Oberpfalz bisher unbeachtet geblieben ist.

40) Das von CHROBAK bereits durchgesehene Firmenarchiv Pustet (vgl. VHVO 119, 1979, S. 164 f.) und v.a. die im Kriegsarchiv München lagernden, ein komplettes Betriebsarchiv darstellenden Jahresberichte (von 1878/79 an) der ehemaligen Gewehrfabrik Amberg.

41) Angefragt wurden sämtliche vor dem 1. Weltkrieg gegründeten größeren Firmen der Oberpfalz (mit Ausnahme der von CHROBAK, VHVO 119, 1979, S. 198 – 209 beschriebenen Regensburger Betriebe) wegen etwa vorhandener Betriebs-Archive/-Registraturen und ggf. - einer Benützungserlaubnis für dieselben. Diese Anfragen wurden allesamt abschlägig beschieden, wobei nicht immer auszuschließen war, daß eine Einsichtnahme hauptsächlich an der mangelnden Bereitwilligkeit der einzelnen Betriebe scheiterte, ihre Archive/Registraturen für Firmen-Fremde zu öffnen. Außerordentlich hilfsbereit und bemüht dagegen zeigten sich das Vorstandsmitglied der FLACHGLAS AG, Rolf Schaechterle sowie die Herren Märkl und Freitag von der FLACHGLAS AG, Werk Weiden (der früheren DETAG), wofür ihnen an dieser Stelle ausdrücklich gedankt sei.

Zu einer industriearchäologischen Forschungs- und Dokumentationsstelle ersten Ranges auch für die Oberpfalz könnte sich das Bergbau- und Industriemuseum Ostbayern in Theuern entwickeln, das in seiner Fachbibliothek eine Reihe sonst schwer zugänglicher – hauptsächlich bergwissenschaftlicher – Fachzeitschriften, Diplom- und Zulassungsarbeiten besitzt und das bereits jetzt als Grundstock für sein künftiges Archiv auf wesentliche – allerdings noch ungeordnete und damit der Forschung noch nicht zugängliche – Bestände aus den Archiven/Registraturen der Firma Baumann und der Luitpoldhütte (beide Amberg) sowie der ehemaligen BBI (Wackersdorf) sowie auf eine Sammlung von 50.000 Fotos meist jüngeren Datums verweisen kann. Diese Foto-Dokumentation ist als eine erste denkmalpflegerische Bestandsaufnahme von um so größerer Bedeutung, als die Eigentümer solcher technikgeschichtlicher Denkmäler in Ostbayern sich bisher i.d.R. – zuletzt im Falle des Eisenwerks Maxhütte (vgl. Mittelbayerische Zeitung vom 22.9.1984) – gegen eine Ausweisung ihrer stillgelegten Betrieb(steil)e als schutzwürdige und erhaltenswerte „Industrie-Ensembles" ausgesprochen haben. Auch in diesem Zusammenhang verdient Peter HEIGLS 1985 in Regensburg erschienener Stadtführer „Industriekultur in Regensburg" besondere Beachtung.

42) Die von Heilwig SCHOMERUS und Peter BORSCHEID in ihren Studien zur württembergischen Arbeiterschaft benützten Quellengruppen der Inventuren und Teilungen liegen laut Auskunft von Archivaren für Bayern nicht vor.

43) Vgl. hierzu den grundlegenden Aufsatz von BLESSING, Werner K.: Zur Analyse politischer Mentalität und Ideologie der Unterschichten im 19. Jahrhundert, in: ZBLG 34, 1971, S. 768 – 816; Blessing definiert darin „Mentalität" als „die unmittelbare, unreflektierte und nicht bewußt formulierte Prägung des Erkennens und Wertens des Einzelnen durch seine gesellschaftliche Umwelt." (S.776).

44) TENFELDE/RITTER, a.a.O., S. 78; vgl. hierzu auch SCHNEIDER, Michael: Gewerkschaften und Emanzipation. Methodologische Probleme der Gewerkschaftsgeschichtsschreibung über die Zeit bis 1917/18, in: AfS, XVII, 1977, S. 438 f.

45) Einen ähnlichen Quellenwert – für den kirchlichen Bereich – dürften die Pastoralberichte im Bischöflichen Zentralarchiv Regensburg besitzen; eine Einsichtnahme war aber leider nicht möglich.

46) Eine Einführung in die Literatur zur Oberpfalz gibt DÜNNINGER, Eberhard: Die Oberpfalz im Spiegel der Jahrhunderte, in: Die Oberpfalz 70, 1982/7, S. 210 – 216.

47) Vgl. hierzu ZORN, Wolfgang: Medizinische Volkskunde als sozialgeschichtliche Quelle. Die bayerische Bezirksärzte- Landesbeschreibung von 1860/62, in: VSWG 69, 1982, S. 219 – 231.

48) Vgl. hierzu NIETHAMMER, Lutz / TRAPP, Werner (Hrsg.): Lebenserfahrung und kollektives Gedächtnis. Die Praxis der „Oral History", Frankfurt a.M. 1980; als besonders gelungene Beispiele für „Oral History" können gelten das Hochlarmarker Lesebuch. Kohle war nicht alles. 100 Jahre Ruhrgebietsgeschichte, Oberhausen 1981 und RUPPERT, Wolfgang: Lebensgeschichten, Opladen 1980, sowie das 1984 erschienene Begleitheft „Arbeitererinnerungen" zur gleichnamigen Ausstellung des Centrums Industriekultur (das im übrigen einer der Hauptinitiatoren der im Jahre 1985 stattgefundenen Ausstellung „Leben und Arbeiten im Industriezeitalter" war).

49) KOCKA, Jürgen: Sozialgeschichte – Strukturgeschichte – Gesellschaftsgeschichte, in: AfS 15, 1975, S. 36.

50) Vgl. RITTER/TENFELDE, a.a.O., S. 59.

51) SCHNEIDER, a.a.O., S. 418.

52) Hierzu ausführlich Hans Dieter DENKS vorzügliche Gesamtdarstellung: Die christliche Arbeiterbewegung in Bayern bis zum Ersten Weltkrieg, Mainz 1980.

53) Zur Diskussion des Periodisierungs- und Kontinuitäts-Problems in der Arbeitergeschichtsforschung vgl. DOWE, Dieter: Bibliographie, a.a.O., S. 27 – 30; SCHNEIDER, a.a.O., S. 431 f. und TENFELDE, Klaus: Wege zur Sozialgeschichte der Arbeiterschaft und Arbeiterbewegung. Regional- und lokalgeschichtliche Forschungen 1945 – 1975 zur deutschen Arbeiterbewegung bis 1914, in: Geschichte und Gesellschaft, Sonderheft 4: Die moderne deutsche Geschichte in der internationalen Forschung 1945 – 1975, Göttingen 1978, S. 223 – 225.

54) Vgl. EMMERIG, Ernst: Regierungsbezirk Oberpfalz 125 Jahre, in: Oberpfälzer Heimat 8, 1963, S. 7 – 13 und ders.: Zur Behördengeschichte der Oberpfalz von Montgelas bis heute, in: Oberpfälzer Heimat 29, 1985, S. 7 – 30.

55) Der Kreis Oberpfalz und Regensburg wurde am 1.7.1862 in folgende 18 Bezirksämter gegliedert: Amberg, Burglengenfeld, Cham, Eschenbach, Hemau, Kemnath, Nabburg, Neumarkt, Neunburg v.WN., Regensburg, Roding, Stadtamhof, Sulzbach, Tirschenreuth, Velburg, Vohenstrauß und Waldmünchen, vgl. STURM, Heribert: Die Gebietsgliederung im Regierungsbezirk Oberpfalz seit Beginn des 19. Jahrhunderts, in: Oberpfälzer Heimat 14, 1969, S. 40 -42).

A. ZUR WIRTSCHAFTS- UND BEVÖLKERUNGSSTRUKTUR DER OBERPFALZ 1848 – 1919

I. ZUM BEGRIFF DER INDUSTRIALISIERUNG SOWIE ZU DEN VORAUSSETZUNGEN, ZUM ABLAUF UND AUSMASS UND ZU EINZELNEN ETAPPEN DER INITIALPHASE (1850 – 1890) DES INDUSTRIALISIERUNGSPROZESSES IN DER OBERPFALZ

Nach Knut Borchardt[1] ist die „Industrielle Revolution" durch vier Merkmale gekennzeichnet: durch einen Komplex technischer Neuerungen, die an die Stelle der menschlichen und tierischen Arbeitskraft treten; durch massenhafte Nutzung bisher wenig verwendeter natürlicher Rohstoffe und Energien; durch die Ausbreitung des Fabriksystems als Organisationsform arbeitsteiliger gewerblicher Produktion und, schließlich, durch die Entwicklung der freien Lohnarbeit zur Erwerbsform der Mehrheit der Bevölkerung. Auch wenn mit der Industrialisierung als technischer Neuerung die Produktionsverhältnisse grundlegend revolutioniert wurden, verlief der damit verbundene Wandel der Gesellschaftsstrukturen und Herrschaftsformen wohl doch eher evolutionär[2]; im Folgenden soll deshalb der dem tatsächlichen Verlauf eher entsprechende Ausdruck „Industrialisierungsprozeß" verwendet werden.

Der Anteil des vorwiegend agrarischen Bayern an der industriellen Entwicklung Deutschlands blieb – zumindest bis 1945 – eher bescheiden; es fehlte an Kapital, Arbeitskräften und Kohle. Bayern hatte zwar in der Oberpfalz und in Oberbayern ein Bergbau- und Hüttenwesen, aber die heimischen Vorkommen reichten bei weitem nicht aus, um eine Großindustrie aufzubauen. Zu schwer wogen die Standortnachteile (Revierferne) sowie die ablehnende Haltung von König Ludwig I., von Bauern, Handwerkern und Gewerbetreibenden gegenüber der Gründung von Fabriken, durch die sie die Monarchie bzw. den Mittelstand gefährdet sahen. Wo dennoch der Industrialisierungsprozeß Fuß zu fassen vermochte, stand der Eisenbahnbau im Mittelpunkt; er brachte auch Mitte der 1830er Jahre den Durchbruch des Wirtschaftswachstums. Der Eisenbahnbau zwang zur Anpassung an und schließlich zur Ersetzung von englischer Technologie. Darin nahm die deutsche und bayerische Eisen- und Maschinenbauindustrie ihren Ausgang[3].

Wilhelm Kaltenstadler hat als Ergebnis seiner Habilitationsschrift zur „Bevölkerung und Gesellschaft Ostbayerns im Zeitraum der frühen Industrialisierung (1780 – 1820)"[4] festgestellt, „daß nicht nur Bevölkerungs- und Sozialstruktur wie auch Bevölkerungsbewegung und sozialer Wandel des ostbayerischen Raumes vielfach atypisch sind, sondern auch überhaupt der hier in Gang gesetzte Industrialisierungsprozeß, der in anderen Staaten und Ländern von einer Klasse freier Unternehmer getragen ist ... In Ostbayern wirkte seit dem 30-jährigen Krieg staatliche Bergwerksregie und staatliche Hüttenverwaltung als Motor der industriellen Entwicklung." Eben dieser staatlich geförderte und dirigierte Leitsektor der Montanindustrie (mit den Werken in Bodenwöhr, Königshütte, Leidersdorf, Weiherhammer und Amberg) und mit ihm die gesamte oberpfälzische Wirtschaft befanden sich um die Mitte des letzten Jahrhunderts in einer schweren Krise[5], von der sie sich nur langsam – während der hier so genannten „Initialphase" (1850 – 1890) der Industrialisierung in der Oberpfalz – wieder erholen sollten.

Erst nach 1850 begann in Deutschland die eigentliche Industrialisierung, entstand die Basis für die industrielle Expansion, die Deutschland nach 1870 zu einem der ersten Industrieländer der Welt machte[6]. In der sog. „ersten Gründerzeit" von der Jahrhundertmitte an, vor allem aber in den Gründerjahren nach dem Deutsch-Französischen Krieg und der Bildung des Deutschen Reiches 1871, setzte auch in Bayern der Industrialisierungsprozeß ein mit – sektoral und regional unterschiedlich – einschneidenden sozialen Folgen[7]. „Der erste Aufschwung der 1850er Jahre begann verhalten. ... Erst 1853 kam ein allgemeiner Aufschwung in Gang, der von 1854 bis 1857 vor allem von der Schwerindustrie, dem Verkehrswesen und auch vom Textilgewerbe getragen wurde. Er wurde von einer starken Exportnachfrage unterstützt ...", beschreibt Borchardt[8] den beginnenden konjunkturellen Aufschwung der 1850er Jahre in Deutschland.

Abb. 1: Die drei Maxhütten-Hochöfen in Sulzbach-Rosenberg im Jahr 1880

In der Oberpfalz setzte der Industrialisierungsprozeß um die Jahrhundertmitte nur sehr zögernd ein, fehlte es doch bis zum Jahr 1859 an seiner wichtigsten Voraussetzung: dem Eisenbahnbau. In der im Jahre 1858 in Auftrag gegebenen Bezirksärzte-Landesbeschreibung[9] heißt es hierzu: „Der Hauptnahrungszweig der Oberpfälzer ist die Landwirtschaft. Der Betrieb der übrigen Gewerbe ist nur in den Städten Amberg und Regensburg von einiger Bedeutung. Auf dem flachen Lande werden die Gewerbe fast nur als ein Anhängsel der Landwirtschaft betrachtet und mit wenig Kenntnis und Geschick nur in Berücksichtigung des nächsten lokalen Bedürfnisses betrieben. Der Fabrikbetrieb ist in der Provinz noch wenig einheimisch geworden. Die schlechten Verkehrsverhältnisse, unter welchen ein großer Teil der Oberpfalz bis in die neueste Zeit zu leiden hatte, mochten die hauptsächlichste Schuld daran tragen."

Schon seit dem Jahre 1836 hatte man sich in der Oberpfalz um eine Eisenbahnverbindung von Regensburg nach Nürnberg bemüht, um den Anschluß an die sich abzeichnende industrielle Entwicklung des 19. Jahrhunderts zu gewinnen; der Bau der ersten Eisenbahnlinie in der Oberpfalz (von Regensburg über Schwandorf und Amberg nach Nürnberg) wurde aber noch bis zum Jahr 1856 hinausgeschoben, um das staatlicherseits favorisierte und seit 1835 realisierte Konkurrenzprojekt, den Ludwig-Donau-Main-Kanal, nicht zu entwerten[10]. Im Argen lag es in der Oberpfalz auch mit der Eisenindustrie, dem zweiten wichtigen Träger des konjunkturellen Aufschwungs in den 1850er Jahren; der fehlende Anschluß der Oberpfalz ans Streckennetz der Eisenbahn und die Krise der oberpfälzischen Eisenindustrie um die Mitte des vorigen Jahrhunderts[11] bedingten und verstärkten sich wechselseitig. Die oberpfälzische Eisenindustrie war auf dem deutschen und ausländischen Markt aufgrund ihrer schlechten Verkehrslage, der Holzkrise und der versäumten Modernisierung bereits hoffnungslos ins Hintertreffen geraten, als der Hüttenwerksbesitzer von Plankenhammer, Gustav Schlör, im Jahre 1848 in einer Eingabe an König Maximilian II. vorschlug, in der Oberpfalz ein Walzwerk zur Erzeugung von Eisenbahnschienen zu erbauen. 1851 wurde dann von Goffard und Michiels die Eisenwerks-Gesellschaft Maximilianshütte im Sauforst bei Burglengenfeld aufgrund der dort vorgefundenen Lignitkohle-Vorkommen ins Leben gerufen. Die beiden Belgier mußten sich vertraglich verpflichten, ständig genügend Schienen aus dem Eisen-Walzwerk der Maxhütte für den Bau der Bayerischen Staatseisenbahn zu liefern[12]. Das Eisenwerk Maxhütte wurde mit einer Belegschaftsstärke von etwa 200 – 250 Arbeitern[13] 1853 in Betrieb genommen und scheint nach einer Krise in der Anfangsphase dann doch recht rasch in Gang gekommen zu sein; denn im Jahre 1864 beschäftigte die Maxhütte insgesamt etwa 1.000 Belegschaftsmitglieder und 1870 bereits 1.500 Lohnempfänger[14] und hatte sich damit – inmitten einer ländlich-bäuerlichen Umgebung – zum größten Eisenwerk Süddeutschlands entwickelt (das zweitgrößte Unternehmen der oberpfälzischen Montanindustrie war das staatliche Eisenwerk in Amberg, das als Berg- und Hüttenwerk die Zahl seiner Arbeiter von 97 im Jahre 1836 auf 360 im Jahre 1858 hatte erhöhen können)[15].

Bis Mitte der 50er Jahre des letzten Jahrhunderts dauerte die landwirtschaftliche Krise in der Oberpfalz an; die Regierung suchte der anhaltenden Lebensmittelteuerung, die schwer auf der Bevölkerung lastete, eher hilflos durch Errichtung von Speise-Anstalten zu begegnen[16]. Im Frühjahr 1856 schien jedoch auch für die Oberpfalz sich eine leichte wirtschaftliche Besserung abzuzeichnen[17]. „... Die Fruchtpreise sind zurückgegangen, an Arbeitsgelegenheit für die ärmere Bevölkerung ist kein Mangel, und dießfalls Aussicht auf noch ergiebigeren Verdienst bei den bevorstehenden Eisenbahnbauten vorhanden ...", beschreibt der Regierungspräsident[18] den 1856 in der Oberpfalz einsetzenden konjunkturellen Aufschwung. Im April 1856 war die Ostbahngesellschaft gegründet und mit den Bauarbeiten begonnen worden für die Strecke Regensburg-Schwandorf-Amberg-Nürnberg, die 1859 dem Verkehr übergeben wurde. Mit der Errichtung der Ostbahn-Werkstätte entstand noch im selben Jahr der „kontinuierlich arbeiterstärkste Betrieb Regensburgs"[19]. Der Eisenbahnbau schuf auch in der Oberpfalz vielen Hunderten von Taglöhnern – allein beim Bau der Schwabelweiser Eisenbahnbrücke im Jahre 1856 waren 500 Arbeiter beschäftigt[20] – ein zeitweises notdürftiges Auskommen und belebte durch Nachfragesteigerung auch das heimische Gewerbe; die vorübergehende wirtschaftliche Prosperität der Oberpfalz in den Jahren 1856 bis 1858 war hauptsächlich sein Verdienst[21]. Im Sommer 1859 kam es zur erneuten wirtschaftlichen Stagnation, die von Klagen der Bevölkerung über ständig steigende Fleischpreise begleitet war[22]. Die dringend notwendige konjunkturelle Belebung des stockenden Wirtschaftslebens erhoffte man sich vor allem von einem Anschluß ans Streckennetz der Eisenbahn. Zu Ende der 1850er Jahre entstanden deshalb „Eisenbahn-Comités" in zahlreichen Landstädten vor allem der nördlichen Oberpfalz, da – wie es im Bericht des Regierungspräsidenten[23] heißt – „dieser Landestheil noch der einzige auf die gewöhnlichen Verkehrsmittel beschränkte Bezirk ist, der seine Emporbringung von dem Anschlusse an den Weltverkehr bedingt sieht".

Die Entwicklungstendenzen und das Ausmaß des – auch in der Oberpfalz – um die Mitte des letzten Jahrhunderts einsetzenden Industrialisierungsprozesses soll ein Vergleich der beiden Zollvereinszählungen von 1847 und 1861 zeigen[24]. In beiden Zählungen – die erste noch im Zeichen des Pauperismus, die zweite nach einer Phase wirtschaftlichen Aufschwungs – wurde sowohl die Anzahl der Handwerker (Meister und Gehilfen) als auch die der Fabrikarbeiter erfaßt, wobei letzterer Begriff – wohl v.a. wegen der fließenden Übergänge zwischen beiden – nicht näher definiert ist. Die bei beiden Zählungen verwendeten unterschiedlichen Erhebungsmethoden[25] lassen nur einen Vergleich großer Personengruppen – wie Handwerksmeister, Gehilfen, Lehrlinge und Fabrikarbeiter – und die Auswertung einzelner Details zu[26].

Abb. 2a: Ostbahn bei Sulzbach

So wurden in der Oberpfalz im Jahre 1861 14.228 Handwerksmeister (gegenüber 14.624 im Jahre 1847) sowie 14.701 Gehilfen und Lehrlinge (1847: 13.711) gezählt, insgesamt also 28.929 Gewerbetreibende im Jahre 1861 gegenüber 28.335 im Jahre 1847[27]. Während also bei einer Bevölkerungszunahme von 3,9 Prozent[28] im Vergleichszeitraum 1847 bis 1861 die Zahl der Handwerksmeister um rund 1 Prozent abnahm (insgesamt also um etwa 5 Prozent hinter der Bevölkerungsentwicklung zurückblieb) und im Jahre 1861 auf einen Meister 34 potentielle Käufer gegenüber 32 im Jahre 1847 trafen, verzeichneten die Gehilfen und Lehrlinge einen 7,2-prozentigen Zuwachs, der noch um 3,3 Prozent über dem Bevölkerungswachstum lag. Die Gesamtzahl der Gewerbetreibenden (Handwerksmeister, Gehilfen und Lehrlinge) hatte sich im Vergleichszeitraum 1847 bis 1861 um etwa 2 Prozent erhöht, blieb also um insgesamt rund 2 Prozent hinter der Bevölkerungszunahme zurück: in der Oberpfalz traf im Jahre 1861 ein Gewerbetreibender auf 17 Einwohner gegenüber 16,5 Einwohnern im Jahre 1847[29]. Die Oberpfalz lag damit in der gesamtbayerischen Statistik hinsichtlich der Gewerbedichte an letzter Stelle (zusammen mit der Pfalz), weit zurück hinter dem „Spitzenreiter" Mittelfranken (wo – aufgrund der Gewerbemetropole Nürnberg – auf nur 12 Einwohner ein Gewerbetreibender traf) und auch hinter dem gesamtbayerischen statistischen Mittelwert von 14,6 Einwohnern auf einen Gewerbetreibenden[30].

Für die Oberpfalz insgesamt läßt sich keine außerordentliche und schon gar keine zunehmende Übersetzung des Handwerks erkennen, wie sie in den fünfziger Jahren des vorigen Jahrhunderts ständig beklagt worden war; selbst in den im Zähljahr 1847 so übersetzten Gewerbe-Schwerpunkten Amberg und vor allem Regensburg hatte sich durch die Bevölkerungszunahme – bei einem weitgehenden Stagnieren der Gesamtzahl der Gewerbetreibenden[31] – die Relation Einwohner pro Handwerksmeister bzw. Gewerbetreibenden entspannt (in Regensburg traf im Jahre 1861 ein Meister auf 30 Einwohner bzw. ein Gewerbetreibender auf 12 Einwohner – gegenüber 1847 25 bzw. 9,4 Einwohnern, in Amberg 1861 ein Meister auf 40 Einwohner bzw. ein Gewerbetreibender auf 15,5 Einwohner – gegenüber 1847 40 bzw. 14 Einwohnern)[32]. In der übrigen Oberpfalz wurden, wie bereits erwähnt, die Gewerbe fast nur als Anhängsel der Landwirtschaft betrieben, wovon das bei Schwarz[33] ausführlich zitierte Weidener Beispiel beredtes Zeugnis ablegt. Zu den beiden am stärksten übersetzten Handwerksbranchen heißt es im selben Bericht[34]: „Ein Drittel bis zur Hälfte aller Schuster und Schneider fanden keine Beschäftigung in ihrem Gewerbe." Die Situation der Handwerksmeister in der Oberpfalz hatte sich also zu Beginn der sechziger Jahre des vorigen Jahrhunderts in den beiden Gewerbezentren Regensburg und Amberg hin zu einer Mittelposition – im landesweiten Vergleich der Gewerbedichte – „normalisiert"[35], während die mehr als 90 Prozent der oberpfälzischen Handwerksmeister[36], die auf dem flachen Lande ansässig waren und ihr Gewerbe meist nur als Zuerwerb zur Landwirtschaft und mit wenig Geschick[37] betrieben, mit Ausnahme der beiden Problembranchen der Schuster und Schneider ihr – wenn auch notdürftiges – Auskommen fanden.

Ganz anders die Lage der Handwerks-Gehilfen und -Lehrlinge in der Oberpfalz: Der Rückgang der handwerklichen Meisterzahlen bei gleichzeitigem Anstieg der Gesellenzahlen und staatlich eng beschränktem Zugang zum Handwerk durch erschwerte bzw. verweigerte Ansässigmachung führte hier – wie auch überregional – zu einem „Gesellenstau", zum „erzwungenen Gesellenstand" - mit dem Ergebnis des Abwanderns vieler Gesellen in die Fabriken und wohl auch zum damals einsetzenden Eisenbahnbau[38]. Der Gesellenstau lag im Jahre 1861 in der Oberpfalz mit 8,2 %[39] über dem Landesdurchschnitt von 7,5 %[40]; in absoluten Zahlen wären dies 780 Gesellen[41], die es nie zu einer Meisterstellung bringen konnten, denen nach jahre-, oft jahrzehntelangem erzwungenen Gesellenstand, nach immer aufs Neue verweigerter Konzessionierung und der damit fast unmöglich gemachten Anässigmachung und Verehelichung meist nur der Weg in die neuentstehenden Fabriken und – vermutlich – zum Eisenbahnbau blieb.

Schwarz'Behauptung[42], daß auf dem Lande die Verhältnisse für die Gesellen ungünstiger gewesen wären als in den Städten, wird man wohl auch für die Oberpfalz – wenn auch mit Einschränkungen und Vorbehalten[43] – zustimmen können. Zwar lag im Jahre 1861 die Relation Einwohner pro Gewerbetreibendem in den Städten Regensburg und Amberg mit 12 bzw. 15,5 unter dem statistischen Mittelwert von 17 für die gesamte Oberpfalz[44], doch zum einen war die Nachfrage in diesen beiden Gewerbezentren wohl größer als in der übrigen Oberpfalz, zum anderen hatte das – durch den Zustrom vom Lande enorm forcierte – Bevölkerungswachstum in beiden Städten (so wuchs im Vergleichszeitraum 1847 bis 1861 die Bevölkerung Ambergs um 14,2 %, die Regensburgs sogar um 16,3%[45]) die Relation Einwohner pro Gewerbetreibendem gelockert (die im Vergleichsjahr 1847 in Amberg noch bei 14:1, in Regensburg sogar bei 9,4:1 gelegen hatte[46]) und zusammen mit den Abwanderungsmöglichkeiten in die am Ort entstehenden Fabriken – als soziale Ventilfunktion für die Angehörigen sog. „Niedergangshandwerke" - das Aufkommen eines Gesellenstaus verhindert[47].

Doch nicht nur durch das Stadt-Land-Gefälle wurde der Grad der Existenzgefährdung des einzelnen Gesellen markiert;

Abb. 2b: Ostbahn im Etzelwanger Tal

Abb. 2c: Ostbahn vor Schwandorf

entscheidend war hierfür auch, in welcher Handwerksbranche er tätig war. Schwarz[48] erwähnt hier besonders die – allgemein als „Niedergangshandwerke" typisierten Branchen der - Schuster und Schneider, deren relative Verdichtung vor allem auf die liberale Handhabung der Konzessionierung bis 1830 zurückzuführen gewesen sei, „da das Handwerk der Schuhmacher und Schneider auch unbemittelten Gesellen leicht zugänglich war (sog.'faule Gewerbe')". Am lautesten waren die Übersetzungsklagen bei den Schustern, die sich selbst als die schlechtest gestellten „. . . unter allen gewerblichen und industriellen Arbeitern (...), noch unter den gewöhnlichen Tagelöhnern (stehend)" empfanden[49]. Auch in der Oberpfalz war im Vergleichszeitraum 1847 bis 1861 die gewerbliche Entwicklung – soweit diese sich anhand des statistischen Materials nachvollziehen läßt[50] – geprägt durch die Niedergangshandwerke der Schuster und Schneider. So war im Jahre 1847 das Schusterhandwerk mit 2.475 Meistern sowie 1.924 Gehilfen und Lehrlingen besonders stark übersetzt, was beträchtlichen sozialen Zündstoff in sich barg[51]; bis zum Jahre 1861 hatte sich die Zahl der Meister nur unwesentlich verringert (auf 2.333), während die Zahl der Gehilfen und Lehrlinge um rund ein Achtel (auf 1.691), in Regensburg sogar um ein Drittel (von 284 auf 183) und in Amberg um ein Fünftel (von 49 auf 40) abgenommen hatte. Wie das Schuster- hatte auch das Schneiderhandwerk in der Oberpfalz – hier wiederum v.a. in Regensburg – einen gewaltigen Aderlaß hinnehmen müssen. Von 2.029 Meistern und 1.338 Gehilfen und Lehrlingen im Jahre 1847 waren 1861 nur noch 1.748 Meister und 1.055 Gehilfen und Lehrlinge übrig geblieben; wenn auch im Vergleichszeitraum 431 Meister sowie 125 Gehilfen und Lehrlinge weiblichen Geschlechts hinzugekommen waren, so hatten doch fast 300 Meister sowie etwa ebenso viele Gehilfen und Lehrlinge männlichen Geschlechts in die Fabriken und wohl auch zum Eisenbahnbau abwandern müssen. Noch dramatischer gestaltete sich der Niedergang des Schneiderhandwerks in Regensburg, wo es für beschäftigungslose Schneider- (und Schuster-) Gesellen keine, zumindest saisonalen, Ausweichmöglichkeiten – etwa beim Torfstechen[52] und/oder in der Landwirtschaft – wie beim Landhandwerk gab. So waren in Regensburg von 1847 206 Gehilfen und Lehrlingen kaum eineinhalb Jahrzehnte später – im Jahre 1861 - nur noch 109 übrig geblieben (zu denen im Jahr 1861 erstmals auch 28 weibliche Gehilfen und Lehrlinge kamen): beinahe die Hälfte aller Regensburger Schneider-Gehilfen und -Lehrlinge hatte also im Vergleichszeitraum ihr Handwerk aufgeben müssen. In Amberg war die Entwicklung des Schneiderhandwerks eher gegenläufig gewesen: dem überaus starken Rückgang der Meisterzahl (von 25 auf 16) stand hier im Jahr 1861 ein - von ersterem mitverursachter - Gesellenstau gegenüber aus 28 (1847: 23) männlichen und 6 neuhinzugekommenen weiblichen Gehilfen und Lehrlingen.

Will man die branchenspezifische Entwicklung des Handwerks in der Oberpfalz kurz resümieren, so läßt sich Folgendes feststellen: Sowohl im Regierungsbezirk Oberpfalz insgesamt als auch in den beiden Städten Regensburg und Amberg waren jeweils das Schuster-, dann das Schneiderhandwerk die am zahlreichsten vertretenen Branchen; zugleich waren sie die am stärksten übersetzten und durch den größten Gesellenstau gekennzeichneten Gewerbe. Auf die gesamte Oberpfalz bezogen, überwog in diesen beiden kleingewerblichen „Niedergangshandwerken" im Vergleichszeitraum 1847 bis 1861 die Zahl der selbständig Erwerbstätigen die der abhängig Beschäftigten bei weitem; im Schuster- und Schneiderhandwerk der beiden Städte Regensburg und Amberg jedoch waren die Gehilfen und Lehrlinge zahlreicher repräsentiert als die Meister. Die Übersetzung und das materielle Elend waren hier besonders groß, zumal es v.a. in Regensburg kaum den Ausweg in irgendwelche Nebenerwerbstätigkeiten – wie beim Landhandwerk – gab; die Lage der Schuster- und Schneider-Gesellen war also in den beiden Städten Regensburg und Amberg schwieriger als auf dem Lande. Zum Zeitpunkt der zweiten Zollvereinszählung 1861 hatte bereits eine beträchtliche Anzahl vor allem von Gesellen, dann auch von Meistern der Schuster- und Schneider-Branche besonders in Regensburg (wo zum Teil bereits weibliche Arbeitskräfte nachgefolgt waren) ihr Handwerk aufgeben müssen; es ist anzunehmen, daß diese ehemaligen Handwerker um 1860 bereits weitgehend „proletarisiert" waren, d.h. den Weg in die am Ort entstandenen Fabriken und wohl auch zum Eisenbahnbau gegangen waren.

Wie hatte sich nun aber im Vergleichszeitraum 1847 bis 1861 – mit dem Einsetzen der Initialphase des Industrialisierungsprozesses in der Oberpfalz also – die Zahl der „Fabrikarbeiter"[53] in der Oberpfalz entwickelt? In der folgenden Betrachtung soll das Hauptaugenmerk gerichtet sein auf einen Vergleich der (Gesamt-) Arbeiterzahlen für die Oberpfalz und die beiden kreisfreien Städte Regensburg und Amberg mit denen anderer Regierungsbezirke und Städte und mit denen des Handwerks in der Oberpfalz; daran anschließen soll eine Beurteilung des um 1860 in der Oberpfalz erreichten Industrialisierungsgrades. Eine nach den einzelnen Bezirksämtern und den wichtigsten Branchen aufgeschlüsselte vergleichende Untersuchung der industriellen Entwicklung in der Oberpfalz wird an anderer Stelle[54] erfolgen. Zur Subsumtion der Handweber unter die Rubrik „Fabrikarbeiter"[55] bleibt noch anzumerken, daß die protoindustrielle Textilproduktion, die – für den überörtlichen Bedarf und unter der Aufsicht von Verlegern und Kaufleuten – vor allem auf dem Lande als

Heimgewerbe ausgeübt wurde, in der Oberpfalz wie auch in allen anderen Regierungsbezirken die am zahlreichsten repräsentierte „Industrie"-Branche war.

In der Oberpfalz wurde diese „Industrie vor der Industrie"[56] im Jahr 1847 von 5.121, zum Zeitpunkt der zweiten Zollvereinszählung immerhin noch von 4.292 (Heim-) Arbeitern betrieben. Wegen des Übergangscharakters dieser Branche, die mit ebenso guten Gründen unter die Rubrik „Handwerker" subsumiert werden könnte, und wegen des hier besonders schwierigen Erhebungsmodus (da in der meist saisonal betriebenen Heimweberei oft sämtliche Familienangehörige mit erwerbstätig waren), sollen die Handweber-Beschäftigtenzahlen beim Vergleich der (Gesamt-) Arbeiter- bzw. Handwerker-Zahlen nicht berücksichtigt werden[57], um unnötige Verzerrungen des Zahlenbildes zu vermeiden.

Die Anzahl der in Fabriken beschäftigten Arbeiter betrug 1847 in der Oberpfalz 10.251[58], also nur etwas mehr als ein Drittel der 28.335 im selben Jahr im Oberpfälzer Handwerk Beschäftigten. Doch war das Wachstum der Fabrikarbeiterzahl im Vergleichszeitraum 1847 bis 1861 mit rund 10 Prozent (von 10.251 auf 11.288 – davon 1.405 Arbeiterinnen) weit stärker als die zweiprozentige Zunahme der im Oberpfälzer Handwerk Beschäftigten und lag noch etwa sechs Prozent über dem Bevölkerungswachstum von 3,9 Prozent. Im Jahr 1861 traf in der Oberpfalz ein Arbeiter auf 43 Einwohner gegenüber 45 Einwohnern im Jahre 1847. Die Oberpfalz konnte damit im innerbayerischen statistischen Vergleich des erreichten Industrialisierungsgrades eine obere Mittelposition behaupten: mit einer Zunahme der Fabrikarbeiterzahl um 10 Prozent lag sie noch um ein Prozent über dem gesamtbayerischen Zuwachswert von 9 Prozent[59] und sogar um 4,4 Prozent über dem Zuwachswert von 5,6 Prozent für das rechtsrheinische Bayern.

Überraschender noch sind die Vergleichswerte für die „Fabrikarbeiterdichte" (die Handweber-Beschäftigtenzahlen sollen auch hier unberücksichtigt bleiben) in Regensburg und – vor allem – in Amberg. So wurden in Regensburg im Jahre 1847 977 Fabrikarbeiter gezählt, im Vergleichsjahr 1861 waren es 1.051 (davon 172 weibliche)[60]. Im Jahr 1861 traf dort also ein Arbeiter auf 27 Einwohner gegenüber 1847 27,5 Einwohnern. Regensburg nahm damit im gesamtbayerischen statistischen Städtevergleich einen mittleren Platz ein, mit nur geringem Rückstand gegenüber Städten wie Erlangen, Schweinfurt und Bayreuth. Noch frappierender ist die Entwicklung der Fabrikarbeiterzahlen – von 376 Beschäftigten im Jahre 1847 auf 1861 864, davon 127 weibliche – in der ehemaligen Hauptstadt der Oberpfalz, in Amberg: trafen dort 1847 auf einen Arbeiter 29 Einwohner, so waren es 1861 nur noch 14 Einwohner. Amberg konnte damit im Jahr 1861 auf die viertgrößte Fabrikarbeiterdichte (nach Augsburg, Hof und Kaufbeuren) im rechtsrheinischen Bayern verweisen und überflügelte sogar noch die mittelfränkische Industriemetropole Nürnberg, wo ein Arbeiter auf 17 Einwohner traf.

Für die 60er Jahre des letzten Jahrhunderts läßt sich der Wirtschaftsablauf in der Oberpfalz aufgrund des völligen Fehlens thematisch einschlägiger Quellen nicht mehr rekonstruieren. Hier finden sich nur vereinzelte Gründungsdaten und Belegschaftsziffern[61] Oberpfälzer Betriebe. Bemerkenswert ist der kontinuierliche Aufschwung der Oberpfälzer Glasschleifen und -polieren, deren Zahl von 1809/10 49 Betrieben mit etwa 250 Arbeitern auf 1836 69 Betriebe mit 1.224 Beschäftigten[62] und 1864 209 Werke mit 1.516 Arbeitern anstieg[63]. Die besonders auffällige Verdreifachung der Anzahl der Betriebe zwischen 1836 und 1864 ist wohl hauptsächlich zurückzuführen auf die in diesem Zeitraum erfolgte häufige Übernahme bankrotter Eisenhämmer und die Nutzbarmachung von deren „brachliegende(r) ... Wasserkraft für die Weiterverarbeitung des Glases im Schleif- und Polierverfahren ..."[64].

Als eine außerordentlich ergiebige Quelle (bei dem völligen Fehlen irgendwelcher thematisch einschlägiger Vorarbeiten) für eine Bestandsaufnahme und einen Vergleich des industriellen Entwicklungsstandes der einzelnen oberpfälzischen Bezirksämter im Frühjahr 1870 – dem letzten Jahr vor Gründung des Deutschen Reiches – erwies sich die (bisher nicht genutzte) Umfrage des oberpfälzischen Regierungspräsidenten[65], in welcher die einzelnen Bezirksämter und die beiden kreisfreien Städte Regensburg und Amberg[66] zur Berichterstattung über die „größeren industriellen Unternehmungen" in ihren Amtsbezirken aufgefordert wurden. Von sämtlichen oberpfälzischen Bezirksämtern waren im Jahre 1870 nur Cham[67] und Velburg[68] noch ohne Industrie. In letzterem Amtsbezirk existierte 1870 noch nicht einmal eine nennenswerte Anzahl von Getreidemahlmühlen und Holzschneidesägen[69], die sich sonst überall entlang den Wasserläufen angesiedelt hatten und meist zusammen von einem Mahlmühlburschen in Gang gehalten wurden; im Amtsbezirk Cham gab es 40 solcher mit Wasserkraft betriebener Sägmühlen, deren 47 Beschäftigte einen durchschnittlichen Wochenlohn von 1 Gulden 24 Kreuzer bis zu 2 Gulden 24 Kreuzer und freie Kost erhielten[70]. Die folgende Übersicht[71] wird sich auf Betriebe mit mindestens 5 Beschäftigten beschränken; das Hauptaugenmerk soll dabei den Beschäftigtenzahlen (bei differierenden Beschäftigtenzahlen wurde die jeweils niedrigere herangezogen) und ihrer Verteilung auf die einzelnen Amtsbezirke und Industriebranchen gelten, um den Stand und die Schwerpunkte industrieller Entwicklung in der Oberpfalz im Jahre 1870 dokumentieren zu können.

Stadtbezirk Amberg: 1.023 Beschäftigte (1 Keramik-Betrieb mit 113 B., 1 Sägemühle mit 10 B.); da Angaben zu den beiden größten Amberger Betrieben – der Kgl. Gewehrfabrik und dem Kgl. Bergamt – aus dem Jahre 1870 fehlen, mußte für die oben angegebene Gesamt-Beschäftigtenzahl als Notbehelf auf die Belegschaftsstände der Gewehrfabrik aus dem Jahre 1861 (lt. BSKB 10, 1862, S. 80 f.: 570 Mann) und des Bergamtes aus dem Jahre 1871 (lt. ZSKB 3, 1873, S. 176 f.: 330) zurückgegriffen werden.

Bezirksamt (BA) Amberg: 358 B. (1 Keramik-Betrieb mit 120 B., 3 Kaolingruben mit 85 B., 1 Hochofen mit 20 B., 5 Eisensteingruben mit 133 B.).

BA Burglengenfeld: 1.041 B. (3 Metall-Betriebe mit 890 B., 3 Glas-Betriebe mit 71 B., 1 Keramik-Betrieb mit 70 B., 1 Kunstmühle mit 10 B.).

BA Eschenbach: 96 – 206 B., aufgrund saisonaler Schwankungen stark differierende Beschäftigtenzahlen (4 Glasbetriebe mit 62 – 172 B., 1 Paterlhütte mit 14 B., 1 Farberdgrube mit 12 B., 1 Ziegelhütte mit 8 B.).

BA Hemau: 127 B. (5 Spiegelschleifen mit 94 B., 1 Metall-Betrieb mit 13 B., 1 Kunstmühle mit 13 B., 1 Papiermühle mit 7 B.).

BA Kemnath: 182 B. (5 Paterlhütten mit 81 B., 9 Glas-Betriebe mit 77 B., 2 Steinbruch-Betriebe mit 16 B., 1 Metall-Betrieb mit 8 B.).

BA Nabburg: 224 B. (1 Steinbruch-Betrieb mit 100 B., 7 Glas-Betriebe mit 92 B., 1 Ziegelhütte mit 25 B., 1 Hochofen mit 7 B.).

BA Neumarkt: 75 B. (2 Metall-Betriebe mit 60 B., 1 Kunstmühle mit 15 B.).

BA Neunburg v.W.: 648 B. (39 Glasschleifen mit 505 B., 1 Hüttenwerk mit 120 B., 1 Metall-Betrieb mit 17 B., 1 Dampfschneidesäge mit 6 B.).

BA Neustadt a.d.WN.: 247 – 347 B., aufgrund zusätzlicher Beschäftigung von 80 Torfstechern im Sommer stark differierende Beschäftigtenzahlen (11 Glas-Betriebe mit 160 – 240 B., 5 Metall-Betriebe mit 81 B., 1 Papier-Fabrik mit 6 B.).

Stadtbezirk Regensburg: 1.392 – 1537 B., aufgrund saisonaler Schwankungen stark differierende Beschäftigtenzahlen (1 Bleistiftfabrik mit 300 B., 1 Zuckerfabrik mit 125 – 270 B., 1 Baufirma mit 90 B., 1 Buchdruckerei mit 100 B., 1 Metall-Betrieb mit 40 B., 1 Keramik-Betrieb mit 70 B., 1 Textil-Betrieb mit 17 B. am Ort und 100 Heimarbeiterinnen in der Nordoberpfalz), Beschäftigtenzahlen für die Ostbahnwerkstätte und die Pustet'sche Buchdruckerei fehlen, Chrobak (VHVO 119, S. 206) nennt für erstere eine Belegschaftsziffer von 650 Arbeitern in den Jahren 1871/72, die der oben für Regensburg angegebenen Gesamt-Beschäftigtenzahl bereits eingerechnet sind, hinzuzurechnen wären noch die bei Pustet Beschäftigten (Chrobak, ebd., S. 208, nennt für das Jahr 1878 263 Beschäftigte).

BA Roding: 60 B. (1 Eisenhütte mit 30 B., 2 Glas-Betriebe mit 30 B.).

BA Stadtamhof: 67 B. (1 Dampfschneidesäge mit 17 B., 2 Steinbruch-Betriebe mit 50 Beschäftigten).

BA Tirschenreuth: 203 B. (1 Dampfschneidesäge mit 60 B., 1 Eisengießerei mit 50 B., 1 Keramik-Betrieb mit 35 B., 3 Glas-Betriebe mit 32 B., 2 Textil-Betriebe mit 15 B., 1 Imprägnier-Anstalt mit 11 B.).

BA Vohenstrauß: 316 B. in 21 Glas-Betrieben.

BA Waldmünchen: 359 B. (1 Tuchfabrik mit 200 B., 9 Glas-Betriebe mit 159 B.).

Vergleicht man anhand der industriellen Bestandsaufnahme von 1870 die „Fabrikarbeiter"-Zahlen der einzelnen oberpfälzischen Stadt- und Amtsbezirke untereinander, so kristallisieren sich vier regionale Schwerpunkte heraus: Zunächst die beiden kreisfreien Städte Regensburg und Amberg, von denen vor allem die erstere ein sehr starkes Anwachsen ihrer Fabrikarbeiterzahl gegenüber den beiden Zollvereinszählungen von 1847 und 1861 verzeichnen konnte (von 977 über 1.051 auf 1.655; für Amberg lagen die entsprechenden Zahlen bei 1847: 376, 1861: 864 und 1870: 1.023 Beschäftigten). Dann – etwa gleichauf mit Amberg – der Amtsbezirk Burglengenfeld, wo die enorm expandierende Maximilianshütte (von 200 – 250 Beschäftigten im Gründungsjahr 1853 auf 800 im Jahre 1870) sich zum größten Betrieb der Oberpfalz und zugleich der süddeutschen Eisenindustrie entwickelt hatte. Diesen drei eindeutig dominierenden Industrieschwerpunkten soll als vierter noch der Amtsbezirk Neunburg v.W. hinzugefügt werden, wo von insgesamt 648 Arbeitern allein schon 505 in den 39 Glasschleifen des Bezirks beschäftigt waren, was – in dieser Dichte und in diesem Ausmaß – wohl auch überregional einmalig gewesen sein dürfte (hinter dieser Glasarbeiter-Beschäftigtenzahl blieb selbst die der ausschließlich aus Glasbetrieben bestehenden Industrie des Amtsbezirkes Vohenstrauß mit 316 Beschäftigten weit zurück).

Hinter diesen vier „Industriezentren" fielen alle weiteren Amtsbezirke der Oberpfalz mit Beschäftigtenzahlen zwischen 359 (BA Waldmünchen) und 60 (BA Roding) deutlich zurück; erwähnt werden soll noch, daß zum einen die ohnehin schwach entwickelte Textilindustrie der Oberpfalz (die in anderen Regionen ja einer der Leitsektoren des Industrialisierungsprozesses gewesen war) weitestgehend auf den Grenzbezirk Waldmünchen beschränkt blieb und daß zum anderen die vergleichsweise niedrigen Beschäftigtenzahlen in den Amtsbezirken Neustadt a. d. Waldnaab und vor allem Eschenbach aufgrund saisonaler Schwankungen im Winter noch weiter gemindert wurden.

Die Gründerjahre nach dem Deutsch-Französischen Krieg und der Bildung des Deutschen Reichs 1871 brachten auch der Oberpfalz einen bis dahin nicht erlebten wirtschaftlichen Boom, den der Regierungspräsident im Sommer 1872 geradezu schwelgerisch beschrieb[72]: „Die Nahrungs- und Creditverhältnisse haben in diesem Sommer einen ungeahnten Aufschwung erhalten. . . . Alle landwirtschaftlichen Produkte sind in günstigster Weise und Menge gediehen und die industriellen Werke können weitaus der Nachfrage nicht genügen. Die in der Oberpfalz nahezu aufgegebene Eisenindustrie lebt neu auf. Die seit Jahren nicht mehr betriebenen Hochöfen und Hämmer sind wieder im Gange und werden sogar neue Werke eingerichtet. Dabei haben nicht nur die industriellen, sondern auch die Erzeugnisse der Landwirtschaft einen hohen Preis und gewähren die Bahnarbeiten, sowie die zum Theile neu entstandenen industriellen Unternehmungen allenthalben Verdienstgelegenheit. Durch diese auch vom gemeinen Manne anerkannte seltene Gunst der Verhältnisse ist eine freudige und gehobene Stimmung in der ganzen Provinz veranlaßt." Für die nachfolgenden beiden Jahrzehnte liegen dann aber zu wenige Anhaltspunkte vor, als daß hier gesicherte Aussagen über den Industrialisierungs- und Konjunkturverlauf in der Oberpfalz gemacht werden könnten.

FUSSNOTEN: A. ZUR WIRTSCHAFTS- und BEVÖLKERUNGSTRUKTUR DER OBERPFALZ 1848 – 1919

1) Wirtschaftliches Wachstum und Wechsellagen 1800 – 1914, in: Handbuch der deutschen Wirtschafts- und Sozialgeschichte, hrsg. v. Hermann AUBIN u. Wolfgang ZORN, Bd. 2: Das 19. und 20. Jahrhundert, Stuttgart 1976, S. 198.

2) Vgl. hierzu ebd.

3) Vgl. BOSL, Karl: Bayerische Geschichte, München 1980, S. 178 und 180 und ders.: Bayern, München 1981, S. 16 und 305.

4) Kallmünz 1977, S. 339

5) Vgl. hierzu auch KUHNLE, Robert R.: Das Ende alter Wirtschaftskultur. In der Mitte des 19. Jahrhunderts brach die oberpfälzische Industrie zusammen, in: DO 60 (1972), S. 263 – 267.

6) Vgl. GREBING, Helga: Geschichte der deutschen Arbeiterbewegung, München 1980[10], S. 48.

7) Vgl. hierzu auch ZORN, Wolfgang: Bayerns Gewerbe, Handel und Verkehr (1806 – 1970), in: SPINDLER, Max (Hrsg.), Bayerische Geschichte im 19. und 20. Jahrhundert. 1800 – 1970. Zweiter Teilband, München 1978, S. 782 – 845.

8) A.a.O., S. 260.

9) Bayerische Staatsbibliothek München, Handschriftenabteilung, Cod. germ. 6875: Medizinische Topographie und Ethnographie des Regierungsbezirkes der Oberpfalz und von Regensburg, etwa 1862, Kap. „Medizinische Ethnographie", Unter-Kapitel V: „Beschäftigung", 1. Doppelseite (unpaginiert).

10) Vgl. STARK, Franz: Verkehrskreuz Oberpfalz, Weiden 1978, S. 43.

11) Vgl. JOCKISCH, Bernd: Die wirtschaftliche Struktur der Oberpfalz, 1815 – 1840, Volkswirtschaftliche Diplomarbeit an der LMU München 1969, S. 25 und 31; hierzu auch „Die Liste der Zusammenbrüche" bei KUHNLE, Robert R.: Das Ende alter Wirtschaftskultur, in: Die Oberpfalz, 1972, S. 266.

12) Vgl. NICHELMANN, Volker: Beitrag zur Darstellung der Entwicklung der eisenschaffenden Industrie in der Oberpfalz, in: VHVO 97, 1956, S. 73 und 76; hierzu auch Festschrift „Eisenwerk- Gesellschaft Maximilianshütte 1853 – 1953", Sulzbach-Rosenberg- Hütte 1953, S. 26.

13) Dies geht aus dem bei NICHELMANN, VHVO 97, S. 147 ff. wiedergegebenen Lieferungs-Vertrag hervor.

14) Das Werk Haidhof stellte mit 800 Arbeitern den Hauptanteil; vgl. ebd., S. 129 und Maxhütten-Festschrift, S. 109.

15) Vgl. ZORN, Wolfgang: Kleine Wirtschafts- und Sozialgeschichte Bayerns 1806 – 1933, München 1962, S. 29.

16) Vgl. BHS I, MInn 30981/2, Bericht Nr. 3688 vom 13.12.1855.

17) Aufgrund des Fehlens jeglicher Einzelstudien und der sehr dürftigen Quellenlage zum Konjunkturverlauf in der „Initialphase" des Oberpfälzer Industrialisierungsprozesses ist deren konjunkturelle Einordnung nur schwer möglich.

18) Vgl. BHS I, MInn 30981/2, Bericht Nr. 9868 vom 14.4.1856.

19) CHROBAK, VHVO 119, S. 206.

20) Vgl. MAGES, Emma: Die Eisenbahn in der südlichen Oberpfalz, Diss. masch. Regensburg 1983, S. 118; weitere Beschäftigtenzahlen liegen erst wieder für die 1870er Jahre vor.

21) Vgl. hierzu auch BHS I, MInn 30981/2, Bericht Nr. 11201 vom 10.5.1858; zum Eisenbahnbau in der Oberpfalz allgemein vgl. STARK, a.a.O., S. 39 ff.

22) Vgl. ebd., Bericht Nr. 12887 vom 19.7.1859.

23) Vgl. ebd., Bericht Nr. 6925 vom 18.3.1860.

24) Die Bevölkerung und die Gewerbe des Königreiches Bayern nach der Aufnahme vom Jahre 1861, in: Beiträge zur Statistik des Königreichs Bayern (zitiert BSKB) 10, München 1862.

25) Vgl. ebd., Anhang 161 – 163; es wurde jeweils auf die dort für den Vergleich bereinigten Werte von 1861 zurückgegriffen.

26) Vgl. LENK, S. 561 f.

27) Vgl. BSKB 10, S. 30 f. und Anhang 161 mit dem Vergleichswert für 1861.

28) Errechnet aus ebd., S. 31, Spalte 178.

29) Vgl. ebd., S. 30 f. und Anhang 161 mit den für den Vergleich bereinigten Werten.

30) Vgl. ebd., Anhang 161.

31) Vgl. ebd., S. 44 f.

32) Vgl. ebd., S. 44 f. und Anhang 161 mit den bereinigten Vergleichswerten für 1861.

33) Vgl. SCHWARZ, Gerard: „Nahrungsstand" und „erzwungener Gesellenstand". Mentalität und Strukturwandel des bayerischen Handwerks im Industrialisierungsprozeß um 1860, Berlin 1974, S. 126 – 128.

34) Ebd., S. 128.

35) Vgl. hierzu auch SCHWARZ, a.a.O., S. 130 f.

36) Prozentsatz errechnet aus BSKB 10, S. 31, Spalte 177 und S. 45, Spalte 177.

37) Der Vohenstraußer Bezirksarzt schreibt um 1860 zur Situation des Handwerks in der Oberpfalz (StaBi M, Handschriftenabteilung, Cod. germ. 6874/183, Nr. 1230): „An ein Fortschreiten in den Gewerben ist nicht zu denken, der alte Schlendrian vererbt sich vom Vater auf den Sohn, und zumal auch der Wanderzwang aufgehoben, geht keiner mehr von der Scholle, auf der er geboren, fort und treibt das Handwerk eben so wie der Vater fort und fort, so daß der Verfall der Gewerbe sichtbar mit jedem Jahr zunimmt. ... Es wäre zu wünschen, daß die zu hoffende Gewerbefreiheit diesem großen Uebelstand abhilft!!"

38) Gesicherte Angaben hierzu fehlen zwar, doch deutet das enorme Expandieren der Beschäftigtenzahl im Regensburger Baugewerbe – von 44 Gehilfen und Lehrlingen im Jahr 1847 auf 120 im Jahr 1861 (vgl. BSKB 10, S. 34 f.) – darauf hin.

39) Dieser Betrag wurde – als Überhang der Gesellen- über die Meisterprozente – ermittelt durch Addition der absoluten Prozentziffern für den Rückgang der Meisterstellen (1 Prozent) und den Anstieg der Gesellenzahlen im Vergleichszeitraum 1847 bis 1861; er weicht ab von dem von SCHWARZ, a.a.O., S. 144, für die Oberpfalz errechneten Gesellenstau von 10 % im Jahre 1861.

40) Vgl. SCHWARZ, a.a.O., S. 144.

41) Nach der bei SCHWARZ, a.a.O., S. 145, angewendeten Berechnungsmethode.

42) Vgl. ebd., S. 144.

43) So dürfte die Lage der Schneider- und Schuster-Gesellen in den Städten eher schwieriger gewesen sein; ein abschließendes Urteil ist hier aufgrund der wenigen verfügbaren Daten aber kaum möglich.

44) Werte aus BSKB 10, Anhang 161.

45) Prozentwerte bei SCHWARZ, a.a.O., S. 141.

46) Vgl. BSKB 10, S. 44 f.

47) Vgl. dazu die Städtetabelle bei SCHWARZ, a.a.O., S. 141.

48) Vgl. ebd., S. 132.

49) So die bei SCHRÖDER, Wilhelm Heinz: Arbeitergeschichte und Arbeiterbewegung. Industriearbeit und Organisationsverhalten im 19. und frühen 20. Jahrhundert, Frankfurt 1978, S. 93, wiedergegebene Klage aus dem Schuhmacher-Verbandsorgan „Der Schuhmacher", Jg. 1887, Nr. 3.

50) Im folgenden sämtliche Werte zum Schuster- und Schneider- Handwerk aus BSKB 10, S. 26 f. und 40 f.

51) Vgl. ALBRECHT, Regensburg, S. 138 zur besonders starken Beteiligung der Regensburger Schustergesellen an den Unruhen im Revolutionsjahr 1848 und zu deren vorangegangenen Lohnforderungen an den Magistrat. In Regensburg war im Jahr 1847 das Schusterhandwerk mit 127 Meistern sowie 284 Gehilfen und Lehrlingen das am stärksten übersetzte Gewerbe gewesen; bis zum Jahr 1861 verringerte sich die Zahl der Meister dort nur unwesentlich (um 3 auf 124), während die Zahl der Gehilfen und Lehrlinge um mehr als ein Drittel (von 284 auf 183) abgenommen hatte.

52) Vgl. hierzu die bei SCHWARZ, a.a.O., S. 127 f., zitierte Weidener Übersetzungsklage.

53) Wie bereits erwähnt, sind die den beiden Zollvereinszählungen von 1847 und 1861 (in:BSKB 10, 1862,S. 61 – 103) zugrundeliegenden Begriffe „Fabrik" bzw. „Arbeiter" nicht näher definiert [zum letzteren Begriff liefert reiches begriffsgeschichtliches Hintergrundmaterial CONZE, Werner: „Arbeiter", in: O. BRUNNER, W. CONZE, R. KOSELLECK (Hrsg.), Geschichtliche Grundbegriffe. Historisches Lexikon zur politisch- sozialen Sprache in Deutschland, Bd. 1, Stuttgart 1972, S. 216 – 242].

54) Im Rahmen der Darstellung des industriellen Entwicklungsstandes der Oberpfalz im Jahre 1870.

55) Vgl. BSKB 10, 1862, S. 62 – 75.

56) Als Standardwerk zur Protoindustrialisierung in Deutschland KRIEDTE, Peter / MEDICK, Hans / SCHLUMBOHM, Jürgen: Industrialisierung vor der Industrialisierung. Gewerbliche Warenproduktion auf dem Lande in der Formationsperiode des Kapitalismus (Veröffentlichungen des Max-Planck-Institutes für Geschichte 53), Göttingen 1977; dieselbe Problematik behandelt für den gesamtbayerischen Raum BETTGER, Roland: Verlagswesen, Handwerk und Heimarbeit, in: Aufbruch ins Industriezeitalter, Bd. 2: Aufsätze zur Wirtschafts- und Sozialgeschichte Bayerns 1750–1850 (hrsg. von Rainer A. MÜLLER), München 1985, S. 175–183. Ansätze zur Behandlung dieser Thematik für die Oberpfalz finden sich bei JOCKISCH, a.a.O.; eine eingehende Untersuchung bleibt aber weiter ein dringendes Desiderat.

57) Wie dies auch bei der Auswertung in BSKB 10, 1862, Anhang 162, gehandhabt wurde.

58) Vgl. ebd., S. 102 f.

59) Vgl. ebd., Anhang 162.

60) Im Folgenden sämtliche Werte aus BSKB 10, S. 102 f. und 144 f.

61) So z.B. bei CHROBAK, VHVO 119, S. 198–210, zur Entwicklung einzelner Regensburger Firmen und bei KUHLO, a.a.O., S. 91 und 515, zur Gründung der Waldsassener Porzellanfabrik Bayreuther & Co. im Jahre 1866.

62) Vgl. JOCKISCH, a.a.O., S. 40.

63) Vgl. hierzu die bei BERLIN, Philipp: Die bayerische Spiegelglasindustrie, Berlin 1910, S. 41, wiedergegebene Zollvereinsstatistik aus dem Jahre 1864.

64) BRENNEISEN, Reinhold: Das wirtschaftliche Schicksal der Oberpfalz – ein Beispiel für das Wirken raumgestaltender Faktoren in der Geschichte, Regensburg 1966 (Blätter zu Geschichte und Landeskunde der Oberpfalz, Heft 2), S. 16.

65) StA AM, KdI, Sig. 14457: Den Stand der Industrie in der Oberpfalz 1870 betr.

66) Die vom Stadtmagistrat Amberg in seinem Schreiben Nr. 10679 vom 22.4.1870 angekündigte tabellarische Aufstellung der Amberger Industriebetriebe ist leider nur unvollständig erhalten.

67) Vgl. hierzu das Schreiben Nr. 8120 vom 31.3.1870 des Chamer Bezirksamtmanns, wonach „keinerlei industrielle Unternehmungen" vorhanden seien, im Mai oder Juni desselben Jahres jedoch in Nößwarthing eine „Holzstoffabrikation zur Papierbereitung ... in Betrieb gesetzt werden" solle.

68) Vgl. hierzu das Schreiben Nr. 8275 vom 28.3.1870.

69) Vgl. hierzu das Schreiben Nr. 9040 vom 7.4.1870 des Velburger Bezirksamtmanns.

70) Vgl. hierzu das Schreiben Nr. 9456 vom 14.4.1870 des Chamer Bezirksamtmanns; zu den Münzeinheiten: 1 Gulden (fl.) = 60 Kreuzer (Xer); seit dem 8. November 1875 wurde 1 Gulden mit 1,80 Mark und 1 Kreuzer mit 3 Pfennig umgerechnet (vgl. ZORN, Wirtschafts- und Sozialgeschichte, S. 94 -96).

71) Ein ausführlicher Tabellen-Teil findet sich im Anhang (vgl. Tabelle I); dort werden sämtliche Betriebe mit mindestens 5 Beschäftigten einzeln aufgeführt und die jeweiligen Beschäftigtenzahlen (mit den entsprechenden Vergleichswerten – soweit vorhanden – für die Jahre 1847 und 1861), Wochenlöhne sowie Arbeiter-Unterstützungs-, Sterbe-, Kranken- und Pensions- Kassen – soweit vorhanden – aufgelistet. Ins Verzeichnis industrieller Unternehmungen wurden – trotz mancher definitorischer Bedenken – auch Betriebe aufgenommen, die ausschließlich mit Handarbeit betrieben wurden (diese wurden jedoch mit „H" für „Handarbeit" gekennzeichnet).

72) BHS I, MInn 30981/20, Nr. 1309 vom 22.7.1872.

II. ZUR PHASE DER VERSTÄRKTEN INDUSTRIALISIERUNG IN DER OBERPFALZ WÄHREND DER VORKRIEGSÄRA (1890 – 1914)

Erst in den letzten beiden Jahrzehnten des vorigen Jahrhunderts entstanden auch in der Oberpfalz, allerdings beschränkt auf einige wenige Regionen, die Großbetriebe der Glas- und Porzellanindustrie, die fortan neben den Leitsektor der Montanindustrie traten. Erwähnenswert sind hier vor allem die großen Glashütten insbesondere in der nördlichen Oberpfalz (Weiden, Neustadt a.d.WN, Windischeschenbach, Mitterteich und Waldsassen), dann die ebenfalls in der Nordoberpfalz entstandenen Porzellanfirmen, die allein schon vor dem Ersten Weltkrieg zusammen 3.000 Beschäftigte zählten[1]. Die am stärksten industrialisierte Stadt der Oberpfalz war Amberg, wo die Belegschaft der Emailfabrik Baumann innerhalb des letzten Jahrzehnts des vorigen Jahrhunderts von 700 auf 2.000 Beschäftigte emporgeschnellt war[2], wohingegen in Regensburg ganz offensichtlich der Industrialisierungsprozeß jahrzehntelang von der Dreieinigkeit aus liberaler Stadtverwaltung, dem Fürsten von Thurn und Taxis und dem Bischof zum Nachteil der „Kleinen Leute" gebremst worden war[3]. Der Anteil der Großbetriebe am oberpfälzischen Industrialisierungsprozeß blieb im gesamtdeutschen Vergleich eher gering: so war 1895 in der Oberpfalz von 65.000 Beschäftigten in Gewerbe und Handel nur ein Fünftel in Großbetrieben tätig, im Vergleichsjahr 1907 waren es mit 24.000 von 84.000 noch immer nicht einmal ein Drittel[4].

Weit schwieriger noch als die Darstellung des Industrialisierungsprozesses gestaltet sich die Beschreibung des Konjunkturverlaufs, zumal dieser branchenspezifisch sehr unterschiedliche Ausprägungen erfuhr und, vor allem, die Quellenlage hier sehr lückenhaft und ganz besonders vom Interessenstandpunkt des jeweiligen Betrachters (ob er der Unternehmer- oder Arbeiterseite zuzurechnen ist) beeinflußt und oft auch verzerrt ist. Übereinstimmung herrscht jedoch bei allen Berichterstattern darüber, daß die Oberpfalz in den Jahren 1907 und 1908 einen für die allgemeinen Depressionsjahre atypischen Wirtschaftsboom erlebte, der seinen Ausgang bereits im Jahr 1903 mit einer allgemeinen erheblichen Besserung der Wirtschaftslage in der Oberpfalz genommen hatte[5]. Im Jahr 1905 berichtet der oberpfälzische Fabrikinspektor über „vorzügliche Geschäfte" in einer Reihe von Industriebranchen – anders als in der krisengeschüttelten Glasindustrie -[6], 1906 dann von „einer noch selten dagewesenen Hochkonjunktur"[7] und im darauffolgenden Jahr über den „äußerst günstigen Geschäftsgang sowohl in der Industrie als auch im Handwerk"[8]. Die sozialdemokratische Presse war von der kurzen – atypischen – wirtschaftlichen Blüte der Oberpfalz in den Jahren 1906 bis 1908 ähnlich fasziniert wie der oberpfälzische Fabrikinspektor und sprach von diesem Regierungsbezirk geradezu stereotyp als von dem künftigen „bayerischen Rheinland-Westfalen"[9]. „Kein bayerischer Kreis befindet sich wirtschaftlich und politisch in solcher Gärung wie die Oberpfalz. Er weist verhältnismäßig die stärkste Industrialisierung im Lande auf . . . Der Hauptsitz der Industrie liegt jedoch in der nördlichen Oberpfalz. Hier, in der Nähe der böhmischen Kohlenfelder, hat sich die Industrie in auffallender Weise entwickelt. Kein Ort mehr an oder in der Nähe der Bahn, wo nicht Fabrikschlote rauchen. Obenan steht die Porzellanindustrie, die viele Tausende von Arbeitern und Arbeiterinnen beschäftigt, und die in allen namhaften Orten zu treffen ist. Dann folgt die Glasindustrie"[10]. Zu den Gründen für die enorme Zahl von Industriesiedlungen in der Oberpfalz während der atypischen wirtschaftlichen Hausse der Jahre 1906 bis 1908 schreibt die „Fränkische Tagespost"[11]: „Die Bevölkerung ist anspruchslos und kulturell tiefstehend, sie läßt sich daher mit geringen Löhnen abspeisen und ist nicht von der 'Manie' befallen, kurze Arbeitszeit zu verlangen. Das Gelände ist durchweg schlechtes, steiniges Ackerland; daher der Grund und Boden billig. Die Wasserläufe bieten billige Betriebskraft. Das Innere der Erde enthält reiche Schätze an Erz und Kohle, Ton- und Porzellanerde". Und weiter zu den Auswirkungen dieses kurzfristigen Booms: „Bis vor wenigen Jahren wanderten die Pfälzer (gemeint sind die Oberpfälzer, d. Verf.) in die Städte, um dort Arbeit zu suchen. Heute treffen wir aber dort Thüringer, Sachsen, Böhmen, die in der Pfalz Arbeit suchen und finden"[12]. Über eben diese Wanderungsbewegungen und deren Einfluß auf die Bevölkerungsentwicklung und -struktur wird im nachfolgenden Kapitel zu berichten sein.

FUSSNOTEN: II. ZUR PHASE DER VERSTÄRKTEN INDUSTRIALISIERUNG IN DER OBERPFALZ WÄHREND DER VORKRIEGSÄRA (1890 – 1914)

1) Vgl. hierzu Handelskammer Regensburg (Hrsg.): Die Industrie der Oberpfalz in Wort und Bild, Regensburg 1914, S. 210 und 218; hierzu auch RUBNER, Anfänge, S. 188 – 191.

2) Vgl. hierzu den NICHELMANN-Aufsatz im Amberg- Ausstellungskatalog, S. 290.

3) Vgl. hierzu ALBRECHT, Regensburg, S. 164 und 166 – 169 sowie CHROBAK, VHVO 119, S. 213 f.

4) Quelle: RUBNER, Anfänge, S. 186.

5) Vgl. StA AM, Reg. d. Opf. 5226, Protokoll der Fabrikinspektoren-Jahreskonferenz vom 9./10./11.11.1903, S. 4 f. (dort übrigens auch zum damals – kurioserweise – in Neumarkt erbauten größten bayerischen Automobilwerk mit 160 Arbeitern!).

6) Vgl. ebd., Protokoll der Fabrikinspektoren-Jahreskonferenz vom 9./10./11.10.1905, S. 4.

7) Vgl. ebd., Reg. d. Opf. 5453, Protokoll vom 26./27./28.11.1906, S. 3.

8) Ebd., Protokoll der Fabrikinspektoren-Jahreskonferenz vom 3./4.11.1907, S. 2 f.

9) So z.B. in der „FT" Nr. 286 vom 5.12.1908.

10) „FT" Nr. 257 vom 2.11.1907.

11) Nr. 286 vom 5.12.1908.

12) „FT" Nr. 257 vom 2.11.1907.

III. ZUR BEVÖLKERUNGSENTWICKLUNG, ZU DEN WANDERUNGS- BEWEGUNGEN UND ZUR VERSTÄDTERUNG SOWIE ZU DEN AUSWIRKUNGEN DES INDUSTRIALISIERUNGSPROZESSES AUF DIE BEVÖLKERUNGS- UND ERWERBSSTRUKTUR IN DER OBERPFALZ

In den 43 Jahren von 1870 bis 1913 nahm die Bevölkerung des Deutschen Reiches von 41 auf 67 Millionen, also um 63 % zu[1]; diese explosive Bevölkerungsentwicklung signalisierte einen totalen Strukturwandel in Wirtschaft, Gesellschaft, Staat und Kultur und brachte mit der Mobilität im Verkehr zwischen Stadt und Land eine regelrechte Massenbewegung in Gang. Konsequenz dieser Binnenwanderung war die Verstädterung; diese beiden ineinandergreifenden Prozesse, durch die die Bevölkerungs- und Erwerbsstruktur bedeutende Umschichtungen erfuhr, waren maßgeblich durch die Entstehung neuer industrieller Standorte ausgelöst worden. Lebten 1871 noch 76,3 % aller Einwohner des Deutschen Reiches in Gemeinden unter 5.000 Einwohnern, so waren es 1910 nur mehr 51,2 %; 1871 waren erst 4,8 % aller Einwohner des Deutschen Reiches in Großstädten mit mehr als 100.000 Einwohnern ansässig, wohingegen es 1910 bereits 21,3 % waren[2]. Im Jahr 1882 hatten noch 42 % aller Erwerbstätigen in der Landwirtschaft gearbeitet; 1907 war derselbe Beschäftigtenanteil hingegen bereits in der Industrie erwerbstätig[3].

Industrialisierung und – in ihrem Gefolge – Urbanisierung, der Übergang „von der Agrar- und Handwerks- zur Industriekultur"[4] und das Aufkommen von industrieller Massengesellschaft und technisierter Großraumwirtschaft schufen als neue wirtschaftliche und soziale Leitbilder das Industriebürgertum und das Proletariat, das sich aus dem Bevölkerungsüberschuß auf dem Lande wie in der Stadt und aus dem Heer der proletarisierten Handwerker rekrutierte[5]. Die Voraussetzungen politischer und gewerkschaftlicher Organisierbarkeit waren bei diesen in die industriellen Zentren zugewanderten Arbeitern grundlegend verschieden: Wanderarbeiter, die nur zeitweilig oder saisonal in Industriebetrieben arbeiteten, ihren sonstigen Lebensbereich aber in industriefernen Gegenden hatten, waren kaum für den Eintritt in eine Arbeiterorganisation zu gewinnen. Deren Mitgliedschaft wurde vielmehr fast ausschließlich von Arbeitern gestellt, die sich völlig von ländlichen Lebensformen gelöst hatten oder bereits in der Stadt geboren und zum Erwerb des Lebensunterhalts allein auf den Verkauf ihrer Arbeitskraft angewiesen waren, so daß tarifliche und sozialpolitische Erfolge oder Niederlagen sich unmittelbar auf ihre Lebenssituation auswirkten[6].

Wie verliefen nun aber Bevölkerungsentwicklung, Verstädterung und Wanderungsbewegungen in der Oberpfalz? Während die Bevölkerung im rechtsrheinischen Bayern im Vergleichszeitraum 1818 bis 1939 um 78 % zunahm, wuchs sie in der Oberpfalz um nur 46 % an, trotzdem diese Region konstant mit die höchsten Geburtenüberschüsse unter allen bayerischen Regierungsbezirken aufzuweisen hatte[7]. Die Wanderungsverluste der Oberpfalz waren also sehr hoch[8] und wären noch bedeutend höher ausgefallen, wenn sie nicht durch das weit überdurchschnittliche Bevölkerungswachstum der Städte Amberg (im Vergleichszeitraum 1855 bis 1910 um 133 %), Regensburg (104,0 %) und Neumarkt (67,3 %) sowie der Amtsbezirke Neustadt a.d.WN (75,0 %) und Burglengenfeld (58,2 %)[9] zumindest teilweise aufgefangen worden wären. Diese hohen Zuwachsraten blieben in der Oberpfalz aber auf einige wenige, von der Industrialisierung besonders stark erfaßte Orte und Regionen beschränkt, wohingegen „rund zwei Drittel bis drei Viertel der oberpfälzischen Gemeinden eine ungünstige Entwicklung ihrer Bevölkerung durchgemacht haben"[10]. Einen Bevölkerungsrückgang – trotz hoher Geburtenraten – hatten im Vergleichszeitraum 1885 bis 1905 (also während der Phase der verstärkten Industrialisierung) die folgenden oberpfälzischen Amtsbezirke zu verzeichnen: Oberviechtach (- 12,9 %), Nabburg (-11,2 %), Neunburg v.W. (- 9,0 %), Waldmünchen (- 5,1 %), Eschenbach (- 3,4 %) und Kemnath (- 1,8 %)[11]. Im Jahr 1873 lebten 91,79 % der oberpfälzischen Bevölkerung noch in Gemeinden mit weniger als 5.000 Einwohnern[12]; dagegen waren es, wie bereits erwähnt, im gesamten Deutschen Reich zwei Jahre zuvor – 1871 – nur 76,3 % aller Einwohner gewesen.

Von den im Erhebungsjahr 1900 577.900 Einwohnern der Oberpfalz entstammten nur 58 % ihrer Aufenthaltsgemeinde, über 31 % waren aus anderen oberpfälzischen Gemeinden in ihre Arbeitsgemeinde zugezogen und nicht ganz 9 % aus anderen bayerischen Regierungsbezirken zugewandert[13]. Mehr als 2/5 der oberpfälzischen Bevölkerung hatten also ihre Heimatgemeinde verlassen (müssen) – mehr als in jedem anderen bayerischen Regierungsbezirk[14] -; dennoch wurde die Mobilität in der Oberpfalz weniger durch weite Fernwanderungen über die Grenzen des Regierungsbezirkes bzw. des Königreichs hinaus als vielmehr durch Binnenwanderungen zwischen den einzelnen oberpfälzischen Amtsbezirken bestimmt[15]. Sowohl bei den Fern- als auch bei den Binnenwanderungen läßt sich (mit Ausnahme des Amtsbezirks Neustadt a.d.WN) eine Nord-Süd-Richtung feststellen[16]. In Regensburg erhöhte sich durch den Zustrom aus der zu knapp 92 % katholischen Bevölkerung des Regierungsbezirks (in Gesamtbayern waren es 71 %) der Anteil der Katholiken an der Einwohnerschaft von 68,26 % im Jahr 1840 auf 1910 86,28 %[17]. Die höchsten Binnenwanderungsverluste unter sämtlichen bayerischen Amtsbezirken überhaupt mußte der Bezirk Neunburg v.W. verzeichnen, aus dem bis zur Jahrhundertwende 41,4 % der Stammbevölkerung abgewandert waren, in dem damit also eine regelrechte Entvölkerung stattgefunden hatte[18]. Annähernd 1/5 der in der Oberpfalz Geborenen (mehr als in jedem anderen bayerischen Regierungsbezirk) waren bis 1900 aus ihrer Heimatprovinz abgewandert[19]; weitaus die meisten zogen nach München, ein kleiner Teil (vor allem aus den Amtsbezirken Neumarkt und Sulzbach) ging nach Nürnberg (im Jahr 1900 stammten aber immerhin 12,8 % – also rund 1/8 – der Nürnberger Einwohnerschaft aus der Oberpfalz)[20].

Der Anteil der Arbeiterschaft an der Gesamtzahl der Erwerbstätigen bzw. an der Gesamtbevölkerung des Deutschen Reiches wuchs im Vergleichszeitraum 1882 bis 1907 von 1882: 33,7 bzw. 35,5 % auf 1895: 36,1 bzw. 39,1 % und – schließlich – auf 1907: 37,2 bzw. 42,8 % an[21]; rechnet man die Angehörigen der Arbeiter mit, so kamen 1907 also mehr als 2/5 der deutschen Bevölkerung als Organisationspotential für die Sozialdemokratie in Frage. Da in Bayern die Industrialisierung vergleichsweise spät und eher zögerlich eingesetzt hatte, lagen die bayerischen Prozentanteile (1882: 22,3 bzw. 28,3; 1895: 28,0 bzw. 31,0 und 1907: 27,4 bzw. 33.3)[22] deutlich unter den deutschen Vergleichswerten, betrug hier doch der Anteil der Arbeiterschaft an der Gesamtzahl der Erwerbstätigen im Jahr 1907 erst gut 1/4 (27,4 %), wohingegen noch fast die Hälfte (45,6 %) aller Erwerbstätigen im Bereich Landwirtschaft arbeitete[23]. In der Oberpfalz war der prozentuale Arbeiteranteil an der Erwerbstätigen-Gesamtzahl zunächst, 1882, mit 24,2 % über dem gesamtbayerischen Vergleichswert von 22,3 % gelegen, hatte dann aber bis 1895 mit 24,1 % stagniert und konnte erst im oberpfälzischen Boomjahr 1907 mit 26,2 %[24] wieder

bayerischen Mittelwert von 27.4 % gewinnen; die Oberpfalz blieb aber im Vergleichszeitraum 1882 bis 1907 – neben Niederbayern – der einzige bayerische Regierungsbezirk, in dem mehr als die Hälfte aller Erwerbstätigen (1882: 57,7 %; 1895: 56,2 % und 1907: 52,0 %)[25] noch in der Land- und Forstwirtschaft beschäftigt waren. Eine nach den einzelnen Industriezweigen[26] gegliederte Übersicht über den Betriebsbestand in den beiden Städten Regensburg und Amberg sowie in den sämtlichen oberpfälzischen Amtsbezirken gibt für das Jahr 1890 die folgende Graphik[27].

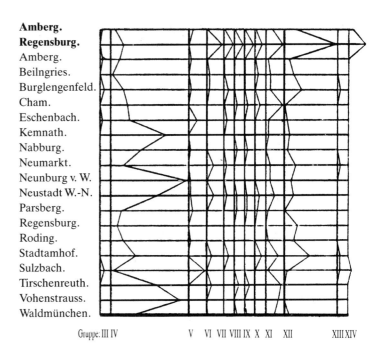

Fabriken und gewerbliche Anlagen
im Regierungsbezirke Oberpfalz und Regensburg
nach dem Stande vom 31. Dezember 1890.

Die einzelnen Betriebe sind in Millimetern aufgetragen.

FUSSNOTEN: III. ZUR BEVÖLKERUNGSENTWICKLUNG, ZU DEN WANDERUNGS-BEWEGUNGEN UND ZUR VERSTÄDTERUNG SOWIE ZU DEN AUSWIRKUNGEN DES INDUSTRIALISIERUNGSPROZESSES AUF DIE BEVÖLKERUNGS- UND ERWERBSSTRUKTUR IN DER OBERPFALZ

1) Quelle: HOHORST/KOCKA/RITTER (Hrsg.): Sozialgeschichtliches Arbeitsbuch, München 1975, S. 27 f.

2) Quelle: ebd., S. 43.

3) Quelle: BOSL, Karl: Gesellschaft und Politik in Bayern vor dem Ende der Monarchie, in: ZBLG 28 (1965), S. 18.

4) Ebd., S. 2.

5) Vgl. ebd., S. 8.

6) Vgl. SCHRÖDER, a.a.O., S. 42, 207 f. und 212.

7) Quelle: BRENNEISEN, a.a.O., S. 14, und KOLB, Gerhard: Strukturelle Wandlungen im wirtschaftlichen und sozialen Gefüge der Bevölkerung Bayerns seit 1840, Diss. Erlangen-Nürnberg 1966, S. 106 und 136.

8) Vgl. ebd., S. 107 und 137.

9) Quelle: BSKB 69 (1912), S. 263 f., Tabelle 18.

10) Ebd., S. 19* und die S. 146 – 156 mit der außerordentlich interessanten Auflistung der sämtlichen bayerischen Gemeinden mit einer Bevölkerungszunahme von wenigstens 100 % bzw. einer Bevölkerungszunahme von wenigstens 20 % (unter Angabe der jeweiligen Hauptgründe für die Bevölkerungszu- bzw. -abnahme).

11) Quelle: ebd., S. 18*, Übersicht 10.

12) Quelle: ZSKB 5 (1873), S. 88.

13) Quelle: BSKB 69 (1912), S. 209*.

14) Vgl. ebd., S. 50 f.* und 68*.

15) Vgl. ebd., S. 209*.

16) Vgl. ebd., S. 64 f. und 80 f.

17) Quelle: CHROBAK, VHVO 119, S. 223.

18) Quelle: BSKB 69 (1912), S. 92 f.*.

19) Quelle: ebd., S. 66 f.* und 84 – 86*.

20) Vgl. ebd., S. 70* und ROSSMEISSL, Dieter: Arbeiterschaft und Sozialdemokratie in Nürnberg 1890 – 1914, Nürnberg 1977, S. 48.

21) Quelle: HIRSCHFELDER, a.a.O., S. 19.

22) Quelle: ebd.

23) Quelle: ebd.

24) Quelle: KOLB, Gerhard, Strukturelle Wandlungen im wirtschaftlichen und sozialen Gefüge der Bevölkerung Bayerns seit 1840, Diss. Erlangen-Nürnberg 1966, Tabelle X.

25) Quelle: ebd.

26) Legende: III. Bergbau, Hütten- und Salinenwesen, Torfgräberei; IV. Steine und Erden; V. Metallverarbeitung; VI. Maschinen, Instrumente; VII. Chemische Industrie; VIII. forstwirtschaftliche Nebenprodukte, Seifen, Fette; IX. Textilindustrie; X. Papierindustrie; XI. Lederindustrie; XII. Holzindustrie; XIII. Nahrungs- und Genußmittel und XV. Reinigungsgewerbe (Ordnung der Gewerbearten nach BSKB 82, 1911, S. 393* – 398*).

27) Quelle: FIB 1890, Beilage 6.

B. ARBEITERLEBEN IN DER OBERPFALZ 1848 – 1919

I. LEBENS- UND ARBEITSVERHÄLTNISSE

1. KINDERARBEIT

In der Oberpfalz war die Kinderarbeit während des gesamten Untersuchungszeitraumes weit verbreitet; ihre Schwerpunkte lagen im hausgewerblichen und im landwirtschaftlichen Sektor. Für die Zeit vom Erlaß der ersten Kinderschutzverordnung vom 15.1.1840[1] und auch für die nachfolgenden drei Jahrzehnte ist die Quellenlage allerdings äußerst dürftig; statistisches Material findet sich erst für das letzte Viertel des 19. Jahrhunderts, in dem der Bereich der Fabrik-Kinderarbeit in der Oberpfalz keine numerisch große Rolle mehr spielte. Auch in der Oberpfalz war die Fabrik-Kinderarbeit in der ersten Hälfte des 19. Jahrhunderts bereits anzutreffen; so waren bei der Gewehrfabrik Amberg im Jahr 1820 6 Kinder beschäftigt[2]. Zur Jahreswende 1838/39 wurde in Bayern die erste staatliche Erhebung zur Kinderarbeit[3] durchgeführt; in der stark untertreibenden Rückantwort aus der Oberpfalz heißt es[4], „einige" Kinder unter 12 Jahren würden von sechs Uhr früh bis sechs Uhr abends (bei einer einstündigen Mittagspause) in einer Kattunfabrik[5] arbeiten und „nach vollendetem Tagwerk" noch einen zweistündigen Unterricht erhalten. Am 15. Januar 1840 trat als erste bayerische Arbeiterschutzbestimmung die „Verordnung über die Verwendung der werktagsschulpflichtigen Jugend in Fabriken" in Kraft: Kinder unter 9 Jahren durften in Fabriken nicht mehr „regelmäßig" beschäftigt werden und Kinder vom neunten bis zum zwölften Lebensjahr – nach Vorlage eines amtsärztlichen und schulbehördlichen Zeugnisses – höchstens zehn Stunden am Tag arbeiten; zwei Stunden Unterricht am Tage (nicht vor sechs Uhr früh und nicht nach sechs Uhr abends) mußten gewährleistet sein und die Einhaltung dieser Vorschriften durch Polizei- und Schulbehörden kontrolliert werden[6]. Ob und wieweit diese Bestimmungen in der Oberpfalz eingehalten wurden, läßt sich nicht mehr feststellen. Bei der Betriebszählung des Jahres 1847 belief sich der Anteil der Untervierzehnjährigen an der Gesamtarbeiterzahl in Bayern auf immerhin 7 %, in manchen Branchen, vor allem den Ziegeleibetrieben, sogar auf 25 % bei einer Arbeitszeit bis zu 16 Stunden[7].

Die zweite Kinderschutzverordnung vom 16. Juli 1854 „Die sanitäts- und sittenpolizeiliche Fürsorge für jugendliche Arbeiter in Fabriken betreffend" brachte keine entscheidenden Verbesserungen gegenüber der von 1840: Zugang zur Fabrikarbeit ab dem zehnten Lebensjahr (vorher ab dem neunten), Höchstarbeitszeit neun Stunden (vorher zehn) einschließlich mindestens drei (vorher zwei) Unterrichtsstunden am Tag und Verbot der Nachtarbeit. Diese auf die Fabrik-Kinderarbeit abzielende Verordnung dürfte in der Oberpfalz aber ins Leere gestoßen sein, lagen hier doch die Schwerpunkte der Kinderarbeit – aufgrund der erst um die Jahrhundertmitte einsetzenden Industrialisierung und der durch technische Neuerungen zu diesem Zeitpunkt bereits weniger gewinnträchtigen Kinderarbeit – während des gesamten 19. Jahrhunderts eindeutig im Heimgewerbe und vor allem im landwirtschaftlichen Bereich, wie dies auch in der „Medizinischen Ethnographie" der Oberpfalz aus den Jahren 1860/62[9] resümierend festgestellt wird: „Durch frühzeitige Überbürdung der Kinder mit schwerer landwirtschaftlicher Arbeit erklären viele Ärzte in der Oberpfalz das häufige Vorkommen von Kröpfen, Hernien (Eingeweidebrüchen, d. Verf.), Plattfüßen und anderen Mißbildungen bei unserer Landbevölkerung. In den Fabriken werden nur wenig Kinder verwendet und da, wo dieß der Fall ist, nur mit leicht auszuführenden Arbeiten betraut."

Mit Reichsgesetz vom 12. Juni 1872 wurde auch in Bayern die Gewerbeordnung des Norddeutschen Bundes von 1869 eingeführt: Kinder unter 12 Jahren durften nicht mehr regelmäßig, Kinder zwischen 12 und 14 Jahren nur noch 6 Stunden täglich und Jugendliche von 14 bis 15 Jahren höchstens 10 Stunden (einschließlich zwei Stunden Arbeitspause) in der Zeit von 5 1/2 Uhr früh bis 8 1/2 Uhr abends beschäftigt werden[10]. Aber auch diese wesentlichen Verbesserungen dürften in der Oberpfalz nur wenig Wirkung erzielt haben, wurde von den „Sachverständigen" in der Oberpfalz – wie in der Erhebung zur Frauen- und Kinderarbeit aus dem Jahre

1874/75[11] berichtet wird – doch eine stärkere Überwachung des Kinderarbeitsschutzes abgelehnt, weil „... die Zahl der beschäftigten jugendlichen Arbeiter zu gering sein soll, als daß sich ein Bedürfnis zu Verschärfungen (der Kontrolle, d. Verf.) herausgestellt hätte"[12]. Im Erhebungszeitraum 1874/75 waren in der Oberpfalz 66 Kinder (47 Jungen und 19 Mädchen) von 12 bis 14 Jahren und 201 Jugendliche (174 Jungen und 27 Mädchen) von 14 bis 16 Jahren, insgesamt also 267 Untersechzehnjährige in Fabriken beschäftigt. Beim innerbayerischen Vergleich der Anzahl der in Fabriken beschäftigten Kinder und Jugendlichen lag die Oberpfalz zusammen mit Niederbayern (250 Beschäftigte) und Unterfranken (256 Beschäftigte) am Ende der Skala, die von den früh industrialisierten Regierungsbezirken Pfalz (1.457 B.), Schwaben (1.402 B.) und Oberfranken (1.136 B.) angeführt wurde[13]. Nach der Gewerbeordnungsnovelle vom 17. Juli 1878 wurde in Bayern am 17. Februar 1879 die Kontrolle über die Einhaltung der Arbeiterschutzbestimmungen den Fabrikinspektoren – zunächst noch neben den ordentlichen Polizeibehörden - übertragen[14]. Wie unzureichend diese Kontrolle zumindest in der Anfangsphase und gerade in den entlegenen Gebieten der Oberpfalz war, zeigen die zu Ende der achtziger Jahre des letzten Jahrhunderts aufgedeckten Fälle von Kinder-Versteigerung im Raum Vohenstrauß. „Es herrscht in vielen unserer Gemeinden die gewiß verdammenswerthe Sitte, Kinder, deren Eltern gestorben sind ... öffentlich an den Wenigstnehmenden beim Bürgermeister oder gar in einem Wirtshause zu versteigern ... Der Strickschilling bewegt sich je nach dem Alter des Kindes zwischen 25 bis 60 Mark ... ", heißt es in dem in der „Fränkischen Tagespost" wiedergegebenen Bericht des „Vohenstraußer Anzeigers"[15].

Die Vorschrift, welche die Beschäftigung für Kinder unter 14 Jahren auf 6 Stunden beschränkte, stieß sowohl bei der Handels- und Gewerbekammer der Oberpfalz[16] als auch bei den Eltern, die ihre aus der Schule entlassenen Kinder in Fabriken unterbringen wollten, auf Widerstand und wurde „als eine in das Familienleben der Arbeiter tief einschneidende Maasregel angesehen"[17]. Da die Arbeitgeber sich wegen dieser Schutzbestimmungen weigerten, Kinder mit 13 Jahren in ihre Fabriken aufzunehmen, forderten Eltern wie Unternehmer, „dass Kinder mit dem vollendeten 13. Lebensjahr in Fabriken mit leichter Arbeit 10 Stunden im Tag beschäftigt werden dürfen"[18]. Die vereinzelten, vom oberpfälzischen Fabrikinspektor bei den – seit 1894 abgehaltenen – Jahreskonferenzen der bayerischen Gewerbeaufsichtsbeamten vorgetragenen Beobachtungen zur Kinderarbeit[19] bestätigen unsere Behauptung, daß in der Oberpfalz die Kinderarbeit weniger in den Fabriken als vielmehr in den „Grauzonen" Landwirtschaft und Heimgewerbe (meist saisonal wechselnd) angesiedelt war. Deutlich wird auch das Fehlen einer kontinuierlich- systematischen Aufsicht über das vor allem im Winter und in den Randgebieten der Oberpfalz betriebene Heimgewerbe; im Jahre 1905 noch mußte der oberpfälzische Fabrikinspektor eingestehen, daß das Heimgewerbe bis dahin unbeaufsichtigt geblieben war. „Gewerbliche Kinderarbeit ist ziemlich verbreitet; nur eigene Kinder. Besondere Erfahrungen sind noch nicht gemacht worden. Es hat sich ergeben, daß die Hausindustrien, die in Betracht kommen, im Winter besucht werden müssen"[20]. Nicht eingegangen ist das Heimgewerbe auch in die erste im Jahr 1904 erstellte Statistik zur „Lohnbeschäftigung von Kindern im Haushalte sowie in der Landwirtschaft"[21], die deshalb – und wegen anderer fragwürdiger Erhebungsmethoden – von nur geringem Wert ist[22].

Am 8. Januar 1907 erging eine ministerielle Entschließung[23], wonach künftig auf die Heim- und Kinderarbeit größeres Augenmerk zu richten sei. Im Juni 1907 wurden erneut Erhebungen zur Kinderarbeit angestellt, die, wie der oberpfälzische Fabrikinspektor Schuberth selbstkritisch anmerkte, wiederum „... theilweise ein unrichtiges Bild ergaben, da die Heim- und damit auch die Kinderarbeit in den Monaten November bis April stark zunimmt. In Tiefenbach (Oberpfalz) mit 1300 Einwohnern waren z.B. im heurigen Sommer nicht weniger als 600 Personen auswärts in Torfstichen, beim Kartoffelklauben, Hopfenzupfen und dergl. beschäftigt, wozu auch die Kinder vielfach mitgenommen werden"[24]. Der Ministererlaß zur Heim- und Kinderarbeit von 1907 war die entscheidende Handhabe auch für den – sozial sehr aufgeschlossenen – oberpfälzischen Fabrikinspektor Schuberth[25], endlich systematisch den Vollzug des Kinderschutzgesetzes zu überprüfen und „viele zum Teil erhebliche Mißstände"[26] abzustellen. So wurden in der Oberpfalz im Jahre 1907 von 443 gezählten gewerblich tätigen Kindern 312 gesetzwidrig beschäftigt; aber nur 11 dieser insgesamt 312 Verstöße gegen das Kinderschutzgesetz wurden geahndet[27]. Es wurde hier einmal mehr das alte Dilemma der Fabrikaufsicht deutlich, die selbst keinerlei polizeilich-exekutive Vollmachten hatte und bei der Strafverfolgung auf die Polizeibehörden angewiesen war, die – zumindest am Ort selbst – wenig Bereitschaft zeigten, sich mit Fabrikanten, Geschäftsleuten und uneinsichtigen Eltern anzulegen. Der oberpfälzische Fabrikinspektor beklagte denn auch die mangelnde Unterstützung seitens der Ortspolizeibehörden gerade den Eltern gegenüber, die ihre Kinder in weitaus größerer Zahl im Heimgewerbe beschäftigten als dies den Behörden bekannt sei[28].

FUSSNOTEN: B ARBEITERLEBEN IN DER OBERPFALZ 1848 – 1919

I. LEBENS- UND ARBEITSVERHÄLTNISSE

1. KINDERARBEIT

1) Zur Thematik „Kinderarbeit" vgl. KERMANN, Joachim: Vorschriften zur Einschränkung der industriellen Kinderarbeit in Bayern und ihre Handhabung in der Pfalz. Ein Beitrag zur Entwicklung der bayerischen Arbeiterschutzgesetzgebung im 19. Jahrhundert, in: Jahrbuch für westdeutsche Landesgeschichte 2, 1976, S. 311 – 374; KLEBE, Heinrich: Die Gewerbeaufsicht in Bayern, München 1930; MÜHLBAUER, Karl: Die Entstehung von Kleinkinderbewahranstalten und die Beschäftigung von Kindern in Fabriken als Folge des Aufbruchs in das Zeitalter der Industrie, in: Augsburg-Ausstellungskatalog, Bd. II, S. 356 – 373; KUCZYNSKI, Jürgen: Die Geschichte der Lage der Arbeiter unter dem Kapitalismus, Bände 19 und 20, Dokumente und Studien zur Geschichte der Lage des arbeitenden Kindes in Deutschland von der Mitte des 18. Jahrhunderts bis zum Zusammenbruch des Faschismus, Berlin (O) 1968 f. und Nürnberg-Ausstellungskatalog, S. 505 f., 516 und 518.

2) Vgl. KALTENSTADLER, Bevölkerung, S. 302.

3) Vgl. KERMANN, a.a.O., S. 321 – 325.

4) Vgl. MÜHLBAUER, a.a.O., S. 367 f.; dort wird auch an einigen Beispielen die verharmlosende Tendenz dieser Berichte illustriert.

5) Nach der Beschreibung bei JOCKISCH, S. 56, kann es sich nur um die Kattundruckkerei Rother in Waldsassen gehandelt haben.

6) Vgl. KERMANN, a.a.O., S. 326 – 329 und Mühlbauer, a.a.O., S. 369.

7) Vgl. KLEBE, S. 4 und 6.

8) Vgl. KERMANN, a.a.O., S. 332 – 335 und MÜHLBAUER, a.a.O., S. 370.

9) Bayerische Staatsbibliothek München, Handschriftenabteilung, Cod. germ. 6875: Medizinische Topographie und Ethnographie des Regierungsbezirkes der Oberpfalz und von Regensburg. Kap.: Medizinische Ethnographie, Unter-Kapitel V: Beschäftigung, 4. Doppelseite (unpaginiert), etwa 1862 (zur Datierung vgl. ZORN, VfSW 69, 1982, S. 219); eine Reihe ähnlicher Befunde zur Kinderarbeit ist in den einzelnen Physikatsbeschreibungen, z.B. der des Vohenstraußer Bezirksarztes (Cod. germ. 6874, 183), enthalten.

10) Vgl. KERMANN, a.a.O., S. 336 f.

11) Ergebnisse der über die Frauen- und Kinderarbeit in den Fabriken auf Beschluß des Bundesraths angestellten Erhebungen, Berlin 1876.

12) Ebd., S. 84.

13) Quelle: ebd., S. 106.

14) Vgl. ZABEL, Ulf J.: Gewerbeaufsicht in Bayern und in Augsburg in der ersten Hälfte des 19. Jahrhunderts, in: Augsburg- Ausstellungskatalog, Bd. II, S. 40.

15) „FT" Nr. 245 vom 18.10.1889; in den Regierungspräsidenten- Berichten Nr. 513 vom 21. und Nr. 522 vom 28.10.1889 (StA AM, Reg. der Opf., 13932) wird die Richtigkeit dieser Angaben bestätigt und noch präzisiert bzw. lokalisiert.

16) Vgl. „FT" Nr. 223 vom 23.9.1890.

17) Fabrikinspektorenbericht (zitiert FIB) 1893, S. 92 f.

18) Ebd.

19) Vgl. StA AM, KdI, 14423/V, Protokolle der Fabrikinspektoren- Jahreskonferenzen vom 8./9.11.1897, Blatt 20; 7./8.11.1898, Blatt 15 sowie Reg. der Opf., 5226, Protokolle vom 7.11.1904 und 9./10./11.10.1905 sowie StA AM, Reg. der Opf., 5452, Protokoll der Fabrikinspektoren-Jahreskonferenz vom 10./11.11.1913, S. 20 f.

20) Vgl. StA AM, 5226, Protokoll der Fabrikinspektoren- Jahreskonferenz vom 9./10./11.10.1905.

21) ZSB 1908, S. 442 f.

22) Die Oberpfalz stellt nach dieser Erhebung – im innerbayerischen Vergleich – den jeweils niedrigsten Anteil bei den lohnbeschäftigten Kindern (7,1 %) sowie bei den – nach Niederbayern (26,8 %) – mit häuslichen Verrichtungen beschäftigten Kindern (27 %), bei den land- und forstwirtschaftlichen Arbeitern dagegen den – nach Niederbayern (73,2 %) – höchsten Prozentsatz lohnbeschäftigter Kinder (als Haupttätigkeiten im letzteren Bereich werden genannt Viehhüten, Kartoffelklauben und Heuwenden).

23) StA AM, Reg. der Opf., 5453, Schreiben Nr. 545/II.

24) Ebd., Protokoll der Fabrikinspektoren- Jahreskonferenz vom 3./4.11.1907, Blatt 17.

25) Schuberth war Ende 1904 seinem zum bayerischen Zentralinspektor für Fabriken und Gewerbe avancierten, sozialkonservativen und wenig arbeiterfreundlichen Vorgänger Dyck im Amt gefolgt (vgl. StA AM, 5226, Protokoll der Fabrikinspektoren-Jahreskonferenz von 1904, Blatt 1).

26) StA AM, Reg. der Opf., 5453, Protokoll der Fabrikinspektoren- Jahreskonferenz vom 4./5.11.1908.

27) Vgl. FIB 1907, S. 91, Tabelle zur Kinderarbeit; von den insgesamt 312 verbotswidrig beschäftigten Kindern waren allein 148 in der Spitzenklöppelei beschäftigt.

28) Vgl. StA AM, Reg. der Opf., 5453, Schreiben Nr. 10725 vom 27.4.1910 und 5452, Protokoll der Fabrikinspektoren- Jahreskonferenz vom 10./11.11.1913, S. 20 f.

2. LEHRLINGSAUSBILDUNG

Wie bei der Kinderarbeit läßt sich auch in dem ihr benachbarten Bereich der Lehrlingsausbildung – in Handwerk wie Fabrik[1] – eine spürbare Abhilfe der dort anzutreffenden Mißstände – vor allem der Lehrlingszüchterei und der Vertragslosigkeit der Lehrlinge – erst in den letzten Jahren vor Beginn des I. Weltkrieges feststellen. Noch im Jahr 1875 war in der Oberpfalz – mit Ausnahme Regensburgs – der mündliche Vertragsabschluß beim Eingehen eines Handwerks-Lehrverhältnisses vorherrschend[2]. Dieses Fehlen rechtsgültiger schriftlicher Lehrverträge wurde auch als Grund dafür angesehen, warum die meisten Lehrlinge den Meister während der Lehrzeit mehrmals wechselten und, ohne den Ablauf der Lehrzeit abzuwarten, in den Gesellenstand übertraten[3].

Diese häufige Flucht der Lehrlinge aus ihrem drückenden Abhängigkeitsverhältnis hatte aber eine ganze Reihe von Gründen: So mußten am Ende des letzten Jahrhunderts Lehrlinge in der Oberpfalz ohne jedes Entgelt 2 1/2 bis 5 Jahre für ihren Meister arbeiten[4] und für die Ausbildungskosten (Kost und Logis etc.) zwischen 80 und 300 Mark Lehrgeld zahlen. Von der Höhe des Lehrgeldes wurde oftmals die Dauer der Lehrzeit abhängig gemacht, so daß ein regelrechtes Abkaufen der Lehrzeit in Gange kam[5]. Noch im Jahre 1908 hatten 3/4 aller Lehrlinge im Handwerkskammerbezirk Regensburg Kost und Logis bei ihrem Meister (im gesamtbayerischen Durchschnitt waren es 2/3), 1/4 aller Lehrlinge wohnte bei den Eltern[6]. Die Lehrzeit wurde oft vom Meister unnötig verlängert (bis zu 5 Jahren), um zumindest in den letzten Lehrjahren den Lehrling – über die eigentliche Lehrzeit hinaus – als unbezahlte Vollarbeitskraft ausnutzen zu können. Dabei war die Ausbildung „ungenügend und wohl theilweise auch schlecht zu nennen auf dem Lande"[7]; sie beschränkte sich in der Regel auf das Erlernen einiger weniger Teilfertigkeiten[8], oft wurden die Lehrlinge zu landwirtschaftlichen Arbeiten herangezogen[9] und/oder blieben völlig ohne Anleitung seitens ihrer Meister[10], deren Etablierung seit Einführung der Gewerbefreiheit ja an keinerlei Leistungsnachweise mehr geknüpft war[11]. Diese „Lehrlingszüchterei", bei der – um sich konkurrenzfähig zu halten – oft sogar auf die Beschäftigung von Gesellen verzichtet wurde, war ein ständig beklagter Mißstand[12], der vor allem im Handwerk (Schlossereien, Schreinereien etc.) häufig anzutreffen war. Die Unterschiede im Qualifikationsniveau zwischen so „ausgebildeten" Handwerkslehrlingen und angelernten Fabrikarbeitern verringerten sich dadurch zusehends.

Erst durch das Handwerkerschutzgesetz vom 26.7.1897 wurden das Handwerk und das Prüfungswesen neu organisiert, und durch die Novelle vom 30.5.1908 wurde die Lehrlingshaltung an den „Kleinen Befähigungsnachweis" geknüpft; die grundlegend reformierte handwerkliche Berufsausbildung wurde als Leitmodell auch für die Industrielehre festgelegt[13]. Mit der Novelle von 1908 war auch die gesetzliche Handhabe geschaffen für eine – zumindest ansatzweise – Überwachung des Lehrlingswesens: im Jahre 1910 wurde erstmals der Lehrlingszüchterei in einer Maschinenfabrik (wo bei 30 gelernten Arbeitern 27 Lehrlinge gehalten wurden) und einer Metallwarenfabrik durch die Gewerbeaufsicht „entgegengetreten"[14]. Erst zu diesem Zeitpunkt auch besuchten mehr als 4/5 aller Handwerkslehrlinge[15] berufsbegleitende Fortbildungs- und Fachschulen, gegen den Widerstand ihrer Meister, die mit einer Verlängerung der Lehrzeit um 3 bis 6 Monate darauf reagiert hatten[16].

Erst im Jahr 1910 auch war die Einführung schriftlicher Lehrverträge in den wichtigsten Industriebranchen der Oberpfalz abgeschlossen[17]; noch weniger als im Handwerk konnte in der oberpfälzischen Industrie von einer systematischen Berufsausbildung gesprochen werden. „Mit der eigentlichen Ausbildung von Lehrlingen befassen sich nur Steinhauereien, Porzellan- und Steingutfabriken, Maschinenfabriken, Giessereien, Velozipedfabriken, Webereien, Brauereien und Buchdruckereien. In diesen Arten von Fabrikbetrieben ist die Ausbildung eine geregelte und, soweit es der jeweilige Betrieb erfordert, die Art und Vielseitigkeit der Ausbildung eine vollständige", beschreibt Dyck[18] – wohl auch hier noch eher beschönigend – die Ausbildungssituation in den oberpfälzischen Fabriken um die Jahrhundertwende. Trotzdem die – allerdings entlohnte – Fabriklehre nur aus einem Anlernen von Teilfunktionen bestand und ohne einen formellen Abschluß blieb, entwickelten die Fabriken wegen der bereits beschriebenen Mißstände im Handwerkslehrlingswesen (Lehrgeld, Ausbeutung durch überlange Lehr- und Arbeitszeiten, Ineinandergreifen von Berufs- und Privatleben durch Kost- und Logis-Zwang, unqualifizierte Ausbildung, Lehrlingszüchterei) eine gewaltige Sogwirkung auf viele Jugendliche[19]. Sie strömten in besonders großer Zahl in Tonwarenfabriken[20], Emailwerke und Ziegeleien[21], wo bei akkordmäßiger Arbeit von einer Lehrlingsausbildung allerdings keine Rede sein konnte[22] und solchermaßen einseitig ausgebildete Facharbeiter kaum noch von angelernten Arbeitern unterschieden werden konnten[23].

FUSSNOTEN: 2. LEHRLINGSAUSBILDUNG

1) Vgl. hierzu die Problemanalysen „Handwerkslehre" und „Fabriklehre" bei SCHRÖDER, Arbeitergeschichte, S. 60 – 63 und 66 f.

2) Vgl. die Ergebnisse der über die Verhältnisse der Lehrlinge, Gesellen und Fabrikarbeiter auf Beschluß des Bundesraths angestellten Erhebungen, Berlin 1876, S. 6.

3) Vgl. ebd.

4) Vgl. FIB 1887, S. 10.

5) Vgl. hierzu die Angaben des oberpfälzischen Fabrikinspektors (StA AM, KdI, 14423, Protokoll der Fabrikinspektoren- Jahreskonferenz vom 9.11.1896, Blatt 26 und 27) und FIB 1896, S. 190 f.

6) Der oberpfälzische Fabrikinspektor Dyck spricht dagegen von nur „vereinzelten" Fällen von Kost und Logis und von Lehrgeld (vgl. FIB 1887, S. 10); in den Berichten Dycks, der von 1886 bis 1904 für den Aufsichtsbezirk Oberpfalz zuständig war, findet sich übrigens eine ganze Reihe solcher tendenziös-opportunistisch gefärbter widersprüchlicher Angaben.

7) FIB 1895, S. 189.

8) Vgl. FIB 1887, S. 10 f.

9) Vgl. FIB 1909, S. 111.

10) Vgl. FIB 1895, S. 189.

11) Vgl. SCHRÖDER, a.a.O., S. 61.

12) Vgl. StA AM, KdI, 14423/V, Protokoll der Fabrikinspektoren- Jahreskonferenz vom 9.11.1896, Blatt 26 und FIBe 1909, S. 111 und 1910, S. 119.

13) Vgl. SCHRÖDER, a.a.O., S. 62 f.

14) Vgl. StA AM, Reg. der Opf., 5452.

15) Quelle: Tabelle in ZSB 1908, S. 197.

16) Vgl. FIB 1909, S. 110; zum Verhalten der Handwerksmeister schreibt der Nachfolger Dycks, Fabrikinspektor Schuberth: „Der Ausfall an Zeit zur Lehrlingsausbildung könnte allerdings seitens vieler Gewerbetreibender dadurch eingeholt werden, daß die Lehrlinge weniger zu landwirtschaftlichen Arbeiten herangezogen würden" (ebd.).

17) Vgl. StA AM, Reg. der Opf., 5452, Protokoll der Fabrikinspektoren-Jahreskonferenz vom 7./8.11.1910.

18) FIB 1899, S. 181.

19) Vgl. FIBe 1899, S. 180 f. und 1909, S.111.

20) Dort waren vor allem weibliche „Lehrlinge" bei Akkordarbeit beschäftigt (vgl. FIB 1895, S. 189); genaue Zahlenangabe fehlen jedoch.

21) Auf den Ringofenziegeleien der Oberpfalz wurden im Jahr 1895 284 italienische Wanderarbeiter gezählt: davon 11 Kinder, 55 jugendliche Arbeiter von 14 bis 16 Jahren und 218 Erwachsene (Quelle: FIB 1895, S. 189 – 191).

22) Vgl. FIB 1899, S. 180 f.

23) Vgl. SCHRÖDER, a.a.O., S. 67.

3. FRAUENARBEIT

Das Thema „Frauenarbeit" ist bisher von der Forschung weitgehend unbeachtet geblieben[1]; zur Frauenarbeit in Bayern liegen nur die beiden Arbeiten von Plössl[2] und Seidel[3] vor, in denen die Oberpfalz völlig ausgeklammert bleibt. Hauptverantwortlich für die auch in diesem Bereich (wie schon bei der Kinderarbeit) bis ins letzte Viertel des 19. Jahrhunderts reichende Quellenarmut dürfte wohl die traditionelle Geringschätzung der Frauenarbeit sein, die auch in den – bei gleicher Tätigkeit – um 1870 nur 1/3 bis 2/3 der Männerlöhne betragenden Wochenlöhnen der Frauen[4] zum Ausdruck kommt. Diese Geringschätzung zeigt sich auch darin, daß es in der Oberpfalz bis zum Ende des I. Weltkrieges für Frauen keine geregelte Berufsausbildung gegeben zu haben scheint[5] und Frauenarbeit auf un- und angelernte Tätigkeiten beschränkt blieb[6]; entscheidend hierfür dürfte aber doch gewesen sein, daß die Bekleidungsindustrie und das Spinnstoffgewerbe, in denen 1907 im Reichsdurchschnitt rund 3/4 aller gelernten Arbeiterinnen (die wiederum 44,8 % der

Abb. 3: Belegschaft der Emailfabrik Wuppermann in Haselmühl bei Amberg um 1910

gesamten weiblichen Arbeiterschaft stellten) ihre Ausbildung erhalten hatten[7], in der Oberpfalz völlig unterrepräsentiert waren. In Bayern arbeiteten 1874/75 18.655 Frauen in Fabriken; davon allein 12.000 in der Textilindustrie[8]. Mit nur 309 in (vor allem Glas- und Porzellan-) Fabriken beschäftigten Frauen und mit zwischen 3,06 und 9,35 Mark differierenden Frauen-Wochenlöhnen lag die Oberpfalz im innerbayerischen statistischen Vergleich jeweils am Ende der Skala. So waren z.B. in Regionen mit starker Textilindustrie wie Schwaben und Oberfranken 7.704 bzw. 2.273 Frauen in Fabriken beschäftigt[9].

Gearbeitet wurde täglich (im Sommer wie im Winter) von sechs Uhr morgens bis sechs Uhr abends (mit insgesamt 1 ¾ Stunden Pausenzeit); Nacht- und Sonntagsarbeit waren in der Regensburger Zuckerfabrik und in den Glasfabriken üblich, kamen aber vereinzelt auch in den Hüttenwerken der Oberpfalz vor[10]. Hatten die Männer die Maschinen zu bedienen, so waren „die weiblichen Arbeiter ... meist nur mit Transportirung des Produktes von und zu den Maschinen beschäftigt"[11]. Außer zu körperlich schwersten wurden die Frauen auch zu gesundheitsschädlichen Arbeiten herangezogen. „Besonders gesundheitsgefährlich erscheint die Beschäftigung der weiblichen Arbeiter in Zündwarenfabriken. ... aus der Oberpfalz wird berichtet, daß die in solchen Fabriken beschäftigten Arbeiterinnen meist an Zahn- und Kiefernschmerzen leiden und zum Theil sogar die Ober- und Unterkiefer einbüßten. Sei diese Krankheit auch nicht gerade erblich, so wirke sie doch oft auf den ganzen Organismus zerstörend ein", heißt es in der Enquete zur Frauen- und Kinderarbeit von 1875[12]. Offensichtlich waren also auch hier die im Jahre 1849 herausgegebenen – als erste für ganz Bayern gültigen – Schutzvorschriften[13] zur Bekämpfung der in den Phosphorzündholzfabriken bei Frauen häufig beobachteten Phosphornekrose völlig wirkungslos geblieben.

Erst in dem von der Regensburger Handelskammer heftig abgelehnten[14] Arbeiterschutzgesetz von 1891 wurde die Verwendung von Arbeiterinnen (und jugendlichen Arbeitern) für gewisse Fabrikationszweige, die mit besonderen Gefahren für Gesundheit und Sittlichkeit verbunden zu sein schienen, untersagt oder an gewisse Bedingungen geknüpft. Die Nachtarbeit (in der Zeit von 8 ½ Uhr abends bis 5 ½ Uhr morgens, später von 8 bis 6 Uhr) von Arbeiterinnen wurde verboten, die Höchstarbeitszeit auf 11 Stunden (einschließlich einer einstündigen Mittagspause) beschränkt[15] und der Wöchnerinnenschutz eingeführt[16].

Die rasche Entwicklung von Massenproduktion und Arbeitsteilung hatte auch in der Oberpfalz – besonders im letzten Jahrzehnt des vorigen Jahrhunderts – zu einer enormen, überproportional (gegenüber dem Männeranteil) verlaufenen Zunahme der Frauenarbeit in Fabriken geführt. Im Jahre 1895 hatte die Oberpfalz mit 2.638 (gegenüber 1874/75: 309) erwachsenen Arbeiterinnen[17] bereits Unterfranken (1.965) und Niederbayern (1.856) überholt: Schwerpunkte der Frauenarbeit in der Oberpfalz waren wiederum (wie bereits 1874/75) die Porzellan- (403), Glas- (506) und – neu hinzugekommen – die zwei Amberger Emailwarenfabriken (674) Baumann und Wuppermann[18]. Um die Jahrhundertwende lag die Zahl der Fabrikarbeiterinnen in der Oberpfalz bereits bei 3.610; davon waren etwa ein Viertel (23,2 %) verheiratet und „... auf den Miterwerb angewiesen, da zur Erhaltung der Familie der Verdienst des Mannes allein nicht ausreicht"[19].

Schwerpunkt der Frauenarbeit in der Oberpfalz waren – wie auch schon 1895 – die beiden Amberger Emailwarenfabriken mit 738 Arbeiterinnen, davon 166 verheiratete Frauen und 47 Witwen[20]; 113 Männer und eine nicht genannte Anzahl Kinder dieser Frauen waren in denselben Fabriken beschäftigt. Der Wochenlohn der bei Baumann und Wuppermann beschäftigten Frauen lag zwischen 6,60 und 9,50 Mark, der ihrer in denselben Fabriken beschäftigten jugendlichen und erwachsenen Kinder dagegen konnte 18,50 Mark und der ihrer Männer sogar 22 Mark erreichen[21]. Der – bei gleicher oder ähnlicher Tätigkeit – weit niedrigere Lohn der Frauen veranlaßte immer mehr Unternehmer, möglichst alle leichten, unqualifizierten Arbeiten an Frauen zu vergeben. So waren bei der Firma Baumann im Jahre 1884 50 Frauen beschäftigt, die 17,5 % der Gesamtbelegschaft stellten, 1892 waren es bereits[22] 405 (29,3 %), 1901 dann 799 (39,6 %) und im wirtschaftlichen Boomjahr 1908 1048 (43,1 %) bei Baumann beschäftigte Frauen[23].

Auf die gesamte Oberpfalz bezogen, hatte die Zahl der Fabriken, die Frauen beschäftigten, von 1903 auf 1904 um 19,5 % zugenommen; im Jahr 1904 waren bereits 16 % aller Fabrikarbeiter weiblichen Geschlechts[24]. Die derart angewachsene weibliche Arbeiterschaft wurde von den Männern immer auch als Lohndrücker-Konkurrenz und damit als Bedrohung für den eigenen Arbeitsplatz empfunden. Nur vor diesem Hintergrund sind wohl auch die überwiegend anti-emanzipatorischen, vorindustriellen Frauenleitbilder in der sozialdemokratischen Arbeiterbewegung der Vorkriegszeit verständlich.

Der wirtschaftliche Zwang zum Mitverdienen brachte neben der Doppelbelastung durch Beruf und Haushalt zusätzliche Probleme für Schwangere und Wöchnerinnen: Von den insgesamt 489 Fabriken, die im Jahr 1907 in der Oberpfalz Frauen beschäftigten[25], zahlten – trotz des 1891 eingeführten Wöchnerinnenschutzes – nur 36 Betriebe an Wöchnerinnen während ihrer Niederkunft Krankenunterstützung; weitere 36 Betriebe zahlten meist 6 Wochen, in Einzelfällen auch bis zu 13 und 26 Wochen Schwangerenunterstützung in Höhe des halben Wochenlohnes[26]. In der übergroßen Mehrzahl der oberpfälzischen Fabriken erhielten Schwangere und Wöchnerinnen also offensichtlich keine oder nur sehr kurzzeitige Unterstützung. Andererseits wurden aber im Jahr 1907 in der Oberpfalz aus jedem 6. der Betriebe, die Frauen beschäftigten, Verstöße gegen die Schutzvorschriften für Arbeiterinnen gemeldet (550 Ordnungswidrigkeiten in 88 Fabriken)[27].

Nach Ausbruch des I. Weltkrieges wurden auch in der Oberpfalz Industrie und Arbeitsmarkt an die Bedürfnisse der Rüstungsproduktion angepaßt. Das Notgesetz vom 4. August 1914 gestattete eine erhebliche Ausdehnung der Arbeitszeit, führte die Nachtarbeit für Frauen wieder ein und beseitigte das Recht auf Sonntagsruhe. In der Oberpfalz ging die Arbeiterinnenzahl in der Porzellan- und Glasindustrie und in den beiden Emailwarenfabriken zwar stark zurück, nahm jedoch insgesamt durch den verstärkten Einsatz von Frauen in der Großeisen- und Rüstungsindustrie sowie in den Muni-

Abb. 4: Rüstungsarbeiterinnen im Granatenlager der Luitpoldhütte Amberg

tions-, Zucker- und Konservenfabriken weit über den Vorkriegsumfang hinaus zu[28]. Im Eisenwerk Maxhütte etwa hatten bereits im ersten Kriegsjahr weibliche Arbeitskräfte nahezu die Hälfte der früheren männlichen Belegschaft ersetzt; bei ununterbrochener Schicht- und Sonntagsarbeit waren bei diesen un- und angelernten Arbeiterinnen (besonders Hand-) Verletzungen an der Tagesordnung[29]. Miserable sanitäre und sicherheitstechnische Arbeitsbedingungen, überlange (Schicht-) Arbeitszeiten und eine Entlohnung, die bei ständig steigenden Preisen kaum noch das Existenzminimum zu sichern vermochte sowie eine weitgehend wirkungslose staatliche Arbeiterinnenfürsorge[30] sollten auch in der Oberpfalz immer mehr Arbeiterinnen zu Hungerunruhen und Streiks – vor allem in den letzten beiden Kriegsjahren – und schließlich zur Beteiligung an der Revolution von 1918/19 treiben.

Abb. 5: Rüstungsarbeiterinnen im Revisionsraum der Luitpoldhütte Amberg

FUSSNOTEN: 3. FRAUENARBEIT

1) Als bisher einzige Gesamtdarstellung zur Frauenarbeit immer noch KUCZYNSKI, Bd. 18: Dokumente und Studien zur Geschichte der Lage der arbeitenden Frau in Deutschland von 1750 bis 1890, Berlin (O) 1963; als „die" klassische autobiographische Darstellung POPP, Adelheid: Jugend einer Arbeiterin, ND Bonn 1983.

2) PLÖSSL, Elisabeth: Weibliche Arbeit in Familie und Betrieb. Bayerische Arbeiterfrauen 1870–1914, München 1983. Die von einem platt-feministischen Standpunkt aus operierende Autorin löst ihren im Titel erhobenen Anspruch, die Lage bayerischer Arbeiterfrauen beschreiben zu wollen, allenfalls für die drei Städte München, Augsburg und Nürnberg ein.

3) SEIDEL, Anneliese: Frauenarbeit im Ersten Weltkrieg als Problem der staatlichen Sozialpolitik. Dargestellt am Beispiel Bayerns, Frankfurt a.M. 1979.

4) Vgl. hierzu die Lohnangaben im Anhang, Tabelle I.

5) Zumindest fehlen jegliche Hinweise darauf.

6) Vgl. FIB 1902, S. 72.

7) Quelle: Statistik des Deutschen Reichs, Band 211, S. 251, 253; zitiert nach SCHRÖDER, a.a.O., S. 69.

8) Quelle: KLEBE, a.a.O., S. 86.

9) Quelle: Ergebnisse der über die Frauen- und Kinderarbeit in den Fabriken auf Beschluß des Bundesraths angestellten Erhebungen, Berlin 1876, S. 58 und 77.

10) Vgl. ebd., S. 70 f.

11) Ebd., S. 28.

12) Ebd.

13) Vgl. KLEBE, S. 9 und 91.

14) Vgl. hierzu den Bericht in der „FT" Nr. 223 vom 23.9.1890; besonders heftig attackiert wurden in der Stellungnahme der Handelskammer Regensburg das im Gesetz vorgesehene Verbot der Nachtarbeit von Frauen und die Beschränkung der Wochenarbeitszeit der Jugendlichen auf 60 Stunden.

15) Vgl. KLEBE, S. 13.

16) Der – nach dem Arbeiterschutzgesetz von 1891 – eigentlich nur konsequenten Verwendung von Frauen im bayerischen Gewerbeaufsichtsdienst setzte vor allem der oberpfälzische Fabrikinspektor Dyck in den folgenden Jahren hinhaltenden Widerstand entgegen, da bei einem solchen Schritt „größte Vorsicht geboten" sei: „Jedenfalls müßten Frauen ... gewählt werden, welche ... nicht darauf abzielen, aus ihrer Stellung für die s.g. Frauenbewegung Kapital zu schlagen, wie dies seitens der Frauenvereine mit Hochdruck angestrebt werde" (StA AM, Reg. der Opf., 14423/IV, Protokoll der Fabrikinspektoren-Jahreskonferenz vom 8./9.11.1897, Blatt 6).

17) Quelle: „FT" Nr. 74 vom 27.3.1896.

18) Zur Amberger Emailindustrie vgl. RUBNER, a.a.O., S. 188; in Handwerksbetrieben waren nur 3,6 % aller Arbeiterinnen in der Oberpfalz beschäftigt (vgl. FIB 1895, S. 193).

19) FIB 1899, S. 185 ff.: „Erhebungen über die Beschäftigung verheiratheter Arbeiterinnen in Fabriken".

20) Quelle: ebd., S. 190 f.

21) Quelle: ebd.

22) In Klammern der jeweilige prozentuale Anteil an der Gesamtbelegschaft.

23) Quelle: KOSCHEMANN, Edwin: Aspekte des Industrialisierungsprozesses in der Stadt Amberg bis zum Ersten Weltkrieg, am Beispiel von vier Betrieben, Erlangen-Nürnberg (Schriftliche Hausarbeit) 1981, S. 78.

24) Zahlen nach „FT" Nr. 81 vom 5.4.1905.

25) Quelle: Statistisches Jahrbuch für das Königreich Bayern (zitiert SJKB) 14, 1907, S. 82.

26) Vgl. StA AM, Reg. der Opf., 5453, Protokoll der Fabrikinspektoren-Jahreskonferenz vom 4./5.11.1908, Blatt 36 und 37.

27) Quelle: SJKB, 1907, S. 82 f.

28) Vgl. FIB 1918, S. 133; zur Ersetzung erwachsener Arbeiter durch jugendliche Arbeiter und Arbeiterinnen in den größeren Betrieben des Deutschen Reiches vgl. die Tabelle bei KUCZYNSKI, Bd. IV, S. 365.

29) Vgl. „FT" Nr. 302 vom 24.12.1915.

30) Zu dieser Thematik vgl. SEIDEL, Frauenarbeit.

4. HEIMARBEIT

Es kann nicht Aufgabe dieser Untersuchung sein, einem trostlosen Sozialgemälde immer neue Grau- und Schwarztöne hinzuzufügen. Es würde aber ein beschönigendes und verfälschendes Bild der Kinder- und Frauenarbeit in der Oberpfalz gezeichnet, wenn man die Hausindustrie bzw. Heimarbeit[1] außer acht lassen wollte, beschäftigte sie doch in der Vorkriegsära die deutsche Öffentlichkeit (hier sei nur an Gerhart Hauptmanns Schauspiel „Die Weber" erinnert) und die sozialpolitische und volkswirtschaftliche Literatur wie kaum ein anderer Produktionszweig[2] und hatte sich hier doch – trotz des Hausarbeitsgesetzes von 1911, mit dem die Heimarbeit in die Arbeiterschutzgesetzgebung einbezogen worden war – während des gesamten Untersuchungszeitraumes keine Verbesserung der Lage ergeben[3].

Nach der – erst 1906 vorgenommenen – ersten amtlichen Erhebung zu Art, Umfang und Verhältnissen der Heimarbeit in Bayern[4] waren die in der Oberpfalz am stärksten verbreiteten Gewerbezweige die Spitzenklöppelei mit 1.000 Heimarbeiterinnen, dann die Herren- und Damenkonfektion mit 280 Beschäftigten (180 männlichen und 100 weiblichen), die Perlmutterknopflocherei und -aufnäherei mit 160 und die Handschuhnäherei mit 150 Heimarbeiterinnen. Nicht aufgeführt werden soll hier eine Reihe kleinerer Heimgewerbe mit insgesamt 485 Beschäftigten (davon 285 männliche und 200 weibliche); im Ganzen waren in der Oberpfalz 1906 also 1.610 Frauen und 465 Männer mit Heimarbeit beschäftigt[5]. Im innerbayerischen Vergleich der Anzahl der in der Heimarbeit Beschäftigten rangiert die Oberpfalz mit 2.075 Heimarbeitern/-arbeiterinnen an drittletzter Stelle; nur Schwaben (2.058) und Niederbayern (408) hatten weniger Hausgewerbetreibende[6]. Den Hauptanteil der insgesamt 46.616 gezählten Heimarbeiter in Bayern (davon 27.565 weibliche und 19.051 männliche) stellten die Regierungsbezirke Oberfranken (19.359) und Mittelfranken (6.934)[7].

Im folgenden sollen Entwicklung und Arbeitsverhältnisse dreier bedeutender oberpfälzischer Hausgewerbezweige – der Spitzenklöppelei, Handschuhnäherei und Perlmutterknopfherstellung[8] – mit 1.310 der insgesamt 2.075 gezählten oberpfälzischen Heimgewerbetreibenden dargestellt und daraus einige allgemeinere Schlüsse zur Lage der oberpfälzischen Heimarbeiter gezogen werden.

Das in der Oberpfalz bei weitem am stärksten vertretene Heimgewerbe war die Spitzenklöppelei mit 1.000 Heimarbeiterinnen. Sie wurde in der Gegend um Schönsee betrieben, wo bis in die erste Hälfte des vorigen Jahrhunderts hinein ein protoindustrieller Schwerpunkt der Leinenweberei gewesen zu sein scheint. Erste staatliche Versuche im Jahre 1849, die Spitzenklöppelei als Ersatz für die – mit dem Aufkommen der mechanischen Webstühle – niedergegangene Leinenweberei im Grenzland zu etablieren, scheiterten jedoch am zu geringen Interesse[9]. Im Jahre 1884 unternahmen der Gutsbesitzer Wild, Schwarzach, und der Kaufmann Vogt aus Schönau einen neuerlichen Versuch, die Spitzenklöppelei in der Schönseer Gegend anzusiedeln, „wodurch die arme Bevölkerung ... eine verdienstbringende Beschäftigung erhalten und die Einfuhr fraglicher Produkte aus Böhmen und die Ausfuhr des Geldes hierfür dahin verhindert würde"[10].

Mit der um 1895 einsetzenden Kette von Betriebsstillegungen und -einschränkungen auf den Glasschleifen der Oberpfalz und der damit einhergehenden völligen Verarmung der Bevölkerung im monoindustriell geprägten Grenzland erhielt die Spitzenklöppelei einen gewaltigen Zulauf: im Jahr 1896 beschäftigten „einige Frauen"[11], also Zwischen- oder Schwitzmeisterinnen, welche die erforderlichen Rohstoffe verteilten und die fertiggestellten Waren einsammelten[12], 500 bis 600 und im Jahr 1906 sogar schon – wie bereits erwähnt – 1.000 Spitzenklöpplerinnen in 200 Haushalten[13] und vom 5. Lebensjahr an aufwärts[14]. Der Tagesverdienst dieser Klöpplerinnen bewegte sich, bei einer 12- bis 15-stündigen Arbeitszeit, zwischen 60 Pfennigen und 1,40 Mark; er lag damit – gefördert vor allem durch die allmähliche Ausschaltung des Zwischenmeistersystems – deutlich über den Elendslöhnen anderer Heimgewerbezweige (etwa der Plauen'schen Näherei, wo bei gleicher Arbeitsdauer aufgrund eines wuchernden Zwischenmeistersystems nur 30 bis 60 Pfennig am Tag verdient wurden). Die Spitzenklöppelei wurde vorwiegend während der Wintermonate, von Oktober bis Mai betrieben; in den Sommermonaten waren vor allem Landwirtschaft, Hopfenzupfen, Beerensuchen und Kartoffelklauben die Haupterwerbsquellen[15].

Wie das Zahlenverhältnis von 1.000 Spitzenklöpplern in 200 Haushalten bereits zeigt, wurden in die Heimarbeit, soweit möglich, sämtliche Familienangehörigen – und hier wiederum vor allem die Kinder – einbezogen. Geradezu institutionalisiert wurde die Kinderarbeit in der Spitzenklöppelei durch die erste im Jahr 1901 in Stadlern eröffnete Staatliche Klöppelschule, der noch zwei weitere 1906 in Schönsee[16] und 1907 in Tiefenbach[17] folgten[18]; stark unterstützt wurde die Einrichtung dieser Schulen von den jeweiligen Ortsgeistlichen, „um die Abwanderung in die Großstädte und Fabrikorte einzuschränken"[19]. In den Staatlichen Klöppelschulen wurden die schulpflichtigen Mädchen vom 7. Lebensjahr an täglich von 15 bis 19 Uhr, also im Anschluß an die regulären Schulstunden, unterrichtet[20]; danach saßen die Kinder noch bis tief in die Nacht hinein zuhause am Klöppelsack[21], was den Schönseer Ortsgeistlichen offensichtlich besonders entzückte: „So schrieb Stadtpfarrer Lehner um das Jahr 1909: '. . . daß Kinder schon mit sieben Jahren nette Spitzchen liefern und sich den Winter durch ihr Osterkleid verdienen', und an anderer Stelle: 'Hunderte von flinken Kinderhänden, die früher feiern mußten, legen ihr Scherflein in den täglichen Haushalt und in die Sparbüchse'"[22].

Im Jahr 1907 waren 197 – gezählte – Kinder (170 Mädchen und 27 Jungen) in der Spitzenklöppelei hausgewerblich tätig; davon waren allein 148 Kinder (127 Mädchen und 21 Jungen) verbotswidrig beschäftigt[23]. Dieser – bereits erwähnten[24] – Erhebung zur Kinderarbeit in der Oberpfalz folgte eine nur noch stichprobenhafte Revisionstätigkeit durch den Gewerbeaufsichtsbeamten: so wurden im Jahr 1911 bei 154 besuchten Spitzenklöpplern 49 verbotswidrig beschäftigte Kinder angetroffen. „Vielfach mußten die Kinder kurz nach Beendigung des Nachmittagsunterrichts oder der Klöppelschule, an schulfreien Tagen schon von früh 7 Uhr bis nachts 9 und 10 Uhr tätig sein. Selten ist es Gewinnsucht, welche die Eltern veranlaßt, ihre Kinder schon im zartesten Alter zur Arbeit beizuziehen, meist treibt die Not dazu", schreibt dazu der Fabrikinspektor[25], der bereits im Jahr zuvor – angesichts

Abb. 6: Schülerinnen der Klöppelschule Tiefenbach

der nackten Armut und der kaum zu kontrollierenden Kinderarbeit in der Hausindustrie – resignierend festgestellt hatte: „In so gelagerten Fällen sitzt die Wurzel des Übels viel zu tief, als daß es durch Gesetzgebung und Polizei beseitigt werden könnte. Aber auch die Durchführung einer hinreichenden Kontrolle bzw. die unbedingt notwendige Verlegung der Inspektionstätigkeit auf die Nachtstunden wird vielfach zur Unmöglichkeit, weil die meisten Orte sehr entlegen, im Winter schwer zugänglich sind"[26].

Erst durch die Einführung der Nähmaschine war ein anderes, im Amtsbezirk Vohenstrauß weit verbreitetes Hausgewerbe, die Handschuhnäherei, möglich geworden. Bereits in den 70er Jahren des letzten Jahrhunderts waren qualifizierte Schneider nur noch für die Musterherstellung und die Zuschneiderei erforderlich, während der größte Teil der Näharbeiten auf un- und angelernte Näherinnen verlagert worden war[27]. Für den Unternehmer hatte die Heimarbeit viele Vorteile: er brauchte keine eigenen Werkstätten, keine Maschinen, ersparte sich die Aufsicht über die Arbeiter, die Beiträge für Kranken-, Unfall- und Altersversicherung und die Kosten für Beleuchtung und Beheizung der Arbeitsräume. Im Amtsbezirk Vohenstrauß waren es – geschätzte – 500 bis 600 junge Mädchen[28], die in vier, von 1896 an in fünf Faktoreien arbeiteten, an deren Spitze Zwischenmeisterinnen standen, welche die von den einzelnen Firmen gelieferten zugeschnittenen Handschuhe an die einzelnen Näherinnen verteilten und die Bezahlung nach einem von den Firmen aufgestellten Tarif abwickelten[29]. Über diesen Tagesverdienst, der sich nur auf 40 bis 60 Pfennige belief, gab es häufige Klagen, zumal die Näherinnen die bei ihnen beschmutzte Ware – bis zum Jahr 1895 – aus der eigenen Tasche ersetzen mußten[30]. Über die miserablen (vor allem sanitären) Arbeitsverhältnisse, die bei den – meist noch sehr jungen – Handschuhnäherinnen „sehr häufig" bereits zu Anämie, Nerven- und Magenleiden führten[31], berichtet der Vohenstraußer Bezirksarzt: „Sie arbeiten von Morgens 5 bis Nachts 10 Uhr an der tretbaren Nähmaschine und haben bei 14 – 16stündiger Arbeitsdauer einen Verdienst von 90 Pf. bis 1 Mark. In Folge dieser Lebensweise und der ungenügenden, meist nur aus Kaffee bestehenden Nahrung sind Chlorose und Tuberkulose häufig"[32]. Unklar bleibt, ob in den folgenden Jahren die Anzahl der Handschuhnäherinnen sich tatsächlich drastisch verringerte oder ob die für 1906 angegebene Zahl von 150 in diesem Heimgewerbe beschäftigten Frauen[33] lediglich aufgrund unzureichender Erhebungsmethoden zustande gekommen ist.

Die jüngste der drei hier darzustellenden oberpfälzischen Hausindustrien war die Perlmutterknopfherstellung. Sie wurde als Konkurrenz zur starken böhmischen Perlmutterknopfindustrie im Jahre 1894 in Bärnau, Bezirksamt Tirschenreuth, begründet. Um die Jahrhundertwende gab es in Bärnau einen Betrieb mit 80 Beschäftigten, im Jahre 1913 waren es bereits 15 Betriebe mit 420 Beschäftigten[34]. Die Mehrzahl der in der Perlmutterknopf-Industrie Beschäftigten waren Heimarbeiter (davon etwa 7/8 weiblichen Geschlechts), die im Jahre 1911 in einer nicht für die Öffentlichkeit bestimmten Spezialerhebung vom bayerischen Landesgewerbearzt auf ihren Gesundheitszustand hin untersucht wurden[35]. Aus der in der sozialdemokratischen Presse[36] veröffentlichten Liste von 13 – angeblich repräsentativen – Befunden dieser Untersuchung seien hier sechs zitiert, weil sie beispielhaft zeigen, welche bleibenden Gesundheitsschädigungen viele noch junge Heimarbeiter(-innen) bereits davongetragen hatten:

Alter	Zeit der Betätigung in der Perlmutterknopf-Industrie	Körperbeschaffenheit	Fleischkonsum wöchentlich	Tagesverdienst (Mark)
23	9 Jahre	gelbe Gesichtsfarbe, hohlwangig, angegriffene Lunge, schwache Muskulatur	1 – 2 mal	2,0
32	10 Jahre	schlechtes Aussehen, beide Lungen angegriffen, Rheumatismus	1 – 2 mal	2,0
20	6 Jahre	hohlwangig, Brustschmerzen	1 – 2 mal	1,8
15 1/2	1 1/2 Jahre	aufgeschossen, Lungenspitzen verdächtig, Brustschmerzen	1 – 2 mal	1,8
15	1 1/2 Jahre	mittelkräftig, Lungenspitzen verdächtig, Brustschmerzen	1 – 2 mal	1,2
37	20 Jahre	schlecht ernährt, Brustschmerzen, Wirbelsäulenverkrümmung	1 – 2 mal	2,0

In der Untersuchung wird auch auf die katastrophalen Wohnverhältnisse der Perlmutterknopf-Heimarbeiter (-innen) eingegangen, bei denen ja in der Regel im selben Raum gearbeitet, gekocht, gewohnt und geschlafen wurde.

Zusammenfassend bleibt festzustellen, daß in der Oberpfalz die Heimarbeit vor allem von Frauen (die im Jahre 1906 etwa 80 % der in der Heimarbeit Beschäftigten stellten[37]) und meist nur saisonweise betrieben wurde. Die wichtigsten Heimgewerbe waren vor allem die Spitzenklöppelei, dann die Herren- und Damenkonfektion, die Perlmutterknopfherstellung und die Handschuhnäherei. Über die Entwicklung der (insbesondere Kinder-) Beschäftigtenzahlen in den einzelnen Heimgewerbezweigen lassen sich keine verallgemeinernden Aussagen machen, weil das statistische Material hierfür zu lückenhaft[38] und offensichtlich unzuverlässig ist.

Die Einkommensverhältnisse der Heimarbeiter waren – mitbedingt durch das lohndrückende Zwischenmeistersystem und wohl auch durch die Konkurrenz der Heimarbeiter untereinander – schlichtweg miserabel, und nur durch überlange Arbeitszeiten und die Mitarbeit sämtlicher Familienangehöriger (vor allem der Kinder) konnte das Existenzminimum gesichert werden. In der Herren- und Damenkonfektion waren die ohnehin niedrigen Heimarbeiter(-innen)-Löhne im Untersuchungszeitraum sogar noch zurückgegangen[39]. Nur in der Spitzenklöppelei konnte eine Erhöhung der Tagesverdienste erzielt werden, nachdem dort das Zwischenmeistersystem durch die Arbeitsvermittlung der Staatlichen Klöppelschulen (die andererseits wesentlich zur starken Verbreitung der Kinderarbeit gerade in der Spitzenklöppelei beitrugen) zurückgedrängt worden war.

Die Heimarbeit spielte sich in der Oberpfalz allenfalls in der Handschuhnäherei in Zwischenmeister-Faktoreien ab[40], wo vermutlich jeweils etwa 100 Näherinnen unter der Aufsicht von Zwischen- oder Schwitzmeisterinnen als unselbständige Heimarbeiterinnen beschäftigt waren. Der Großteil der Heimgewerbetreibenden (wie z.B. die Spitzenklöppler) arbeitete – unter Mithilfe der gesamten Familie – in der eigenen beengten Wohnung; diese katastrophalen Wohn- und Arbeitsverhältnisse und die unzureichende Ernährung hatten sehr häufig – wie am Beispiel der Perlmutterknopf-Heimindustrie gezeigt wurde – gesundheitliche Dauerschäden zur Folge. Aufgrund des Hausarbeitsgesetzes von 1911 wurden im Jahr 1913 in der Oberpfalz Versuche zur Gründung von Fachausschüssen für die einzelnen Heimgewerbezweige unternommen[41], die jedoch zunächst im Sande verliefen[42].

Trotz oder wahrscheinlich eher gerade wegen dieser einmaligen Summierung miserabler Lebens- und Arbeitsverhältnisse kam es in der Oberpfalz im hier zu untersuchenden Zeitraum nirgendwo zu einer gewerkschaftlichen Organisierung der Heimarbeiter; organisationshinderlich waren hier besonders die völlige Abhängigkeit der Heimarbeiter vom Zwischenmeister[43], ihre Konkurrenz untereinander und räumliche Isolierung voneinander und ihre heterogene Sozialstruktur (mit einem besonders hohen Anteil un- und angelernter Frauen).

FUSSNOTEN: 4. HEIMARBEIT

1) Darunter soll – nach SCHRÖDER, a.a.O., S. 101 – „diejenige kapitalistische Betriebsform verstanden werden, bei welcher die Arbeiter in ihren eigenen Wohnungen oder Werkstätten beschäftigt werden, die dezentralisierte Produktion aber durch einen kapitalistischen Verleger geleitet wird", wobei hier die Begriffe „Hausindustrie" und „Heimarbeit" (zur Begrifflichkeit vgl. auch ebd., S. 265, Fußnote 185) gleichbedeutend nebeneinander gebraucht werden sollen; zur Heimarbeit als besonders rückständiger Form industrieller Arbeit vgl. ebd., S. 101–109 und 141–145, hierzu auch KOCKA, Jürgen: Lohnarbeit und Klassenbildung, Bonn 1983, S. 84–96.

2) Vgl. SCHRÖDER, a.a.O., S. 141.

3) Vgl. ebd., S. 145.

4) Denkschrift über die Heimarbeit in Bayern, Anhang des FIB's 1906.

5) Quelle: ebd., S. 7; die tatsächliche Zahl der Heimarbeiter dürfte aber viel höher gelegen haben, da zur Anzahl der – ja meist verbotswidrig – mitarbeitenden Kinder wohlweislich keine Angaben gemacht wurden, die in der Heimarbeit so häufig konjunkturell und saisonal bedingte Beschäftigungslosigkeit nicht erfaßt worden war und wohl auch nicht alle Auftraggeber ihrer Meldepflicht nachgekommen waren.

6) Vgl. hierzu ebd., S. 6–8, mit den Beschäftigtentabellen der einzelnen bayerischen Regierungsbezirke.

7) Quelle: ebd.

8) Zu den anderen, in der Oberpfalz betriebenen Heimgewerben existiert kein oder nur wenig Quellenmaterial.

9) Vgl. GUGGENMOOS, Teresa: Spitzenklöppeln im Oberpfälzer Grenzland, in: Die Oberpfalz 66, 1978, S. 35.

10) StA AM, Reg. der Opf., 13884, Reg.-Präs.-Bericht vom 28.1.1884.

11) StA AM, KdI, 14423/V, Protokoll der Fabrikinspektoren- Jahreskonferenz vom 9.11.1896, Blatt 12.

12) Zum Zwischenmeistersystem vgl. SCHRÖDER, a.a.O., S. 106.

13) Vgl. FIB 1905, S. 95.

14) Vgl. Denkschrift, S. 29.

15) Vgl. ebd.

16) Vgl. FIB 1906, S. 88.

17) Vgl. FIB 1907, S. 103; dort wird auch nochmals kurz Bezug genommen auf den bereits im Kapitel „Kinderarbeit" zitierten Bericht über den saisonalen Wechsel der Kinderarbeit von der Landwirtschaft im Frühjahr/Sommer zur Heimarbeit im Herbst/Winter am Beispiel Tiefenbachs.

18) Hierzu insgesamt GUGGENMOOS, a.a.O., S. 36 – 38 und Ausstellungskatalog: Oberpfälzer Klöppelschulen (Band 3 der Schriftenreihe des Kreismuseums Walderbach, Landkreis Cham), Roding 1987.

19) Stadtpfarrer Lehner, Schönsee, zitiert nach GUGGENMOOS, a.a.O., S. 35.

20) Vgl. ebd., S. 36 und 38.

21) Vgl. ebd., S. 38.

22) Ebd.

23) Quelle: Tabelle zur Kinderarbeit im FIB 1907, S. 35.

24) Im Kapitel „Kinderarbeit", S. 35.

25) FIB 1911, S. 104.

26) FIB 1910, S. 120; vgl. zur problematischen Revisionstätigkeit in der Heimarbeit KLEBE, a.a.O., S. 100 f., hierzu auch StA AM, Reg. der Opf., 5452, Protokoll der Fabrikinspektoren- Jahreskonferenz vom 10./11.11.1913, S. 20 f.

27) Vgl. HAUSEN, Karin: Technischer Fortschritt und Frauenarbeit im 19. Jahrhundert. Zur Sozialgeschichte der Nähmaschine, in: Geschichte und Gesellschaft (GUG) 4, 1978, S. 159 f.

28) Vgl. die Generalberichte über die Sanitätsverwaltung im Königreiche Bayern 1884/85, S. 170 und 1887/88, S. 159.

29) Vgl. StA AM, KdI, 14423/V, Protokoll der Fabrikinspektoren- Jahreskonferenz vom 9.11.1896, Blatt 13.

30) Vgl. ebd., Protokoll der Fabrikinspektoren-Jahreskonferenz vom 11.11.1895, Blatt 21; im Protokoll der darauffolgenden Jahreskonferenz von 1896 wird eine Tagesverdienstspanne von 40 bis 90 Pfennig genannt und über den an Stelle des Schadenersatzes getretenen Lohnabzug bei beschmutzter Ware berichtet.

31) Generalbericht über die Sanitätsverwaltung im Königreiche Bayern 1887/88, S. 159; zum Heimarbeiterinnen-Elend (vor allem in der Konfektionsindustrie) vgl. die Dokumentensammlung bei KUCZYNSKI, Bd. 18, S. 176 – 181.

32) Generalbericht 1884/85, S. 170.

33) Quelle: Denkschrift, S.7.

34) Vgl. BUSL, Franz: Die Knopfindustrie in Bärnau, in: Die Oberpfalz 57, 1969, S. 8 f.

35) Vgl. KLEBE, a.a.O., S. 61.

36) „FT" Nr. 34 vom 9.2.1911; die nachfolgende Liste wurde aus den im Bericht enthaltenen Angaben erstellt.

37) Der Anteil der Frauen an der Heimarbeit lag in der Oberpfalz im Jahr 1906 mit rund 80 % weit über dem bayerischen und deutschen Vergleichswert von jeweils rund 60 % (Quelle: SCHRÖDER, a.a.O., S. 108).

38) Wie beispielsweise die Tabelle im FIB 1913, S. 119.

39) Vgl. BayHStA, MArb 882, Schreiben Nr. 4287 des Stadtmagistrats Regensburg vom 28.5.1913, S. 2.

40) Möglicherweise wurde die Ware aber auch nur dort ausgegeben und von den Näherinnen zuhause bearbeitet, was aber letztlich aufgrund der Quellenarmut nicht geklärt werden konnte.

41) Vgl. hierzu die umfangreiche Korrespondenz in BayHStA, MArb 882: Vollzug des Hausarbeitsgesetzes 1914.

42) Erst in den Jahren 1919 bis 1924 wurde in Bayern mit der Einrichtung von neun Fachausschüssen für die bayerische Hausarbeit (vgl. KLEBE, a.a.O., S. 103 – 105) die Grundlage für eine allmähliche Verbesserung der Heimarbeiterverhältnisse geschaffen.

43) Beim Berliner Gewerkschaftskongreß 1896 wurden die Abschaffung des Zwischenmeistersystems und der Abbau der Heimarbeit gefordert (vgl. Protokolle der Verhandlungen der Kongresse der Gewerkschaften Deutschlands, Bd. 1, S. 128 f.); zwölf Jahre später, beim Hamburger Gewerkschaftskongreß von 1908, war der Heimarbeiterschutz wiederum einer der Schwerpunkte der Beratungen (vgl. ebd., Bd. 3, S. 37 f.).

5. ARBEITSZEIT

Ein wesentliches Kriterium für den Schutz der Arbeiterschaft vor geistiger und körperlicher Verkümmerung sowie für ihre gewerkschaftliche und politische Organisierbarkeit war die Länge der Arbeitszeit, die – wie bereits gezeigt wurde – im Untersuchungszeitraum gesetzlich nur für Kinder unter 14 Jahren (Beschränkung der Arbeitszeit auf 6 Stunden täglich) im Jahre 1872 und für die Frauen (tägliche Höchstarbeitszeit von 11 Stunden) 1891 im Arbeiterschutzgesetz geregelt worden war[1].

In der Frühphase der Industrialisierung wurde auch in der Oberpfalz versucht, die Arbeitszeit soweit als möglich auszudehnen[2]. In der Bezirksärzte- Beschreibung der Oberpfalz von 1860/62 heißt es: „Im Landgerichtsbezirk Auerbach wird im Sommer 15–18 Stunden, im Winter 12–14 Stunden des Tages gearbeitet, dieselbe Arbeitszeit ist so ziemlich in der ganzen Oberpfalz gang und gäbe"[3]. Diese Durchschnittsarbeitszeiten galten aber wohl hauptsächlich für die Landwirtschaft und die – in der Oberpfalz allerdings dominierenden – gering technisierten Betriebe. In den, um 1860, noch wenigen bereits stärker mechanisierten Großbetrieben der Oberpfalz dagegen dürfte eine Nutzung der Maschinen in zwei Wechsel-Schichten rund um die Uhr deren zeitweisem Stillstand nach einer einzigen, wenn auch noch so langen Tagesschicht vorgezogen worden sein[4]. So war bereits 1862 in der Maxhütte (wie in allen anderen Eisenwerken des Zollvereins auch) der tägliche Produktionsablauf aufgeteilt auf eine Tagschicht von 6 Uhr morgens bis 6 Uhr abends und eine Nachtschicht von 6 Uhr abends bis 6 Uhr morgens (einschließlich einer jeweils etwa 1 ½ stündigen Pausenzeit); in Artikel 21 des Maxhütten- Dienstreglements[5] wurde aber auch ausdrücklich bestimmt: „Auf Verlangen des Vorgesetzten muß auch nach Feierabend, Nachts und Sonntags gearbeitet werden." Zur zwölfstündigen Schichtarbeitszeit in der Maxhütte muß jedoch bei vielen Arbeitern noch ein insgesamt bis zu vierstündiger Arbeitsweg[6] hinzugerechnet werden, da die Maxhütte in ihrer Anfangsphase keinen größeren ortsansässigen Arbeiterstamm hatte und ihre Beschäftigten selbst aus – damals - weit entlegenen Orten rekrutieren mußte. Über die sechstägige Arbeitswoche hinaus wurde an Sonntagen regelmäßig auf den Glasschleifereien gearbeitet[7]; auch in der Gewehrfabrik Amberg scheint um 1860 Sonntagsarbeit üblich gewesen zu sein, wobei – auf Wunsch des Amberger Stadtpfarrers – die Zeit zwischen 1/2 9 und 1/2 11 Uhr vormittags für den Besuch der Sonntagsmesse freigehalten wurde[8]. Die Sonntagsarbeit war aber sicher weiter verbreitet, als es aus diesen wenigen Anhaltspunkten hervorgeht[9]; ergiebigere Hinweise sowohl zur Sonntagsarbeit im Besonderen als auch zur Arbeitszeitentwicklung in der Oberpfalz im Allgemeinen liegen aber erst wieder für die Zeit nach 1895 vor.

Die Arbeitszeitverkürzung und die Festlegung eines „Normal"- bzw. „Maximalarbeitstages" war aus den eingangs genannten Gründen seit Herausbildung der sozialdemokratischen Arbeiterbewegung eines der Hauptanliegen sowohl der Gewerkschaften als auch der Partei[10]. So wurde bereits im Juni 1871 vom „Strike-Comité" der Regensburger Schuhmachergesellen die Einführung eines Normalarbeitstages gefordert[11]. Im Erfurter Programm der SPD von 1891 wurde die stufenweise Einführung des Achtstundentages gefordert; dieses Verlangen fand um die Jahrhundertwende zunächst auch die Unterstützung der Christlichen Gewerkschaften[12].

Wie war nun in der Oberpfalz zum Ende des letzten Jahrhunderts die Ausgangssituation für die Bemühungen um den Achtstundentag? In der folgenden Tabelle soll zunächst dargestellt werden, wieviel Prozent aller Betriebe in der Oberpfalz im Jahr 1895 jeweils 9 – 10, 10 – 11 usw. Stunden (einschließlich Pausen) pro Tag arbeiteten[13]; diese Prozentsätze sollen dann mit den jeweiligen – allerdings für das Jahr 1896 errechneten – bayerischen Vergleichswerten[14] korreliert werden (die Spiegelglasschleif- und polierwerke sowie Glashütten der Oberpfalz mit ihren extrem langen Arbeitszeiten sollen in der folgenden Aufstellung unberücksichtigt bleiben):

Nach Prozenten gerechnet arbeiteten	im Jahr 1895 in der Oberpfalz	im Jahr 1896 in Bayern insgesamt
unter 9 Stunden	1,7 %	1,0 % aller Betriebe
9 – 10 Stunden	6,74 %	14,7 % aller Betriebe
10 – 11 Stunden	76,42 %	47,1 % aller Betriebe
11 – 12 Stunden	13,74 %	28,8 % aller Betriebe
12 Stunden und darüber	0,85 %	8,4 % aller Betriebe

Die durchschnittliche Tagesarbeitszeit lag also im Jahr 1895 in der Oberpfalz in mehr als 3/4 (in ganz Bayern war es weniger als die Hälfte) aller Betriebe zwischen 10 und 11 Stunden; der Anteil der Betriebe mit kürzerer bzw. längerer Wochenarbeitszeit war in der Oberpfalz jeweils weit geringer als im bayerischen Landesdurchschnitt und das Gesamtbild damit ausgeglichener (die oberpfälzischen Glasbetriebe mit ihren extrem langen Arbeitszeiten wären hier wohl eher die Ausnahme, die die Regel bestätigt).

Neben der Frage, wie lange in der übergroßen Mehrzahl der oberpfälzischen Betriebe pro Tag durchschnittlich gearbeitet wurde, dürfte auch die branchenspezifische Verteilung der durchschnittlichen Tagesarbeitszeiten interessieren, da sie auf das in den jeweiligen Produktionszweigen verfügbare Maß an freier Zeit als wesentlicher Voraussetzung politischer Organisierbarkeit schließen lassen. In der folgenden Übersicht der zum Ende des letzten Jahrhunderts in den einzelnen Industriezweigen der Oberpfalz eingeführten Arbeitszeiten sollen nur Branchen mit mehr als 200 Beschäftigten berücksichtigt werden[15]:

Industriezweig	Bezeichnung des Industriezweiges	Arbeitszeit	Pausen	Arbeiterzahl
III	Hochofen-, Stahl- und Walzwerke	12 stünd. Schicht	ungeregelt	1.731
IV	Granit- u. Basaltwerke, Steinbrüche, Cerdin-Feldspat u. Sandgräbereien	im Sommer 10 Std. im Winter 8 Std.	1/2, 1, 1/2 Std. – 1, – Std.	1.932 205
	Tonwaren- und Steingutfabriken	10 Std.	1/2, 1, 1/2 Std.	936
	Porzellanfabriken	10 Std.	1/2, 1, 1/2 Std.	1.596
	Ziegeleien	10 – 12 Std.	1/2, 1, 1/2 Std.	1.040
	Tafelglas- und Perlenhütten	10 Std.	1/2, 1, 1/2 Std.	335
	Spiegelglashütten	15 – 16 Std.	2, 2 1/2, – Std.	475
	Schleif- und Polierwerke	12 – 14 Std.	ungeregelt	2.880
V	Gießereien	10 Std.	1/2, 1, 1/2 Std.	467
	Emailwarenfabriken	10 Std.	1/2, 1, 1/2 Std.	2.210
VI	Maschinenfabriken	9 3/4 Std.	1/2, 1 1/4, 1/4 Std.	250
	Gewehrfabriken	10 Std.	1/2, 1, 1/2 Std.	390
IX	Webereien	11 Std.	1/4, 1, 1/4 Std.	257
XII	Dampfsägewerk, Maschinen- und Platzpersonal	10 – 14 Std. 10 – 11 Std.	– 1, – Std. 1/2, 1, 1/2 Std.	370 724
XIII	Tabakfabriken	8 3/4 Std.	1/2, 1 1/4, 1/2 Std.	201
	Brauereien	10 – 12 Std.	1/2, 1, 1/2 Std.	501
XV	Bauhöfe	10 Std.	1/2, 1, 1/2 Std.	550
XVI	Buchdruckereien	9 – 9 1/2 Std.	1/4 – 1/2, 1 1/4 – 2, 1/4 – 1/2 Std.	675

Die bei weitem längsten Arbeitszeiten mit 12 bis 16 Stunden pro Tag hatten in der Oberpfalz also die – in der vorletzten Tabelle nicht berücksichtigten – insgesamt 3.355 Beschäftigten der Schleif- und Polierwerke und Spiegelglashütten; die Wochenarbeitszeit lag in diesem stärksten Industriezweig der Oberpfalz bei 70 bis 90 Stunden[16]. Irgendwelche Angaben über das Ausmaß der Über-, Sonn- und Feiertagsarbeit liegen nicht vor; auch über die Tagesarbeitszeiten in Handwerksbetrieben ist nur bekannt, daß sie sich – je nach Auftragslage – von 10 Stunden an aufwärts bewegten[17]. Die Sonntagsruhe war – nach Angaben des oberpfälzischen Fabrikinspektors Dyck[18] – in der Oberpfalz zum Ende des letzten Jahrhunderts bereits weitgehend eingeführt.

Im Jahrhundertjahr 1900 wurde in einem Streik von Regensburger Bauarbeitern erstmals – soweit bekannt – die Forderung u.a. nach einer Arbeitszeitverkürzung erhoben und vermutlich auch bewilligt[19]; auch in den darauffolgenden wirtschaftlichen Krisenjahren wurden – wohl hauptsächlich wegen stockenden Geschäftsganges – in einer Reihe von Handwerksbetrieben Arbeitszeitverkürzungen zugestanden[20]. Tariflich geregelt war zu Beginn unseres Jahrhunderts die Arbeitszeit (einschließlich der Sonntagsarbeit und der Überstunden) aber nur für die Schneider in Regensburg (vom 1.6.1900 an) und die Buchdrucker in der Oberpfalz (vom 1.1.1902 an)[21]. Im letzten Jahrzehnt vor dem I. Weltkrieg scheint die Forderung nach Arbeitszeitverkürzung endgültig zu einem der zentralen Anliegen auch der oberpfälzischen Arbeiterbewegung geworden zu sein: So waren in der Oberpfalz von den 35 Streiks in den Jahren 1906 und 1907 allein 12 Ausstände verbunden mit Teilforderungen zur Arbeitszeitverkürzung an Werktagen und an den Vorabenden der Sonn- und Feiertage sowie zur Verlängerung der Mittagspause[22]. Erfolge erzielten dabei im Jahr 1906 die Hafner, Erd- und Tiefbauarbeiter und die Maurer in Regensburg und Umgebung; die bemerkenswerteste Arbeitszeitverkürzung fand bei den Spiegelglasmachern statt: von 14 – 16 Stunden auf 10 1/2 Stunden (ausschließlich Pausen)[23]. Im Jahre 1907 folgten für das Regensburger Zimmerer- und Maurergewerbe sowie für die Bauhilfsarbeiter Tarifvereinbarungen, in denen die Arbeitszeit von 9 3/4 auf 9 1/2 Stunden herabgesetzt wurde[24]. In den darauffolgenden wirtschaftlichen Krisenjahren wurde die Forderung nach Arbeitszeitverkürzung nur noch selten gestellt; wo sie dennoch erhoben wurde, war ihr nur vereinzelt Erfolg beschieden (im Jahr 1908 nur in den Regensburger Steinhauereien und Schlossereien).

Erwähnenswert sind nur noch die – freiwillige – Arbeitszeitverkürzung um eine halbe Stunde (ohne Lohnabzug) bei der Emailwarenfabrik Baumann, Amberg, und der – ebenfalls freiwillige – Verzicht auf Nachtarbeit und die Verkürzung der Tagschichten von 13 auf 10 Stunden in einer Hohlglasfabrik[25]. Ob diese Maßnahmen von den Unternehmern aus sozialem Verantwortungsgefühl, ob sie unter dem Eindruck der vorausgegangenen Streikbewegungen oder ob sie aus der Einsicht heraus, daß durch Arbeitszeitverkürzung sowohl die Leistungsbereitschaft des Arbeiters als auch die Arbeitsqualität gesteigert werden konnten, getroffen wurden oder ob sie lediglich einer krisenbedingten zu geringen Auslastung der Fabrikanlagen zuzuschreiben waren, läßt sich nur schwer entscheiden. Vieles spricht aber für die letztgenannte Annahme, daß die oberpfälzischen Unternehmer angesichts der schlechten Auftragslage – bei gleichzeitigen Produktivitätsfortschritten ihrer Betriebe – zu diesen Arbeitszeitverkürzungen veranlaßt wurden, leisteten sie doch andrerseits noch 1910 erbitterten Widerstand gegen die Einführung der 8-stündigen Arbeitszeit an den Vorabenden der Sonn- und Feiertage, weil sie hier das Tabu des – von der Arbeiterbewegung geforderten – 8-stündigen Normalarbeitstages durchbrochen sahen[26].

Im selben Jahr 1910 lag in der Oberpfalz die regelmäßige tägliche Arbeitszeit lediglich in 34 der insgesamt 1.553 erfaßten Betriebe unter 9 Stunden, in 756 Betrieben zwischen 9 und 10 Stunden und in 763 Betrieben über 10 Stunden, wobei die oberpfälzischen Glaspolierwerke mit täglich 18 Stunden Arbeitszeit – wohl auch auf das gesamte Deutsche Reich bezogen – den weitaus längsten Arbeitstag unter allen Industriebranchen hatten[27]. Im Jahr 1910 war also in fast der Hälfte aller (revidierten) oberpfälzischen Industriebetriebe der Zehnstundentag noch nicht erreicht; in einigen Bereichen – wie z.B. den Glaspolierwerken, in der Heimarbeit, in der Landwirtschaft und wohl auch in großen Teilen des Handwerks – lag die tägliche Durchschnittsarbeitszeit sogar skandalös weit über dem im Deutschen Reich 1910 bereits üblichen Zehnstundentag[28]. Die Gründe hierfür mögen in der noch relativ geringen Technisierung der Oberpfälzer Betriebe und in einer mangelnden Konfliktfähigkeit bzw. Durchsetzungskraft der Arbeiterbewegung in der Oberpfalz liegen. Der – auch in der Oberpfalz – von den Unternehmern so erbittert bekämpfte Achtstundentag aber sollte erst zum 1. Januar 1919 – nach einer enormen Ausdehnung der täglichen Arbeitszeit während der Kriegsjahre – im Rahmen der Demobilmachungsverordnungen, zeitlich befristet also, für alle Arbeitnehmer im Deutschen Reich eingeführt werden[29].

FUSSNOTEN: 5. ARBEITSZEIT

1) Die Arbeitszeitbeschränkung für Frauen wurde im Notgesetz vom 4. August 1914 jedoch wieder aufgehoben.

2) Zur Thematik „Arbeitszeit" vgl. SCHNEIDER, Michael: Streit um Arbeitszeit. Geschichte des Kampfes um Arbeitszeitverkürzung in Deutschland, Köln 1984 und die Problemanalyse bei SCHRÖDER, a.a.O., S. 193 – 198.

3) StaBi M, Handschriftenabteilung, Cod. germ. 6875, 1. Doppelseite; diese durchschnittlichen Tagesarbeitszeiten entsprechen den bei SCHRÖDER, a.a.O., S. 194, wiedergegebenen Durchschnittsarbeitszeiten in Deutschland für die Jahre 1830 bis 1860.

4) Zum Interesse der Unternehmer an kürzeren Arbeitszeiten vgl. KUCZYNSKI, Bd. 2, S. 174 ff.

5) Zur Maxhütten-Arbeitszeit vgl. NICHELMANN, VHVO 97 (1956), S. 129 f., zum Dienstreglement ebd., S. 159 – 161.

6) Vgl. hierzu als autobiographisches Zeugnis eines Maxhütten- Veteranen MEIER, Michael: Zwei Stunden Fußmarsch zum Arbeitsplatz, in: Das Städte-Dreieck, Nr. 200/79, S. 2.

7) Vgl. „FT" Nr. 84 vom 9.4.1895.

8) Vgl. KOSCHEMANN, a.a.O., S. 33 f.

9) Waren doch im Deutschen Reich noch im Jahre 1885 in der Großindustrie rund 30 %, im Handwerk sogar etwa 42 % aller Arbeiter sonntags beschäftigt (Quelle: SCHRÖDER, a.a.O., S. 194).

10) Vgl. SCHRÖDER, a.a.O., S. 197 und SCHNEIDER, a.a.O., S. 35 – 39 und 41 – 45.

11) Vgl. BayHStA, MInn 30981/14, Bericht Nr. 1188 vom 29.5.1871.

12) Vgl. SCHNEIDER, a.a.O., S. 50 – 63.

13) Quelle: FIB 1895, S. 197.

14) Quelle: FIB 1896, S. XX.

15) Zusammengestellt nach den Angaben im FIB 1898, S. 179 – 181.

16) Vgl. hierzu auch FIB 1885, S. 47.

17) Vgl. FIB 1898, S. 181.

18) Vgl. FIB 1895, S. 197 und FIB 1898, S. 181.

19) Vgl. die Streiktabelle im FIB 1900, S. 234 f.

20) So in Regensburg im Jahr 1901 bei den Malern (vgl. FIB 1901, S. 236 f.) und 1902 bei den Schmieden (vgl. FIB 1902, S. 238 f.); hierzu auch die Streiknachweise in StA AM, Reg. der Opf., 9710.

21) Zur Entwicklung der tariflichen Arbeitszeitregelungen allgemein vgl. SCHNEIDER, a.a.O., S. 67 f.

22) Vgl. die Streiktabellen im FIB 1906, S. 324 – 327 und FIB 1907, S. 352 – 355 sowie die Streiknachweise in StA AM, Reg. der Opf., 9710; eine kuriose Ausnahme war der Maurerstreik von 1906 in Wackersdorf, wo eine Verlängerung der Tagesarbeitszeit um eine Stunde gefordert wurde (vgl. FIB 1906, S. 326). Zu den Arbeitskämpfen um Arbeitszeit allgemein vgl. SCHNEIDER, a.a.O., S. 68 – 80.

23) FIB 1906, S. 91.

24) Vgl. FIB 1907, S. 107.

25) Vgl. FIB 1908, S. 95.

26) Vgl. StA AM, Reg. der Opf., 5452, Protokoll der Fabrikinspektoren-Jahreskonferenz vom 7./8.11.1910, Blatt 21 f.

27) Vgl. FIB 1910, S. 113.

28) Vgl. SCHRÖDER, a.a.O., S. 194; die Oberpfalz war damit auch noch weit entfernt von den beispielsweise in der Nürnberger Industrie 1835 – 1913 üblichen Arbeitszeiten (vgl. hierzu die Tabellen bei ders.: Die Entwicklung der Arbeitszeit im sekundären Sektor, in: Technikgeschichte 47, 1980, S. 266 f.).

29) Vgl. SCHNEIDER, a.a.O., S. 98 – 102; hierzu auch der Aufruf des bayerischen Ministerpräsidenten, Kurt Eisner, und des Ministers für soziale Angelegenheiten, Hans Unterleitner, vom 13. November 1918 zur Einführung des Achtstundentages in Bayern (in der „FT" Nr. 271 vom 16.11.1918) sowie die Ausführungsbestimmungen hierfür (in der „FT" Nr. 274 vom 20.11.1918).

6. LÖHNE UND PREISE, LEBENSSTANDARD

Eine der Grundlagen aller Forschung zur Lage der Arbeiterschaft muß die Beschreibung und Analyse ihrer materiellen Rahmenbedingungen sein[1]. Eine quantitative Darstellung des Lebensstandards in der Oberpfalz wird sich im Untersuchungszeitraum weitgehend beschränken müssen auf das vergleichende Aneinanderreihen und Interpretieren von Nominallohn- und Preisdaten (letztere nur für einzelne oberpfälzische Städte), da für die Oberpfalz keine repräsentativen Arbeiter-Jahres-Haushaltsrechnungen vorliegen[2], die ja erst eine Beschreibung und Analyse der Reallohn- bzw. Kaufkraftentwicklung erlauben würden. Eine Bestandsaufnahme hinsichtlich der Höhe der sämtlichen in der oberpfälzischen Industrie um 1870 bezahlten Wochenlöhne ist in der Tabelle 1 im Anhang enthalten. Wegen der fehlenden bzw. sehr lückenhaften Quellenüberlieferung muß aber eine Vielzahl von Fragen – weitgehend – unbeantwortet bleiben; so beispielsweise die Fragen nach den wichtigsten Entlohnungsformen, der Bestimmung eines durchschnittlichen „Warenkorbs" (und damit auch der Kaufkraft) einer oberpfälzischen Arbeiterfamilie, der Verbreitung des Trucksystems, der Rekonstruktion einer „Lebensverdienstkurve" des einzelnen oberpfälzischen Arbeiters sowie den branchenspezifischen Einkommensunterschieden in der Oberpfalz. Nur für zwei Berufszweige in der Oberpfalz liegen – von 1906 an – regelmäßige jährliche Lohnangaben vor: für die staatlichen Berg- und Hüttenwerke[3] sowie für die Land- und Forstwirtschaft[4]. Die vereinzelten Krankenversichertenlisten der Gewehrfabrik Amberg[5], der Firmen Baumann[6] und Bauscher[7] vermögen Einblicke zu geben in die immens breite innerbetriebliche Einkommensstaffelung. Die einzigen Anhaltspunkte für eine Rekonstruktion der Lohnentwicklung in der Oberpfalz liefern die von 1884 an – zu Versicherungszwekken – jährlich errechneten „ortsüblichen Tagelöhne gewöhnlicher Tagearbeiter" in Bayern[8], die keine tatsächlichen, sondern nur festgesetzte Löhne für ungelernte – also schlechter bezahlte – Arbeit (die in der Regel wohl auch nur von ungelernten – also schlechter verdienenden – Arbeitern verrichtet wurde) waren.

Doch nun – soweit es die eben skizzierte problematische Quellenlage zuläßt – zur Beschreibung der Einkommensentwicklung der oberpfälzischen Arbeiterschaft im 19. und beginnenden 20. Jahrhundert. Bereits zu Beginn des letzten Jahrhunderts wurden in der oberpfälzischen Eisenindustrie verschiedene Entlohnungsformen nebeneinander praktiziert: Während z.B. in der Gewehrfabrik Amberg die Angestellten und Beamten nach Monatsgehältern bezahlt wurden, erhielten die Arbeiter Tag-, Wochen- oder Akkordlöhne[9]. Der durchschnittliche Jahreslohn eines Akkordarbeiters lag dort im Jahre 1804 mit 287 Gulden weit über dem eines Lohnarbeiters mit 199 Gulden. Lohnerhöhungen erfolgten nicht generell, sondern wurden individuell – vermutlich zwischen Meister und einzelnem Arbeiter – ausgehandelt[10].

Im Jahr 1850 waren in der Gewehrfabrik Amberg 236 Personen beschäftigt, davon 182 Arbeiter mit stark differierenden Monatsverdiensten zwischen 10 und 36 Gulden und 30 Meister mit Monatsgehältern zwischen 30 und 160 Gulden[11]. Auch wenn für die in diesen beiden Beschäftigtengruppen um 1850 bezahlten Löhne keine bayerischen und deutschen Vergleichswerte vorliegen[12], ist doch offensichtlich, daß die – für die frühindustrielle Phase typischen – enormen Lohnschwankungen[13] in den einzelnen Beschäftigtengruppen wohl auch auf ein ausgeklügeltes Akkordlohn- und Prämiensystem zurückzuführen sein dürften.

Auch die in Tabelle 1 im Anhang gemachten Lohnangaben für die um 1870 in oberpfälzischen Industriebetrieben Beschäftigten zeigen erhebliche – wohl auch durch Akkordentlohnung mitverursachte – Lohnabweichungen sowohl innerhalb der einzelnen Betriebe als auch beim Vergleich der einzelnen Betriebe untereinander; besonders auffällig sind – neben den nur 1/3 bis 2/3 der Männerlöhne betragenden Frauenlöhnen – das allgemein niedrige Lohnniveau der zahlreichen Glasschleifen und -polieren und der vergleichsweise hohe Lohnstandard der Metallbetriebe. Bei der Maxhütte stiegen die Löhne von 1869 bis 1873 – dem allgemeinen Trend während der Gründerjahre entsprechend – um insgesamt 30 bis 35 % an, um dann - mit der 1874 einsetzenden allgemeinen Wirtschaftskrise – bis 1878 wieder im selben Maße zu fallen (bei gleichbleibend hohen Preisen und Steuern allerdings)[14]. Um 1880 scheint bei der Maxhütte auch bereits für die übergroße Mehrzahl der Beschäftigten Akkordarbeit eingeführt gewesen zu sein[15]; wie weit damals in der Oberpfalz insgesamt die – im Frühkapitalismus vorherrschende – Zeitentlohnung bereits durch die Akkordentlohnung abgelöst worden war[16], läßt sich nicht mehr feststellen. Wegen der enormen Spannweite zwischen Höchst- und Niedrigstlöhnen selbst in noch so eng gefaßten Berufsgruppen läßt sich für die Oberpfalz auch kein allgemeines durchschnittliches Lohnniveau für die Zeit vor 1884 (und selbst danach nur mit großen Einschränkungen) bestimmen.

Erst die – aufgrund des Krankenkassengesetzes von 1883[17] – im Jahr 1884 erstmals durchgeführten Erhebungen über die ortsüblichen Tagelöhne für (ungelernte) Tagearbeit in Bayern bieten einige Anhaltspunkte für die Entwicklung der Löhne (allerdings beschränkt auf ungelernte – also schlechter bezahlte – Arbeit) in der Oberpfalz sowie für einen innerbayerischen Vergleich der in der Oberpfalz bezahlten Löhne. Bruno Schoenlank hat in der „Fränkischen Tagespost"[18] das

1884 – erstmals – erhobene Material über die ortsüblichen Tagelöhne ungelernter Arbeiter in Bayern[19] tabellarisch angeordnet, ausgewertet und für die einzelnen Regierungsbezirke die jeweiligen Durchschnittslöhne errechnet. Die Oberpfalz hatte im innerbayerischen Vergleich 1884 die jeweils niedrigsten Durchschnitts-Tagelöhne bei den Männern mit 1,20 Mark (die „Spitzenreiter" waren hier Schwaben mit 1,74 M und Oberbayern mit 1,70 M), den männlichen Jugendlichen mit 0,70 M (gegenüber Schwaben mit 1,04 M und Oberbayern mit 0,90 DM) sowie bei den weiblichen Jugendlichen mit 0,53 M (Schwaben: 0,79 M und Oberbayern: 0,75 M) aufzuweisen; nur die Frauenlöhne (1,12 M) in der Oberpfalz wurden noch von denen in Oberfranken (0,99 M) und Niederbayern (0,98 M) unterboten[20].

Deutlicher noch als beim innerbayerischen Vergleich fallen die Einkommensunterschiede aus beim Vergleich der in den einzelnen oberpfälzischen Bezirksämtern üblichen Tagelöhne. So konnten in der Oberpfalz im Jahr 1884 die Männer den höchsten Tagelohn (1,50 M) in der Stadt Amberg und im Amtsbezirk Stadtamhof, die Frauen den höchsten Lohnsatz (1,20 M) ebenfalls in Amberg erhalten, wogegen im Amtsbezirk Waldmünchen mit 0,80 Mark für Männer und 0,60 Mark für Frauen die jeweils niedrigsten Erwachsenen-Tagelöhne in der Oberpfalz gezahlt wurden. Bei den männlichen Jugendlichen in der Oberpfalz wurde der höchste durchschnittliche Tagelohn (0,90 M) im Amtsbezirk Stadtamhof, bei den weiblichen Jugendlichen der höchste Lohnsatz (0,70 Mark) in den Amtsbezirken Beilngries, Neumarkt, Parsberg, Regensburg und Vohenstrauß gezahlt; den niedrigsten Tagelohn erhielten männliche und weibliche Jugendliche mit 0,50 Mark bzw. 0,40 Mark jeweils in den Amtsbezirken Cham, Amberg, Eschenbach, Nabburg, Roding, Sulzbach und Waldmünchen[21]. Von den hier genannten Durchschnittslöhnen für ungelernte Arbeit sind aber wohl noch erhebliche Abstriche zu machen, weil die große Mehrzahl der Tagearbeiter regelmäßig einen Teil des Jahres – wegen der periodisch wiederkehrenden Geschäftsflauten und der ungünstigen Witterungsverhältnisse – ohne Arbeit war.

Wie entwickelten sich nun aber die durchschnittlichen Tagelöhne der ungelernten Arbeiterschaft während der Vorkriegsära? Im folgenden sollen die durchschnittlichen Tagelöhne in der Oberpfalz im Zeitraum 1884 bis 1914[22] – nach männlichen und weiblichen Erwachsenen bzw. Jugendlichen gegliedert – tabellarisch aufgelistet werden; die 1884 und 1888 festgesetzten ortsüblichen Tagelöhne können allerdings nur mit großen Vorbehalten zu einem Vergleich mit den nachfolgenden, nach einem anderen Erhebungsverfahren gewonnenen Tagelöhnen herangezogen werden[23]:

Durchschnitts-Tagelöhne für ungelernte Arbeit in der Oberpfalz 1884 – 1914 (in Mark)

Jahr	Erwachsene		Jugendliche	
	m	w	m	w
1884	1,20	1,12	0,70	0,53
1888	1,20	0,91	0,70	0,54
1892	1,39	1,06	0,85	0,68
1896	1,39	1,07	0,85	0,68
1901	1,60	1,14	1,60	0,80
1906	1,83	1,25	1,11	0,89
1908	2,11	1,47	1,34	1,07
1914	2,23	1,66	1,31	1,11

Die Nominallöhne für ungelernte Arbeit hatten sich also in der Oberpfalz im Zeitraum 1884 bis 1914 bei den Männern und den weiblichen Jugendlichen in etwa verdoppelt; demgegenüber blieb die Entwicklung der Frauenlöhne mit einer Steigerung um nur etwa ein Drittel stark zurück[32]. Eine spürbare Erhöhung der Löhne scheint in der Oberpfalz erst in den letzten Jahren des 19. Jahrhunderts eingesetzt zu haben. Um die Jahrhundertwende trat aber vor allem im Baugewerbe, in den Ziegeleien und Steinhauereien eine vorübergehende Stagnation der Lohnentwicklung ein[33], die jedoch in den darauffolgenden Jahren durch eine allgemeine Besserung der Wirtschafts- und Lohnverhältnisse (mit Ausnahme der Glas-, Holz- und Steinindustrie) abgelöst wurde[34]. Im wirtschaftlichen Boomjahr 1906 wurden in einer ganzen Reihe von Industrie- und Handwerksbranchen der Oberpfalz „Lohnerhöhungen von 5 – 10 % und mehr"[35] erzielt; von den insgesamt 20 Streiks im Jahre 1906 brachten allein 12 – zum Teil erhebliche – Lohnverbesserungen (vier davon gekoppelt mit Arbeitszeitverkürzungen)[36]. Auch für die Gewerkschaften in der Oberpfalz standen – neben Arbeitszeitverkürzungen, Verbesserungen der Arbeitsbedingungen usw. – Lohnforderungen im Mittelpunkt des Interesses, waren sie doch – falls ihnen Erfolg beschieden war[37] – das beste Mittel zur Mitgliedergewinnung.

Noch im Jahre 1906 bewegten sich in den meisten Bezirksämtern der Oberpfalz die Männerlöhne zwischen 1,50 und 1,80 Mark; nur in den Bezirksämtern Regensburg, Stadtamhof, Kemnath, Eschenbach, Tirschenreuth und Neustadt a.d. WN lagen die Männerlöhne – um 0,30 Mark höher – bei 1,80 bis 2,10 Mark[38]. In den gleichen Abstufungen – wie bei den Männerlöhnen – bewegten sich auch die Löhne der Frauen und Jugendlichen, die aber in der Oberpfalz noch bedeutend niedriger lagen. Die Löhne der weiblichen Jugendlichen in der Oberpfalz waren sogar die niedrigsten in Bayern überhaupt; nur in einem einzigen Bezirksamt der Oberpfalz konnten sie im Jahr 1906 einen Tagelohn von 1 Mark erreichen. In der zehnjährigen Periode 1896 – 1906 waren die ortsüblichen Tagelöhne in den beiden kreisfreien Städten Regensburg und Amberg bei den Mädchen um 0,20 bis 0,30 Mark gestiegen (nur in den kreisfreien Städten Niederbayerns und Oberbayerns war die Zunahme geringer gewesen); die – im Mittelwert – sogar geringste Verdienstzunahme unter allen kreisfreien Städten Bayerns hatten Regensburg und Amberg in der Periode 1896 – 1906 jeweils bei den Männern (0,50 – 0,60 M), den Frauen (0,05 – 0,30 M) und den männlichen Jugendlichen (0,20 – 0,40 M)[39]. Beim Vergleich der einzelnen bayerischen Regierungsbezirke untereinander hatten im Jahr 1906 in Orten mit mehr als 2.000 Einwohnern die Oberpfalz (1,89 M) und Niederbayern (1,85 M), in Orten mit weniger als 2.000 Einwohnern ebenfalls die Oberpfalz (1,73 M), dann Oberfranken (1,65 M) die jeweils niedrigsten Männerlöhne. Bei den Frauenlöhnen rangierte die Oberpfalz in beiden Ortsgrößenklassen mit 1,27 bzw. 1,20 Mark jeweils an letzter Stelle im innerbayerischen Lohnvergleich[40].

In den darauffolgenden Jahren 1907 und 1908 konnte die oberpfälzische Industrie durch eine kurze – für diese allgemeinen Depressionsjahre atypische – wirtschaftliche Blüte ihre Rückständigkeit gegenüber anderen Regierungsbezirken zumindest teilweise wettmachen; die große Nachfrage nach Arbeitskräften brachte im Jahr 1907 großen Teilen der oberpfälzischen Arbeiterschaft Lohnerhöhungen zwischen 10 und 20 %[41]. Von den insgesamt 18 mit Lohnforderungen geführten Streiks waren im Jahr 1907 in der Oberpfalz 8 erfolgreich (drei davon verbunden mit Arbeitszeitverkürzungen)[42]. Der gewerkschaftlichen Agitation (einschließlich Streiks) und Organisation dürfte auch – neben der konjunkturell bedingten stärkeren Nachfrage nach Arbeitskräften – das Hauptverdienst zukommen an den in diesen Jahren erzielten Einkommensgewinnen – bei damit teilweise einhergehenden Arbeitszeitverkürzungen – der Arbeiterschaft. Im Jahr 1908 wurden noch Tarifverträge mit Lohnerhöhungen – außer für eine Reihe von Handwerksbranchen – für sämtliche Glasschleif- und Polierwerke der Oberpfalz abgeschlossen[43], wo sie wegen der ständig wiederkehrenden Produktionsstillegungen und -drosselungen aber keine wesentliche Besserung der materiellen Lage gebracht haben dürften.

Die Gesamtzunahme der Tagelöhne in der Oberpfalz um 38 Pfennige allein in der zweijährigen Periode 1906 – 1908 erreichte also beinahe diejenige um 44 Pfennige in der vorangegangenen zehnjährigen Periode 1896 – 1906; der vergleichsweise sehr geringe Zugewinn beim durchschnittlichen Tagelohn von nur 12 Pfennigen in der Erhebungsperiode 1908 – 1914 kommt einem Stagnieren der Nominallöhne in diesen letzten Vorkriegsjahren gleich. Eine geradezu erstaunliche Wirtschafts- und Lohnentwicklung nahm die Oberpfalz in der – bereits erwähnten – atypischen Hausse der Jahre 1906 – 1908, durch die sie – zumindest vorübergehend und sektoral – die Rolle des wirtschaftlichen Schlußlichts in Bayern abschütteln konnte. In allen vier Arbeiterkategorien hatten in diesen beiden Jahren die durchschnittlichen Tagelöhne in der Oberpfalz eine beträchtliche Steigerung zu verzeichnen: bei den Männern um 0,28 M auf 2,01 M, bei den Frauen um 0,23 M auf 1,43 M, bei den männlichen Jugendlichen um 0,22 M auf 1,29 M und bei den weiblichen Jugendlichen um 0,21 M auf 1,08 M. Durch diese überdurchschnittlichen Zuwachsraten glichen sich die Löhne für Jugendliche in der Oberpfalz den bayerischen Durchschnittswerten (Mädchen: 1,08 M; Jungen: 1,30 M) fast völlig an; die Männerlöhne blieben zwar noch hinter dem bayerischen Mittelwert von 2,11 M zurück, lagen aber bereits über den Vergleichswerten für Niederbayern (1,94 M), Mittelfranken (1,95 M) und Oberfranken (1,96 M). Diese positive Entwicklung wurde allerdings wesentlich beeinträchtigt durch den – aufgrund des außerordentlich niedrigen Ausgangswertes – mit 1,43 M immer noch niedrigsten Frauentagelohn der Oberpfalz (zusammen mit Mittelfranken) im rechtsrheinischen Bayern, der damit auch beträchtlich unter dem bayerischen Mittelwert von 1,56 M lag[44] und, vor allem, um etwa ⅓ hinter den in der Oberpfalz gezahlten Männerlöhnen zurückblieb. Die Diskrepanz zwischen Männer- und Frauenlöhnen in der Oberpfalz war also – verglichen mit den in Tabelle 1 im Anhang für das Jahr 1870 feststellbaren Lohnunterschieden – gleichgeblieben bzw. hatte sich – geht man von den ersten Tagelohnerhebungen im Jahr 1884 aus – sogar noch erheblich vergrößert[43].

Da die regionaldifferentiale Beschreibung der Nominallohnentwicklung allein noch nicht ausreicht, um den Lebensstandard der – oberpfälzischen – Arbeiterschaft zu bestimmen, sollen nun Lohn- und Preisentwicklung miteinander verglichen und die Preise nach einer repräsentativen Verbrauchsstruktur – Kosten für Nahrungsmittel, Wohnung, Heizung und Beleuchtung etc. – gewichtet werden. Auch wenn für die Oberpfalz repräsentative Arbeiterhaushaltsrechnungen fehlen, die erst die Bestimmung eines durchschnittlichen „Warenkorbs" erlauben, soll zunächst einmal versucht werden, Rahmenbedingungen und wesentliche Elemente oberpfälzischer Arbeiterhaushalte zu skizzieren.

In der Oberpfalz ließen sich im Jahr 1893 hinsichtlich der Ernährungsweise der Arbeiterschaft drei Zonen unterscheiden[46]: Die erste Zone bestand aus dem landwirtschaftlich ertragreichen, bereits an den Bahnverkehr angeschlossenen Gebiet um Regensburg sowie aus den Städten Amberg und Neumarkt, die zweite Zone wurde gebildet aus den landwirtschaftlich weniger ertragreichen, jedoch ans Eisenbahnnetz angeschlossenen Gebieten der Oberpfalz und die dritte Zone aus den ertragsarmen und vom Bahnverkehr weit entfernten Regionen der Oberpfalz. Während es in der ersten Zone den Arbeitern möglich war, zwischen verschiedenen Fleischsorten – soweit ihr Einkommen ihnen dies erlaubte – zu wählen und zwischen Fleisch und anderer Kost abzuwechseln, war die Arbeiterernährung in den beiden anderen Zonen – schon aufgrund fehlender Einkaufsgelegenheit – auf Kartoffel- und Mehlkost beschränkt. „Während ferner in der ersten Zone Brot und Bier in meist sehr guter Qualität zu haben sind, nimmt die Güte dieser Hauptnahrungsmittel in der zweiten schon bedeutend ab, und in der dritten steht dem Arbeiter in der Regel nur sehr geringwertiges Bier und schweres mit Hafer vermischtes Roggenbrot zur Verfügung"[47]. Diese Beschreibung des oberpfälzischen Fabrikinspektors Dyck wird bestätigt und konkretisiert durch eine in der sozialdemokratischen Presse[48] veröffentlichte Arbeiter- Korrespondenz aus Hemau: „...In den kleinen Orten sind die Verhältnisse für die Arbeiter noch viel schlechter (als in den Großstädten, d.Verf.) und selten kann man in der Presse darüber Berichte finden, weil eben diese Leute nicht selbst schreiben können oder nicht wissen, an wen sie sich wenden sollen. . . . Dabei sind die Miethpreise verhältnismäßig hoch, die Lebensmittel theurer und von geringerer Qualität als in den großen Städten. Von Untersuchung der Lebensmittel wie in den größeren Städten ist natürlich keine Rede. Unser Bier ist schon mehr gefärbtes Wasser, Hopfen und Malz scheinen neben die Braupfanne gekommen zu sein; für Schweineschmalz erhält man aufgelöstes Unschlitt, und so ist es mit allen Lebensmitteln. Die Arbeiter sind dagegen ganz machtlos, weigert sich einer, um die erbärmlichen Löhne zu arbeiten, so sind zwei andere bereit, an seine Stelle zu treten; man muß es gewissermaßen als eine Gnade betrachten, wenn man Arbeit für 70 Pfennig pro Tag findet . . .".

Nach einer bei Stelzle[49] wiedergegebenen Verbrauchsrechnung aus dem Jahre 1893 verzehrte eine neunköpfige Familie im Bezirk Erbendorf (der – nach dem bereits erwähnten Schema – der dritten Zone zuzuordnen wäre) in einem Monat folgende Nahrungsmengen: 365.64 kg Kartoffeln; 9,75 kg Weizenmehl und 90 kg Roggenmehl (zum Brotbacken); 45 l Milch; 6 kg Zucker; 1,5 kg Butter; 15 kg Kraut, 1,5 kg getrocknete Zwetschgen; 0,6 kg Steinpilze; 1,5 kg Ochsenfleisch und für 0,50 M Kaffe (auf eine Person kamen also pro Tag 5,5 g Butter und 5,5 g Fleisch). Als noch dürftiger (auch in ernährungsphysiologischer Hinsicht) wird die Kost in den ebenfalls der Ernährungszone 3 zuzurechnenden Amtsbezirken Roding und Beilngries geschildert; besser dagegen scheint – im gleichen Jahre 1893 – die Kost im bereits industrialisierten und an den Bahnverkehr angeschlossenen (mithin der Zone 2 zuzuordnenden) Amtsbezirk Tirschenreuth gewesen zu sein, wo die Ernährung um dreimal die Woche Fleisch angereichert werden konnte[50].

Unter ernährungsphysiologischen Gesichtspunkten berechnete im Jahr 1900 der Bezirksarzt von Waldmünchen (das wohl ebenfalls der Zone 2 zuzurechnen wäre) die Tageskosten für vier in unterschiedlichen Verhältnissen lebende Familien und für deren jeweilige Haushaltsvorstände[51]. Danach beliefen sich die Tageskosten einer achtköpfigen Kleinbauernfamilie auf 3,93 M (für den Haushaltsvorstand 0,45 M), einer aus drei Erwachsenen bestehenden Schneider- und Häuslerfamilie auf 1,31 M (0,52 M), einer achtköpfigen Musiker- und Häuslerfamilie auf 2,48 M (0,45 M) und einer neunköpfigen Forstarbeiterfamilie auf 2,55 M (0,39 M)[52]. In diesen Tagesetats sind nur die Ausgaben für Nahrungsmittel – nicht aber die Kosten für Wohnung, Kleidung etc. - enthalten. Der Vergleich allein dieser täglich anfallenden Nahrungskosten mit den im Jahr 1901 in der Oberpfalz gezahlten Durchschnitts-Tagelöhnen (1,60 M für Männer und 1,14 M für Frauen) zeigt bereits, daß Ledige mit ihrem Lohn zurechtgekommen sein dürften, wogegen Verheiratete die Existenz ihrer Familien nur durch den Mitverdienst der Frauen – und selbst dann nur notdürftig – sichern konnten.

Ähnliche Schlüsse drängen sich auf bei der Betrachtung von zwei (vermutlich aus der Oberpfalz oder aus Niederbayern stammenden) Glasarbeiter-Haushaltsrechnungen aus dem Jahre 1904[53]. Beim ersten Beispiel, einer sechsköpfigen Glaspoliererfamilie, liegen die Ausgaben für die notwendigsten Lebensmittel (bei Fleischkost zweimal in der Woche) bei 1,75 M am Tag bzw. bei 640 M im Jahr und deckten sich fast völlig mit dem Polierer-Jahresverdienst von 664 M; für darüber hinaus eigentlich notwendige Anschaffungen (Bekleidung, Schuhe, Hausrat) im Umfang von 185 M blieb nichts mehr. Auch im zweiten Falle, einer materiell bessergestellten, ebenfalls sechsköpfigen Glasschleiferfamilie, verblieb – trotz Mitverdienst der Frau – mit 120 Mark im Jahr ein zu geringer Betrag für die sämtlichen, über die tägliche Verköstigung hinausgehenden materiellen Bedürfnisse (wie Hauseinrichtung, Kleidung, Wäsche, Schuhe) einer sechsköpfigen Familie[54].

Dabei war der alltägliche Speisezettel der meisten oberpfälzischen Arbeiter mehr als bescheiden: „Früh Kaffee mit Milch und Schwarzbrot oder Kartoffel-, Milch- oder Brennsuppe. Mittags wöchentlich ein- bis dreimal Fleisch, vorwiegend

Schweinefleisch mit Kartoffeln, die anderen Tage Mehl- oder Kartoffelspeisen, als Hefenteignudeln, Kartoffelnudeln, Kartoffelklöse usw., wozu sehr häufig Kraut gegessen wird. Abends Kaffee, Kartoffel-, Milch- oder Brennsuppe, hie und da 1/2 – 1 Liter Bier dazu. Zu jeder Mahlzeit wird reichlich Brot konsumiert. Als vorherrschend ergibt sich der Genuß von Kartoffeln und der daraus zubereiteten Speisen"[55].

Der Fleischkonsum der Arbeiterschaft in der Oberpfalz war also – notgedrungen – eher gering, zudem konjunkturell und regional – wie die wenigen und nicht sehr zuverlässigen[56] Verbrauchsangaben zeigen – stark differierend. Am höchsten scheint der jährliche Fleischkonsum mit 95,5 kg pro Kopf (der Gesamtbevölkerung!) in – dem der Ernährungszone 1 zuzurechnenden – Neumarkt gewesen zu sein, wobei jedoch einschränkend angemerkt werden muß[57], daß von der Arbeiterbevölkerung hauptsächlich nur zu Wurst verarbeitetes Fleisch verzehrt wurde. In Sulzbach (Zone 2) lag der Pro-Kopf- Verbrauch an Fleisch im Jahre 1897 in der Stadt selbst bei etwa 48 kg, im umliegenden Landbezirk dagegen bei nur 19 kg[58]; im Amtsbezirk Beilngries (Zone 3) belief sich der durchschnittliche Fleischkonsum auf 40 bis 41 kg pro Kopf und Jahr[59]. Die Zahl der Pferdeschlachtungen in der Oberpfalz lag im ersten Jahrzehnt unseres Jahrhunderts bei 500 jährlich und konnte damit die – vor allem in Zeiten großer Teuerung jeweils stark ansteigende – Nachfrage nach billigem Pferdefleisch nicht befriedigen[60].

„Der Bierkonsum ist ein sehr reichlicher, – der Arbeiter verbraucht ungefähr 1/4 seines Lohnes für Bier – Schnaps wird äusserst wenig getrunken", beschreibt Rasel[61] das Ausmaß des Alkoholkonsums bei den oberpfälzischen Kaolinarbeitern. Die Bedeutung der Ausgaben für Alkohol wird auch offensichtlich in den von dem sozialdemokratischen Arzt und Sozialhygieniker Alfred Grotjahn[62] veröffentlichten 79 Arbeiter-Haushaltsbudgets; die Zunahme des Alkoholkonsums in der deutschen Arbeiterschaft – mit einer deutlichen Zäsur um die Jahrhundertwende[63] – wurde von der Sozialdemokratie entschieden bekämpft, waren doch „die trunksüchtigsten Bezirke auch die Heimat der Sozialistenfresser, der Streikbrecher und der unterthänigen, keiner Aufklärung zugänglichen Knechtsseelen"[64].

Angaben zum Alkoholkonsum in der Oberpfalz liegen nur für das Jahr 1900 und – auch da wiederum – nur für einzelne Bezirksämter vor[65]. So wird aus Regensburg über ständig zunehmenden Biergenuß im Stadt- und Landbezirk berichtet; für – das ebenfalls der Ernährungszone 1 zugehörige – Neumarkt wird der Bierkonsum pro Kopf und Jahr auf 518,5 l beziffert und kommentierend angemerkt, daß der abnorm hohe Bierverbrauch bereits zu wirtschaftlichem Rückgang in der Stadt geführt habe[66]. Selbst für den der Ernährungszone 3 (mit – wie bereits erwähnt – sehr geringwertigem Bier) zuzurechnenden Amtsbezirk Beilngries wird noch ein jährlicher Pro-Kopf-Bierkonsum von rund 300 l gemeldet. Neben dem Bier- war auch der Branntweinkonsum unter der ländlichen Bevölkerung weit verbreitet; besonders von der Maxhütten-Arbeiterschaft in Rosenberg wurde Branntwein als „'warmer' Morgentrunk"[67] geschätzt.

Diese wenigen Angaben zum Alkohol-, insbesondere Bierkonsum der oberpfälzischen Arbeiterschaft, die übrigens weit über dem bayerischen Mittelwert von 235 l pro Kopf und Jahr in der Periode 1909 - 1913[68] liegen, lassen doch wohl den Schluß zu, daß Rasel mit seiner Schätzung – etwa 1/4 des Arbeiterlohnes würde für Bier ausgegeben – nicht allzusehr übertrieben hat. Auch in der Oberpfalz wurde das Bier – neben seiner Funktion als psychisches Betäubungsmittel – hauptsächlich wegen seines Nahrungs- und Stärkungseffektes konsumiert[69].

Will man die Verbrauchsstrukturen oberpfälzischer Arbeiterhaushalte bestimmen, kann man die von den einzelnen Arbeiterfamilien aufzubringenden Wohnungsmieten nicht außer acht lassen. So beliefen sich im Jahr 1908 in Amberg die Kosten für eine Mietwohnung mittlerer Größe auf 18 – 27 % eines durchschnittlichen Fabrikarbeiterlohnes[70]; die Kosten für eine Werkswohnung der Firma Baumann lagen – um etwa 10 % niedriger – bei 8 bis 16 % eines für Amberg repräsentativen Arbeiterlohns[71]. Da die Mietpreise für Werkswohnungen in der übrigen Oberpfalz sich in einem ähnlichen Rahmen bewegten wie bei der Firma Baumann (zwischen 48 und 105 M jährlich – je nach Größe und Lage -, wobei die Mietpreise in der nördlichen Oberpfalz weit über den Durchschnitt lagen)[72], dürfte der Budgetanteil von 8 bis 16 % auch für die anderen Werkswohnungen in der Oberpfalz gegolten haben; der Mietpreis für frei finanzierte Wohnungen (zu dem keine statistischen Angaben vorliegen) bewegte sich wohl ebenfalls in dem hier für Amberg skizzierten Rahmen. In den Jahren 1909 und 1910 wurden in der Oberpfalz die Mieten überproportional – gegenüber den vorangegangenen Einkommensverbesserungen – erhöht: in Regensburg und Amberg um 10 – 25 %, in den meisten anderen Orten um 5 – 30 % und darüber[73].

Doch nun – nach dieser Beschreibung der wichtigsten Rahmenbedingungen und Elemente oberpfälzischer Arbeiterhaushalte - zum Vergleich der Lohn- und Preisentwicklung in der Oberpfalz im Zeitraum 1884 bis 1914. Dazu sollten die durchschnittlichen Tagelohnsätze für (ungelernte) Frauen- und Männerarbeit den in den jeweiligen Erhebungsjahren gezahlten Preisen für die Grundnahrungsmittel Brot, Kartoffeln, Fleisch und Bier[74] gegenübergestellt werden, was wegen des disparaten Materials aber große Schwierigkeiten bereitete[75]. Da die Preisangaben aus den Erhebungsorten Amberg, Nabburg, Neumarkt, Regensburg und Waldmünchen aufgrund des Stadt-Land-Gefälles stark differierten, wurde als oberpfälzischer Durchschnittswert das jeweilige arithmetische Mittel dieser Angaben genommen. Hingewiesen sei nochmals auf die beschränkte Vergleichbarkeit der Tagelohnsätze für 1884 und 1888, die – wie bereits erwähnt – nach einem anderen Verfahren als die darauffolgenden gewonnen wurden. Auf eine Indizierung der prozentualen Lohnzuwachs- bzw. Teuerungsraten im Vergleichszeitraum 1884 bzw. 1892 – 1914 wurde verzichtet, da sie aufgrund des für die Oberpfalz fehlenden durchschnittlichen Warenkorbs einer Arbeiterfamilie (dieses Manko wurde in der vorangegangenen Untersuchung durch die Beschreibung der Rahmenbedingungen und wesentlichen Elemente oberpfälzischer Arbeiterhaushalte auszugleichen versucht) keinen wesentlichen Erkenntniszugewinn versprach. (s. Tabelle rechts oben)

Bei der Betrachtung dieser Zahlenreihen wird zweierlei offensichtlich: Zum einen, wie gering doch während des gesamten Vergleichszeitraumes der finanzielle Spielraum einer oberpfälzischen Arbeiterfamilie blieb. So konnte ein ungelernter Arbeiter von seinem Tagelohn im letzten Vergleichsjahr 1914 – läßt man die laufenden Kosten für Miete, Heizung, Beleuchtung etc. unberücksichtigt – gerade 2 1/2 Pfund Fleisch kaufen, also kaum mehr als im ersten (zuverlässigen) Vergleichsjahr 1892. Zum anderen wird auch deutlich, daß mit den erzielten Lohnzuwachsraten (zwischen 1892 und 1914 bei den Männern um insgesamt 60 %, bei den Frauen um 57 %) erhebliche Preissteigerungen beim Fleisch (im Zeitraum 1892 bis 1914 um 36 %), in den letzten Vorkriegsjahren auch beim Bier einhergingen; der Kartoffelpreis unterlag erntebedingten – in der Statistik nicht aufscheinenden – enormen Schwankungen (im Verlaufe des Jahres 1904 stieg er in der gesamten Oberpfalz zeitweilig um 33 – 50 %[76], 1911 verdoppelte er sich in Regensburg[77]). Nur die Brotpreise stiegen im Vergleichszeitraum nicht nennenswert.

Das Arbeiterdasein bestand also – auch und gerade – in der Oberpfalz im hier zu untersuchenden Zeitraum aus reiner Existenzsicherung und aus der Bereitstellung des Allernötigsten zum Überleben. Das Ansammeln von Ersparnissen, die – zumindest zeitweilig – die Illusion eines Lebens in kleinbürgerlicher Sicherheit und Behaglichkeit hätten vermitteln können, war offensichtlich nur wenigen oberpfälzischen Arbeitern möglich. Saisonale oder gar dauernde Arbeitslosigkeit, Erwerbslosigkeit im Alter, plötzliche Krankheit, Unfall und Tod des Haupternährers hingen als ständige Bedrohungen wie ein Damoklesschwert über der Existenz der meisten oberpfälzischen Arbeiter.

Entwicklung von Arbeiter(-innen)-Tagelöhnen und von Preisen wichtiger Bedarfsgüter in der Oberpfalz, 1884 – 1914 (in Mark)

Jahr	Tagelohn m	w	Roggenbrot (Pfund)	Kartoffeln (Pfund)	Schweinefleisch (Pfund)	Sommerbier (Liter)
1884	1,20	1.12	0,14	0,02	0,59	0,22
1888	1,20	0,91	0,13	0,02	0,60	0,22
1892	1,39	1,06	0,16	0,03	0,66	0,22
1896	1,39	1,07	0,14	0.03	0,63	0,22
1901	1,60	1,14	0,14	0,03	0,63	0,22
1906	1,83	1,25	0,14	0,02	0,81	0,22
1908	2,11	1,47	0,16	–	0,72	–
1914	2,23	1,66	0,15	0,03	0,90	0,24

FUSSNOTEN: 6. LÖHNE UND PREISE, LEBENSSTANDARD

1) Vgl. RITTER/TENFELDE, Bibliographie, S. 73.

2) Wie sie um 1900 vom Arbeitersekretariat Nürnberg unter Leitung Adolf Brauns erstellt und von Rossmeissl in seiner Dissertation, S. 90 – 99 und 284 – 297 ausgewertet wurden; mit außerordentlich interessantem Material u.a. zu Nürnberg – nicht aber zur Oberpfalz – auch die beiden (im hier zu untersuchenden Zeitraum) nach Umfang und Qualität herausragenden „Haushaltsrechnungen" im deutschen Bereich: Erhebungen von Wirtschaftsrechnungen minderbemittelter Familien im Deutschen Reiche. Bearb. im Kaiserlichen Statistischen Amte, Abteilung für Arbeiterstatistik (= Reichsarbeitsblatt, Sonderheft 2), Berlin 1909. – 320 Haushaltsrechnungen von Metallarbeitern. Bearb. und hrsg. vom Vorstand des Deutschen Metallarbeiter-Verbandes. Stuttgart 1909. Nachdrucke hrsg. von Dieter DOWE mit einer Einleitung von Jens FLEMMING und Peter-Christian WITT. Berlin/Bonn, Dietz 1981. Zu den Arbeiter-Haushaltsrechnungen allgemein vgl. TENFELDE, Klaus: Arbeiterhaushalt und Arbeiterbewegung 1850 – 1914, in: Sozialwissenschaftliche Informationen für Unterricht und Studium (zitiert SOWI) 6, 1977, H. 4, S. 160 – 187; auf S. 162, ebd., auch zu den erheblichen regionalen Unterschieden im Lebensstandard (v.a. aufgrund des Stadt-Land-Gefälles), die – trotz der räumlichen Nachbarschaft – eine Übertragung etwa der Nürnberger Werte auf die Oberpfalz unmöglich machen. Die Erhebungsregion der bei Berlin, a.a.O., S. 128 f. wiedergegeben beiden Glasarbeiter-Haushaltsrechnungen (aus einer vom Zentralverband christlicher Keram- und Steinarbeiter über die Ernährungsverhältnisse der Schleifer und Polierer veranstalteten Enquête) bleibt unklar, wenn auch die Werte auf die Oberpfalz übertragbar sein dürften (falls sie nicht ohnehin dort erhoben wurden).

3) Vgl. SJKB 1909 ff.

4) Vgl. ZSKB 1906 ff.

5) Stadtarchiv Amberg (zitiert StdAr AM), Zugang (zitiert Zg) I, Akte-Nr. 1955.

6) StA AM, Reg. der Opf., 8312.

7) StA AM, KdI, 3745.

8) Vgl. ZSKB 1884 ff.

9) Vgl. KALTENSTADLER, a.a.O., S. 338.

10) Vgl. ebd.

11) Außerdem 7 Vorarbeiter (25 bis 40 Gulden) und 7 Lehrlinge (7 bis 10 Gulden) sowie 10 weitere Beschäftigte; alle Angaben nach den Lohnlisten in StdAr AM, Zg I, 1955.

12) Die bei KUCZYNSKI, Bd. 1, S. 372 – 378 zitierten Berufsgruppen können hier nicht zum Vergleich herangezogen werden.

13) Vgl. SCHRÖDER, Arbeitergeschichte, S. 201.

14) Vgl. NICHELMANN, VHVO 105 (1965), S. 151 und 177.

15) Vgl. ebd., S. 151.

16) Zum Lohnsystem allgemein vgl. SCHRÖDER, a.a.O., S. 199 – 212.

17) Vgl. hierzu auch StA AM, KdI, 14338: Reichsgesetz vom 15. Juli 1883 über die Krankenversicherung der Arbeiter, hier Taglohnfestsetzungen betr. 1884.

18) Nr. 274 vom 20.11.1886.

19) Vgl. ZSKB 16, 1884, S. 302 – 306.

20) Quelle: „FT" Nr. 274 vom 20.11.1886.

21) Quelle: ebd.

22) Die vom Verfasser als Durchschnittswerte aus den in der ZSKB vom Jahr 1888 an für die einzelnen oberpfälzischen Bezirksämter angegebenen Taglöhnen errechnet wurden.

23) Vgl. ZSKB 1908, S. 122.

24) Quelle: „FT" Nr. 274 vom 20.11.1886.

25) Quelle: ZSKB 1888, S. 248.

26) Quelle: ZSKB 1892, S. 276.

27) Quelle: ZSKB 1896, S. 376.

28) Quelle: ZSKB 1901, S. 126.

29) Quelle: ZSKB 1906, S. 335.

30) Quelle: ZSKB 1908, S. 515 f.

31) Quelle: ZSKB 1914, S. 40.

32) Soweit die – wie bereits erwähnt – künstlich und für die ersten beiden Zähljahre 1884 und 1888 mit abweichenden Erhebungsmethoden festgelegten Tagelohnsätze einen solchen Schluß überhaupt zulassen.

33) Vgl. FIB 1902, S. 80.

34) Vgl. FIB 1903, S. 94; FIB 1904, S. X f. und FIB 1905, S. 105.

35) FIB 1906, S. 102.

36) Vgl. FIB 1906, S. 103.

37) Was in der Oberpfalz aber vor dem Jahr 1906 (von einzelnen erfolgreichen Streiks zur materiellen Besitzstandswahrung abgesehen) nur selten der Fall war: 1900 (vgl. FIB 1900, S. 234 f.) und 1901 (vgl. FIB 1901, S. 236 f.) in je einem und 1905 in drei Fällen (vgl. FIB 1905, S. 310 f.)

38) Es sei hier nochmals hingewiesen auf die – auch in der Oberpfalz – großen Lohnunterschiede zwischen gelernten und ungelernten Arbeitern; die Tagelohnfestsetzungen wurden – wie bereits mehrfach erwähnt – nur für die letztere Beschäftigtengruppe vorgenommen. Der durchschnittliche Tagesverdienst eines Amberger Bergmanns beispielsweise – nur für den Bergmannsberuf liegen von 1906 an regelmäßige Lohnangaben vor - lag im Jahr 1906 bei 3,40 Mark (Quelle: SJKB 1909, S. 145), also um 1,30 Mark über dem Tageshöchstlohn eines ungelernten Arbeiters.

39) Quelle: ZSKB 1908, S. 124 f.

40) Quelle: ZSKB 1908, S. 126 f.

41) Vgl. FIB 1907, S. 121.

42) Vgl. die Streiktabelle im FIB 1907, S. 350 – 355.

43) FIB 1908, S. 105.

44) Quelle: ZSKB 1908, S. 508.

45) Zur Entwicklung des Verhältnisses von Männer- und Frauenlöhnen im Vergleichszeitraum 1890 bis 1913 vgl. die Tabelle bei KUCZYNSKI, Bd. 18, S. 175 f., welche die hier festgestellte Tendenz zur Vergrößerung der Einkommensunterschiede in der Vorkriegsära am Beispiel einer Reihe von Berufen/Tätigkeiten sowie mehrerer deutscher Regionen bestätigt.

46) Vgl. FIB 1893, S. 102 f.

47) Ebd., S. 103.

48) „FT" Nr. 7 vom 9.1.1892.

49) Vgl. STELZLE, Walter: " . . . dass die Bonzen auch nichts haben". Bauernelend und Bauernrebellion in der Oberpfalz, in: Unbekanntes Bayern 13, 1980, S. 99 und ders., Magister-Arbeit.

50) Vgl. ders., Magister-Arbeit, S. 57.

51) Vgl. Generalsanitätsbericht 1900, S. 228.

52) Quelle: ebd.

53) Vgl. BERLIN, a.a.O., S. 128 f., der diese beiden Beispiele aus einer vom Zentralverband christlicher Keram- und Steinarbeiter über die Ernährungsverhältnisse der Schleifer und Polierer veranstalteten Enquête übernommen hat.

54) Quelle: ebd.

55) FIB 1910, S. 128; hierzu auch BERLIN, a.a.O., S. 126 f.

56) So sind in den Verbrauchszahlen für die Landbezirke die Privatschlachtungen nicht berücksichtigt.

57) Vgl. Generalsanitätsbericht 1900, S. 227.

58) Quelle: Generalsanitätsbericht 1896/97, S. 201.

59) Quelle: Generalsanitätsbericht 1898, S. 214.

60) Vgl. FIB 1910, S. 127.

61) RASEL, Eduard: Die oberpfälzische Kaolin-Industrie, Phil. Diss. Erlangen 1909, S. 42.

62) Vgl. GROTJAHN, Alfred: Der Alkoholismus nach Wesen, Wirkung und Verbreitung, Leipzig 1898.

63) Vgl. ROBERTS, James S.: Der Alkoholismus deutscher Arbeiter im 19. Jahrhundert, in: GUG, 1980, H. 2, S. 223 f. und 228 f.

64) „FT" Nr. 270 vom 17.11.1900.

65) Quelle: Generalsanitätsbericht 1900, S. 229.

66) Vgl. ebd.

67) Ebd.

68) Quelle: SJKB 13, 1915, S. 15.

69) Vgl. hierzu auch ROBERTS, a.a.O., S. 222 und 229.

70) Der Mietanteil am durchschnittlichen Arbeiterhaushaltsbudget lag in Amberg mit 18 bis 27 % noch erheblich über dem in Nürnberg (wo wesentlich höhere Löhne bezahlt wurden) mit 17 1/2 % (Quelle: KUCZYNSKI, a.a.O., Bd. III, S. 320).

71) Quelle: KOSCHEMANN, a.a.O., S. 72.

72) Quelle: FIB 1897, S. 106.

73) Vgl. FIB 1910, S. 129.

74) Wegen der außerordentlich breiten statistischen Auffächerung dieser Grundnahrungsmittel (in der ZSKB 1884 ff.) werden in der nachfolgenden Tabelle nur die Werte für die in der Oberpfalz jeweils gebräuchlichsten Spezifizierungen Roggenbrot, Schweinefleisch und Sommerbier angegeben.

75) Für die Jahre 1884 und 1888 mußten – wegen fehlender Preisangaben – bei Roggenbrot und Bier jeweils die Werte des Jahres 1885 bzw. 1889 eingesetzt werden, für 1896 der Kartoffelpreis des Jahres 1897 und für das Jahr 1901 sogar sämtliche Werte aus dem vorangegangenen Jahr übernommen werden. Für das Jahr 1908 ließen sich bei Bier und Kartoffeln keinerlei Vergleichswerte finden; die Werte für 1914 schließlich mußten vom Jahr 1913 übernommen werden.

76) Quelle: FIB 1904, S. 105.

77) Vgl. FIB 1911, S. 111.

II. STAATLICHE, BETRIEBLICHE UND GEWERKSCHAFTLICHE SOZIALPOLITIK

Die soziale Frage in der zweiten Hälfte des 19. Jahrhunderts wurde wesentlich mitbestimmt und begleitet von einem Bündel staatlicher Gesetzgebungswerke und kommunaler, betrieblicher[1], kirchlicher und gewerkschaftlicher sozialpolitischer Maßnahmen[2], deren Umsetzung und spezifisch oberpfälzische Ausprägung hier beschrieben werden sollen. Zu Regensburg liegt bereits eine ausführliche Darstellung vor[3], die schwerpunktmäßig die staatliche „Sozialgesetzgebung" in Bayern unter dem Ministerium Hohenlohe[4] sowie die kommunale und kirchliche Armenpflege[5] – am Beispiel Regensburgs – behandelt. In der folgenden Betrachtung sollen nach einer kursorischen Darstellung der bayerischen „Sozialgesetzgebung" von 1868/69 und der Sozialversicherungsgesetze der Jahre 1883 bis 1889 die betrieblichen und gewerkschaftlichen Initiativen in der Sozialpolitik in den Mittelpunkt gerückt und untersucht werden, ob und inwieweit diese Maßnahmen die materiellen Existenzbedingungen der oberpfälzischen Arbeiterschaft zu stabilisieren und diese in den bürgerlichen Staat zu integrieren vermochten.

Ausgangspunkte der staatlichen Sozialpolitik in Bayern waren die drei Gesetze über Heimat, Ansässigmachung und Verehelichung sowie über Gewerbswesen (alle drei vom 11.9.1825)[6]. Die ihnen folgenden Kinderschutzverordnungen vom 15.1.1840 sowie vom 16.7.1854 und die im Jahre 1849 erlassenen Schutzvorschriften für die in Zündwarenfabriken beschäftigten Frauen wurden bereits beschrieben[7]. Geprägt wurde die bayerische Sozialgesetzgebung im vorigen Jahrhundert jedoch vor allem durch drei der vom liberalen Kabinett Hohenlohe eingebrachten und verabschiedeten Gesetzgebungswerke: die Gewerbeordnung vom 30.1.1868; das Gesetz über Heimat, Verehelichung und Aufenthalt vom 25.4.1868 und das Gesetz, die öffentliche Armen- und Krankenpflege betr. vom 29.4.1868[8]. Im folgenden sollen zunächst die in der Oberpfalz feststellbaren Voraussetzungen und Auswirkungen der beiden letzteren Gesetzgebungswerke kursorisch dargestellt werden.

Das am 25. April 1868 vom bayerischen Landtag verabschiedete Gesetz über Heimat, Verehelichung und Aufenthalt brachte als wichtigste Neuerungen (gegenüber dem Vorgängergesetz von 1825) die Verehelichungsfreiheit und den Anspruch auf das Heimatrecht – allerdings verbunden mit einer Reihe von Vorbedingungen und Fristen (so mußten Selbständige bereits fünf, Unselbständige sogar zehn Jahre vor dem Zeitpunkt ihrer Bewerbung um das Heimatrecht in derselben Gemeinde ununterbrochen wohnhaft gewesen sein und Steuern bezahlt haben; außerdem durften sie keine Armenunterstützung beantragt oder empfangen haben)[9]; zudem konnte die jeweilige Gemeinde vom Antragsteller für die Erteilung des Heimatrechts eine Gebühr fordern[10].

Mit dem Heimatgesetz von 1868 wurde also das Erfordernis der Ansässigmachung und die Bindung der Eheschließung an diese abgeschafft[11]; nirgendwo sonst im rechtsrheinischen Bayern waren in den vorangegangenen Jahrzehnten Ansässigmachung und Verehelichung so häufig durch kommunales Veto verhindert (und damit menschliche Tragödien heraufbeschworen worden) wie gerade in der Oberpfalz[12], wo der Prozentsatz der verhinderten Ansässigmachungen zwischen 1845 und 1852 bei mindestens 10 %[13] und damit noch weit über dem bayerischen Durchschnittswert von 6 – 7 %[14] gelegen hatte. Eklatant häufig wurde das kommunale Veto in Regensburg angewendet, wo im Vergleichszeitraum 1845 bis 1852 25,8 % aller Bewerber (die ihre Bewerbungen bis zu 8 mal wiederholt hatten) die Ansässigmachung und damit auch die Verehelichung verwehrt worden war[15].

Hauptleidtragende des kommunalen Vetos, durch das die Armenlasten begrenzt und vermindert und – mittels Heiratsbeschränkungen – das Bevölkerungswachstum gelenkt werden sollte[16], waren zuwandernde Handwerksgesellen, Fabrikarbeiter und Taglöhner gewesen[17]. Diese in der Oberpfalz – und hier wiederum vor allem in Regensburg – besonders schikanös und inhuman angewendeten Niederlassungs- und Heiratsverbote waren hauptverantwortlich gewesen für die enorm hohen Unehelichenquoten in der Oberpfalz bzw. in Regensburg, wo sie in den Jahren 1859/60 mit 26 % bzw. 41,2 % weit über dem bayerischen Mittelwert von 22 % gelegen hatten[18]. Da also vom kommunalen Veto vor allem die Fabrik- und Landarbeiterschaft und die Handwerksgesellen betroffen worden waren, stiegen hier die Unehelichenquoten auch besonders stark an.

Nach dem eng mit dem Heimatgesetz verknüpften Gesetz über die öffentliche Armen- und Krankenpflege von 1869 waren für das Armen- und Krankenwesen die Heimatgemeinden der Bedürftigen zuständig; nur bei vollständiger oder teilweiser Arbeitsunfähigkeit und in dringenden Notfällen setzte die Armenunterstüzung ein, die meist aus Sachspenden, nur selten jedoch aus Geldmitteln bestand[19]. Die Zahl der ständig Unterstützten war in der ersten Hälfte des 19. Jahrhunderts in Regensburg bei 5 – 10 % der Einwohnerschaft gelegen; der Prozentsatz der vorübergehend Unterstützten war doppelt so hoch gewesen, lag also bei 10 – 20 %[20]. Man wird also davon ausgehend können, daß in der ersten Hälfte des 19. Jahrhunderts in Regensburg etwa ¼ der Einwohnerschaft ständig oder vorübergehend aus der Armenkasse hatte unterstützt werden müssen. Dieser Personenkreis dürfte – nach der von Kaltenstadler[21] verwendeten Klassifizierung Rubners – sich zusammengesetzt haben aus Witwen und Waisen, Kranken und Bettlern („klassische Armut"), aus Lehrlingen, Gesellen und Dienstboten („zeitlich begrenzte Armut") sowie auch bereits – und noch verstärkt während des Pauperismus – aus Heimarbeitern, Manufaktur- und Fabrikarbeitern[22]. Ein beträchtlicher Teil der dauernd Verarmten in der Oberpfalz war entweder in der Kreis-Armen- Beschäftigungsanstalt Karthaus-Prüll untergebracht, wo der Tagesablauf geprägt war von einem gefängnisähnlichen Anstaltsreglement[23], oder vegetierte in gemeindlichen Armenhäusern auf dem flachen Lande, wo vor allem wegen der von den Gemeinden aufzubringenden Unterhaltskosten besonders zahlreiche und gehässige Ressentiments den Gemeindearmen gegenüber bestanden und die Armenpflege bis ins 20. Jahrhundert hinein selbst von seiten der Bezirksbehörden schlichtweg als „Lumpenpflege"[24] abgetan wurde.

Der Anteil der ständig Unterstützten an der Gesamteinwohnerschaft der Oberpfalz lag im Vergleichszeitraum 1847 bis 1868 relativ konstant bei 1,54 % und damit an vorletzter Stelle unter den 8 bayerischen Regierungsbezirken[25]; die oberpfälzischen „Spitzenwerte" wurden in den Jahren 1866 bis 1868 in den beiden kreisunmittelbaren Städten Regensburg (4,25 %) und Amberg (3,3 %) sowie in den Regensburg benachbarten Amtsbezirken Stadtamhof (2,52 %) und Regensburg (2,06 %) erreicht[26], wobei die Höhe der 1868 in den einzelnen Bezirksämtern für einen Verarmten aufgewendeten Unterstützungsbeträge enorm differierte (zwischen 19 Gulden jährlich im Amtsbezirk Roding und 55,3 Gulden im Bezirksamt Vohenstrauß[27]). Etwa von 1870 an überwog dann in Regensburg die Zahl der konskribierten, also ständig unterstützten Armen die Anzahl der vorübergehenden Almosenempfänger um etwa das Doppelte[28] – hatte sich das in der ersten Hälfte des 19. Jahrhunderts dort bestehende Zahlenverhältnis zwischen vorübergehend und ständig Unterstützten also umgekehrt –, während auf die gesamte Oberpfalz bezogen – zumindest bis zum Jahr 1891[29] – die Gesamtzahl der vorübergehend Unterstützten (3,5 %) weiterhin deutlich über der Zahl der konskribierten Armen (1,3 %) lag[30].

In den achtziger Jahren des letzten Jahrhunderts war der Anteil der ständig Verarmten in der Oberpfalz zwar auf 1,3 % (gegenüber 1868 1,54 %) gesunken, die Oberpfalz nahm aber im innerbayerischen Vergleich der Armenzahlen nur eine Mittelposition ein[31] anstelle des vorletzten Ranges vom Vergleichsjahr 1868. Da das – allerdings nur bis 1891 reichende – statistische Material zur Armenfürsorge in der Oberpfalz für die achtziger Jahre des letzten Jahrhunderts sogar ein leichtes – absolutes wie relatives – Ansteigen sowohl der Zahl der vorübergehend als auch der dauernd Unterstützten ausweist[32], kann von einer Entlastung der Armenfürsorge durch die Sozialversicherungsgesetze der Jahre 1883 bis 1889 bis zum Ende des statistisch dokumentierten Zeitraums (bis 1891 also) nicht gesprochen werden. Der Rückgang des Anteils des konskribierten Armen von 1868 1,54 % auf 1891 1,3 % der oberpfälzischen Bevölkerung in den siebziger Jahren war also vor allem eine Auswirkung der gerade in diesem Jahrzehnt – auf das bayerische Armengesetz von 1869 hin – verstärkten und die konfessionelle Armenpflege flankierenden armenpflegerischen und fürsorgerischen Betätigung der Kommunen sowie des betrieblichen und – auch bereits – gewerkschaftlichen Kassenwesens, das im Mittelpunkt der folgenden Untersuchung stehen soll.

FUSSNOTEN: II. STAATLICHE, BETRIEBLICHE UND GEWERKSCHAFTLICHE SOZIALPOLITIK

1) Vgl. hierzu die „Ergebnisse einer Erhebung über die in Bayerischen Fabriken und größeren Gewerbebetrieben zum Besten der Arbeiter getroffenen Einrichtungen", München 1874; diese vom bayerischen Ministerium des Innern im Jahr 1873 vorgenommene Bestandsaufnahme ist aber in vielem beschönigend, war es doch auch ihr erklärtes Ziel (vgl. ebd., S. 47), ein harmonisches Bild des Verhältnisses von Unternehmer- und Arbeiterschaft in Bayern zu zeichnen.

2) Vgl. hierzu allgemein GLADEN, Albin: Geschichte der Sozialpolitik in Deutschland. Eine Analyse ihrer Bedingungen, Formen, Zielsetzungen und Auswirkungen, Wiesbaden 1974.

3) Vgl. ALBRECHT, Regensburg, S. 23 – 28 und 42 – 72.

4) Vgl. ebd., S. 23 – 28; hierzu allgemein HESSE, Horst: Die sogenannte Sozialgesetzgebung Bayerns Ende der sechziger Jahre des 19. Jahrhunderts, München 1971, wo die in Bayern in den Jahren 1868/69 verabschiedeten Sozialgesetze unter dem hier ebenfalls verwendeten Sammelbegriff „Sozialgesetzgebung" subsumiert werden.

5) Vgl. ALBRECHT, Regensburg, S. 42 – 72.

6) Vgl. ebd., S. 23.

7) Im Kapitel „Kinderarbeit", S. 34 f. bzw. im Kapitel „Frauenarbeit", S. 40.

8) Vgl. ECKERT, Hugo: Liberal- oder Sozialdemokratie, Stuttgart 1968, S. 30.

9) Vgl. ebd., S. 37 und ALBRECHT, a.a.O., S. 25 f.

10) Vgl. Eckert, a.a.O., S. 37.

11) Hierzu ausführlich ALBRECHT, a.a.O., S. 23–28.

12) Vgl. hierzu die Tabelle bei MATZ, Klaus-Jürgen: Pauperismus und Bevölkerung. Die gesetzlichen Eheberschränkungen in den süddeutschen Staaten während des 19. Jahrhunderts, Stuttgart 1980, S. 226; zu dieser Problematik (auf die Oberpfalz bezogen) auch S. 221 – 229 und 264 – 269.

13) Quelle: ebd., S. 225.

14) Quelle: ebd., S. 226.

15) Quelle: ebd., S. 228 f. und ALBRECHT, a.a.O., S. 24 f.

16) Vgl. MATZ, a.a.O., S. 264.

17) Vgl. ALBRECHT, a.a.O., S. 25.

18) Quelle: ebd., S. 27.

19) Vgl. ECKERT, a.a.O., S. 48.

20) Quelle: ebd., S. 49; zur Oberpfalz insgesamt liegen für die erste Hälfte des 19. Jahrhunderts keine Angaben zur Zahl der ständig oder vorübergehend Unterstützten vor.

21) KALTENSTADLER, Wilhelm: Bettelwesen in der Oberpfalz, in: Oberpfälzer Heimat, 1972, S. 7 – 14.

22) Vgl. ebd., S. 7.

23) Das Anstaltsreglement ist auszugsweise abgedruckt im Augsburg-Ausstellungskatalog, Bd. III, S. 122 f.; zum Armen- und Fürsorgewesen in Regensburg vor Erlaß des Gesetzes über die öffentliche Armen- und Krankenpflege 1869 vgl. ALBRECHT, a.a.O., S. 42 – 45.

24) Vgl. hierzu die bei HAPPATSCH, Martin G.: Über die ländliche Armenpflege, in: Die Oberpfalz, 1981, S. 302 f. wiedergegebenen Auszüge aus dem Amtsblatt des Bezirksamts Amberg vom 10.8.1902 (das wiederum sich auf das Pfaffenhofener Amtsblatt beruft), in dem auf äußerst gehässige Art und Weise (z.B.: „. . . Armenpflege ist zu 90 % eine Lumpenpflege", S. 303) gegen die Verpflichtung der Gemeinden zur Armenpflege polemisiert wird.

25) Quelle: ZSKB 1, 1869, S. 106.

26) Quelle: ebd., S. 107.

27) Quelle: ebd.

28) Vgl. ALBRECHT, a.a.O., S. 49.

29) Nur bis zum Jahr 1891 liegen Vergleichszahlen vor.

30) Quelle: ZSKB 25, 1893, S. 175.

31) Quelle: ebd.

32) Quelle: ebd.

1. KASSENWESEN

Bei der Vielzahl der auch in der Oberpfalz im Untersuchungszeitraum entstandenen betrieblichen Kassenorganisationen muß hier – schon aus Platzgründen – auf eine detaillierte Erörterung von deren jeweiligen Mitgliedsbedingungen, Beitragssätzen und Versicherungsleistungen verzichtet werden. Wichtiger als eine Darstellung aller in der Oberpfalz damals existenten Kassen-Varianten, wie sie so oder ähnlich ja auch in anderen deutschen Fabriken bestanden, erscheint ohnehin eine Untersuchung sowohl der Auswirkungen dieser betrieblichen Wohlfahrtseinrichtung als auch derjenigen Kassen in der Oberpfalz, die als Vorläuferorganisationen der gewerkschaftlichen oder politischen Arbeiterbewegung anzusehen sind, was aber jeweils nur im Einzelfall – und selbst da nur mit Vorbehalten – entschieden werden kann. Diese als solidarische Selbsthilfeeinrichtungen entstandenen Hilfs- und Unterstützungskassen sind bisher nur in ersten Ansätzen erforscht worden[1]; für die Oberpfalz fehlen – wohl mitbedingt durch die dürftige Quellenlage[2] – auch hierzu jegliche Vorarbeiten.

Das betriebliche Kassenwesen war bis zur Mitte des letzten Jahrhunderts in der Oberpfalz nur schwach entwickelt gewesen. Anders als etwa im früh industrialisierten Augsburg, wo betriebliche Wohlfahrtseinrichtungen von Anfang an den Industrialisierungsprozeß begleitet und seine schlimmsten Auswüchse zu mildern versucht hatten[3], war das betriebliche Kassenwesen in der Oberpfalz vor der dort um 1850 einsetzenden „Initialphase" des Industrialisierungsprozesses beschränkt geblieben auf – sieht man ab von den Knappschafts-Kassen, deren eher atypische Entwicklung an anderer Stelle[4] behandelt werden soll – die 1804 gegründete „Bruderkasse" der Gewehrfabrik in Amberg[5], die 1832 im nahegelegenen Hirschau bei der Dorfner'schen Porzellanfabrik eingerichtete Krankenkasse[6] und – schließlich – auf die 1829 installierte Krankenkasse der Rehbach'schen Bleistiftfabrik[7]. Während in den genannten Betrieben in Amberg und Regensburg sämtliche Beschäftigte zur Mitgliedschaft in der jeweiligen Kasse verpflichtet waren, blieb bei der Dorfner'schen Porzellanfabrik die Mitgliedschaft den von auswärts herbeigeholten Drehern und Formern vorbehalten, von denen die Dorfner'sche Kranken- und Unterstützungskasse – in Zusammenarbeit mit dem Fabrikherrn – auch gegründet worden war[8].

Umfassender als bei der Rehbach'schen Bleistiftfabrik waren vor 1850 die Versicherungsleistungen bei der Dorfner'schen Kranken- und Unterstützungskasse und der Gewehrfabrikarbeiter-Bruderkasse: aus diesen beiden Kassen wurden bei Krankheit oder bei Unfällen Unterstützungen gewährt sowie Pensionen an Witwen und Waisen gezahlt[9]. Im Jahr 1850 wurden aus der Gewehrfabrik-Bruderkasse 31 Arbeiterwitwen, davon einige mit noch unmündigen Kindern, mit jeweils 24 Gulden jährlich und einem Zuschlag von 12 Gulden für jedes Kind unterstützt[10]; ein Vergleich mit dem Gewehrfabrikarbeiter-Jahresdurchschnittsverdienst von 322 Gulden im selben Jahr 1850[11] zeigt bereits, daß diese Pensionen nicht mehr als ein Almosen waren und diese Arbeiter-Witwen wohl zusätzlich aus der Armenkasse unterstützt werden mußten. Eine Invalidenpension – neben der Kranken- und Unfallversicherung – existierte um 1850 aber noch bei keiner der hier beschriebenen drei Kassen.

Mit dem eigentlichen Einsetzen des Industrialisierungsprozesses in der Oberpfalz 1850 verdoppelte sich die Zahl der etwa 1000 dort versicherten Beschäftigten: Wesentlich beigetragen hatte dazu die von der bayerischen Regierung – vor Abschluß des Schienenlieferungsvertrages mit der Maxhütte 1851 – geforderte Errichtung einer Krankenunterstützungskasse (nach dem Modell der Augsburger Kammgarn-Spinnerei)[12], die dann im Jahre 1853 dort auch durchgeführt wurde. Alle Beschäftigten waren zur Mitgliedschaft in der Maxhütten-Unterstützungskasse verpflichtet; trotzdem die Kasse hauptsächlich durch Zwangsbeiträge der Arbeiter neben Fabrikstrafgeldern und freiwilligen Zuwendungen der Unternehmer finanziert wurde, blieben diese doch von der Verwaltung der Gelder ausgeschlossen. Ein von der Unternehmensleitung ausgewählter fünfköpfiger Arbeiterausschuß war lediglich „kontrollierend und beratend" an der Kassenverwaltung beteiligt[13]. Nach Krankschreibung durch den Werksarzt wurden aus der Kasse eine Unterstützung in Höhe des halben Arbeitslohnes (Sonderregelungen behielt sich die Unternehmensleitung aber vor) sowie freie ärztliche Behandlung und Versorgung mit Medikamenten (Arzt und Apotheke wurden allerdings von der Unternehmensleitung bestimmt) finanziert. Außerdem wurde bei dauernder Arbeitsunfähigkeit nach einem Betriebsunfall – erstmals in der Oberpfalz – eine Invalidenpension gewährt, die allerdings in der Höhe gestaffelt (1. Jahr: 10 Gulden im Monat; 2. Jahr: 8 Gulden mtl. und 3. – 10. Jahr: 5 Gulden mtl.) und auf längstens 10 Jahre beschränkt war (Ausnahmen von dieser Regelung behielt sich die Maxhütten-Direktion auch hier vor)[14]. War die Krankheit bzw. der Unfall nach Ansicht der Vorgesetzten „durch Trunk oder Ausschweifung"[15] bzw. durch eine Rauferei verschuldet, so erloschen alle Unterstützungsansprüche.

Zur Verdoppelung der Versichertenzahl in der Oberpfalz um 1850 trug – neben der Errichtung der Maxhütten-Unterstützungskasse – auch noch eine Reihe solidarischer Selbsthilfeeinrichtungen bei, die ihren Ursprung im Revolutionsjahr 1848/49 hatten und ihre Bedeutung letztendlich weniger ihrer

Mitgliederzahl als vielmehr ihrer Funktion als Vorläuferorganisation und als einer der entscheidenden personellen und organisatorischen Kontinuitätsstränge der oberpfälzischen Sozialdemokratie in der Reaktionszeit der 1850er Jahre verdanken. Der Gesamtprozeß der Konstituierung der Arbeiterbewegung in der Oberpfalz wird an anderer Stelle[16] noch ausführlicher behandelt werden.

Bereits der im Februar 1849 als Zweigverein der „Allgemeinen Deutschen Arbeiterverbrüderung" gegründete „Arbeiter-Bildungs- Verein in Regensburg und Stadtamhof" hatte aus den Mitgliederbeiträgen Wander- und Krankenunterstützungen bestritten[17]; einem Verbot – aufgrund des bayerischen Vereinsgesetzes – kam er im Juni 1850 durch Selbstauflösung zuvor[18]. Der Großteil der Mitglieder des aufgelösten Regensburger Arbeiterbildungsvereins trat geschlossen dem 1848 gegründeten liberalen Gewerbeverein als außerordentliche Mitgliedschaft bei[19], verkaufte ihm die alte Vereinsbibliothek und errichtete aus dem Erlös – ohne daß dagegen behördlicherseits eingeschritten worden wäre[20] – noch im selben Jahr 1850 den „Kranken- Unterstützungsverein der außerordentlichen Mitglieder des Gewerbevereins Regensburg"[21]. Wahrscheinlich um sich ihre Ansprüche auf das in den „Kranken-Unterstützungsverein" hinübergerettete Eigentum des aufgelösten Arbeiterbildungsvereins zu sichern, aber auch um die personelle und organisatorische Kontinuität sowie die informellen Kontakte angesichts der bereits einsetzenden staatlichen Unterdrückungsmaßnahmen aufrechtzuerhalten, war dem „Kranken-Unterstützungsverein" auch eine Reihe führender Mitglieder des aufgelösten Regensburger Arbeiterbildungsvereins beigetreten; diese wiederum gehörten zugleich dem aus dem Arbeiterbildungsverein hervorgegangenen und von behördlichen Verbotsmaßnahmen – bis 1852[22] – unbehelligt gebliebenen Turnverein an[23]. So war etwa der Schriftsetzer Gistl, vormaliger 2. Vorsitzender des aufgelösten Regensburger Arbeiterbildungsvereins[24] und Schriftführer des ebenfalls 1850 behördlicherseits aufgelösten Gutenbergvereins, zugleich Mitglied des aus dem Arbeiterbildungsverein hervorgegangenen – und 1852 verbotenen – Regensburger Turnvereins[25] und einer der Hauptinitiatoren (zusammen mit dem Schriftsetzer Michl und dem aus München ausgewiesenen Schneidergesellen Anton Hierhammer aus Niederbayerdorf, „welche beide sehr thätige und gewandte Mitglieder des Arbeiterbildungs-Vereins gewesen"[26] waren) des „Kranken-Unterstützungsvereins"[27].

Zu Anfang des Jahres 1877 zählte der „Kranken- Unterstützungsverein" 144 Mitglieder[28] und war damit die zweitgrößte unter den nicht-konfessionell und -betrieblich ausgerichteten selbstverwalteten Unterstützungskassen[29]; seine Kapitaleinlage war mit rund 1.230 Mark (bei einem monatlichen Mitgliedsbeitrag von 0,20 Mark und jährlichen Ausgaben von 322,50 Mark für die „Unterstützung erkrankter Mitglieder"[30]) die zweithöchste aller einschlägigen Kassen[31]. Die aus dem Jahr 1877 überlieferte Quelle läßt zwar keinerlei parteipolitische Orientierung des „Kranken-Unterstützungsvereins" mehr erkennen; aufgrund seiner Entstehungsgeschichte und seines Fortbestands über die Periode staatlicher Unterdrückung in den 1850er Jahren hinweg markiert er aber doch eine der entscheidenden Traditionslinien in der Frühgeschichte (1848 – 1863) der oberpfälzischen Arbeiterbewegung, ist doch die personelle Identität (wie an den Beispielen Gistl, Michl und Hierhammer aufgezeigt) sowie die organisatorische Kontinuität beim Übergang vom Regensburger Arbeiterbildungsverein zum Kranken- Unterstützungsverein erwiesen.

Ein zweiter Kontinuitätsstrang der oberpfälzischen Arbeiterbewegung war der vermutlich im April 1850 – als Ausweichorganisation für den Fall eines Verbotes des Arbeiterbildungsvereins – gegründete „Gutenbergverein" Regensburger Buchdrucker[32], der Meister (Prinzipale) und Gehilfen gleichermaßen vereinte und sich u.a. die Unterstützung in Notfällen zum Ziel setzte[33]. Nach seiner Auflösung im Juni 1850[34] wurde noch im selben Jahr – im Verein mit der Prinzipalität – eine „Unterstützungskasse für Buchdrucker in Regensburg und Stadtamhof" (der sich auch die Buchdrucker der späteren Pustet- Filiale in Sulzbach anschlossen[35]) installiert[36], die als ihren Vereinszweck die „Unterstützung von Buchdruckern in Krankheits-, Invaliditäts- und Todesfällen"[37] sowie die „Unterstützung durchreisender Gewerbsgenossen"[38] bezeichnete und wahrscheinlich eine Nachfolgeorganisation der im Vorjahr von den Druckereien Manz, Pustet, Demmler und Reitmayr gegründeten „Unterstützungskasse für die Buchdrucker in Regensburg"[39] war. Im Jahr 1858[40] oder 1859[41] wurde dann eine „Unterstützungskasse für Buchdrucker-Witwen und -Waisen"[42] eingerichtet, die aber ohne Beteiligung der Prinzipalen (mit knapp 11.400 Mark Kapitaleinlage war sie die bestdotierte unter den selbstverwalteten Kassen)[43] und während des gesamten Untersuchungszeitraumes auch organisatorisch selbständig blieb (erst in den 30er Jahren des 20. Jahrhunderts schlossen sich die beiden Bruckdrucker-Kassen zusammen[44]).

Neben diesen eher sozialistisch orientierten Selbsthilfeeinrichtungen der oberpfälzischen Arbeiterschaft existierte um die Jahrhundertmitte auch noch der – als Reaktion auf die Entstehung des Regensburger Arbeiterbildungsvereins[45] – ebenfalls im Februar 1849 als erster katholisch-konservativer Arbeiterunterstützungsverein Deutschlands gegründete „St. Josefs-Arbeiter-Unterstützungsverein" in Regensburg, der

65

Hilfe bei Krankheit, Invalidität und im Todesfalle bot und 1892 in den Katholischen Arbeiterverein überging[48]. Finanziert wurde diese Unterstützungskasse durch monatliche Mitgliedsbeiträge und Zuschüsse von Ehren-Mitgliedern[47] (hier vor allem des fürstlichen Hauses Thurn und Taxis und einer Reihe von Unternehmern[48]), die auch an der Kassenverwaltung beteiligt wurden[49]; dagegen blieben bei der zur „Unterstützung wandernder Vereins-Mitglieder und Rekonvaleszenten" eingerichteten Kasse des 1853 gegründeten Regensburger Katholischen Gesellenvereins sowohl Finanzierung als auch Verwaltung den Mitgliedern selbst vorbehalten[50]. Eine nur kurze Lebensdauer scheint dem vom Erbendorfer Kooperator Thumer im Jahr 1849 gegründeten Katholischen Arbeiterunterstützungsverein[51] sowie dem von ihm im darauffolgenden Jahr – ebenfalls nach dem Modell des Regensburger Arbeiterunterstützungsvereins – eingerichteten „Unterstützungsverein für weibliche Dienstboten und Arbeiterinnen", bei dem die „materielle Unterstützung ... der Köder zur sittlichen Hebung und Bewahrung jener armen Personen"[52] sein sollte, beschieden gewesen zu sein.

Neben den bereits erwähnten – im Jahr 1850 einsetzenden – beiden sozialistischen Kontinuitätssträngen (dem „Kranken-Unterstützungsverein" und der Buchdrucker-Unterstützungskasse) und den 1849 gegründeten Katholischen Arbeiterunterstützungsvereinen in Regensburg und Erbendorf (den ersten konservativen Arbeiterunterstützungsvereinen in Deutschland überhaupt!) lassen sich selbst für die Reaktionszeit der 1850er Jahre noch Spuren und Traditionslinien politischer Arbeiterbewegung in der Oberpfalz feststellen. Abgesehen von der oben behandelten – im Jahr 1858 oder 1859 gegründeten – selbstverwalteten Unterstützungskasse für Buchdrucker-Witwen und -Waisen läßt sich für Regensburg auch noch eine zweite selbstverwaltete Hilfskasse nachweisen: der 1857 errichtete „Kranken-Unterstützungsverein der Zimmergesellen", der mit Gründung der Regensburger Mitgliedschaft der Internationalen Gewerksgenossenschaft der Maurer und Zimmerer im Dezember 1872 vermutlich in dieser aufging[53]. Zu Anfang des Jahres 1877 zählte diese Unterstützungskasse 32 Mitglieder (bei einem Vermögensstand von rund 700 Mark)[54]; bei Erlaß des Sozialistengesetzes im Herbst des darauffolgenden Jahres hatte die Kasse noch 29 Mitglieder, während das Guthaben bereits aufgelöst und in Sicherheit gebracht worden war[55].

Den beiden hier beschriebenen, in den 1850er Jahren gegründeten selbstverwalteten Unterstützungskassen (Buchdrucker-Witwen- und -Waisen- sowie Zimmerer-Kasse) war 1855 – ebenfalls in Regensburg - die Errichtung einer „Kranken-Unterstützungskasse der Maurer"[56] vorausgegan-

gen, bei der zwar die Verwaltung in den Händen der Mitglieder lag, die aber fast ausschließlich von (Bau-)Unternehmerseite finanziert[57] und damit letztendlich wohl auch kontrolliert wurde. Diese Kasse bestand als eine von zwei örtlichen Maurerkrankenkassen (neben der oben behandelten Unterstützungskasse der Maurer und Zimmerer) noch weiter bis fast zur Aufhebung des Sozialistengesetzes[58], ehe sie vermutlich - wie die beiden anderen Kassen wohl auch – in der am 11.12.1889 in Regensburg gegründeten Ortskrankenkasse I der Bauhandwerker[59] aufging. Eine gewerkschaftliche Vorläuferorganisation war diese Unterstützungskasse also wohl nicht; sie war allenfalls ein früher Kristallisationspunkt für die Bauarbeiter-Organisierung nach Aufhebung des Sozialistengesetzes.

Wie in Deutschland überhaupt hatte auch in der Oberpfalz das Kranken-Unterstützungswesen besonders früh bei den Porzellanarbeitern eingesetzt[60]; auf die in der Dorfner'schen Porzellanfabrik in Hirschau im Jahr 1832 – auf Initiative der von auswärts herbeigeholten Dreher und Former hin – eingerichtete Kranken- und Unterstützungskasse wurde ja bereits hingewiesen. Im Jahr 1865 war diese – in Zusammenarbeit mit der Unternehmensleitung – um eine Armen- und Witwenkasse erweitert worden, wobei allerdings auch hier (wie schon bei der Maxhütten- Unterstützungskasse) alle Ansprüche auf die ohnehin dürftigen Unterstützungsleistungen[61] bei „Unsittlichkeit", „liederlichem Lebenswandel"[62] usw. des Versicherten erloschen[63].

Bis zum Jahr 1869/70 waren in allen vier oberpfälzischen Steingut- und Porzellanfabriken Krankenkassen eingerichtet worden[64]: so im Jahr 1863 eine selbstverwaltete Unterstützungskasse bei der Amberger Steingutfabrik Kick[65], im darauffolgenden Jahr eine ebenfalls selbstverwaltete Dreher-Unterstützungskasse in der Tirschenreuther Porzellanfabrik Muther & Tittel[66] und – mit unbekanntem Gründungsdatum, aber jedenfalls vor 1870 – eine Krankenkasse bei der Waffler'schen Steingutfabrik in Regensburg[67]. Wenn im Mai 1869 Delegierte aus allen vier oberpfälzischen Steingut- und Porzellanfabriken (in Amberg, Hirschau, Regensburg und Tirschenreuth) an der Gründungsversammlung des verbandsunabhängigen „Gewerkvereins der Porzellan- und verwandten Arbeiter" sich beteiligten[68], dann war dieser erste – gemeinsame und gleichzeitige – gewerkschaftliche Orientierungsversuch der oberpfälzischen Porzellanarbeiterschaft sicher auch ein Ergebnis sowohl der personellen und informellen Verflechtungen zwischen den einzelnen Unterstützungskassen als auch der in jahrelanger Selbstverwaltungspraxis gewonnenen Einsicht in die Notwendigkeit organisatorischer Verselbständigung und Zentralisierung.

Dieses allgemein feststellbare Drängen der Arbeiterschaft nach organisatorischer Verselbständigung und Zentralisierung führte in den siebziger Jahren des letzten Jahrhunderts auch in der Oberpfalz (hier allerdings weitgehend beschränkt auf Regensburg) zur Gründung einer ganzen Reihe parteipolitisch unterschiedlich orientierter Hilfskassen. Am dichtesten wurde dabei – im politischen wie im gewerkschaftlichen Bereich – das Netz der sozialdemokratisch ausgerichteten Unterstützungskassen geknüpft. Im Jahr 1875 wurde – vermutlich als eine Nachfolgeorganisation des im Vorjahr aufgelösten Sozialdemokratischen Arbeitervereins Regensburg – der „Sociale Krankenunterstützungsverein" gegründet, der zu Anfang des Jahres 1877 nur elf Mitglieder zählte[69], die allesamt frühere Mitglieder der Sozialistischen Arbeiterpartei waren[70]. Diese wandelten ihren Verein noch rechtzeitig vor Erlaß des Sozialistengesetzes in einen „Allgemeinen Krankenunterstützungsverein" um, der sich zwar jeglicher politischen Betätigung enthielt[71], von den Behörden aber wegen der unverkennbaren personellen Identität zwischen ihm und seiner Vorläuferorganisation (so war z.B. der Kassen-Vorstand Johann Moser kurze Zeit Vorsitzender des Sozialdemokratischen Arbeitervereins gewesen) schlichtweg als „Sozialdemokratischer Krankenunterstützungsverein"[72] bezeichnet wurde.

Der Durchbruch der Gewerkschaften in Regensburg während der wirtschaftlichen Prosperitätsphase 1871/73, der sich äußerte in der Gründung einer Reihe von Fachvereinen und in deren Anschluß an die Zentralgewerkschaften Bebel'scher Richtung[73], brachte im Rahmen der Unterstützungsfunktion der Fachvereine allein bis 1876 die Gründung von – soweit bekannt – vier selbstverwalteten Kassen: der Filialkasse der Hutmacher (Gründungsjahr: 1872; Vereinszweck: „Unterstützung der Mitglieder auf der Reise in Krankheits- und Sterbefällen"; Mitgliederzahl am 1.1.1877: 10; Kapitaleinlage am 1.1.1877: etwa 100 Mark)[74], der Krankenkasse des Tischler-Fachvereins (1873; 34 – von insgesamt 60 Fachvereinsmitgliedern am 1.1.1877 -; etwa 67 Mark)[75], des Kranken-Unterstützungsvereins der Kleidermachergehilfen (1873; 75; 500 Mark)[76] und der Kranken-Unterstützungskasse der Gewerkschaft der Schuhmacher (1876; 11 – der 74 Fachvereinsmitglieder -; etwa 20 Mark)[77].

Ob und inwieweit sie gewerkschaftlich initiiert und orientiert waren, läßt sich nicht mehr mit Gewißheit feststellen bei den beiden selbstverwalteten Kranken-Unterstützungskassen der Manz'schen Buchdruckereigehilfen (1872; 37; etwa 600 Mark)[78] sowie der Bäckergehilfen (1873; 34; 200 Mark)[79] in Regensburg. Insgesamt waren also in den vier Fachvereins-Krankenkassen sowie in den beiden letztgenannten selbstverwalteten Krankenkassen – vermutlich – sozialistischer Couleur zu Anfang des Jahres 1877 201 – hauptsächlich handwerklich – Beschäftigte versichert. (Der 1870 gegründete „Allgemeine Arbeiter-Kranken- Unterstützungsverein", der mit 169 Mitgliedern und 1.250 Mark Kapitaleinlage[80] die mitgliederstärkste und bestdotierte unter den nicht-konfessionellen und -betrieblichen selbstverwalteten Hilfskassen in Regensburg war[81] und offensichtlich bis zum Ersten Weltkrieg Bestand hatte[82], wurde hier nicht berücksichtigt, da er – aufgrund Quellenmangels – politisch nicht einzuordnen ist.) Die enorme Bedeutung der Fachvereins-Krankenkassen für den organisatorischen und informellen Fortbestand der gewerkschaftlichen Arbeiterbewegung über die Zeit des Sozialistengesetzes hinweg wird an anderer Stelle[83] noch eingehender zu erörtern sein.

Zwar weniger zahlreich als die sozialistischen Konkurrenzeinrichtungen, dafür aber außerordentlich mitglieder- und finanzstark waren die katholisch-konservativen Arbeiterunterstützungsvereine: der bereits 1849 eingerichtete St. Josefs-Arbeiter-Unterstützungsverein (mit 254 Mitgliedern am Stichtag 1.1.1877)[84] sowie der „eigens zur Abwehr sozialdemokratischer Bestrebungen"[85] im Jahr 1872 gegründete „Kath. Arbeiter-Unterstützungs-Verein St. Joachim"[86], der aufgrund laufender Zuwendungen der Häuser Thurn und Taxis sowie Pustet[87] auf das bestausgebaute Unterstützungsangebot (Kranken-, Sterbe-, Invaliden- und Sparkasse)[88] verweisen konnte und mit 241 Mitgliedern[89] bereits nach wenigen Jahren (zum Stichtag 1.1.1877) zur zweitmitgliederstärksten (nach dem St. Josefs-Verein) unter allen nichtbetrieblichen Kassen[90] geworden war.

Den rund 200 – am Stichtag 1. 1. 1877 – bei sozialdemokratisch orientierten Kassen Versicherten standen aber nicht nur die etwa 500 Mitglieder der beiden katholischen Arbeiterunterstützungsvereine, sondern auch 366 in liberalen Kassen Organisierte gegenüber: So zählte die vom liberalen Arbeiterfortbildungsverein[91] im Jahr 1868 eingerichtete Krankenkasse 85[92], die im selben Jahr installierte Sparkasse sogar 121 Mitglieder[93], während der 1876 errichteten Invalidenkasse bis zum Stichtag 1. 1. 1877 nur 15 Mitglieder beigetreten waren[94]. Auf vermutlich jeweils dieselben 11 Versicherten beschränkte sich die Mitgliederzahl der 1874 eingerichteten Kranken-, Invaliden- und Sterbekasse des (vom späteren Vorsitzenden des Arbeiterfortbildungsvereins Otto Dieterle im Jahr 1871 gegründeten und 1877 – mitsamt den Kassen – bereits wieder aufgelösten) Hirsch-Dunckerschen Gewerkvereins der Maschinenbauer und Metallarbeiter in Regensburg[95].

Der liberalen Partei war auch der 1865 gegründete Evangelische Handwerkerverein zuzurechnen[96]; der von ihm 1869 eingerichtete Krankenunterstützungsverein zählte – zum Stichtag 1.1.1877 – 133 Mitglieder[97]. Die weitaus mitgliederstärkste liberale Unterstützungseinrichtung aber war der 1883 gegründete Krankenhilfsverein Regensburg, der im Gründungsjahr bereits 543 ordentliche und 327 Ehrenmitglieder (im Jahr 1904 immerhin noch 413 ordentliche und 227 Ehrenmitglieder) zählte, im Jahr 1884 erstmals liberale Wahlhilfe leistete und später dem Liberalen Klub als Liberaler Krankenhilfsverein angeschlossen wurde[98].

Außerhalb Regensburgs läßt sich für den Zeitraum bis zum Erlaß des Bismarck'schen Sozialistengesetzes die Existenz nur einer einzigen selbstverwalteten (Unfall-) Hilfskasse, des 1872 gegründeten „Arbeiter-Vereins der Steinhauer zu Flossenbürg"[99] nachweisen, wobei wegen Quellenmangels aber nicht entschieden werden kann, ob und – falls ja – in welcher Richtung diese Gründung politisch beeinflußt war.

Neben den sozialistisch orientierten Selbsthilfeeinrichtungen der Arbeiterschaft sowie den katholisch-konservativen und den liberalen Arbeiterunterstützungsvereinen waren bis zum Jahr 1870 in allen Regensburger wie auch in den meisten oberpfälzischen Großbetrieben überhaupt sowie in einer Reihe kleinerer Betriebe (mit Ausnahme jedoch der Glasschleifen und -polieren) von den Unternehmern Kassen eingerichtet worden[100], die in Beitragswesen und Leistungen meist der bereits beschriebenen Maxhütten- Unterstützungskasse ähnelten[101]. Das Gesetz über die öffentliche Armen- und Krankenpflege von 1869 hatte den Gemeinden das Recht gegeben, die Einrichtung und den Ausbau des betrieblichen Kassenwesens von den ortsansässigen Unternehmern zu fordern[102]; waren die Kranken- und Unterstützungskassen im Vergleichsjahr 1875 in Bayern insgesamt die am weitesten verbreitete Unterstützungseinrichtung[103], so nahmen in der Oberpfalz die insgesamt 40 Einrichtungen dieser Art – wohl aufgrund der späteren Industrialisierung und kleinbetrieblichen Wirtschaftsstruktur – nur den zweiten Rang ein (in der Häufigkeitsskala der betrieblichen Wohlfahrtseinrichtungen) nach den 59 Arbeiterwohnanlagen, von denen – „oberpfalz-spezifisch" - allerdings allein 30 auf Glasschleifen, -polieren und -hütten sich befanden[104].

Über den Grad der finanziellen Fundierung der einzelnen Kassen durch die Unternehmer lassen sich keine verallgemeinernden Aussagen machen; die von Albrecht[105] – als vermeintlich repräsentativ für das Kassenwesen in Regensburg – beschriebene Pustet'sche „Hauskasse" war atypisch sowohl im Ausmaß ihrer Fundierung durch den Unternehmer (das Doppelte der Arbeiterbeiträge)[106] als auch in ihren Versicherungsleistungen, die (über die Kranken- und Invalidenunterstützung hinaus) zur Witwen- und Waisenversorgung auch noch – auf Firmenkosten – eine Lebensversicherung der verheirateten Arbeiter (mit einer Todesfallsumme von 700 Gulden) umfaßten. Wie bei der im Jahr zuvor – 1871 – eingerichteten sog. „Hauskasse" der Firma Manz scheint auch bei Pustet erst das Auftreten der Sozialdemokraten den Anstoß gegeben zu haben zur Errichtung eigener Unterstützungskassen[107]. Wie weit dadurch die Beschäftigten dieser graphischen Betriebe gegen sozialdemokratische Beeinflussung immunisiert werden konnten, soll an anderer Stelle[108] untersucht werden. Der oberpfälzische Fabrikinspektor jedenfalls schwärmte im Jahr 1886 von den Auswirkungen der 1869 oder 1872 eingerichteten Pustet'schen Hauskasse auf das Betriebsklima dort: „Diese schöne und wohlthätige Einrichtung hat ihre guten Früchte getragen, ein Stock guter alter Arbeiter ist um den Betriebsunternehmer versammelt, ein froher und zufriedener Geist herrscht in den Räumen . . ."[109].

In einem kurzen Zwischen-Resümee bleibt festzustellen, daß es – neben der sozialen Absicherung der Belegschaft – der Hauptzweck des betrieblichen Kassenwesens war, die Fluktuation der Arbeitskräfte zu vermindern und sie an den Betrieb zu binden, den Betriebsfrieden zu fördern und Organisationserfolge der – in den 1870er Jahren auch in der Oberpfalz sich formierenden – Gewerkschaften von vorneherein zu verhindern. Mustereinrichtungen wie die Pustet'sche Hauskasse blieben aber die Ausnahme von der Regel, die eher aus Kassen wie der Baumann'schen Krankenkasse in Amberg bestanden haben dürfte, wo ältere und kränkliche Arbeitssuchende von vornherein ihren Verzicht auf die volle Krankenunterstützung erklären mußten, wollten sie überhaupt in den Betrieb aufgenommen werden[110]. Während der Stammarbeiterschaft bei Baumann im Krankheitsfalle sechs Wochen lang der Lohn in voller Höhe weitergezahlt wurde, erhielt das angelernte Personal im selben Zeitraum nur den halben Lohn gezahlt[111]; erkrankte Familienangehörige wurden überhaupt erst vom Jahr 1892 an unterstützt[112].

Das Hauptmotiv für die Einrichtung der betrieblichen Kassen lag aber doch wohl in deren Disziplinierungsfunktion, die es der Maxhütten-Direktion beispielsweise ermöglichte, die am Streik von 1907/08 Beteiligten aus ihrer Betriebs-Krankenkasse (und dem Konsumverein) auszuschließen[103], womit diese Arbeiter auch alle Ansprüche verloren, selbst wenn sie vorher jahrzehntelang in die Kasse eingezahlt hatten. Diese Mängel des betrieblichen Kassenwesens – die fehlende Übertragbarkeit der Versicherungsansprüche auf andere Orte/Fabriken und damit deren Verlust trotz jahrzehntelanger Beitragszahlungen – traten besonders deutlich zutage im Streit um die Pensionskasse der – durch eine enorme Beschäftigtenfluktuation geprägten[114] – Amberger Gewehrfabrik, der beinahe 40 Jahre lang erbittert geführt wurde und wiederholt auch den bayerischen Landtag beschäftigte[115].

Ausgelöst worden war dieser Streit durch die Entlassung von 73 Gewehrfabrik-Arbeitern im Jahr 1880; 26 besonders langgediente Arbeiter hatten im darauffolgenden Jahr eine Petition an den Landtag adressiert, weil sie durch die Entlassung aus der Gewehrfabrik nach Paragraph 5 des Bruderkassen-Reglements auch alle Ansprüche auf eine Rückerstattung der oft jahrzehntelang in die Bruderkasse eingezahlten Beiträge (allein 18 der 26 Petenten konnten auf mehr als 20 Dienstjahre verweisen und hatten in einzelnen Fällen bereits mehr als 1.000 Mark an Beiträgen entrichtet) verloren hatten. Da nach Paragraph 6 der Gewehrfabrik-Kassenordnung für eine lebenslange Pension aber eine Beschäftigungsdauer von 25 Jahren nachzuweisen und in den Statuten keinerlei Vorsorge für langgediente Arbeiter getroffen war, die infolge der häufigen Arbeitsreduktionen bei der Gewehrfabrik ohne eigenes Verschulden entlassen worden waren, blieben diese arbeitslosen ehemaligen Gewehrfabrikarbeiter also ohne jede materielle Absicherung[116]. Der Antrag der 26 Petenten auf Rückerstattung der in die Bruderkasse eingezahlten Beiträge blieb aber ebenso ungehört wie auch die weiteren einschlägigen Petitionen an den Landtag in den Jahren 1892, 1900 und 1902[117]. Selbst als die Gewehrfabrik-Pensionskasse aufgrund der Sozialversicherungsgesetzgebung zum 1. Januar 1906 aufgelöst wurde, war damit die Auseinandersetzung um diese Kasse noch nicht beendet, wurde doch noch im selben Jahr der von 121 ehemaligen Gewehrfabrik-Arbeitern gestellte Antrag auf Herauszahlung der von ihnen geleisteten Beiträge vom Landtag abgewiesen; erst 1917 konnte mit Einführung der Arbeitslosenversicherung dieser fast 40 Jahre währende Streit beigelegt werden[118].

Auch wenn zu Beginn der achtziger Jahre des letzten Jahrhunderts bereits ein beträchtlicher Teil der oberpfälzischen Arbeiterschaft – forciert noch durch das bayerische Gesetz über öffentliche Armen- und Krankenpflege von 1869 – in betrieblichen, konfessionell oder gewerkschaftlich-politisch orientierten Kassen organisiert war, begann mit der Bismarck'schen Sozialgesetzgebung - den Versicherungen gegen Krankheit (1883), Unfall (1884), Alter und Invalidität (1889)[119] also – doch eine neue Ära staatlicher Sozialpolitik. Durch die enge Koppelung mit dem gleichzeitig rigoros gehandhabten Sozialistengesetz und die – offensichtlich politisch motivierte – Beschränkung auf die gewerbliche Arbeiterschaft (also insgesamt nur etwa ein Fünftel aller Erwerbstätigen) konnte die Sozialgesetzgebung zwar nicht ihren Hauptzweck, die Versöhnung des Arbeiters mit dem Staat, erfüllen, war aber doch ein entwicklungs- und ausbaufähiger Ansatz zur sozialen Sicherung von Teilen der Arbeiterschaft[120].

Das Krankenversicherungsgesetz von 1883 schrieb die Einrichtung von Betriebskrankenkassen in allen Betrieben mit mehr als 50 Versicherungspflichtigen vor[121]. Bereits bestehende Fabrikkrankenkassen blieben als Betriebskrankenkassen weiter bestehen; wo sie mit Pensionskassen organisatorisch verflochten waren, mußte aber eine Trennung der Kassen erfolgen[122], was bis zum Jahr 1886 in der Oberpfalz auch durchgeführt war[123]. Diese neuen Versicherungsträger (Betriebs-, Ortskrankenkassen etc.) waren gesetzlich verpflichtet, dem Arbeiter im Krankheitsfalle vom vierten Tag an und für längstens 13 Wochen Krankenunterstützung in Höhe des ortsüblichen Tagelohnes (Zusatzversicherungen wie die Pustet'sche Hauskasse blieben hiervon aber unberührt)[124] zu bezahlen, wobei die Mittel hierfür zu einem Drittel von den Arbeitern und zu zwei Dritteln von den Unternehmern aufzubringen waren[125].

Vom Zwangsbeitritt zu einer Orts- oder Betriebskrankenkasse waren nur diejenigen Arbeiter befreit, die einer Hilfskasse angehörten, deren Versicherungsleistungen ebenso hoch waren wie die der beiden genannten Kassenformen. Die gewerkschaftlichen Hilfskassen in der Oberpfalz konnten allein schon aufgrund ihrer vergleichsweise geringen Mitgliederzahl nicht mit der staatlichen Krankenversicherung konkurrieren; es blieb der sozialdemokratischen Arbeiterbewegung also auch – und gerade – in der Oberpfalz gar keine andere Wahl, als sich – trotz der wohl auch hier anfänglich vorherrschenden mißtrauischen Reserviertheit der Bismarck'schen Sozialgesetzgebung gegenüber – auf den langen „Marsch durch die Institutionen" der Krankenversicherung zu machen[126]. Die Einflußmöglichkeiten der Kassenvorstände, die zu zwei Dritteln von den Versicherten gewählt wurden, erkannte man in der sozialdemokratisch organisierten Arbeiterschaft erst im Laufe der 1890er Jahre[127].

In der Oberpfalz gelangen der sozialdemokratischen Arbeiterbewegung erst nach der Jahrhundertwende einige Teilerfolge bei den Wahlen zu den Selbstverwaltungsorganen der Ortskrankenkassen, wobei aber letztlich unklar bleibt, inwieweit diese Wahlresultate als politisches Barometer gelten können[128]. Die frühesten Wahlergebnisse liegen vor für Regensburg, wo im Jahr 1904 bei den Wahlen zur Ortskrankenkasse für Metallarbeiter – bei einer Wahlbeteiligung von nur 50 Prozent – die Freien Gewerkschaften 113, die Christlichen 94 Stimmen erhielten[129]. Ganz anders die Wahlaussichten der sozialdemokratischen Kandidaten bei der Ortskrankenkassenwahl 1913 in Neumarkt i.O.: „Wenn eine alte Prophezeiung sagt: Wer das 20. Jahrhundert überlebt, müsse einen eisernen Schädel haben, so kann man diesen Ausspruch auch auf die Neumarkter Genossen anwenden", orakelte die „Fränkische Tagespost"[130] düster in ihrer Wahlprognose, die sich aber nicht gänzlich erfüllen sollte, konnten die Freien Gewerkschaften doch immerhin 8 der 20 Sitze im Kassenvorstand erringen[131]. Außerordentlich schwach war dagegen das Abschneiden der sozialdemokratischen Kandidaten bei den Ortskrankenkassenwahlen 1913 in Weiden und 1914 in Neustadt a.d.WN: so konnten die Freien Gewerkschaften 1913 in Weiden nur 3, die Christlichnationalen dagegen 11 Kandidaten durchsetzen (wobei von den Sozialdemokraten diese Wahl jedoch wegen angeblicher „Ungesetzlichkeiten" angefochten wurde)[132], in Neustadt a.d.WN und in Tirschenreuth konnten die Sozialdemokraten im Jahr 1914 sogar nur jeweils einen von sechs Vorstandssitzen für sich verbuchen[133], während es im Jahr zuvor in Tirschenreuth immerhin noch zwei gewesen waren[134]. Überraschend positiv für die Freien Gewerkschaften war der Ausgang der Ortskrankenkassenwahl 1913 in Amberg, wo sie 19 der 40 Vorstandssitze gewinnen konnten[135]. Am erfolgreichsten aber waren sie in Vohenstrauß, wo sie 1913 5 von 8 Ausschußsitzen[136] erringen und im Jahr 1914 – im Zeichen eines allgemeinen Abwärtstrends für die Freien Gewerkschaften – immerhin noch die Hälfte der Beisitzer stellen konnten. In den rein ländlichen Bezirken Kemnath und Eschenbach, wo keine funktionierenden sozialdemokratischen Organisationen bestanden, konnten im Untersuchungszeitraum auch noch keine sozialdemokratischen Kandidaturen zu den Ortskrankenkassenwahlen angemeldet werden[137]. Für die Oberpfalz wird – mit Ausnahme Vohenstrauß' – also wohl kaum das geflügelte Wort von den Ortskrankenkassenvorständen als den „Unteroffiziersschulen der Sozialdemokratie"[138] Anwendung finden können.

FUSSNOTEN: 1. KASSENWESEN

1) Hier vor allem OFFERMANN, Toni: Arbeiterbewegung und liberales Bürgertum in Deutschland 1850 – 1863, Bonn 1979, S. 139 – 145 und SCHÖNHOVEN, Klaus: Selbsthilfe als Form von Solidarität. Das gewerkschaftliche Unterstützungswesen im Deutschen Kaiserreich bis 1914, in: AfS 20, 1980, S. 147 – 193.

2) Worauf auch ALBRECHT, a.a.O., S. 71 verweist, der sich aber beschränkt auf eine ausführliche Darstellung der Entstehungsgeschichte dieser Kassen in der Revolution von 1848/49 (vgl. ebd., S. 69 f. und 145 – 148).

3) Vgl. hierzu Fischer, a.a.O., S. 192 ff. und SEITZ, Jutta: Betriebliches Kassenwesen – Zur sozialen Fürsorge der Augsburger Fabrikarbeiter im 19. Jahrhundert, in: Augsburg-Ausstellungskatalog, Bd. II, S. 445 – 449.

4) Im Kapitel „Bergarbeiter-Organisierung", S. 163 f.

5) Vgl. KOSCHEMANN, a.a.O., S. 58 f. und ZSKB 7, 1875, S. 100 f.

6) Vgl. ebd., S. 102 f.; hierzu auch ERNSTBERGER, Alfred: Geschichte des Vaterstammes der Dorfner in Hirschau, Kallmünz 1940, S. 119 – 121.

7) Vgl. ZSKB 7, 1875, S. 102 f. und CHROBAK, VHVO 121, S. 228.

8) Vgl. ERNSTBERGER, a.a.O., S. 119.

9) Vgl. ZSKB 7, 1875, S. 100 – 103; im Jahr 1850 erst folgte – als dritter Betrieb in der Oberpfalz – die Rehbach'sche Bleistiftfabrik mit einer eigenen Pensionskasse (vgl. CHROBAK, VHVO 121, S. 228.).

10) Vgl. hierzu das Namens-Verzeichnis der Gewehrfabrikarbeiter- Witwen in StdAr AM, Zugang I, Akte-Nr. 1955.

11) Quelle: KOSCHEMANN, a.a.O., S. 98; an der Höhe der von Koschemann für das Jahr 1850 errechneten Durchschnitts- Jahreslöhne der Amberger Berg- und Gewehrfabrikarbeiter scheinen aber aus verschiedenen Gründen Zweifel angebracht zu sein, weshalb sie auch nicht als Vergleichswerte im Kapitel „Löhne und Preise, Lebensstandard" herangezogen wurden.

12) Vgl. NICHELMANN, VHVO 97, S. 130.

13) Ebd.

14) Vgl. ebd., S. 130 f.

15) Aus dem Kassen-Reglement zitiert nach ebd., S. 131.

16) Im Kapitel „Erste Ansätze einer Formierung der Arbeiterbewegung in der Oberpfalz", S. 235 – 238.

17) Vgl. hierzu die Broschüre „Statuten für den Arbeiter- Bildungsverein in Regensburg" (BHS I, MInn 45619).

18) Vgl. ALBRECHT, a.a.O., S. 70.

19) Vgl. Ber. Reg. d. Opf. vom 28.6.1851, BHS I, MInn 45548, Bl. 6 und IHK-Bericht 1873 – 1876, S. 64 f.

20) Vgl. Ber. vom 28.6.1851, a.a.O. und OFFERMANN, a.a.O., S. 85.

21) Vgl. ebd. und IHK-Bericht 1873 – 1876, S. 62 f.; der Verein unterstützte seine Mitglieder gegen einen Monatsbeitrag von 2 Kreuzern im Krankheitsfalle mit wöchentlich 20 Kreuzern (Quelle: ALBRECHT, a.a.O., S. 147).

22) Vgl. ebd., S. 148.

23) Vgl. OFFERMANN, a.a.O., S. 85.

24) Vgl. ALBRECHT, a.a.O., S. 145.

25) Vgl. ebd., S. 148.

26) Vgl. BHS I, MInn 45548, Blatt 135 und 6.

27) Vgl. ebd.

28) Quelle: IHK-Bericht 1873 – 1876, S. 62 f.

29) Vgl. ebd., S. 54 – 65.

30) So die Bezeichnung des Vereinszwecks in ebd., S. 62 f.

31) Vgl. ebd., S. 54 – 65.

32) Vgl. BHS I, MInn 30981/1, Bericht Nr. 5391 vom 26.4.1850; ALBRECHT, a.a.O., S. 70 und 148 nennt hier einander widersprechende Gründungsjahre (März 1849 bzw. 1850).

33) Vgl. ALBRECHT, a.a.O., S. 70.

34) Vgl. BHS I, MInn 30981/1, Bericht Nr. 9079 vom 18.6.1850.

35) Vgl. Tabelle I im Anhang.

36) Vgl. hierzu die Buchdrucker-Festschrift „60 Jahre Ortsverein Regensburg", S. 5 f. und IHK-Bericht 1873 – 1876, S. 60 f.

37) Ebd.

38) ZSKB 7, 1875, S. 102 f.

39) Ebd.

40) Vgl. Festschrift, a.a.O., S. 6.

41) Vgl. IHK-Bericht 1873 – 1876, S. 58 f.

42) Festschrift, a.a.O., S. 6.

43) Vgl. IHK-Bericht 1873 – 1876, S. 54 – 65.

44) Vgl. Festschrift, a.a.O., S. 6.

45) Vgl. DENK, a.a.O., S. 21.

46) Vgl. ALBRECHT, a.a.O., S. 70 und IHK-Bericht, a.a.O., S. 58 f.

47) Vgl. ebd.

48) Vgl. DENK, a.a.O., S. 22.

49) Vgl. IHK-Bericht, a.a.O., S. 58 f.

50) Vgl. ebd., S. 62 f.

51) Vgl. DENK, a.a.O., S. 21.

52) Brief des Erbendorfer Kooperators Thumer vom 5.2.1850 an den Regensburger Bischof (Bischöfliches Zentralarchiv Regensburg OA 648).

53) Vgl. CHROBAK, VHVO 121, S. 221 und IHK-Bericht, a.a.O., S. 64 f.

54) Vgl. ebd., S. 58 f.

55) Vgl. BHS I, MInn 66312, „Statistik der sozialdemokratischen Vereine" vom 3.9.1878.

56) Vgl. IHK-Bericht, a.a.O., S. 60 f.

57) Vgl. ebd.

58) Vgl. „FT" Nr. 139 vom 17.6.1889.

59) Vgl. StA AM, KdI 3974.

60) Vgl. hierzu SCHÖNHOVEN, Selbsthilfe, a.a.O., S. 179 f.

61) Vgl. hierzu ZSKB 7, 1875, S. 102 f. und ERNSTBERGER, a.a.O., S. 120 f.

62) Ebd.

63) Wegen der merkwürdigen Art der Fundierung der Witwenkasse – sie mußte von den Zulieferern der Firma Dorfner durch eine Art Zwangsabgabe finanziert werden (vgl. Erhebung über die zum Besten der Arbeiter, a.a.O., S. 33) – kam es im Jahr 1877 zum finanziellen Debakel und zur Auflösung dieser Kasse (vgl. ERNSTBERGER, a.a.O., S. 121).

64) Vgl. Tabelle I im Anhang und ERNSTBERGER, a.a.O., S. 121.

65) Vgl. ebd. und ZSKB 7, 1875, S. 100 f.

66) Vgl. ebd. und ERNSTBERGER, a.a.O., S. 121.

67) Vgl. ebd. und Tabelle I im Anhang.

68) Vgl. ENGELHARDT, Anfänge, a.a.O., S. 870.

69) Vgl. IHK-Bericht, a.a.O., S. 56 f.

70) Vgl. CHROBAK, VHVO 121, S. 201.

71) Vgl. ebd.

72) BHS I, MInn 66312, Schreiben vom 3.9.1878; die dort angegebene Zahl von 34 Mitgliedern war aber weitaus zu hoch gegriffen.

73) Vgl. CHROBAK, VHVO 121, S. 221 und ALBRECHT, a.a.O., S. 71.

74) Quelle: IHK-Bericht, a.a.O., S. 62 f.

75) Quelle: ebd., S. 54 f. und 58 f.; nachfolgend jeweils dieselben Rubriken wie oben.

76) Quelle: ebd.

77) Quelle: ebd., S. 62 f. und BHS I, MInn 66312, Schreiben vom 3.9.1878.

78) Quelle: IHK-Bericht, a.a.O., S. 60 f.

79) Quelle: ebd., S. 64 f.

80) Quelle: ebd., S. 62 f.

81) Vgl. ebd., S. 54 – 65.

82) Vgl. ALBRECHT, a.a.O., S. 71, Anmerkung 88.

83) Im Kapitel „Auswirkungen von Bismarcks Sozialistengesetz".

84) Quelle: IHK-Bericht, a.a.O., S. 58 f.; zur Unterstützungskasse des Regensburger Katholischen Gesellenvereins liegen keine brauchbaren statistischen Angaben vor.

85) CHROBAK, VHVO 121, S. 229.

86) Vgl. ebd.

87) Vgl. ALBRECHT, a.a.O., S. 71.

88) Vgl. IHK-Bericht, a.a.O., S. 54 f.

89) Quelle: ebd.

90) Vgl. IHK-Bericht, a.a.O., S. 54 – 65.

91) Vgl. CHROBAK, VHVO 121, S. 229.

92) Quelle: IHK-Bericht, a.a.O., S. 58 f.

93) Quelle: ebd., S. 60 f.

94) Quelle: ebd.

95) Quelle: ebd., S. 64 f. und CHROBAK, VHVO 120, S. 320 und 121, S. 230.

96) Quelle: ebd.

97) Quelle: IHK-Bericht, a.a.O., S. 58 f.; im Jahr 1881 waren es 124 ordentliche und 265 außerordentliche Mitglieder, 1902 wurde der Höchststand mit 284 ordentlichen Mitgliedern erreicht (Quelle: CHROBAK, VHVO 121, S. 230.).

98) Vgl. ders., VHVO 120, S. 364.

99) Landratsamts-Registratur Neustadt a.d. Waldnaab (LRA- Registratur NEW): VII, I, 3, 10.

100) Vgl. Tabelle I im Anhang.

101) Vgl. hierzu ZSKB 7, 1875, S. 100 – 103 sowie für Regensburg den summarischen Überblick im IHK-Bericht 1873 – 1876, S. 54 – 65, bei CHROBAK, VHVO 121, S. 228 f. sowie bei ALBRECHT, a.a.O., S. 69.

102) Vgl. Ergebnisse einer Erhebung über die Einrichtungen zum Besten der Arbeiter, a.a.O., S. 19.

103) Vgl. ebd.

104) Quelle: ZSKB 7, 1875, S. 40 f.

105) A.a.O., S. 69.

106) Vgl. ZSKB 7, 1875, S. 102 f.

107) Vgl. CHROBAK, VHVO 121, S. 229, Erhebung, a.a.O., S. 31, ZSKB 7, 1875, S. 102 f. und FIB 1886, S. 41 f.; der IHK-Bericht 1873 – 1876, S. 54 f., nennt allerdings abweichend von den übrigen Quellen 1869 als Gründungsjahr der Pustet'-schen Hauskasse.

108) Im Kapitel „Buchdrucker-Organisierung".

109) FIB 1886, S. 42.

110) Vgl. KOSCHEMANN, a.a.O., S. 41.

111) Vgl. ebd., S. 46.

112) Vgl. ebd., S. 51.

113) Vgl. NICHELMANN, VHVO 105, S. 152.

114) Vgl. hierzu BHS IV, Fzm 5296 – 5360.

115) Vgl. KÜNZEL, a.a.O., S. 21 – 23 und 46 – 48; BHS IV, Fzm 5305, S. 2 – 8; KUCZYNSKI, a.a.O., Bd. III, S. 414 und Stenographischer Bericht über die Verhandlungen der bayerischen Kammer der Abgeordneten vom 8.4.1881, Bd. V, Nr. 192, S. 674 f.

116) Alle Angaben nach Stenographischer Bericht, a.a.O., S. 674 f.

117) Vgl. KÜNZEL, a.a.O., S. 23 und 46 – 48.

118) Vgl. ebd., S. 48.

119) Hierzu allgemein RITTER, Staat, S. 43 – 53; Lern- und Arbeitsbuch, Bd. III, S. 572 und 590 f. und Nürnberg- Ausstellungskatalog, S. 508 f.

120) Vgl. RITTER, Staat, S. 43 – 53.

121) Vgl. Lern- und Arbeitsbuch, Bd. III, S. 572; hierzu auch StA AM, KdI 3974: „Übersicht der genehmigten Betriebskrankencaßen 1884".

122) Vgl. ebd.

123) Vgl. FIB 1886, S. 41.

124) Vgl. StA AM, KdI 3974; Zusatz-Krankenversicherungen existierten beispielsweise – im Stichjahr 1904 – auch bei immerhin 31 von insgesamt 49 katholischen Arbeitervereinen in der Oberpfalz (vgl. FIB 1904, S. 107).

125) Vgl. Lern- und Arbeitsbuch, Bd. III, S. 590.

126) Vgl. hierzu allgemein TENNSTEDT, Florian: Geschichte der Selbstverwaltung in der Krankenversicherung von der Mitte des 19. Jahrhunderts bis zur Gründung der Bundesrepublik Deutschland, Kassel 1977, S. 53 ff.

127) Vgl. ebd.

128) Zu der im Jahr 1984 erschienenen „Chronik der Landesversicherungsanstalt Niederbayern-Oberpfalz" (zum Preis von 244 Mark) sei angemerkt, daß diese keinerlei Informationen bietet, die über eine oberflächliche Institutionengeschichte hinausweisen, zumal hier auf jegliche Quellenarbeit verzichtet wurde.

129) Vgl. „FT" Nr. 270 vom 16.11.1904.

130) Nr. 259 vom 4.11.1913.

131) Vgl. „FT" Nr. 265 vom 11.11.1913.

132) Vgl. „FT" Nr. 279 vom 27.11.1913.

133) Vgl. DGB-Bibliothek Düsseldorf, AKP 831, Jahresbericht 1914, S. 2 f.

134) Vgl. „FV" Nr. 261 vom 6.11.1913.

135) Vgl. „FV" Nr. 278 vom 26.11.1913.

136) Vgl. „FV" Nr. 261 vom 6.11.1913.

137) Vgl. DGB-Bibliothek Düsseldorf, AKP 831, Jahresbericht 1914, S. 3.

138) Vgl. TENNSTEDT, a.a.O., S. 55.

2. FABRIKINSPEKTION

Nach der Gewerbeordnungsnovelle vom 17. Juli 1878 wurde im Februar des darauffolgenden Jahres in Bayern die „Fabrikinspektion" eingeführt; ihr Wirkungskreis beschränkte sich zunächst auf den Schutz der jugendlichen und weiblichen Arbeiter sowie auf die Unfallverhütung und den Gesundheitsschutz. 1892 wurde sie um die Gewerbeinspektion erweitert; die Fabrikinspektoren führten von da an den Titel „Fabriken- und Gewerbeinspektoren", von 1907 an durften sie sich dann als „Gewerberäte" bezeichnen[1]. Bayern war bis zum Jahr 1885 in drei Inspektionsbezirke – München, Nürnberg (von dort aus wurde die Oberpfalz mitbetreut) und Speyer – aufgeteilt; erst im Jahr 1886 kam als vierter Bezirk der Aufsichtsbereich Regensburg (mit 520 zu kontrollierenden Betrieben und 13.293 darin beschäftigten Arbeitern) hinzu[2].

Die konkrete Tätigkeit und die Persönlichkeit der beiden im Untersuchungszeitraum in der Oberpfalz fungierenden Fabrikinspektoren Dyck und Schuberth sowie die einzelnen Arbeiterschutzbestimmungen wurden ja bereits[3] behandelt; es sollen deshalb im folgenden nur einige Kernprobleme der Fabrikinspektion – auch – in der Oberpfalz verdeutlicht werden: Zunächst deren unzureichende personelle Ausstattung, die eine kontinuierlich-systematische Kontrolle etwa der Kinderarbeit gerade in den entlegeneren Gebieten der Oberpfalz völlig unmöglich machte. Trotz wiederholter Klagen des oberpfälzischen Fabrikinspektors Dyck, daß er alleine nicht sämtliche Betriebe seines Aufsichtsbezirkes im vorgeschriebenen Turnus von zwei Jahren visitieren könne[4], wurde ihm erst im Jahr 1896 vom Innenminister „die Beigabe eines Assistenten in Aussicht"[5] gestellt, zugleich aber betont, daß künftig von einer eingehenderen Kontrolle der – wohl am revisionsbedürftigsten – kleineren Handwerksbetriebe abzusehen sei. So wurden beispielsweise im Jahr 1908 zwar 66,5 % aller Fabriken, aber nur 13,9 % der Handwerksbetriebe kontrolliert[6] (trotz der mittlerweile – gegen den erbitterten Widerstand Dycks – erfolgten zusätzlichen Anstellung einer Gewerbeaufsichts-Assistentin[7]).

Der zweite Haupt-Kritikpunkt resultierte aus dem alten Dilemma der Fabrikaufsicht, daß von ihr selbst „polizeiliche, im Wege administrativen Zwangs durchzuführende Verfügungen nicht zu erlassen"[8] waren, sie bei einer Strafverfolgung also auf die Amtshilfe der meist sehr unwilligen und nachlässigen Ortspolizeibehörden angewiesen war, was ständigen Anlaß gab zu Klagen und Beschwerden über deren mangelnde Bereitschaft zur Mitwirkung[9]. Selbst ein so staatstreuer und -konservativer Beamter wie der oberpfälzische Fabrik- (und spätere bayerische Zentral-) inspektor Dyck, der sich – anders als sein Nachfolger Schuberth – nicht scheute, als Zuträger und Informant der Polizeibehörden eindeutig Partei zu ergreifen[10], mußte in einem zweijährigen Kompetenzstreit mit dem Bergamt Bayreuth um die Aufsichtsbefugnis über die Brikettfabrik Schwarzenfeld die Erfahrung machen, daß die Fabrikinspektion – im Zweifelsfalle – allen anderen Behörden nach- und untergeordnet wurde[11].

Diese beiden Hauptmängel der Fabrikinspektion – die unzureichende personelle Ausstattung und das Fehlen polizeilich – exekutiver Vollmachten – veranlaßten auch die „Fränkische Tagespost" zu mehreren Leitartikeln[12], in denen aber immer auch auf die Notwendigkeit einer engen Zusammenarbeit zwischen Fabrikinspektion einerseits und Gewerkschaften sowie SPD andererseits hingewiesen wurde. Die hier durchscheinende sozialreformistische Wunsch-Vorstellung von einer Bindeglied-Funktion der Fabrikinspektion zwischen Staat und Arbeiterschaft, wie sie von der badischen Fabrikinspektion angestrebt und – mit Vorbildcharakter für das gesamte Deutsche Reich – auch verwirklicht worden war[13], konnten und wollten die im Untersuchungszeitraum fungierenden beiden oberpfälzischen Gewerbeaufsichtsbeamten Dyck (von 1886 bis 1904) und Schuberth (von 1905 bis 1919) nicht erfüllen; der im Gegensatz zu seinem Amtsvorgänger Dyck sozial sehr aufgeschlossene Schuberth scheint sich eher als neutrale Vermittlungsinstanz zwischen Arbeitgeber und -nehmer verstanden zu haben.

Zum Verhältnis zwischen Arbeiterschaft und Fabrikinspektoren in Bayern heißt es noch im Jahr 1894, daß eine „regere Fühlung mit den Arbeitern noch immer nicht stattfindet"[14]. Die Angst, bei einer Beschwerde den Arbeitsplatz zu verlieren, veranlaßte die meisten Arbeiter dazu, sich in Schweigen zu hüllen, wenn der Fabrikinspektor in Begleitung des Unternehmers den Betrieb kontrollierte. Es wurden deshalb von Ende 1894 an am Amtssitz sämtlicher Aufsichtsbezirke regelmäßige Sprechstunden eingerichtet[15], die aber von der Arbeiterschaft – in einem nennenswerten Ausmaß – erst nach der Jahrhundertwende durch die Vermittlung der inzwischen erstarkten Arbeiterorganisationen genutzt wurden: Während etwa im Jahr 1909 der oberpfälzische Fabrikinspektor von den Arbeitgeberorganisationen kaum konsultiert wurde (wie auch im Vorjahr bereits), liefen im selben Jahr 1909 bei ihm allein von Verbandsleitungen und Arbeitersekretariaten 40 Schriftstücke ein (gegenüber 37 im Vorjahr) und holten sich 48 Arbeiter (gegenüber 37 im Vorjahr) in seinem Büro Rat[16]. Wenn sich die Fabrikinspektion in der Oberpfalz also während der Ära Schuberth (von 1905 bis zum Ende des Untersuchungszeitraumes) in einem beachtlichen Grade als Vermittlungsinstanz zwischen Arbeitern und Unternehmern profilieren konnte, dann lag das vor allem an der weitgehenden Unterstützung durch bzw. der Zusammenarbeit mit den reformorientierten und -bereiten Arbeiterorganisationen in der Oberpfalz.

FUSSNOTEN: 2. FABRIKINSPEKTION

1) Vgl. KLEBE, Heinrich: Die Gewerbeaufsicht in Bayern, München 1930, S. 18 f. und 23 sowie Nürnberg-Ausstellungskatalog, S. 506 f.

2) Vgl. POERSCHKE, Stephan: Die Entwicklung der Gewerbeaufsicht in Deutschland, Jena 1913², S. 114 f.

3) Im Rahmen der Kapitel „Kinderarbeit", „Lehrlingsausbildung" und „Frauenarbeit".

4) Vgl. StA AM, KdI 14423/V, Protokoll der Fabrikinspektoren- Jahreskonferenz vom 9.11.1896, S. 23.

5) Ebd.

6) Vgl. StA AM, Reg. der Opf. 5453, Protokoll der Fabrikinspektoren-Jahreskonferenz vom 4./5.11.1908, S. 13.

7) Vgl. FIB 1908, S. 89 und Kapitel „Frauenarbeit".

8) Zitiert nach Klebe, a.a.O., S. 26.

9) So z. B. in StA AM, KdI 14423/IV.

10) Vgl. hierzu etwa Dycks Schreiben vom 11.4.1894 in ebd.

11) Vgl. StA AM, KdI 14423/V, Protokoll der Fabrikinspektoren- Jahreskonferenz vom 8./9.11.1897, S. 31; ebd., Schreiben Nr. 125 vom 4.5.1898 und Nr. 16460 vom 19.10.1898.

12) So z.B. in Nr. 128 vom 2.6.1892, Nr. 95 vom 24.4.1895 und Nr. 85 vom 10.4.1905.

13) Vgl. hierzu umfassend BOCKS, Wolfgang: Die badische Fabrikinspektion, Freiburg/München 1978.

14) FIB 1894, S. X.

15) Vgl. ebd.

16) Quelle: StA AM, Reg. der Opf. 5453, Protokoll der Fabrikinspektoren-Jahreskonferenz vom November 1909, S. 12; hierzu auch FIB 1908, S. 89.

3. GEWERBEGERICHTE

Die Gewerbegerichte als die wichtigsten Vorläuferinnen der späteren Arbeitsgerichte waren durch Gesetze von 1890 und 1901 für Gemeinden mit mehr als 20.000 Bürgern zunächst als fakultative, später dann als obligatorische Einrichtung vorgesehen; ihre Aufgabe sollte vor allem im Schutz der Arbeiter vor Lohnkürzungen und Arbeitsvertragsverletzungen liegen. Zusammengesetzt waren sie paritätisch aus Arbeitgebern und Arbeitnehmern sowie aus einem von der Gemeinde zu bestimmenden unparteiischen Vorsitzenden[1]; über ihre Errichtung hatte die jeweilige Verwaltungsbehörde zu entscheiden.

In Regensburg wurde, wie Chrobak[2] gezeigt hat, während der gesamten letzten Dekade des vorigen Jahrhunderts von der Sozialdemokratie immer erneut die Schaffung eines Gewerbegerichts gefordert, was aber bis zum Jahr 1900 – trotz Ermahnungen seitens der Regierung in München – an der uneinsichtigen Haltung des Stadtmagistrats und der diesen maßgeblich beeinflussenden oberpfälzischen Handels- und Gewerbekammer scheiterte[3], die die Bedürfnisfrage schlichtweg verneinten[4]. Erst im Jahr 1900 wurde das erste Gewerbegericht der Oberpfalz in Regensburg gegründet[5], dem – nach Abänderung des früheren Gewerbegerichtsgesetzes im Jahre 1901 – zwei weitere Gewerbegerichte in Amberg 1901[6] und wenige Jahre später in Weiden[7] folgten.

Im Jahr 1905 erging eine Ministerialentschließung, wonach auch in Gemeinden mit weniger als 20.000 Einwohnern, in denen eine starke Arbeiterbevölkerung ansässig war, Gewerbegerichte geschaffen werden sollten. Auf der 3. Konferenz der bayerischen Gewerkschaftskartelle in Nürnberg 1906 forderte der Nürnberger SPD-Landtagsabgeordnete Martin Segitz die Delegierten auf, auch in den ländlichen Industriebezirken auf die Einrichtung von Gewerbegerichten zu dringen, da diese sich als Einigungsämter bei Arbeitskämpfen „schon wiederholt als sehr vorteilhaft bewährt"[8] hätten und das Proporzwahlsystem auch eine starke gewerkschaftliche Repräsentanz ermögliche[9].

Wahlberechtigt waren die über 25 Jahre alten Industriearbeiter[10]; von der Gewerbegerichtswahl ausgeschlossen blieben also die – vor allem in den nordoberpfälzischen Glas- und Porzellanfabriken stark vertretenen – weiblichen, jugendlichen und ausländischen Arbeiter[11]. Die Ergebnisse der Wahlen dürften aber doch symptomatisch gewesen sein für das Parteien- und Gewerkschafts- Kräfteverhältnis in den einzelnen Gewerbegerichtsbezirken: So schnitten die Freien Gewerkschaften am besten bei den Wahlen von 1911 im Bezirksamt Tirschenreuth ab, wo sie 6 ihrer Kandidaten (4 Porzellan-, 1 Glasarbeiter und 1 Tischler), die Christlichen Gewerkschaften dagegen nur 4 Arbeiter-Beisitzer durchzusetzen vermochten; die rote „Hochburg" war hier wiederum Mitterteich, wo die Sozialdemokraten 162 Stimmen, die Christlichen aber nur 52 Stimmen erhielten[12]. Weniger erfolgreich waren die Freien Gewerkschaften bei den Wahlen zu den beiden anderen nordoberpfälzischen Gewerbegerichten: Zwar konnten sie 1910 in Weiden ihre Stimmenzahl auf 268 erhöhen (gegenüber 1909 201 Stimmen), aber dennoch nicht die 2/3-Mehrheit der christlich- nationalen Liste (die allerdings erhebliche Stimmenverluste – von 1909 553 auf 1910 435 – verzeichnen mußte) brechen[13]. Ebenfalls nur 1/3 der Stimmen erhielten die Freien Gewerkschaften bei den konstituierenden Wahlen zum 1909 geschaffenen Gewerbegericht in Neustadt a.d. Waldnaab[14]. Für die Freien Gewerkschaften enttäuschend war auch der Ausgang der Gewerbegerichtswahlen 1913 in Amberg: sie erhielten dort nur 3 Sitze, während Christliche (4) und Gelbe (3) zusammen 7 Sitze erringen konnten.

Neben den bereits genannten Gewerbegerichten entstand vor Kriegsbeginn noch ein weiteres in Stadtamhof[15], dessen Einrichtung im Jahr 1909 vom Vorsitzenden des Regensburger Gewerkschaftskartells, Burgau, beantragt und mit zwei Versammlungen agitatorisch untermauert worden war[16]. Die Anzahl der Gewerbegerichtsverfahren lag im Zeitraum 1905 bis 1913 in Regensburg bei durchschnittlich 50 pro Jahr[17]; die für die anderen Gewerbegerichtsbezirke nur aus dem Jahre 1914 vorliegenden Zahlen[18] sind – kriegsbedingt – nicht repräsentativ und daher auch für einen Vergleich ungeeignet.

Festzuhalten bleibt also, daß auch in der Oberpfalz im Untersuchungszeitraum die Gewerbegerichte – u.a. wegen ihrer erfolgreichen Vermittlertätigkeit bei Streiks und Tarifvereinbarungen[19] – die wohl populärste sozialpolitische Institution waren[20], wie die ständigen Bemühungen der Sozialdemokratie in der Oberpfalz um deren weiteren Ausbau zeigen. Auch wenn die Freien Gewerkschaften nur im Gewerbegerichtsbezirk Tirschenreuth die Mehrzahl der Arbeiter- Beisitzer stellen konnten und auch Beschwerden laut wurden über Mißstände beim Amberger Gewerbegericht[21], schienen doch die Vorteile dieser Einrichtung bei weitem überwogen zu haben.

FUSSNOTEN: 3. GEWERBEBERICHTE

1) Vgl. RITTER, Staat, S. 58 f.

2) VHVO 121, S. 208 f.

3) Vgl. ebd.; hierzu auch „FT" Nr. 112 vom 15.5. und Nr. 253 vom 29.10.1895.

4) Vgl. FIBe 1893, S. 99; 1894, S. 155 und 1898, S. 185.

5) Vgl. FIB 1900, S. 72.

6) Vgl. StdAr AM, Verwaltungsbericht 1902/03, S. 47.

7) Vgl. „FT" Nr. 80 vom 3.7.1908; das genaue Gründungsdatum ist aber nicht bekannt.

8) Bibliothek des DGB, AKP 700, Protokoll der 3. Konferenz der bayerischen Gewerkschaftskartelle in Nürnberg 1906, S. 20 f.; hierzu auch Protokoll der 4. Konferenz 1908, S. 26 f.

9) Vgl. ebd.

10) Vgl. „FT" Nr. 83 vom 7.4.1911.

11) Vgl. „FT" Nr. 86 vom 11.4.1911.

12) Vgl. „FT" Nr. 86 vom 11.4.1911 und „FV" Nr. 83 vom 7.4. und Nr. 87 vom 12.4.1911.

13) Quelle: „FV" Nr. 292 vom 13.12.1910.

14) Vgl. „FT" Nr. 278 vom 26.11.1908 und „OK" Nr. 162 vom 22.7. 1909.

15) Vgl. ZSKB 1914, S. 366.

16) Vgl. „FT" Nr. 126 vom 3.6.1909; das genaue Gründungsdatum des Gewerbegerichts Stadtamhof ist allerdings nicht bekannt.

17) Vgl. SJKB 1905, S. 303; 1907, S. 299; 1909, S. 363; 1911, S. 403 und 1913, S. 392.

18) Vgl. ZSKB 1914, S. 366.

19) Vgl. hierzu die Streiknachweise 1898 – 1911 in StA AM, Reg. der Opf. 9710.

20) Vgl. hierzu allgemein RITTER, Staat, S. 59.

21) Vgl. hierzu den Artikel „Ein Gewerbegericht, wie es nicht sein soll" in der „FT" Nr. 198 vom 25.8.1911.

4. ARBEITSÄMTER

Der Arbeitsnachweis lag im vorigen Jahrhundert in der Oberpfalz für das gesamte Handwerk in den Händen der Innungen, in deren Herbergen zugereisten Gehilfen offene Stellen bekanntgegeben und Arbeitsplätze vermittelt wurden. Für Fabrikarbeiter bestand dagegen keinerlei allgemeine Nachweisstelle: offene Stellen mußten durch Tageszeitungen oder durch Anschlag an den Fabriktoren den Arbeitssuchenden angezeigt werden. Die Aussichten, eine Stelle zu finden, waren besonders für die vielen ungelernten Arbeiter in den Fabriken weit größer als in den Handwerksbetrieben. Die private Stellenvermittlung beschränkte sich auf die besserverdienenden Arbeiter, Vorarbeiter, Werkmeister und Maschinisten, die allein die – teilweise sehr hohen – Vermittlungsgebühren bezahlen konnten[1]. In Regensburg wurde die Arbeitsvermittlung im vorigen Jahrhundert für männliche Arbeiter von den beiden dort bestehenden Kriegervereinen sowie dem katholischen Gesellen- und dem evangelischen Handwerkerverein betrieben, während der katholische Marienverein sowie der Verein „Mädchenheim" Stellen für Arbeiterinnen und weibliche Dienstboten vermittelten[2].

Wie schon bei den Gewerbegerichten sollte es auch mit der Errichtung des ersten Arbeitsamtes in der Oberpfalz bis zum Jahr 1900 dauern, ehe der Regensburger Stadtmagistrat dem ständigen Drängen der oberpfälzischen Kreisregierung nachgab[3]. Wie überfällig das Regensburger Arbeitsamt bereits gewesen war, zeigte der im Gründungsjahr 1900 zu bearbeitende Stau von 7.325 Vermittlungsgesuchen von Arbeitnehmer- wie Arbeitgeberseite (wobei rund die Hälfte aller Gesuche befriedigt wurde)[4], der sich im Jahre 1902 auf 5.280 Gesuche einpendelte (von denen nur noch etwa ein Drittel erfolgreich bearbeitet werden konnte)[5]. Bis zum Jahr 1903 waren dem Regensburger Arbeitsamt, das als Zentralstelle für den Arbeitsnachweis in der Oberpfalz firmierte, in rascher Folge Arbeitsämter in Amberg, Neumarkt, Sulzbach, Tirschenreuth und Weiden angeschlossen sowie Nachweisstellen in Neunburg v.W., Rötz, Tiefenbach und Waldmünchen errichtet worden.

Neben diesen Arbeitsämtern und Nachweisstellen unterhielt noch der Verband der Deutschen Buchdrucker in seiner Geschäftsstelle in Regensburg einen Arbeitsnachweis für das Buchdruckereipersonal[6]. Da der allgemeine Kongreß der Freien Gewerkschaften in Frankfurt/M. 1899 die Beteiligung der Arbeiter an städtischen Arbeitsnachweisen, soweit sie paritätisch besetzt waren, empfohlen hatte[7], ist anzunehmen, daß in Regensburg diese Voraussetzung 1903 noch nicht erfüllt war.

Die Stellen- und Arbeitsvermittlung lag also im Jahr 1903 auch in der Oberpfalz bereits weitestgehend bei den gemeindlichen Arbeitsämtern, die ihrerseits sowohl mit dem Regensburger Zentralarbeitsamt als auch mit den – allerdings noch wenigen – ländlichen Nachweisstellen in ständigem Austausch standen[8]. Offene Stellen wurden überall gleichzeitig durch Aushang bekanntgegeben; die Vermittlung selbst erfolgte gebührenfrei. Hatten die gemeindlichen Arbeitsämter im Jahr 1903 in Bayern bereits eine weit höhere Frequenz als das private Vermittlungsgewerbe, so hatte sich dieser Vorsprung bis zum Jahr 1909 im Amtsbezirk Amberg beispielsweise sogar vervierfacht gegenüber der Frequenz der privaten Stellenvermittler[9], von denen im Jahr 1909 in der Oberpfalz noch 24 tätig waren (davon 10 nebenberuflich tätig und allein 14 vorbestraft)[10].

Die „Fürsorge" für Arbeitslose bestand im hier zu untersuchenden Zeitraum meist darin, daß man ihnen in den größeren Gemeinden der Oberpfalz sogenannte Winter- oder Notstandsarbeiten zuwies[11], wobei der dafür bezahlte Lohn unter dem ortsüblichem Taglohn liegen sollte[12]. Im übrigen war für die Arbeitslosen die Armenpflege zuständig – wiederum nach der Definition, daß arm sei, wer sich nicht selbst am Leben erhalten könne[13]. Neue Wege, die über die üblichen Notstandsarbeiten hinausführten, wurden erst im letzten Vorkriegswinter 1913/14 beschritten, als für die mehr als 1.000 Arbeitslosen in Regensburg ein städtischer Unterstützungsfonds von 5.000 Mark beim dortigen Arbeitsamt eingerichtet wurde[14]. Hierdurch sollte die Armenkasse entlastet und ein Gegengewicht zu den gewerkschaftlichen Unterstützungskassen geschaffen werden, die allein in den Jahren 1912/13 in Regensburg mehr als 44.000 Mark an Arbeitslosengeldern ausbezahlt hatten[15]. Aber trotzdem die Gewerkschaften auch in Bayern immer wieder staatliche Zuschüsse zu der hauptsächlich von ihnen getragenen Arbeitslosenunterstützung (nach dem in der belgischen Stadt Gent praktizierten System) gefordert hatten[16], scheiterten hier bis zum I. Weltkrieg alle Pläne zur Einführung dieses Systems – das die staatliche Anerkennung der Gewerkschaften und eine wesentlich beschleunigte Integration der Arbeiterschaft in den bürgerlichen Staat bedeutet hätte – „an der Weigerung des Landtages, die von den Gemeinden geforderten und schließlich auch von der Regierung beantragten staatlichen Zuschüsse zu bewilligen"[17].

FUSSNOTEN: 4. ARBEITSÄMTER

1) Vgl. FIB 1903, Beilagenheft, S. 62 f.

2) Vgl. FIB 1895, S. 200; hierzu auch FIB 1896, S. 185.

3) Vgl. hierzu ALBRECHT, Regensburg, S. 62 f. und FIB 1900, S. 72.

4) Quelle: SJKB 1901, S. 100.

5) Quelle: FIB 1902, S. XXVIII f.

6) Vgl. FIB 1903, S. 64.

7) Vgl. RITTER, Staat, S. 60; eine entsprechende Empfehlung wurde - mit einiger Verzögerung – auch bei der 5. Konferenz der bayerischen Gewerkschaftskartelle 1911 in Nürnberg ausgesprochen (vgl. AKP 700, Protokoll 1911, S. 50).

8) Vgl. FIB 1903, Beilagenheft, S. 63.

9) Vgl. ZSKB 1909, S. 502 f.; die entsprechenden Vergleichswerte liegen nur für das Bezirksamt Amberg vor. Eine tabellarische Auflistung sämtlicher von den einzelnen oberpfälzischen Arbeitsämtern bearbeiteten Vermittlungsgesuche findet sich für das Kriegsjahr 1915 in ZSKB 1916, S. 103.

10) Quelle: ZSKB 1909, S. 502 f.

11) Vgl. FIB 1903, S. 65.

12) Vgl. RITTER, Staat, S. 63.

13) Vgl. ebd., S. 62.

14) Vgl. ebd., S. 64.

15) Quelle: ebd., zum Ausbau der Arbeitslosenunterstützung und den dadurch ausgelösten Debatten in den Freien Gewerkschaften vgl. SCHÖNHOVEN, Unterstützungswesen, a.a.O., S. 167 – 178.

16) Vgl. ebd., S. 178 f.; hierzu auch die Resolution in AKP 700, Protokoll der 5. Konferenz der bayerischen Gewerkschaftskartelle in Nürnberg 1911, S. 51 sowie ebd., S. 38 – 41 und Protokoll der 6. Konferenz, S. 60 – 78.

17) RITTER, Staat, S. 63.

5. FABRIKWOHNUNGSBAU

Eine Untersuchung des Werkswohnungswesens stößt auch für die Oberpfalz auf enorme Quellenprobleme: zwar findet sich eine Unmenge qualitativer Beschreibungen der Wohnverhältnisse im Allgemeinen[1] wie auch der in der Oberpfalz im Besonderen[2], doch fehlt es auch für die Oberpfalz – bis auf die amtliche Erhebung über die „Einrichtungen zum Besten der Arbeiter" von 1874, die Fabrikinspektorenenquête von 1892[3] und die Glasarbeiter- Wohnungstabelle aus dem Jahre 1905[4] – an statistischem Material zur Arbeiterwohnungsfrage[5], das Aufschluß geben könnte über durchschnittliche Wohnungsgrößen, -belegung, -mieten etc. der oberpfälzischen Arbeiterschaft.

Nach der Erhebung über die „Einrichtungen zum Besten der Arbeiter" bestanden im Jahr 1873 in der Oberpfalz insgesamt 59 Arbeiterwohnanlagen – unterschiedlichster Art und Ausstattung – als betriebliche Wohlfahrtseinrichtungen[6]: nur zwei davon in Regensburg[7], alle anderen – 57 – dagegen auf dem flachen Lande. Von diesen 57 ländlichen Werkswohnungsanlagen befanden sich allein 30 auf den oberpfälzischen Glasschleif- und Polierwerken sowie Glashütten, wo wegen der isolierten Lage von jeher der Unternehmer für die Arbeiterunterkünfte zu sorgen hatte[8]. Der hohe Anteil der kleinen Glasschleifen und -polieren an der Bereitstellung von Arbeiterwohnungen und die noch relativ geringe Anzahl von Großbetrieben in der Oberpfalz waren auch der Grund dafür, warum im Erhebungsjahr 1873 in der Oberpfalz 53 der insgesamt 59 Betriebe mit Werkswohnungen weniger als 100 Beschäftigte zählten[9]. Die mit 89 Wohnungen in 43 Arbeiterwohnhäusern[10] weitaus bedeutendste Einzelbaumaßnahme war bis zum Jahr 1873 jedoch vom größten oberpfälzischen Betrieb[11] überhaupt, dem Eisenwerk Maxhütte, durchgeführt worden.

Die ersten Hinweise auf die Arbeiterwohnverhältnisse in der Oberpfalz stammen aus den 60er Jahren des vorigen Jahrhunderts. So wird um 1860 über die Wohnungen beim Hüttenwerk Bodenwöhr berichtet, „daß in Bodenwoehr auf 21 Wohnhäuser 600 Einwohner, darunter auf 3 allein 220 kommen und in Blechhammer in 2 Gebäuden 15 Familien mit 87 Köpfen wohnen"[12]. Ähnlich überfüllt waren auch die Wohnräume auf den Glasschleifen und -polieren im Amtsbezirk Neunburg v.W., wo der Bezirksarzt erst im Jahre 1890 feststellen konnte, daß „nun jede Familie ein eigenes Zimmer für sich hat, was früher nicht der Fall war"[13]; bis dahin hatten also oftmals mehrere Familien zusammen in einem einzigen Raum gehaust[14].

Im Jahr 1892 wurde – wie bereits erwähnt – vom Fabrikinspektor eine Enquête zum Werkswohnungswesen in der Oberpfalz veranstaltet[15]; sie erschöpfte sich aber in einer Aufzählung der von den einzelnen Firmen gebauten – insgesamt 1.963[16] – Wohnungen (spezifiziert nach der Anzahl der Wohnräume und der Mietpreishöhe), enthält also keine statistischen Angaben zur durchschnittlichen Wohnungsgröße und -belegung und – vor allem – keinerlei Mietvertrags-Beispiele. Um das Ausmaß und die Bedeutung des Werkswohnungsbaus als betrieblicher Wohlfahrtseinrichtung – am Beispiel der Oberpfalz – untersuchen zu können, wird also nach einer Darstellung der wichtigsten Wohnungsbaumaßnahmen wiederum auf eine Reihe qualitativer Arbeiterwohnungs-Beschreibungen zurückgegriffen werden müssen.

Das größte Kontingent an Arbeiterwohnungen stellten im Jahr 1892 in der Oberpfalz die Glasschleif- und Polierwerke, wo 174 Wohnungen mit je 2 bis 4 Zimmern (sowie Stallung und Speicheranteil) an die Poliermeister und 828 Wohnungen, die meist aus einem großen oder aus zwei kleinen Zimmern bestanden, an die Arbeiter unentgeltlich abgegeben wurden. Weitere 328 Wohnungen – meist mit 2 Zimmern, Küche, Keller und Holzlege – standen den besser situierten Arbeitern der 17 oberpfälzischen Glashütten zur Verfügung[17]. Bei den Werkswohnungen der oberpfälzischen Glasschleif- und Polierwerke sowie Glashütten handelte es sich aber insoweit um einen Sonderfall, als sie nicht als Wohlfahrtseinrichtungen gedacht waren, sondern einen unumgänglich notwendigen Bestandteil des Lohnes bildeten, da diese Werke – wie bereits erwähnt – meist völlig abseits gelegen waren und so Mietwohnungen für die dort beschäftigten Glasschleifer und -polierer (deren Frauen die Wohnräume ja auch noch zur Dussier-„Heimarbeit" benutzten) nicht zu bekommen waren[18].

Der größte private Bauherr von Arbeiterwohnungen waren die Gebrüder Baumann in Amberg, die 20 Arbeiterwohnhäuser mit insgesamt 174 Wohnungen für die in ihrer Emailwarenfabrik Beschäftigten erstellen ließen. Diese Wohnungen bestanden aus je 2 oder 3 Zimmern, Keller und Waschhausanteil und kosteten pro Jahr – je nach Größe und Lage – zwischen 48 und 105 Mark[19]. Die Kosten für eine Baumann-Werkswohnung lagen – wie bereits dargestellt wurde[20] – bei etwa 8 bis 16 % eines durchschnittlichen Amberger Arbeiterlohnes und damit um etwa 10 % unter dem Arbeiterbudget-Anteil von 18 bis 27 %, der für eine vergleichbare frei finanzierte Wohnung in Amberg aufgebracht werden mußte[21]. Da die Firma Baumann im Erhebungsjahr 1892 1.382 Beschäftigte (davon 405 Frauen) zählte[22], die angebotenen 174 Baumann-Wohnungen den Bedarf also bei weitem nicht decken konnten, ist anzunehmen, daß es sich bei diesen vergleichsweise geräumigen und preiswerten Fabrikwohnungen nicht in erster Linie um einen Beitrag zur Linderung der

Wohnungsnot handelte, sondern vielmehr – wie es in der Begründung für den Werkswohnungsbau der Amberger Gewehrfabrik heißt – um eine Wohlfahrtseinrichtung „für ältere, bessere Arbeiter, welche auch bei Verringerung der Arbeiter eine Entlassung nicht zu befürchten haben"[23].

Ähnlich scheint auch beim Eisenwerk Maxhütte verfahren worden zu sein, wo im Jahr 1892 44 Arbeiterwohnhäuser mit 142 Wohnungen (mit jeweils zwei oder drei Zimmern, einem Keller, zum Teil auch mit Küche und Speicher) und ein Arbeiterschlafhaus mit 3 Schlafsälen für ledige Arbeiter (um das Schlafgängerwesen in Grenzen zu halten) bestanden[24]. Von diesen 142 Maxhütten-Werkswohnungen wurden allein 22 besser ausgestattete[25] unentgeltlich zur Verfügung gestellt – vermutlich einem privilegierten Personenkreis (wie Angestellten, Meistern und/oder Vorarbeitern). Der Mietpreis für die übrigen Wohnungen lag aber mit 42 bis 65 Mark pro Jahr[26] und bei – soweit erkennbar – gleicher Ausstattung wie bei den Baumann-Werkswohnungen deutlich unter den bei letzteren geforderten 48 bis 105 Mark, was mit dem Stadt-Land-Preisgefälle allein nicht zu erklären sein dürfte.

Außer bei den bereits genannten Betrieben existierte eine nennenswerte Anzahl von Fabrikwohnungen im Erhebungsjahr 1892 nur noch beim – bereits erwähnten – Hüttenwerk Bodenwöhr und beim Blauberger Granitwerk; bei letzterem bestanden aber allein 139 der insgesamt 148 „Wohnungen" (in 7 Wohnhäusern) aus nur einem Raum, für den immerhin zwischen 26 und 40 Mark Jahresmiete gefordert wurden[27]. Die nur 9 Wohnungen mit besserer Ausstattung (2 Zimmer, Küche und Keller)[28] wurden unentgeltlich abgegeben, blieben also wohl auch hier Meistern und Vorarbeitern vorbehalten. Beim Hüttenwerk Bodenwöhr, wo bis zum Jahr 1892 13 Wohnhäuser mit 93 Wohnungen (17 davon aus nur einem Raum und 53 aus einem Zimmer und einer Kammer bestehend) erstellt worden waren, wurden jeder Wohnung noch eine kleine Stallung und ein Stück Gartenland aus dem großen Grundbesitz des Hüttenamtes Bodenwöhr beigegeben[29].

Bei der Betrachtung der einzelnen Werkswohnungsbaumaßnahmen in der Oberpfalz fällt auf, daß diese betriebliche Wohlfahrtseinrichtung meist nur einem relativ kleinen Teil der Gesamtbelegschaft zugute kam. Auf den Glasschleifen, -polieren und -hütten bildeten die unentgeltlichen Werkswohnungen einen Bestandteil des Lohnes, so daß von einer Wohlfahrtseinrichtung hier ohnehin nicht gesprochen werden konnte. Bei den meisten anderen Betrieben wurde ein nicht unbeträchtliches Kontingent besser ausgestatteter Werkswohnungen unentgeltlich abgegeben – vermutlich an Angestellte, Meister und/oder Vorarbeiter, um so deren Bindung an den bzw. Abhängigkeit vom Betrieb zu verstärken[30]. Da das Kontingent der übrigen – im Vergleich zum frei finanzierten Wohnungsmarkt – noch relativ preiswerten Werkswohnungen nur einen Bruchteil der Nachfrage abdecken konnte, ist anzunehmen, daß – wie bei der Amberger Gewehrfabrik – diese Wohlfahrtseinrichtung auf die jeweilige Stammbelegschaft beschränkt blieb. Allgemeinere Aussagen zur durchschnittlichen Größe und Belegung dieser Werkswohnungen sind nicht möglich, da die einzige statistische Quelle hierfür – die Enquête des Fabrikinspektors – allzu lückenhaft und beschönigend ist. Offen bleiben muß auch die Frage, in welcher Form in den Werkswohnungen der Oberpfalz der Mietvertrag gelöst werden konnte[31]. Nur von der oberpfälzischen Glasindustrie ist bekannt, daß hier die Wohnung bei Streikbeteiligung innerhalb von drei Tagen, bei Kündigung aus sonstigen Gründen innerhalb von zwei bzw. vier Wochen geräumt werden mußte[32]. Die Kündigungsfristen bei den Werkswohnungen der oberpfälzischen Glasindustrie können aber nicht als repräsentativ gelten, war hier doch noch ein gewisses patriarchalisches Verhältnis, das mancherlei mildernde Ausnahmen zuließ, vorherrschend[33].

Nach diesem kurzen Zwischen-Resümee zu Ausmaß und Bedeutung des Werkswohnungsbaus in der Oberpfalz – als einer betrieblichen Wohlfahrtseinrichtung – soll im folgenden dessen weitere Entwicklung und qualitative Ausgestaltung skizziert werden. War schon die von den Unternehmern geschaffene Anzahl von Werkswohnungen bei weitem nicht bedarfsdeckend, so wurde im hier zu untersuchenden Zeitraum auch in der Oberpfalz von kommunaler Seite für den Bau von Arbeiter-Kleinwohnungen fast überhaupt nichts getan[34]. Der Großteil der Arbeiterschaft in Regensburg und Amberg hatte um die Jahrhundertwende „die billigsten, aber auch schlechtesten Wohnungen in der inneren Stadt"[35] gemietet, wo in den überfüllten und oft verwahrlosten Ein- oder Zweizimmer-Wohnungen in demselben Raum gekocht, gewohnt und geschlafen wurde und wo – wie in Regensburg – statt der geforderten 10[36] oft nur 6 bis 7 Kubikmeter Luftraum für einen Bewohner vorhanden waren[37]. Die im Jahr 1901 in Regensburg – auf ständiges staatliches Drängen und eine königliche Verordnung hin – geschaffenen vier Wohnungskommissionen[38] kamen 1908 zu dem Befund, daß ein Drittel aller Wohnungen der Stadt zum Teil erhebliche Mängel aufwies[39]. Die Regensburger Wohnungskommissionen konnten aber nur die Beseitigung der „erheblichsten Mißstände"[40] veranlassen; sie wie auch die 49 anderen vor dem I. Weltkrieg in der Oberpfalz geschaffenen ehrenamtlichen Wohnungskommissionen waren von vornherein weitgehend zur Wirkungslosigkeit verurteilt (ihre Tätigkeit fand auch in den Berichten der Gewerbeaufsichtsbeamten keine Erwähnung[41]), standen ihnen im Jahr 1915 in der gesamten Oberpfalz doch nur drei hauptamtliche Wohnungsinspektoren (ein Bautechniker und zwei – technisch nicht qualifizierte – Gemeindebeamte) zur Seite[42].

Ähnlich dürftig wie in Regensburg und Amberg waren die Arbeiterwohnverhältnisse auch in den oberpfälzischen Landgemeinden – so beispielsweise in Neumarkt, wo im Jahr 1900 eine Kommission aus Bürgermeister, Bezirksarzt und -vorsteher eine Reihe von Arbeiterwohnungen visitierte: „Sie (die Kommission, d.Verf.) fand meist sehr ärmliche Wohnungen in alten schlechten Häusern, 6 bis 8 Personen in niederen Stuben mit kleinen oft nach dem Hofe gehenden Fensteröffnungen zusammengepfercht, ungetünchte russige Wände, fast schwarze Fussböden, keine Ventilation in den Räumen, in welchen überdiess gekocht und gewaschen wird, keinerlei Reparatur oder gründliche Reinigung der Wohnräume gelegentlich des häufigen Wohnungswechsels vor dem Wiederbeziehen"[43]. Auch in den anderen Amtsbezirken der Oberpfalz – wie in Tirschenreuth – wurden die Arbeiterwohnungen „als sehr klein, übervölkert, dabei theuer geschildert"[44].

Bis zum Jahr 1905 hatte sich die Anzahl der Werkswohnungen in der Oberpfalz mit 2.135 Wohnungen in 631 Häusern[45] gegenüber dem Erhebungsjahr 1892 mit 1.963 Wohnungen nur unwesentlich erhöht; einschließlich der Familienangehörigen fanden 10.912 Personen – also immer noch erst ein Bruchteil der gesamten Arbeiterbevölkerung – darin Unterkunft[46]. Auch die 9 Arbeiterwohnhäuser[47], die bis zum Jahr 1905 von der ältesten Oberpfälzer Bauvereinigung, dem 1895 gegründeten Regensburger „St. Wolfgangsverein zur Erbauung von Arbeiterwohnungen"[48] erstellt worden waren, konnten die Arbeiterwohnungsnot in der Oberpfalz nicht wesentlich lindern. Im Jahr 1908 errichteten die inzwischen vier oberpfälzischen Baugenossenschaften 8 Wohnhäuser mit 38 Wohnungen, deren Bau mit einem Darlehen von 107.800 Mark von der Versicherungsanstalt für Oberpfalz und Regensburg ermöglicht worden war[49]. Mit einem Jahresetat von nur etwa 125.000 Mark war diese Anstalt jedoch nicht in der Lage, den überaus zahlreichen Darlehenswünschen für den Bau von Arbeiterwohnungen auch nur annähernd zu entsprechen[50]. Trotz der im Jahr 1911 bereits 13 Bauvereinigungen in der Oberpfalz (allein in den Jahren 1906 bis 1911 waren 12 Einrichtungen dieser Art gegründet worden)[51] konnten – wegen des ständigen Kapitalmangels – bis 1911 doch nur insgesamt 83 Häuser mit 383 Wohnungen von diesen erbaut werden[52].

Wie katastrophal die Arbeiterwohnungsnot in diesen Jahren in der Oberpfalz aber noch war (und bis zum Ende des Untersuchungszeitraumes auch blieb), mag schlaglichtartig die folgende eher beiläufige Meldung des oberpfälzischen Regierungspräsidenten vom 25.7.1909[53] erhellen: „Am 20. l. M. brannte zu Neusorg, Bezirksamts Kemnath, ein dem Fürsten Castell gehöriges Arbeiterwohnhaus, in welchem 29 Familien mit etwa 100 Kindern, insgesamt ca. 180 Köpfe, untergebracht waren, ab. Die Mehrzahl der betroffenen Arbeiter hat ihre gesamte allerdings geringfügige Habe verloren". Menschenunwürdige Arbeiterwohnverhältnisse waren zu Anfang dieses Jahrhunderts aber nicht nur auf dem flachen Lande, sondern selbst in der Kreishauptstadt Regensburg die Regel, wie durch ein vom städtischen Jugendfürsorgewart Staudinger im Jahr 1913 dort ausgehobenes Jugendbordell[54] erneut deutlich wurde. Nach Staudingers Angaben schliefen oft bis zu 9 Personen in einem einzigen Zimmer und 4 bis 5 Kinder – „sehr häufig"[55] beiderlei Geschlechts und bis zu 16 Jahren alt – in einem Bett zusammen.

Bis zum Ende des Jahres 1912 stieg die Zahl der Bauvereinigungen in der Oberpfalz auf 16[56], bis 1917 auf 19[57] an. Eine nennenswerte Darlehensvergabe für den Arbeiterwohnungsbau scheint aber erst in den letzten Vorkriegsjahren in Gang gekommen zu sein: so wurden im Jahr 1914 von der oberpfälzischen Versicherungsanstalt zwei Gesamtdarlehen über 663.900 Mark an Bauvereinigungen und in Höhe von 570.400 Mark an – versicherte – Arbeitnehmer vergeben[58]. Diese erfolgversprechenden Initiativen wurden jedoch durch den Beginn des Ersten Weltkrieges wieder zunichte gemacht und die Arbeiterwohnverhältnisse in allen Bereichen enorm verschlechtert, wie der nachfolgende, aus den ersten Nachkriegsjahren stammende Bericht des oberpfälzischen Gewerbeaufsichtsbeamten zeigt[59]: „Die Wohnungsverhältnisse der Arbeiterfamilien, die Zustände im Schlaf- und Quartiergängerwesen wurden durch den Krieg recht ungünstig beeinflußt. Abgesehen von der nahezu gänzlichen Einstellung der privaten Bautätigkeit, der Behinderung der Weiterentwicklung gemeinnütziger Kleinwohnungsbauten und Bauvereinigungen infolge Mietverlusten, Mietnachlässen usw. für Familien der ins Feld gezogenen Mitglieder ist die Verschlechterung und empfindliche Knappheit hauptsächlich dem großen Zustrom von Arbeitern zu Orten mit Rüstungsindustrie sowie dem Zugang angeworbener auswärtiger Ersatzleute der verschiedenen Industrien für die beim Heeresdienste befindlichen Arbeiter zuzuschreiben."

Insgesamt muß also festgestellt werden, daß der Arbeiterwohnungsbau in der Oberpfalz im gesamten hier zu untersuchenden Zeitraum (bis 1919) zunächst wegen des fehlenden kommunalen Engagements und des Kapitalmangels der Berufsgenossenschaften, später aufgrund der Kriegsereignisse nie richtig in Gang gekommen ist. Die Arbeiterwohnungsnot in der Oberpfalz konnte auch durch den Werkswohnungsbau nicht entscheidend gemildert werden, da hierfür die Anzahl der erstellten Fabrikwohnungen viel zu niedrig war, zumal – mit Ausnahme der besonderen Verhältnisse auf den Glasschleifen, -polieren und -hütten – diese betriebliche Wohlfahrtseinrichtung auf den engen Kreis der Stammbelegschaft beschränkt blieb, um so deren Bindung an den und Abhängigkeit vom Betrieb zu gewährleisten.

FUSSNOTEN: 5. FABRIKWOHNUNGSBAU

1) Zu den Arbeiterwohnverhältnissen allgemein sehr interessant NIETHAMMER, Lutz: Wie wohnten Arbeiter im Kaiserreich?, in: AfS 16, 1976, S. 61 – 134 und die Quellensammlungen bei KUCZYNSKI, a.a.O., Bd. III, S. 388 – 398 und Bd. IV, S. 373 – 378 und 380 – 384.
2) Hier vor allem die Fabrikinspektoren- und Generalsanitätsberichte; zum Wohnungsbau in Regensburg ALBRECHT, a.a.O., S. 195 – 209 und zu den Maxhütten-Wohnungsverhältnissen NICHELMANN, VHVO 97 (1956), S. 132 und VHVO 105 (1965), S. 153.
3) Vgl. FIB 1892, S. 104 – 106.
4) Vgl. FIB 1905, S 86.
5) Zur fehlenden bzw. nur punktuellen statistischen Überlieferung zu den Arbeiterwohnverhältnissen ganz allgemein vgl. NIETHAMMER, a.a.O., S. 63 – 68.
6) Vgl. ebd., S. 36, 40 – 47 und 90 – 95 sowie ZSKB 1875 (7), S. 40 f.
7) Vgl. ebd., S. 40 f.
8) Vgl. Erhebung, S. 36.
9) Quelle: ebd., S. 92 f.
10) Quelle: ebd., S. 42 f.
11) Vgl. ebd., S. 94 f.
12) StaBi M, Handschriftenabteilung, Cod. germ. 6875, etwa 1862, Kap. „Medizinische Ethnographie", Blatt 14 (unpaginiert), Rückseite.
13) Generalsanitätsbericht 1890, S. 120.
14) Vgl. hierzu auch BERLIN, a.a.O., S. 100.
15) Vgl. FIB 1892, S. 104 – 106.
16) Errechnet nach ebd.
17) Vgl. ebd., S. 106; hierzu auch BERLIN, a.a.O., S. 97 – 101 und FIB 1905, S. 86.
18) Vgl. ebd. und BERLIN, a.a.O., S. 97 -101.
19) Quelle: FIB 1892, S. 106.
20) Vgl. Kapitel „Löhne und Preise, Lebensstandard", S. 57 f.
21) Vgl. ebd.
22) Quelle: KOSCHEMANN, a.a.O., S. 78.
23) Zitiert nach BRAUN, Rainer: Amberg als Garnisonsstadt, in: Amberg-Ausstellungskatalog, S. 210.
24) Quelle: FIB 1892, S. 104; die Diskrepanz zwischen den (in der Erhebung über die „Einrichtungen", S. 42 f.) für 1873 genannten 43 Maxhütten-Arbeiterwohnhäusern mit 89 Wohnungen und den hier für 1892 angegebenen 44 Arbeiterwohnhäusern mit 142 Wohnungen bleibt ungeklärt.
25) Vgl. ebd.
26) Quelle: ebd.
27) Quelle: ebd.
28) Vgl. ebd.
29) Vgl. ebd., S. 105.
30) So wurde von der Maxhütten-Direktion nach Ausbruch der Streiks von 1907/08 den am Streik Beteiligten jeweils sofort die Kündigung ihrer Werkswohnung angedroht (vgl. StA AM, Reg. der Opf. 8584/4).
31) Vom Verfasser wurden sämtliche vor dem 1. Weltkrieg gegründeten größeren Firmen der Oberpfalz, soweit sie im Untersuchungszeitraum eigene Werkswohnungen erbaut hatten, nach etwa noch erhaltenen Mietvertragsexemplaren befragt – jedoch ohne jeden Erfolg (aus welchen Gründen auch immer).
32) Vgl. BERLIN, a.a.O., S. 101.
33) So kommt Wilhelm JANSSON in seiner – in der „FT" Nr. 283 vom 2. 12. 1910 wiedergegebenen – Untersuchung „Die Zustände im deutschen Fabrikwohnungswesen" aus den Jahren 1907/08 zu dem Ergebnis, daß in 3.033 untersuchten Wohnungen die Arbeiter im Kündigungsfalle die Wohnung nach spätestens drei Tagen, bei Streiks sogar unverzüglich räumen mußten (selbst wenn die Miete für den laufenden Monat bereits bezahlt war).
34) Vgl. FIB 1895, S. XXXVII und ALBRECHT, a.a.O., S. 203 und 208.
35) Generalsanitätsbericht 1899, S. 250; hierzu auch „FT" Nr. 291 vom 12.12.1903.
36) Quelle: ALBRECHT, a.a.O., S. 203.
37) Quelle: Generalsanitätsbericht 1899, S. 250.
38) Vgl. ALBRECHT, a.a.O., S. 203.
39) Vgl. ALBRECHT, a.a.O., S. 203.
40) FIB 1905, S. 106.
41) Bis auf FIB 1905, S. 106 und die Verwaltungsberichte 1906 ff. des Stadtmagistrats Amberg (StdAr AM).
42) Quelle: SJKB 1915 (13), S. 284.
43) Generalsanitätsbericht 1900, S. 251.
44) Ebd., S. 252.
45) Quelle: FIB 1905, S. 106.
46) Quelle: ebd.
47) Quelle: ebd.
48) Zum Wirken dieses von den katholischen Verlegern Habbel und Pustet 1895 gegründeten Vereins und der 1899 – ebenfalls in Regensburg – geschaffenen „Baugenossenschaft der Eisenbahnpersonals" vgl. ALBRECHT, a.a.O., S. 208 f.; über die Aktivitäten der beiden anderen im Jahre 1905 in der Oberpfalz bestehenden Baugenossenschaften (vgl. SJKB 1907, S. 16 f.) ist nichts bekannt.
49) Vgl. FIB 1908, S. 106.
50) Vgl. ebd.
51) Quelle: SJKB 1915 (13), S. 284.
52) Quelle: ebd.
53) StA AM, Reg. der Opf. 13755.
54) Vgl. hierzu den Bericht (unter der Rubrik „Aus einer frommen Stadt") in der „FT" Nr. 101 vom 2.5.1913; Staudinger war auch 2. Vorsitzender des Liberalen Klubs in Regensburg (vgl. CHROBAK, VHVO 120, S. 366 f.).
55) Vgl. „FT" Nr. 101 vom 2.5.1913.
56) Quelle: SJKB 1915 (13), S. 284.
57) Quelle: SJKB 1919, S. 368.
58) Quelle: SJKB 1915 (13), S. 285.
59) Zitiert nach KUCZYNSKI, a.a.O., Bd. IV, S. 383; zur völligen Einstellung des Arbeiterwohnungsbaus in Amberg mit dem Beginn des Ersten Weltkrieges vgl. StdAr AM, Denkschrift über die Tätigkeit der Stadtverwaltung Amberg in 17 Kriegsmonaten, Amberg 1916, S. 74 f.

6. ARBEITERURLAUB

„Die Entstehung des Erholungsurlaubs für Arbeiter in Deutschland vor dem Ersten Weltkrieg" ist bisher nur von Jürgen Reulecke behandelt worden[1]; nach seiner Darstellung wurde ein Arbeiterurlaub in Deutschland erstmals von der Leipziger Buchdruckerei C. G. Neumann im Jahr 1888 gewährt[2]. Der oberpfälzische Fabrikinspektor Dyck berichtet im Jahr 1894 jedoch, daß die Besitzer der Regensburger Buchdruckerei Habbel[3] vor 10 Jahren bereits „die hübsche Einrichtung getroffen haben, älteren getreuen Arbeitern und Arbeiterinnen Urlaub zur Erholung zu gewähren. Seit dem Jahre 1884 genossen diese Wohltat eines 14 tägigen Urlaubs 73 Mann mit je 75 M und 2 Arbeiterinnen mit je 40 M Zuschuss"[4]. Eine Revision des von Reulecke genannten Pionier-Datums 1888 für die Einführung des Arbeiterurlaubs in Deutschland dürfte also angebracht sein, befand sich die Oberpfalz mit der von Habbel bereits seit 1884 – wenn auch sehr selektiv (wie die Zahlen zeigen) – praktizierten Urlaubsgewährung hier doch innerhalb des Deutschen Reiches in einer – für die Oberpfalz selten genug – sozialen Vorreiterposition.

Bis zum Jahr 1898 weitete Habbel die Gewährung von einer Woche Urlaub – bei Lohnfortzahlung – auf sämtliche in seiner Buchdruckerei Beschäftigte aus[5]; diese nutzten die freien Tage „zu Ausflügen, kleinen Reisen, zum Besuch von Angehörigen und dergl."[6]. Dem Beispiel Habbels folgte im Jahr 1899 die „Verlagsanstalt vorm. G. J. Manz A.-G., München-Regensburg"[7] mit einem – allerdings abgestuften – System der Urlaubsgewährung (bei Lohnfortzahlung): Gehilfen, die 5 Jahre bei der Firma beschäftigt waren, erhielten 8 Tage, Gehilfen mit weniger als zwei Jahren Betriebszugehörigkeit dagegen nur 3 Tage Urlaub[8]. Im Jahr 1900 schloß sich der größte polygraphische Betrieb der Oberpfalz, die Regensburger Firma Pustet[9], dem Vorgehen von Habbel und Manz an und gewährte sämtlichen Beschäftigten einen achttägigen bezahlten Jahresurlaub[10].

Bis zur Jahrhundertwende beschränkte sich die Urlaubsgewährung in der Oberpfalz – wie mit geringen Ausnahmen im übrigen Deutschland auch[11] – auf die größeren Betriebe des polygraphischen Gewerbes und damit also auf einen winzigen Bruchteil der Gesamtarbeiterschaft[12]. Hier wie dort wurde die Urlaubsgewährung „als unternehmerische Schenkung und freiwillige soziale Wohltat verstanden"[13], die folglich auch keinen Eingang fand in den um die Jahrhundertwende – mit einer Laufzeit vom 1.1.1902 bis 31.12.1906 – abgeschlossenen „Tarifvertrag der Buchdrucker für Deutschland"[14] und die ihm – vor dem Ersten Weltkrieg – folgenden Buchdruckertarifverträge[15]. In seiner Erklärung für diese Vorreiterrolle des polygraphischen Gewerbes bei der Urlaubsgewährung weist Reulecke darauf hin, daß gerade in diesem Gewerbe zum einen bereits zahlreiche Erfahrungen mit „sozial befriedenden" Maßnahmen gesammelt worden waren und zum anderen das Interesse bei Druckerei-Besitzern und Verlegern noch weit größer als bei Unternehmern anderer Branchen war, ihre fachlich oft hochqualifizierten Arbeiter durch Wohlfahrtseinrichtungen an den Betrieb zu binden[16].

Vermutlich von der Jahrhundertwende an wurde die Urlaubsgewährung auch von der Weidener Porzellanfabrik Bauscher praktiziert, wo in den ersten Jahren jeweils 25 Beschäftigte einen teils aus Mitteln des 1883 dort gegründeten Invalidenfonds, teils durch Firmenzuschüsse finanzierten 8 – 14 tägigen Urlaub „in einer Sommerfrische"[17] antreten konnten. Im Jahr 1905 waren es bereits 114 Arbeiter, denen ein – in dieser Länge atypischer[18] – 14 bis 21 tägiger Urlaub gewährt wurde[19]. In den darauffolgenden Jahren wurde bei Bauscher zwar die Urlaubsdauer auf 8 – 14 Tage verkürzt, dafür aber die Anzahl der Beschäftigten, die einen bezahlten Urlaub verbringen konnten, auf 1906 120, 1907 150 und 1908 190 Beschäftigte[20] erhöht.

In den Jahren 1905/06 war der Kreis der oberpfälzischen Betriebe, die Urlaub als Wohlfahrtseinrichtung gewährten, noch beachtlich erweitert worden[21]. Im April 1907 erreichten 113 im Zentralverband deutscher Brauereiarbeiter, Gau Regensburg, organisierte Beschäftigte in sieben Regensburger Brauereien nach einwöchigem Streik u. a. eine tarifvertragliche Urlaubsfestsetzung, die bis zum Ende des Untersuchungszeitraums die einzige dieser Art in der Oberpfalz bleiben sollte. Diese 113 Regensburger Brauereiarbeiter erhielten – tarifvertraglich geregelt – nach 2jähriger ununterbrochener Arbeitsdauer 2 Tage, nach 4 Jahren Betriebszugehörigkeit 5 Tage bezahlten Urlaub (statt der geforderten 5 Tage nach 1 Jahr bzw. 7 Tage Urlaub nach 3 Jahren Betriebszugehörigkeit); im Jahr 1910 erzielten auch die 5 organisierten Arbeiter einer weiteren Regensburger Brauerei nach viertägigem Streik und einer Vergleichsverhandlung vor dem Gewerbegericht – neben anderen Vereinbarungen – eine ähnlich gestaffelte tarifvertragliche Urlaubsregelung[22].

Bis zum Jahr 1908 hatte der Arbeiterurlaub auch Eingang gefunden in die beiden belegschaftsstärksten Staatsbetriebe der Oberpfalz: das Berg- und Hüttenamt sowie die Gewehrfabrik in Amberg[23]. Vorausgegangen war dem in Bayern ein 1901 staatlicherseits erstmals gewährter dreitägiger Urlaub für 15 langjährige Arbeiter der Königlichen Artillerie-Werkstätten in München[24]. Auch in der Amberger Gewehrfabrik – einem Betrieb mit enormer Beschäftigtenfluktuation[25] – war langjährige Betriebszugehörigkeit Voraussetzung für eine Urlaubsgewährung: so erhielten Arbeiter bei 7 Dienstjahren

83

einen bezahlten Jahresurlaub von 4 Tagen, bei 10 Dienstjahren einen solchen von 6 Tagen[26]. Noch kleinlicher bemessen (angesichts der geforderten langjährigen Betriebszugehörigkeit) war der Arbeiterurlaub beim Berg- und Hüttenamt Amberg, wo er zudem in der „Arbeitsordnung für das Hüttenwerk"[27] ganz unverblümt als Disziplinierungsinstrument eingesetzt wurde: „Erholungsurlaub wird bei guter Führung nach Möglichkeit gewährt bis zur Dauer von 6 Tagen nach mehr als 20jähriger Dienstzeit, bis zur Dauer von 4 Tagen nach mehr als 10jähriger Dienstzeit"[28].

Resümierend läßt sich also feststellen, daß durch die Urlaubsgewährung bei der Gewehrfabrik und beim Berg- und Hüttenamt in Amberg die Zahl derer, denen diese Wohlfahrtseinrichtung zuteil wurde, zwar beträchtlich anstieg, von einem Durchbruch des Arbeiterurlaubs in den Staats- und Gemeindebetrieben[29] in der Oberpfalz kaum gesprochen werden kann, liegen doch keinerlei Hinweise auf eine Urlaubsgewährung noch weiterer staatlicher Betriebe vor. Mit Ausnahme der beiden genannten Staatsbetriebe und eines eher atypischen Branchenvertreters, der Weidener Porzellanfabrik Bauscher, fand der Arbeiterurlaub vor dem Ersten Weltkrieg in der Oberpfalz größere Verbreitung nur im polygraphischen Gewerbe, wo die Regensburger Buchdruckerei Habbel 1884 erstmals in Deutschland einen Arbeiterurlaub gewährte und damit Schrittmacherdienste in diesem Bereich leistete, und im Braugewerbe, wo in der Oberpfalz erstmals – wie im übrigen Deutschen Reich auch[30] – die tarifvertragliche Verankerung des Urlaubsanspruchs im Jahr 1907 gefordert und im Rahmen eines Streiks auch durchgesetzt wurde; ansonsten fehlten hierfür jedoch - bis zum Ende des Untersuchungszeitraumes (bis 1919 also) – jedwede Aktivitäten und Bestrebungen seitens der organisierten Arbeiterschaft in der Oberpfalz[31]. Der Arbeiterurlaub blieb in der Oberpfalz auf einen Bruchteil der Gesamtarbeiterschaft beschränkt; er wurde von den Unternehmern als betriebliche Wohlfahrtseinrichtung und als eine freiwillige soziale Wohltat betrachtet, die in der Regel auch nur als Anreiz und Belohnung für langjährige Betriebszugehörigkeit und Wohlverhalten eingesetzt wurde.

FUSSNOTEN: 6. ARBEITERURLAUB

1) In einem Aufsatz unter diesem Titel in: Dieter LANGEWIESCHE/Klaus SCHÖNHOVEN (Hrsg.), Arbeiter in Deutschland. Studien zur Lebensweise der Arbeiterschaft im Zeitalter der Industrialisierung, Paderborn 1981, S. 240 – 266 (hier insbesondere S. 248 – 258, 262 und 266), der eine gekürzte Fassung seines Beitrags: Vom blauen Montag zum Arbeiterurlaub. Vorgeschichte und Entstehung des Erholungsurlaubs für Arbeiter vor dem Ersten Weltkrieg, in: AfS 1976 (16), S. 205 – 248 (hier insbesondere S. 224 – 248) darstellt.

2) Vgl. ders., Entstehung des Erholungsurlaubs ..., S. 248.

3) Die im FIB 1894, S. 161 zwar nicht namentlich genannt ist, um die es sich aber nur handeln konnte (vgl. hierzu FIBe 1898, S. 206 und 1899, S. 206); zur Habbel'schen Firmengeschichte vgl. CHROBAK, VHVO 119, S. 208 f.

4) FIB 1894, S. 161.

5) Vgl. FIB 1898, S. 206.

6) Ebd.

7) Zur Firmengeschichte vgl. CHROBAK, VHVO 119, S. 209 f.

8) Vgl. FIB 1899, S. 206.

9) Zur Firmengeschichte vgl. CHROBAK, VHVO 119, S. 207 f.

10) Vgl. FIB 1900, S. 77.

11) Vgl. REULECKE, Entstehung, S. 248.

12) Vgl. ebd., S. 250 und 252.

13) Ebd., S. 250.

14) Vgl. FIB 1904, S. 99.

15) Vgl. REULECKE, Entstehung, S. 253.

16) Vgl. ebd.

17) FIB 1902, S. 82.

18) Nach REULECKE, Entstehung, S. 250, betrug die Urlaubsdauer meist 3 bis höchstens 6 Tage im Jahr.

19) Vgl. FIB 1905, S. 105.

20) Quelle: FIBe 1906, S. 85; 1907, S. 124 und 1908, S. 107.

21) Vom Jahr 1905 an gewährten nach mehrjähriger Betriebszugehörigkeit einen 8 tägigen Urlaub (bei Lohnfortzahlung) die Regensburger Tabakfabrik Gebrüder Bernard und das städtische Wasserwerk sowie die Buchdruckerei Böes und die Malteserbrauerei in Amberg (vgl. FIB 1905, S. 105), im Jahr 1906 folgten dann mit einem Urlaub von 3 und mehr Tagen (ebenfalls bei Lohnfortzahlung) die Neumarkter Expreßfahrradwerke, die Regensburger Metallwarenfabrik Brandner sowie eine zweite – namentlich nicht genannte – Porzellanfabrik (vgl. FIB 1906, S. 85).

22) Vgl. hierzu die beiden Streiknachweise 9252 und 5894 in StA AM, Reg. der Opf. 9710.

23) Vgl. FIBe 1907, S. 124 und 1909, S. 126.

24) Vgl. REULECKE, Entstehung, S. 256 f.

25) Vgl. hierzu die Jahresberichte der Firmenleitung 1875 – 1918 (BHS IV, Fzm 5296 – 5360).

26) Vgl. BHS IV, Fzm 5342, S. 19.

27) Abgedruckt bei KNAUER, E.H.: Der Bergbau zu Amberg, Amberg 1913, S. 66 f.

28) Zitiert nach ebd., S. 67.

29) Wie ihn REULECKE, Entstehung, S. 256, für das Deutsche Reich konstatiert.

30) Vgl. REULECKE, Entstehung, S. 255.

31) Dies traf übrigens in der Frage des Arbeiterurlaubes – mit wenigen Ausnahmen – auf die gesamte deutsche Arbeiterbewegung zu (vgl. ebd., S. 262 ff.).

7. ARBEITERAUSSCHÜSSE

Durch eine Novelle zur Gewerbeordnung von 1891 wurden für Betriebe mit mehr als 20 Arbeitern Arbeitsordnungen vorgeschrieben, vor deren Erlaß die – gleichfalls im Arbeitsschutzgesetz vom 1. Juni 1891 – als fakultative Einrichtung vorgesehenen Arbeiterausschüsse zu hören waren[1]. Deren Hauptaufgabe war, das „Einvernehmen zwischen Arbeitgebern und Arbeitern zu befördern ... und eine gewisse Mitwirkung der Arbeiter an den zu ihrem Besten geschaffenen Wohlfahrtseinrichtungen zu ermöglichen"[2].

In der Oberpfalz bestanden die Arbeiterausschüsse zum Ende des letzten Jahrhunderts ausschließlich aus älteren Stammarbeitern, die entweder von den Arbeitgebern allein oder von Arbeitgebern und Arbeitern gemeinsam, in Ausnahmefällen auch nur von den Arbeitern gewählt worden waren. Ihre Tätigkeit beschränkte sich auf die – bereits erwähnte – Mitwirkung bei der Aufstellung von Arbeitsordnungen, auf die Verwendung der Strafgelder und die Ausführung des Kranken-, Alters- und Invalidenversicherungsgesetzes[3]. Obwohl bereits vor der Jahrhundertwende in allen größeren oberpfälzischen Betrieben[4] Arbeiterausschüsse bestanden[5], wurde in der gesamten Vorkriegsära doch nur eine einzige Aktivität oberpfälzischer Arbeiterausschüsse (die Mitwirkung an einer Arbeitszeitvereinbarung) bekannt[6], die über deren vom Fabrikinspektor stereotyp wiederholte Aufgabenstellung – Schaffung und Bewahrung eines guten Betriebsklimas und Kassenverwaltung[7] – hinausgegangen wäre. Diese sozialintegrative Vermittlungs- und Verwaltungsfunktion stieß aber innerhalb Bayerns nur bei der oberpfälzischen Arbeiterschaft überhaupt auf Resonanz und die Bereitschaft zur Mitwirkung[8].

Die gesamte Vorkriegsära hindurch blieb in Bayern die Haltung der Unternehmerschaft und der Sozialdemokratie den Arbeiterausschüssen gegenüber zwiespältig: Die Vorbehalte der bayerischen Unternehmer gegen die Einrichtung weiterer Arbeiterausschüsse waren in den letzten Vorkriegsjahren noch gewachsen, weil sie deren zunehmende gewerkschaftliche Unterwanderung befürchteten[9]. Aber auch die bayerischen Arbeiterorganisationen selber scheinen weniger auf die Mitarbeit in den Arbeiterausschüssen als vielmehr auf den Ausbau eines Vertrauensleutenetzes in den einzelnen Betrieben gesetzt zu haben[10]. Vermutlich wurde wegen der eigenen zahlenmäßigen und organisatorischen Schwäche die Möglichkeit als nur gering eingeschätzt, diese Ausschüsse durch eine starke eigene Repräsentanz zur gewerkschaftlichen Interessenvertretung umzufunktionieren und die patriarchalischen Strukturen der einzelnen Betriebe aufzubrechen. Eine kriegsbedingte Zäsur in der Einbeziehung der Arbeiterschaft markierte das vaterländische Hilfsdienstgesetz vom 3. Juli 1916, durch das die bis dahin freiwillige Einrichtung von Arbeiterausschüssen obligatorisch wurde für alle Betriebe mit mindestens 50 Arbeitern; vom 23.12.1918 an wurde diese Bestimmung ausgedehnt auf alle Betriebe mit mindestens 20 Beschäftigten[11].

FUSSNOTEN: 7. ARBEITERAUSSCHÜSSE

1) Vgl. KLEBE, a.a.O., S. 84 f.; RITTER, Gerhard A.: Staat, Arbeiterschaft und Arbeiterbewegung in Deutschland, Berlin/Bonn 1980, S. 58 und – aus arbeitsrechtlicher Sicht – RÜCKERT, Joachim / FRIEDRICH, Wolfgang: Betriebliche Arbeiterausschüsse in Deutschland, Großbritannien und Frankreich im späten 19. und frühen 20. Jahrhundert. Eine vergleichende Studie zur Entwicklung des kollektiven Arbeitsrechts, Frankfurt/M. etc. 1979.

2) FIB 1894, S. XXVI.

3) Vgl. FIB 1893, S. 98.

4) Bis auf die Maxhütte, die mit ihren beiden Werken in Haidhof und Rosenberg erst im Jahr 1907 folgte (vgl. FIB 1907, S. 111).

5) Vgl. FIB 1898, S. 184 f.

6) Vgl. FIB 1894, S. 154.

7) Vgl. beispielsweise FIBe 1902, S. IX f. und 1904, S. XI.

8) Vgl. ebd.

9) Vgl. StA AM, Reg. der Opf. 5452, Protokoll der Fabrikinspektoren-Jahreskonferenz vom 27./28.11.1911, S. 11; vgl. hierzu für die Oberpfalz FIBe 1909, S. 118 und 1912, S. 114.

10) Vgl. ebd., Protokoll vom 27./28.11.1911, S. 11.

11) Vgl. FIB 1914 – 1918, S. XXI.

8. FABRIKSPARKASSEN

Werkssparkassen hatten nach der bayerischen Erhebung von 1873/74 nur 109 von 692 Firmen eingerichtet; in der Oberpfalz waren es sogar nur 2 von 63 Firmen[1], und zwar die Regensburger Buchdruckerei Pustet (mit 134 Beschäftigten), wo die mit 3 1/3 Prozent verzinsten Ersparnisse von den Einlegern (deren Zahl nicht bekannt ist) selbst verwaltet wurden, und die Glasfabrik Voithenbergöd (bei Waldmünchen), wo die 27 Arbeiter gezwungen wurden, 1/5 bis 1/7 ihres Verdienstes in der Werkssparkasse – bei einem Zinssatz von 4 % – einzulegen[2]. Den Fabriksparkassen kam also auch in der Oberpfalz im vorigen Jahrhundert als Teil der betrieblichen Sozialpolitik nur geringe Bedeutung zu[3], was sich erst um die Jahrhundertwende durch die Errichtung einer Sparkasse bei der Maxhütte etwas ändern sollte.

Bereits in der von der Maxhütte im Jahre 1861 eröffneten Fabrikschule[4] – einer von ganz wenigen Einrichtungen dieser Art in Bayern[5] – war, wie in allen anderen Industrieschulen, die „Anleitung zu sinnvoller Geldverwaltung"[6] eines der Haupterziehungsziele, wie der Bericht des Regierungspräsidenten vom 25.2.1878[7] zeigt: „Eine in Maximilianshütte ... in das Leben gerufene Schulsparkasse prosperiert derart, daß die Einzahlungen der Kinder bereits 130 Mark betragen, welche zinsbringend anzulegen sind."

Zu Anfang des Jahres 1899 wurde von der Maxhütten-Direktion die Einrichtung einer Sparkasse angekündigt, um „den Sparsinn der Arbeiter zu fördern (und) ... eine Quelle sich bessernder Zufriedenheit unter den betheiligten Arbeiterkreisen" zu schaffen[8]; der Zinsfuß sollte 4 %, die Dividende bis zu 10 % der Einlagen betragen[9]. Im April desselben Jahres kam es dann zur Gründung dieser Maxhütten-Sparkasse, deren Einlegerzahl „trotz der anfänglich gegen diese Kasse auftretenden Agitation Unbetheiligter"[10] sich innerhalb eines Jahres von 68 auf 136 verdoppelte. Das eingelegte Kapital betrug zum Jahresschluß 1900 rund 66.899 Mark, also knapp 500 Mark pro Sparer[11]. Da die bereits dargestellten[12] außerordentlich niedrigen Taglöhne ungelernter Arbeiter in der Oberpfalz dieser Beschäftigtengruppe keine Bildung von Rücklagen (schon gar nicht in dieser Höhe) gestatteten, war das Sparen auch bei der Maxhütte nur dem besserverdienenden qualifizierten (Fach-) Arbeiterstamm möglich[13].

Auch wenn die Sozialdemokratie[14] die Fabriksparkassen bekämpfte, weil sie nur im Unternehmerinteresse lägen und die Freiheit des Arbeiters einengen und ihn entmündigen würden[15], so konnte sie doch nicht die Beteiligung gerade der besserverdienenden Arbeitereliten an den Fabriksparkassen – wie bei der Maxhütte – verhindern, zumal deren Zinssätze (bei der Maxhütte bis zu 10 %) weit über denen der – noch wenig verbreiteten – öffentlichen Sparkassen (mit in der Regel 3 %) lagen[16]. Die Gewerkschaften vermochten zudem vielen Fabriksparkassen – wie der Maxhütten-Sparkasse – noch keine entsprechenden Konkurrenzeinrichtungen wie Konsum-, Bau- und Sparvereine sowie Lebensversicherungen entgegenzusetzen.

Im Jahr 1905 wurden Werkssparkassen gegründet bei den Porzellanfabriken Bauscher in Weiden und Max Emanuel & Co. in Mitterteich[17], im Jahr 1907 dann bei der staatlichen Steinbruchgesellschaft in Groschlattengrün, wo das von 18 Arbeitern eingelegte Gesamtkapital von 4.000 Mark mit 6 % verzinst wurde[18]. In ihrem Geschäftsbericht für 1907[19] nennt die Firma Bauscher für die Einrichtung ihrer Fabriksparkasse ähnliche Gründe wie vor ihr bereits die Maxhütten-Direktion: „Ein nüchterner, arbeitsfroher und sparsamer Arbeiterstand ist für die Zukunft unseres Vaterlandes von ausschlaggebender Bedeutung. Jeder Arbeiter, der sich im Laufe der Jahre ein kleines Kapital erspart, sondert sich von der Partei der prinzipiell Unzufriedenen."

Auch wenn die (allerdings wenigen) in der Oberpfalz bestehenden Fabriksparkassen ihren Sparern eine gewisse Sicherung gegen die materiellen Folgen von Erwerbslosigkeit, Krankheit, Unfall etc. ermöglichten, so sollte doch nicht verkannt werden, daß Rücklagen nur vom besserverdienenden Arbeiterstamm überhaupt gebildet werden konnten. Ihn an den Betrieb zu binden, zur Sparsamkeit und der damit verbundenen konservativen Mentalität sowie zur politischen Enthaltsamkeit zu erziehen, war – wie die hier zitierten Selbstaussagen zeigen – Hauptzweck dieser Einrichtung. Deutlich wird diese Bevormundung und Gängelung der sparenden Arbeiter in ihrem Ausschluß von der Kassenverwaltung[20], wie er auch bei den Fabriksparkassen in der Oberpfalz – mit Ausnahme der Firma Pustet – die Regel gewesen zu sein scheint.

FUSSNOTEN: 8. FABRIKSPARKASSEN

1) Quelle: ZSKB 7, 1875, S. 40 f.

2) Vgl. ebd., S. 76 f.; zum Pustet'schen Sparverein auch IHK- Bericht 1873 – 1876, S. 56 f.

3) Vgl. SCHULZ, Günther: Fabriksparkassen für Arbeiter – Konzeption und Inanspruchnahme einer betrieblichen Institution, in: Zeitschrift für Unternehmensgeschichte 25, 1/1980, S. 153.

4) Vgl. AXTMANN, H.: Vor 120 Jahren „Öffentliche Schule zu Maximilianshütte" begründet, in: Das Städte-Dreieck 19, 1981, Nr. 225, S. 13 f.

5) Vgl. Ergebnisse, S. 41 f.

6) Zitiert nach SCHULZ, a.a.O., S. 148.

7) StA AM, Reg. der Opf. 14202.

8) StA AM, Bezirksamt Sulzbach (abgekürzt: BA SUL) 1301, Bericht vom 28.1.1899; hierzu auch StA AM, Reg. der Opf. 13753, Bericht vom 30.1.1899.

9) Vgl. ebd.; hierzu auch NICHELMANN, VHVO 105, S. 153.

10) FIB 1900, S. 202.

11) Quelle: ebd.

12) Im Kapitel „Löhne und Preise, Lebensstandard".

13) Vgl. hierzu SCHULZ, a.a.O., S. 162.

14) Auf die wohl auch die oben zitierte Bemerkung des Fabrikinspektors zur „Agitation Unbetheiligter" gegen die Errichtung der Maxhütten-Sparkasse gemünzt war.

15) Vgl. SCHULZ, a.a.O., S. 160 f.; im Jahr 1919 erst konnten die Gewerkschaften die Auflösung der Maxhütten-Fabriksparkasse erreichen (vgl. NICHELMANN, VHVO 105, S. 153.).

16) Vgl. ebd., S. 156.

17) Vgl. FIB 1905, S. 213.

18) Vgl. FIB 1907, S. 124.

19) Abgedruckt im IHK-Bericht 1907, S. 107.

20) Vgl. hierzu SCHULZ, a.a.O., S. 176 f.

9. KONSUM- UND PRODUKTIVGENOSSENSCHAFTEN

Die Genossenschaftsbewegung als „dritte Säule" der Arbeiterbewegung[1] ist erst in den letzten Jahren im Rahmen der Alternativbewegung und ihrer Selbsthilfeökonomie neu aufgegriffen und diskutiert worden; da im Untersuchungszeitraum (bis 1918/19) in der Oberpfalz sozialdemokratisch initiierte Arbeiterbaugenossenschaften überhaupt nicht[2] und Produktivgenossenschaften nur vereinzelt bestanden, wird sich die folgende Darstellung schwerpunktmäßig mit den Konsumgenossenschaften befassen[3].

Als erste genossenschaftliche Selbsthilfeeinrichtung der Oberpfalz überhaupt wurde im Jahr 1874 die „Regensburger Schneider-Produktiv-Genossenschaft" gegründet[4], die als ihren Vereinszweck die „Anfertigung v. Herrenkleidern aller Art"[5] bezeichnete. Im Jahr zuvor war in Regensburg denjenigen Schneidern, die sich geweigert hatten, die ihnen von ihren Meistern vorgelegten Revers über den Austritt aus der dortigen Mitgliedschaft des „Allgemeinen deutschen Schneidervereins" zu unterzeichnen, fristlos gekündigt worden[6]. Wegen des annähernden zeitlichen Zusammenfallens dieser Entlassungen und der Produktivgenossenschafts-Gründung und wegen der ideologischen Nähe der außerordentlich aktiven Regensburger Schneider- Mitgliedschaft[7] zu den von Lassalle bereits 1863 propagierten Produktivgenossenschaften mit Staatshilfe[8] darf als gesichert gelten, daß sich die Gründer dieser Produktivgenossenschaft aus den Reihen der gekündigten Regensburger Schneiderverbandsmitglieder rekrutierten. Der Regensburger Schneider-Produktivgenossenschaft dürfte aber keine allzu lange Lebensdauer beschieden gewesen sein, standen doch deren neun Mitglieder bereits zu Anfang des Jahres 1877 vor einem Schuldenberg von 17.500 Mark (darin enthalten auch ein im Gründungsjahr 1874 gewährtes staatliches Darlehen von rund 1.000 Mark), der mit den monatlichen Mitgliedsbeiträgen von einer Mark[9] sicher nicht abzutragen war.

Im Jahr 1885 wurde der erste Konsumverein der Oberpfalz im Maxhütten-Werk Haidhof gegründet[10]; er scheint von Anfang an floriert zu haben, konnte er doch von 1885 bis 1894 jährlich 11 %[11], im Jahr 1895 sogar 14 % Dividende (bzw. 60 bis 115 Mark)[12] an seine Mitglieder verteilen. Ein zweiter Betriebs-Konsumverein wurde im Jahr 1889 von der Firma Baumann in Amberg als Reaktion auf die dortige enorme Brotpreisteuerung gegründet; er beschränkte sich auf Großeinkauf und die dadurch ermöglichte billigere Abgabe von Brot[13] und wurde bereits im darauffolgenden Jahr wieder geschlossen[14]. In der letzten Dekade des vorigen Jahrhunderts kam es zu keiner weiteren betrieblichen Konsumvereins-Gründung mehr, was vom Fabrikinspektor heftig beklagt und mit dem Mißtrauen der Arbeiter den Unternehmern gegenüber begründet wurde[15].

Die anhaltende Brot- und vor allem Fleischteuerung war im Jahre 1891 auch in Neumarkt der Anlaß für die Bildung eines Konsumvereins, dessen 250 Mitglieder sich hauptsächlich aus der Arbeiterschaft rekrutierten und die – außer Preisermäßigungen bei den Grundnahrungsmitteln (beim Brot 8 %, beim Fleisch 6 % und beim Bier pro Liter 4 Pfennige) – eine alljährliche Dividende erhielten[16]. Da diese Gründung vom Fabrikinspektor nicht erfaßt wurde, also offensichtlich nicht der Gewerbeaufsicht unterlag, dürfte es sich hier um den ersten nicht-betrieblichen Konsumverein der Oberpfalz gehandelt haben, wobei jedoch über die Initiatoren und Verwaltungsstrukturen dieser Einrichtung nichts bekannt ist. Die im vorigen Jahrhundert strikt ablehnende Haltung der Sozialdemokratie gegenüber der Genossenschaftsidee[17] – durch die sie den Klassenkampf entschärft und das sozialistische Endziel verwässert glaubte – wurde deutlich in der Auseinandersetzung um den zweiten nicht-betrieblichen Konsumverein der Oberpfalz, den am 3.9.1892 in Regensburg gegründeten „Verein zur Erzielung und Wahrung billiger Lebens- und Genußmittel"[18], der von einer Kommission aus Ostbahnwerkstättenarbeitern initiiert und mit einer Sammlung von mehr als 2.000 Unterschriften vorbereitet worden war. Bei der Gründungsversammlung agitierten die zahlreich anwesenden Regensburger Sozialdemokraten heftig gegen diesen – aus 200 Mitgliedern bestehenden – Verein, da sie eine Verbesserung des Lebensstandards der Arbeiterschaft nur durch deren politische Organisierung für erreichbar hielten[19]; die Initiatoren selbst sahen ihren Verein als reines Kontroll- und (notfalls auch) Boykottorgan gegenüber der Regensburger Geschäftswelt, setzten sich ihrerseits also bewußt ab von der eigentlichen Konsumgenossenschaftsidee (Großeinkauf, Zurückerstattung der Überschüsse etc.)[20]. Im vorigen Jahrhundert existierten in der Oberpfalz also nur der im Jahr 1885 bei der Maxhütte gegründete Werkskonsumverein und als einzige- vermutlich – nicht- betriebliche Einrichtung dieser Art der 1891 in Neumarkt entstandene Konsumverein.

Fuß fassen konnte die Konsumgenossenschaftsbewegung in der Oberpfalz aber erst vom Jahr 1900 an, als zwei weitere Betriebs- Konsumvereine beim Maxhütten-Werk Rosenberg und bei der Porzellanfabrik Waldsassen[21] und der nicht-betriebliche Amberger Konsumverein „Glückauf" (mit 159 Mitgliedern) entstanden[22]. Im Jahre 1901 folgte in Weiden der „Lebens- und Wirtschaftsbedürfnisverein für Weiden und Umgebung"[23]; im selben Jahr bestanden in der Oberpfalz insgesamt 5 Konsumvereine mit 371 Mitgliedern[24]. Mit der Gründung des Mitterteicher Konsumvereins im Jahr 1902[25] und einer weiteren Konsumgenossenschaft waren es zwei Jahre später 7 Konsumvereine mit 532 Mitgliedern[26]; die Oberpfalz lag damit aber immer noch an vorletzter Stelle unter allen bayerischen Regierungsbezirken[27]. Im selben Jahr 1904 erzielten die beiden Maxhütten-Konsumvereine einen Rekordgewinn: im Werk Rosenberg wurden 9 %, im Werk Haidhof sogar 16 1/2 % Dividende an die Konsumvereinsmitglieder ausbezahlt[28]. Nach der Gründung des „Konsum-Vereins für Regensburg und Umgebung" im Jahre 1904[29] und vier weiterer Konsumvereine lag die Oberpfalz im Jahre 1905 mit insgesamt 12 Konsumvereinen und 2.726 Mitgliedern im innerbayerischen Vergleich an drittletzter Stelle (noch vor Unterfranken und Niederbayern)[30]. Im letzten Vergleichsjahr 1917 nahm die Oberpfalz mit 18 Konsumvereinen aber bereits den vierten Rang ein (zusammen mit Oberbayern) unter den acht bayerischen Regierungsbezirken[31].

Nach der Jahrhundertwende hatte die deutsche Sozialdemokratie ihre Ablehnung der Genossenschaftsidee revidiert und diese Selbsthilfebewegung nach Kräften zu fördern begonnen. Die im „Zentralverband deutscher Konsumvereine" (1903) zusammengeschlossenen Vereine und Genossenschaften waren zwar formal politisch neutral, faktisch waren sie aber sozialdemokratisch orientiert[32]. Trotzdem auch in Bayern enge personelle Verflechtungen zwischen der Gewerkschafts- und Genossenschaftsbewegung bestanden, wurde dieses Verhältnis erst im Jahr 1908 auf der 4. Konferenz der bayerischen Gewerkschaftskartelle in Nürnberg eingehender diskutiert[33]. Einhelliger Tenor dieser Aussprache war, daß die in den Konsumgenossenschaften grassierende „Dividendenjägerei"[34] und die dort mitunter anzutreffenden erschreckend niedrigen Löhne[35] bekämpft werden müßten und – wie es in der hierzu von der Konferenz verabschiedeten Resolution heißt – „das Genossenschaftswesen zu einem Hebel zur Befreiung der Arbeiterklasse aus ihrer gesellschaftlichen Abhängigkeit auszugestalten"[36] sei, Produktivgenossenschaften beim Warenbezug zu bevorzugen seien und auf das Vorhandensein tariflich geregelter Lohn- und Arbeitsbedingungen in den eigenen wie auch in den Zulieferbetrieben zu achten sei[37].

Die Spaltung der Konsumgenossenschaftsbewegung in Richtungsgenossenschaften spiegelte sich auf bemerkenswerte Weise in der Entwicklung des Amberger Konsumvereins „Glückauf" wieder. Auch in diesen waren immer mehr sozialdemokratisch und gewerkschaftlich organisierte Arbeiter eingetreten, die offensichtlich versuchten, Einfluß auf die Führung ihrer Genossenschaft zu nehmen, nachdem diese durch den im Jahr 1906 von 354 Arbeitern gegründeten Konkurrenz – Konsumverein der Firma Baumann[38] an den Rande des geschäftlichen Ruins getrieben worden war. Sie gerieten dabei mit dem bis dahin dominierenden „Glückauf"-Geschäftsführer Graf, einem ehemaligen Amberger Zentrums-Wahlvorstand, in einen heftigen Konflikt, der zur gerichtlichen Auseinandersetzung eskalierte, als Graf in der Presse zum Austritt aus dem Verband süddeutscher Konsumvereine, den er sozialdemokratischer Tendenzen verdächtigte, aufrief[39] und auch gleich eine Reihe gewerkschaftlich organisierter Mitglieder „wegen der zu erwartenden Opposition"[40] dagegen aus dem Konsumverein „Glückauf" ausschloß. Nach diesem Prozeß mußte der „Glückauf"-Konsumverein – trotz seiner 500 Mitglieder – den Konkurs anmelden[41]; ein großer Teil der Mitglieder und zuliefernden Geschäftsleute wurde dadurch finanziell erheblich in Mitleidenschaft gezogen. Der so entstandene Vertrauensschwund bei der Arbeiterschaft war so groß, daß erst am 20. November 1910 und mit nur 50 Gründungsmitgliedern ein neuer, sozialdemokratisch initiierter Arbeiter-Konsumverein errichtet werden konnte[42]. Seine Existenz war aber bereits im darauffolgenden Jahr wieder in Frage gestellt, als der christlich-soziale Ausschuß Amberg (ein Zusammenschluß christlicher Vereine und Gewerkschaften) den Zulieferern des Amberger Arbeiter-Konsumvereins mit Boykott drohte[43].

Der weitaus größte Arbeiterkonsumverein der Oberpfalz war der in Regensburg, der seine Mitgliederzahl von 192 (1905) auf 1.138 (1908), seinen Umsatz von 37.000 Mark (1905) auf 357.000 Mark (1908) hatte erhöhen können[44] und im Jahr 1912 Filialen in Pirkensee und Leonberg eröffnete[45]. Dieser Erfolg ist um so bemerkenswerter, wenn man bedenkt, daß in den Konsumläden Barzahlung verlangt, das in den anderen Geschäften übliche Borgsystem oder „Anschreiben" also nicht praktiziert wurde[46]. Vermutlich bezog der gewerkschaftlich initiierte und geführte Arbeiterkonsumverein sein Brot von der am 8.7.1907 von acht ausgesperrten Regensburger Bäckern gegründeten „Vorwärts-Bäckerei", die mit ihrer Ware um beinahe 20 Prozent unter den Brotpreisen der Konkurrenz lag[47]. Ihre Spargroschen konnten die Regensburger Konsumvereinsmitglieder bei der am 16. Dezember 1912 dort eröffneten Filiale der gewerkschaftlich-genossenschaftlichen Versicherungs-A.-G. „Volksfürsorge" anlegen[48].

In Regensburg hatten sich also, wenn auch spät, am Vorabend des I. Weltkrieges beträchtliche Teile der Arbeiterschaft ihre eigenen organisierten Formen der materiellen Daseinsbewältigung geschaffen. Auch wenn zum Erfolg des Regensburger Arbeiterkonsumvereins sicher auch die bei den konkurrierenden Werks-Konsumvereinen stets drohende Disziplinierung durch materielle Repressalien – wie etwa im Jahr 1908 der Ausschluß sämtlicher Streikender aus dem Maxhütten-Konsumverein[49] – wesentlich beitrug, wird man ihn wie auch die Arbeiterkonsumvereine in der nördlichen Oberpfalz vor allem als Teil einer sozialistischen Subkultur anzusehen haben. Wegen der Phasenverschiebung bei Gründung und Entwicklung der oberpfälzischen Arbeiterkonsumgenossenschaften hatte hier[50] im Untersuchungszeitraum auch noch keine Entideologisierung der Genossenschaften und Entwicklung der Arbeiterkonsumvereine zu neutralen Verbraucherorganisationen – wie etwa im Ruhrgebiet[51] – eingesetzt.

FUSSNOTEN: 9. KONSUM- UND PRODUKTIVGENOSSENSCHAFTEN

1) Nach dieser Einteilung der Arbeiterbewegung wird die Parteigeschichte als deren 1., die Gewerkschaftsgeschichte als 2. und die Kulturbewegung als 4. Säule gesehen (vgl. Lern- und Arbeitsbuch Geschichte der deutschen Arbeiterbewegung, Bonn 1984, Bd. III, S. 203 – 230).

2) Die am 7. Mai 1919 – als erste derartige Einrichtung in der Oberpfalz – gegründete Baugenossenschaft Stadtamhof beschreibt Peter HEIGL im „Bilderlesebuch zur Geschichte der ostbayerischen Arbeiterbewegung", S. 83 – 90; die Leitung des bei BAYER etc. (Floß-Monographie, S. 25) erwähnten 1911 gegründeten Arbeiterbauvereins Plankenhammer lag maßgeblich in Händen der Direktion der Porzellanfabrik Plankenhammer.

3) Als allgemeiner Überblick hierzu LOESCH, Achim von: Die gemeinwirtschaftlichen Unternehmen der deutschen Gewerkschaften. Entstehung – Funktionen – Probleme, Köln 1979, S. 161 – 179; zur selben Thematik (auf Bayern bezogen): Nürnberg-Ausstellungskatalog, S. 417 f. und als interessantes Fallbeispiel HUCK, Gerhard: Arbeiterkonsumverein und Verbraucherorganisation. Die Entwicklung der Konsumgenossenschaften im Ruhrgebiet 1860 – 1914, in: Jürgen REULECKE / Wolfhard WEBER (Hrsg.): Fabrik – Familie – Feierabend, Wuppertal 1978, S. 215 – 245.

4) Vgl. den Jahres-Bericht der Handels- und Gewerbekammer der Oberpfalz und von Regensburg für 1873 – 1876, S. 64 f.

5) Ebd.

6) Vgl. „FT" Nr. 22 vom 31.5.1873.

7) Vgl. CHROBAK, VHVO 121, S. 221 – 223.

8) Vgl. Lern- und Arbeitsbuch, Bd. III, S. 213.

9) Quelle: Jahresbericht 1873 – 1876, S. 64 f.

10) Vgl. FIB 1885, S. 56.

11) Vgl. FIBe 1890, S. 52 und 1894, S. 160.

12) Quelle: FIB 1895, S. 205.

13) Vgl. StA AM, Reg. der Opf. 13932, Bericht Nr. 522 vom 28.10. und 11.11.1889.

14) Vgl. FIB 1890, S. 51 f.

15) Vgl. FIBe 1890, S. 51 und 1894, S. 160.

16) Vgl. Generalsanitätsbericht 1891, S. 117.

17) Vgl. Lern- und Arbeitsbuch, Bd. III, S. 207.

18) Vgl. StA AM, Reg. der Opf. 13883, Bericht vom 5.9.1892 und „FT" Nr. 252 vom 16.10.1892.

19) Vgl. ebd.

20) Vgl. ebd.

21) Vgl. FIB 1900, S. 76.

22) Quelle: SJKB 1901, S. 129.

23) Vgl. BAYER etc., Weiden-Monographie, S. 33 und „FT" Nr. 77 vom 31.3.1904.

24) Quelle: SJKB 1901, S. 130 f.

25) Vgl. „FV" Nr. 234 vom 6.10.1911.

26) Quelle: SJKB 1903, S. 136 f.

27) Vgl. ebd.

28) Vgl. FIB 1904, S. 105.

29) Vgl. ZBG, P II 432 – 1908, 8. Jahresbericht des Gewerkschaftsvereins Regensburg 1908, S. 27.

30) Vgl. SJKB 1907, S. 116 f.

31) Vgl. SJKB 1919; vom SJKB 1911 an wurden keine Mitgliederzahlen mehr genannt.

32) Vgl. Lern- und Arbeitsbuch, Bd. III, S. 207 f. und Nürnberg- Ausstellungskatalog, S. 417.

33) Vgl. DGB-Bibliothek, AKP 700, Protokoll S. 18 – 23 und 26.

34) Ebd., S. 22.

35) Vgl. ebd., S. 21.

36) Ebd., S. 26.

37) Vgl. ebd.

38) Vgl. FIB 1906, S. 103.

39) Vgl. „FT" Nr. 215 vom 14.9.1907.

40) Prozeßbericht in „FT" Nr. 113 vom 15.5.1908.

41) Im Jahr 1985 mußte der Amberger Konsumverein „Glückauf" ein zweites Mal Konkurs anmelden, womit eine 85 jährige Firmengeschichte zu Ende ging (vgl. hierzu den „MZ"-Bericht vom 9.8.1985: „Co op-Konkurs: 137 Gläubiger meldeten Ansprüche an").

42) Vgl. „FT" Nr. 276 vom 24.11.1910.

43) Vgl. „FT" Nr. 214 vom 13.9.1911.

44) Quelle: ZBG, P II 432 – 1908, S. 27; hierzu auch „FT" Nr. 86 vom 10.4.1908.

45) Vgl. ZBG, P II 432 – 1912, S. 12.

46) Vgl. FIB 1907, S. 109; im FIB 1905, S. 106 hatte es noch geheißen: „Den minder bezahlten oder reich mit Kindern gesegneten Arbeiter hält allerdings noch der Umstand vom Beitritt ab, daß in Konsumvereinen Waren nur gegen bar verabfolgt werden, während bei den übrigen Geschäften von einem zum anderen Lohntag kreditiert wird."

47) Vgl. „Oberfränkische Volkszeitung" Nr. 158 vom 10.7.1907 und „FT" Nr. 159 vom 11.7.1907.

48) Vgl. ZBG, P II 432 – 1912, S. 3; zur Entwicklung der „Volksfürsorge" allgemein LOESCH, a.a.O., S. 204 – 208.

49) Vgl. NICHELMANN, VHVO 105 (1965), S. 152.

50) Soweit die dürftige Quellenlage ein solches Urteil überhaupt zuläßt.

51) Vgl. HUCK, a.a.O., S. 244 f.

ZUSAMMENFASSUNG

In der nachfolgenden resümierenden Darstellung der staatlichen, betrieblichen und gewerkschaftlichen Sozialpolitik in der Oberpfalz soll gefragt werden vor allem nach deren spezifisch oberpfälzischen Umsetzung und Ausprägung sowie nach deren Auswirkungen – soweit diese überhaupt nachvollziehbar sind – auf eine Stabilisierung der materiellen Existenzbedingungen der oberpfälzischen Arbeiterschaft und auf deren Integration in den bürgerlichen Staat.

Die zweifellos wichtigste und folgenreichste sozialpolitische Einrichtung überhaupt war das Kassenwesen, dessen Zustandekommen und Ausbau durch staatliche, betriebliche und gewerkschaftliche Initiativen gemeinsam bewirkt worden war. Während die Fabrikkrankenkassen – neben der ansatzweisen sozialen Absicherung der Beschäftigten (die Mustereinrichtungen blieben hier aber beschränkt auf die graphischen Betriebe) – auch und vor allem der Disziplinierung der Arbeiterschaft dienten (wie am Beispiel der Gewehrfabrik Amberg und der Maxhütte aufgezeigt), müssen die als solidarische Selbsthilfeeinrichtungen entstandenen Hilfs- und Unterstützungskassen für Gesellen als Vorläuferorganisationen und als einer der entscheidenden personellen und organisatorischen Kontinuitätsstränge der gewerkschaftlich-politischen Arbeiterbewegung – auch – in der Oberpfalz während der Reaktionszeit der 1850er Jahre angesehen werden.

Eine der wichtigsten personellen und organisatorischen Traditionslinien in der Frühgeschichte der oberpfälzischen Arbeiterbewegung wurde dabei markiert durch den – wie nachgewiesen werden konnte – nach der Selbstauflösung des Regensburger Arbeiterbildungsvereins 1850 noch im selben Jahr von dessen ehemals führenden Mitgliedern Gistl, Michl und Hierhammer initiierten „Kranken-Unterstützungsverein der außerordentlichen Mitglieder des Gewerbevereins Regensburg" (der im Erhebungsjahr 1877 unter den nichtkonfessionell und -betrieblich ausgerichteten selbstverwalteten Unterstützungskassen in Regensburg nach Mitgliederzahl und Kapitaleinlage immerhin noch an jeweils zweiter Stelle rangierte). Eine zweite um die Jahrhundertmitte gegründete Kasse, die zur Klassenbewegung in der Oberpfalz wesentlich beitrug, war der im Jahr 1850 – als Ausweichorganisation für den Fall eines Verbotes des Arbeiterbildungsvereins – gegründete „Gutenbergverein" Regensburger Buchdrucker, der aber selber nach wenigen Wochen bereits wieder aufgelöst wurde und noch im selben Jahr seine Fortsetzung als „Unterstützungskasse für Buchdrucker in Regensburg und Stadtamhof" fand.

Neben den jeweils zwei um die Jahrhundertmitte gegründeten Kassen sozialistischer sowie katholisch-konservativer Provenienz (letztere in Regensburg und Erbendorf) lassen sich selbst für die Reaktionszeit der 1850er Jahre noch weitere Spuren und Traditionslinien gewerkschaftlicher Arbeiterbewegung in Regensburg nachweisen: so die drei selbstverwalteten Unterstützungskassen der Zimmergesellen (Gründungsjahr: 1857) und der Buchdrucker-Witwen und -Waisen (gegründet 1858/59) sowie – mit Einschränkungen – der Maurer (Gründungsjahr: 1855; diese Kasse war formal zwar selbstverwaltet, wurde aber de facto von Bauunternehmerseite finanziert und wohl auch dirigiert). In den nachfolgenden 1860er Jahren setzte dann auch bei den oberpfälzischen Porzellanarbeitern das Krankenkassenwesen bereits ein, wie die 1863 bzw. 1864 gegründeten selbstverwalteten Unterstützungskassen in Amberg bzw. Tirschenreuth beweisen; in der nördlichen Oberpfalz sollte im Jahr 1872 noch die selbstverwaltete Unfall-Hilfskasse der Steinhauer zu Flossenbürg hinzukommen.

Während im Vergleichsjahr 1875 in Bayern insgesamt die Kranken- und Unterstützungskassen die am weitesten verbreitete Wohlfahrtseinrichtung waren, nahmen in der Oberpfalz die insgesamt 40 Einrichtungen dieser Art aufgrund der späteren Industrialisierung und kleinbetrieblichen Wirtschaftsstruktur nur den zweiten Rang ein in der Häufigkeitsskala der betrieblichen Wohlfahrtseinrichtungen (an deren Spitze die insgesamt 59 Arbeiterwohnanlagen rangierten, von denen allerdings – „oberpfalzspezifisch" - die Hälfte auf Glasschleifen, -polieren und -hütten sich befand).

Neben dem durch die bayerische „Sozialgesetzgebung" von 1868/69 und die Sozialversicherungsgesetze der Jahre 1883 bis 1889 forcierten Ausbau des Kassenwesens schienen noch drei weitere Maßnahmen staatlicher Sozialpolitik einer näheren Betrachtung wert: die im Februar 1879 in Bayern eingeführte Fabrikinspektion sowie die Einrichtung von Gewerbegerichten und von Arbeitsämtern. Die Fabrikinspektion litt auch in der Oberpfalz, seitdem sie im Jahr 1886 dort – mit dem Amtssitz Regensburg – etabliert worden war, an zwei Hauptproblemen: dem völlig unzureichenden Personalbestand und dem Fehlen jeglicher polizeilich- administrativer Exekutivgewalt. Wenn während der Ära Schuberth (1905 – 1919) die oberpfälzische Fabrikinspektion dennoch als neutrale Vermittlungsinstanz zwischen Arbeitgeber und -nehmer sich profilieren konnte, so hatte sie dies vor allem der Unterstützung der reformorientierten und -bereiten Sozialdemokratie in der Oberpfalz zu verdanken.

Bis zum Jahr 1900 sollte es dauern, ehe in Regensburg – nach hinhaltendem Widerstand der Behörden – das jeweils erste Gewerbegericht bzw. Arbeitsamt der Oberpfalz eröffnet werden konnte. Zwar lag die Stellen- und Arbeitsvermittlung schon bald weitgehend bei den kommunalen Arbeitsämtern, eine nennenswerte städtische Arbeitslosenfürsorge – als Entlastung der hierfür sehr strapazierten gewerkschaftlichen Unterstützungskassen – kam im Untersuchungszeitraum aber nicht zustande. Die wohl populärste sozialpolitische Institution aber war auch in der Oberpfalz die Gewerbegerichtsbarkeit, wie die ständigen Bemühungen der Sozialdemokratie um den weiteren Ausbau dieser paritätisch aus Arbeitgebern und -nehmern besetzten Einrichtung zeigen. Die Resultate der Gewerbegerichtswahlen können (auch wenn Frauen, jugendliche und ausländische Arbeiter von den Wahlen ausgeschlossen blieben) aufgrund des Proporzwahlsystems als politischer Gradmesser für das Parteien- und Gewerkschafts- Kräfteverhältnis in den einzelnen Bezirken gelten; so schnitten die Freien Gewerkschaften am erfolgreichsten bei den Wahlen in Tirschenreuth ab, wo sie die Mehrzahl der Arbeiter-Beisitzer stellen konnten.

Doch nun zu einem kurzen Resümee der wichtigsten Maßnahmen betrieblicher Sozialpolitik in der Oberpfalz: also vor allem des Fabrikwohnungsbaus, dann des Arbeiterurlaubs sowie der Fabriksparkassen und schließlich – als einer Art Transmissionsriemen für das Verhältnis Arbeitgeber und -nehmer – der Arbeiterausschüsse. Von den im Jahr 1873 insgesamt 59 Arbeiterwohnungsanlagen in der Oberpfalz befanden sich – wie bereits erwähnt – allein 30 auf Glasschleifen, -polieren und - hütten, wo sie aber als Teil des Einkommens gerechnet wurden, da Mietwohnungen dort nicht zu bekommen waren. Die Werkswohnungen als Wohlfahrtseinrichtung kamen auch in der Oberpfalz meist nur einem kleinen Teil der Gesamtbelegschaft, den Stammarbeitern, zugute (wie bei Baumann, Amberg, und der Maxhütte), konnten mithin also auch nichts Grundlegendes an der bis zum Ende des Untersuchungszeitraumes bestehenden katastrophalen Arbeiterwohnungsnot in der Oberpfalz ändern, zumal da zunächst fehlendes kommunales Engagement sowie Kapitalmangel der Baugenossenschaften, später dann die Kriegsereignisse den Arbeiterwohnungsbau nie richtig hatten in Gang kommen lassen. Da eine wirksame Abhilfe des Arbeiterwohnungselends durch den Fabrikwohnungsbau also offensichtlich weder möglich noch beabsichtigt war, dürften als Motive wohl nur die Privilegierung der Stammbelegschaft sowie die Schaffung von Disziplinierungs- und Sanktionsmöglichkeiten in Frage kommen, die es dem Unternehmer erlaubten, Streikwilligen mit der Zwangsräumung binnen weniger Tage zu drohen und – im Streikfalle – diese Drohung als abschreckende Sanktion zu realisieren (wie bei den Streiks in der oberpfälzischen Glasindustrie oder auf der Maxhütte 1907/08 geschehen).

Ein Arbeiterurlaub wurde in Deutschland erstmals im Jahr 1884 von der Regensburger Buchdruckerei Habbel gewährt, der bis zur Jahrhundertwende noch die größeren Betriebe des polygraphischen Gewerbes in der Oberpfalz folgten. Die Urlaubsgewährung wurde „als unternehmerische Schenkung und freiwillige soziale Wohltat" betrachtet, die – mit Ausnahme des 1907 für das Regensburger Brauereigewerbe abgeschlossenen Tarifvertrages – bis zum Jahr 1919 – auch – in der Oberpfalz keinerlei tarifliche Absicherung fand und beschränkt blieb auf einen Bruchteil der oberpfälzischen Gesamtarbeiterschaft. Vom Jahr 1908 an wurde ein Arbeiterurlaub auch in den beiden belegschaftsstärksten Staatsbetrieben der Oberpfalz (dem Berg- und Hüttenamt sowie der Gewehrfabrik in Amberg) bei langjähriger Betriebszugehörigkeit und „guter Führung" als Belohnung bzw. Anreiz gewährt.

Die Fabriksparkassen als Wohlfahrtseinrichtung hatten auch in der Oberpfalz im letzten Jahrhundert nur geringe Bedeutung – mit Ausnahme vielleicht der Maxhütten-Sparkasse, an der aber auch nur die besserverdienenden Arbeitereliten sich beteiligen konnten. Deren noch festere Bindung an den Betrieb und politische Immunisierung gegen den – vermeintlich – eigentumsbedrohenden Sozialismus waren Hauptelemente der Fabriksparkassen-Ideologie, deren gängelnder und bevormundender Charakter auch deutlich wurde im – mit Ausnahme der Firma Pustet – überall praktizierten Ausschluß der Arbeiter von der Kassenverwaltung.

Als eine Art Transmissionsriemen zwischen Belegschaft und Unternehmensleitung sollten die Arbeiterausschüsse dienen, die meist aus älteren Stammarbeitern bestanden und nur in Ausnahmefällen von den Arbeitern alleine gewählt wurden. Bezeichnend für den Bewußtseinsstand der oberpfälzischen Arbeiterschaft dürfte allerdings doch gewesen sein, daß die sozialintegrative Vermittlungs- und Verwaltungsfunktion der Arbeiterausschüsse innerhalb Bayerns nur bei ihr überhaupt auf Resonanz und die Bereitschaft zur Mitwirkung stieß.

Betriebliche und auch bereits gewerkschaftliche Sozialpolitik vermengten sich bei der Entstehung und Entwicklung der Konsum- und Produktivgenossenschaften. War die 1874 gegründete erste Produktivgenossenschaft der Schneider in Regensburg lassalleanischer Prägung gewesen, so wurde der erste Konsumverein der Oberpfalz 1885 im Maxhütten-Werk Haidhof gegründet, wo sämtliche an den Maxhütten-Streiks von 1907/08 Beteiligte ihre Werkswohnungen räumen und aus der Betriebskrankenkasse sowie dem Werkskonsumverein ausgeschlossen wurden. Solche Disziplinierungsversuche – durch materielle Repressalien – trugen wesentlich bei zur Entwicklung eigenständiger, sozialdemokratisch orientierter Arbeiterkonsumvereine wie auch zur Spaltung der Konsumgenossenschaftsbewegung in Richtungsgenossenschaften. Der weitaus größte und am besten florierende Arbeiterkonsumverein der Oberpfalz war der in

Regensburg, der – wie auch die Arbeiterkonsumvereine in der Nordoberpfalz – vor allem Teil einer sozialistischen Subkultur und noch nicht erfaßt worden war von der in anderen Industrieregionen (wie etwa im Ruhrgebiet) bereits wieder einsetzenden Entideologisierung und Entwicklung der Arbeiterkonsumvereine zu neutralen Verbraucherorganisationen.

Zusammenfassend bleibt festzuhalten, daß es Zweck dieser betrieblichen integrativen Maßnahmen (Betriebskranken- und Pensionskassen, Fabrikwohnungsbau, Arbeiterurlaub, Fabriksparkassen und – mit Einschränkungen – Arbeiterausschüsse und Werkskonsumvereine) – neben der sozialen Absicherung der Arbeiterschaft – war, die Fluktuation der Arbeitskräfte zu vermindern und sie an den Betrieb zu binden, den Betriebsfrieden zu fördern und Organisationserfolge der Gewerkschaften zu verhindern. Nach Schulz[1] lassen sich allgemein zwei Typen solcher integrativer Bemühungen unterscheiden: paternalistische und protektorale. Paternalistische Integrationsbemühungen würden sich dadurch auszeichnen, daß sie ohne jede Mitwirkung der Arbeiterschaft erfolgten, sozialsichernde Leistungen vom Unternehmer freiwillig und widerruflich gewährt würden und für die Empfänger keinerlei Rechtsansprüche entstünden. Protektorale Integrationsbemühungen suchten dagegen die Arbeiter mit einzubeziehen, sowohl durch eine Beteiligung an der Verwaltung als auch durch finanzielle Beteiligungen z.B. an den Betriebskranken- und Pensionskassen. Auch wenn die Arbeiter nicht gleichberechtigt behandelt würden, so bestünde doch eine gewisse Absicherung sozialer Leistungen, die damit – vermutlich – auch einen höheren Integrationseffekt auslöse als die paternalistischen Bemühungen[2].

Durch betriebliche Wohlfahrtseinrichtungen wie Fabrikwohnungen, -sparkassen, Arbeiterurlaub und Werkskonsumvereine wurden – in der Metallindustrie vor allem – materielle Anreize und Belohnungen geschaffen und damit die Abhängigkeit der Arbeiter von den Unternehmern auf die Wohnsituation und den Ernährungsbereich ausgedehnt. Gesicherte Angaben über den Integrationseffekt dieser - in der Oberpfalz durchweg paternalistisch gehandhabten – „Sozialleistungen" fehlen zwar; solange aber die Funktion dieser Wohlfahrtseinrichtungen als Disziplinierungs- und Sanktionsmittel nicht offen zutage trat (wie dies z.B. nach dem Maxhütten-Streik 1907/08 der Fall war), dürfte die Attraktivität und sozialintegrative Wirkung dieser Maßnahmen als sehr hoch zu veranschlagen gewesen sein. Zum Ende des letzten Jahrhunderts standen beträchtliche – vermutlich sozialdemokratisch orientierte - Teile der bayerischen Arbeiterschaft den paternalistischen Wohlfahrtseinrichtungen bereits ablehnend gegenüber[3]; auch für die Oberpfalz wird man wohl von einer – noch – höheren Integrationswirkung protektoraler gegenüber paternalistischen Bemühungen ausgehen können.

Häufig protektoral strukturiert waren die bis 1870 in den meisten oberpfälzischen Großbetrieben eingerichteten Betriebskranken- und Pensionskassen (hier vor allem die Mustereinrichtungen der größeren graphischen Betriebe), die – Kernbereiche der individuellen Daseinsvorsorge betreffend – wohl noch am ehesten imstande waren, die materiellen Existenzbedingungen der oberpfälzischen Arbeiterschaft zu stabilisieren, sie gegen sozialdemokratische Einflüsse zu immunisieren und in den bürgerlichen Staat zu integrieren. Die Kapitaleinlagen und (Zwangs-) Mitgliederzahlen der betrieblichen Kassen in der Oberpfalz waren weit größer als die der zwischen 1849 und 1883 gegründeten selbstverwalteten Unterstützungskassen sozialistischer Provenienz, doch lag die eigentliche Bedeutung der letzteren – neben deren sicherlich vorhandener bewußtseinsprägender Wirkung auf die Mitgliedschaft – ohnehin mehr in ihrer Funktion als personelle und organisatorische Kontinuitätsstränge – auch – der oberpfälzischen Arbeiterbewegung während der Reaktionszeit der 1850er Jahre. Der 1883 begründeten staatlichen Krankenversicherung vermochten die gewerkschaftlichen Hilfskassen in der Oberpfalz nur noch wenig entgegenzusetzen; zugleich blieb hier aber auch der „lange Marsch" durch die Selbstverwaltungsorgane der Krankenversicherung bereits in den ersten Ansätzen stecken.

Die auch bei den Sozialdemokraten in der Oberpfalz weitaus populärsten Einrichtungen staatlicher Sozialpolitik waren die Gewerbegerichte und die Fabrikinspektion, die – mit Hilfe der reformorientierten Sozialdemokratie in der Oberpfalz – sich als neutrale Vermittlungsinstanz profilieren konnte. Die paritätisch aus Arbeitgebern und -nehmern besetzten Gewerbegerichte hatten sich vor allem als Schlichtungsstelle bei Arbeitskämpfen und Tarifstreitigkeiten bewährt; durch das Proporzwahlsystem wurde hier eine starke gewerkschaftliche Repräsentanz ermöglicht. Von der Arbeiterschaft zwar häufig in Anspruch genommen, aber ohne jedes Mitspracherecht für deren gewerkschaftliche Interessenvertreter waren die – erst nach der Jahrhundertwende entstandenen – Arbeitsämter in der Oberpfalz, die aber – anders als die gewerkschaftlichen Unterstützungskassen – keinerlei materielle Hilfe für die Arbeitslosen boten. Erst am Vorabend des Ersten Weltkrieges und beschränkt auf Regensburg und die Nordoberpfalz schufen sich beträchtliche Teile der oberpfälzischen Arbeiterschaft wieder eigene Organisationen zur materiellen Daseinsbewältigung – neben den bereits behandelten selbstverwalteten Unterstützungskassen – in Form der Arbeiterkonsumvereine.

FUSSNOTEN: ZUSAMMENFASSUNG

1) Vgl. SCHULZ, Günther: Integrationsprobleme der Arbeiterschaft in der Metall-, Papier- und chemischen Industrie der Rheinprovinz 1850 – 1914, in: Hans POHL (Hrsg.), Forschungen zur Lage der Arbeiter im Industrialiserungsprozeß, Stuttgart 1978, S. 70 ff.

2) Vgl. ebd.

3) „Ein ansehnlicher Theil der Arbeiterschaft ist bekanntlich gegen solche Zuwendungen eingenommen und bevorzugt eine direkte Lohnerhöhung. . . . Im Uebrigen lässt sich wohl nicht verkennen, dass Wohlfahrtsbestrebungen in Zukunft um so grössere Aussicht auf Anerkennung und Erfolg haben werden, je mehr sie unter Vermeidung einseitiger Unternehmerinteressen und patriarchalischer Bevormundung die Unabhängigkeit der Arbeiter und deren möglichst weitgehende Mitwirkung an den betreffenden Einrichtungen gewährleisten", heißt es im Bericht der bayerischen Fabrikinspektoren vom Jahr 1896 (S. XXXII).

III. GESUNDHEITSWESEN

Die gesetzlich verordnete Krankenversicherung von 1883 führte längerfristig – aufgrund des rasch wachsenden Leistungsangebots – zu einer Expansion des gesamten deutschen Gesundheitswesens. Nach den Ergebnissen der bisher einzigen Langzeituntersuchung zur Entwicklung der „Volksgesundheit" im Kaiserreich[1] war im Vergleichszeitraum 1876 bis 1913 – auf den ersten Blick – eine „generelle Verbesserung der Volksgesundheit"[2] feststellbar, die aber schichtenspezifisch sehr unterschiedlich ausgeprägt verlief. So war die Säuglingssterblichkeit – als besonders sensibler Indikator der „Volksgesundheit" - am niedrigsten in Beamtenfamilien, am höchsten dagegen in Familien ungelernter Arbeiter sowie bei Dienstboten und Gesinde. Lagen hier zu Beginn des Untersuchungszeitraumes die Werte aber noch relativ dicht beieinander, so vergrößerten sich – bei allgemein sinkender Säuglingssterblichkeit nach der Jahrhundertwende – die sozialen Unterschiede bis zum Ersten Weltkrieg immer mehr. Entscheidend zu dieser – schichtenspezifisch allerdings stark differenzierten – langfristigen Verbesserung der Gesundheitsverhältnisse im Deutschen Reich trugen die Sozialversicherung und die neuentstandenen Fürsorgeeinrichtungen bei[3].

Wie gestalteten sich nun aber in der Oberpfalz die Ausgangssituation und die Entwicklung von „Volksgesundheit" und Gesundheitswesen im hier zu untersuchenden Zeitraum (vom Beginn der Industrialisierung bis 1918/19)? Um 1860 waren in der Oberpfalz die Mortalitätsraten in sämtlichen Altersgruppen außergewöhnlich hoch: die Säuglingssterblichkeit (Sterblichkeit im 1. Lebensjahr) lag sogar bei mehr als 44 Prozent[4]. Die sich wechselseitig bedingende enorm hohe Säuglingssterblichkeit einerseits sowie die miserablen Wohnverhältnisse, mangelhafte Ernährung, erschöpfende Arbeit und – im Krankheitsfalle – zu seltene Konsultation des Arztes (von 100 Verstorbenen waren nur 39 überhaupt ärztlich behandelt worden) andrerseits waren wohl ausschlaggebend für die verkürzte Lebenserwartung des Oberpfälzers[5], die etwa in Regensburg bis zum Ende des 19. Jahrhunderts bei nur 35 bis 40 Jahren lag[6].

Im Jahr 1862 wurden mit der Bildung der Bezirksämter Bezirksärzte mit der Sanitätsverwaltung in den einzelnen Distrikten beauftragt; der Ausbau des Gesundheitswesens ging in der Oberpfalz aber nur sehr langsam voran, so daß z.B. im Jahr 1894 ein Arzt durchschnittlich etwa 4.300 Menschen zu betreuen hatte, wobei die mangelhafte ärztliche Versorgung zusammentraf mit einer - vor allem auf dem flachen Lande – äußerst geringen Anzahl von Arztkonsultationen und einem Florieren der „Kurpfuscherei"[7]. Gegenstand ständiger Klagen der oberpfälzischen Bezirksärzte war bis zum Ende des 19. Jahrhunderts auch die ungesunde Ernährungsweise der oberpfälzischen Bevölkerung mit zu geringen Sollsätzen an tierischen Fetten (vor allem an Eiweiß) ebenso wie an Vitaminen und Spurenelementen bei gleichzeitigem Überfluß an Kohlehydraten[8]; wie an anderer Stelle[9] bereits gezeigt wurde, war die Arbeiterernährung in der Oberpfalz – aus finanziellen Gründen und wegen fehlender Einkaufsgelegenheiten – weitgehend auf Kartoffel- und Mehlkost beschränkt, während der Konsum von Fleisch – als dem Haupteiweißspender – eher gering war.

Neben der unzweckmäßigen Ernährung beklagten die Bezirksärzte vor allem die mangelnde Hygiene, die im letzten Jahrhundert den Gesundheitszustand der oberpfälzischen Bevölkerung offenbar besonders beeinträchtigte: „Schmutz und Unreinlichkeit ist die Kardinaltugend des Oberpfälzers und geht durch alle Schichten hinab ins Unglaubliche. . . . Im Schmutz von Jugend auf erzogen, ergraut der Oberpfälzer auch im selben, er wechselt oft nicht einmal am Sonnabend, ja oft nicht in 2 – 3 Wochen das Hemd und die Leibwäsche. . . . Die Bettwäsche . . . wird im Jahr oft nicht 2 mal gewechselt . . . "[10]. Wie weit die nach der Jahrhundertwende in einer Reihe oberpfälzischer Großbetriebe geschaffenen Badeanstalten[11] hier einen Einstellungswandel auch im privaten Bereich bewirken konnten, ist nicht bekannt.

Im Folgenden sollen die vier Faktorenbündel Säuglingssterblichkeit, Typhus-Epidemien, Tuberkulose (bzw. Lungenschwindsucht) sowie die Morbiditäts- und (Betriebs-)Unfallquoten auf ihre Bedeutung für die Gesundheitsverhältnisse der oberpfälzischen Arbeiterbevölkerung hin untersucht werden. Auf die um 1860 enorm hohe Säuglingssterblichkeitsquote in der Oberpfalz von mehr als 44 Prozent wurde ja bereits hingewiesen; im Jahr 1885 lag die Säuglings-Mortalitätsrate bei 32,2 Prozent und 1894 immerhin noch bei 31,4 Prozent. Die Oberpfalz wurde hier im innerbayerischen Vergleich nur noch durch Niederbayern (33,6 bzw. 34,2 Prozent) „übertroffen" und lag mit ihrer von einem deutlichen Nord-Süd-Gefälle geprägten Säuglingsmortalität weit über dem gesamtbayerischen Durchschnitt von 26,7 Prozent im Jahr 1894[12]. So lag in Regensburg die Säuglingssterblichkeitsquote bis zum Beginn des 20. Jahrhunderts bei durchschnittlich 34 Prozent, um dann allerdings von 1906 an auf etwa 25 Prozent zu sinken (der gesamtbayerische Vergleichswert lag damals aber bereits bei rund 20 Prozent)[13]; der die Stadt umgebende Amtsbezirk Regensburg mußte aber noch im Jahr 1908 die zweithöchste Kindersterblichkeitsquote unter allen bayerischen Amtsbezirken verzeichnen[14]. In Amberg, der anderen kreisunmittelbaren Stadt der Oberpfalz, lag dagegen die Säuglingssterblichkeit noch im ersten Jahrzehnt des 20. Jahrhunderts bei 44 Prozent[15], der Quote also, die um 1860 für die gesamte Oberpfalz gegolten hatte (für die übrige Oberpfalz fehlen weitere Vergleichszahlen).

Die Ursachen für die hohen Säuglingssterblichkeitsquoten in der Oberpfalz wurden von den einzelnen Bezirksärzten hauptsächlich im falschen Stillverhalten, d.h. im mangelnden bzw. Nicht-Stillen der Säuglinge gesehen[16], wobei aber auch bereits auf die besonders hohe Mortalität bei den – insbesondere ledigen – Neugeborenen von Arbeiterinnen und Tagelöhnerinnen und die – im Gegensatz dazu – besonders niedrigen Säuglings-Mortalitätsraten bei Beamtenfamilien hingewiesen wurde[17]. Für eine Exemplifizierung von Sprees These[18], die bereits erwähnte schichtenspezifisch stark differenzierte Entwicklung der Säuglingsmortalität in Beamten- und Arbeiterfamilien sei weniger durch unterschiedliche Ernährungsweise als vielmehr durch eine mehr oder weniger stark verbreitete Familienplanung bzw. eine „Rationalisierung des Alltagslebens" ganz allgemein verursacht, reicht das zur Oberpfalz vorliegende thematisch einschlägige Material nicht aus. Wenn auch wahrscheinlich die – wohl meist aus körperlichem Unvermögen resultierende – Vorenthaltung der natürlichen Nahrung und die verabreichte nährwertarme Ersatznahrung die Hauptursache für die hohe Säuglingssterblichkeit in der Oberpfalz waren, so trugen hierzu sicherlich auch noch andere wichtige Faktoren – wie ungeheizte und überfüllte Wohnungen, schlechte hygienische Verhältnisse sowie mangelhafte Bekleidung – entscheidend bei.

Miserable hygienische Verhältnisse und feuchte, ungesunde Wohnungen waren auch die Hauptursache wiederholt auftretender Typhus-Epidemien, deren Schwerpunkt im Stadt- und Amtsbezirk Amberg lag, wo eine 1891 ausgebrochene Typhus-Epidemie bis zum Jahr 1895 insgesamt 66 Opfer forderte[19] und zur Drohung des Kriegsministeriums mit der Garnisonsaufhebung sowie zur vorübergehenden Verlegung der Chevauxlegers von Amberg nach Bayreuth führte[20]. Der Hauptherd der Typhus-Epidemie in Amberg war die Gewehrfabrik, wo im Jahr 1891 die Zahl der an Typhus Erkrankten auf 51 – einschließlich der Familienangehörigen sogar auf 150 – sich belief, von denen 10 verstarben[21].

Der wohl bedeutendsten Volks- und „Proletarier"-Krankheit Tuberkulose bzw. Lungenschwindsucht erlag um die Jahrhundertwende im Deutschen Reich die Hälfte aller jungen Leute, die zwischen dem 20. und dem 25. Lebensjahre starben[22]. „Sie (die Tuberkulose, d. Verf.) erschien den Zeitgenossen als eine typische 'Proletarierkrankheit', weil in der Phase der sich durchsetzenden Industrialisierung keine andere Krankheit so eng mit allen äußeren Lebensbedingungen des Proletariats verknüpft war: seiner Herkunft, seinem Bildungsniveau, seinen Wohn- und Arbeitsverhältnissen"[23]. Auch in den Jahresberichten der oberpfälzischen Bezirksärzte wird im Zeitraum 1878 bis 1899[24] geradezu stereotyp die Tuberkulose als häufigste Ursache der Arbeitermortalität und als eine Folge der miserablen Arbeitsbedingungen vor allem in den Glasschleifen und -hütten genannt. „Die Arbeiter altern frühzeitig und sterben meist an Lungenerkrankungen", schreibt beispielsweise der Vohenstraußer Bezirksarzt[25] über den Gesundheitszustand der knapp 500 in seinem Distrikt auf Glasschleifen und -polieren Beschäftigten, von denen er mehr als die Hälfte im Berichtsjahr hatte behandeln müssen. Vor allem in der Glasindustrie also – noch vor dem Bergbau, der Porzellan- und Steinindustrie – lagen in der Oberpfalz die Hauptkrankheitsherde der Lungentuberkulose. „Tagtäglich kann die Beobachtung gemacht werden, daß die Arbeiter in den Glasschleifereien und Polierereien der Hohlglasfabriken meist blasse, anämische, krankhaft aussehende Leute sind, welche fast sämtlich an chronischen Bronchialkatarrhen und tuberkulöser Erkrankung der Lungen leiden", heißt es in einer im Jahr 1907 von den Krankenkassen in der Oberpfalz veranstalteten Enquête über Berufskrankheiten[26].

Auch in der Oberpfalz rangierten Lungenkrankheiten an erster Stelle aller Todesursachen; allein im Jahr 1907 starben dort 1.352 Menschen an Lungentuberkulose[27], wobei die höchsten Mortalitätswerte in den Bezirksämtern Stadtamhof und Neumarkt sowie in der Stadt Regensburg lagen[28]. Der Stadt- wie auch der Amtsbezirk Regensburg konnten dennoch im Vergleichszeitraum 1894 bis 1910 eine beträchtliche Abnahme der Mortalität verzeichnen (von 45,9 und 33,9 im Jahre 1894 auf 19,0 und 17,2 – auf je 10.000 Einwohner – im Jahr 1910)[29]. Wie hoch hier im einzelnen jeweils der Beitrag des in Regensburg im Jahr 1900 gegründeten Vereins zur Bekämpfung der Tuberkulose, der dort 1905 eingerichteten ersten Lungenfürsorgestelle Bayerns (die im Jahr 1908 von der Stadt übernommen wurde)[30] sowie der 1908 in Donaustauf (bei Regensburg) eröffneten Lungenheilstätte[31] einzuschätzen ist, läßt sich nicht mehr feststellen. Zu den Ursachen der Lungentuberkulose heißt es in der bereits erwähnten oberpfälzischen Krankenkassen-Enquête über Berufskrankheiten resümierend: „Ätiologisch wird teils Berufsschädigung (in der Porzellan-, Glas- oder Steinindustrie), teils Vererbung oder Infektion; teils auch schlechtes Wohnverhältnis als der Erwerbung der Krankheit günstiges Moment bezeichnet"[32].

Eine Auswahl der seit dem Jahr 1878 von den Bezirksärzten lückenhaft und unsystematisch veröffentlichten Morbiditäts (Arbeitsunfähigkeits- bzw. Krankenstands-)-Quoten oberpfälzischer Betriebe[33] hat 1887 bereits Bruno Schoenlank[34] kommentierend dargestellt. Da für diesen Zeitraum (gesamt-) bayerische und deutsche Vergleichswerte fehlen, ist der Aussagewert dieser Krankenstandsquoten aber wohl eher gering, zumal da sich die enormen Schwankungen bei einzelnen Wertereihen – wie z.B. beim Eisenwerk Maxhütte, wo nach Angaben des Werksarztes die Morbiditätsquote von etwa 70 % in den Jahren 1878 und 1880 auf 1882/83 24 bis 27 % fiel[35] – wohl nur mit Vertuschungsversuchen der auskunftgebenden Stellen erklären lassen.

Bei einem intraregionalen Vergleich lassen sich aber doch ganz erstaunliche Höchstwerte etwa für die Porzellanfabrik Tirschenreuth feststellen, wo in den Jahren 1882: 85,5 %, 1883: 83,3 % und 1884: 81,6 % der Belegschaft auf unbestimmte Zeit krankgeschrieben waren[36], während am unteren Ende der Morbiditätsskala – soweit die nur bruchstückhaft vorhandenen Werte einen solchen Vergleich überhaupt zulassen – die Hirschauer Porzellanfabrik Dorfner mit Quoten von 1882: 37,2 %, 1883: 31,5 % und 1884: 34,3 %[37] rangierte. Zwischen diesen beiden Extremwerten lagen die Morbiditätsquoten des Eisenwerks Rosenberg (mit 1882: 44 %, 1883 und 1884 jeweils 65 %) sowie des Hüttenwerks Bodenwöhr (41,6 %; 58,2 %; 51,3 %)[38]; für die anderen Großbetriebe der Oberpfalz lassen sich nur vereinzelte Vergleichswerte finden.

Für den folgenden Vergleich mit den von Kuczynski[39] errechneten Morbiditätsquoten der deutschen Arbeiter im Zeitraum von 1888 bis 1913 existieren entsprechende Werte nur für drei oberpfälzische Großbetriebe (die Maxhütten-Werke Haidhof und Rosenberg sowie das Bergwerk Amberg) und für die Jahre 1890 bis 1898:

Krankenstand 1890 – 1898

Jahr	Zahl der Krankmeldungen pro Arbeiter und Jahr im Deutschen Reich[40]	im Maxhütten-Werk: Haidhof	Rosenberg	Bergwerk Amberg
1890	0,37	0,78	0,73	–
1891	0,35	0,63	–	–
1892	0,36	–	0,73	–
1893	0,39	–	–	1,00
1895	0,36	0,76	0,63	0,80
1896	0,35	–	0,57	–
1897	0,36	–	0,71	0,58
1898	0,34	–	0,72	0,51

Da die gesetzliche Krankenunterstützung erst vom vierten Tag an und nur in Höhe des ortsüblichen Tagelohnes gewährt wurde, dürfte ein weiter verbreitetes Krankheiten-Simulieren wohl kaum der Fall gewesen sein. Die – wenn auch nur selektiv erhaltenen – abnorm hohen Krankmeldungsfrequenzen der Arbeiterschaft in der Oberpfalz dürften deshalb wohl als ein Ergebnis vor allem des steigenden Arbeitstempos und der damit verbundenen intensiveren Ausbeutung der menschlichen Arbeitskraft in der hochindustriellen Phase angesehen werden.

Dieselben Gründe – sowie zusätzlich das mangelnde Vertrautsein der aus einem ländlichen Umfeld rekrutierten Arbeitskräfte mit industriellen Arbeitsabläufen – dürften auch hauptverantwortlich gewesen sein für die allerdings nur für das Maxhütten-Werk Haidhof (und selbst hier nur lückenhaft) erhaltenen ungewöhnlich hohen „Verletzten"-Quoten an den Krankmeldungen, wobei aber unklar bleibt, wie weit die jeweiligen Verletzungen (wie Verbrennungen, Zerrungen usw.) von Betriebsunfällen herrühren bzw. als solche zu betrachten sind.

Anteil der Verletzungen an den Krankmeldungen
im Maxhütten-Werk Haidhof

Jahr	Belegschaftsstand	Krankmeldungen insgesamt	davon Verletzungen
1886	850	410	212 (51,7 %)[41]
1887	900	510	283 (55,5 %)[42]
1888	1.000	562	309 (55 %)[43]
1895	800	608	350 (57,6 %)[44]

In sämtlichen Vergleichsjahren war also jeweils mehr als die Hälfte aller Krankmeldungen auf Verletzungen zurückzuführen; im statistischen Durchschnitt war im Maxhütten-Werk Haidhof jeder vierte bzw. sogar jeder dritte Arbeiter einmal im Jahr von einer Verletzung, d.h. also wohl von einem kleineren oder größeren Betriebsunfall betroffen (in der Gewehrfabrik Amberg waren es im Jahr 1903 dagegen „nur" 92 von 912 Arbeitern, also 1 von jeweils 10 Beschäftigten, die einen Betriebsunfall erlitten[45]).

Abschließend bleibt festzustellen, daß durch den gesetzlichen Schutz gegen die Folgen von Krankheit und Betriebsunfällen die Lage der Arbeiterschaft insgesamt zwar sicherlich verbessert wurde (gegenüber dem Zustand vor der Bismarck'schen Sozialgesetzgebung), daß aber die in Wohn-, Beruf- und Ernährungsweise liegende unterschiedliche soziale Disposition zu Säuglingssterblichkeit, Typhus-Epidemien und Tuberkulose davon im wesentlichen unberührt blieb und auch die – weit über den deutschen Vergleichswerten liegenden – Morbiditätsfrequenzen sowie die Betriebsunfallquoten der oberpfälzischen Arbeiter im Untersuchungszeitraum keine Besserung erkennen ließen.

FUSSNOTEN: III. GESUNDHEITSWESEN

1) Spree, Reinhard: Soziale Ungleichheit vor Krankheit und Tod. Zur Sozialgeschichte des Gesundheitsbereichs im Deutschen Kaiserreich, Göttingen 1981.
2) Ebd., S. 44.
3) Vgl. ebd., S. 133 – 137.
4) Vgl. Bavaria. Landes- und Volkskunde des Königreichs Bayern, Bd. 2/1: Oberpfalz und Regensburg, 1863, S. 334; ALBRECHT, Regensburg, S. 15, nennt für Regensburg im Hungerjahr 1847/48 den gleichen Wert.
5) Vgl. Bavaria, a.a.O., S. 334 – 336; hierzu ergänzend auch BRENNER-SCHÄFFER, Wilhelm: Darstellung der sanitätlichen Volkssitten und des medizinischen Volks-Aberglaubens im nordöstlichen Theile der Oberpfalz, hier insbesondere das Kapitel: Medizinischer Volksglaube und Aberglaube, S. 25 – 40, Amberg 1861.
6) Quelle: ALBRECHT, Regensburg, S. 16.
7) Vgl. STELZLE, ZBLG 39 (1976), S. 512 – 514.
8) Vgl. hierzu etwa die Generalberichte von 1881, S. 87; 1893, S. 123; 1896/97, S. 201 und 1898, S. 215 f.
9) Vgl. Kapitel „Löhne und Preise, Lebensstandard", S. 55 – 57.
10) StaBi M, Handschriftenabteilung, Cod. germ. 6874, 183 (Vohenstrauß), Nr. 1230 vom 16.4.1887, Blatt 27 f.; hierzu auch - mit fast gleichlautenden Klagen - die Generalberichte 1896/97, S. 224 und 1898, S. 237.
11) Vgl. hierzu den Generalbericht 1911/12, S. 164.
12) Quelle: STELZLE, Magisterarbeit, S. 66.
13) Quelle: ALBRECHT, Regensburg, S. 16.
14) Vgl. „FT" Nr. 290 vom 10.12.1908.
15) Quelle: WALLER, Karl: Die Sterblichkeit der Stadt Amberg (Obpf.) in den Jahren 1700 – 1914, München 1939, S. 17.
16) Vgl. hierzu ausführlich die Generalberichte 1880 ff. (vor allem die Berichte 1899, S. 234 f. und 1911/12, S. 129).
17) Vgl. Generalbericht 1900, S. 230 f.
18) Vgl. a.a.O., S. 88 ff.
19) Vgl. BRAUN, Rainer: Amberg als Garnisonsstadt, in: Amberg- Ausstellungskatalog, S. 214.
20) Vgl. StA AM, Reg. der Opf. 13883, Bericht vom 9.10.1892.
21) Vgl. BHS IV, Fzm 5315, S. 23 f.; hierzu auch Generalbericht 1891, S. 69.
22) Quelle: „FT" Nr. 118 vom 24.5.1899.
23) BLASIUS, Dirk: Geschichte und Krankheit, in: Geschichte und Gesellschaft (abgekürzt GUG) 1976 (2), S. 397.
24) Vgl. Generalberichte 1879 ff.
25) Generalberichte 1887/88, S. 159.
26) FIB 1907, S. 117 f.
27) Quelle: Generalbericht 1911/12, S. 60.
28) Vgl. ebd.; zur Stadt Regensburg auch ALBRECHT, Regensburg, S. 60 f.
29) Quelle: Generalbericht 1911/12, S. 60.
30) Vgl. ALBRECHT, Regensburg, S. 60 f.
31) Vgl. ebd., S. 68.
32) Generalbericht 1911/12, S. 61.
33) Quelle: Generalberichte 1878 ff.
34) Die Lage der arbeitenden Klasse in Bayern, Neudruck Olching 1979, S. 28 f.
35) Alle Werte nach Generalberichte 1878 ff.
36) Quelle: ebd., 1882 ff.; der Tirschenreuther Bezirksarzt macht für die abnorm hohen Morbiditätsquoten der Porzellanfabrikarbeiter die Feuchtigkeit der Werkswohnungen dort verantwortlich (vgl. ebd., 1883, S. 135).
37) Quelle: Generalbericht 1882 ff.
38) Alle Werte nach Generalsanitätsberichte 1882 ff.
39) A.a.O., Bd. IV, S. 407.
40) Quelle: ebd.
41) Quelle: Generalbericht 1886, S. 109.
42) Quelle: ebd., 1887/88, S. 159.
43) Quelle: ebd.
44) Quelle: ebd., 1895, S. 167.
45) Vgl. BHS IV, Fzm 5334, 1903/04, S. 44 f.

IV. MENTALITÄT, MENTALITÄTSBILDENDE LEBENSBEREICHE (MIT DEREN JEWEILIGEN VERMITTLUNGSBEAUFTRAGTEN) UND EIGENSTÄNDIGE KULTURORGANISATIONEN DER OBERPFÄLZISCHEN ARBEITERSCHAFT

Wie bereits in der Einleitung[1] ausführlich dargestellt, lassen sich die tatsächlich verinnerlichte Mentalität und das Bewußtsein der Arbeiterschaft im 19. Jahrhundert nur schwer rekonstruieren. Für die Oberpfalz existieren im Untersuchungszeitraum keinerlei Selbstaussagen von Arbeitern (die Erfahrungsberichte einzelner Gewerkschaftsfunktionäre über ihre Agitationstouren durch die Oberpfalz dürften wohl kaum als solche anzusehen sein), so daß man nur auf Umwegen (über Akten und Publikationen der öffentlichen Verwaltung, belletristische und volkskundliche Literatur, Zeitungen) zu Aussagen über die Mentalität – als wichtigem Faktor jeder Strukturanalyse – der oberpfälzischen Arbeiterschaft kommen kann. Einige grundsätzliche Anmerkungen zur Mentalität und zu mentalitätsbildenden Faktoren in der Oberpfalz sind aber wohl Voraussetzung für ein Verständnis der spezifisch oberpfälzischen Ausprägung von Arbeiterbewegung und Arbeitsverhältnissen, wird doch jegliche geistige und politische Unterdrückung erst ermöglicht durch ein Mindestmaß an mentaler Bereitschaft seitens der Unterdrückten, sich dieser Knechtung auch zu unterwerfen. Bevor die wichtigsten mentalitätsprägenden Lebensbereiche im bürgerlichen Staat (Schule, Presse, Armee, Kirche, konfessionelle, gesellige und politische Vereine) sowie die ersten – in der Oberpfalz feststellbaren – Ansätze zu einer proletarischen Mentalitätsbildung kurz dargestellt werden, soll hier erst noch auf das Bild von Charakter und Stimmungslage „des" Oberpfälzers eingegangen werden, wie es in der Literatur[2] und in Behördenakten sich widerspiegelt.

Zu einander ähnelnden Resümees kommen Brenner-Schäffer und Schönwerth, die Verfasser der beiden wichtigsten volkskundlichen Studien zum Charakter und Brauchtum der Oberpfälzer[3]: „Die Kardinaltugend des Oberpfälzers ist sein Fleiß, seine Genügsamkeit und Sparsamkeit; seine größte Untugend die Unordnung und Unsauberkeit. Ein gewißes zurückhaltendes Mißtrauen, welches derselbe namentlich gegenüber der Intelligenz zeigt, und welches nur dem Mangel des Wissens und dem ungeübten Denkvermögen zuzuschreiben ist, hat ihn in den Ruf der Falschheit gebracht. Unter seines Gleichen aber schlägt oft die natürliche Gutmütigkeit durch . . . Der Ideenkreis des oberpfälzischen Landmannes ist klein, er umspannt sein Haus, seinen Besitz und die Markung seines Dorfes. Was draussen liegt, das kennt er nicht, das kümmert ihn nicht", beschreibt 1861 in einer preisgekrönten Denkschrift der Nicht-Bayer Brenner-Schäffer[4] seine dreizehnjährigen Erfahrungen (als Weidener Landgerichtsarzt) im Umgang mit dem Oberpfälzer Menschenschlag, was den in München arrivierten Oberpfälzer Albert Wild zu einer erkennbar mit Schaum vor dem Mund geschriebenen Replik[5] veranlaßte. Fast gleichlautende Passagen (wie bei Brenner-Schäffer) zum Fleiß, zur (Selbst-)Genügsamkeit der Oberpfälzer sowie zum damit einhergehenden Mißtrauen gegenüber Fremden und zur Geringschätzung alles Geistigen hat der gebürtige Amberger Schönwerth seiner Sammlung oberpfälzischer Sitten und Sagen vorangestellt[6]. Von beiden Autoren werden besonders stark akzentuiert die tief verwurzelte Religiosität und der ausgeprägte Konservatismus der Oberpfälzer, für den Brenner-Schäffer vor allem „die unwandelbare Starrheit des Bauernthums"[7] verantwortlich macht. „In den jüngsten Sturmesjahren war die Oberpfalz die ruhigste Provinz: der Eingeborene haßt Schreyen und Kreyschen. . . . Man ist diese Ruhe an ihm gewohnt, sie versteht sich von selbst", charakterisiert Schönwerth[8] die selbst in den Revolutionsjahren 1848/49 nur geringe geistige und politische Erregbarkeit „des" Oberpfälzers.

Für die von Brenner-Schäffer und Schönwerth gleichermaßen konstatierte geringe geistige Beweglichkeit der Oberpfälzer nennt um 1860 der Amberger Landgerichtsarzt, ein Amtskollege Brenner-Schäffers also, die folgenden Ursachen, aus denen er auch gleich die von ihm bei seiner forensischen Tätigkeit beobachteten „oberpfalz-spezifischen" Delinquenzformen ableitet: „Ein steriler, steinigter [sic], da u. dort mit Lehm und Löß dürftig gemischter, schwer zu bearbeitender, unproductiver vom Schweiße seiner Bebauung benetzter Boden, kann unmöglich der Heiterkeit und geistigen Schnellkraft seiner Bewohner förderlich seyn. Letztere sind daher auch in der That bey uns zäh, träge, langsam, trübsinnig, schwerfällig, geistig wenig productiv, daher ohne allen Schwung, alle selbständige Spontaneität und alles Selbstvertrauen. Auf ihrem kargen Boden darbt auch ihr geistiger Vorrath und unter dem Drucke der materiellen Noth verkümmert die geistige Frische. – Temperament u. Naturell des Volkes sind dahier ... mehr passiver als activer Artung und bilden einen Boden, auf welchem ... aufsprudelnder Affect und rasche Entschlossenheit u. Virtualität [kein] Gedeihen finden. Demgemäß fehlen hier auch große Verbrechen und eklatante Tugenden; dagegen wuchern chronische Vergehen und mittelmäßige oft nur zweideutige sittlich-moralische Thaten. Zu schwach zum selbständigen Aufschwung, braucht der diesseitige Bewohner eine erkleckliche Aufreizung, bevor er zur Action sich anschickt und seine Hand erlahmt, sobald der stimulierende Impuls aufhört. In der Speculation und Combination kennt man hier zu Lande nur den niedrigsten Maßstab"[8a]. Es dürfte einsichtig sein, daß die um diese Zeit bereits voll in Gang gekommene und immer noch andauernde Abwanderung der meist jüngeren und geistig beweglicheren Kräfte – vor allem nach München, dann aber auch nach Nürnberg und anderen Städten – einen zusätzlichen Aderlaß für die intellektuelle[9] und kritisch-moralische Substanz der oberpfälzischen Bevölkerung bedeutete.

Im Tenor ähnlich wie diese beiden volkskundlichen „Charakterstudien" fallen auch die von einzelnen Landrichtern bzw. Bezirksamtmännern in der Oberpfalz verfaßten Beschreibungen ihrer Amtsuntergebenen und der in ihrem Bezirk vorherrschenden Stimmungslage aus. „Vorzüglich religiöser Sinn, genügsame und haushälterische Einfachheit der Sitten und Lebensweise bey dem größten Theile der ländlichen Bevölkerung des Amts-Bezirks sind die Grundstützen der Anspruchslosigkeit, Obedienz und Unterordnung derselben in That, Gesinnung und Lebensweise unter die gesetzlich sanktionierten Staatsmaximen ... Begriffe wie Demokratie, Sulzialismus [sic!], Kommunismus, Republik fallen den Kategorien der Lächerlichkeit, des Unsinnes und der wahnwitzigen Narrheit anheim", schreibt im Jahr 1853 der Riedenburger Landrichter[10], ein Meister der unfreiwilligen Komik. Auch die Kemnather Bezirksamtmänner berichten in den nächsten Jahrzehnten immer erneut[11] über die konservative Grundhaltung der Bevölkerung, die sich darin auch durch nichts beirren lasse[12]. Gerade während des Kulturkampfes fielen dieser so konservativ-klerikalen Mentalität der oberpfälzischen Bevölkerung auch einige der – nationalliberal orientierten – Bezirksamtmänner zum Opfer, wie das Versetzungsgesuch des Bezirksamtmanns von Velburg, einer konservativ-klerikalen Hochburg, aus dem Jahr 1871 zeigt. Laut Bericht des oberpfälzischen Regierungspräsidenten läge die Ursache hierfür im jahrelangen zermürbenden „Kampf, den der treu zu Thron und Verfassung stehende Distriktsverwaltungsbeamte in diesem obruesten (düstersten, d. Verf.) Teil der Oberpfalz gegen Unverstand, verknöcherte Vorurtheile und klerikale Nergeleien zu führen (hatte). ... Es ist zu bedauern, daß so gediegene Beamte sich nicht lange in dieser Provinz halten"[13].

Die Mentalität des „Kleinen Mannes" in der Oberpfalz um die Jahrhundertwende hat zuletzt Karl Bosl in einem schichtenspezifischen Lebenslauf nachgezeichnet[14]. Vom Scheitern eines Lehrers inmitten der Not, Armut, Bigotterie und dumpfen Ignoranz eines abgeschiedenen oberpfälzischen Dorfes erzählt in seinem 1918 geschriebenen Roman „Ein Volksfreund" der 1889 in Beratzhausen geborene Gottfried Kölwel, der zu Anfang unseres Jahrhunderts wohl bedeutendste oberpfälzische Schriftsteller und Dramatiker (dessen – im oberpfälzischen Dorfmilieu angesiedelte – Frauentragödie „Franziska Zachez" in Bayern erst 1986 zur Aufführung gelangte). Kapfhammers Klage aus dem Jahr 1977, daß jeglicher literarische Hinweis auf die Oberpfalz als jahrhundertealtes Industriegebiet – und damit auf die dort ausgeprägte Arbeitermentalität – fehle[15], ist inzwischen überholt, existiert doch mit dem Roman „Steinlese" des Oberpfälzers Eduard Dietz[16] ein erster Literaturbeitrag zur Industrialisierung und ihren mentalen Folgen in der Oberpfalz, der, – in den besten Traditionen bayerischer „Heimatdichter" (wie Oskar Maria Graf und Leonhard Frank) – in farbiger mundartlicher Diktion psychologisch einfühlsam und mit großer Solidarität für die – oft selbst Einheimischen schwer verständliche und erträgliche – Mentalität „des" Oberpfälzers (insbesondere der Arbeiterbevölkerung) geschrieben ist.

Doch nun zur Darstellung der auch für die Arbeiterschaft in der Oberpfalz wichtigsten Bereiche außerfamiliärer[17] Mentalitätsbildung (Schule, Presse, Armee, Kirche, konfessionelle, gesellige und politische Vereine) und zur Funktion der Lehrer, Offiziere und Priester als Vermittler der Mentalität in den jeweiligen Bereichen. Gerade die von der Oberschicht durch den Staat institutionalisierten Bereiche Volksschule und Armee gewannen seit dem Anfang des 19. Jahrhunderts für die Unterschichten in Bayern ungeahnte Bedeutung. Sie traten dem Einzelnen mit vorgegebener Struktur und bindenden Interaktionsmustern entgegen und ermöglichten geistig-seelische Beeinflussung in einem bis dahin nicht gekannten Ausmaß. Wesentliche Teile des Erziehungsfeldes wurden damit aus dem Binnenbereich des Hauses in die staatlichen Institutionen hineinverlagert[18]. Vor allem durch die 1802 in Bayern verordnete allgemeine Schulpflicht, die einherging mit dem Schulmonopol des säkularisierten und souveränen Staates, erreichte der seit Jahrhunderten ständig erweiterte Einfluß der Herrschaft auf Geist und Seele der Beherrschten einen neuen Höhepunkt[19]. Auf die Volksschule folgte von 1803 an als weitere Pflichtschule die „Sonn- und Feiertagsschule" für Knaben und Mädchen zwischen 12 und 18 Jahren. Von 1808 an wurde die staatliche Schulaufsicht in Bayern durch Geistliche wahrgenommen, was sich erst mit der Revolution von 1918 ändern sollte[20].

Das Volksschulwesen in der Oberpfalz war im hier zu untersuchenden Zeitraum im besonderem Ausmaß geprägt von einer allgegenwärtigen geistlichen Einflußnahme und Bevormundung (geistliche Schulaufsicht, hoher Prozentsatz von Klosterschulen und ausschießlich konfessionelle Schulen) und von miserablen schulischen Verhältnissen (stundenweiten Schulwegen, überfüllten Klassen und völlig veralteten, auf mechanisches Memorieren abgestellten Unterrichtsmethoden). Im Jahr 1906 stand an der Spitze des gesamten Schulwesens der Oberpfalz als technischer Leiter ein Kreisschulinspektor, dem 1.442 Schulen unterstellt waren; 9 Bezirksschulinspektoren amtierten in den Städten Regensburg, Amberg und Neumarkt; für die Landschulen waren insgesamt 43 Distriktsschulinspektoren zuständig. Während der Kreisschulinspektor aus dem Volksschullehrerstand kam, waren sämtliche 9 Bezirks- und 43 Distriktsschulinspektoren Geistliche. Das gesamte Lehrpersonal der Oberpfalz setzte sich 1906 zusammen aus 1.076 männlichen Lehrkräften, 161 weltlichen Lehrerinnen, 219 klösterlichen Schulschwestern und 1 Diakonissin; sämtliche Schulen der Oberpfalz waren konfessionell ausgerichtet[21]. Angesichts einer – mit nur einer einzigen Ausnahme – klerikal beherrschten staatlichen Schulverwaltung und -aufsicht und eines beträchtlichen Anteils von Ordensschwestern selbst noch an der Lehrerschaft des – ausschließlich aus Bekenntnisschulen bestehenden – Volksschulwesens in der Oberpfalz dürfte es auf der Hand liegen, daß auch die vermittelten Mentalitätsinhalte stark konfessionell und religiös geprägt waren[22].

Auf die höchst unzulänglichen und einseitigen Unterrichtsmethoden, die an der Effizienz der Mentalitätsvermittlungsversuche in den oberpfälzischen Volksschulen zweifeln lassen, deutet die nachfolgende Bezirksarzt-Beschwerde hin: „Kempf-Oberviechtach (Neunburg v/W.) beklagt Ueberbürdung der Kinder mit Hausaufgaben, meist mechanischem Memorieren, während in keiner Weise für die körperliche Entwicklung durch Tummelplätze oder Turngeräte gesorgt wird"[23]. Ausgebildet wurden die Lehrer in der Oberpfalz an den 1866 in Regensburg und Amberg eingerichteten k. Präparandenschulen[24]; wie weit auch in der oberpfälzischen Lehrerschaft nationalliberale Ideen vorherrschend waren[25], läßt sich nicht mehr mit Bestimmtheit sagen. Wiederholte Polemiken in der Regensburger Zentrumspresse gegen „die Heißsporne im Bayerischen Lehrerverein"[26], die gegen die klerikale Bevormundung aufbegehrten, zeigen aber, daß es auch in der oberpfälzischen Lehrerschaft bereits gärte[27]. Es wurde auch von keinem anderen Berufsverband die Revolution von 1918/19 so freudig begrüßt wie vom Lehrerverein; besonders die in Aussicht gestellte Aufhebung der geistlichen Schulaufsicht hatte den Großteil der Lehrerschaft zum aktiven Unterstützer des neuen Volksstaates werden lassen. So war bereits am 10. November 1918 eine Resolution des Bezirkslehrervereins Regensburg-Stadt erschienen, in der die Gründung eines Lehrerrates bekanntgegeben wurde: „Der Verein bekennt sich freudig zum Schulprogramm der neuen Regierung, denn es enthält das Ergebnis dessen, was die Besten des Lehrerstandes seit mehr als einem Jahrhundert erstrebt, wofür sie gekämpft und gelitten haben", heißt es in dieser Resolution[28].

Für die miserablen Schulverhältnisse in der Oberpfalz waren besonders bezeichnend die (allgemein als Gradmesser für die Qualität eines Schulwesens geltenden) enorm hohen Klassenfrequenzen, die von der sozialdemokratischen Presse auch als Hauptursache „für die starke geistige Zurückgebliebenheit in großen Teilstrecken unseres Landes"[29] angesehen wurden. Im Jahr 1892 hatten im innerbayerischen Vergleich die Oberpfalz und Niederbayern die wenigsten Schulen; aufgrund der geringen Bevölkerungsdichte in der Oberpfalz waren – bei nur 704 Volksschulen mit 1.229 Klassen[30] – für den Großteil der Schüler stundenweite Schulwege die Folge[31]. Ein Blick in das einschlägige statistische Material[32] zeigt auch, daß die Oberpfalz während des Vergleichszeitraums 1894 bis 1913 unter allen bayerischen Kreisen die jeweils höchste Anzahl von Schulversäumnissen pro Jahr und Schüler sowie die zweithöchsten Klassenfrequenzen (nach Niederbayern) zu verzeichnen hatte. Im Jahr 1886 gab es in der Oberpfalz 164 Klassen mit 100 – 120, 68 Klassen mit 120 – 140, 21 Klassen mit 140 – 160 und 1 Klasse mit 177 Kindern; die mit 186 Schülern am stärksten frequentierte Schulklasse der Oberpfalz wurde von einem erst 22 Jahre alten Schulgehilfen geleitet[33]. Im Jahr 1906 hatten von den insgesamt 1.454 Volksschulklassen in der Oberpfalz 344 bis zu 50 Schüler, 273 Klassen 51 – 60, 287 Klassen 61 – 70, 255 Klassen 71 – 80, 171 Klassen 81 – 89, 80 Klassen 90 - 99 und immerhin noch 44 Klassen über 100 Schüler; allein 7 dieser 44 Klassen mit mehr als 100 Schülern entfielen auf den Amtsbezirk Tirschenreuth[34].

In welchem Ausmaße das so stark klerikal dominierte Volksschulwesen der Oberpfalz für die Mentalitätsbildung der Arbeiterschaft bestimmend war, läßt sich nicht mehr schlüssig nachweisen. Aufgrund der geschilderten miserablen schulischen Verhältnisse in der Oberpfalz dürften aber Zweifel angebracht sein am tatsächlichen Erfolg bei der Vermittlung sowohl der Mentalitäts- als auch und vor allem der Lerninhalte; gerade bei letzteren dürfte sich der Lernerfolg beschränkt haben auf ein mechanisches Einüben der wichtigsten Kulturtechniken Lesen, Schreiben und Rechnen. Inwieweit hier wiederum von einer gelungenen literarischen Alphabetisierung als Voraussetzung für eine politische „Alphabetisierung" ausgegangen werden kann, muß (wegen des Fehlens von Analphabetenquoten) ebenfalls dahingestellt bleiben. Die schulische Verbreitung der Lesefähigkeit im 19. Jahrhundert aber ermöglichte erst den Aufstieg eines künftighin entscheidenden mentalitäts- und meinungsprägenden Mediums: der Presse, deren Auflagenhöhe und politische Ausrichtung symptomatisch für das jeweilige politische Kräftefeld einer Region war und ist.

Wie die frühesten bayerischen Vergleichszahlen zeigen, war 1881 die Presselandschaft am schwächsten in der Oberpfalz ausgeprägt, wo nur 16 der insgesamt 273 politischen Blätter Bayerns erschienen[35]. Diese 16 in der Oberpfalz erscheinenden Zeitungen hatten eine Gesamtauflage von 56.518 Exemplaren: die katholisch-konservativ orientierten Zeitungen überwogen dabei mit 82,1 Prozent die Auflagenanteile der liberalen und demokratischen Blätter (mit 13,4 und 4,5 Prozent) bei weitem[36]. Dieses konservativ-klerikale Übergewicht verstärkte sich in den folgenden Jahrzehnten noch durch die hektische Betriebsamkeit der Regensburger Verlegerdynastien Pustet und Habbel und ließ die Oberpfalz bis zum Ersten Weltkrieg zum „schwarzen Bollwerk"[37] innerhalb der bayerischen Presselandschaft werden[38]. So hatte sich hier bis 1913 die Zeitungszahl zwar auf 41 erhöht (gegenüber 1881 nur 16 politischen Blättern), die Oberpfalz lag damit im innerbayerischen Vergleich aber noch immer an letzter Stelle[39]. Bei einer Gesamtauflage von 138.320 Exemplaren trafen hier 1913 auf eine Zeitungsnummer 4,4 Leser; eine noch geringere Leserdichte hatte nur Niederbayern (mit 6,7 Personen pro Zeitungsnummer) aufzuweisen[40]. Die Gründe für diese außerordentlich geringe Leserdichte lagen zum einen in der unter allen bayerischen Kreisen niedrigsten Bevölkerungsdichte der Oberpfalz, die zu einer Konzentration der Zeitungen auf die Siedlungsschwerpunkte führte, zum anderen im vermutlich unterdurchschnittlichen Alphabetisierungsgrad der oberpfälzischen Bevölkerung sowie in den niedrigen Verdiensten und überlangen Arbeitszeiten, die ein Zeitungsabonnement bzw. die geistige Auseinandersetzung mit Gedrucktem gar nicht erst zuließen.

„Die beste Agitation ist und bleibt in allen Fällen die mündliche. Die Kollegenschaft, die den ganzen Tag schwer gearbeitet hat, ist zu einem längeren schriftlichen Verkehr und zum Lesen von Zeitungen und Zeitschriften schwer zu bewegen. Weit mehr muß seitens der Agitatoren darauf hingewiesen werden, daß die Schmutzliteratur aus den Wohnungen der Kollegen verschwindet und die Arbeiterzeitung Einzug hält", heißt es im Rechenschaftsbericht 1906/07 des Glasarbeiter-Zentralverbandes[41] zum Leseverhalten der Glasarbeiterschaft und zur absoluten Dominanz katholisch-konservativ geprägter Lektüre selbst in den Familien von Verbandsmitgliedern. 1912 stellt Glasarbeiter-Gauleiter Dirscherl fest, „daß neunzig Prozent unserer Oberpfälzer Kollegen überhaupt keine Zeitung lesen. Weitere fünf Prozent lesen die sogenannten 'Unparteiischen', z. B. den 'Hallodrie', und nur höchstens fünf Prozent sind es, die sich mit sozialwissenschaftlichen Zeitschriften oder einer sozialdemokratischen Zeitung befassen. Unter solchen Umständen dürfte es klar erscheinen, daß kein fester Boden für die Organisation zu gewinnen ist. Hätten sich unsere Oberpfälzer Kollegen schon vor Jahren sozialistische Zeitschriften und Zeitungen zugelegt, dann wären sie heute in der Lage, ihr eigenes Elend, in dem sie leben, besser zu erfassen, dann wäre es ihnen ein leichtes, einen Weg zu finden, der sie zu menschenwürdigen Zuständen führt"[42]. Auch wenn „in keiner anderen Branche und in keinem anderen Bezirk (des Deutschen Reiches, d. Verf.) so trostlose Zustände herrsch(t)en"[43] wie bei den Rohglasschleifern der Oberpfalz[44], so dürfte doch das Glasarbeiter-Leseverhalten schon aufgrund der enormen Zahl der hier Beschäftigten repräsentativ gewesen sein für große Teile der oberpfälzischen Arbeiterschaft überhaupt, wie auch die in der Arbeiterpresse ständig wiederkehrenden Appelle zeigen, doch nur sozialdemokratische Zeitungen zu lesen[45] und – an die Frauen gewandt – nicht den Einflüsterungen der Zentrumspresse zu erliegen; gerade die Arbeiter-Ehefrauen erschienen den sozialdemokratischen Redakteuren wegen ihrer mentalitätsbildenden Doppelfunktion bei der Auswahl der zu abonnierenden Zeitung (wegen des größeren Anzeigen- und Lokalteils entschieden sich die meisten Frauen offensichtlich für die konservativ-klerikale Presse) einerseits und bei der innerfamiliären Vermittlung der – meist konservativen – Zeitungsinhalte andrerseits als besondere ideologische „Gefährdung"[46] für die gesamte Arbeiterfamilie.

Die meistgelesene Tageszeitung in Regensburg wie auch in der gesamten Oberpfalz und in Niederbayern war der „Regensburger Anzeiger", der zunächst Sprachrohr des katholischen bayerischen Zentrums, später dann, vom 12. November 1918 an, der Bayerischen Volkspartei war. Besondere Bedeutung erlangte dieses Blatt nach dem Jahre 1899 durch seinen Chefredakteur und – nach Einheirat in das Habbel'sche Verlagshaus – späteren Mitverleger Heinrich Held, dessen politische Aktivitäten Regensburg und den „Anzeiger" zum Austragungsort unentwegter (Probeläufe für) Zentrumskampagnen werden ließen[47]. Nach dem Ende des Ersten Weltkrieges war Regensburg die geistig-ideologische Zentrale der neugegründeten Bayerischen Volkspartei (deren führende Vertreter Heim, Held und Schlittenbauer in Regensburg lebten und wirkten), deren ständige weltanschauliche Auseinandersetzung vor allem mit dem abgesplitterten Bayerischen Bauernbund und den Deutschliberalen sich im „Anzeiger" widerspiegelte.

In der Oberpfalz war bereits 1894 von den Regensburger Sozialdemokraten der Versuch unternommen worden, ein eigenes Parteiblatt unter dem Titel „Die Arbeiterstimme" zu gründen, was aber schon nach kurzer Zeit sich als Fehlschlag erwies[48]. Bis zum Jahr 1908 existierte in der Oberpfalz keinerlei sozialdemokratische Parteipresse; als Parteiorgan diente der Sozialdemokratie bis dahin die Nürnberger „Fränkische Tagespost", die 1907 dort 50 Abonnenten (bei 690 sozialdemokratischen Parteimitgliedern und 7.536 Wählerstimmen)[49] und 1908 674 Abonnenten hatte (im Erhebungsjahr 1913 bezifferte sich dagegen die Zeitungs-Gesamtauflage in der Oberpfalz auf 138.320 Exemplare). Die Verbreitungs-Schwerpunkte der „Fränkischen Tagespost" lagen dabei in den Wahlkreisen Neustadt a.d.WN (mit 1907 220 bzw. 1908 206 Abonnenten) und – vor allem – Regensburg (250 bzw. 300 Abonnenten)[50].

Gerade in Regensburg aber drängte man weiter auf die Gründung eines eigenen Parteiblattes, obwohl auf der oberpfälzischen sozialdemokratischen Parteikonferenz vom 9. September 1906 in Schwandorf vereinbart worden war, zum geeigneten Zeitpunkt eine Parteizeitung für die gesamte Oberpfalz zu schaffen[51]. Die überfällige organisatorische und ideologische Vereinheitlichung der Sozialdemokratie in der Oberpfalz durch ein eigenes Parteiorgan aber wurde auf lange Zeit hinaus zumindest erschwert durch den Regensburger Alleingang des Jahres 1909, als – über den Kopf des von Nürnberg dominierten „linken" Gauvorstandes Nordbayern (der wohl eine stärkere Verbreitung der „Fränkischen Tagespost" und eine spätere Gründung eines „linientreuen" oberpfälzischen Parteiblattes favorisiert hätte) hinweg – auf Betreiben der Regensburger Gewerkschaften und in enger Zusammenarbeit mit dem „rechten" SP-Landesvorstand in München am 16. September 1909 als Regensburger Kopfblatt der „Münchner Post" erstmals die „Donau-Post" (vom 18.11.1909 an „Neue Donau-Post") erschien, was die Lostrennung des Regensburger Reichstagswahlkreises vom Gau Nordbayern und seine Angliederung an den südbayerischen Gau erforderlich machte[52] und beim nachfolgenden Gau- und Landesparteitag zu heftigen Auseinandersetzungen zwischen dem nordbayerischen Gauvorstand und dem Amberger Delegierten einerseits sowie dem Landesvorstand und den Regensburger Vertretern andererseits führte[53].

Der Einzugsbereich der „Fränkischen Tagespost" innerhalb der Oberpfalz wurde aber noch weiter geschmälert, als – gleichfalls vom Jahr 1909 an – die Bayreuther „Fränkische Volkstribüne" zum für die Berichterstattung im Reichstagswahlkreis Neustadt a.d.WN zuständigen Parteiorgan bestimmt wurde. Beide Parteiblätter, die „Neue Donau-Post" wie auch die „Fränkische Volkstribüne", blieben aber – im Kontrast zur journalistisch glänzend gemachten „Fränkischen Tagespost" - während des gesamten hier zu untersuchenden Zeitraumes seltsam matt und defensiv in Stil und Inhalt und waren damit für den Leser nur wenig attraktiv. Wegen der niedrigen Abonnentenzahl und des geringen Anzeigenaufkommens der „Neuen Donau-Post" kam es – bis 1918 – auch nicht zur Gründung einer eigenen Regensburger Parteidruckerei (trotz des – in einem eigens hierfür von den Gewerkschaften gegründeten Sparverein – angesammelten Kapitals); die „Neue Donau-Post" mußte also weiterhin in München (bei der Parteidruckerei Birk u. Co.) gedruckt werden, was sich auf die Aktualität vor allem des Lokalteils sehr nachteilig auswirkte[54]. Da in den letzten Vorkriegsjahren die Verkaufszahlen der „Münchner Post" und ihres Regensburger Kopfblatts, der „Neuen Donau-Post", immer weiter hinter denen der bürgerlichen Konkurrenzblätter zurückgefallen waren, hatte das Münchner Parteiorgan, um den Verkaufserfolg wieder zu steigern, das Abonnentenversicherungs-System der bürgerlichen Presse übernommen, was zu erbitterten ideologischen Grundsatz-Diskussionen auf dem letzten südbayerischen Vorkriegs- Gautag im März 1914[55] wie auch auf dem Landesparteitag der bayerischen Sozialdemokratie im Juli desselben Jahres führte[56].

Neben der – in der Oberpfalz kirchlich dominierten – Schule und Presse war ein weiterer für die Mentalitätsprägung der (männlichen) Arbeiterschaft außerordentlich wichtiger Bereich: die Armee. Die weitgehende Nichtbeachtung herkunftsspezifischer Werte und Normen und das Erleben verschiedener Landesteile in Garnisonen und bei Manövern machte die Armee zum entschiedenen Instrument der Integration Staatsbayerns für den Großteil der männlichen Bevölkerung, der sonst nur seine Lokalgruppe und engere Heimat erlebte[57]. Mit welchem Bewußtseinsstand die – in der Oberpfalz überwiegend ländliche – Arbeiterjugend zum Militär kam, wie sie gegen „gefährliche Gedanken" immunisiert, „geimpft" wurde und in welchen Formen die Indoktrination und Ideologie- Bildung beim Militär abliefen, läßt sich nicht mehr rekonstruieren[58]; auch über die soziale Lage der in der Oberpfalz so zahlreichen Militärangehörigen – allein in Amberg waren es im Jahr 1861 (einschließlich der Familienangehörigen) insgesamt 3.843 und in Regensburg immerhin noch 3.626 Personen[59] – ist kaum etwas bekannt.

ROBERT WUNDERLICH
geboren 3. Juni 1869 / gestorben 18. April 1919
seit 1908 Redakteur der Neuen Donaupost / 1911 gewählt ins Gemeinde-
kollegium / seit 1914 Magistralsrat und am 12. Januar 1919 als Landtagsabgeordneter gewählt.

Abb. 7: Gedenkfoto für den Regensburger sozialdemokratischen Redakteur und Landtagsabgeordneten Robert Wunderlich (die handschriftliche Ergänzung am unteren Bildrand lautet: „... für die sozialdem. Partei. Sein Tod erfolgte infolge seelischer Aufregungen bei den Unruhen in Regensburg. – Beisetzung am 21. April 1919 am protest. Zentralfriedhof. – Grabmonument mit Portrait-Relief.")

Doch erschienen in der sozialdemokratischen Presse schon relativ früh vereinzelte Berichte aus oberpfälzischen Garnisonen über dort bekannt gewordene Fälle von Soldatenmißhandlungen, in denen sich dann auch der Dienstbetrieb mit seinem oft sinnlosen militärischen Drill und seiner unmenschlichen Erziehung zum Kadavergehorsam spiegelte: So war 1877 in der Amberger Garnison der Sohn eines begüterten Strahlfelder Bierbrauers derartig schikaniert worden, daß er – irrsinnig geworden – zunächst ins Militärlazarett und danach in die Irrenanstalt nach Karthaus verbracht werden mußte[60]. Ein eher tragikomischer Fall von Soldatenmißhandlung ging 1894 durch die sozialdemokratische Presse, als sich in Regensburg bei einem Manöver 150 Soldaten die Ohren erfroren, weil sie bei 15 Grad Kälte den Mantelkragen nicht hatten hochschlagen dürfen[61]. Noch im letzten Vorkriegsjahr wird aus Amberg über die völlige Rechtlosigkeit von Unteroffizieren und Mannschaften berichtet, die vom Garnisonskommandeur gleichermaßen unflätig beschimpft würden und bei Bestrafungen noch nicht einmal das Recht hätten, sich zu verteidigen. Als eine „Hochschule der Unzucht", aus der die „Söhne des Landes ... krank an Leib und Seele (wiederkehren), den Samen städtischer Unsittlichkeit ins Elternhaus und ins Heimatdorf mitschleppend", wurde das Soldatenleben von geistlichen Autoren[62] betrachtet. Daß aber trotz aller – unterschiedlich motivierter – kritischer Stimmen von christlicher wie auch und vor allem von sozialdemokratischer Seite die Militärzeit im nachhinein von vielen „Gedienten" als positives Erlebnis empfunden und in der Erinnerung zunehmend verklärt wurde, der Militärdienst mithin also eine enorme mentalitätsprägende Wirkung gehabt haben muß – das zeigt die Vielzahl der selbst in den kleineren Orten der Oberpfalz gegründeten Krieger- und Militärvereine.

Doch nun – nach Schule, Presse und Armee – zur katholischen Kirche als der wichtigsten mentalitätsprägenden Instanz in der Oberpfalz und zum Klerus als dem Vermittler der Mentalität im kirchlichen Bereich. Trotz aller Konflikte mit der Bürokratie trat die Kirche der Arbeiterschaft doch meist in enger Allianz mit dem monarchischen Staat und der herrschenden postfeudalen Oberschicht gegenüber[63]. Die katholische Kirche konnte sich gerade in der Oberpfalz (wo im Vergleichszeitraum 1840 bis 1910 ihr Anteil am Konfessionsgefüge mit konstant knapp 92 Prozent weit über dem gesamtbayerischen Vergleichswert von rund 70 Prozent lag[64] und wo gegenkulturelle Lebensentwürfe sozialistischer Provenienz überhaupt erst in der Revolution von 1918/19 auf Resonanz stießen) als die einzige sinn-, identitäts- und troststiftende Instanz einen überwältigenden mentalitätsprägenden Einfluß sichern, der besonders von der höheren Geistlichkeit für die ideologische Rechtfertigung der herrschenden Ordnung und die Einübung einer Demutshaltung und Untertanenmentalität sowie für die anti-liberale und, vor allem, -sozialdemokratische Indoktrination und Immunisierung eingesetzt wurde. So ermahnte der Regensburger Bischof Sailer bereits im Jahre 1817 seine Schäflein, „sich vor Ungeduld bey den täglichen Plagen der Armuth, vor Neid gegen die Wohlhabenden, vor jeder sündhaften Selbsthilfe, vor Arbeitsscheue und unnöthiger Betteley, vor lügenreicher Ausmahlung der dürftigen Umstände und vor süßen Worten, die den Reichen schmeicheln, rein zu bewahren"[65]. Und der Riedenburger Landrichter philosophierte im Jahr 1844 über die Notwendigkeit der Religion für die Disziplinierung des gemeinen Mannes: „Einen Zaum kann man ihm wohl anlegen; aber, wenn Religion ihm nicht die Zähne stumpft, wird er ihn durchbeißen"[66].

Die von 1808 an (bis zur Revolution von 1918/19) durch Geistliche wahrgenommene Schulaufsicht in Bayern und die, wie bereits gezeigt wurde, Klerikalisierung des Volksschulwie auch, weitgehend, des Pressewesens in der Oberpfalz, die regelmäßigen und den letzten Winkel der Oberpfalz erfassenden Volksmissionen und Jesuitenkonferenzen[67] und der den Jahresablauf wie auch den Lebensweg des Einzelnen – „von der Wiege bis zur Bahre" - begleitende katholische Ritus verliehen der Kirche in der Oberpfalz einen allgegenwärtigen und -umfassenden mentalitätsprägenden Einfluß, der erst durch die mit der Revolution von 1918/19 einhergehende Entfremdung zwischen dem Klerus und beträchtlichen Teilen der politisch aktiven Industriearbeiterschaft (diese Entfremdung gipfelte im Maxhütten- Industriegebiet in Gewalttätigkeiten gegen den Klerus als Parteigänger des alten Systems und des Zentrums) – vorübergehend? – an Wirkung verlor. Bis dahin war aber wohl die Mentalität des weitaus größten Teils der oberpfälzischen Bevölkerung geprägt von einer tiefempfundenen Religiosität, die im öffentlichen Leben aber begleitet war von Intoleranz gegenüber Nichtgläubigen[68] bzw. Andersgläubigen (hier sei vor allem auf den Zusammenhang zwischen christlichem Antijudaismus und Antisemitismus hingewiesen), von einer gewissen Veräußerlichung religiöser Riten[69] und von einer bigotten Sexualmoral, die den einen verbot, was sie bei den anderen stillschweigend duldete: So wurden einerseits noch im Jahr 1906 vom Amtsgericht Weiden ein 50jähriger Mann und dessen 60jährige Haushälterin wegen – angeblichen – unehelichen Beischlafs (Konkubinats) zu Geldstrafen verurteilt[70], während andrerseits die ausreichend Stoff für eine Chronique scandaleuse bietenden anti-zölibatären Verfehlungen katholischer Geistlicher weitgehend totgeschwiegen wurden[71]. Auch von der Sozialdemokratie wurden diese Fälle nur vereinzelt aufgegriffen[72], wie auch von ihr in der Oberpfalz die kritische und öffentliche Erörterung religiöser Themen generell geflissentlich vermieden wurde[73], schien doch angesichts der religiösen Geprägtheit, ja Fixiertheit der oberpfälzischen (Arbeiter-)Bevölkerung jede Kritik am Glauben sich von vorneherein zu verbieten.

Die religiöse Prägung der oberpfälzischen Arbeiterbevölkerung verstand der katholische Klerus geschickt auszunützen für die organisatorische und ideologische Immunisierung der Arbeiterschaft – insbesondere – gegen die Sozialdemokratie. So gelang es ihm, bis zur Jahrhundertwende ein dichtes Netz von katholischen Gesellen- und Arbeitervereinen in der Oberpfalz zu schaffen: im Jahr 1896 existierten allein auf dem flachen Lande (also außerhalb der Städte Regensburg und Amberg) 23 katholische Gesellenvereine (davon 15 mit Bibliotheken) mit 3.080 Mitgliedern[74], und 1904 bestanden in der Oberpfalz insgesamt 49 katholische Arbeitervereine (davon 26 mit eigener Bibliothek, 31 mit einer Kranken- und 24 Vereine mit einer Sterbekasse)[75], mit denen die katholische Kirche wesentliche Teile vor allem der ländlichen Arbeiterschaft in der Oberpfalz an sich und die Zentrumspartei zu binden vermochte.

Diese monopolartige Vorherrschaft der konfessionell bestimmten politischen und geselligen Vereine in der Oberpfalz wurde im vorigen Jahrhundert weder durch die in den Jahren 1848 bis 1850 gegründeten und, auf behördlichen Druck hin, wieder geschlossenen demokratischen Vereine noch durch die von den 1860er Jahren an florierenden bürgerlichen Gesangs-, Laientheater-, Schützen- und Veteranenvereine ernsthaft gefährdet, zumal da es der katholischen (wie auch der evangelischen) Kirche gelang, selbst diese geselligen Vereine unter ihr Protektorat zu nehmen, indem sie ihnen ihre Vereinshäuser als Versammlungslokal anbot[76].

Gerade das Engagement in diesen ungezählten Geselligkeitsvereinen mit ihren einander ständig abwechselnden Gründungsfesten, Standarten- und Fahnenweihen, Keller-, Wald-, Kirchweih- und Schützenfesten aber war nach Ansicht der Sozialdemokraten einer der Hauptgründe für die Teilnahmslosigkeit und das Desinteresse großer Teile der oberpfälzischen Arbeiterschaft an jedweder Aktivität zur Verbesserung ihrer oft miserablen Lage. Die Zahl der Klagen in der sozialdemokratischen Presse über die verdummende Wirkung der „bürgerlichen Klimbim-Vereine" ist Legion; der zeit- und kräfteraubenden Vereinsmeierei wurde die Hauptschuld am Dahinvegetieren und sang- und klanglosen Wiedereingehen so vieler sozialdemokratischer Organisationsgründungen gegeben, wie auch die – 1910 in der „Fränkischen Tagespost"[77] veröffentlichte – wütende Abrechnung eines Sulzbacher Arbeiterkorrespondenten mit der Lethargie seiner Maxhütten-Kollegen zeigt: „Wann werden diese Arbeitssklaven einmal zur Besinnung kommen, sich aufraffen und sich ihren Organisationen anschließen, um sich einigermaßen menschenwürdige Zustände zu verschaffen? So lange sie den bürgerlich-patriotischen Vereinen huldigen, ist kein Darandenken. Da haben wir den unentbehrlichen katholischen Gesellenverein, den evangelischen Männerbund, zwei Kriegervereine und auch einen deutschen Turnverein. Sie alle dienen dem ausgesprochenen Zweck, den Knechtssinn zu pflegen und jede selbständige geistige Regung zu unterdrücken."

Dem weitgehenden Monopol des unter kirchlichem Protektorat stehenden (geselligen und politischen) Vereinswesens erwuchs in der Oberpfalz erst von der Jahrhundertwende an – und beschränkt auf die wenigen Industriezentren – eine ernster zu nehmende Konkurrenz in einer organisatorisch eigenständigen Arbeiterkultur mit lokalen Bibliotheken und Bildungsausschüssen, mit Arbeiter-Gesangvereinen, -Turnvereinen und -Radvereinen. Bereits der im Februar 1849 als Zweigverein der „Allgemeinen Deutschen Arbeiterverbrüderung" gegründete „Arbeiter-Bildungs-Verein in Regensburg und Stadtamhof" hatte sich die Verbesserung des materiellen und sozialen Status seiner Mitglieder (meist Handwerksgesellen) durch Bildung als primären Vereinszweck aufs Panier geschrieben[78]. Dem Regensburger Arbeiterbildungsverein war aber nur geringe Wirkungsdauer beschieden, blieb ihm doch im Juni 1850 – angesichts der vom bayerischen Vereinsgesetz ausgehenden Verbotsdrohung – nur die Selbstauflösung. Als im Jahr 1858 der wandernde Handwerksgeselle August Bebel bei einem Regensburger Schreinermeister die Arbeit antrat, war „im Kreis der Fachgenossen . . . keiner, der höhere geistige Bedürfnisse hatte. Wer am meisten trank, war der Gefeiertste"[79]. War also jegliches demokratische Bildungsangebot durch das Vereinsgesetz von 1850 von vorneherein unmöglich gemacht worden, so standen die vom Gesetz verschonten Katholischen Gesellenvereine – zumindest während der Reaktionszeit der 1850er Jahre – einer rationalen Wissensvermittlung (durch Lektüre-Angebot etc.) an Handwerksgesellen und Arbeiter von sich aus eher ablehnend gegenüber[80]. Inwieweit der im Herbst 1863 wiedererstandene Regensburger Arbeiterbildungsverein[81] hier Abhilfe schaffen konnte, läßt sich aufgrund des Fehlens jeglicher Quellen leider nicht mehr nachvollziehen.

Bis zur Jahrhundertwende wurden dann in der Oberpfalz jedoch – wie bereits gezeigt wurde – 23 katholische Gesellenvereine (die als Vereinszweck fast gleichlautend „Fortbildung, Bildung und Unterhaltung" nannten und von denen allein 15 Vereine eine eigene Bibliothek besaßen)[82] und 49 katholische Arbeitervereine (davon allein 26 mit eigener Bibliothek)[83] gegründet, denen die Sozialdemokratie nur wenig entgegenzusetzen hatte. Am Ende des Jahres 1903 konstatierte der oberpfälzische Fabrikinspektor zum Stand der Arbeiterbildung: „In der Oberpfalz besitzen die konfessionellen wie gewerkschaftlichen Arbeitervereine (z. B. in Weiden, Schwandorf) vielfach Bibliotheken, wie denn auch in den Statuten dieser Vereine in der Regel die Anlage einer Vereinsbibliothek vorgesehen ist. Die Fabrik der Firma Baumann in Amberg hat eine Fabrikbibliothek mit Lesezimmer (für weibliche Arbeiter) bereitgestellt"[84]. Ob und inwieweit in den nachfolgenden Jahren die sozialdemokratischen Vereinsbibliotheken gegenüber der erdrückenden Übermacht der katholischen Gesellen- und Arbeitervereinsbibliotheken (die noch verstärkt wurde durch vereinzelte, ihnen ideologisch verwandte Werksbüchereien) sich zu behaupten oder gar ihre Position zu verbessern vermochten, läßt sich – aufgrund fehlender Vergleichszahlen zum Bücherbestand und zur Ausleihfrequenz – nicht mehr feststellen. Die Regensburger Gewerkschaftsbibliothek jedenfalls umfaßte 1909 insgesamt 1.123 Bände, wobei die „sozialwissenschaftliche Literatur" angeblich besonders stark vertreten war[85]. Die „Zentralbibliothek" des Weidener Gewerkschaftskartells war im Parteilokal „Sonne" (Pächter der „Restauration zur Sonne" war Hans Bär, der damals wohl bekannteste Weidener Sozialdemokrat) untergebracht und jeweils Samstagabend von 6 bis 8 Uhr für den Ausleihverkehr geöffnet; „da auch gediegene Neuerungen vorgesehen sind, ist eine lebhafte Frequenz dringend zu empfehlen", heißt es im Hinweis des Parteiblatts[86] auf diese Bibliothek.

Wie der Aufbau des Bibliothekswesens war auch die sozialdemokratische Bildungsarbeit insgesamt lange – zu lange – eher unsystematisch und zufällig betrieben worden; erst mit der beim Mannheimer Parteitag der SPD 1906 beschlossenen Einrichtung örtlicher Bildungsausschüsse (die von Partei und Gewerkschaften gemeinsam getragen werden sollten) sowie eines zentralen Bildungsausschusses wurde dieser wichtige Aufgabenbereich reorganisiert, zentralisiert und effektiviert[87]. In der Oberpfalz wurden drei Ortsbildungsausschüsse gegründet: in Regensburg (vermutlich 1909)[88], in Amberg (mit ebenfalls unbekanntem Gründungsdatum, jedoch vor 1913)[89] und Anfang September 1911 in Weiden[90]; der Sozialdemokratie dürfte auch zuzurechnen sein der – ebenfalls Anfang September 1911 (wie der Weidener Bildungsausschuß) – in Floß gegründete „Bildungs-Verein 'Fortschritt'", dessen Vorstandschaft vollständig aus Arbeitern bestand und der vor allem geselligen Vereinszwecken (u. a. der „Erlernung moderner Tänze") dienen sollte[91].

Die Aktivitäten der drei oberpfälzischen Ortsbildungsausschüsse beschränkten sich im Untersuchungszeitraum auf das Organisieren einiger weniger Vortrags-Veranstaltungen, wobei alle drei Ausschüsse (selbst der des seit August 1910 dem südbayerischen Gau zugehörigen Sozialdemokratischen Vereins Regensburg) – einmal mehr – auch in der Referentenfrage völlig abhängig waren von der Unterstützung durch den Gau Nordbayern, der denn auch mit seinem Nürnberger Parteilehrer Max Maurenbrecher und den (Chef-Redakteuren) der „Fränkischen Tagespost", Eisner und Herzberg, die Referenten für sämtliche oberpfälzischen Bildungsveranstaltungen stellte. So hielt in Regensburg – 1908 erstmals – Maurenbrecher einen Vortrag über „Christentum und Sozialismus"[92]; in den Jahren 1909 und 1913 sprach dann Kurt Eisner über „Die Entstehung der preußischen Vorrechte" und über „Die Religion des Sozialismus"[93]. Ob die beiden Referenten mit der von ihnen entwickelten sog. „Nürnberger Bildungsmethode", die der Allgemeinbildung den Vorzug vor Marxismus-Schulungen gab und deshalb von der Parteilinken um Rosa Luxemburg und Clara Zetkin heftig angefeindet wurde[94], bei den Regensburger Zuhörern Erfolg hatten, ist nicht bekannt. Erstaunlich stark war jedenfalls das Interesse der Arbeiterschaft am ersten von drei – geplanten – Vorträgen zur Geschichte der Arbeiterbewegung, den der Chefredakteur der „Fränkischen Tagespost", Herzberg, am 11. Dezember 1910 in Rosenberg hielt und zu dem der Sulzbacher Bezirksamtmann vermerkt[95]: „Am Sonntag den 11. lf. Mts. berichtete in einer von 60 – 70 Personen besuchten sozialdemokr. Versammlung in Rosenberg der Redakteur der in Nürnberg erscheinenden Fränk. Tagespost Dr. Herzberg über die Geschichte der Sozialdemokratie von 1789 bis 1848 [sic!]. Die Versammlungsteilnehmer waren außer 5 – 6 Bürger aus Rosenberg in der Hauptsache Hochofenarbeiter u. Bergleute von Rosenberg u. Sulzbach. Die Versammlung verlief ruhig, Diskussion fand nicht statt."

Während erste Vorläufer des sozialdemokratischen Bildungs- und Bibliothekswesens bereits um die Mitte des letzten Jahrhunderts – in den Arbeiterbildungsvereinen – existierten, haben die anderen Zweige der organisatorisch selbständigen Arbeiterkultur in der Oberpfalz ihren Ursprung im letzten Jahrzehnt des vorigen Jahrhunderts (wie der Arbeitergesangverein Regensburg) oder – soweit überhaupt datierbar – erst im letzten Jahrzehnt vor dem Ersten Weltkrieg (wie die Arbeitersportverbände). So wurde – als Ableger einer Gesangabteilung des Deutschen Holzarbeiterverbandes – im Jahr 1892 in Regensburg der erste Arbeitergesangverein der Oberpfalz gegründet, dem sich rasch auch Angehörige anderer Berufsgruppen anschlossen. An der bayerischen Sängerkonferenz vom Dezember 1892 in Nürnberg und an der im

April des darauffolgenden Jahres vollzogenen Gründung eines Allgemeinen Bayerischen Arbeiter-Sängerbundes war der Arbeitergesangverein Regensburg aber noch nicht beteiligt (das genaue Datum des später erfolgten Beitritts läßt sich nicht mehr ermitteln)[96]; seinen ersten großen Auftritt hatte er auch erst bei der Maifeier des Jahres 1894 in Regensburg, wo er besonders mit dem feierlich-hymnischen Chorsatz „Wir glauben an der Freiheit Sieg" stürmischen Beifall erntete[97].

Im Jahr 1904 wurde der Arbeitergesangverein Regensburg durch die Aufnahme weiblicher Mitglieder zum gemischten Chor ausgebaut und im darauffolgenden Jahr in „Regensburger Volkschor" umbenannt[98]. Den Höhepunkt der Vereinsgeschichte markierte aber wohl das Pfingstfest des Jahres 1906, als der Volkschor das 7. Sängerfest des Bayerischen Arbeiter-Sängerbundes ausrichten durfte. Dieses Bundesfest war von „4000 organisierten Arbeitern besucht"[99], die - wie auch schon die Teilnehmer anderer Bundesfeste - vermutlich am stärksten beeindruckt waren von den gemischten Chören sowie den riesigen Massenchören, die auch klassische Chorliteratur (Oratorien etc.) aufzuführen vermochten. Dieses „l'art pour l'art" führte aber andererseits zu einer - von der Sozialdemokratischen Partei heftig kritisierten - zunehmend unpolitischen und verbürgerlichten Haltung der Arbeitersängerbewegung, die sich bald auch in den äußeren Formen kaum mehr von bürgerlichen Gesangvereinen unterschied[100]. Wohl auch deshalb entschied sich in Regensburg das Gros der sangeslustigen freiorganisierten Arbeiter für den Eintritt in bürgerliche Gesangvereine, zumal sie dort keine beruflichen Nachteile, behördlichen Schikanen und/oder Saalabtreibereien zu befürchten hatten. So stagnierte denn auch in den Vorkriegsjahren die Anzahl derer, die sich trotz alledem im Volkschor engagierten und allwöchentlich zum Einstudieren der „Arbeiter- und Freiheitslieder" in der „Schillerlinde" trafen, bei etwa 80 aktiven Sängern, so daß der Volkschor - wie der Chronist traurig anmerkte[101] - „an Stimmitteln hinter anderen Gesangsvereinen zurückstehen" mußte.

Außerhalb Regensburgs wurden im letzten Jahrzehnt vor Kriegsbeginn noch in Weiden, Amberg, Tirschenreuth, Mitterteich und Waldsassen eine Reihe von - zum Teil überaus aktiven und mitgliederstarken - Arbeitergesangvereinen geschaffen; die nördliche Oberpfalz kann deshalb als das eigentliche Zentrum der Arbeitersängerbewegung (wie übrigens auch schon der Konsumgenossenschaftsbewegung) in der Oberpfalz gelten. Im Jahr 1904 wurde in Weiden - auf Initiative des Gewerkschaftsfunktionärs Michael Weiß - ein Arbeitergesangverein gegründet, der seinen höchsten Mitgliederstand bereits 1906 mit 67 Sängern erreichte. Im Jahr zuvor war der Arbeitergesangverein in einen - wie man hoffte: unverdächtigeren - „Gesangverein Lyra" umbenannt worden, um den ständigen Pressekampagnen im „Oberpfälzischen Kurier", den Saalabtreibereien und den angedrohten beruflichen Repressalien gegen die im Verein aktiven freiorganisierten Eisenbahner zu entgehen - jedoch, längerfristig, ohne jeden Erfolg. Die Aussperrung der Porzellanarbeiter im Jahr 1912 tat ein übriges, um die Mitgliederzahl auf 53 schrumpfen zu lassen; aufgrund des Kriegsausbruchs im August 1914 kam auch die zur Existenzsicherung angestrebte Verschmelzung der „Lyra" mit dem Arbeiterturnverein „Frisch auf" nicht mehr zustande[102].

Im November 1912 wurde in Tirschenreuth ein Arbeitergesangverein mit 31 Mitgliedern gegründet[103]; der am 2.7.1911 gegründete Arbeitergesangverein in Waldsassen zählte im selben Jahr 81 Mitglieder (also ebensoviele wie der Regensburger Volkschor), darunter 12 weibliche[104]. Ende des Jahres 1913 schlossen sich in Waldsassen und in Mitterteich die jeweiligen Arbeiter- Gesangvereine und -Turnvereine zusammen[105]; gerade der Arbeitergesangverein von Mitterteich, der roten Hochburg der nördlichen Oberpfalz[106], war der wohl aktivste und vermutlich auch mitgliederstärkste der Oberpfalz überhaupt. Am 16. Juni 1909 gegründet, konnte er drei Jahre später seine Fahnenweihe mit einem (bereits von bemerkenswertem Selbstbewußtsein zeugenden) eindrucksvollen Arbeiter-Sängerfest feiern, das bereits am Vorabend mit einem Fackelzug von 120 Fackelträgern eröffnet worden war. Am Vormittag des Festtages selbst zogen 42 auswärtige Vereine, angeführt von einer Formation aus 300 Arbeiter-Radfahrern, zum Mitterteicher Marktplatz, wo der Bezirksvorsitzende der Arbeitersänger aus Wunsiedel die „Weihrede" hielt; am Nachmittag bewegte sich dann ein imposanter Festzug durchs Städtchen (wo aber nur die Fenster der Arbeiterwohnungen festlich geschmückt waren) zur Festwiese, wo ein Sängerwettstreit mit Massenchören, gemischten Chören und Einzelchören stattfand[107]. Dieses Fest vereinte also bereits durchaus eigenständige Formen proletarischer Geselligkeit, wie sie so bei bürgerlichen Gesangvereinen kaum denkbar gewesen wären (zumal die Fahnen-„weihe" ohne jede geistliche Mitwirkung ablief); noch erstaunlicher aber sind der Elan und der Mut der Mitterteicher Arbeitersänger, eine solche Massenveranstaltung in eigener Regie gegen den offenen und/oder verdeckten Widerstand ihrer bürgerlichen Umgebung (Presse, Kirche, Behörden) auf die Beine zu stellen. Mit welcher Verve die Mitterteicher Arbeitersänger und -turner zu Werke gingen, wurde einmal mehr deutlich im Bericht[108] über den Bunten Abend des Arbeitergesang- und Turnvereins Mitterteich am 12. April 1914: „Wahre Lachsalven lösten die komischen Sachen aus;

Abb. 8: Sängerzirkel des Arbeiterfortbildungsvereins Regensburg 1897

nur muß dabei bemerkt werden, daß einige Vortragende die Darstellung etwas übertrieben."

Neben den Arbeitersängern – als der mitgliederstärksten Kulturorganisation der Arbeiterbewegung vor dem I. Weltkrieg überhaupt[109] – war in der Oberpfalz auch die Arbeitersportbewegung mit dem Arbeiter-Turnerbund, dem Arbeiter-Radfahrer-Bund „Solidarität" und dem Touristenverein „Naturfreunde" vertreten. Diese drei Arbeitersportverbände gehörten seit 1912 einer von der Sozialdemokratischen Partei und den Gewerkschaften gemeinsam getragenen Zentralkommission für Arbeitersport und Körperpflege an[110]. In der Oberpfalz konnte die Arbeitersportbewegung aber erst relativ spät Fuß fassen, und zwar im August 1906 mit dem in Weiden gegründeten Arbeiterturnverein, der sich aber nicht so recht entwickeln wollte, was „einesteils durch feindselige Gegner, anderenteils durch eine interesselose, bürgerlichem Klimbim anhängende große Zahl von Arbeitern"[111] verursacht war. In Weiden kam es trotz jahrelanger Verhandlungen auch nicht zum Zusammenschluß von Arbeiter-Turnverein und -Gesangverein (wie in Waldsassen und Mitterteich), was die Isolation dieser beiden Arbeiterkulturvereine inmitten einer ihnen feindlich gesinnten bürgerlichen Umgebung noch verstärkte.

1908 wurde in Neumarkt und 1911 dann in Regensburg durch den Nürnberger Turnvereins-Gauleiter Fischer[112] die Gründung eines Arbeiterturnvereins initiiert; in Neumarkt, dem „Schlüssel zum Eingang in die schwarze Oberpfalz"[113], schlossen sich dem Verein - nach einem Referat Fischers über den Unterschied zwischen dem sozialdemokratischen Arbeiter-Turnerbund und der bürgerlichen Deutschen Turnerschaft – sofort 10 Parteimitglieder an[114], die dann im Jahr 1910 erstmals ihre Turnübungen öffentlich vorführen wollten[115]. Am 7. September 1913 wurde schließlich in Mitterteich ein Arbeiterturnverein gegründet (nachdem Turnvereins-Bezirksleiter Nikolaus Reuther aus Wunsiedel „Nutzen und Ziele der Arbeiter-Turnbewegung" dargelegt hatte)[116], der, wie bereits mehrfach erwähnt, noch im selben Jahr mit dem dortigen Arbeitergesangverein sich zusammenschloß.

Bereits ein Jahr vor dem Arbeiter-Turnerbund hatte der zweitstärkste deutsche Arbeitersportverband, der Arbeiter-Radfahrer-Bund „Solidarität"[117], Eingang gefunden in die Oberpfalz: So war im Januar 1905 der Arbeiter-Radfahrerverein Regensburg gegründet worden, der offensichtlich später auch Agitationstouren in die nähere Umgebung unternahm[118]; im Jahr 1907 wurde dann in Schwandorf ein Arbeiter-Radfahrerverein geschaffen[119]. Verglichen mit den – im selben Jahr – insgesamt 86 Vereinen und 3.232 Mitgliedern des „Solidaritäts"-Gaues Nordbayern[120] wird man aber – auch hier – von der Oberpfalz als einem „Entwicklungsgebiet" sprechen müssen. Zu dem an Pfingsten 1908 von den Gauen Nord- und Südbayern der „Solidarität" in Regensburg veranstalteten Gaufest kamen wegen strömenden Regens statt der erwarteten 1 500 nur 300 Arbeiterradfahrer, „die meisten aus Nürnberg, Schwabach und München, auch das Maxhüttengebiet stellte eine nennenswerte Vertretung"[121]. Wie schon gegenüber dem Volkschor, so verhielten sich die meisten freiorganisierten Arbeiter in Regensburg auch dem Arbeiter-Radverein gegenüber eher gleichgültig und/oder zogen eine Mitgliedschaft in den bürgerlichen Konkurrenzvereinen vor[122]; erst nach Einführung einer Rad-Unfallversicherung (die Unterstützungshöhe lag zwischen 7 und 14 Mark wöchentlich) und eines –Rechtsschutzes sowie nach der Heranbildung einer „Reigenmannschaft" (also einer Kunstfahr-Formation), die häufig bei Arbeiterfesten auftrat, konnten die Mitgliederzahlen des Regensburger Arbeiter-Radfahrvereins beachtlich erhöht (innerhalb des Jahres 1912 von 110 auf 166) und sieben neue Arbeiter-Radvereine im „Solidaritäts"-Bezirk Regensburg gegründet werden[123].

Der mitgliederärmste von den drei in der Oberpfalz vertretenen Arbeitersportverbänden war der Wanderverein „Naturfreunde" – trotz oder vielleicht gerade wegen des von ihm propagierten überaus modernen Naturschutzgedankens. Erst Ende 1908 war in Nürnberg die erste nordbayerische „Naturfreunde"-Ortsgruppe gegründet worden, der im Jahr darauf eine weitere in Fürth und bald noch eine dritte nordbayerische Ortsgruppe in Regensburg (deren genaues Gründungsdatum nicht überliefert ist) folgte. Im Jahr 1913 gewannen die „Naturfreunde" dann innerhalb der Oberpfalz noch zwei weitere Stützpunkte in Weiden und Amberg hinzu[124].

Abschließend bleibt festzustellen, daß die sozialdemokratischen Kulturorganisationen auch in der Oberpfalz zur Politisierung und Organisierung der von ihnen erfaßten Arbeiter beitrugen, wenn auch erst von der Jahrhundertwende an und mit – je nach Kultursparte und Region – unterschiedlichem Erfolg. Im Mittelpunkt aller Überlegungen zu den Chancen und zum tatsächlichen Erfolg sozialdemokratischer Kulturorganisationen in der Oberpfalz aber muß der alle Lebensbereiche (vor allem aber Schule, Presse und Vereinswesen) durchdringende, den Einzelnen in seinem Handeln und Erleiden von der Wiege bis zur Bahre begleitende und bestimmende mentalitätsprägende Einfluß der katholischen Kirche stehen. So konnte die sozialdemokratische Presse in der Oberpfalz, dem „schwarzen Bollwerk" innerhalb der bayerischen Presselandschaft vor dem I. Weltkrieg, auch nur einen Bruchteil der Gesamtarbeiterschaft erreichen, wie auch die wenigen und relativ spät errichteten sozialdemokratischen Bibliotheken wohl kaum imstande waren, sich gegen die erdrückende Übermacht der katholischen Arbeiter- und Gesellenvereinsbibliotheken zu behaupten. Die drei – erst in den letzten Vorkriegsjahren gegründeten – sozialdemokratischen Ortsbildungsausschüsse in der Oberpfalz konnten zwar auf eine großartige demokratische Traditionslinie (die bis zum Regensburger Arbeiterbildungsverein des Jahres 1849 zurückreichte) verweisen, dürften aber mit ihren nur sporadischen Vortragsveranstaltungen in den Jahren 1909 bis 1913 keine allzu große Wirkung mehr erzielt haben, war doch zu diesem Zeitpunkt die organisatorische und ideologische Immunisierung großer Teile der oberpfälzischen Arbeiterschaft gegen die Sozialdemokratie – durch ein dicht geknüpftes Netz aus katholischen Gesellen- und Arbeitervereinen sowie aus unter kirchlichem Protektorat stehenden bürgerlichen Geselligkeitsvereinen – bereits abgeschlossen.

Mehr Erfolg als mit ihren Bibliotheken und Ortsbildungsausschüssen hatten die Sozialdemokraten in der Oberpfalz mit den geselligen Arbeiter-Turnvereinen, -Radvereinen und, vor allem, -Gesangvereinen, deren Existenz zwar auf die wenigen oberpfälzischen Industriegebiete beschränkt blieb, die dort aber doch nach der Jahrhundertwende das bis dahin herrschende Monopol der kirchlich beeinflußten und gesteuerten bürgerlichen Geselligkeitsvereine in Frage zu stellen vermochten. Dies gelang vor allem der Arbeitersängerbewegung (dagegen war von den Arbeitersportverbänden in der Oberpfalz nur der Arbeiter-Radfahrer-Bund „Solidarität" mit einer nennenswerten größeren Mitgliedschaft in Regensburg – und selbst dort erst von 1912 an – vertreten) in der nördlichen Oberpfalz, dem eigentlichen Zentrum der Arbeitersänger – wie auch schon der Konsumgenossenschaftsbewegung innerhalb der Oberpfalz. Während in Regensburg die freiorganisierte Arbeiterschaft wenn überhaupt, dann lieber in den „bürgerlichen Klimbimvereinen" (wie die bürgerlichen Geselligkeitsvereine von der sozialdemokratischen Konkurrenz abfällig tituliert wurden) als im sozialdemokratischen Volkschor sich engagierte (trotz oder vielleicht gerade wegen dessen starker Verbürgerlichungstendenzen) und in Weiden wegen der beiden dort überrepräsentierten besonders repressionsanfälligen und -gefährdeten Berufsgruppen der Eisenbahner und Porzellanarbeiter der sozialdemokratische Gesangverein „Lyra" an fortwährendem Mitgliederschwund krankte, beherrschen die Arbeiter-Gesangvereine in Tirschenreuth, Waldsassen und Mitterteich offensichtlich das dortige Vereinsleben; vor allem in Mitterteich, der roten Hochburg der nördlichen Oberpfalz, wurden auch bereits durchaus eigenständige Formen einer proletarischen Festkultur praktiziert[125].

Erst durch die im letzten Jahrzehnt vor dem I. Weltkrieg vor allem von der Arbeiterbewegung (neben dem technischen Fortschritt etc.) erzwungenen allgemeinen Arbeitszeitverkürzungen war die Entwicklung einer so überraschend vitalen Arbeiterkultur wie im Amtsbezirk Tirschenreuth überhaupt ermöglicht worden. Die Integration einer – wie in der nördlichen Oberpfalz – bedeutenden Anzahl von Arbeitern (samt deren Familienangehörigen) in die sozialdemokratischen Kulturorganisationen und ganz besonders deren aktives Mitwirken darin wirkte wiederum (organisations-)fördernd wie kaum ein anderer materieller oder immaterieller Anreiz auf das Parteileben am Ort und damit auch auf die Schlagkraft und die Erfolgschancen der Arbeiterbewegung insgesamt bei der Durchsetzung ihrer Forderungen (wie z. B. der nach Arbeitszeitverkürzung).

FUSSNOTEN: IV. MENTALITÄT, MENTALITÄTSBILDENDE LEBENSBEREICHE

1) S. 13 f.; dort (S. 16, Fußnote 43) auch zur Definiton des Begriffs „Mentalität".

2) Vgl. hierzu als Literaturüberblick bzw. - anthologie DÜNNINGER, Oberpfalz, a.a.O. bzw. KAPFHAMMER, Ursula und Günther (Hrsg.): Oberpfälzisches Lesebuch, Regensburg 1977; eine Einsichtnahme in die im Bischöflichen Zentralarchiv Regensburg lagernden Pfarrberichte wurde dem Verfasser nicht gestattet (mit der inoffiziellen Begründung, dieser Quellenbestand sei zuvor von einem Volkskunde-Studenten „zu kritisch" ausgewertet worden).

3) Vgl. BRENNER-SCHÄFFER, Darstellung, insbesondere S. 7 f., 11 und 23 f. und SCHÖNWERTH, Franz Xaver von: Aus der Oberpfalz. Sitten und Sagen, Neudruck Hildesheim 1977 (3 Bände), insbesondere Bd. I, S. 16 – 19 und 22 f.

4) A.a.O., S. 8 und 11.

5) Über Volks-Sitten und Volks-Aberglauben in der Oberpfalz, München 1862.

6) Vgl. a.a.O., S. 17 und 18 („Tag und Nacht arbeiten, schlecht sich nähren und dabey zufrieden seyn, ist Grundzug Oberpfälzischen Lebens").

7) A.a.O., S. 7.

8) A.a.O., S. 22.

8a) StA AM, Landgerichtsarzt Amberg Nr. 1, „Psychologisch-moralische Bemerkungen", S. 4.

9) Es sei hier nur erinnert an den in jungen Jahren bereits aus der Oberpfalz abgewanderten Max Reger, ebenso wie an den Physik-Nobelpreisträger Johannes Stark und den späteren bayerischen Verkehrsminister Heinrich Frauendorfer sowie an den Pädagogikprofessor Aloys Fischer und den „roten Doktor" und alten 1848er Josef Wensauer (die beide heute – völlig zu Unrecht – vergessen sind); auch zwei der bedeutendsten sozialdemokratischen Parteiführer bzw. -organisatoren, Leonhard Tauscher und Johannes Scherm, stammen aus der Oberpfalz.

10) StA AM, BA Riedenburg 3106, Wochenberichte vom 21. 2. und 21. 3. 1853.

11) So z.B. in StA AM, BA Kemnath 2223, Wochenberichte vom 17.7. 1856 und 19.10.1888.

12) Vgl. ebd.

13) BHS I, MInn 30981/15, Bericht Nr. 1265 vom 12.6.1871.

14) Der Kleine Mann – die Kleinen Leute, in: Dona Ethnologica. Beiträge zur vergleichenden Volkskunde. Leopold Kretzenbacher zum 60. Geburtstag, hrsg. von Helge GERNDT / Georg R. SCHROUBEK, München 1973, S. 97 – 111.

15) Vgl. a.a.O., S. 453.

16) München 1984, insbesondere die S. 5 – 7, 72 – 98 und 110 – 113 zur Disziplinierung der Arbeiterschaft durch das industrielle Fabriksystem am Beispiel der Maxhütte und der Amberger Firma Baumann, zur religiösen Entwurzelung sowie zum Wohnungselend der Arbeiterschaft in Amberg.

17) Zum Familienleben der Arbeiterschaft lassen sich auch für die Oberpfalz – mit Ausnahme einer wenig ergiebigen Beschreibung (in FIB 1886, S. 34 f.) – keinerlei Hinweise finden.

18) Vgl. BLESSING, Werner K.: Zur Analyse politischer Mentalität und Ideologie der Unterschichten im 19. Jahrhundert, in: ZBLG 34, 1971, S. 768 – 816, insbesondere S. 786; zum bayerischen Volksschulwesen ders.: Allgemeine Volksbildung und politische Indoktrination im Bayerischen Vormärz, in: ZBLG 37, 1974, S. 479 ff. und zur Mentalitätsbildung auf dem Lande ders.: Umwelt und Mentalität im ländlichen Bayern, in: AfS 19, 1979, S. 1 – 42.

19) Vgl. ders., Analyse, a.a.O., S. 786.

20) Vgl. EMMERIG, Ernst: Zur Behördengeschichte der Oberpfalz von Montgelas bis heute, in: Oberpfälzer Heimat 29, 1985, S. 7 – 30, hier: S. 17 f.

21) Alle Angaben nach einem in der „FT" Nr. 278 vom 27.11.1906 auszugsweise wiedergegebenen Artikel im „Oberpfälzer Schul- Anzeiger" Nr. 7.

22) Vgl. hierzu auch den Bericht in der „FT" Nr. 64 vom 17.3.1910 über ein Beispiel religiöser Indoktrination (den täglich zweimaligen Kirchenbesuch bei drakonischer Strafandrohung in der von einer Ordensschwester geleiteten katholischen Mädchenschule in Rothenstadt bei Weiden).

23) Generalbericht 1899, S. 286.

24) Vgl. CHROBAK, VHVO 119, S. 173 und Amberg- Ausstellungskatalog, S. 184.

25) Vgl. hierzu BLESSING, Analyse, a.a.O., S. 789 – 791.

26) Vgl. hierzu den Leitartikel „Wo sind die Hetzer?" im „RA" Nr. 319 vom 30.6.1911.

27) Zur geistlichen Bevormundung des Lehrers kam in Orten mit einer Gutsherrschaft auch noch die Abhängigkeit vom Feudalherrn, der dort das Präsentations- bzw. Anstellungsrecht für die Pfarr- und Schulstellen ausübte (vgl. BLESSING, Allgemeine Volksbildung, a.a.O., S. 554). Ein Genrebild eines in einer solchen doppelten Abhängigkeit lebenden Dorfschulmeisters (in Dietldorf im Vilstal), der mit gemeinsamem Gesang und Musizieren im Kirchenchor wie im Freiherrlichen Hausorchester offensichtlich Dorfpfarrer wie Feudalherrn gnädig zu stimmen vermochte, wird in „Die Oberpfalz" (PLANK, Hermann: Nach 50 Jahren: Hauptlehrer Lorenz Plank, in: ebd., Bd. 53, Jg. 1965, S. 228 – 232, hier: S. 230) eher gemütvoll nachgezeichnet.

28) „NDP" Nr. 288 vom 10.11.1918.

29) „FT" Nr. 142 vom 20.6.1908.

30) Quelle: STELZLE, ZBLG 39, 1976, S. 515.

31) Hierzu auch Generalbericht 1899, S. 287 und PLANK, a.a.O., S. 230.

32) SJKB 1894 ff.

33) Quelle: PLANK, a.a.O., S. 229; in einem um die Jahrhundertwende im „Oberpfälzer Schul-Anzeiger" veröffentlichten Nachruf (zitiert nach „FT" Nr. 236 vom 9.10.1902) auf den „Rekordhalter" (hinsichtlich der Klassenfrequenz) unter den oberpfälzischen Volksschullehrern heißt es: „Viele Jahre mußte unser verstorbener Kollege in einem kleinen, dumpfen und feuchten Lehrerzimmer weit über 100 Kinder, in den letzten Jahren sogar 200 Kinder unterrichten, und zwar in einer einklassigen Schule. . . . Kein Wunder, daß die Geisteskraft bei der heldenmüthigen Bewältigung einer solchen Riesenarbeit geschwächt wurde . . .".

34) Quelle: „FT" Nr. 278 vom 27.11.1906.

35) Quelle: BHS I, MInn 30980, Bericht Nr. 11941 vom 10.8.1881.

36) Quelle: MAYER, Norbert: Die Presse Regensburgs und der Oberpfalz von 1806 bis zum Weltkrieg, in: VHVO 87, 1937, S. 3 – 130, hier: S. 114.

37) Ebd.

38) Vgl. ebd., S. 113 f. und 122 – 125; hierzu auch die Tabelle „Die bürgerliche Presse in Bayern 1912" im Protokoll des bayerischen SP-Landesparteitags 1912, S. 67 und CHROBAK, VHVO 120, S. 272.

39) Vgl. SJKB 12, 1913, S. 337.

40) Quelle: MAYER, a.a.O., S. 116.

41) ZBG, P II 770 – 1906/07, S. 3; die hier getroffene Einschätzung, daß im Politisierungsprozeß des einzelnen Arbeiters dem Gespräch größere Bedeutung zukomme als der Lektüre, stimmt auch überein mit den Untersuchungsergebnissen bei LORECK, Jochen: Wie man früher Sozialdemokrat wurde. Das Kommunikationsverhalten in der deutschen Arbeiterbewegung und die Konzeption der sozialistischen Parteipublizistik durch August Bebel, Bonn 1977, S. 247.

42) ZBG, P II 770 – 1912, Rechenschaftsbericht des Glasarbeiter- Zentralverbandes, S. 104 f.

43) ZBG, P II 770 – 1907/08, Rechenschaftsbericht, S. 35.

44) Vgl. ebd.

45) So z.B. in der „FV" Nr. 130 vom 7.6.1911.

46) Vgl. „FT" Nr. 84 vom 10.4.1909 und „FV" Nr. 215 vom 13.9. 1913; hierzu auch der Appell „Ein ernstes Wort an die Arbeiterfrauen!" in der „FV" Nr. 228 vom 29.9.1911.

47) Bereits wenige Wochen nach Helds Amtsantritt als Redakteur des „Regensburger Morgenblatts" konstatierte der oberpfälzische Regierungspräsident erste Auswirkungen von Helds wesentlich härterer politischer Gangart: „Unter ihm ist die Haltung u. Ausdrucksweise des Morgenblattes derber geworden." (StA AM, Reg. der Opf. 13753, Bericht vom 18.6.1899); zu Helds Wirken in Regensburg und seiner oft schrillen Polemik und weit überzogenen anti-liberalen und, später auch, anti-sozialdemokratischen Agitation BOSL, Karl: Heinrich Held. Journalist – Parteipolitiker - Staatsmann, in: ZBLG 31, 1968, S. 747 – 767, hier: S. 753 ff.

48) Vgl. CHROBAK, VHVO 121, S. 217.

49) Quelle: „FT" Nr. 64 vom 16.3.1907.

50) Quelle: „FT" Nr. 89 vom 14.4.1908.

51) Vgl. „FT" Nr. 196 vom 24.8.1909.

52) Vgl. „FT" Nr. 179 vom 4.8.1909.

53) Vgl. hierzu die Protokolle des 9. Gautages der Sozialdemokratie Nordbayerns (abgedruckt in der „FT" Nr. 196 vom 24.8.1909) und des 10. Parteitages der bayerischen Sozialdemokratie im Jahre 1910, S. 59, 88 f. und 94 f.; zur Entstehungsgeschichte der „Neuen Donau-Post" - aus anderer Sicht - vgl. CHROBAK, VHVO 121, S. 217 f.

54) Zur Entwicklung der „NDP" vgl. ZBG, P II 432 – 1909, 9.Jahresbericht des Gewerkschaftsvereins Regensburg, 1909, S. 1 f. und 8 f. und P II 432 – 1913, 13. Jahresbericht 1913, S. 12 sowie Protokoll des 11. Parteitages der bayerischen Sozialdemokratie vom 3. bis 5.8.1914 in Landshut, S. 61.

55) Vgl. „FT" Nr. 75 vom 30.3.1914.

56) Die Gründe für die Einführung des Abonnentenversicherungs- Systems wurden bei diesem Parteitag vom Burglengenfelder Delegierten Himmelhuber erläutert (vgl. hierzu „FT" Nr. 166 und 167 vom 20. bzw. 21.7.1914).

57) Vgl. BLESSING, Analyse, S. 792 und 794.

58) Die thematisch einschlägigen Akten im Kriegsarchiv München beschränken sich auf die Stimmungslage von Truppe und Bevölkerung während des I. Weltkrieges.

59) Quelle: BSKB 10, 1862, S. 13.

60) Vgl. Nürnberg-Fürther Social-Demokrat Nr. 105 vom 28.8.1877.

61) Vgl. „FT" Nr. 15 vom 18.1.1894.

62) Wie z.B. von Georg ERNST auf S. 94 f. seiner 1907 im Verlag der christlichen Bauernvereine Bayerns in Regensburg erschienenen Dissertation: Die ländlichen Arbeitsverhältnisse im rechtsrheinischen Bayern.

63) Vgl. BOSL, Kleine Mann, S. 104 und BLESSING, Analyse, S. 796.

64) Quelle: CHROBAK, VHVO 119, S. 181.

65) Zitiert nach Augsburg-Ausstellungskatalog, Bd. III, S. 106.

66) StA AM, BA Riedenburg 3106, Bericht vom 30.11.1844.

67) Vgl. hierzu ausführlich HATTENKOFER, a.a.O., S. 54 – 59.

68) Daß im letzten Jahrhundert in dem gleichsam archaisch verfaßten Gemeinschaftsleben gerade auf den Jura-Bezirken der Oberpfalz kein Platz gewesen sein dürfte für Nichtgläubige, das zeigt – im Jahr 1895 – die beinahe hysterische Behandlung der sog. „Hemauer Angelegenheit", in deren Verlauf eine pogromähnliche Kampagne zur Entfernung des „ungläubigen" Amtsgerichtssekretärs Kirsch aus Hemau entfesselt wurde, weil „die fortgesetzten Religionsspöttereien und Gotteslästerungen, deren sich Kirsch schuldig machte, so groß u. himmelschreiend (seien), daß nicht bloß die katholische Bevölkerung von Hemau und der Oberpfalz, sondern des ganzen Königreichs Satisfaction hierfür verlange" (StA AM, Reg. d. Opf. 13748, Bericht vom 28.1.1895).

69) Die sich widerspiegelte etwa in Beschwerden über exzessive Trauerfeierlichkeiten in einzelnen Gemeinden der nordöstlichen Oberpfalz, wo die Totenwache bei Bewirtung, Kartenspielen und Gegröhle abgehalten wurde (vgl. Amtsblatt des Kgl. Bezirksamtes Amberg vom 2.3.1904).

70) Vgl. LRA-Registratur NEW, VII, I, 1, 9, 1905: Konkubinat (Sammelakt).

71) Vgl. hierzu etwa die Klagen des Amberger Geistlichen Liebl – auf S. 27 seiner 1873 verfaßten (unveröffentlichten) Chronik der Gesellschaft Concordia – über den „sittlichen Laxismus" (Päderastentum etc.) einiger Amberger Dekane sowie die Berichte der Regierungspräsidenten aus der Anfangsphase des Kulturkampfes (so beispielsweise der Bericht Nr. 2266 vom 23.10.1871 in BHS I, MInn 30981/16: „Der Berichterstatter hat vor wenigen Tagen von einer Inspektionsreise zurückgekehrt, auf welcher er die frühere Oberin mit guten Hirten im Kloster Ettmannsdorf, Bezirksamts Burglengenfeld, und den früheren Beichtvater nicht mehr antraf, weil sie in zu enge Beziehungen getreten waren, und die Pfarrersmagd von Schmidmühlen im dortigen Krankenhaus an der Syphilis leidend fand, eine Krankheit, die dort sehr selten vorkömt).

72) So z.B. in der „FT" Nr. 82 vom 6.4.1900 (mit einem Bericht über die von einem Kallmünzer Kooperator begangenen Sittlichkeitsverbrechen) und in der „FT" Nr. 261 vom 8.11.1909 (zu den in der Sakristei abgehaltenen Schäferstündchen des Pfarrers von Pilsach).

73) Zu den wenigen Ausnahmen von dieser Regel zählten eine Veranstaltung am 2.6.1870 in Regensburg, bei der sich der „durchreisende Agitator Neißer" für eine Trennung von Kirche und Schule aussprach (vgl. BHS I, MInn 66319, Bericht Nr. 5912 vom 18.6.1870) und eine, Jahrzehnte später, am 2.9. 1907 in Weiden von christlich organisierten Arbeitern gesprengte Versammlung, bei der der Nürnberger Freidenker Lederer in einem Referat über „Die Ehe wie sie war, ist und sein wird" seine „diabolische Hetzarbeit" („OK" Nr. 200 vom 4.9.1907) hatte verrichten wollen.

74) Vgl. hierzu die ausführliche Auflistung in FIB 1896, S. 196 – 199.

75) Quelle: FIB 1904, S. 107; mit welchen geradezu grotesken – und unchristlichen – Feindbildern (bis hin zum Kannibalismus- Vorwurf) bei der Immunisierung der Arbeitervereins-Mitglieder gegen die Sozialdemokratie oftmals operiert wurde, zeigt der (in der „FT" Nr. 198 vom 25.8.1911 abgedruckte) Bericht des „Tirschenreuther Volksboten" über eine Feier des dortigen katholischen Arbeitervereins: „Herr Dechant Schuml brachte schließlich auf das Ideal katholischer Vereinsarbeit in dreifach donnerndem, urkräftigen Hoch aus, nämlich auf ein geschlossenes, schneidiges Vorgehen aller katholischen Vereine gegen den pöbelhaften innerlich unwahren kindischen Sozialismus, der auch in unserer Gegend seine Verrohungs- und Entsittlichungsarbeit und seine Erziehung zum Kannibalismus immer mehr betätigt."

76) So beklagt sich um die Jahrhundertwende der Stadtmagistrat Amberg über die – der allgemeinen Wirtschaftsflaute völlig zuwiderlaufende – „Genuß- und Vergnügungssucht, welche in den Vereinshäusern – katholischen wie protestantischen – nicht nur an Sonn- u. Feiertagen, sondern auch an Werktagen durch Aufführung von Theatervorstellungen u. Abhaltung von Unterhaltungen aller Art großgezogen würde" (StA AM, Reg. d. Opf. 13753, Bericht Nr. 842 vom 22.12.1901).

77) In der „FT" Nr. 17 vom 21.1.1910.

78) Vgl. hierzu die Statuten in BHS I, MInn 45619.

79) BEBEL, August: Aus meinem Leben, Teil 1 – 3, Stuttgart 1910 - 1914, hier: Teil 1, S. 28.

80) Wie die einschlägigen Stellungnahmen des Initiators der Katholischen Gesellenvereine, Adolf Kolping, aus den Jahren 1854/55 zeigen: „Besser gar nichts lesen, als das, was Kopf und Herz verrückt, verwirrt und verdirbt. Ein schlechtes Buch im Haus ist schlimmer als die Pest. . . . Viel Lesen verdirbt die Köpfe. Gescheiter werden die Gesellen durch mündlichen Verkehr" (zitiert nach ENGELSING, Rolf: Analphabetentum und Lektüre. Zur Sozialgeschichte des Lesens in Deutschland zwischen feudaler und industrieller Gesellschaft, Stuttgart 1973, S. 84).

81) Vgl. OFFERMANN, a.a.O., S. 320 und 517.

82) Vgl. FIB 1896, S. 196 – 199.

83) Vgl. FIB 1904, S. 107.

84) StA AM, Reg. d. Opf. 5226, Protokoll der Fabrikinspektoren- Jahreskonferenz vom 9./10./11.11.1903.

85) Vgl. „FT" Nr. 32 vom 8.2.1909; die hier besonders interessierende Frage, was von welchen Arbeitergruppen denn bevorzugt gelesen wurde, läßt sich aufgrund des Fehlens jedweder Angaben hierzu leider nicht mehr beantworten.

86) „FV" Nr. 153 vom 4.7.1911.

87) Vgl. Nürnberg-Ausstellungskatalog, S. 474 f.

88) Vgl. CHROBAK, VHVO 121, S. 226.

89) Vgl. das Protokoll des 8. Gautages der SP Gau Nordbayern am 16./17.8.1913 in Nürnberg, S. 25; dasselbe ist auch abgedruckt in der „FT" Nr. 166 vom 18.7.1913.

90) Vgl. hierzu den Grundsatz-Artikel in der „FV" Nr. 209 vom 7.9.1911: „Weiden. Arbeiter und Bildung", in dem die Notwendigkeit und der Zweck örtlicher Bildungsausschüsse („Der spießbürgerliche Erziehungsdrill, der die Menschen zu hurraschreienden Grammophonen macht, muß weg") begründet werden.

91) Vgl. LRA-Registratur NEW, VII, I, 3, 10, Bericht vom 5.9.1911 über die Vereinskonstituierung am Vortage.

92) Vgl. „FT" Nr. 32 vom 8.2.1909.

93) Vgl. CHROBAK, VHVO 121, S. 227.

94) Vgl. Nürnberg- Ausstellungskatalog, S. 475.

95) StA AM, BA SUL 1301, Bericht vom 17.12.1910; hierzu auch die Vorankündigung in der „FT" Nr. 286 vom 6.12.1910.

96) Zur Geschichte des Arbeitergesangvereins Regensburg und der Arbeitermusikkultur in Bayern allgemein vgl. Nürnberg- Ausstellungskatalog, S. 486 – 490.

97) Vgl. „FT" Nr. 121 vom 28.5.1894.

98) Vgl. Nürnberg-Ausstellungskatalog, S. 486.

99) StA AM, Reg. d. Opf. 13755, Bericht vom 10.6.1906.

100) Vgl. Nürnberg-Ausstellungskatalog, S. 488 f.

101) ZBG, P II 432 – 1909, S. 9; zur Entwicklung des Volkschors auch die Jahresberichte des Gewerkschaftsvereins Regensburg P II 432 – 1908, S. 27 und -1912, S. 12.

102) Vgl. die Festschrift zum 25 jährigen Bestehen des „Gesangvereins Lyra", Weiden 1929.

103) Vgl. „FV" Nr. 273 vom 20.11.1912.

104) Vgl. „FV" Nr. 157 vom 8.7.1911 und Nr. 36 vom 12.2.1913.

105) Vgl. „FV" Nr. 301 vom 23.12.1913.

106) Wo beispielsweise das Parteiblatt „Fränkische Volkstribüne" Ende 1912 in acht Wirtschaften, bei jeweils zwei Schreinermeistern, Schuhmachern und Gemüsehändlern sowie bei einem Friseur und einem Bader auslag (vgl. „FV" Nr. 296 vom 17.12.1912).

107) Vgl. „FV" Nr. 148 vom 27.6.1912.

108) „FV" Nr. 87 vom 15.4.1914.

109) Vgl. Nürnberg-Ausstellungskatalog, S. 490.

110) Vgl. ebd., S. 479.

111) „FV" Nr. 130 vom 7.6.1911.

112) Vgl. CHROBAK, VHVO 121, S. 226; der Gründung dieser beiden Arbeiterturnvereine war bereits am 27.9.1908 die Konstituierung eines Arbeitersportvereins in Floß vorausgegangen (vgl. „FT" Nr. 261 vom 6.11.1908).

113) „FT" vom 8.4.1908.

114) Vgl. ebd.

115) Vgl. „FT" Nr. 190 vom 16.8.1910.

116) Vgl. „FV" vom 6.9.1913.

117) Vgl. Nürnberg-Ausstellungskatalog, S. 484.

118) Vgl. CHROBAK, VHVO 121, S. 226.

119) Vgl. SICHLER, Franz jun.: Arbeitersportbewegung. Aus der Geschichte des Arbeiter-Radfahrer-Bundes „Solidarität", Ortsgruppe Schwandorf, in: Bilderlesebuch, S. 101.

120) Quelle: „FT" Nr. 97 vom 25.4.1908.

121) „FT" Nr. 132 vom 9.6.1908; hierzu auch „FT" Nr. 129 vom 4.5.1908.

122) Vgl. hierzu die Klagen im 8. Jahresbericht des Gewerkschaftsvereins Regensburg 1908 (ZBG, P II 432 – 1908, S. 27).

123) Vgl. hierzu ZBG, P II 432 – 1912, S. 12.

124) Vgl. „FT" Nr. 269 vom 15.11.1913.

125) Solche und ähnliche Ausdrucksformen proletarischen Bewußtseins (Kleidung, Musik, Symbole etc.) waren in der Oberpfalz sonst nur bei den Feiern zum 1. Mai (soweit die hierzu besonders spärlichen Quellen einen Überblick gestatten) – im nachfolgenden Regierungspräsidentenbericht (Nr. 322 vom 6.5.1901, StA AM, Reg. d. Opf. 13753) des 1. Mai 1901 – in der Kreishauptstadt Regensburg zu sehen: „Eine gestern Nachmittag auf dem Regensburger Brauhauskeller dahier von den Anhängern der sozialdemokratischen Partei veranstaltete Familien-Unterhaltung verlief ... ohne Ordnungsstörung. Der Keller war mit roten Fähnchen u. Draperien von gleicher Farbe geziert; über dem Kellereingang hing ein Schild mit den Worten: Für Freiheit, Gleichheit, Brüderlichkeit. Ein Teil der zahlreichen Besucher männlichen Geschlechts trug rote Krawatten oder Abzeichen, vom weiblichen Geschlecht wurden mit Vorliebe rote Kleider getragen, sogar kleine Kinder waren rot gekleidet."

V. REKRUTIERUNG, QUALIFIZIERUNG UND DISZIPLINIERUNG DER LOHNARBEITERSCHAFT IN DER OBERPFALZ SOWIE DARAUS RESULTIERENDE KONFLIKTE UND ERSTE ANSÄTZE ZUR KOLLEKTIVEN GEGENWEHR UND BILDUNG EINES KLASSENBEWUßTSEINS (ANHAND VON FALLBEISPIELEN)

Wie bildete sich nun aber in diesem geradezu erdrückend klerikal- konservativ bestimmten oberpfälzischen Milieu (mit seinen nur bescheidenen Ansätzen zu einer eigenständigen Arbeiterkultur) die Lohnarbeiterschaft heraus und, weiter, wie verliefen deren Rekrutierung, Ausbildung und Disziplinierung durch Fabrikordnungen (einschließlich der politischen und religiösen Repressionen) sowie die – dadurch mittelbar vorangetriebene – Entwicklung eines Klassenbewußtseins (zumindest bei Teilen der Lohnarbeiterschaft)? Für die wirtschaftliche Struktur Bayerns waren ja im Vormärz und noch weit über die Mitte des letzten Jahrhunderts hinaus die Handwerksgesellen und die zahlreichen Kleinmeister, Dienstboten und schließlich die umfangreiche agrarische Unterschicht mitsamt ihren Übergangsstufen zum bäuerlichen Mittelstand entscheidend; wenn also in der ersten Hälfte des 19. Jahrhunderts von „Arbeitern" gesprochen wurde, so waren damit hauptsächlich handwerklich Tätige gemeint[1]. Diese nebeneinander existierenden sehr verschiedenartigen Abhängigkeitsverhältnisse lassen sich aber noch ebensowenig unter dem Begriff „Lohnarbeiterschaft" bzw. „Proletariat" subsumieren, wie etwa die ständige Arbeiterschaft der staatlichen Montanindustrie der Oberpfalz im frühen 19. Jahrhundert, die schon aufgrund ihrer Privilegien einen Sonderstatus einnahm.

Als Lohnarbeiter bzw. Proletarier sollen im folgenden vielmehr Erwerbstätige gelten, die, selbst nicht im Besitz von Produktionsmitteln, in den kapitalistischen Produktions- und Verwertungsprozeß einbezogen waren und deren ökonomische Funktion im Verkauf ihrer Arbeitskraft und in der Produktion eines Warenwertes bestand; durch Kauf und Verkauf der Ware Arbeitskraft, durch Herrschaft und (erzwungene) Unterordnung waren Bourgeoisie (also Wirtschaftsbürgertum) und Proletariat (Lohnarbeiterschaft) als Klassen ökonomisch und sozial miteinander verbunden[2]. Der gesellschaftliche Wandel war grundlegende Voraussetzung für die Klassenbildung, in deren Verlauf die Arbeiterklasse als ökonomisch bestimmte Kategorie und als Gruppe mit gemeinsamem Identitätsbewußtsein („soziale Klasse") – bei allen hier erforderlichen Einschränkungen[3] – sich konstituierte, und, schließlich, organisiert oder unorganisiert gemeinsam handelte[4]. Diese Gesamtheit der kollektiven Bestrebungen von Lohnarbeitern, ihre ökonomische, soziale, politische und kulturelle Lage zu verbessern oder deren Verschlechterung zu verhindern aber ist es, was landläufig unter Arbeiterbewegung verstanden wird[5].

Die Herausbildung eines eigentlichen Proletariats begann auch in der Oberpfalz erst mit der Konzentration einer großen Anzahl von Arbeitern beim Eisenbahnbau und in den während der Initialphase der Industrialisierung (1850 – 1890) dort entstandenen Fabriken, die – wie die Maxhütte – gewissermaßen auf freiem Felde errichtet worden waren. In der ersten Arbeitergeneration dieser Fabriken war aber – vor allem in der ungelernten Lohnarbeiterschaft – noch der agrarisch vorgeprägte Arbeitertyp dominierend mit enger Bindung an sein Heimatdorf (in dem er meist wohnen blieb und wo er häufig noch – als sog. „Mondschein-Bauer" - eine kleine Landwirtschaft betrieb) und an die Kirche, mit ländlichen Lebensgewohnheiten und kaum vorhandener Bereitschaft zum Protest gegen die ihm in der Fabrik widerfahrene Ausbeutung und Unterdrückung. So heißt es auch noch in der Bezirksärzte- Landesbeschreibung von 1862 zur oberpfälzischen Arbeiterbevölkerung[6]: „Da die Fabriken nicht sehr bedeutend, ihre Arbeiter in der Regel im Fabrikorte selbst ansässig sind und sich eines hinreichenden Einkommens erfreuen, so haben diese industriellen Anstalten des Regierungsbezirkes ein eigentliches Arbeiter-Proletariat keineswegs erzeugt, sondern in der Regel nur fleißigen, aber unbemittelten Familienvätern eine ergiebige Erwerbsquelle eröffnet. Anders verhält es sich nur bei den Glasfabriken und Schleifereien; diese Anstalten, welche in der Regel mit fremden, nicht ansässigen und verheiratheten schlechtbezahlten Arbeitern beiderlei Geschlechts versehen sind, haben da, wo sie bestehen, überall den Keim eines physisch und moralisch verkommenen arbeitsscheuen und genußsüchtigen Proletariats gelegt, und sind insbesondere an einigen Orten, wo die Trennung der Schlafstellen für das Arbeitspersonal nach Geschlechtern nicht streng durchgeführt ist, ein wahrer Schlupfwinkel des Konkubinats und der Unsittlichkeit geworden. . . . Ein eigentliches Arbeiter-Proletariat ist in den Städten Regensburg und Amberg nicht vorhanden. Dagegen ist unter der Landbevölkerung jene Klasse von armen Leuten, deren kleiner magerer Grundbesitz 'zu wenig zum Leben, zu viel zum Sterben' bietet, sehr verbreitet. Unter diesen armen Bewohnern des 'steinreichen' Landes ist dann freilich Reinlichkeit und Eleganz nicht zu suchen". Der Vohenstraußer Bezirksarzt fügt dem noch hinzu, daß von der Bevölkerung seines Bezirkes „1/6 als wohlhabend, 2/6 als mit dem Nötigen versehen, 3/6 aber als dürftig und ganz arm bezeichnet werden"[7] müßten. Die um 1860 noch überaus pejorative Verwendung des Begriffs „Proletariat" - wohl nicht nur – seitens der Behörden wird deutlich in seiner Anwendung auf die von auswärts zugezogenen und stark fluktuierenden Glasarbeiter(-innen), die als Beschäftigte einer Elendsindustrie ganz offensichtlich in einer sozialen Außenseiterposition sich befanden bzw. in eine solche gedrängt wurden. Überhaupt lebten um 1860 – wie die Beschreibungen der Bezirksärzte zeigen – rund 85 Prozent der Bevölkerung des Amtsbezirks Vohenstrauß wie wohl auch der Oberpfalz insgesamt nicht bürgerlich-behäbig, sondern dürftig, ja – zum großen Teil – sogar elend.

Doch nun zu den – von den Bezirksärzten nicht erwähnten – Eisenbahnbauarbeitern, der anderen frühen Lohnarbeiter-Gruppe (neben den Fabrikarbeitern) auch in der Oberpfalz. Hier war ja mit dem Bau der ersten Eisenbahnlinie (von Regensburg über Schwandorf und Amberg nach Nürnberg) erst 1856 begonnen worden; diese Bauarbeiten lösten aber noch im selben Jahr eine enorme wirtschaftliche Belebung aus und boten vielen Hunderten von Tagelöhnern sowie proletarisierten Schuster- und Schneider- Gesellen, ja sogar -Meistern aus Regensburg und Amberg Arbeit (so waren allein beim Bau der Schwabelweiser Eisenbahnbrücke 500 Arbeiter beschäftigt)[8]. Über die soziale und geographische Herkunft dieser Arbeiter lassen sich zwar nur Vermutungen anstellen[9]; es darf aber als sicher gelten, daß die mentale Konfrontation der Eisenbahnbauarbeiter mit der ländlichen Bevölkerung in der Oberpfalz der späten 1850er Jahre bei letzterer wohl vielfach eine Art Kulturschock auslöste, massierten sich doch bei größeren Streckenbauten in bis dahin hoch – traditionalen und – konservativen Agrargebieten viele Hunderte fremdartiger Männer und Frauen[10], welche die Vorurteile der ortsansässigen Bevölkerung durch eine Vielzahl von (insbesondere Eigentums-) Delikten[11] und häufig auch durch sexuelle Promiskuität zu bestätigen schienen[12].

Die Behörden versuchten die von ihnen befürchtete Gefährdung der öffentlichen Sicherheit durch die Eisenbahnbauarbeiter mittels einer höchst restriktiven Handhabung der Meldeformalitäten einzudämmen[13]; die nicht einheimischen Arbeiter wurden zudem, wenn irgend möglich, in Baracken außerhalb der jeweiligen Ortschaften kaserniert[14]. Am weitesten ging dabei der Amberger Stadtmagistrat, der den außerhalb des städtischen Burgfriedens in Sammelquartieren untergebrachten Eisenbahnarbeitern buchstäblich seine Stadttore sperren und sie noch nicht einmal an Feiertagen und zu Einkäufen (was ja zum Nutzen des städtischen Gewerbes gewesen wäre) in die Stadt einlassen wollte. Erst auf eine Beschwerde der Ostbahndirektion und die darauffolgende energische Intervention der Regierung der Oberpfalz[15] hin wurde dieses Verfahren abgestellt, woran auch die wenig später erhobene Klage des katholischen Stadtpfarrers von Amberg über die nun innerhalb der Stadt in wilder Ehe lebenden Eisenbahnarbeiter[16] nichts mehr zu ändern vermochte.

Daß alle behördlichen und kirchlichen Disziplinierungsversuche letztendlich aber doch zum Scheitern verurteilt waren, das zeigten die schweren Eisenbahnarbeiterunruhen bei Regensburg[17] in den Jahren 1870 bis 1872. Die Gründe für diese Tumulte lagen in erster Linie in der Einstellung von – angeblich 1.000[18] – italienischen und 81 böhmischen[19] Saison- und Wanderarbeitern, die offensichtlich als Lohndrücker-Konkurrenz[20] und als Mittel zur Disziplinierung der einheimischen Bauarbeiter angeheuert worden waren. Auch wenn diese Unruhen – in Form von blutigen Krawallen – keine von langer Hand geplanten und gezielten Aktionen waren, denen grundsätzliche soziale Forderungen zugrunde gelegen hätten, so wird man diesem gewalttätigen Widerstand gegen die ausländische Lohndrücker-Konkurrenz doch nicht Ansätze eines solidarischen – wenn auch noch rohen und in ausländerfeindlichen Vorurteilen befangenen – Klassenbewußtseins absprechen können.

Der Widerstand der ortsansässigen Arbeiterschaft gegen alle Versuche der Lohndrückerei durch Anwerbung und Aufnahme böhmisch-österreichischer, italienischer und polnischer Wander- und Saisonarbeiter durchzieht wie ein roter Faden den gesamten Untersuchungszeitraum: So streikten im Jahr 1900 14 Gesellen eines Regensburger Schneidermeisters solange, bis die zwei von diesem aufgenommenen böhmischen Arbeiter „freiwillig" kündigten[21]. Während eines 1908 vom christlichen Hilfs- und Transportarbeiterverband durchgeführten Streiks auf den Basaltwerken in Pechbrunn und Triebendorf wollten einzelne Streikende mit Revolvern bewaffnet in den Betrieb eindringen und die 22 unter Gendarmerieschutz stehenden italienischen Streikbrecher verjagen[22]. Im Jahr 1912 konnten die Streikenden im Maxhütten-Werk Lengenfeld (bei Amberg) eine ihrer Hauptforderungen, die Entlassung polnischer Arbeiter, nicht durchsetzen; die

Ausständigen hatten ihre Forderung aus einer – angeblichen – Zusage der Maxhütten-Direktion abgeleitet, keine fremden Arbeiter zu beschäftigen, solange einheimische Kräfte zur Verfügung stünden[23]. Unbestrittene Domäne italienischer Wanderarbeiter waren jedoch – auch in der Oberpfalz – die nur saisonal zu betreibenden Feldbrand- und Ringofenziegeleien[24], auf denen sich – bis zum Ende des Untersuchungszeitraums – die notorisch katastrophalen Arbeits- und Wohnverhältnisse wegen der zu nachlässigen Strafverfolgung durch die Gerichte kaum besserten[25].

Wie aber verliefen nun die Rekrutierung und Qualifizierung sowie die Disziplinierung und Entwicklung eines Klassenbewußtseins bei der Hauptgruppe der Lohnarbeiterschaft, den Fabrikarbeitern? Wie bereits erwähnt[26], fehlen in der Oberpfalz Betriebsarchive fast völlig bzw. sind nicht zugänglich, was Aussagen über Herkunft, Qualifikation und Einkommen besonders der frühen Fabrikarbeiterschaft außerordentlich erschwert. Daß in der Initialphase der Industrialisierung in der Oberpfalz (1850 – 1890) trotz der kinderreichen Landbevölkerung insbesondere qualifizierte Arbeitskräfte nur schwer zu bekommen waren, zeigen die Klagen über den Arbeitermangel bei der Gewehrfabrik Amberg, beim Haidhofer Braunkohlenbergbau[28] und bei den Maxhütten-Werken Haidhof[29] und Rosenberg, wo die für Anfang 1889 geplante Betriebseröffnung um ein viertel Jahr verschoben werden mußte, weil „eingeschulte, mit der Fabrikation vertraute Leute nicht so leicht zu beschaffen waren. Der größte Teil der Arbeiter aus der Umgegend mußte erst in den Handtirungen der neuen Arbeit unterrichtet werden"[30].

Schon bei der Eröffnung des Hauptwerkes in Haidhof im Jahr 1853 hatte man für viel Geld belgische Facharbeiter anheuern müssen, die an Ort und Stelle die einheimischen Arbeitskräfte anlernen sollten. Zuvor war aus einer Vielzahl von Gründen (dem Fehlen jeglicher Vorkenntnisse, körperlich zu schwerer Arbeit, hohem Krankenstand aufgrund schlechter Kost und Behandlung) der Versuch gescheitert, die in der Oberpfalz angeworbenen Arbeiter im Hüttenwerk Eschweiler bei Aachen zu Fachkräften ausbilden zu lassen[31]. Mit der Verpflichtung ausländischer Facharbeiter folgte die Maxhütte dem Beispiel anderer oberpfälzischer Betriebe, wie der Dorfner'schen Porzellanfabrik[32] und – vor allem – der Gewehrfabrik in Amberg, wo man bereits zu Anfang des letzten Jahrhunderts immer wieder auf ausländische (böhmisch-österreichische, schlesische und sächsische) Fachkräfte zurückgegriffen hatte, weil die oberpfälzischen Arbeiter noch nicht mit der geforderten industriellen Mentalität und dem arbeitsteiligen industriellen Prozeß zurechtkamen. Trotz außergewöhnlich günstiger Arbeitsbedingungen blieben die Fluktuation und damit der Mangel an Arbeitskräften in diesem bedeutenden frühindustriellen Betrieb der Oberpfalz lange Zeit ein schier unlösbares Problem[33].

Der Hauptgrund für die offensichtliche Zurückhaltung selbst der ungelernten landwirtschaftlichen Arbeitskräfte gegenüber einer Abwanderung in die Fabriken lag wohl in der – bereits geschilderten[34] – in der Oberpfalz so rigide und schikanös wie nirgendwo sonst in Bayern gehandhabten Praxis der Verhinderung der Ansässigmachung und Verehelichung von Fabrikarbeiter(-innen) durch kommunales Veto, die auch die Herausbildung eines disziplinierten und soliden Fabrikarbeiterstammes erheblich erschwerte[35]. Die kommunale Bevormundung der Fabrikarbeiter(-innen) wurde häufig noch ergänzt und verstärkt durch ein System polizeilicher Melde- und Ausweispflichten (wie beim Haidhofer Braunkohlenbergbau)[36] und – vor allem – durch die strenge und allumfassende Disziplinierung innerhalb der Fabriken, was viele Tagelöhner und Handwerksgesellen den Weg zum scheinbar freieren Eisenbahnbau einschlagen ließ.

Gerade die strengen Fabrikordnungen aber waren es, die sich mit ihren Regeln und Kontrollen bereits auf die Arbeiter als Arbeiter, nicht mehr auf sie als Angehörige verschiedener Berufe bezogen und damit wesentlich zur Entwicklung eines Klassenbewußtseins zumindest bei Teilen der Lohnarbeiterschaft beitrugen[37]. Die Gewöhnung der einheimischen oberpfälzischen Arbeitskräfte (die zuvor ja meist Tagelöhner oder Handwerksgesellen gewesen waren) an die Disziplin der Fabrikarbeit mit ihrer industriellen Zeitökonomie, an die Beschränkung auf eine Teilarbeit und an die räumliche Trennung von Wohn- und Arbeitsstätte war eine der kritischsten und schwierigsten Aufgaben im Verlaufe des Industrialisierungsprozesses, die, wie das frühindustrielle Beispiel der Gewehrfabrik Amberg zeigt, von ständigen Rück- und Fehlschlägen begleitet war.

Die völlige unternehmerische Gestaltungsfreiheit beim Erlaß von Fabrikordnungen wurde erst mit der Gewerbeordnungsnovelle von 1891 eingeschränkt, in deren Artikel 134 der Erlaß von Arbeitsordnungen verbindlich gemacht, ein inhaltlicher Rahmen für die Reglements vorgezeichnet sowie ein bescheidenes Einwendungsrecht (das allerdings keinerlei rechtliche Wirkung hatte) der Belegschaften bzw. der Arbeiterausschüsse (soweit vorhanden) bei der Aufstellung von Arbeitsordnungen vorgesehen wurde[38]. Im Jahr 1901 verweigerte in der Oberpfalz erstmals eine Belegschaft – angeblich auf die Agitation eines „böhmischen Arbeiters" hin – die Unterschrift unter eine Arbeitsordnung, um dann im nächsten Jahr aber doch noch zuzustimmen. Ebenfalls in den Jahren 1901 und 1902 wurden aus zwei weiteren Fabrikordnungen auf Verlangen der Arbeiter hin die überzogenen Strafbestimmungen entfernt[39]. Aber noch im Jahre 1912, also zwei Jahrzehnte nach der Gewerbeordnungsnovelle des Jahres 1891, fehlten in sieben der vom Fabrikinspektor kontrollierten Betriebe die Arbeitsordnungen gänzlich, in 14 Betrieben waren sie nicht ausgehängt worden und in fünf Reglements mußten nachträglich – auf Intervention des Fabrikinspektors hin – inhaltliche Abänderungen vorgenommen werden, kamen doch in ihnen „zuweilen noch besonders rückständige Ansichten über das Arbeiterrecht zum Ausdruck"[40].

Die Thematik der meisten Fabrikordnungen läßt sich in vier Problembereiche aufgliedern: in die arbeitsvertraglichen Rahmenbedingungen, die Ökonomie der Zeit, die Ökonomie der Arbeitsgegenstände und -mittel sowie die Strafkataloge[41]. Die Funktion von Fabrikordnungen blieb aber nicht darauf beschränkt, Disziplinierungs- und Anpassungsinstrument für die größtenteils aus vorindustriellen Lebensbereichen stammenden Arbeiter zu sein, sie waren vielmehr auch Reaktionen der Unternehmer auf die Versuche der Arbeiter, die geforderten industriellen Verhaltensmuster zu unterlaufen oder sich ihnen gar zu widersetzen. Um diese Doppelfunktion der Fabrikordnungen zu demonstrieren, soll im folgenden die einzige vollständig erhaltene Arbeitsordnung der Oberpfalz, das „Dienst-Reglement" der Maxhütte von 1866[42] auszugsweise kommentiert und mit dem „Innenleben" der Maxhütte korreliert bzw. konfrontiert werden.

In den 30 Artikeln des „Allgemeinen Dienst-Reglements" der Maxhütte ist zwar ständig von den Rechten des Unternehmers und den Pflichten des Arbeiters (dem allein in sieben Artikeln mit sofortiger Entlassung bei Nichterfüllung seiner Pflichten gedroht wird), nirgends aber von einem Recht des Arbeiters die Rede. Bereits in Artikel 2 wird dem Arbeiter eingeprägt, wer seine Vorgesetzten sind: „Unmittelbare Vorgesetzte der Arbeiter sind die Platzmeister, Aufseher, die wirklichen Meister, Werk- und Obermeister für die ihnen zugewiesenen Betriebsabtheilungen; – mittelbare Vorgesetzte, die leitenden Ingenieure und der Direktor"[43]. Nachdem auf diese Weise alle „Herren" (in sieben Abstufungen) vorgestellt sind, wird in Artikel 5 das Verhältnis Vorgesetzter – Untergebener (wobei Vorarbeiter bzw. Aufseher und Meister hier offensichtlich eine Art Zwitterstellung einnahmen) definiert: „Alle Arbeiter, Vorarbeiter und Meister sind ihren Vorgesetzten im Dienste unbedingten Gehorsam schuldig." Etwaigen Zusammenrottungen der Arbeiter in Konfliktsituationen sollte durch den Artikel 7 vorgebeugt werden: „Zur Anbringung von Beschwerden dürfen sich nie mehr als zwei Personen bei ihren Vorgesetzten einfinden", anderenfalls drohte die sofortige Entlassung. Mit fristloser Kündigung wurden auch geahndet: wiederholtes Zuspätkommen (Artikel 8); „Ruhestörungen, Ungezogenheiten im Dienst gegen Vorgesetzte oder Mitarbeiter, Widerspenstigkeit usw." (Artikel 9); betriebsschädigendes Sich- Entfernen vom Arbeitsplatz (Artikel 10) usw. Während sich die Maxhütten-Direktion durch die ins Reglement aufgenommenen sieben Sonderbestimmungen für sofortige Kündbarkeit also bereits weitgehend vom Zwang zur Einhaltung der in der Reichsgewerbeordnung vorgesehenen 14tägigen Kündigungsfrist[44] befreit hatte (Artikel 22), blieben die Arbeiter jedoch an diese gebunden, wollten sie nicht ihren Anspruch auf den noch nicht ausbezahlten Lohn an die Maxhütten-Krankenkasse verlieren (Artikel 18).

Auf das Problem der Gewöhnung vorindustrieller Arbeitergruppen an die industrielle Zeitökonomie – als einem der Hauptmerkmale der Fabrikdisziplin – wurde ja bereits hingewiesen, ebenso wie auf die von der Fabrikleitung geforderte grundsätzliche Dispositionsfreiheit über die gesamte Zeit des Arbeiters, wie sie in Artikel 21 des Dienstreglements festgeschrieben war. „Auf Verlangen des Vorgesetzten muß auch nach Feierabend, Nachts und Sonntags gearbeitet werden." Für Zuspätkommen wurden drakonische Strafen angedroht: bei einmaliger 10minütiger Verspätung Einbehalten eines viertel Tagelohnes, im Wiederholungsfalle eines ganzen Tagelohnes oder gar die – bereits erwähnte – fristlose Kündigung (Artikel 8). Überhaupt waren die Strafkataloge sehr umfangreich, sowohl was die Art der Strafen – meist Geldbußen bzw. Lohnabzüge, aber auch Aussperrung und die bereits erwähnte Entlassung – als auch was die Höhe des Strafmaßes anbelangte, bei der beispielsweise zwischen „sofortiger theilweiser oder gänzlicher Dienstentlassung" (in Artikel 19) unterschieden wurde und bei der vor allem das System der Geldstrafen außerordentlich weitverzweigt (von 1/2 bis zu 5 Gulden) war. Die eingezogenen Strafgelder flossen – nach Artikel 20 – der Arbeiterunterstützungskasse der Maxhütte zu, die ihrerseits wiederum – zusammen mit den anderen betrieblichen Wohlfahrtseinrichtungen der Maxhütte wie Werkswohnungen, Arbeiterausschuß, Fabriksparkasse, -schule und Werkskonsumverein[45] – im fabrikindustriellen System von „Zuckerbrot und Peitsche" das „Zuckerbrot" (mit dem man Wohlverhalten und Werkbindung der Arbeiter fördern wollte) neben der „Peitsche" Fabrikordnung darstellte.

Wie aber waren nun die Reaktionen der frühen Maxhütten-Arbeiterschaft auf die ihr im Dienst-Reglement abverlangten und zugemuteten völlig ungewohnten industriellen Verhaltensmuster, wie also gestaltete sich vor dem Hintergrund dieser Fabrikordnung das „Innenleben" der Maxhütte? Schon um die Mitte der 1870er Jahre, in der Initialphase der Industrialisierung in der Oberpfalz also, hatte die Regensburger Handels- und Gewerbekammer beklagt, daß aufgrund von „socialdemokratischen Agitationen ... das Verhältniß zwischen Arbeitgeber und Arbeitnehmer vielfach das frühere gegenseitige Vertrauen vermissen läßt und daß an Stelle desselben nicht selten ein Mißtrauen getreten ist, welches in der Voraussetzung wurzelt, daß der Arbeitgeber der natürliche Feind des Arbeitnehmers sei und welches daher jedweder Handlung des ersteren eine schädigende, unlautere Absicht unterlegt"[46]. Bei der Maxhütte lag die Geschäftsleitung von 1853 (dem Jahr der Inbetriebnahme) bis 1918 – mit kurzen Unterbrechungen – in Händen von Ernst Fromm sen. und jun., die ein überaus strenges und selbstherrliches Regiment führten, das wohl mit ausschlaggebend war für die beiden Mordversuche gegen Fromm sen. (dem man ein Sprenggeschoß ins Zimmer geworfen hatte) im Jahr 1879[47] und zwei Jahre darauf, 1881, gegen seinen Sohn und Nachfolger, den man durch eine im Keller angebrachte Sprengladung zu töten versuchte[48]. Dem ersten Attentat war unmittelbar vorausgegangen eine Halbierung des Verdienstes (aufgrund von Produktionsdrosselungen), von der die Mehrzahl der Maxhütten-Arbeiter betroffen worden war und die bei diesen große Erregung ausgelöst hatte[49]; der oder die Attentäter wurden aber weder beim ersten noch beim zweiten Mordversuch – im Jahr 1881 – gefaßt, zumal die Familie Fromm beim letzteren sieben Stunden hatte verstreichen lassen, ehe sie die Polizei verständigte, die ihrerseits den Attentäter nicht so sehr unter der Arbeiterschaft als vielmehr in einem potentiellen Konkurrenten von Fromm jun. vermutete[50].

Nur ein Jahr nach dem unaufgeklärt gebliebenen Attentat auf Fromm jun. – den späteren langjährigen Maxhütten-Generaldirektor oder „General", wie ihn die Arbeiter bezeichnenderweise nannten[51] – wurde in der Maxhütte ein erneuter Mordanschlag, und zwar auf einen Aufseher bzw. Vorarbeiter oder Meister verübt, dem, während er schlief, eine mit Pulver gefüllte und mit einer brennenden Zündschnur versehene eiserne Kugel zwischen die Füße gelegt wurde, die aber nicht explodierte[52]. Diese Aufseher nahmen in der nach militärischen Leitbildern strukturierten Hierarchie deutscher Hüttenwerke eine Art Feldwebel-Position ein; als unmittelbare Vorgesetzte der Arbeiter waren sie die Zielscheibe heftiger Kritik von seiten der sozialdemokratischen Presse wie auch der Gewerkschaften. So kam – noch im Jahre 1910 – eine breitangelegte Untersuchung des Deutschen Metallarbeiterverbandes zu dem Ergebnis[53], daß in knapp der Hälfte der erfaßten Hüttenwerke die Behandlung der Arbeiter durch ihre Vorgesetzten als schlecht oder ungenügend anzusehen war und daß es in 15 Prozent der befragten Abteilungen sogar noch zu Tätlichkeiten von Vorgesetzten gegen ihre Untergebenen kam. Ähnliche Klagen kamen auch aus der Maxhütte, wo immer wieder Arbeiter von den Aufsehern als „Bauernschädel, Zuchthäusler" etc. beschimpft, mit drakonischen Strafen belegt[54] oder gar körperlich mißhandelt wurden[55].

Das Aufeinanderprallen von vorindustriellen Verhaltensmustern der frühen Maxhütten-Arbeiterschaft mit der dort geforderten Fabrikdisziplin hatte aber noch andere, in ihrer Kausalität nicht so eindeutige und spektakuläre Folgen (wie dies die – häufig in Gewalttätigkeiten sich entladenden – Konflikte zwischen Vorgesetzten und Untergebenen waren), die in ihren (Aus-)Wirkungen aber gleichwohl kaum zu überschätzen sind: die bereits ausführlich behandelten enorm hohen Unfall- und Krankheitsfrequenzen[56] und die – ebenfalls eingehend diskutierten[57] – weit (in einigen Regionen um mehr als das Doppelte) über dem bayerischen Mittelwert liegenden oberpfälzischen Bierverbrauchswerte[58], die wiederum entsprechend hohe Ausgaben für Alkoholika (vermutlich 1/4 des durchschnittlichen oberpfälzischen Arbeiterhaushaltsbudgets) voraussetzten. Während bei den Rosenberger Maxhütten-Arbeitern der Branntwein als „warmer Morgentrunk"[59] besonders beliebt gewesen zu sein scheint, dürfte in Haidhof doch der Bierkonsum ganz eindeutig dominiert haben. Zu jeder Schicht wurden pro Mann bereits zwei Liter Bier von zuhause mitgebracht[60]; wieviel im Werksbereich selbst dann noch „nachgefaßt" wurde, ist nicht bekannt. Bier wurde jedoch in erheblichen Quantitäten an allen Arbeitsplätzen getrunken, selbst an den gefährlichsten, was von der Geschäftsleitung durch die Genehmigung entsprechender Einrichtungen zur Lagerung und Kühlhaltung des Biers noch gefördert wurde[61]. Auch wenn Klagen zum überhöhten Alkoholkonsum in der (zumal bayerischen) Öffentlichkeit wohl meist nur von einem verständnisinnigen Augenzwinkern begleitet wurden (und noch werden?), wird man doch nicht nur auf den Nahrungs- und Stärkungseffekt des Alkohols verweisen dürfen, sondern auch dessen Funktionen als Mittel zur psychischen Betäubung, zur Kompensation und Stimulierung sowie als Ventil für den durch die Fabrikdisziplinierung angestauten Leidensdruck erwähnen müssen[62].

Es sei hier auch noch auf eine weitere verdeckte Form des Protests gegen industrielle Verhaltenszumutungen eingegangen, die - noch um die Jahrhundertwende – starke Fluktuation besonders bei den vom Lande stammenden oberpfälzischen Fabrikarbeiterinnen, „die früher nur Haus- oder Feldarbeit verrichteten, sich nicht an eine geregelte Fabriktätigkeit gewöhnen können und auch darunter leiden; solche Arbeiterinnen wenden sich in der Regel ihrer früheren Beschäftigungsweise wieder zu. Für schwächliche Arbeiterinnen, bleichsüchtige Mädchen und junge Mütter, welche ihre Kinder selbst nähren wollen, ist die nach Stunden strenge geregelte Fabrikarbeit in geschlossenen Räumen allerdings nicht zuträglich, und es machen sich hier die ungünstigen Einflüsse der Fabrikarbeit bisweilen sehr bemerkbar"[63].

Wie am Beispiel der Maxhütte demonstriert, äußerte sich die beginnende Bewußtseinsveränderung bei Teilen der frühen Lohnarbeiterschaft – angesichts der ihr durch die Fabrikdisziplin zugemuteten Verhaltensnormen – zunächst in einer Vielzahl individualistischer Fluchtreaktionen: gewalttätige Aktionen gegen Vorgesetzte sowie Flucht in Krankheit und Alkohol. Eine weitere wesentliche Stufe hin zum Klassenbewußtsein der Lohnarbeiterschaft: die Praxis gemeinsamer Gegenwehr, wurde erst ganz allmählich genommen; dieser entscheidende Schritt wurde – auch und gerade – in den oberpfälzischen Fabriken vorbereitet und begleitet von politischen und sogar konfessionellen Repressionen seitens der Unternehmerschaft, wie im Folgenden am Beispiel der Maxhütte, dann der Gewehrfabrik sowie der Baumann'schen Emailfabrik in Amberg und, schließlich, der Bischofshofer Brauerei in Regensburg gezeigt werden soll. Bereits am 2.11.1872 war auf der Maxhütte ein „Gewerk-Verein der deutschen Maschinenbau- und Metallarbeiter, Ortsverein zu Burglengenfeld" gegründet worden, der, offensichtlich von der Geschäftsleitung initiiert, vor allem aus Meistern und Vorarbeitern bestand[64] und seinen Mitgliedern eine Reihe zusätzlicher sozialer Sicherungen bot[65]. Irgendwelche darüber hinausgehende Aktivitäten dieses Gewerkvereins sind nicht bekannt; vermutlich löste er sich auch bereits nach wenigen Jahren wieder auf[66]. Maxhütten-Direktor Fromm sen. kandidierte 1878 für die Liberalen im Wahlkreis Regensburg zum Reichstag, erhielt aber nur 6,4 Prozent der Stimmen[67]; Fromm sen. und jun. betrieben aber – bis zum Ende des I. Weltkrieges – einen ins Extreme übersteigerten monarchischen Reichs- und Bismarck-Kult, dem sich die Belegschaft nicht entziehen konnte[68].

Von den rund 2.000 Maxhütten-Arbeitern wurden – nach Angaben von Fromm sen.[69] – bei den Reichstagswahlen 1884 nur 2, 1887 dann 40 sozialdemokratische Wahlstimmen abgegeben. 1889 kam es zur ersten Streikaktion auf der Maxhütte, als 30 Arbeiter auf vorheriges Rufen „gearbeitet wird nichts mehr" kurzzeitig die Arbeit niederlegten, nach Erscheinen des Ingenieurs am Streikort aber ruhig weiterarbeiteten. Naiv-hilflos wurde dabei auf Abortwände und -türen die Parole geschrieben: „Hoch lebe der Streik!"[70] Eine Feier zum 1. Mai des darauffolgenden Jahres 1890 konnte Fromm jun. verhindern, indem er den Arbeitern androhte, daß, wenn einzelne von ihnen den 1. Mai feiern wollten, diese sofort entlassen würden, wenn aber eine größere Anzahl nicht arbeiten wollte, die gesamte Belegschaft für ein paar Wochen ausgesperrt würde[71]. Die erste sozialdemokratische Versammlung in Burglengenfeld am 26. Juli 1891[72] hatte dann zur Folge, daß 5 Maxhütten-Arbeiter fristlos entlassen wurden, weil sie angeblich dem Vortrag des Referenten Dr. Rüdt aus Heidelberg „nicht entgegen getreten" waren; vier dieser Arbeiter zogen daraufhin nach Nürnberg, der fünfte fand in München Arbeit[73]. Einem weiteren Maxhütten-Arbeiter wurde noch im selben Jahr durch seinen Meister die fristlose Kündigung angedroht, wenn er nicht aus dem Metallarbeiterverband austrete und sein Abonnement der „Fränkischen Tagespost" aufgebe[74].

Durch einen rigorosen politischen Repressionskurs erstickte die Maxhütten-Geschäftsleitung also die noch unbeholfenen Ansätze der Haidhofer Arbeiterschaft zu einer kollektiven Gegenwehr in den Jahren 1889 bis 1891 bereits im Keim, während bei den Rosenberger Arbeitern selbst diese bescheidenen Ansätze noch fehlten und die „Fränkische Tagespost" nur lamentieren konnte: „Es wäre nur zu wünschen, daß hier einige tüchtige Arbeiter wären, welche den Muth hätten, gegen gewisse Uebelstände energisch aufzutreten. Solche Arbeiter fehlen uns, und leider läßt von den Arbeitern Jeder sich behandeln, wie es den Unternehmern beliebt, daher die beklagenswerthen Zustände"[75].

Eineinhalb Jahrzehnte lang, bis zum großen Streik auf der Maxhütte 1907/08, scheint dann in beiden Maxhütten-Werken politische Friedhofsruhe geherrscht zu haben. Dies änderte sich erst mit der Einrichtung einer Ortsverwaltung der Metallarbeitergewerkschaft am 24. Juni 1906 in Leonberg (wo bereits 1902 der erste sozialdemokratische Ortsverein des Maxhütten-Industriegebietes gegründet worden war): aus anfangs 22 wurden dort rasch 500 Mitglieder, und noch im Herbst desselben Jahres konnten erstmals erfolgreich Lohnforderungen von den organisierten Maxhütten-Schlossern durchgesetzt werden[76]. So also waren zum Ende des Jahres 1906 die Voraussetzungen beschaffen für die beiden Streiks vom Frühjahr 1907 und, vor allem, vom Herbst und Winter 1907/08, deren Verlauf und Auswirkungen hier genauer betrachtet werden sollen, weil sie wesentlich zur Verbitterung und Radikalisierung und damit auch zur Entwicklung eines Klassenbewußtseins bei der Maxhütten-Arbeiterschaft beitrugen.

Der zweieinhalbwöchige Ausstand im Frühjahr 1907 entzündete sich an einem vergleichsweise geringfügigen Anlaß: der Kündigung von zwei Arbeitern wegen „ungezogenen Benehmens"[77]. Dieser Streik trug bereits Grundzüge des darauffolgenden: auf seiten der Unternehmensleitung Repressalien wie Androhung der Kündigung der Werkswohnungen, der Mitgliedschaft im Werkskonsumverein sowie der Streichung aus der Pensionskasse, seitens der Arbeiter starke Agitation der Sozialdemokraten. Entscheidend aber war die Ablehnung jeglicher Verhandlungen mit dem Vertreter des Deutschen Metallarbeiter-Verbandes, Bezirksleiter Enßner aus Nürnberg, was bereits den Keim zur nächsten Auseinandersetzung in sich barg. Im Gegensatz zu Sulzbach und Rosenberg, wo die christlichen Gewerkschaften dominierten, waren in Haidhof nur 21 Arbeiter christlich organisiert[78].

So kam es bereits im Oktober desselben Jahres zu einer erneuten Machtprobe, als Bezirksleiter Enßner aufgrund der enormen Lebensmittelteuerung Lohnforderungen für die im Metallarbeiter-Verband Organisierten anmeldete, die Hüttenverwaltung sich aber weigerte, mit ihm als „Werksfremden" zu verhandeln und damit die Gewerkschaft als Verhandlungspartner anzuerkennen[79]. Nachdem auch eine Arbeiterabordnung bei der Werksleitung keine Lohnerhöhung hatte erreichen können, legten am 25. Oktober 1907 die mittlerweile 606 frei organisierten Arbeiter – die restliche Belegschaft teilte sich im Herbst 1907 auf in 300 „gelb" bzw. überhaupt nicht und in nur 21 christlich Organisierte[80] – die Arbeit nieder. Nach einigen Wochen Streik reagierte die Werksleitung mit dem Ausschluß der Arbeiter aus dem Konsumverein, der Kündigung der Werkswohnungen und der Annullierung der Mitgliedschaft in der Betriebskrankenkasse.

Inzwischen war auch die Presse auf den Maxhütten-Streik aufmerksam geworden, der Aufsehen erregte „im ganzen Deutschen Reich"[81]. Der Sonderberichterstatter der sozialdemokratischen „Münchener Post"[82] meldete am 17. Dezember 1907 „aus Maximilianshütte", die konservative Zeitungspresse habe ihre anfängliche Unterstützung der Streikforderungen wieder aufgegeben. Durch die von der Direktion mit Teuerungs- und Gefahrenzulagen belohnten etwa 25 Mitglieder der christlichen Gewerkschaften seien Teile des Betriebes in Gang gehalten und damit eine rasche Beendigung des Streiks verhindert worden. Nachdem dem Vertrauensmann der Ausständigen in Teublitz von Arbeitswilligen die Fenster eingeworfen worden waren, wurden im Gegenzug diesen fast sämtliche Fenster zertrümmert. Einer der betroffenen Arbeitswilligen schoß daraufhin mit dem Revolver zum Haus hinaus, was die Ausständigen dazu trieb, am nächsten Tage vor Schichtbeginn in Trupps von 50 bis zu 250 Mann die Arbeitswilligen Spalier laufen zu lassen, wobei mit Steinen geworfen wurde und auch Schüsse fielen.

Nach Aussagen der Gendarmerie seien aber höchstens zwölf Schüsse gefallen; verletzt worden sei dadurch niemand. Dagegen seien vier oder fünf Arbeitswillige durch Steinwürfe verletzt worden. Abschließend stellte die „Münchener Post" die Frage: „Und langt Fuchsmühl noch nicht für die Oberpfalz?" Dies mag zeigen, in welchen Dimensionen der Maxhüttenstreik von der (wenn auch parteilichen) überregionalen Presse gesehen wurde.

Der zentrumsnahe „Fränkische Kurier" aus Nürnberg schrieb, ebenfalls unter dem 17. Dezember 1907, im wesentlichen dasselbe[83], wies jedoch die Schuld eindeutig den Streikenden zu. Mit einer gewissen Genugtuung wurde festgestellt, daß am 14. Dezember 1907 100 Mann des 2. Bataillons des 11. Infanterieregiments in Regensburg in das Streikgebiet abgegangen seien (was später von der sozialdemokratischen Presse bestritten wurde). Zu den bereits 20 in Maxhütte stationierten Gendarmen seien von der Kreisregierung 15 weitere bereitgestellt worden; 20 Mann seien von Niederbayern nach Burglengenfeld verlegt worden. Unter den streikenden Arbeitern herrsche große Erregung, weil die Beiträge aus der Streikkasse für Verheiratete wesentlich gekürzt und für Ledige überhaupt eingestellt worden seien.

Der „Regensburger Anzeiger" (der ja zum Verlagshaus Habbel-Held gehörte) berichtete am 21. Dezember 1907, daß der Abgeordnete Held „den unerhörten Terrorismus der dortigen sozialdemokratischen Streikenden nach Gebühr kennzeichnete und ihm der Minister des Inneren v. Brettreich[84] darin beipflichtete." Gegen die Vorwürfe der Zentrumspresse wehrte sich die „Münchener Post"[85] mit der Feststellung, die Ausgesperrten verhielten sich „musterhaft". Daß die Hüttenverwaltung schon seit Jahren „40, 42 und 44 pCt Dividende verteilt habe, sei nur durch die Arbeiter möglich gewesen", die „ununterbrochen 12 Stunden in glühender Hitze, ohne Pausen und in steter Lebensgefahr Millionen an Mehrwert geschaffen hätten. Abschließend stellte die „Post" zum Verhalten der Werksleitung fest: „Nicht der Kostenpunkt hindert sie, sondern ihr Herrendünkel."

Am 9. Januar 1908 polemisierte die „Post" gegen den „Regensburger Anzeiger", der die Anzahl der christlich Organisierten in Haidhof mit 350 Mitgliedern angegeben hatte. Dann wurde nochmals kritisiert, daß „die Hüttenverwaltung es gar nicht der Mühe wert gefunden hat, überhaupt eine Antwort zu geben." Dem folgte das Eingeständnis des Bezirksleiters des Metallarbeiter-Verbandes, sich selbst in einer Zwickmühle zu befinden zwischen den radikalen Forderungen der Arbeiter und der Unnachgiebigkeit der Hüttenverwaltung: So habe der Verband „dem Drängen der Arbeiter nachgeben" müssen, nachdem der „Regensburger Anzeiger" - fälschlicherweise – gewaltige Lohnforderungen des christlichen Verbands im Werk Rosenberg gemeldet hatte. Auch seien die Arbeiter nicht von sich aus in den Streik getreten, vielmehr habe die Werksleitung alle Organisierten aussperren lassen. Am 15. Januar lenkte die „Post" – wohl angesichts leerer Streikkassen – noch weiter ein, als sie fast moralisierend an die Werksleitung appellierte: „Die Hüttenverwaltung brauchte nur von der angedrohten Aussperrung, durch die 22 Familienväter, die zum Teil 31 Jahre lang dem Werke bei der elendesten Bezahlung Gesundheit und Leben zum Opfer brachten, auf das Straßenpflaster geworfen werden, Abstand zu nehmen."

In der Woche darauf kam es zu einer dramatischen Zuspitzung der Stimmung unter den Streikenden, „deren Terrorismus nachgeradezu unheimlich wird", wie der „Regensburger Anzeiger" unterm 23. Januar schrieb. Trotz einer Verstärkung der Gendarmerie auf nahezu 100 Mann werde der tägliche Heimweg für die Arbeitswilligen zu einem Spießrutenlauf. „Die Streikenden hatten sich mit ihren Weibern und Kindern versammelt, um die von Gendarmen begleiteten Arbeitswilligen zu verhöhnen. . . . Unter Pfeifen, Pfuirufen, Johlen, Steinwürfen, unter den wüstesten Verwünschungen wurden die Arbeiter durch die Regensburger Straße und die Hauptstraße begleitet. . . . Dieselben wurden von den Streikenden, von Weibern und einer Unmenge Kinder mit Schimpf- und Schmähworten, Pfeifen, Schreien und wildem Gejohl empfangen und auch angespuckt." Und der „Anzeiger" resümierte, dabei auf den wunden Punkt der Bezirksleitung zielend: „Wie es scheint, hat die Streikleitung vollständig die Herrschaft verloren. Denn der Bezirksleiter Enßner soll den Leuten dringend vorgestellt haben, die Arbeit aufzunehmen, jedoch vergebens. Es sind jetzt die größten Hetzer an der Spitze." Die sozialdemokratische „Fränkische Tagespost", deren Chefredakteur Kurt Eisner von 1907 bis 1910 war[86], kritisierte am 29. Januar die polizeilichen Verordnungen, die bereits eine Woche zuvor für das Krisengebiet ergangen waren: „Sind doch durch das Verbot des Zusammenstehens von mehr als 5 Personen innerhalb des Bezirkes der Gemeinden Burglengenfeld, Ibenthann, Katzberg (soll heißen 'Katzheim' oder 'Katzdorf', d. Verf.), Leonberg, Meßnerskreith, Münchshofen, Premberg, Saltendor (soll heißen 'Saltendorf', d. Verf.) und Teublitz eine Reihe Personen mit Strafen belegt worden, die auch nicht im entferntesten 'umstürzlerischen Tendenzen' huldigten. Wie prompt da unsere Justiz arbeitet, beweist der Umstand, daß das Verbot noch nicht 20 Stunden alt war, bis über 100 Leute ihren Strafbefehl in der Tasche hatten. Das Schreien bringt allein 1 Woche Gefängnis ein."

Am 4. Februar 1908 war dann der Streik entschieden. Das „Amberger Tagblatt"[87] meldete, daß für Wiederaufnahme der Arbeit 460, dagegen nur 70 Arbeiter gestimmt hätten: „Die Wiederaufnahme der Arbeit erfolgte unter den Bedingungen der Direktion, so daß der Streik zuungunsten der Arbeiter entschieden ist." Das „Sulzbacher Wochenblatt"[88] nannte als Folge des Streiks, daß „die Aufnahme der wieder in Arbeit zu nehmenden Streikenden sich aber nur sehr langsam vollziehen" wird, da eine erhebliche Zahl von fremden Arbeitern eingestellt worden sei, welche jetzt nicht einfach entlassen werden könnten. „Letztere konnten trotzdem die Produktion derartig steigern", schrieb das „Wochenblatt" weiter, „daß auch die Löhne erhöht werden konnten. Im Januar ungeübte Arbeiter, im September vor. Jrs. seit Jahren ihren Strecken eingearbeitete – aber 'frei organisierte' – Leute! Dieser Vergleich ist wohl der schlagendste Beweis für die seitens der freiorganisierten Arbeiter seit längerer Zeit geübte passive Resistenz und der 'zielbewußten' Handlungsweise."

Doch neben dem Spott hatten die Haidhofer Arbeiter auch noch den Schaden: zwei Wochen nach Beendigung des Streiks mußten sich 64 Maxhütten-Arbeiter vor der Strafkammer des Kgl. Landgerichts in Regensburg wegen „Landfriedensbruch und Andern" verantworten. Am 30. November 1908 wurden nach fünftägiger mündlicher Verhandlung insgesamt 13 Jahre, sechs Monate und zwei Tage Strafe verhängt[89]. Freigesprochen wurden nur 18 Arbeiter; die anderen 46 Arbeiter wurden zu Strafen zwischen 10 Monaten und einer Woche Gefängnis verurteilt[90]. Zusätzlich hatten die Angeklagten die Kosten des Verfahrens zu tragen. Auch wenn in der sozialdemokratischen Parteipresse Bayerns sofort nach Prozeß-Ende ein Spendenaufruf („Männer und Frauen der Arbeit! Ihr kennt den Verlauf und das Ende des großen Lohnkampfes auf der Maxhütte bei Burglengenfeld. Es war die erste, gewaltige Regung des brutal geknechteten Proletariats der finsteren Oberpfalz – ein Verzweiflungsakt noch ungeschulter Kampfgenossen. Der Streik . . ., das heiße Blut der Oberpfälzer, die schamlosen Verrätereien der 'Christlichen' verursachten Ausschreitungen") erschien, der innerhalb weniger Tage an den beiden Sammelorten Nürnberg und München die erstaunliche Summe von 21.771 Mark erbrachte[91], so waren die materiellen Folgen für die Streikenden und ihre Familien doch verheerend: „Viele Familien kamen erst so echt in Not; denn der Ernährer mußte in der Fronfeste zu Regensburg oder in den Zellengefängnissen in Nürnberg oder Bayreuth seine Strafe verbüßen. Einige wanderten anschließend in die Tschechei aus, andere wurden erst nach Jahren im Eisenwerk wieder in Arbeit genommen. Alle Mitglieder des DMV wurden nicht nur entlassen, sondern dazu für den Umkreis von drei Stunden Weg auf eine schwarze Liste gesetzt"[92].

Ganz anders die Bilanz des Deutschen Metallarbeiter-Verbandes zum Maxhütten-Streik in der „Münchener Post" vom 8. Februar 1908. Darin wurde der fünfzehnwöchige Streik als Erfolg beurteilt, obwohl dieser doch hatte abgebrochen werden müssen gerade wegen der leeren Streikkassen des Verbandes, was aber nirgends mit auch nur einem Wort eingestanden wurde. Mit dieser schönfärberischen Beurteilung (64 Arbeiter waren vor Gericht gestellt, 18 nicht mehr eingestellt, die Streikenden aus dem betriebseigenen Konsumverein und der Maxhütten-Krankenkasse ausgeschlossen sowie aus den Werkswohnungen geworfen worden) verbunden war heftige Kritik an den Christlichen, die sich vier Wochen am Streik beteiligt hätten, um dann, als ihnen Teuerungs- und tägliche Lohnzulagen geboten wurden, als Streikbrecher aufzutreten. Der hauptsächlich vom Regensburger Zentrumspolitiker Heinrich Held inszenierte Streikbruch auf der Maxhütte sollte aber mit einem Fiasko für den Christlichen Metallarbeiterverband wie auch – längerfristig – für die christliche Gewerkschaftsbewegung überhaupt enden, brachte er doch dem ersteren nur unwesentliche Organisationserfolge (einen Anstieg der Mitgliederzahlen von 21 auf etwa 30 in Haidhof)[93] und – weit wichtiger noch – diskreditierte die letztere auf lange Zeit hinaus als Streikbrecherorganisation und als willfähriges Werkzeug des in den letzten Vorkriegsjahren die Oberhand gewinnenden reaktionären Zentrumsflügels.

Die Maxhütten-Direktion reagierte auf diesen Streik mit der Gründung eines „Hüttenverbandes", der seinen als „Gelben" bezeichneten Mitgliedern finanzielle Vorteile bot. War die tiefere Ursache für den Streikmißerfolg der Haidhofer Arbeiter die Gespaltenheit in freie und christliche Gewerkschaften gewesen, so wollte die Hüttenleitung dennoch nicht die Möglichkeit einer Einigung der beiden Gewerkschaftsblöcke für alle Zukunft ausschließen und vorsorglich einen Keil dazwischentreiben. Am 8. März 1908 berichtete der Regierungspräsident[94], daß im Anschluß an den Streik 50 Maxhütten-Arbeiter aus dem Metallarbeiter-Verband ausgetreten seien und sich dem Werkverein angeschlossen hätten. Bis zum 1. Juli 1908 waren ihm bereits 410 Arbeiter beigetreten, darunter 150 ehemalige Mitglieder des Deutschen Metallarbeiter- Verbandes[95]. Insgesamt verlor die Organisation nach dem fatalen Streik-Ausgang rund zwei Drittel ihrer Mitglieder und sollte sich erst nach dem Ende des I. Weltkrieges von diesem Schlag wieder erholen[96]. Das ganze Ausmaß der Erbitterung, das diese katastrophale Streikniederlage und der sie mitverschuldende Streikbruch der Christlichen bei der Maxhütten-Arbeiterschaft hinterlassen hatten, sollte deutlich werden erst in der Revolution von 1918/19, die – wie noch zu zeigen sein wird – nirgends in der Oberpfalz so radikal, gewalttätig und anti- klerikal verlief wie gerade im Maxhütten-Industriegebiet.

Am Beispiel des wohl bedeutendsten frühindustriellen Betriebes der Oberpfalz, der Amberger Gewehrfabrik, soll nachfolgend gezeigt werden, wie durch das Zusammenwirken von Sozialistengesetz sowie einer auf politische Disziplinierung ausgerichteten Fabrikordnung und Personalpolitik die vordem in der Gewehrfabrik so starke Metallarbeiterbewegung innerhalb weniger Jahre derart geschwächt und unterminiert wurde, daß sie auf Jahrzehnte hinaus (bis zum Jahr 1903) völlig zum Erliegen kam. So herrschte bis zum Anfang der 1870er Jahre in der Amberger Gewehrfabrik offenbar ein im Ganzen verträgliches Verhältnis zwischen Leitung und Belegschaft: der Einzelne (insbesondere der Facharbeiter) hatte sein Auskommen und konnte auch mit dauernder Beschäftigung rechnen. Mit der Übertragung der Klett'schen Fabrikordnung auf die Gewehrfabrik änderten sich dort aber die Verhältnisse einschneidend: die Arbeiter mußten nun Dienstabzeichen tragen und sich einer strengen militärischen Disziplin unterwerfen, bestand doch die Leitung der Gewehrfabrik inzwischen vollständig aus Offizieren[97]. Trotz oder vielleicht auch gerade wegen dieses straffen militärischen Regiments entwickelte sich unter der Belegschaft der Gewehrfabrik die mitgliederstärkste Metallarbeiter-Gewerksgenossenschaft der Oberpfalz, die im Jahr 1876 mit 76 Mitgliedern immerhin an 12. Stelle unter sämtlichen deutschen Metallarbeitergewerksgenossenschaften rangierte[98], im Jahr darauf dann allerdings in eine schwere Krise geriet und nur noch 20 Mitglieder zählte[99].

Trotz dieses Mitgliederschwundes und der durch das Sozialistengesetz von 1878 erschwerten bzw. unmöglich gemachten gewerkschaftlichen Betätigung versuchte die Gewehrfabrik- Direktion jegliche Möglichkeit für eine erneute gewerkschaftliche Organisierung in ihrem Betrieb von vorneherein zu unterbinden, indem sie im Mai 1880 dem Paragraphen 3 ihres Reglements noch die folgende Bestimmung „sozialdemokratische Vereine und Bestrebungen betreffend"[100] hinzufügte. „Ferner hat jeder Arbeiter vor seiner Aufnahme die Erklärung abzugeben, daß er keinem Vereine oder Verbindung jedweder Art [sic] angehört, welcher socialdemokratische Tendenzen verfolgt. Er enthält sich, so lange er in Arbeit bei der k. Gewehrfabrik steht, auch des Besuches von Versammlungen, Festen ec. vorgenannter Vereine als Gast. Uebertretungen dieses haben die sofortige Entlassung zur Folge"[101]. Die Entlassung aus der Gewehrfabrik wiederum zog nach Paragraph 5 des Bruderkassen-Reglements den Verlust aller Ansprüche auf eine Rückerstattung der oft jahrzehntelang in die Bruderkasse eingezahlten Beiträge nach sich[102]. Im Februar 1891 wurde erstmals unter Berufung auf Paragraph 3 der Gewehrfabrikordnung ein Arbeiter fristlos entlassen, der im Sommer des vorangegangenen Jahres auf einer Delegiertenversammlung der Gewehrfabrikarbeiter-Bruderkasse auf den von ihm abgegebenen Stimmzettel zur Wahl der Kassenverwaltung einen Vers gekritzelt hatte, in dem die Unfreiheit des Wahlverfahrens kritisiert worden war, und der erst ein halbes Jahr darauf unter – Ironie des Schicksals – Bruch des von ihm angezweifelten Wahlgeheimnisses durch einen Vergleich der Schriftzüge ermittelt wurde[103].

Die ins Reglement aufgenommene Verpflichtung zur politischen Enthaltsamkeit (mit der das Privatleben des einzelnen Gewehrfabrikarbeiters der Kontrolle durch die Direktion unterworfen wurde) wurde flankiert und abgesichert durch die von der Gewehrfabrikdirektion betriebene Personalpolitik, die unter systematischer Nutzung der enormen Beschäftigtenfluktuation[104] abzielte auf die langfristige Heranbildung eines politisch konservativen und befriedeten (Fach-)Arbeiterstammes; im Folgenden soll diese Personalpolitik anhand schriftlich fixierter Überlegungen, wie sie so nur für die Gewehrfabrik Amberg vorliegen bzw. zugänglich sind, ausführlich dokumentiert werden. So heißt es im Jahresbericht 1891/92 zur Funktion und zu den maßgeblichen Kriterien der Ein- und Ausstellungspolitik im System politischer Repression der Gewehrfabrikdirektion: „Es ist selbstverständlich, daß von der Entlassung in erster Linie diejenigen Elemente betroffen wurden, welche sich entweder in ihrer Arbeitsleistung oder in ihrer Gesinnung als nicht völlig verlässig erwiesen haben. Amberg besitzt infolge seiner Verkehrsverhältnisse eine ziemlich isolierte Lage. Es ist deshalb eine schwierige Sache, bei Eintritt eines hohen Betriebes ... die genügende Anzahl von Schlossern rechtzeitig zu erhalten. ... Wenn es sich nun auch infolge dieser Verhältnisse nicht ganz

Abb. 9: Königliche Gewehrfabrik, Amberg

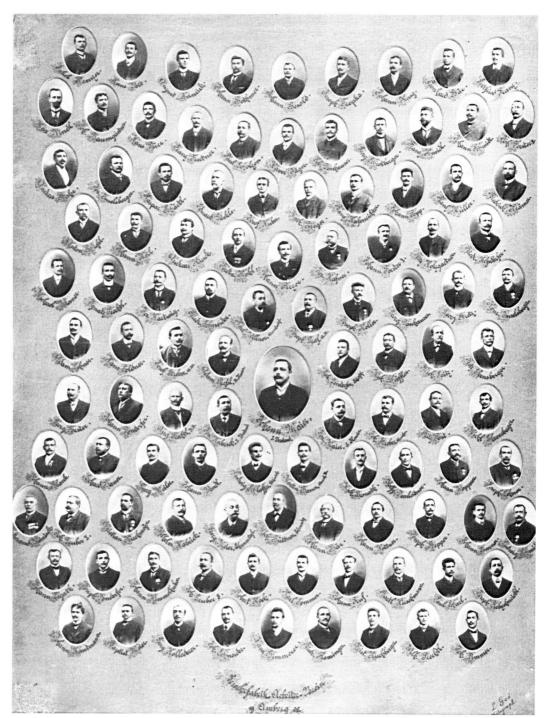

Abb. 10: Die Mitglieder des Gewehrfabrik-Arbeitervereins Amberg im Jahr 1905

vermeiden ließ, daß hie und da Elemente sich einschlichen, deren Gesinnung zum Mindesten eine zweifelhafte genannt werden muß, so gelang es diesen jedoch keineswegs in der von ihnen angestrebten Richtung Erfolge zu erzielen"[105].

Als Grund hierfür wird der unter den Arbeitern herrschende „sehr gute Geist" genannt, der in „der humanen Behandlung der Arbeiter seitens der Direktion" und im „Einfluß der besonnenen älteren Arbeiter, die in unentwegter Treue ihrem angestammten Herrscherhaus zugethan sind"[106] seinen Ursprung habe. Gerade dem monarchischen Kult, wie ihn alljährlich bei den Geburtstagsfeiern des Prinzregenten der Gewehrfabrikarbeiterverein – mit morgendlicher Ansprache des Direktors vor versammelter Belegschaft, mit anschließendem gemeinsamen Kirchgang und einer abendlichen Festfeier – zelebrierte[107], wurde eine besondere Bedeutung beigemessen für die anti-sozialdemokratische Immunisierung der Gewehrfabrik-Stammarbeiter, „die, einer verhältnismäßig sicheren Existenz sich erfreuend, von den sozialistischen Utopien nichts wissen wollen"[108].

Die wirtschaftlich nachteilige Isoliertheit Ambergs bringe andererseits „das Gute mit sich, daß die unter den Arbeitern großer Städte und Eisenbahnknotenpunkte herrschende allgemeine Unzufriedenheit, und in weiterer Folge der Zulauf in das sozialistische Lager, hier bei weitem nicht so groß ist, als anderwärts. Denn wenn auch . . . der jüngere und unbesonnenere Teil der Arbeiter infolge seiner geringeren Lebenser-

Abb. 11: Belegschaftsfoto der Gewehrfabrik Amberg vom 7.2.1901 anläßlich des 100jährigen Bestehens der Gewehrfabrik Amberg

fahrung gern mit der Sozialdemokratie, die ihm die bekannten goldenen Berge verspricht, liebäugelt, so gibt es doch im Ganzen sehr wenig ausgesprochene Sozialdemokraten in Amberg"[109]. So habe es die Sozialdemokratie in Amberg, wo die Mehrzahl der 19.000 Einwohner von Fabrikarbeit lebe, bei der Reichstags-Ersatzwahl vom März 1893 auch nur auf 205 Stimmen gebracht, von denen wiederum „nur ein verschwindender Bruchteil auf die Gewehrfabrik"[110] selbst entfallen sei.

Bis zum Ende des letzten Jahrhunderts scheint dann die Heranbildung eines sich mit den Interessen der Gewehrfabrik voll identifizierenden Arbeiterstammes – aus der Mitte der eigenen Belegschaft heraus – abgeschlossen zu sein, konnten doch bis dahin bei den alljährlichen Entlassungswellen „alle diejenigen Elemente entfernt werden ..., deren gute Gesinnung irgend welchen Zweifel aufkommen ließ ... während man die schon lange in der Fabrik befindlichen und ihrer Gesinnung nach wohlbekannten Arbeiter möglichst zu halten bestrebt war"[111]. Glaubt man dem Berichterstatter der Gewehrfabrik, so war dort bis zur Jahrhundertwende eine – durch Sozialistengesetz, Dienstreglement und Personalpolitik politisch disziplinierte – Stammarbeiterschaft herangezogen worden, bei der der „gute Geist ... verbunden mit patriotischer und religiöser Gesinnung ... nicht nur in dem anständigen Benehmen während der Arbeit, sowie in der Ehrerbietung gegenüber den Vorgesetzten zu Tage [tritt], sondern auch außerhalb der Fabrik, bei den Feierlichkeiten

Abb. 12: Gruppenfoto des technischen Betriebspersonals der Gewehrfabrik Amberg anläßlich deren Auflösung am 1.11.1919

am Geburtsfeste Seiner Königlichen Hoheit des Prinzregenten, bei den sonstigen geselligen Vereinigungen der Gewehrfabrikarbeiter sowie in deren Privatleben"[112].

Ein weiteres Beispiel für die (versuchte) politische und sogar konfessionelle Disziplinierung und Repression einer Belegschaft bot der andere große Amberger Betrieb (vor 1919): die Emailfabrik der Gebrüder Baumann. Diese hatten als strenggläubige Protestanten in den Jahren 1888 bis 1896 immer erneut versucht, ihre ledigen katholischen Arbeiter(-innen) zu einer protestantischen Trauung bzw. bereits verehelichte katholische Arbeiter(-innen) zu einer protestantischen Kindererziehung – unter Androhung der Entlassung – zu zwingen. Daß diese Androhung letztendlich aber doch nicht realisiert wurde und die Baumann'schen Bekehrungsversuche offenbar mit dem Jahr 1896 eingestellt wurden, hatte seine Ursachen vermutlich im Aufruf des katholischen Stadtpfarrers von Amberg, nicht in Arbeit zu treten bei der Firma Baumann, solange der Konfessionsdruck dort andauere (womit der Arbeitskräftemangel dieses stark expandierenden Betriebes noch bedeutend vergrößert worden wäre) sowie in der Entrüstung unter der großenteils katholischen Bevölkerung und in den diese Empörung steigernden Polemiken der klerikal-konservativen oberpfälzischen Presse[113]. Am Vorgehen der Gewehrfabrik scheinen sich die Gebrüder Baumann dann Ende 1913 bei der Entlassung von 240 Beschäftigten orientiert zu haben, als sie neben sämtlichen – insgesamt 180 – Untersechzehnjährigen auch alle 60 Arbeiter entließen, die nicht ihrem gelben Werkverein angehörten, sondern Mitglieder der freien bzw. der christlichen Gewerkschaften waren[114].

Bereits im Mai 1905 waren in der Bischofshofer Brauerei in Regensburg acht Mälzer entlassen worden, weil sie sich einer nichtchristlichen Organisation angeschlossen hatten; den übrigen Beschäftigten war ebenfalls die Kündigung angedroht worden für den Fall, daß auch sie den freien Gewerkschaften beitreten würden. Diese politischen Entlassungen beherrschten in Regensburg denn auch die Pressepolemiken im Vorfeld der Landtagswahlen von 1905[115] und beschäftigten zu Anfang des Jahres 1906 – auf Antrag der Sozialdemokraten – sogar den Reichstag, in dem der Zentrumsabgeordnete Freiherr von Pfetten aus Ramspau diesen personalpolitischen Repressionskurs des Ordinariats verteidigte; die Regensburger Sozialdemokraten reagierten darauf wiederum am 18. Februar 1906 mit der Einberufung einer stark besuchten und hitzig verlaufenen Protestversammlung, in der sie von Pfetten vorwarfen, die Unwahrheit gesprochen zu haben und dem Generalvikar Leitner die Hauptschuld an den politischen Entlassungen in der Bischofshofer Brauerei gaben[116].

FUSSNOTEN: V. REKRUTIERUNG, QUALIFIZIERUNG UND DISZIPLINIERUNG DER LOHNARBEITERSCHAFT IN DER OBERPFALZ SOWIE DARAUS RESULTIERENDE KONFLIKTE UND ERSTE ANSÄTZE ZUR KOLLEKTIVEN GEGENWEHR UND BILDUNG EINES KLASSENBEWUSSTSEINS (ANHAND VON FALLBEISPIELEN)

1) Zur Entwicklungsgeschichte des Begriffs „Arbeiter" vgl. Werner CONZE, Art. „Arbeiter", in: Otto BRUNNER/Werner CONZE/Reinhart KOSELLECK (Hrsg.), Geschichtliche Grundbegriffe. Historisches Lexikon zur politisch-sozialen Sprache in Deutschland, Bd. 1, Stuttgart 1972, S. 216 – 242; hierzu auch KOCKA, Jürgen: Lohnarbeit und Klassenbildung. Arbeiter und Arbeiterbewegung in Deutschland 1800 bis 1875, Berlin/Bonn 1983, S. 130 – 137.

2) Zum Begriff des Lohnarbeiters vgl. KOCKA im Lern- und Arbeitsbuch, Bd. 1, S. 18 und 42; hierzu auch Hartmut ZWAHR, Zur Konstituierung des Proletariats als Klasse. Strukturuntersuchung über das Leipziger Proletariat während der industriellen Revolution, Berlin (O) 1978, S. 25 f., der jedoch zur Lohnarbeiterschaft zum Teil auch Handwerksgesellen, Manufakturarbeiter, Tagelöhner und Gelegenheitsarbeiter rechnet (S.36), über die – wegen der Verschiedenartigkeit der einzelnen Abhängigkeitsverhältnisse – der gemeinsame Begriff Proletariat sich aber nur schwer überstülpen läßt.

3) Hierzu ausführlich FISCHER, Wolfram: Soziale Unterschichten im Zeitalter der Frühindustrialisierung, in: International Review of Social History (IRSH) 8, 1963/1, S. 415 – 435, hier v.a. S. 426 – 431.

4) Vgl. KOCKA, Lohnarbeit; hierzu auch ders. im Lern- und Arbeitsbuch, Bd. 1, S. 18 f. und 49.

5) Vgl. ebd., S. 40.

6) StaBi M, Handschriftenabteilung, Cod. germ. 6875, Kap. „Medizinische Ethnographie", Unter-Kap. V „Beschäftigung", 5. Doppelseite (unpaginiert) und Unter-Kap. VI „Wohlstand und Reinlichkeit", 10. Doppelseite (unpaginiert).

7) StaBi M, Handschriftenabteilung, Cod. germ. 6874, 183, Blatt 27, Rückseite.

8) Vgl. S. 26 f. und 30.

9) Vgl. MAGES, Eisenbahn, S. 121; zum Problem der Anonymität der frühen Eisenbahnarbeiterschaft auch Otto Ulrich RINGSDORF: Der Eisenbahnbau südlich Nürnbergs 1841 – 1849, Nürnberg 1978, S. 182 - 185.

10) Beim Bau der Strecke Regensburg-Nürnberg wurden auch Kinder beschäftigt (vgl. StA AM, Reg. d. Opf. 5094, Nr. 22016 vom 8.4.1862), zu deren genauer Anzahl aber jedwede Angaben fehlen.

11) Vgl. MAGES, Eisenbahn, S. 139.

12) Zu den – im übrigen noch kaum untersuchten – Wirkungen dieser mental-kulturellen Konfrontation Eisenbahnarbeiter – ländliche Bevölkerung vgl. BLESSING, Werner K.: Umwelt und Mentalität im ländlichen Bayern im 19. Jahrhundert, in: Archiv für Sozialgeschichte (AfS) 19, 1979, S. 28 – 30; zu den Auswirkungen des Eisenbahnbaus Regensburg-Hof auf die Entwicklung des Landproletariats auch Karl BOSL: Bayern, München 1981, S. 308; ein sehr farbiges Porträt der beim Bahnbau Beschäftigten zeichnet Wenzel HOLEK in seiner Autobiographie: Lebensgang eines deutsch-tschechischen Handarbeiters (hrsg. von Paul GÖHRE), Jena 1909, 2 Bände, S. 13 – 15 (zu Wenzel Holek auch Gerhard HEILFURTH: Wenzel Holek – ein Arbeiterschicksal im Kontaktbereich von Böhmen und Sachsen, in: Festschrift für Walter Schlesinger, hrsg. v. Helmut BAUMANN, Bd. 1, S. 608 – 631).

13) Vgl. MAGES, Eisenbahn, S. 125 – 131.

14) Vgl. ebd., S. 135 f.

15) Die das „Verfahren des Stadtmagistrats Amberg ... als völlig ungesetzlich und unbedacht" rügte und diesen aufforderte, „... nicht ferner in so kläglicher Weise seine amtliche Autoritaet bloß zu stellen" (StdAR AM, Zg I, Akte-Nr. 1076, Betreff: Aufenthalt der Eisenbahnarbeiter, Schreiben Nr. 36701 vom 5.9.1857).

16) Vgl. ebd., Nr. 2623 vom 7.1.1858; aufgrund ihrer schlechten wirtschaftlichen Lage wurde den Eisenbahnbauarbeitern auch fast ausnahmslos die Heiratsgenehmigung verweigert.

17) Die im Kap. „Streiks" noch eingehender behandelt werden.

18) Diese Zahl nennt für den Streckenbau Regensburg-Nürnberg Willi STRASSER: Die „Ostbahn" im Bild der Oberpfälzer Landschaft, in: Die Oberpfalz, 1971, S. 112.

19) Quelle: BHS I, MInn 30981/16, Nr. 2407 vom 13.6.1871.

20) Vgl. BHS I, MInn 30981/15, Nr. 1265 vom 12.6.1871.

21) Vgl. BHS I, MArb 257, Streiknachweis vom 17.9.1900 und FIB 1900, S. 234 f.

22) Vgl. BHS I, MArb 326, Nr. 10212 vom 23.4.1908.

23) Vgl. BHS I, MArb 321, Nr. 759 vom 31.1.1912.

24) Vgl. FIB 1903, Beilagenheft S. 63; zu den Lebens- und Arbeitsverhältnissen saisonaler Wanderarbeiter auf den Ziegeleien auch Peter STEINBACH: Die Berichte der lippischen Wanderprediger in Wilhelminischer Zeit, in: Lippische Mitteilungen 47, 1978, S. 153 - 155 und Wenzel HOLEK, Lebensgang, S. 57 f. und 72 f.

25) Vgl. StA AM, Reg. d. Opf. 5453, Protokoll der Fabrikinspektoren-Jahreskonferenz vom 4./5.11.1908, S. 6 und Reg. d. Opf. 5452, Protokoll vom 27./28.11.1911, S. 6.

26) Vgl. Einleitung, S. 13.

27) Vgl. KALTENSTADLER, a.a.O., S. 294 f.

28) Vgl. CHANTEAUX, Paul: Die ökonomische und soziale Entwicklung des Braunkohlenbergbaues der Oberpfalz, München (Diss. masch.) 1923/24.

29) Vgl. NICHELMANN, VHVO 97, S. 79 und 128.

30) StA AM, Reg. d. Opf. 13932, Bericht vom 8.4.1889.

31) Vgl. NICHELMANN, VHVO 97, S. 79.

32) Vgl. S. 64.

33) Vgl. KALTENSTADLER, a.a.O., S. 294 f. und 336 f.

34) Vgl. S. 61 f.

35) Vgl. hierzu die bei NICHELMANN, VHVO 97, S. 128 f. abgedruckte Beschwerde des Maxhütten-Direktors Fromm.

36) Vgl. CHANTEAUX, a.a.O., S. 68.

37) Vgl. hierzu allgemein ENGELHARDT, Thomas: Menschen nach Maß. Fabrikdisziplin und industrielle Zeitökonomie während der Industrialisierung Bayerns, in: Nürnberg-Ausstellungskatalog, S. 289 - 294 und 296 sowie KOCKA, Lohnarbeit, S. 118 und 120; zur Analyse von Fabrikordnungen vor allem Lothar MACHTAN: Zum Innenleben deutscher Fabriken im 19. Jahrhundert, in: AfS 21, 1981, S. 179 - 236.

38) Vgl. ENGELHARDT, a.a.O., S. 296.

39) Vgl. FIBe 1901, S. 78 f. und 1902, S. 76.

40) FIB 1912, S. 114.

41) Vgl. MACHTAN, Innenleben, S. 197.

42) Abgedruckt und als Faksimile bei NICHELMANN, VHVO 97, S. 159 - 162; weitere – allerdings nur auszugsweise wiedergegebene – Reglements oberpfälzischer Betriebe finden sich für das Amberger Hüttenwerk bei KNAUER, a.a.O., S. 66 f. und für den Haidhofer Braunkohlenbergbau bei CHANTEAUX, a.a.O., S. 179 f.

43) „Dienst-Reglement" bei NICHELMANN, VHVO 97, S. 159 - 162; hieraus auch alle weiteren zitierten Artikel.

44) Vgl. MACHTAN, a.a.O., S. 198.

45) Die – speziell zur Maxhütte – beschrieben wurden auf den S. 80, 85 f., und 88.

46) Jahres-Bericht 1873 – 1876, S. 11.

47) Vgl. hierzu StA AM, Reg. d. Opf. 14202, Bericht vom 17.11.1879.

48) Vgl. BHS I, MInn 30980, Bericht Nr. 15267 vom 1.11.1881.

49) Vgl. StA AM, Reg. d. Opf. 14202, Berichte vom 1.8. und 15.12.1879.

50) Vgl. BHS I, MInn 30980, Bericht Nr. 15531 vom 11.11.1881.

51) Vgl. „FT" Nr. 233 vom 5.10.1894.

52) Vgl. StA AM, Reg. d. Opf. 13884, Bericht vom 4.12.1882.

53) Das bei SCHÖNHOVEN, Expansion, S. 46 – 48 eingehend dokumentiert und kommentiert wird.

54) Vgl. „FT" Nr. 247 vom 22.10.1907.

55) Vgl. „NDP" vom 23.8.1910.

56) Vgl. S. 97 f.

57) Vgl. S. 57.

58) Vgl. ebd.

59) Vgl. ebd.

60) Vgl. MEIER, Zwei Stunden Fußmarsch.

61) Vgl. ebd.

62) Vgl. ROBERTS, a.a.O., S. 222 und 229 sowie MACHTAN, a.a.O., S. 209 – 213.

63) FIB 1901, S. 75.

64) Vgl. StA AM, Reg. d. Opf. 8699: Vereine 1872 - 91, Vereins- Verzeichnis Nr. 412 (mit den Namen der Vorstandsmitglieder) vom 2.1.1873.

65) Zum Vereinszweck vgl. IHK-Bericht 1873 – 1876, S. 64 f.

66) So wird er z.B. im Adressen-Verzeichnis des 1880 von Max Hirsch in Berlin herausgegebenen „Verbreitungsbilds der deutschen Gewerkvereine" nicht mehr genannt.

67) Vgl. HATTENKOFER, a.a.O., S. 227.

68) Vgl. hierzu die Beispiele bei NICHELMANN, VHVO 117, S. 152 und 165 f.

69) Quelle: StA AM, Reg. d. Opf. 13933, Bericht vom 11.2.1890.

70) StA AM, Reg. d. Opf. 11051, Nr. 2719 vom 18.6.1889 und Reg. d. Opf. 13932, Bericht vom 30.6.1889.

71) Vgl. StA AM, Reg. d. Opf. 13933, Bericht Nr. 191 vom 28.4. 1890.

72) Vgl. ebd., Bericht vom 3.8.1891 und „FT" vom 28.7.1891.

73) Vgl. Stadtarchiv Nürnberg (zitiert StdAr Nbg), Sig. HR V d – 15, Nr. 1516, „Socialdemokratischer Agitationsverein für Franken und die Oberpfalz" 1890, Versammlungsbericht vom 13.8.1891.

74) Vgl. „FT" Nr. 265 vom 11.11.1891.

75) „FT" Nr. 123 vom 27.5.1892.

76) Vgl. „FT" Nr. 220 vom 20.9.1906 und: Fünfundsiebzig Jahre Industriegewerkschaft. 1891 – 1966. Vom Deutschen Metallarbeiter- Verband zur Industriegewerkschaft Metall. Ein Bericht in Wort und Bild, Frankfurt a.M. 1966, S. 104; die möglichen Voraussetzungen und Hintergründe für das Emporschnellen der Organisiertenzahlen von 22 auf 500 innerhalb weniger Monate werden noch im Kapitel „Metallarbeiter-Organisierung" erörtert werden.

77) StA AM, Reg. d. Opf. 11051, Streiknachweis Nr. 8647 vom 8.4. 1907.

78) Quelle: DENK, a.a.O., S. 334.

79) Vgl. NICHELMANN, VHVO 117, S. 154 – 163 und „FT" Nr. 228 vom 30.9.1907; hierzu auch der Bericht des Bezirksleiters Enßner in DMV-Jahrbuch 1907, S. 407 f. (abgedruckt in der Quellensammlung: Das rote Nürnberg, Nürnberg 1984, S. 140 f.).

80) Quelle: Geschäfts-Bericht des Gauvorstandes der Sozialdemokratischen Partei Nordbayerns vom 1. Januar 1908 bis 30. Juni 1909, S. 40 f.; diese Zahlenangaben werden auch untermauert durch die im Regierungspräsidentenbericht vom 4.11. 1907 (StA AM, Reg. d. Opf. 13755) genannten 601 Streikenden, 332 Arbeitswilligen und 62 Beurlaubten und Kranken.

81) Vgl. NICHELMANN, VHVO 117, S. 154 ff.

82) Vgl. StA AM, Reg. d. Opf. 8584/4.

83) Vgl. ebd.

84) v. Brettreich war gebürtiger Regensburger, Sohn des Thurn- und-Taxis'schen Domänendirektors Brettreich, in den Jahren von 1905 bis 1907 war er Regierungspräsident von Oberpfalz und Regensburg, später bayerischer Minister des Inneren (vgl. HATTENKOFER, a.a.O., S. 11 f.).

85) Vgl. „Münchener Post" Nr. 293 vom 22.12.1907 (in StA AM, Reg. d. Opf. 8584/4).

86) Vgl. Falk WIESEMANNS Eisner-Biographie, in: Karl BOSL (Hrsg.), Bayern im Umbruch, München 1969, S. 387 – 496.

87) Nr. 35 vom 5.2.1908 (zitiert nach NICHELMANN, VHVO 117, S. 161).

88) Nr. 18 vom 11.2.1908 (zitiert nach ebd., S. 162).

89) Vgl. AXTMANN, Hermann: Vor 70 Jahren 64 Maxhütten-Arbeiter unter Anklage gestellt, in: Das Städte-Dreieck 17, Nr. 195.

90) Vgl. ebd.

91) Vgl. Geschäfts-Bericht des Gauvorstandes 1.1.1908 bis 30.6.1909, S. 41 f.

92) AXTMANN, a.a.O.

93) Quelle: DENK, a.a.O., S. 334.

94) Vgl. STA AM, Reg. d. Opf. 13755.

95) Vgl. KULEMANN, Wilhelm: Die Berufsvereine, Bd. 2, Jena/Berlin 1908, S. 448 f.

96) Vgl. 75 Jahre IG Metall, S. 105 f.

97) Vgl. Social-Demokratisches Wochenblatt Nr. 16 vom 8.4.1874.

98) Vgl. ZBG, Protokoll über die Generalversammlung der Metallarbeitergewerksgenossenschaften in Erfurt 1876, S. 4.

99) Vgl. ebd., Protokoll . . . Gotha 1877, S. 7.

100) Vgl. BHS IV, Fzm 5304, Bericht 1880/81, S. 3 f.

101) Zitiert nach „FT" Nr. 5 vom 7.1.1887.

102) Vgl. S. 69.

103) Vgl. „FT" Nr. 76 vom 2.4.1891.

104) Vgl. hierzu BHS IV, Fzm 5296 – 5360.

105) BHS IV, Fzm 5315, Bericht 1891/92, S. 15 f.

106) Alle Zitate ebd.

107) Vgl. ebd., S. 17 und StdAr AM, Verwaltungsbericht 1901, S. 33.

108) BHS IV, Fzm 5316, Bericht 1892/93, S. 20.

109) Ebd.

110) Ebd., S. 21.

111) BHS IV, Fzm 5317, Bericht 1893/94, S. 20; mit demselben Tenor auch Fzm 5319, Bericht 1895/96, S. 35; Fzm 5327, Bericht 1897/98, S. 23 und Fzm 5320, Bericht 1898/99, S. 21.

112) Ebd., Fzm 5325, Bericht 1896/97, S. 23.

113) Vgl. StA AM, Reg. d. Opf. 13749, Bericht vom 22.5.1888 und Reg. d. Opf. 14112, Berichte vom 13.1. und 24.2.1896.

114) Vgl. StA AM, Reg. d. Opf. 13755, Bericht Nr. 7653 vom 28.11.1913 und den Bericht Nr. 1025 vom 23.11.1913, in dem der Regierungspräsident lobende Worte findet für die von den Gebrüdern Baumann ausgesprochene Kündigung vor allem der Gewerkschaftsmitglieder, da diese ja „von dort (ihrer Organisation, d. Verf.) Arbeitslosenunterstützung erhalten werden."

115) Vgl. StA AM, Reg. d. Opf. 13754, Bericht vom 21.5.1905.

116) Vgl. ebd., Reg. d. Opf. 13755, Bericht vom 25.2.1906.

C. ARBEITERBEWEGUNG IN DER OBERPFALZ 1848 – 1919
I. DIE GEWERKSCHAFTLICHE ARBEITERBEWEGUNG IN DER OBERPFALZ

1. ORGANISATIONS- UND MITGLIEDERENTWICKLUNG, ORGANISATIONSHEMMNISSE

(FRAGE DER AGITATIONSMETHODE, AUSEINANDERSETZUNGEN UM DEN SÜDDEUTSCHEN EISENBAHNERVERBAND, MITGLIEDERFLUKTUATION, FRAUENAGITATION UND NICHT-ORGANISIERBARKEIT DER LANDARBEITERSCHAFT)

SOWIE CHRISTLICHE UND GELBE KONKURRENZORGANISATIONEN DER FREIEN GEWERKSCHAFTEN IN DER OBERPFALZ

Auch in der Oberpfalz waren es die Gewerkschaften, welche die sozialdemokratische Parteibildung in Gang brachten (und nicht umgekehrt, wie dies heute noch häufig behauptet wird) und die so zur Primärform der Arbeiterbewegung wurden[1]. Wenn im Folgenden Gewerkschaften und Sozialdemokratische Partei – als integrale Bestandteile der Arbeiterbewegung – getrennt behandelt werden, so geschieht dies aus rein pragmatisch-methodischen Überlegungen, kann doch – zumindest bis 1919 (im Untersuchungszeitraum also) – von einer oberpfälzischen Gewerkschaftsbewegung noch gar nicht gesprochen werden, sondern allenfalls von einer Gewerkschaftsbewegung oder besser noch: von einzelnen Gewerkschaftsverbänden in der Oberpfalz, deren berufsspezifische und verbandsinterne Besonderheiten sich aber nicht auf einen Nenner bringen lassen und darum eine nach Verbänden gesonderte Darstellung erfordern.

Im weiteren Verlauf dieser Arbeit soll daher das branchenspezifische, immer auch von der jeweiligen Situation im Betrieb und am Arbeitsplatz abhängige gewerkschaftliche Organisationsverhalten für die wichtigsten oberpfälzischen Berufszweige (die Buchdrucker, Bergarbeiter, Glasarbeiter, Maurer, Metallarbeiter und Porzellanarbeiter) untersucht werden. Die Auswahl der Untersuchungsbereiche erfuhr allerdings Einschränkungen durch den Quellenmangel bei den für die frühe Arbeiterbewegung so bedeutsamen (handwerklich geprägten) Berufsgruppen der Schneider und Schuster, wohingegen etwa die Elendsindustrie der Glasschleifen und -polieren (in einem kaum noch überschaubaren Ausmaß) reichlich dokumentiert ist. Begonnen werden soll die Reihe von Einzelstudien mit den Buchdruckern, die – zwischen Handwerk und Fabrikarbeiterschaft stehend – auch in der Oberpfalz die Wegbereiter der organisierten Arbeiterbewegung waren.

Zunächst aber seien der Darstellung der einzelnen Gewerkschaftsverbände noch einige verbandsübergreifende Anmerkungen zur Mitgliederentwicklung, zu Organisationshemmnissen und Konkurrenzorganisationen der Freien Gewerkschaften in der Oberpfalz vorausgeschickt – soweit diese allgemeineren Aspekte nicht ohnehin schon bei Chrobak[2] und Hattenkofer[3] behandelt worden sind[4]. Die enorme Bedeutung einzelner Unterstützungskassen als Vorläuferorganisationen bzw. Kontinuitätsstränge der Gewerkschaftsbewegung in der Oberpfalz wurde ja im Rahmen dieser Arbeit[5] bereits ausführlich erörtert.

Die sozialdemokratischen Gewerkschaften in Regensburg zählten im Sommer 1872 – auf ihrem ersten frühen Höhepunkt – etwa 550 Mitglieder (darunter 85 Schneider, 113 Tischler, 80 Maurer, 36 Schuster, 21 Maler, 14 Hafner sowie eine nicht bekannte Anzahl von Holzarbeitern, Malern, Lakkierern und Vergoldern)[6], schrumpften aber bis Anfang 1873 auf die Hälfte ihrer Mitgliederzahl und lösten sich zum Teil während der Wirtschaftskrise von 1874/75 bereits wieder auf. Rege Aktivitäten entwickelten jedoch weiterhin die Ortsmitgliedschaften der Tischler und Holzarbeiter sowie der Schuhmacher[7]; letztere hatten innerhalb der Oberpfalz sogar noch Verstärkung durch eine Anfang Mai 1873 in Amberg gegründete Mitgliedschaft[8] erhalten. Von Anfang an waren die Freien Gewerkschaften und der Sozialdemokratische Arbeiterverein Regensburg sowie dessen Nachfolgeorganisationen durch Doppelmitgliedschaften führender Funktionäre personell eng miteinander verflochten. Bei Erlaß des Sozialistengesetzes im Herbst 1878 zählten die Fachvereine der Kleidermacher 91, der Tischler und Holzarbeiter 84, der Maurer und Zimmerer 29, der Metallarbeiter 7 sowie die Schuhmacher-Gewerksgenossenschaft 74 Mitglieder; insgesamt gab es im September 1878 also noch 285 sozialdemokratische Gewerkschaftsmitglieder in Regensburg[9]. Die

Schuhmachermitgliedschaft sowie der Fachverein der Tischler und Holzarbeiter lösten sich zwar im Oktober 1878 auf[10], die Regensburger Tischler-Unterstützungskasse trat aber bereits im Jahr 1884 wieder der Tischler-Zentral-Kranken- und Sterbekasse bei[11]. Am 21. Juli desselben Jahres konstituierte sich in einer Versammlung mit dem Zentralvorsitzenden des Unterstützungsverbandes deutscher Schuhmacher, Siebert aus Nürnberg, auch bereits die Regensburger Schuhmachermitgliedschaft als Filiale dieses Verbandes neu[11a].

Trotz der von einzelnen Verbänden mit Hilfe des gewerkschaftlichen Unterstützungswesens über die Zeit des Sozialistengesetzes hinübergeretteten organisatorischen (und vermutlich auch personellen) Kontinuität kann bis zur Jahrhundertwende in der Oberpfalz – mit Ausnahme höchstens von Regensburg – noch keine Rede sein von dem von Gerhard A. Ritter und Klaus Tenfelde konstatierten „Durchbruch der Freien Gewerkschaften Deutschlands zur Massenbewegung im letzten Viertel des 19. Jahrhunderts"[12], begann doch selbst in Regensburg die gewerkschaftliche Reorganisierung und Agitation nach Auslaufen des Sozialistengesetzes allzu unbeholfen, schleppend und unentschlossen. So wurden bei der ersten allgemeinen Gewerkschaftsversammlung in Regensburg am 3. April 1892 die Beschlüsse des Halberstädter Gewerkschaftskongresses – Zentralisierung der Gewerkschaftsbewegung, Gründung von Zahlstellen bzw. Aufbau eines Vertrauensmännersystems[13] – erst „nach einigen kleineren Auseinandersetzungen"[14] gebilligt; beklagt wurde vom Regensburger Berichterstatter der „Fränkischen Tagespost" vor allem, „daß hier die Gewerkschaftsbewegung sehr flau ist, daß nur ein kleiner Teil es ist, der Opfer bringt, während die große Masse der Bewegung noch fernsteht und sich lieber den Verdummungs- und Vergnügungsvereinen anschließt"[15].

Erst im Jahr 1896 wurde in Regensburg mit 294 frei Organisierten wieder der Mitgliederstand von 285 bei Erlaß des Sozialistengesetzes 1878 erreicht; in der gesamten Oberpfalz waren es im Jahr 1896 446 Gewerkschaftsmitglieder, wobei mehr als 10 Mitglieder nur in den Amtsbezirken Tirschenreuth (73 Organisierte), Amberg (37) und Kemnath (22) gezählt wurden[16]. Mit Gründung des Gewerkschaftskartells Regensburg (als Dachorganisation für die einzelnen Zahlstellen) im Jahr 1899[17] nahmen die freien Gewerkschaften in der Oberpfalz und insbesondere in Regensburg dann aber einen „erfreulichen Aufschwung. ... Es ist fast kein in Regensburg betriebenes Gewerbe mehr ohne Organisation, wenn auch die Zahl der organisierten Arbeiter noch gering ist. Auch die katholischen Arbeiter organisieren sich und zwar auf Aufforderung ihrer Kapläne, denen sonst die Organisation ein Greuel war. Auf dem Boden der modernen (im Original gesperrt gedruckt, d. Verf.) Arbeiterbewegung sind organisiert: Buchdrucker 129, Holzarbeiter 65, Metallarbeiter 68, Maurer 110, Hafner 20, Bäcker 40, Buchbinder 22, Bildhauer 10, Schuhmacher 17, Tapezierer 15, Binder 18, Kupferschmiede 14, Schneider 40; von den Eisenbahnern sind 160 organisiert. Mit Ausnahme der Eisenbahner sind sämtliche Gewerkschaften zu einem Kartell zusammengetreten. ...Die politische Organisation kommt nunmehr auch in Fluß, der Wahlverein hat jetzt 70 Mitglieder aufzuweisen"[18]. Im Jahrhundertjahr 1900 waren dem Gewerkschaftsverein Regensburg dann bereits 19 – statt 1899 noch 13 – Zahlstellen angeschlossen[19].

Über die Mitgliederentwicklung der Freien Gewerkschaften in der Oberpfalz im Zeitraum 1900 bis 1914 soll die Tabelle auf Seite 133 f. Aufschluß geben, soweit es die für die einzelnen Amts-/Kartellbezirke noch zu ermittelnden Zahlenangaben überhaupt zulassen[20] und/oder nennenswerte Mitgliedschaften in den einzelnen Amtsbezirken bestanden[21]. Da das von 1907 an vorliegende, ausschließlich gewerkschaftliche Zahlenmaterial zur Mitgliederbewegung in der Oberpfalz[22] äußerst lückenhaft[23] und häufig ganz offensichtlich nach oben „abgerundet" ist, erscheinen hier Vorbehalte sowie der Verweis auf die noch folgenden Mitgliederzahlen der einzelnen Verbände angebracht.

Das Gewerkschaftskartell Regensburg konnte, wie aus der Tabelle zu ersehen ist, während der Hochkonjunktur der Jahre 1906 bis 1908 einen enormen Mitgliederzuwachs (mit einer Steigerungsrate von insgesamt mehr als 360 Prozent) verzeichnen. Mitverursacht wurde diese Mitglieder-„explosion" durch die Angliederung einiger außerordentlich mitgliederstarker Zahlstellen (wie der rund 500 Mann zählenden Leonberger Mitgliedschaft des Deutschen Metallarbeiter-Verbandes) an den Kartellbezirk Regensburg, dessen Einzugsbereich sich 1908 von Schwandorf im Norden bis Kelheim im Südwesten und Straubing im Osten erstreckte und der im selben Jahr insgesamt 38 Berufsorganisationen umfaßte. Von 1910 an war die Mitgliederentwicklung des Kartells Regensburg aber rückläufig aufgrund der wirtschaftlichen Krisenerscheinungen sowie infolge der (noch zu behandelnden) Bauarbeiter-Aussperrung, Auseinandersetzungen um den Sozialdemokratischen Eisenbahnerverband und enormen Fluktuation vor allem des Fabrikarbeiterverbandes mit seinem relativ hohen Anteil weiblicher Organisierter.

Das zweite oberpfälzische Gewerkschaftskartell war am 10. Januar 1904 in Amberg bei einer von 600 Arbeitern,

ZUR MITGLIEDERBEWEGUNG DER FREIEN GEWERKSCHAFTEN IN DER OBERPFALZ 1900 – 1914

Jahr	1900	1901	1902	1903	1904	1906	1907
OBERPFALZ INSGESAMT	986	1.463	1.248	1.406	1.400 Mitglieder in 2 Gewerkschaftskartellen mit 24 Zahlstellen	2.512	
KARTELLBEZIRK REGENSBURG (gegr. 1899)	736	1.093	850	839		1.616	3.878 männliche und und 145 weibliche Mitglieder
STADTBEZIRK AMBERG	1		11	10	Gewerkschaftskartell Amberg (gegr. am 10.1. 1904): knapp 80 Mitglieder	234	
AMTSBEZIRK	24	28	24	27			
AMTSBEZIRK BURGLENGENFELD		1	1	1		16	
AMTSBEZIRK CHAM	28	42	57	23		55	
AMTSBEZIRK KEMNATH	2	22	5	114			
AMTSBEZIRK NEUMARKT	28	18	21	32		51	
AMTSBEZIRK NEUNBURG v.W.	18					18	
AMTSBEZIRK OBERVIECHTACH	38	59	66	78		71	
AMTSBEZIRK VOHENSTRAUSS	23	35	18	38		112	
AMTSBEZIRK NEUSTADT a.d.WN	30	28	49	60	Kartellbezirk Weiden: gegr. 1905/06	122	
AMTSBEZIRK TIRSCHENREUTH	75	136	153	180		209	

Jahr	1908	1909	1910[24]	1911	1912	1913	1914
OBERPFALZ INSGESAMT					6.031 m. und 282 w. in 7 Kartellen	6.278 m. und 271 w. in 8 Kartellen	
KARTELLBEZIRK REGENSBURG (gegr. 1899)	5.453 m. und 394 w. in 38 Organisationen	5.785 m. und 288 w.	4.782 m. und 228 w.	4.845 m. und 137 w. in 35 Organisationen	4.576 m. und 167 w. in 32 Organisationen	4.349 m. und 143 w. in 29 Organisationen	Ende 1914: 2.303 m und 92 w. in 25 Organisationen (1.837 Mitglieder im Felde oder bereits gefallen)
STADTBEZIRK AMBERG AMTSBEZIRK	500						
AMTSBEZIRK BURGLENGENFELD							
AMTSBEZIRK CHAM							
AMTSBEZIRK KEMNATH							
AMTSBEZIRK NEUMARKT							
AMTSBEZIRK NEUNBURG v.W.							
AMTSBEZIRK OBERVIECHTACH							
AMTSBEZIRK VOHENSTRAUSS			Kartellbezirk Vohenstrauß (gegr. 1.1.1910)				
AMTSBEZIRK NEUSTADT a.d.WN	317 in 9 Organisationen		263	241	215	235	am 1.7.1914: 253 Ende 1914: 215
AMTSBEZIRK TIRSCHENREUTH	Kartellbezirk Tirschenreuth (gegr. vermutlich 1907/08): 224 Mitglieder in 4 Organisationen		397	308	339		am 1.7.1914: 336 Ende 1914: 199
			Kartellbezirk Mitterteich (gegr. vermutlich 1910): 228	213	321		am 1.7.1914: 227 Ende 1914: 113
			Kartellbezirk Floß (gegr. am 1.1.1910): 376	257	227		am 1.7.1914: 343 Ende 1914: 148

„darunter 15 'Nürnberger' Sozialdemokraten"[25], besuchten Gewerkschaftsversammlung gegründet worden, bei welcher der Bezirksleiter des Deutschen Metallarbeiter-Verbandes und sozialdemokratische Reichstagskandidat Enßner aus Nürnberg nach einer antikapitalistisch und -klerikal gefärbten Rede mit dem als Gegenredner auftretenden Erbendorfer Benefiziaten und Sekretär des oberpfälzischen Glasarbeiterverbandes, Lederer, heftig aneinandergeraten war[26]. Der Amberger Magistrat weigerte sich aber (zunächst?), die Statuten des neugegründeten Gewerkschaftskartells zu genehmigen, woraufhin Kartellsvorsitzender Gottlieb Stark, die führende Persönlichkeit der Amberger Sozialdemokratie vor 1919, im Sommer 1904 förmliche Beschwerde bei der Regierung der Oberpfalz einlegte[27].

Zu Anfang des Jahres 1909, nach fünf Jahren Gewerkschaftsbewegung in Amberg also, war das Ergebnis all der Mühen und Anstrengungen aber eher enttäuschend; denn die „Hoffnung, welche man im Anfang auf die Begeisterung der Arbeiterschaft setzte, erfüllte sich nicht ganz. Bei Gründung des Kartells waren es kaum 80 Mitglieder und wenn heute die Zahl auch auf 500 gestiegen ist, so kann dies Resultat nicht befriedigen in Anbetracht der vielen Hunderte, ja Tausende, welche der Organisation zuzuführen sind. Was ist nun die Ursache, daß es nicht richtig vorwärts geht? Wohl stehen heute noch dieselben Kollegen an der Spitze wie vor fünf Jahren und scheuen weder Mühe noch Arbeit, aber was hilft es, wenn selbst das Interesse der Mitglieder ein so minimales ist. . . . Sie haben sich zurückgezogen, gleich beim ersten Ansturm. Selbst Mitglieder, welche jahrelang organisiert sind, finden es nicht der Mühe wert, im Jahre auch nur eine Versammlung zu besuchen. Ist es vielleicht am Platze, daß sich organisierte Kollegen und Genossen in bürgerlichen Vereinen herumtummeln, um dort die 'Ehrenposten' zu ergattern? Kollegen und Genossen, es ist Eure verdammte Pflicht, diese Interesselosigkeit von Euch abzuwerfen! Seht Ihr nicht wie die Gegner arbeiten, um uns das Feld abzugraben? . . . Fünf Jahre haben wir einen Saal zur Verfügung gehabt und jetzt ist er uns abgetrieben. Heraus aus Eurer Gleichgültigkeit, wir gehen ernsten Zeiten entgegen!"[28].

Obwohl im Jahr 1908 vom Kartell Amberg 1.610 Mark allein an Arbeitslosenunterstützung gezahlt worden waren[29], setzte 1909 offensichtlich ein enormer Mitgliederrückgang ein (leider fehlen von 1909 an jedwede Zahlenangaben zur Mitgliederbewegung des Kartells Amberg). Bei der Generalversammlung des Amberger Gewerkschaftskartells zu Anfang 1910 nannte Vorsitzender Stark als Ursachen hierfür die Wirtschaftskrise und die konjunkturbedingte Entlassung einer großen Anzahl – meist organisierter – Gewehrfabrikarbeiter sowie die Saalabtreibereien der christlichen Gewerkschaften, durch die im Jahr 1909 dem Kartell die Abhaltung irgendwelcher größerer Gewerkschaftsversammlungen unmöglich gemacht worden war[30]. Für einen anhaltenden Mitgliederverlust spricht auch die in den letzten Vorkriegsjahren deutlich abnehmende Frequenz der 1906 eingerichteten Rechtsauskunftsstelle des Gewerkschaftskartells Amberg von 1912: 113 Auskünften (davon 56 Schriftsätzen) auf 1913: 30 Konsultationen (davon 21 Korrespondenzen), obwohl die Beratungsstelle auch Nichtmitgliedern offenstand[31] – anders als die Rechtsauskunftsstelle des Gewerkvereins christlicher Bergarbeiter in Amberg, die 1912 in 1.224 Fällen (davon 449 Schriftsätze), 1913 in 558 (441) und 1917 in 1.052 Fällen (davon 415 Korrespondenzen) Auskunft an Mitglieder erteilte[32].

Der 1909 einsetzende Mitgliederrückgang bei den Kartellen in Regensburg und Amberg wurde aber in den letzten Vorkriegsjahren mehr als ausgeglichen durch die in der Nordoberpfalz von 1905/06 an gegründeten Gewerkschaftskartelle (vermutlich 1905/06 Gründung des Kartells Weiden; 1907/08: Tirschenreuth; 1.10.1910: Floß und Vohenstrauß; vermutlich 1910: Mitterteich), die – wohl auch aufgrund ganz erstaunlicher Unterstützungsleistungen (so zahlten die Kartelle Tirschenreuth bzw. Weiden 1908 allein an Arbeitslosenunterstützung 3.282 bzw. 1.974 Mark)[33] – rasch ihre Organisiertenzahlen zu stabilisieren vermochten. Zur Entwicklung der Gewerkschaftsbewegung in der nördlichen Oberpfalz trug ganz wesentlich bei das von der Generalkommission der Gewerkschaften Deutschlands am 7. März 1908 in Marktredwitz eröffnete und von ihr auch finanzierte Gewerkschaftssekretariat der „Agitationskommission für die nördliche Oberpfalz und den südlichen Teil von Oberfranken"[34]. Als Gewerkschaftssekretär wurde Michael Weiß gewählt, der sowohl von seiner Herkunft als auch (und vor allem) von seinem späteren Wirkungskreis her als der – neben den Regensburger Gewerkschaftssekretären Burgau, Brandl und Hagen[35] – wohl bedeutendste oberpfälzische Gewerkschafts- und SP-Funktionär gelten darf[36].

Weiß nahm allein in den ersten drei Jahren seiner Tätigkeit – vom 7. März 1908 bis Ende 1910 – an durchschnittlich 80 Gewerkschafts- und 55 Zahlstellenversammlungen im Jahr (meist als Hauptredner) teil[37]. Wegen Übertretung des Vereinsgesetzes durch Nichtanmeldung von Gewerkschaftsversammlungen erhielt er eine ganze Reihe von Strafbefehlen; in zwei Fällen wurde er sogar zu je zwei Tagen Gefängnis verurteilt. Auf erhobenen Widerspruch hin wurden alle diese Strafbefehle von den Gerichten aber wieder aufgehoben; der Erlaß der Strafbefehle war zum Teil auf Betreiben christlicher Opponenten zurückzuführen gewesen[38]. Im Sommer 1915 entwickelte sich eine heftige Fehde zwischen Weiß und dem Marktredwitzer SP-Sektionsvorsitzenden Kaspar Schmidt sowie dem Bayreuther SP- Kreisvorsitzenden und Redakteur der „Fränkischen Volkstribüne" Georg Hacke, weil Weiß nach deren Meinung allzu prinzipienlos die Zusammenarbeit mit den Christlichen Gewerkschaften (bezüglich Eingaben an die Unternehmer wegen Gewährung von Teuerungszulagen) gesucht hätte. Als Schmidt Weiß dann auch noch vorwarf, sich aus der Kartellkasse persönlich bereichert zu haben, hielt es das Gewerkschaftskartell Marktredwitz für geboten, in einer Reihe von Sondersitzungen einen Bericht an die Generalkommission über das Zerwürfnis mit der örtlichen SP-Sektion zu verfassen[39]. Die durch Schmidts Unterschlagungsvorwürfe vergiftete Atmosphäre in der Marktredwitzer Sozialdemokratie konnte aber nicht mehr bereinigt und auch der Wahrheitsgehalt der Vorwürfe nicht mehr geklärt werden, weil Weiß' Kontrahent Schmidt 1915/16 zum Kriegsdienst eingezogen wurde[40].

Während der Revolution von 1918/19 wurde Weiß hauptsächlich von der Agitation für die Mehrheitssozialdemokratie, gegen „die sogenannten Novembersozialisten, Unabhängige(n) und Kommunisten"[41] in Anspruch genommen. „Die beiden radikalen Richtungen richten ihre Angriffe meistens gegen die Mehrheitssozialisten, sodass diese zur Zeit einen schweren Standpunkt haben", schreibt Weiß weiter in seinem Rechenschaftsbericht für das erste Halbjahr 1919[42]. Aber überall in seinem Gewerkschaftsbezirk nördliche Oberpfalz und südliches Oberfranken, wo er für die Mehrheitssozialdemokratie aufgetreten sei, habe diese sehr gute Wahlerfolge erzielen können, wogegen die USP nirgendwo die Stimmenmehrheit erhalten habe[43].

In einem kurzen Resümee wird man zur Mitgliederentwicklung der Freien Gewerkschaften in der Oberpfalz im Zeitraum 1900 bis 1914 wohl feststellen können, daß in den beiden am frühesten gegründeten oberpfälzischen Gewerkschaftskartellen Regensburg (Gründungsjahr 1899) und Amberg (1904) in den Jahren 1909/10 ein konjunkturbedingter Mitgliederrückgang einsetzte, der – trotz des gut ausgebauten Unterstützungswesens dieser beiden Kartelle - noch bedeutend hinter das reichsweit von 1909 an feststellbare verlangsamte Mitgliederwachstum der Freien Gewerkschaften[44] zurückfiel und dessen Gründe („Organisationshemmnisse") im Folgenden zu untersuchen sein werden. Diese Mitgliederverluste in Regensburg und Amberg konnten aber von 1910 an – auf die gesamte Oberpfalz bezogen – mehr als wettgemacht werden durch die in der Nordoberpfalz gegründeten Gewerkschaftskartelle, von denen insbesondere die Kartelle Tirschenreuth und Mitterteich eine beachtliche Organisationsquote erreichten, d. h. im Jahr 1910 jeden 6. Industriearbeiter (die Kartelle Weiden und Floß dagegen nur jeden zehnten) freigewerkschaftlich organisieren konnten. Hier traf die Beobachtung der bayerischen Fabrikinspektoren vom Ende des Jahres 1913 zu: „Wo . . . wie in der Oberpfalz . . . die Organisation noch in der Entwicklung begriffen ist, haben die freien Gewerkschaften nach wie vor starken Zulauf und ist eine Verlangsamung der Zunahme nur vereinzelt zu beobachten"[45].

Was waren nun aber die Gründe dafür, daß die gewerkschaftliche Organisierung in der Oberpfalz – aufs Ganze gesehen- nicht in dem Maße voranging, wie es den gesteckten Erwartungen und den erbrachten Anstrengungen eigentlich hätte entsprechen sollen? Im Folgenden soll eine Reihe von Organisationshemmnissen betrachtet werden, die das Mitgliederwachstum der Freien Gewerkschaften (auch) in der Oberpfalz entscheidend hemmten bzw. einen weiteren Organisationsausbau überhaupt nicht erst zuließen: zunächst die Frage nach der richtigen Agitationsmethode, dann die Auseinandersetzungen um den Süddeutschen Eisenbahnerverband, die Probleme der enormen Mitgliederfluktuation (am Beispiel des Fabrikarbeiterverbandes mit seinem relativ hohen Anteil weiblicher Organisierter) und der Frauenagitation sowie die „Nicht- Organisierbarkeit" der Landarbeiter.

Die Frage nach der zweckmäßigsten Agitationsmethode wurde von der Landes- Konferenz der bayerischen Gewerkschaftskartelle erst relativ spät – im Jahr 1911 – aufgegriffen und grundsätzlich diskutiert[46]; eines der Hauptprobleme lag hier – vor allem auf dem flachen Lande – im Fehlen geeigneter Redner, die auch über den ständig wiederkehrenden Standardvortrag „Zweck und Nutzen der Organisation" hinausgehende sog. „politische" Themen (Zoll- und Steuerpolitik, Lebensmittelteuerung etc.), vor deren Behandlung viele Gewerkschaftler offensichtlich zurückscheuten, hätten aufgreifen können[47]. Beim Betreiben der Agitation scheinen oft auch die Gauleiter, die – so die Klage zahlreicher lokaler Gewerkschaftssekretäre – „an einen Ort kommen, Versammlungen abhalten, die Kasse revidieren ec. und dann wieder abreisen ohne sich um weiteres gekümmert zu haben"[48], keine große Hilfe gewesen zu sein. So hatte bei der 3. Konferenz der bayerischen Gewerkschaftskartelle in Nürnberg 1906 auch bereits der Amberger Kartellvorsitzende und Delegierte Gottlieb Stark konstatiert, „daß die Christlichen Fortschritte machen", um dann kritisch anzumerken: „Auch wir könnten mehr Fortschritte machen, wenn das geschähe, was zu geschehen hätte. In dieser Beziehung muß man sich besonders über die Gauleiter beklagen"[49].

In der Nordoberpfalz und in ganz Oberfranken war vom Gewerkschaftssekretär Michael Weiß im Auftrage der Agita-

Abb. 13: Arbeiter der Zentralwerkstätte Weiden bei der Reparatur einer Lokomotive

tionskommission am 25. September 1910 eine Massenagitation mit 23 Versammlungen an einem Tage organisiert worden, deren Erfolg insbesondere in der Nordoberpfalz – trotz der z. B. in Pleystein und Moosbach bei dieser Werbekampagne gewonnenen 50 neuen Mitglieder – wegen der zahlreichen klerikalen Saalabtreibereien und Versammlungssprengungen aber in keinem Verhältnis zum Aufwand stand[50]. Um die durch die christlichen Konkurrenzorganisationen bereiteten Schwierigkeiten zu umgehen, beschränkte sich die Marktredwitzer Agitationskommission fortan – unterstützt von den jeweils zuständigen Gewerkschaftskartellen – auf die Hausagitation; die besten Erfolge im gesamten Agitationsbezirk hatten dabei, nach Weiß' Angaben[51], die Kartelle Tirschenreuth und Floß zu verzeichnen.

Stark beeinträchtigt wurden das Mitgliederwachstum und der Organisationsausbau der Freien Gewerkschaften während der letzten Vorkriegsjahre durch die Auseinandersetzungen zwischen dem zentrumsnahen Bayerischen Eisenbahnerverband und dem sozialdemokratisch orientierten Süddeutschen Eisenbahnerverband (S.E.V.)[52], die sich an der Frage des – vom christlichen Verband abgelehnten – Streikrechts für Staatsarbeiter entzündet hatten. Die eigentlichen Gründe für die Verbotshetze des Bayerischen Eisenbahnerverbandes waren aber dessen seit 1908 schwelende Organisationskrise und anhaltende Mitgliederverluste (die mitverursacht waren durch zahlreiche Übertritte zum sozialdemokratischen Konkurrenzverband), die aus der Unzufriedenheit der Mitglieder mit der mangelnden Durchsetzungsfähigkeit ihrer Organisation[53] resultierten, die wiederum vor allem eine Folge von deren freiwilliger Selbstbeschränkung auf das Organisations-, Beschwerde- und Petitionsrecht gewesen sein dürfte.

In seiner mißlichen Lage erhoffte sich der christliche Verband, mit Hilfe der Zentrumsfraktion ein Verbot der sozialdemokratischen Konkurrenzorganisation zu erreichen. Mit dem Vorwurf des „stillen Terrorismus", der in den Staatsbetrieben von den organisierten Sozialdemokraten praktiziert werde, übte diese Allianz Druck auf den bayerischen Verkehrsminister Heinrich Frauendorfer aus, doch direkt gegen den Süddeutschen Verband einzuschreiten[54]. Frauendorfer lehnte dieses Ansinnen zwar beharrlich ab, ordnete jedoch eine verschärfte Beobachtung des freigewerkschaftlichen Verbandes an; die grundsätzliche Debatte darüber, ob Sozialdemokraten weiterhin als Beamte in Staatsbetrieben beschäftigt werden könnten, wurde dann zum Anlaß und Auslöser für eine sich rasch verschärfende und schließlich, im November 1911, zur Landtagsauflösung führende Konfrontation zwischen dem reaktionären Zentrumsflügel um den Prälaten Pichler einerseits und der gemäßigt-konservativen Regierung Podewils andererseits. Die neue Regierung Hertling erließ dann im Juni 1913 einen – auf den Süddeutschen Eisenbahnerverband abzielenden und von der christlichen Konkurrenz immer erneut agitatorisch gegen diesen eingesetzten – Revers, in dem sich jeder neu eintretende Eisenbahner verpflichten mußte, keiner Organisation beizutreten, die das Streikrecht für Staatsarbeiter beanspruche[55].

Dieser gegen die Sozialdemokratie gerichtete Revers war aber nur der sichtbarste Ausdruck des außerordentlich subtilen Disziplinierungs- und Repressionssystems bei den Bayerischen Staatsbahnen[56], das mit seinem Netzwerk von Aufnahme-, Ausbildungs- und Aufstiegsbestimmungen abgestellt war auf die Ausprägung einer staatskonservativen Eisenbahner-Mentalität[57] mittels einer Art beruflicher „Inzucht" (in den Dienst aufgenommen wurden bevorzugt wiederum Söhne bayerischer Eisenbahnbediensteter)[58] und einer – durch regelmäßige Dienstbeurteilungen bei Beamtenanwärtern bzw. Beamten erzwungenen - absoluten Enthaltsamkeit der ganz überwiegend qualifizierten Arbeiter (Schlosser und Dreher vor allem) gegenüber politischer Betätigung in den freien Gewerkschaften[59]. So heißt es denn auch rückblickend im Jahresbericht 1913 des Gewerkschaftskartells Regensburg[60] zum im selben Jahr – aufgrund des Reverses – vollzogenen Austritt der Zahlstelle des Sozialdemokratischen Eisenbahnerverbandes aus dem Kartell: „Die Eisenbahner haben sich von jeher in Rücksicht auf ihre Verhältnisse dem Kartell gegenüber passiv verhalten."

Gleichwohl bedeutete der Austritt der Eisenbahner-Organisation eine weitere empfindliche Schwächung des Gewerkschaftskartells (nach dem Substanzverlust infolge der Bauarbeiter-Aussperrung), hatte der S.E.V. doch in den Jahren 1907: 300, 1908: 355, 1909: 395, 1910: 398, 1911 und 1912 – auf dem Höhepunkt der Auseinandersetzungen – immerhin noch 326[61] der 1911 540 in der Zentralwerkstätte Regensburg Beschäftigten[62] organisieren können. In der Zentralwerkstätte Weiden war der S.E.V.-Organisationsgrad weitaus niedriger: von den 638 in Weiden beschäftigten Eisenbahnern[63] waren 1910: 180 und – nach starken Mitgliederverlusten infolge der Verbotsdrohungen – 1911: 132 und 1912: 100[64] Arbeiter im S.E.V. organisiert; ob die S.E.V.- Zahlstelle über das Jahr 1912 hinaus beim Gewerkschaftskartell Weiden verblieb oder sich abspaltete und/oder auflöste, ist aber nicht bekannt.

Geradezu gebetsmühlenhaft wiederholt wurden von Gewerkschaftsfunktionären die Klagen über ein weiteres ganz wesentliches Organisationshemmnis: die Instabilität und Fluktuation der Mitgliedschaften[65]. Da geeignetes quantitatives Material zur Fluktuation (Mitgliederzugänge und -abgänge) in den Gewerkschaftsorganisationen der Oberpfalz fehlt, sollen am Beispiel des Fabrikarbeiterverbandes (der wiederum – trotzdem er die mitgliederstärkste Einzelorganisation im Kartell Regensburg war – wegen des fehlenden qualitativen Quellenmaterials nicht näher untersucht werden kann) die Voraussetzungen und Ursachen dieser enormen Mitgliederfluktuation dargestellt werden. Der Fabrik- und Hilfsarbeiterverband, Verwaltungsstelle Regensburg, hatte vor allem in der Phase der Hochkonjunktur 1907/08 durch die Agitationstätigkeit seines Geschäftsführers Johann Baptist Hagen (der zugleich Vorsitzender des Sozialdemokratischen Vereins Regensburg war) und dessen Ehefrau Magda[66] (die beiden waren im Untersuchungszeitraum das einzige politisch exponierte bzw. agitatorisch tätige Ehepaar der sozialdemokratischen Arbeiterbewegung in der Oberpfalz) seine Mitgliederzahl von 1907: 831 (davon 81 weibliche) auf 1908: 1.407 (davon 334 weibliche)[67] erhöhen können; ihm war es bis zu diesem Zeitpunkt auch als einzigem Gewerkschaftsverband in der Oberpfalz gelungen, eine nennenswerte Anzahl Frauen zu organisieren. Die Organisationsschwerpunkte und -zuständigkeiten des Fabrikarbeiterverbandes lagen im hier zu untersuchenden Zeitraum - mit Ausnahme der im Sommer nur 100 Personen beschäftigenden Zuckerfabrik, der Rehbach'schen Bleistiftfabrik und der Tabakfabrik Bernard – allesamt außerhalb Regensburgs[68]. Die wohl mitgliederstärkste Filiale der Verwaltungsstelle Regensburg war die Sektion des Fabrikarbeiterverbandes in der Tonwarenfabrik Pirkensee, die nach einem sehr erfolgreich geführten – nur halbtägigen – Streik (statt eines Stundenmindestlohnes

Abb. 14: Gruppenbild der beim Bau der Wohnsiedlung für die Arbeiter der Weidener Zentralwerkstätte im Jahr 1895 Beschäftigten (darunter zahlreiche Frauen und Kinder)

von 19 Pfennig wurden nach dem Streik 27 und 28 Pfennig bezahlt) im Sommer 1907 auf 150 – 180 Mitglieder angewachsen war[69].

Die erhoffte organisationsfördernde Wirkung dieser Lohnerhöhung auf die weiterhin mit 19 Pfennig Stundengrundlohn abgespeiste Arbeiterschaft im Hauptwerk, der Tonwarenfabrik Schwandorf[70], blieb aber aus, obwohl man nicht leicht – wie die „Fränkische Tagespost"[71] im Frühjahr 1907 schreibt – „irgendwo eine Arbeiterschaft finden (wird), die so schlecht daran ist wie in der mittleren Oberpfalz. Besonders in Schwandorf gewinnt selbst der Vorurteilslose sofort den Eindruck, daß dieses Städtchen fast hauptsächlich 'Bettelvolk' und 'Jammergestalten' birgt." Trotzdem der Regensburger Fabrikverbands-Geschäftsführer Hagen über lange Zeit den Schwerpunkt seiner Agitationstätigkeit nach Schwandorf verlagert hatte, dort auch eine Zahlstelle hatte gegründet und im Jahr 1912 durch eine Arbeitsniederlegung eine Aufbesserung der Stundenlöhne um 2 bis 4 Pfennig hatte erzielt werden können, war eine wirkliche Stabilisierung oder gar ein Ausbau der Schwandorfer Mitgliedschaft aber durch die dort übermächtigen katholischen Vereine verhindert worden[72].

Die starke Fluktuation – vor allem der weiblichen Mitgliedschaft - der Verwaltungsstelle Regensburg des Fabrikarbeiterverbandes verdeutlichen die allerdings nur für den Zeitraum 1907 bis 1914 vorliegenden Mitgliederzahlen[73]:

```
1907:    750 männliche  +  81 weibliche Mitglieder  =   831 Mitglieder insgesamt
1908:  1.073     "       + 334       "       "      = 1.407       "        "
1909:    959     "       + 120       "       "      = 1.079       "        "
1910:    918     "       +  99       "       "      = 1.017       "        "
1911:    936     "       +  37       "       "      =   973       "        "
1912:    840     "       + 109       "       "      =   949       "        "
1913:    906     "       +  62       "       "      =   968       "        "
Ende 1914: 442   "       +  48       "       "      =   490       "        "
```

Die Ursachen dieser enormen Fluktuationsbewegungen – vor allem bei den weiblichen Organisierten – sind mannigfaltig: ausschlaggebend war zunächst aber die 1909 deutlich spürbare Wirtschaftskrise, die offensichtlich den Großteil der im Vorjahr Beigetretenen (bei den Frauen rund 85 %!) – soweit sie nicht ohnehin von krisenbedingten Entlassungen betroffen waren – ihre Mitgliedschaft wieder aufkündigen und/oder die daraus entspringenden Zahlungsverpflichtungen ignorieren ließ, um so zusätzliche finanzielle Belastungen zu reduzieren. Beim Fabrikarbeiterverband wurde die Fluktuation noch zusätzlich verschärft dadurch, daß er nicht – wie die berufsorientierten Fachverbände – ein eigenes Rekrutierungspotential besaß, sondern in allen möglichen „fremden Revieren wildern" mußte und deshalb auch in ständigen Grenzstreitigkeiten mit anderen Verbänden lag[74].

Dem Fabrikarbeiterverband, der ja fast ausschließlich un- und angelernte Arbeiter rekrutierte, fielen auch fluktuationsmindernde Aktivitäten (wie Ausbau des Unterstützungswesens und Beitragskassierung) weitaus schwerer als den berufsorientierten Fachverbänden, die mit solchen Maßnahmen von der Jahrhundertwende an ihre Mitgliedschaften schrittweise hatten stabilisieren können[75]. Ganz allgemein hatten also Verbände mit einem hohen Anteil gering qualifizierter Mitglieder auch eine weitaus größere Mitgliederfluktuation zu verzeichnen.

Zu den besonders stark fluktuierenden gering qualifizierten Gewerkschaftsmitgliedern zählten immer auch die weitaus schlechter als die Männer bezahlten, in der Oberpfalz bis 1919 ausnahmslos un- und angelernten weiblichen Arbeitskräfte, deren Anteil im letzten Jahrzehnt des vorigen Jahrhunderts (besonders in der Porzellan-, Glas- und Emailindustrie) enorm zugenommen hatte und im Jahr 1904 bereits bei 16 % der Gesamt-Fabrikarbeiterschaft in der Oberpfalz lag[76]. Gleichwohl blieben die Arbeiterinnen – wie bereits gezeigt[77] – von den Wahlen zum Gewerbegericht ausgeschlossen; weit schwerwiegender war aber noch, daß Frauen bis zum Reichsvereinsgesetz von 1908 keinem politischen Verein angehören durften und – zusammen mit den Minderjährigen – auch von politischen Versammlungen ausgeschlossen blieben[78]. Mit dem Ausschluß der Frauen von der Behandlung „öffentlicher Angelegenheiten" - dieser Begriff diente im Artikel 15 des bayerischen Vereinsgesetzes als Kriterium dafür, ob eine Versammlung als politisch einzustufen war oder nicht – war ihnen auch ein wesentlicher Teil ihres Koalitionsrechts in den Gewerkschaften und in der Partei genommen, wie der Nürnberger Arbeitersekretär und SP- Landtagsabgeordnete Martin Segitz bei der 3. Konferenz der bayerischen Gewerkschaftskartelle in Nürnberg 1906 klagte[79]. Die Auslegung des Artikels 15 durch die Behörden war höchst uneinheitlich: Bei zwei vom Nürnberger SP-Reichstagsabgeordneten Südekum am 11. November 1906 abgehaltenen Versammlungen hatte bei der Vormittagsveranstaltung in Regensburg der überwachende Beamte die Anwesenheit von Frauen noch erlaubt, wohingegen am Nachmittag in Schwandorf die Versammlungsteilnahme einer einzigen Frau und deren Nicht-Entfernung durch den Einberufer für diesen eine Gerichtsverhandlung und Verurteilung zu 5 Mark Geldstrafe nach sich zog[80].

Bereits vor dem Reichsvereinsgesetz von 1908 war es den Frauen aber gestattet gewesen, sogenannten Standesvereinen anzugehören, die öffentliche Angelegenheiten – allerdings beschränkt auf Standesfragen – erörtern durften. Der Zweck dieser Regelung war offenbar, die stark anwachsende weibliche Fabrikarbeiterschaft von der sozialdemokratischen

Arbeiterbewegung fernzuhalten. Hierzu war letztlich auch auf Betreiben der Münchner Verbandsleitung süddeutscher katholischer Arbeitervereine im Jahre 1906 der Verband Süddeutscher Katholischer Arbeiterinnen-Vereine gegründet worden, der außerdem noch religiöse Bildung und Kenntnis der Arbeiterschutzgesetze vermitteln und innerhalb der Christlichen Gewerkschaften die berufliche Interessenvertretung betreiben sollte[81]. Der 1904/05 in Amberg gegründete erste katholische Arbeiterinnenverein der Oberpfalz[82] hatte sich darüber hinaus die Bekämpfung des Anwachsens unehelicher Geburten und der Zunahme von Mischehen mit protestantischer Kindererziehung zum Ziele gesetzt[83]. Im Jahr 1914 zählte er 160 Mitglieder[84], war also fast doppelt so stark wie der erst 1909 gegründete Regensburger Arbeiterinnenverein mit seinen 85 Angehörigen[85].

Im Jahr 1912 hatten die Katholischen Arbeiterinnenvereine in der Oberpfalz insgesamt 1.598 Mitglieder, die zur einen Hälfte aus – meist ledigen – Fabrikarbeiterinnen, zur anderen Hälfte aus Dienstmädchen (ca. 15 %), nichterwerbstätigen Hausfrauen (ca. 10 %), Näherinnen (ca. 6 %) und verschiedenen anderen Berufen sich rekrutierten[86]. Die katholischen Arbeiterinnenvereine konnten 1912 in der Oberpfalz 14 % (gegenüber 1907: 6,75 %) aller Arbeiterinnen organisieren – eine Organisationsquote, wie sie selbst von den zweit- und drittplazierten bayerischen Regierungsbezirken Schwaben (6,32 %) und Niederbayern (6,02 %) auch nicht annähernd erreicht wurde[87]. Nach Denk[88] waren im Jahr 1911 nur 8 % der bayerischen Arbeiterinnenvereinsmitglieder auch in den Christlichen Gewerkschaften organisiert; auf die Oberpfalz übertragen, ergäbe dies im Jahr 1912 eine Anzahl von 128 in den Christlichen Gewerkschaften organisierten Arbeiterinnen, denen im selben Jahr 167 freigewerkschaftlich organisierte Frauen gegenüberstanden.

Ende des Jahres 1907 berichtete der Beauftragte der oberpfälzischen Regierung über seine Inspektionsreise durch das Maxhütten-Streikgebiet, im besonders militanten Verhalten der Frauen der Ausständigen mache sich „bemerkbar, daß die Gewerkschaften in letzter Zeit bemüht sind, in öffentlichen Versammlungen die Arbeiterfrauen (welche anfangs von den Wochenbeiträgen ihrer Männer – 50 Pfg. pro Person – wenig erbaut waren) für sich zu gewinnen"[89]. Aber erst mit dem vermehrten Kriegseinsatz von Frauen sollte es zu eigenständigen, politisch radikalisierten Aktionen (auch) der oberpfälzischen Frauen kommen: So streiken im Januar 1917 (also parallel zu den Münchner Munitionsarbeiterstreiks) im neueröffneten Burglengenfelder Zementwerk 20 Arbeiterinnen – allerdings erfolglos -, um eine Erhöhung ihres Stundenlohnes (von 35 auf 40 Pfennig) zu erreichen[90]. Vom August 1917 an hatten sich von Weiden und Mitterteich aus von Frauen getragene Hungerunruhen – geradezu flächenbrandartig – über fast alle Amtsbezirke der Oberpfalz ausgebreitet[91]. Wenn auch diese Proteste spontan und unorganisiert waren, so förderte die enorm zunehmende Kriegsarbeit der Frauen doch – ungewollt – deren politischen und gewerkschaftlichen Emanzipationsprozeß, dem in der Novemberrevolution von 1918/19 dann – zumindest formal – mit der Erfüllung der im Mittelpunkt der Frauenagitation stehenden Forderung nach dem aktiven und passiven Frauenwahlrecht entsprochen werden sollte[92]. Auch auf gewerkschaftlichem Gebiet dürften zum Ende des Untersuchungszeitraumes (1919 also) die letzten institutionell-rechtlichen (nicht aber die durch die Rollenverteilung in Haushalt, Familie usw. bedingten) Barrieren für eine Betätigung der Frauen aus dem Wege geräumt gewesen sein.

Die Lage der Dienstboten- und Landarbeiterschaft in Bayern und deren aus den patriarchalischen Arbeitsverhältnissen resultierende Nicht-Organisierbarkeit durch die Freien Gewerkschaften ist ja bereits ausführlich in der Literatur dargestellt worden[93]; es mag deshalb genügen, hier die wichtigsten Ergebnisse kurz zu skizzieren. So fallen bei der regionalen Aufschlüsselung der bayerischen Berufsbevölkerung im Jahre 1907 der noch überwiegend agrarische Charakter der Oberpfalz und der hohe Anteil der Dienstboten auf[94]; diese ledigen Knechte und Mägde lebten häufig nur in einer Art Übergangsstadium im bäuerlichen Haushalt mit, bis sie selbst ein Anwesen übernehmen bzw. in ein solches einheiraten konnten[95]. Im Jahre 1907 waren in der Oberpfalz 90,9 % aller landwirtschaftlichen Anwesen als kleine und mittlere Betriebe (bis 20 Hektar), nur 9 % als großbäuerliche Höfe (20 – 100 Hektar) und sogar nur 0,1 % als Großgrundbesitz (über 100 Hektar)[96] zu bezeichnen; da in der Oberpfalz also nur wenig Großgrundbesitz existierte, gab es auch Landarbeiter ostelbischer Art sowie polnische etc. Saisonarbeiter nur in geringer Zahl.

Der zu Anfang des Jahrhunderts „ungekrönte König" Bayerns, Motor der Zentrumsfraktion und „Vater" der Christlichen Bauernvereine, Georg Heim[97], hatte im Jahre 1907 mit den Vorarbeiten für eine Organisierung der ländlichen Dienstboten begonnen. Damit wollte er entsprechenden Organisationsbestrebungen der Sozialdemokratie zuvorkommen[98], war er doch der Auffassung, „daß bei einer Organisation der ländlichen Dienstboten die übliche Form der Organisation der Arbeitnehmer, nämlich die gewerkschaftliche Form, überhaupt nicht in Betracht kommen könne"[99]. Dem außerordentlich umtriebigen, ideenreichen und populistischen „Bauerndoktor" Georg Heim hatten möglicherweise die „wirtschaftsfriedlichen" Werkvereine als Organisationsmodell vorgeschwebt für seine katholischen Dienstbotenvereine, die immer und überall die Zusammenarbeit mit den Bauernvereinen suchen und so zur Eindämmung der ständig beklagten Dienstbotennot und Landflucht beitragen sollten. Der Streikgedanke sowie die Organisierung von Landarbeitern sollten bei dieser katholischen Standesorganisation strikt ausgeklammert bleiben; gleichwohl wurde die Ablehnungsfront gegen Heims Organisationspläne immer breiter (vom Feudaladel über bäuerliche Interessengruppen und den reaktionären Flügel – um den Prälaten Pichler – innerhalb des bayerischen Zentrums bis zum niederbayerischen Regierungspräsidenten sowie dem Bayerischen Bauernbund)[100] und der Widerstand dagegen immer erbitterter[101].

Mit Unterstützung der in der katholischen Arbeiterbewegung engagierten Geistlichen, die sozialdemokratische Organisierungsversuche auch unter den oberpfälzischen Dienstboten (nach der bereits erfolgten freigewerkschaftlichen Organisierung der Dienstbotenschaft einiger oberbayerischer Pfarreien) befürchteten, und mit dem – wohl aus demselben Grunde – erklärten Einverständnis des Regensburger Ordinariats (das aber noch die Warnung vor Streiks mit auf den Weg gab) konnte Heim am 25. Januar 1909 in Regensburg den „Verein Katholischer Ländlicher Dienstboten für das Königreich Bayern rechts des Rheins" gründen[102]. Nach beträchtlichen Anfangsschwierigkeiten konnte diese Standesorganisation beachtliche jährliche Zuwachsraten verzeichnen, so daß sie zum Beginn des Krieges 1914 bereits 1.614 männliche und 1.147 weibliche Mitglieder zählte[103]. Von Anfang an war Heims Verbandsarbeit geprägt gewesen – ähnlich der „gelben" Werkvereinsbewegung – von sozial befriedenden Maßnahmen und dem Fehlen jedweder allgemeinpolitischer Informationen, statt derer eine in den letzten Vorkriegsjahren sich ständig verstärkende antisozialdemokratische Agitation und Propaganda betrieben wurde[104].

Bereits im Sommer 1907 war es in Scheyen, nahe Regensburg, zur ersten Landarbeiterbewegung in der Oberpfalz gekommen, als sich meist verheiratete Tagelöhner der dortigen Güter wegen ihrer miserablen wirtschaftlichen Lage mit einem Hilfeersuchen an die örtlichen Geistlichen wandten, die sie wiederum an die Sekretäre des Münchner christlichen Hilfsarbeiterverbandes verwiesen. Die Gutsbesitzer lehnten jedoch jedwede Verhandlungen mit den christlichen Gewerkschaftssekretären ab, beantworteten deren Streikdrohung mit der Anwerbung von 600 polnischen Erntearbeitern und denunzierten die den Landarbeitern behilflich gewesenen Geistlichen beim Regensburger Bischof, der wiederum einen der „roten Kapläne" strafversetzte, einem weiteren dieselbe Maßnahme androhte und so sämtliche Geistlichen von einem Engagement für die gewerkschaftliche Organisierung der Landarbeiter abschreckte. Da ihm fortan also die Unterstützung des eingeschüchterten Klerus fehlte, konnte der christliche Hilfsarbeiterverband in der Oberpfalz in den folgenden Jahren zwar noch einige hundert Landarbeiter für sich gewinnen, auch einige Zahlstellen gründen und vereinzelt Tarifverträge abschließen – ein wirklicher organisatorischer Durchbruch sollte ihm im hier zu untersuchenden Zeitraum bei der oberpfälzischen Landarbeiterschaft aber versagt bleiben[105].

Ohne jeden Erfolg blieben im Untersuchungszeitraum die freigewerkschaftlichen Agitations- und Organisierungsbemühungen unter den oberpfälzischen Landarbeitern, die allerdings erst spät eingesetzt hatten. Bei der 4. Konferenz der bayerischen Gewerkschaftskartelle in Nürnberg 1908 war erstmals die „Organisation der Land- und Waldarbeiter" in einem ausführlichen Referat vom Nürnberger Arbeitersekretär und SP-Landtagsabgeordneten Martin Segitz behandelt worden[106], der gleich eingangs festgestellt hatte: „Mit dem Versuch, die Land- und Waldarbeiter zu organisieren, betreten wir Neuland. Wir tappen sozusagen im Dunkeln, auf grundlosen Wegen, denen alle Voraussetzungen für ein bestimmtes zielsicheres Vorgehen in dieser Richtung fehlen. Wir befassen uns leider viel zu spät mit dieser Frage"[107]. Im darauffolgenden Jahr 1909 konnte zwar der neugegründete sozialdemokratische Land- und Waldarbeiterverband unter den Forstarbeitern von Neuhaus und Ranna bei Sulzbach organisatorisch Fuß fassen[108], den Zugang zur oberpfälzischen Landarbeiterschaft vermochte er aber nicht zu finden. Der am 9. April 1909 aus 19 Dienstknechten sich konstituierende „landwirtschaftliche Arbeiter-Verein Floß und Umgebung"[109] war wohl tatsächlich ein – zunächst? – unpolitischer, auf die Dienstbotenschaft beschränkter Geselligkeitsverein, war seine Gründung doch – wie einer der Initiatoren zu Protokoll gab[110] – dadurch veranlaßt, „daß die Knechte überall zurückgesetzt würden. Die Bauernburschen (Söhne der Besitzer) hätten ihren ländlichen Verein, die jungen Leute im Markte einen Burschen-, Turn-, Gesang-, Gesellen- u. Steinarbeiterverein. Die Knechte blieben sich selber überlassen. Da sie aber auch das Bedürfnis verspürten, Geselligkeit und Freundschaft zu pflegen, so hätten sie sich zusammengeschlossen ohne jede böse Absicht gegen ihre Arbeitgeber."

In einem kurzen Resümee wird man wohl Blessing[111] darin zustimmen können, daß in Bayern durch die Abwanderung zahlreicher Dienstboten und Landarbeiter in die Stadt etwa angestautes dörfliches Konflikt- und Protestpotential vom Lande abgezogen wurde: „Der aktive Teil der ländlichen Unterschichten emanzipierte sich vom Dorf, nicht mehr im Dorf"[112]. Die althergebrachte dörfliche Ordnung sollte so in Bayern weitgehend konserviert werden (bis in die Mitte des 20. Jahrhunderts hinein) und damit auch die Dienstboten- und Landarbeiterschaft in der Oberpfalz – zumindest im

Untersuchungszeitraum – freigewerkschaftlichen Organisierungsversuchen verschlossen bleiben.

Mit der – bereits dargestellten[113] – alle Lebensbereiche erfassenden religiösen Prägung der oberpfälzischen Bevölkerung kam der konfessionellen Komponente auch auf dem Felde der Arbeiterbewegung eine Bedeutung zu, wie sie diese wohl in keiner anderen deutschen Region gehabt haben dürfte. Das Verhältnis von Staat und katholischer Kirche in Bayern hat ja bereits Michael Körner[114] eingehend untersucht, und zwar für den Zeitraum 1886 bis 1918, in dem der politische Katholizismus in Bayern sich formierte, Staat und Kirche nach der Ära Lutz sich einander wieder annäherten, ihr Verhältnis zueinander normalisierten (Ausnahmen machten in dieser Phase nur der Regensburger Bischof Senestrey und der Eichstätter Oberhirte Leonrod) und so vor und im Ersten Weltkrieg wieder zur alten Einheit von „Thron und Altar" und zum Staatskirchentum zurückfanden. Die christliche Arbeiterbewegung bis zum Ersten Weltkrieg hat für Bayern Hans Dieter Denk, für Regensburg und Amberg (und von diesen beiden organisatorischen und ideologischen Zentren des politischen Katholizismus ausstrahlend auf die gesamte Oberpfalz) Werner Chrobak behandelt[115]; es mag deshalb auch hier genügen, deren Ergebnisse kurz zu resümieren, soweit sie den Zusammenhang bzw. das Wechselverhältnis zwischen christlichen und freien Gewerkschaften betreffen.

An die um die Mitte des 19. Jahrhunderts entstandenen – bereits ausführlich behandelten[116] – katholischen Arbeiterunterstützungs- und Gesellenvereine schlossen in den 1890er Jahren, in einer zweiten Gründungswelle, die katholischen Arbeitervereine an als die zahlenmäßig bei weitem bedeutendste Gruppierung innerhalb der katholischen Arbeiterbewegung überhaupt[117]. Wesentliche Impulse hatte die katholische Arbeiter(-vereins)bewegung erhalten durch den 1884 in Amberg abgehaltenen Katholikentag, dessen beherrschendes Thema die soziale Frage gewesen war und der – im Sinne der päpstlichen Enzyklika „Humanum genus" - die Gründung katholischer Arbeiter- und Arbeiterinnenvereine empfohlen hatte[118]. Trotz dieses Anstoßes und obwohl der Regensburger Bischof Senestrey 1891 eindringlich vor dem Verlust des katholischen Volkes gewarnt und zum Ausbau des katholischen Vereinswesens aufgerufen hatte, um dem Sozialismus Einhalt zu gebieten, stieß die Arbeitervereinsbewegung zu Anfang der 1890er Jahre aber auf nur geringe Resonanz[119].

Wesentlich beschleunigt wurde dann die Mitgliederzunahme der katholischen Arbeitervereine in der Oberpfalz durch das im Oktober 1905 in Regensburg – in Konkurrenz zur im selben Jahr eingerichteten freigewerkschaftlichen Rechtsauskunftsstelle – gegründete Arbeitersekretariat, das fortan – neben seiner Auskunftstätigkeit – vor allem die Gründung von Arbeiter- und Arbeiterinnenvereinen, Zahlstellen christlicher Gewerkschaften und Ortsgruppen verschiedener Verbände im gesamten Oberpfälzer Raum betrieb[120]. Bis zum Jahr 1907 waren in der Oberpfalz 15 % der erwachsenen männlichen Arbeiterschaft in katholischen Arbeitervereinen (12.102 Mitglieder in 101 Vereinen) erfaßt; die Diözese Regensburg konnte damit die bei weitem höchste Organisationsquote unter allen bayerischen Diözesen verzeichnen[121]. Innerhalb der Oberpfalz lagen 1907 die Organisationsschwerpunkte der katholischen Arbeitervereinsbewegung vor allem in Amberg (mit 1.320 Mitgliedern), dann Regensburg (741) und Weiden (640)[122]; auf dem flachen Lande existierten weitere besonders mitgliederstarke – und vermutlich auch aktive – katholische Arbeitervereine in Schwandorf, Pressath, Erbendorf und Waldsassen[123]. Die katholischen Arbeitervereine in Neusorg, Friedenfels und Krummenaab (allesamt im Amtsbezirk Kemnath gelegen) hatten bis zum Jahre 1913 sogar die sozialdemokratischen Konkurrenz-Organisationen an den jeweiligen Orten völlig verdrängen können[124].

Wenn Denk[125] schreibt, daß „der Eindruck entstehen (konnte), als reagiere man nur auf die Sozialdemokratie, weil viele Neugründungen tatsächlich erst im Gegenzug zu dieser zustandekamen", so erscheint dies doch sehr beschönigend angesichts der – gerade in der Oberpfalz – offensichtlichen antisozialistischen Stoßrichtung der meisten katholischen Arbeitervereinsgründungen bzw. Arbeitervereine. So hatte der Regensburger St. Josefs-Arbeiterunterstützungsverein bereits in den 1890er Jahren Vorreiterdienste in der Bekämpfung der Sozialdemokratie geleistet, als er ein von 1895 bis 1897 sich hinziehendes, reichsweit Aufsehen erregendes Muster-Ausschlußverfahren gegen zwei dem Verein (in einem Falle bereits über eineinhalb Jahrzehnte) angehörende unbescholtene Sozialdemokraten „erfolgreich" durchexerziert hatte und dabei selbst vor einem langwierigen Prozeß nicht zurückgeschreckt war[126]. Von 1910 an wurden die Kampf- und Abwehrmaßnahmen der katholischen Arbeitervereine gegen die Sozialdemokratie bzw. sozialdemokratische Arbeitervereinsmitglieder (teilweise auch gegen „gelb" Organisierte) noch verschärft: Viele Arbeitervereinsvorstände (die Arbeitervereine wurden von geistlichen Präsides geleitet) – wie etwa der des Schwandorfer Katholischen Arbeitervereins[127] – verlangten nun von ihren Mitgliedern eine schriftliche Erklärung, daß sie keiner freien Gewerkschaft angehörten. Wurde die Unterschrift unter diesen Revers verweigert, so erfolgte – wie in Schwandorf – der Ausschluß aus dem Katholischen Arbeiterverein, der immer auch mit dem Verlust der in oft jahrzehntelanger Mitgliedschaft und Beitragsleistung in Unterstützungskassen erworbenen Rechte verbunden war[128].

Nach den katholischen Arbeiterunterstützungs- und Gesellenvereinen sowie den Arbeitervereinen hatten sich in den 1890er Jahren, in einer dritten Gründungswelle, die Christlichen Gewerkschaften formiert, die (bei zahlreichen Doppelmitgliedschaften) als Ergänzung zu den Arbeitervereinen sich verstanden. Ihrem volksgemeinschaftlichen Denken entsprechend, lehnten sie den politischen Klassenkampf kategorisch ab; der Streik erschien ihnen nur als letztes Kampfmittel vertretbar und selbst da nur dann, wenn die christlich organisierte Arbeiterschaft an ihm beteiligt war, wohingegen die christlichen Gewerkschaftsführer bei den allein von den Freien Gewerkschaften geführten Streiks zum Streikbruch aufforderten[129]. In der Oberpfalz etablierten sich die Christlichen Gewerkschaften erst um die Jahrhundertwende, von der an sie entscheidende publizistische und organisatorische Unterstützung durch den eben erst bestallten Redakteur des Regensburger Morgenblattes, Heinrich Held, erhielten. Im Jahr 1904 wurde das christliche Gewerkschaftskartell Regensburg gegründet[130], dem sich bis zum Jahresende 1909 insgesamt 15 Zahlstellen anschlossen[131]. Der Konkurrenzkampf zwischen Christlichen und Freien Gewerkschaften um die Errichtung neuer Zahlstellen wurde in der Oberpfalz „mit Haken und Ösen" ausgetragen, vor allem seit dem – von Held inszenierten – christlichen Streikbruch beim (bereits ausführlich dargestellten) Maxhütten-Streik von 1907/08.

Mit der enormen Mitgliederzunahme des freien Gewerkschaftskartells Regensburg in den Jahren der Hochkonjunktur 1906 bis 1908 dürfte dort aber die christliche Konkurrenzorganisation – zumindest vorübergehend – an Boden verloren haben[132], obwohl in dieser Phase in Bayern von den christlichen Gewerkschaften mit ihren klerikalen Hilfstruppen „verhältnismäßig mehr Agitation"[133] entfaltet worden war als von den freien Gewerkschaftskartellen, wie bei deren Landeskonferenz 1906 selbstkritisch eingestanden wurde[134]. Eine weitere Bedrohung des eigenen Rekrutierungspotentials waren für die christlichen Gewerkschaften sicherlich auch die in der Oberpfalz von 1908 an gegründeten – noch zu behandelnden – gelben Werkvereine. Für das Jahr 1911 hat Denk[135] aufgrund der Angaben für 56 Prozent der christlich Organisierten eine Anzahl von 7.800 christlichen Gewerkschaftsmitgliedern (gegenüber 6.313 freigewerkschaftlich und 3.681 „gelb" Organisierten) in der Oberpfalz errechnet; die Organisations-„Hochburgen" der christlichen Gewerkschaften waren dabei aber weniger Ortskartelle wie das in Regensburg mit 930 Mitgliedern (gegenüber 4.982 frei Organisierten)[136] als vielmehr – wie bereits bei den Arbeitervereinen – die Ortskartelle in Amberg mit 1.170 (im darauffolgenden Jahr 1912 sogar mit 1.524) Mitgliedern und in Weiden mit 553 Mitgliedern (gegenüber 241 Freiorganisierten), dann aber auch in Cham mit 533 und in Neumarkt mit 175 Mitgliedern[137], wo freie Gewerkschaftskartelle noch gar nicht existierten. Nach Krieg und Revolution zählten die Christlichen Gewerkschaften im Jahr 1918 in der Oberpfalz aber „nur" noch 4.300, die Freien Gewerkschaften dagegen 6.400 und selbst die Gelben noch 3.500 Mitglieder[138].

Das entscheidende Verdienst der christlichen Gewerkschaftsbewegung sieht Denk in der Erfassung einer Reihe von freigewerkschaftlich kaum organisierbaren (aus einer Vielzahl von, bereits dargestellten, sozio-ökonomischen und ideologischen Gründen) Beschäftigtengruppen: vor allem der Arbeiterinnen, des ländlichen Dienstbotenpersonals sowie der Staatsarbeiter und Staatsbediensteten[139]. Die Organisierung von Beschäftigtengruppen kann aber doch wohl nicht bereits als Wert an sich und als Selbstzweck verstanden werden, wie Denk dies offenbar tut, wenn er der „christliche(n) Arbeiterbewegung Bayerns . . . einen überaus wichtigen Beitrag zur gesamten deutschen Arbeiterbewegung" attestiert[140]. Zu fragen ist vielmehr nach der objektiven Funktion der christlichen Arbeiterbewegung, die – trotz des subjektiv ehrlichen Bemühens sicherlich der meisten ihrer Funktionäre – bestand in einer domestizierenden Systemintegration der Arbeiterschaft (die vielzitierte Äußerung des Regensburger Bischofs v. Henle „Wer Knecht ist, soll Knecht bleiben" steht für diese ständestaatliche Ideologie)[141], in ständig sich verschärfenden antisozialistischen Kampf- und Abwehrmaßnahmen und in der Spaltung der Arbeiterbewegung (wie am Beispiel des christlichen Streikbruchs beim Maxhütten-Streik von 1907/08 bereits aufgezeigt).

Die antisozialistischen Repressionsmaßnahmen der Unternehmerschaft wurden ja für die Oberpfalz bereits ausführlich am Beispiel der Metallindustrie dargestellt[142]; wie Ilse Fischer und Hermann-Josef Rupieper gezeigt haben, nahm in der (insbesondere Augsburger) Metallindustrie auch die systematische Organisierung des „Klassenkampfes von oben"[143] durch die deutschen bzw. bayerischen Unternehmer ihren Ausgang, sei es über die Lancierung und Protegierung eines antisozialistischen „Verbands ordnungsliebender Arbeiter", sei es durch die Mitgliedschaft in überregionalen Arbeitgeberkartellen, die den Unternehmern 1905 die Aussperrung mehrerer tausend Metallarbeiter ermöglichte[144] oder sei es schließlich durch die Gründung von betriebseigenen unternehmenshörigen „gelben" Werkvereinen, die auf Streiks verzichteten, ihren Mitgliedern eine Reihe materieller Vergünstigungen boten und so eine entscheidende Schwächung, ja teilweise sogar vollständige Ausschaltung der Gewerkschaften in einzelnen Großbetrieben bewirkten[145]. Ob die Vermutung der bayerischen Fabrikinspektoren aus dem letzten Vorkriegsjahr 1913, „daß ein Teil der Mitglieder des Werkvereins versteckt den Gewerkschaften und nur, um die Vorteile des Werkvereins zu genießen, auch diesem angehört"[146], zutreffend war oder nicht, läßt sich nicht mehr schlüssig feststellen.

In den letzten Vorkriegsjahren dominierten auch in der Oberpfalz die wirtschaftsfriedlichen Werkvereine in den Großbetrieben der Metall- und Porzellanbranche, in denen ein besonders starker Druck auf die Arbeiter ausgeübt werden konnte[147]: Die 1912 vier „gelben" Werkvereine zählten 3.681 Mitglieder – davon aber nur 300 in Regensburg[148] -(gegenüber 6.313 freigewerkschaftlich und geschätzten 7.800 christlich Organisierten im Vorjahr 1911)[149], nach Kriegsbeginn zu Ende des Jahres 1914 waren es noch zwei Werkvereine mit 1.217 Mitgliedern[150] und nach Beendigung des Krieges 1918 waren es wiederum 3.500 „gelb" Organisierte (gegenüber 6.400 freigewerkschaftlich und 4.300 christlich Organisierten)[151]. Die Oberpfalz lag damit – nach der absoluten Zahl der „gelb" Organisierten – unter den bayerischen Regierungsbezirken an 4. Stelle (nach Schwaben, der Pfalz und Mittelfranken)[152]; im Folgenden seien die prozentualen Anteile der einzelnen weltanschaulichen Richtungsverbände[153] an der organisierten Arbeiterschaft der Oberpfalz[154] und des Königreichs Bayern[155] einander gegenübergestellt:

Organisationen	Oberpfalz	Königreich Bayern
Freie	35,5	74,1
Christliche	43,8	16,8
Gelbe	20,7	7,5
Hirsch-Dunckersche	–	1,4
Unabhängige	–	0,2

Die Tabelle veranschaulicht die enorme Übermacht der christlichen und gelben Verbände in der Oberpfalz, wo sie im Jahr 1912 zusammen 64,5 %, annähernd zwei Drittel der organisierten Arbeiterschaft also, für sich hatten gewinnen können, wohingegen in Gesamtbayern nur 24,3 %, also knapp ein Viertel aller organisierten Arbeiter „schwarz-gelb" sich entschieden hatte. Bis zum Jahr 1904 waren in der Oberpfalz auch die in der Konstituierungsphase der Gewerkschaftsbewegung so bedeutenden Hirsch- Dunckerschen Gewerkvereine nicht mehr vertreten gewesen[156]; erst vom 1. Juli 1905 an existierte in Regensburg wieder ein Ortsverein des Gewerkvereins der deutschen Fabrik- und Handarbeiter mit einer „verhältnismäßig große(n) Anzahl Mitglieder"[157], der jedoch keinerlei Einfluß auf das im gesamtbayerischen Vergleich geradezu frappierende Organisationsbild in der Oberpfalz (zwei Drittel „schwarz-gelb" Organisierte im Jahr 1912 gegenüber landesweit nur knapp einem Viertel) haben sollte.

FUSSNOTEN: C. ARBEITERBEWEGUNG IN DER OBERPFALZ 1848 – 1919

I. DIE GEWERKSCHAFTLICHE ARBEITERBEWEGUNG IN DER OBERPFALZ
1. ORGANISATIONS- UND MITGLIEDERENTWICKLUNG, ORGANISATIONSHEMMNISSE

1) Zur zeitlichen Abfolge von Gewerkschafts- und Parteigründung vgl. ENGELHARDT, a.a.O., S. 913 f. und 1214 f.

2) Vgl. VHVO 121, S. 219 – 231.

3) Vgl. a.a.O., S. 140 – 159, 190 – 192 und 204 – 211.

4) Vgl. die Anmerkungen zu den beiden genannten Arbeiten in der Einleitung, S. 15.

5) Im Kapitel „Kassenwesen".

6) Zusammengestellt nach MEYER, Rudolf: Der Emancipationskampf des vierten Standes, Bd. 1, Berlin 1882², S. 331 f. und 346 sowie CHROBAK, VHVO 121, S. 222.

7) Vgl. ebd.

8) Vgl. „Volksstaat" Nr. 37 vom 7.5. und Nr. 40 vom 17.5.1873.

9) Vgl. BHS I, MInn 66312 („Arbeiterfrage und sozialdemokratische Umtriebe 1869 – 1890"), Nr. 11 vom 3.9.1878.

10) Vgl. CHROBAK, VHVO 121, S. 222.

11) Vgl. KNAACK, Rudolf / SCHRÖDER, Wolfgang: Gewerkschaftliche Zentralverbände, Freie Hilfskassen und die Arbeiterpresse unter dem Sozialistengesetz. Die Berichte des Berliner Polizeipräsidenten vom 4. September 1886 und 28. Mai 1888, in: Jahrbuch für Geschichte 22, 1981, S. 389 f.

11a) Vgl. „FT" Nr. 172 vom 24.7.1884.

12) So auch der Titel des Aufsatzes in der Festschrift für Hans Böckler: Vom Sozialistengesetz zur Mitbestimmung, Düsseldorf 1975, S. 55 – 101.

13) Vgl. hierzu die Protokolle der Verhandlungen der Kongresse der Gewerkschaften Deutschlands, Bd. 1: Halberstadt 1892, S. 55 f.

14) „FT" vom 13.4.1892.

15) Ebd.

16) Quelle: WITTMANN, a.a.O., S. 131.

17) Vgl. CHROBAK, VHVO 121, S. 223.
18) „FT" Nr. 263 vom 9.11.1899.
19) Quelle: „Oberfränkische Volkszeitung" Nr. 237 vom 6.10.1900.
20) Für den Zeitraum 1900 bis 1906 wurde das von WITTMANN (a.a.O. S. 131) aufbereitete Hirschfeld'sche Zahlenmaterial – ergänzt durch FIB 1904, S. 98 (zum Stand der Gewerkschaftsbewegung 1904 in der Oberpfalz) – herangezogen.
21) Die Amtsbezirke Roding, Stadtamhof und Sulzbach, wo im Zeitraum 1896 bis 1906 – nur für diesen liegen hier überhaupt Zahlen vor (vgl. WITTMANN, a.a.O., S. 131) – jeweils zwischen 1 und 5 Einzelmitgliedern gezählt wurden, schieden deshalb für einen Vergleich von vorneherein aus.
22) Für Regensburg ZBG, P II 432 – 1908 ff.; zu den Gewerkschaftskartellen in der nördlichen Oberpfalz DGB, AKP 831 – 1910 ff. sowie in der Oberpfalz insgesamt „FT" Nr. 199 vom 26.8.1913 und Nr. 226 vom 28.9.1914.
23) So existieren Mitgliederzahlen für den Kartellbezirk Amberg nur für das Gründungsjahr 1904 sowie die Jahre 1906 und 1908 (bei WITTMANN, a.a.O., S. 131 und in der „FT" Nr. 23 vom 28.1.1909. Für das 1913 in Schwandorf gegründete (8. oberpfälzische) Gewerkschaftskartell liegen nur Angaben zur Anzahl der Rechtsauskünfte (insgesamt 17) im Gründungsjahr vor (Quelle: SJKB 1915, S. 205).
24) Im Jahr 1910 betrug die Gesamtzahl der Industriearbeiter in den Kartellbezirken Weiden: 2.760, Tirschenreuth: 2.375, Mitterteich: 1.300 und Floß: 3.700 (Quelle: DGB, AKP 831-1910).
25) StA AM, Reg. d. Opf. 13754, Bericht vom 17.1.1904.
26) Vgl. ebd.
27) Vgl. StA AM, Reg. d. Opf. 8243, Nr. 5083 vom 19.7.1904.
28) „FT" Nr. 23 vom 28.1.1909.
29) Quelle: DGB, AKP 738, Arbeiter-Sekretariat Nürnberg, 14. Jahresbericht 1908, S. 59.
30) Vgl. „FT" Nr. 9 vom 12.1.1910.
31) Quelle: SJKB 11, 1913, S. 215 und 12, 1915, S. 205.
32) Quelle: SJKB 11, 1913, S. 216; 12, 1915, S. 205 und 14, 1919, S. 310.
33) Quelle: DGB, AKP 738, 14. Jahresbericht 1908, S. 59.
34) Vgl. die Protokolle des 6. Kongresses der Gewerkschaften Deutschlands vom 22. bis 27.6.1908, S. 86 – 89; des 8. Kongresses vom 26.6. bis 1.7.1911, S. 98 f. und 102 f. sowie des 9. Kongresses vom 22. bis 27.6.1914, S. 102 f. und die „FT" Nr. 84 vom 8.4.1908.
35) Vgl. deren biographische Daten im Handbuch des Vereins Arbeiterpresse, 3. Jg., Berlin 1914, S. 506.
36) Michael Weiß, Glasarbeiter, katholisch, geb. am 28.12.1860 in Pischeldorf, Heimatrecht in Pirk, Bezirksamt Neustadt a.d. WN. Verheiratet, 4 Kinder. Bereits Ende 1891 wird er im Bericht des Regierungspräsidenten (StA AM, Reg. d. Opf. 13933, Wochenbericht vom 21.12.1891) erwähnt: „Vom Bezirksamt Vohenstrauß wird berichtet, daß dem Schleifgesellen Georg Weiß von Finkenhammer von seinem bei gleicher Beschäftigung in Nürnberg wohnenden Bruder Michael sozialdemokratische Zeitungen und Broschüren zugeschickt wurden." 1898 wird Weiß Vorsitzender des Sozialdemokratischen Wahlvereins Weiden-Neustadt. Am 7.11.1899 zieht Weiß von Mantel nach Weiden. 1900 ist er Delegierter seines Vereins beim 5. Landesparteitag der bayerischen Sozialdemokratie. 1903 und 1907 wird er als Reichstagskandidat im Wahlkreis Neunburg v.W., 1907 zusätzlich noch als Landtagskandidat im Wahlkreis Tirschenreuth nominiert. Vom 7. März 1908 an amtiert er als Gewerkschaftssekretär und Vorsitzender des Jugend-Ausschusses in Marktredwitz. Weiß ist außerdem Vorsitzender des Gewerkschaftskartells Weiden und in Marktredwitz Mitglied einer Reihe von Gremien (von 1915 der Volksfürsorge, von 1917 der Gemeindeverwaltung, des Kriegsfürsorge-, des Einberufungs- und Schlichtungsausschusses). 1919 wird er Arbeiterrat in Marktredwitz, am 15. 6. 1919 wird er auf der Liste der Mehrheitssozialdemokraten in den Stadtrat gewählt, wird Vorsitzender der Allgemeinen Ortskrankenkasse Wunsiedel und Mitglied im Oberversicherungsamt. 1921 legt er seine Ämter nieder und verbringt seinen Lebensabend in Marktredwitz, wo er am 25. 3. 1945 verstirbt (sämtliche biographische Daten aus DGB, AKP 831 – 1908 ff. und Handbuch des Vereins Arbeiterpresse, 3. Jg., Berlin 1914, S. 474).
37) Quelle: DGB, AKP 831 – 1908 bis 1911.

38) Vgl. Protokolle der Verhandlungen der Kongresse der Gewerkschaften Deutschlands, Bd. 4: Dresden 1911, S. 102 f.; hierzu auch DGB, AKP 831 – 1910 f.
39) Vgl. ebd., AKP 831 – 1915.
40) Vgl. ebd., AKP 831 – 1916.
41) Ebd., AKP 831 – 1919.
42) Ebd.
43) Vgl. ebd.
44) Vgl. SCHÖNHOVEN, a.a.O., S. 143.
45) StA AM, Reg. der Opf. 5452, Protokoll der Fabrikinspektoren-Jahreskonferenz vom 10./11. 11. 1913, S. 9.
46) Bei der Fünften Landes-Konferenz am 23. und 24. 9. 1911 (vgl. DGB, AKP 700, Protokoll der 5. Konferenz 1911, S. 19 ff.).
47) Vgl. ebd.
48) Ebd., S. 20.
49) Ebd., Protokoll der 3. Konferenz 1906, S. 22.
50) Vgl. DGB, AKP 831 – 1910.
51) Vgl. ebd.
52) Zu diesen Auseinandersetzungen vgl. DENK, a.a.O., S. 350 – 355.
53) Vgl. ebd., S. 350 f.
54) Vgl. ebd., S. 352 f.
55) Vgl. ebd., S. 354 f.
56) Vgl. hierzu den glänzenden Aufsatz von Eugen FRAENKEL: Die Lage der Arbeiter in den Werkstätten der Bayerischen Staatsbahnen, in: Archiv für Sozialwissenschaft und Sozialpolitik 37, 1913, S. 808 – 863.
57) Zur konservativen Eisenbahner-Mentalität sowie zur Haltung der Reichs-SPD in der Frage der Eisenbahner-Organisierung und zu den ersten Ansätzen hierfür vgl. SAUL, Klaus: Der Staat und die „Mächte des Umsturzes", in: AfS XII, 1972, S. 293 – 350, hier S. 323 – 331.
58) Vgl. FRAENKEL, Bayerische Staatsbahnen, S. 811.
59) Vgl. ebd., S. 816 f., 845 – 847 und 860 – 865.
60) ZBG, P II 432 – 1913, S. 37.
61) Quelle: ebd., Jahresberichte 1908 ff.
62) Quelle: FRAENKEL, Bayerische Staatsbahnen, S. 809.
63) Quelle: ebd.
64) Quelle: DGB, AKP 831 – 1910 ff.
65) Vgl. SCHÖNHOVEN, a.a.O., S. 152 f. und 178 f.
66) Magda Hagen hatte bereits Mitte November 1906 in Reinhausen bei einer – auch von Frauen – gut besuchten Fabrik- und Hilfsarbeiterversammlung über die Notwendigkeit der gewerkschaftlichen Organisation referiert und damit eine Reihe von Neuaufnahmen in den Verband sowie in den von ihr geleiteten Frauen-Bildungsverein erzielen können (vgl. „FT" Nr. 272 vom 20.11.1906).
67) Quelle: ZBG, P II 432 – 1908.
68) Vgl. ZBG, P II 432 – 1912, S. 20 und „FT" Nr. 255 vom 31.10.1907.
69) Vgl. „FT" Nr. 62 vom 14.3., Nr. 165 vom 18.7. und Nr. 193 vom 20.8.1907.
70) Zur Entwicklung der Tonwarenfabrik vgl. KLITTA, Georg: Die Geschichte der Tonwarenfabrik Schwandorf in Bayern. 1865 – 1965, Schwandorf 1965.
71) Nr. 62 vom 14.3.1907.
72) Vgl. ZBG, P II 432 – 1912, S. 20; „Unsere Sektion in Schwandorf hat einen harten Stand. Der größte Feind der freiorganisierten Arbeiterschaft ist der Klerikalismus. Ihm ist auch kein Mittel zu schäbig, um die dortige zahlreiche Arbeiterschaft im Banne schwarzer Volksverdummung zu halten", schreibt Hagen in seinem Jahresbericht 1912 (ebd.).

73) Quelle: ZBG, P II 432 – 1908 ff.
74) Vgl. SCHÖNHOVEN, a.a.O., S. 372; hierzu auch der Rechenschaftsbericht 1913 von Michael Weiß (DGB, AKP 831 – 1913), in dem er über die zwischenmenschlichen Konsequenzen des in seinem Bezirk gescheiterten Versuchs einer „Grenzbereinigung" zwischen Fabrik- und Porzellanarbeiterverband schreibt: „Wohl das allerunschönste in dieser Beziehung sind die Verfeindungen verschiedener Funktionäre; es ist wohl selbstverständlich, dass darunter die Agitation am meisten Schaden leidet."
75) Vgl. SCHONHOVEN, a.a.O., S. 380.
76) Vgl. hierzu das Kapitel „Frauenarbeit".
77) Vgl. das Kapitel „Gewerbegerichte".
78) Vgl. zu dieser Thematik ausführlich ALBRECHT/BOLL/BOUVIER/LEUSCHEN-SEPPEL/SCHNEIDER: Frauenfrage und deutsche Sozialdemokratie vom Ende des 19. Jahrhunderts bis zum Beginn der zwanziger Jahre, in: AfS XIX, 1979, S. 459 – 510, hier insbesondere S. 487 – 489.
79) Vgl. DGB, AKP 700, S. 10 – 13 und S. 23.
80) Vgl. „FT" Nr. 303 vom 28.12.1906 und Nr. 159 vom 11.7.1907.
81) Vgl. DENK, a.a.O., S. 166 f. und 188.
82) Vgl. CHROBAK, VHVO 120, S. 287 und DENK, a.a.O., S. 188.
83) Vgl. ebd.
84) Quelle: Amberg-Ausstellungskatalog, S. 310.
85) Quelle: CHROBAK, VHVO 120, S. 287.
86) Quelle: DENK, a.a.O., S. 190.
87) Quelle: ebd., S. 192; selbst „konfessionell bereinigt" lag die Oberpfalz (mit einer Organisationsquote von 15,2 %) noch weit vor der Pfalz (9,74 %) und vor Mittelfranken (9,72 %) (Quelle: ebd.).
88) A.a.O., S. 191.
89) StA AM, Reg. d. Opf. 11051, Visitationsbericht („Wahrnehmungen bei Bereisung des Streikgebietes") vom 16.12.1907.
90) StA AM, Reg. d. Opf. 13752, Nr. 196 vom 4.2.1917.
91) Vgl. ebd., Bericht vom 13.8.1918.
92) Vgl. ALBRECHT etc., Frauenfrage, S. 489.
93) Vgl. ERNST, Georg: Die ländlichen Arbeitsverhältnisse im rechtsrheinischen Bayern, Regensburg 1907; HEIM, Georg: Die ländliche Dienstboten-Organisation, Regensburg 1907; SCHNORBUS, Axel: Wirtschaft und Gesellschaft in Bayern vor dem Ersten Weltkrieg (1890 – 1914), in: Karl BOSL (Hrsg.), Bayern im Umbruch, München 1969, S. 97 – 164; DENK, a.a.O., S. 235 – 247 und 281 – 283; HATTENKOFER, a.a.O., S. 190 – 192; BLESSING, Umwelt und Mentalität, in: AfS 19, S. 1 – 42 und SAUL, Klaus: Der Kampf um das Landproletariat 1890 – 1903, in: AfS 15, 1975, S. 163 – 208.
94) Vgl. SCHNORBUS, a.a.O., S. 103 f.
95) Vgl. BLESSING, a.a.O., S. 4.
96) Quelle: „AVZ" vom 4.12.1918.
97) Zum Oberpfälzischen Christlichen Bauernverein vgl. CHROBAK, VHVO 120, S. 300 – 303.
98) Vgl. ebd., S. 303.
99) HEIM, a.a.O., S. 8.
100) Vgl. DENK, a.a.O., S. 239 f.
101) Vgl. ebd.
102) Vgl. ebd., S. 240.
103) Quelle: ebd., S. 245.
104) Vgl. ebd., S. 241 und 246 f.
105) Vgl. ebd., S. 280 f. und HATTENKOFER, a.a.O., S. 190 f.
106) Vgl. DGB, AKP 700, Protokoll der 4. Konferenz, S. 5 – 8.
107) Ebd., S. 5.
108) Vgl. „FT" Nr. 242 vom 16.10.1909.
109) Vgl. LRA-Registratur NEW: VII, I, 3, 10.
110) Ebd.
111) Umwelt, a.a.O., S. 42.
112) Ebd.
113) Im Kapitel „Mentalität, mentalitätsbildende Lebensbereiche . . .".
114) Staat und Kirche in Bayern 1886 -1918, Mainz 1977.
115) Zur christlichen Arbeiterbewegung in Amberg vgl. ders.: Kirchengeschichte Ambergs von 1803 bis 1918, in: Amberg-Ausstellungskatalog, S. 301 – 320.
116) Im Kapitel „Kassenwesen".
117) Vgl. hierzu DENK, a.a.O., S. 119 – 121, 124 f., 138 – 141, 400 – 403 und CHROBAK, VHVO 120, S. 279, 289 und 304 f. sowie CHROBAK, Kirchengeschichte, S. 309 f. und 313 f.
118) Vgl. ebd.
119) Vgl. DENK, a.a.O., S. 119 f.
120) Vgl. FIBe 1905, S. 99 und 1906, S. 96 sowie CHROBAK, VHVO 120, S. 289 f.
121) Quelle: DENK, a.a.O., S. 120, 139 und 401.
122) Quelle: ebd., S. 403.
123) Vgl. DGB, AKP 831, Jahresbericht 1910.
124) Vgl. StA AM, Reg. d. Opf. 13755, Bericht vom 21.9.1913.
125) A.a.O., S. 124.
126) Vgl. CHROBAK, VHVO 120, S. 304 f.
127) Vgl. „FT" Nr. 300 vom 22.12.1911.
128) Vgl. ebd. und DENK, a.a.O., S. 141 f.
129) Vgl. ebd., S. 86 f. und CHROBAK, VHVO 120, S. 296.
130) Vgl. ebd., S. 296 f.
131) Vgl. ebd., S. 299.
132) Vgl. ebd.
133) DGB, AKP 700, Protokoll der 3. Konferenz 1906, S. 20.
134) Vgl. ebd.
135) A.a.O., S. 284, Fußnote 108.
136) Beim Vergleich von christlichen und freien Ortskartellen müssen die vermutlich unterschiedlichen Kartellbereiche berücksichtigt werden.
137) Quelle: DENK, a.a.O., S. 274.
138) Quelle: FIB 1918, S. 120.
139) A.a.O., S. 392 f.
140) Hierzu auch ders.: Ein Keil in die Arbeiterbewegung? Zur Einschätzung der christlichen Arbeiterbewegung durch sozialdemokratische Arbeiterbewegung, Arbeitgeber und staatliche Institutionen in Bayern vor 1914, in: ZBLG 44, 1981, S. 543 – 569.
141) Vgl. hierzu auch CHROBAK, VHVO 120, S. 305.
142) Im Kapitel „Rekrutierung, Qualifizierung . . .".
143) FISCHER, a.a.O., S. 293.
144) Vgl. ebd., S. 305.
145) Vgl. RUPIEPER, a.a.O., S. 169 und FISCHER, a.a.O., S. 306 – 320; zu den gelben Werkvereinen allgemein vgl. MATTHEIER, Klaus: Die Gelben. Nationale Arbeiter zwischen Wirtschaftsfrieden und Streik, Düsseldorf 1973.
146) StA AM, Reg. d. Opf. 5452, Protokoll der Fabrikinspektoren- Jahreskonferenz vom 10./11.11.1913, S. 10.

147) Vgl. „FT" Nr. 199 vom 26.8.1913.

148) Quelle: SJKB 12, 1913, S. 213 und „FT" Nr. 199 vom 26.8.1913.

149) Quelle: Tabelle zur Mitgliederentwicklung und DENK, a.a.O., S. 284, Fußnote 108.

150) Quelle: SJKB 13, 1915, S. 199.

151) Quelle: FIB 1918, S. 120.

152) Vgl. SJKB 12, 1913, S. 213 und 13, 1915, S. 199.

153) Nach der in der Einleitung, S. 14, zitierten Definition von „Gewerkschaften" als „von Staat und Unternehmerschaft unabhängige und selbstbestimmte Interessenvertretungen" wird man die gelben Werkvereine sicher nicht unter diesem Begriff subsumieren können.

154) Errechnet aus den obigen Werten.

155) Quelle: DENK, a.a.O., S. 285 (Tabelle).

156) Vgl. FIB 1904, S. 98.

157) FIB 1905, S. 98.

2. STREIKS, AUSSPERRUNGEN, TARIFVERTRAGSWESEN

Der Arbeitskampf war die spektakulärste Erscheinung des wirtschaftlichen und gesellschaftlichen Wandels während der Phase der Industrialisierung; mit der Bildung von Unternehmerkoalitionen und mit deren antisozialistischen Repressionsmaßnahmen sollten sich aber auch die Formen ändern, in denen soziale und politische Gegensätze ausgetragen wurden. In der Oberpfalz, wo der Industrialisierungsprozeß erst relativ spät - und selbst da noch sehr zögerlich – eingesetzt hatte, war es erst zu Anfang der 1870er Jahre zum ersten Streik, zu einer „befristete(n) kollektive(n) Arbeitsniederlegung von Lohn- und Gehaltsabhängigen zur Durchsetzung geforderter Arbeits- und Einkommensverhältnisse"[1] also, gekommen.

Die schweren Eisenbahnbauarbeiterunruhen bei Regensburg in den Jahren 1870 bis 1872 wurden ja bereits erwähnt[2]; im Sommer 1870 war es dort zum ersten Streikversuch gekommen, als 14 Bauarbeiter (darunter zwei Frauen) bei Etterzhausen mit Werkzeugen bewaffnet höhere Löhne für Akkordarbeiten gefordert hatten[3]. Mit der fortgesetzten Anwerbung von – angeblich 1000[4] – italienischen und 81 böhmischen[5] Saison- und Wanderarbeitern als Lohndrücker-Konkurrenz und Mittel zur Disziplinierung der einheimischen Eisenbahnbauarbeiter beim Streckenbau Regensburg-Neumarkt-Nürnberg hatte sich dort immer mehr Unmut angestaut, der sich zunächst in individuellen Gewalttätigkeiten (Totschlagsdelikten vor allem), im Juni 1871 dann erstmals in Parsberg in einem Bierkrawall entlud[6]. Anfang November 1871 kam es bei Laaber zu einem Tumult gegen die 81 neuangeworbenen böhmischen Arbeiter, wobei „2 Böhmen lebensgefährlich verwundet (wurden)"[7]. Wie Lothar Machtan[8] schreibt, habe es sich bei diesem Tumult um Übergriffe streikender Eisenbahnbauarbeiter gegen von den Schachtmeistern herbeigeholte böhmische Streikbrecher gehandelt, wobei es angeblich 7 Tote und 30 Verwundete gegeben haben soll[9]; dieser Erklärungsansatz ist zwar durchaus plausibel (hatten doch nur fünf Wochen zuvor in Regensburg die Ostbahnwerkstättenarbeiter gestreikt), irgendwelche Belege hierfür ließen sich aber nicht finden, zumal da Machtan – in diesem Falle – auf das Zitieren der Quelle verzichtete.

Ihren „Höhepunkt" erreichten die Eisenbahnbauarbeiterunruhen in der Oberpfalz am 9. Mai 1872, nachdem bei Massenschlägereien zwischen deutschen und italienischen Arbeitern zwei Deutsche lebensgefährlich verletzt worden waren. „Hierauf sammelten sich die deutschen Arbeiter und hausten namentlich im Orte Deining gegen Personen und Eigenthum furchtbar, indem sie die Italiener vor sich hertrieben. Zwei der letzteren kamen grausam zugerichtet in das Spital zu Neumarkt. Erst durch den Bezirksamtmann zu Neumarkt veranlaßte Aufbietung von Chevauxlegers ... schaffte einigermaßen Ruhe. Die auf der Flucht nach Neumarkt gelangten Italiener ca. 400 Mann wagten es aber nicht mehr an ihre Arbeitsplätze zurückzukehren. Am 12. Mai erneuerten sich die Zwistigkeiten, dieses Mal bei den deutschen Arbeitern unter sich, wurden aber rasch unterdrückt, nachdem sich neuerdings Verwundungen ergeben hatten"[10]. Das Nachspiel zu dieser „Treibjagd" der Ostbahnarbeiter in der Oberpfalz auf die italienischen Lohndrücker-Konkurrenten fand im Oktober 1873 vor dem Schwurgerichtshof zu Amberg statt, wo 9 von insgesamt 41 wegen Landfriedensbruches Angeklagten zu Gefängnisstrafen von bis zu 1 Jahr 3 Monaten verurteilt wurden[11].

Ob man diese Eisenbahnbauarbeiterunruhen noch als frühindustrielle Protestformen oder bereits als Streiks zu qualifizieren hat, läßt sich letztendlich aufgrund Quellenmangels nicht mehr entscheiden. Daß diese Unruhen aber mehr waren als pure – aus charakterlichen Fehlentwicklungen resultierende – Krawallust (wie dies bei Mages mehrfach anklingt), zeigt auch bereits deren räumliche und zeitliche Nähe zum Streik der Regensburger Ostbahnwerkstättenarbeiter vom September 1871; es darf auch als gesichert gelten, daß in einer Ansammlung von mehreren tausend (genaue Zahlen fehlen leider) Lohnarbeitern in der Nähe einer Stadt, in der die sozialdemokratische Organisierung bereits im Gange war, sozialdemokratische Ideen in – wenn auch zahlenmäßig beschränkten - Lohnarbeiter-Eliten bereits Eingang gefunden hatten.

Als erster – nachweisbarer – Streik in der Oberpfalz wird in der Literatur[12] der bereits mehrmals erwähnte Regensburger Ostbahnwerkstättenarbeiterstreik vom September 1871 genannt, an dem sich 600 der insgesamt 650 dort Beschäftigten mit der vergleichsweise sehr gemäßigten Forderung nach einer zehnprozentigen Lohnerhöhung (üblich waren zu Anfang der 1870er Jahre 20 – 25 %ige Lohnforderungen)[13] beteiligt hatten. Verlauf und Ausgang dieses Streiks waren aber so katastrophal, daß daran fast der neugegründete Sozialdemokratische Arbeiterverein Regensburg zerbrochen wäre, hatten doch die – allerdings sehr wenigen – sozialdemokratischen Arbeitervereinsmitglieder unter den Ausständigen den Streik nicht zu einem günstigen Ende zu führen vermocht, zumal da unter den Streikenden noch jedwede gewerkschaftliche Organisation gefehlt hatte[14]. Nachdem „mit langen Messern" bewaffnete Streikbrecher sich gewaltsam wieder Zutritt zum Arbeitsplatz verschafft hatten[15], hatte der Streik abgebrochen werden müssen – obwohl die Front der Unterstützer vom katholisch-konservativen Regensburger Morgenblatt (publizistische Schützenhilfe)[16] über die Bäk-

Abb. 15: Bauarbeiten für die Bayerische Ostbahn bei Parsberg

ker (die unentgeltlich Brot an die Verheirateten unter den Ausständigen abgegeben hatten) bis hin zum Sozialdemokratischen Arbeiterverein gereicht hatte, für den der Arbeiter Heinrich Korbacher aus Cleve[17] die materielle und ideelle Solidarität organisiert und als Kontaktadresse fungiert hatte[18]. Trotz der allumfassenden Überwachung und Bespitzelung (insbesondere des „fremden Arbeiters" Korbacher) sowie der Bereitstellung von Polizei und Militär durch den Regensburger Magistrat[19] waren die Erfolgsaussichten für diesen Streik also günstig gewesen – um so größer war daher die Enttäuschung vor allem der Regensburger Sozialdemokraten über diesen aus „purer Feigheit und reinem Unverstand"[20] erfolgten Streikabbruch, zumal „dieser jämmerliche Ausgang so ungeheuer deprimierend auf die andern Arbeiter einwirkt, nachdem sie vor kurzem so viel Feuereifer hatten"[21].

Nach den Eisenbahn(-bau)arbeiterstreiks zu Anfang der 1870er Jahre sowie einer Reihe von kleineren, meist ohne Streik erfolgreich abgeschlossenen Lohnbewegungen einzelner Handwerkergruppen[22] in der Phase der Hochkonjunktur 1871 bis 1873 kam es in der Oberpfalz zu einer nennenswerten Streikaktion – abgesehen von den im Rahmen der einzelverbandlichen Untersuchungen noch zu behandelnden Arbeitsniederlegungen – erst wieder am 27. Dezember 1895, als in der Lederfabrik Perlinger in Furth sämtliche 18 Arbeiter drei Tage lang – bis zur (teilweisen) Durchsetzung ihrer Forderungen (Zehnstundenarbeitstag, zwei Mark Tageslohn etc.) – streikten. Initiiert worden war der Streik in diesem ländlichen Randbezirk angeblich von einem auswärtigen Agitator, dem „sozialdemokratischen Arbeiter ... Valentin Kolbeck ..., welcher sich längere Zeit in München aufgehalten

Abb. 16: Bauarbeiten für die Bayerische Ostbahn im sogen. „Schelmengraben"

hat u. zuletzt gleichfalls bei Perlinger in Arbeit stand"[23]. Auch dieser Streik hatte – wie dies in Bayern fast immer der Fall war – ein gerichtliches Nachspiel für zwei der Beteiligten, die aufgrund des § 153 der Reichsgewerbeordnung, der Nichtorganisierte vor dem Zwang zur Streikbeteiligung „schützen" sollte, gerichtlich belangt wurden[24]. Bis zur Jahrhundertwende kam es in der Oberpfalz aber zu keinen weiteren Streiks mehr; 1897 wurde zwar „zweimal Seitens der Arbeiterschaft ein Versuch zur Einleitung einer Ausstandsbewegung gemacht, nach Entlassung der Aufwiegler trat jedoch wieder vollkommene Ruhe ein"[25].

Eine Übersicht über die Anzahl der Streiks und Aussperrungen in der Oberpfalz von der Jahrhundertwende bis zum Ende des Untersuchungszeitraumes (bis 1919 also) bietet die nachfolgende Tabelle[26]; dort wird auch auf die – soweit bekannt – Anzahl der Streikenden (bzw. Ausgesperrten) und der bestreikten (bzw. aussperrenden) Betriebe, auf die Streikdauer und – vor allem – auf den Streikausgang eingegangen sowie der jeweilige gesamtbayerische Vergleichswert (in Klammern) angegeben werden:

ARBEITSEINSTELLUNGEN/AUSSPERRUNGEN IN DER OBERPFALZ 1900 BIS 1919
(in Klammern die bayerischen Vergleichswerte)

Jahr	Anzahl der			davon mit			Anzahl der		
	Streiks	Streikenden	bestreikten Betriebe	völligem Erfolg	teilweisem Erfolg	keinem Erfolg	Aussperrungen	Ausgesperrten	aussperrenden Betriebe
1900	12 (96)	585 (6.916)	22						
1902	6 (69)	217 (3.173)	6	–	4 (26) Betriebe mit 60 (1.293) Beschäftigten	2 (34) Betriebe mit 157 (1.297) Beschäftigten			
1904	2 (152)	140 (11.085)	–	–	–	2			
1905	3 (334)	139 (29.628)	–						
1906	20 (256)	1.469 (22.083)	62	–	17	3			
1907	22	3.061	126	12		10 (in 4 Fällen sogar fristlose Entlassung der Streikenden)	1	91	7
1908	21 (164)	1.432 (8.228)		4 (mit 103 Beteiligten)	6 (mit 324 Beteiligten)	11 (mit 1.005 Beteiligten)			
1909	13	1.026	30						
1910	8 (260)	306 (18.968)	11	1 (mit 13 Beteiligten)	5 (mit 167 Beteiligten)	2 (mit 126 Beteiligten)			
1911	22 (265)	539 (19.439)	21		14	8	1 (13)		

bei 8 Streiks Vermittlungsversuch des Fabrikinspektors; in 4 Fällen Einigung mit Hilfe der Gewerbegerichte

Jahr	Streiks	Streikenden	bestreikten Betriebe	völligem Erfolg	teilweisem Erfolg	keinem Erfolg	Aussperrungen	Ausgesperrten	aussperrenden Betriebe
1912	6 (253)	207 (19.012)		–	3 (mit 19 Beteiligten)	3 (mit 188 Beteiligten)	3 (41)	319 (10.768)	

bei 4 Streiks Vermittlungsversuch des Fabrikinspektors

Jahr	Anzahl der Streiks	Streikenden	bestreikten Betriebe	davon mit völligem Erfolg	teilweisem Erfolg	keinem Erfolg	Anzahl der Aussperrungen	Ausgesperrten	aussperrenden Betriebe
1913	– (189)	894 (14.269)	14 (1.487)				– (45)		30 (611)

bei 2 Streiks erfolgreicher Vermittlungsversuch des Fabrikinspektors; in 1 Fall Einigung mit Hilfe des Gewerbegerichts

1914	7	461	19	4	3		7		
1915	1	70	–		1				
1916 1917 1918									

angeblich keine Streiks, was aber nachweislich falsch ist (vgl. z.B. den Frauenstreik im Januar 1917 im Zementwerk Burglengenfeld)

1918							1	45	
1919							6 mit vollem Erfolg: 1 mit teilweisem Erfolg: 4 mit keinem Erfolg: 1	639	48

Die Tabelle zeigt die enorme – im gesamtbayerischen Vergleich jedoch um ein Jahr zeitverschobene – Zunahme der Streikfrequenz in der Oberpfalz während der Phase der Hochkonjunktur in den Jahren 1906 bis 1908. In ihrem Bericht für das Jahr 1907, das den Höhepunkt der Arbeitskämpfe in der Oberpfalz (z. B. auf der Maxhütte) sowohl nach der Anzahl der Einzelstreiks (22) als auch der beteiligten Arbeiter (3.061) markiert, resümiert die Regensburger Industrie- und Handelskammer[27], daß „das Einvernehmen zwischen Arbeitgebern und Arbeitnehmern arg gelitten (hat) ... Die Schuld tragen im wesentlichen die Arbeitnehmer, bei denen infolge politischer Verhetzung, die immer mehr und mehr um sich greift, die Arbeitswilligkeit und Zuverlässigkeit immer geringer wird. Eigentümlich ist dabei nur, daß gerade im krassen Gegensatz dazu die Löhne und Lohnforderungen stetig gesteigert werden." Die Reaktion der Unternehmerseite auf die Streikoffensive der Arbeiterschaft sollte aber nicht lange auf sich warten lassen: Im (für oberpfälzische wie für gesamtbayerische Verhältnisse) turbulenten Streikjahr 1907 sperrten – als Folge einer reichsweiten Aussperrungsmaßnahme des Arbeitgeberverbandes der Schneider – sechs Regensburger Betriebe sämtliche 56 organisierten Schneidergehilfen aus. Von 1909 an war dann in der Oberpfalz wie im gesamten Deutschen Reich[28] infolge allgemein flauen Geschäftsganges und, vor allem, des Anwachsens der Unternehmerverbände die Streikfrequenz rückläufig; nur im Jahr 1911 sollte es (im Untersuchungszeitraum) wegen der leichten wirtschaftlichen Besserung noch einmal zu einer etwas lebhafteren Streikbewegung kommen.

Ganz allgemein war in den letzten Vorkriegsjahren – wie der bayerische Zentralinspektor 1911 konstatierte[29] – „mit der fortschreitenden Erstarkung der Unternehmer- und Arbeiterverbände eine Verschärfung im Kampfe um die Erlangung günstiger Lohn- und Arbeitsbedingungen bzw. um deren Abwehr zu beobachten." Bis Kriegsbeginn 1914 war in Bayern der Großteil der Unternehmerschaft in Arbeitgeberverbänden organisiert[30], die den Freien Gewerkschaften sowohl regional als auch branchenspezifisch in der Organisationsquote weit überlegen waren und zunehmend mit Aussperrungen der Arbeiterschaft ihre Bedingungen aufzuzwingen versuchten. Die Gewerkschaften wurden daher, um den eigenen Organisationsbestand nicht finanziell (durch Streikgeldzahlungen) und politisch zu gefährden, immer mehr zu „Streikvermeidungsvereinen", die der Arbeiterschaft damit einen konfliktträchtigen Disziplinierungsprozeß zumuteten[31].

Wo Streiks ganz und gar unvermeidlich waren, wurde ihr Ablauf immer mehr formalisiert und ritualisiert, wie auch die häufigen Vermittlungsversuche von Fabrikinspektor und Gewerbegerichten in den letzten Vorkriegsjahren zeigen. Da ein Konfrontationskurs kaum noch Erfolgschancen zu versprechen schien, wurde nach neuen Möglichkeiten zur Kooperation gesucht.

In dieser als geradezu ausweglos empfundenen Situation schien die Konfliktregelung durch Tarifverträge wohl fast allen Gewerkschaftsfunktionären wie auch den bayerischen Fabrikinspektoren der „Königsweg des Interessenausgleichs"[32], ja die einzig erstrebenswerte Konfliktlösung überhaupt zu sein. Der sozialreformerische bayerische Zentralinspektor Pöllath wurde 1903 sogar, wie folgt, zitiert: „Diese Verträge gehörten zu den wichtigsten sozialen Erscheinungen der Neuzeit; sie seien geeignet, die Arbeiterbewegung in friedliche Bahnen zu lenken, ihr Zustandekommen sei deshalb tunlichst zu fördern"[33]. Im Jahr 1904 existierten in der Oberpfalz bindende Tarifverträge nur für die Buchdrucker sowie die Schneider in Regensburg; beide Verträge hatten sich - wie der oberpfälzische Fabrikinspektor anmerkte – „gut bewährt"[34]. Der eigentliche Durchbruch gelang der Tarifvertragsbewegung in der Oberpfalz aber erst im Jahr 1911, als die Vertreter der organisierten Arbeiterschaft Tarifverträge mit drei Innungen, 12 größeren Betrieben sowie sämtlichen Schleif- und Polierwerken abschließen konnten[35]. Bis Kriegsbeginn waren in der Oberpfalz bereits Tarifverträge für insgesamt 22 Berufsgruppen abgeschlossen worden[36]; auf die branchenspezifisch ganz verschiedenartige Entwicklung des Tarifvertragswesens[37] auch in der Oberpfalz wird im Rahmen der nachfolgenden einzelverbandlichen Untersuchungen noch näher eingegangen werden.

FUSSNOTEN: 2. STREIKS, AUSSPERRUNGEN, TARIFVERTRAGSWESEN

1) So die Definition von „Streik" bei Klaus TENFELDE / Heinrich VOLKMANN: Streik. Zur Geschichte des Arbeitskampfes in Deutschland während der Industrialisierung, München 1981, S. 17.

2) Im Kapitel „Rekrutierung, Qualifizierung . . . ".

3) Vgl. MAGES, a.a.O., S. 140.

4) Quelle: Kapitel „Rekrutierung . . . ", S. 116.

5) Quelle: ebd.

6) Vgl. BHS I, MInn 30981/15, Nr. 1325 vom 19.6.1871.

7) BHS I, MInn 30981/16, Nr. 2407 vom 13.11.1871.

8) Zur Streikbewegung der deutschen Arbeiter in den Gründerjahren (1871 – 1873), in: IWK 14, 1978, S. 419 – 442.

9) Vgl. ebd., S. 432.

10) BHS I, MInn 30981/19, Nr. 907 vom 20.5.1872.

11) Vgl. BHS I, MInn 30981/27, Nr. 1684 vom 20.10.1873.

12) So bei Walter STEGLICH: Eine Streiktabelle für Deutschland 1864 -1880, in: Jahrbuch für Wirtschaftsgeschichte 1960, S. 260 und CHROBAK, VHVO 121, S. 191.

13) Vgl. MACHTAN, a.a.O., S. 420.

14) Vgl. CHROBAK, VHVO 121, S. 191.

15) Vgl. ebd.; MACHTAN, a.a.O., S. 432, läßt – fälschlicherweise - die Ausständigen „mit langen Messern" gegen die Streikbrecher vorgehen.

16) Vgl. CHROBAK, VHVO 121, S. 191.

17) Vgl. MACHTAN, a.a.O., S. 440.

18) Vgl. „Volksstaat" Nr. 78 vom 27.9.1871.

19) Vgl. hierzu MACHTAN, a.a.O., S. 440.

20) „Volksstaat" Nr. 79 vom 30.9.1871.

21) Ebd.

22) Vgl. HATTENKOFER, a.a.O., S. 144.

23) BHS I, MArb 254, Nr. 2753 vom 1.1.1896.

24) Vgl. ebd. und FIB 1895, S. 201; hierzu auch allgemein SCHNORBUS, Wirtschaft, S. 141.

25) StA AM, KdI 14423/V, Protokoll der Fabrikinspektoren- Jahreskonferenz vom 8./9.11.1897, S. 23.

26) Quelle: FIBe 1900 ff.; SJKB 5, 1901 ff.; „FT" Nr. 169 vom 23.7.1901 und „OK" Nr. 124 vom 4.6.1907.

27) Jahresbericht 1907, S. 7.

28) Vgl. TENFELDE/VOLKMANN, Streik, S. 184 f.

29) FIB 1911, S. IX.

30) Vgl. FIB 1913, S. 119 und StA AM, Reg. d. Opf. 5452, Protokoll der Fabrikinspektoren-Jahreskonferenz vom 10./11.11.1913, S. 8, wo in bemerkenswert einseitiger Weise für die Arbeitgeberverbände Partei genommen wird, da diese besonderen Wert hätten für die „Abwehr unberechtigter Ansprüche der Arbeiter und ihrer Organisationen" und deren „bloße Existenz geeignet (ist), das Entstehen frivoler Streiks zu verhindern."

31) Vgl. TENFELDE/VOLKMANN, a.a.O., S. 21 und 189 – 191; das Dilemma der Freien Gewerkschaften zwischen Mitgliederdisziplinierung (zur Vermeidung von Streiks bzw. Gewalttätigkeiten) und damit letztendlich Systemstabilisierung einerseits und einer oft wortradikalen Phraseologie (zur Mitgliedergewinnung) andererseits wurde von den bayerischen Fabrikinspektoren auf ihrer Jahreskonferenz 1913 beschrieben (StA AM, Reg. d. Opf. 5452, Protokoll, S. 10): „Anzuerkennen ist, daß die Gewerkschaften bei den großen Kämpfen der letzten Jahre vielfach mit Erfolg bemüht waren, ihre streikenden Mitglieder von Gewalttätigkeiten fernzuhalten. Andererseits drängt die Sucht nach ständiger Erhöhung der Mitgliederzahl die freien Gewerkschaften zu oft maßloser Agitation".

32) TENFELDE/VOLKMANN, a.a.O., S. 179.

33) StA AM, Reg. d. Opf. 5226, Protokoll der Fabrikinspektoren- Jahreskonferenz vom 9./10.11.1903, S. 42; auch der oberpfälzische Fabrikinspektor äußerte sich mehrmals außerordentlich positiv zum Abschluß von Tarifverträgen (so z.B. in den FIBen 1903, S. 90 f. und 1910, S. 116).

34) FIB 1904, S. 99; hierzu auch FIB 1903, S. 90 f. und StA AM, Reg. d. Opf. 5226, Fabrikinspektoren-Jahreskonferenz 1903, S. 43 f.

35) Vgl. FIB 1911, S. 102.

36) Quelle: ZSKB 1914, S. 196.

37) Hierzu allgemein TENFELDE/VOLKMANN, a.a.O., S. 180 – 183.

3. ZUR LAGE UND ZUM GEWERKSCHAFTLICHEN ORGANISATIONSVERHALTEN DER WICHTIGSTEN LOHNARBEITERGRUPPEN IN DER OBERPFALZ (MIT TABELLEN ZU DEREN VERSAMMLUNGSTÄTIGKEIT UND – SOWEIT BEKANNT- MITGLIEDERENTWICKLUNG)

a) LAGE UND ORGANISIERUNG DER BUCHDRUCKER

Im Jahr 1847 waren in den 27 Buch-, Noten- und Kunstdruckereien der Oberpfalz insgesamt 116 (davon in Regensburg allein 61) Arbeiter beschäftigt; im Vergleichsjahr 1861 hatte sich dann die Anzahl der graphischen Betriebe auf 20 verringert, die Zahl der dort Beschäftigten war aber auf 178 (in Regensburg 126) angestiegen[1], was auf einen beträchtlichen Gesellenstau (in Regensburg) hindeutet. Die bedeutendsten Betriebe des in Regensburg so stark vertretenen Druckerei- und Verlagsgewerbes[2] waren die Firmen Pustet, Manz und – von 1883 an – Habbel[3], die ihren Beschäftigten schon früh ein dichtes Netz von (bereits ausführlich dargestellten) Wohlfahrtseinrichtungen boten: so gewährte die Buchdruckerei Habbel bereits im Jahr 1884 – als erster deutscher Betrieb überhaupt – einen Arbeiterurlaub, was bis zur Jahrhundertwende dann auch von Manz und Pustet übernommen wurde[4]. Wichtiger noch waren die sogenannten „Hauskassen", die 1871 bei Manz und im Jahr darauf bei Pustet eingerichtet wurden; die von Pustet mit der doppelten Summe der Arbeiterbeiträge bestens ausgestattete Hauskasse war die in ihren Versicherungsleistungen umfassendste betriebliche Unterstützungskasse der Oberpfalz überhaupt, bot sie doch (über die Kranken- und Invalidenunterstützung hinaus) zur Witwen- und Waisenversorgung auch noch – auf Firmenkosten – eine Lebensversicherung der verheirateten Arbeiter (mit einer Todesfallsumme von 700 Gulden)[5]. Den Anstoß zur Einrichtung dieser Kassen hatte erst das Auftreten der Sozialdemokraten gegeben; wie weit konnten nun aber durch dieses Bündel sozial befriedender Maßnahmen die Beschäftigten des graphischen Gewerbes gegen sozialdemokratische Beeinflussung immunisiert werden?

Bereits während der Revolution von 1848 hatten sich zwei Berufsgruppen, die Buchdrucker und die Zigarrenarbeiter, zu nationalen Gewerkvereinen zusammengeschlossen. Wenn auch die Regensburger Buchdrucker zur Gründung des „Gutenberg-Bundes" beim Nationalen Buchdruckertag an Pfingsten 1848 in Mainz keinen eigenen Delegierten entsenden konnten, „da es an Geld und Zeit gebrach"[6], so nahmen sie in ihrer Mehrzahl doch an der Revolution von 1848 im Rahmen einer eigenen Volkswehr-Formation teil, deren Kommandeur einer der Hauptakteure jener Tage, der Buchdruckereibesitzer und Verleger des „Regensburger Tagblattes", Josef Reitmayr, war. Gemeinsam mit anderen Regensburger Prinzipalen (Meistern) stiftete er auch seiner aus Buchdruckergehilfen rekrutierten Volkswehrabteilung eine schwarz- rotgoldene Fahne mit aufgemaltem Buchdruckerwappen.

Nach Auflösung der Volkswehren im Jahr 1849[7] trat der Großteil der Regensburger Buchdruckergehilfen vermutlich dem im Februar desselben Jahres gegründeten „Arbeiter- Bildungs-Verein in Regensburg und Stadtamhof" bei, bestand doch dessen Vorstandschaft aus zwei Vertretern des graphischen Gewerbes, dem Buchbindergesellen Johann Georg Reitmayer und dem Schriftsetzer Gistel[8], der zugleich auch Schriftführer war des vermutlich im April 1850 – als Ausweichorganisation für den vom Verbot bedrohten Arbeiterbildungsverein – gegründeten und im Juni desselben Jahres behördlicherseits bereits wieder geschlossenen „Gutenbergvereins" Regensburger Buchdrucker (dem Meister und Gehilfen gleichermaßen angehört hatten). Nach dem Verbot des „Gutenbergvereins" und der Selbstauflösung des Arbeiterbildungsvereins (angesichts des drohenden Verbotes) wurde noch im selben Jahr 1850 – im Verein mit der Prinzipalität – eine „Unterstützungskasse für Buchdrucker in Regensburg und Stadtamhof" (der sich auch die Buchdrucker der späteren Pustet- Filiale in Sulzbach anschlossen) eingerichtet, die im Jahr 1858 oder 1859 noch durch eine selbstverwaltete und außergewöhnlich gut dotierte „Unterstützungskasse für Buchdrucker-Witwen und -Waisen" ergänzt wurde[9]; es war also auch noch nach dem Verbot des Regensburger „Gutenbergvereins" im Juni 1850 den Buchdruckern eine bescheidene gewerkschaftliche Betätigung – im Rahmen dieser beiden Unterstützungskassen – möglich.

Im Jahr 1851 schloß sich in Regensburg eine – unbekannte – Anzahl von Buchdruckergehilfen zur „Typographia", einem Fortbildungs- und Geselligkeitsverein, zusammen[10], dessen Mitgliedschaft in der Folgezeit großenteils aus Zugereisten sich rekrutierte[11] und daher auch stark fluktuierte; über irgendwelche Aktivitäten der „Typographia" ist für die 1850er und 1860er Jahre nichts Näheres bekannt. Die „Typographia" diente aber dem 1866 gegründeten Deutschen Buchdruckerverband[12] als organisatorischer Brückenkopf in der Oberpfalz, dank dessen – vermutlich um die Jahreswende – 1867/68 in Regensburg ein Ortsverein installiert werden konnte[13]. Zum 2. Deutschen Buchdruckertag vom 11. bis 14. April 1868 in Berlin entsandte der Regensburger Gauverband den Notensetzer Schütz von der Firma Pustet als Delegierten. Neben dem Ortsverein existierte aber auch weiterhin die „Typographia"; beide Organisationen wurden von demselben Vorstand geleitet, was immer wieder zu Reibereien führen sollte. Mitte August 1869 schlossen sich die 70 Mitglieder des Buchdrucker-Ortsvereins Regensburg mit den insgesamt 15 Verbandsangehörigen aus den beiden Druckorten Amberg und Sulzbach zu einem „Oberpfälzischen Gauverband" zusammen[14]. Initiator und Gründungsvorsitzender sowohl des Ortsvereins als auch des Gauverbandes war der bei Manz beschäftigte Drucker Rottmanner, der aber schon bald wegen seiner Agitation gegen die unter den Regensburger Druckern grassierende Sonntagsarbeit von Manz gemaßregelt wurde und daraufhin Regensburg verlassen mußte[15].

Die Hauptbeweggründe für die organisatorischen Bestrebungen der oberpfälzischen Buchdrucker zum Ende der 1860er Jahre lagen in dem Fehlen tariflicher Regelungen (also eines Mustervertrages zur Festsetzung von Arbeitsnormen und Schlichtungsinstanzen), in der Arbeitszeitfrage (Verlängerung der täglichen Arbeitszeit und Zunahme der Sonntagsarbeit vor allem) und in der „Lehrlingszüchterei", d. h. dem Ersatz ausgelernter Drucker durch minderbezahlte Lehrlinge[16]. Charakteristisch für die Buchdruckerbewegung allgemein war der Versuch zur friedlichen Zusammenarbeit mit den Prinzipalen, der wohl vor allem in der langen Tradition des Zusammenwirkens von Gehilfen und Meistern im Rahmen der gemeinsamen Unterstützungskassen begründet war und der die Gehilfen einem Einsatz der Streikwaffe reserviert gegenüberstehen ließ[17].

Dieser Drang zur Versöhnung der Klassengegensätze zeigte sich – auch und besonders – deutlich im Sommer 1869 in Regensburg, wo der Vorsitzende des Deutschen Buchdruckerverbandes, Richard Härtel aus Leipzig, auf einer Agitationstour durch Süddeutschland vergeblich versuchte, die Gehilfen der Verlage Pustet und Manz zu Lohnforderungen zu bewegen, hatten es doch die beiden Verleger verstanden, den Bemühungen Härtels durch eine schnell bewilligte Lohnerhöhung den Wind aus den Segeln zu nehmen[18]. In den Jahren 1871 und 1872 gründeten Manz und Pustet dann die bereits erwähnten Hauskassen, was noch 1872 zur Gegengründung einer selbstverwalteten Kranken-Unterstützungskasse der Manz'schen Buchdruckereigehilfen (mit 37 Mitgliedern) führte[19]. Der Regensburger Buchdrucker-Ortsverein zählte aber um die Jahreswende 1872/73, nur wenige Jahre nach seiner Gründung also, nur noch 43 Mitglieder und steckte wegen deren Lethargie in einer schweren Krise, die er nur dank der bei Pustet und Manz sehr zahlreich beschäftigten, allerdings auch stark fluktuierenden norddeutschen Verbandsmitglieder zu überleben vermochte. Auch gehörte der Ortsverein inzwischen zum Altbayerischen Gauverband, nachdem Amberg 1872 zum Fränkischen Gauverband übergetreten war und der Gau Oberpfalz hatte aufgelöst werden müssen[20].

So gingen die Regensburger Verbandsmitglieder schlecht gerüstet ins Jahr 1873, in dem die erste große Kraftprobe um die Einführung eines allgemeinen deutschen Buchdruckertarifs anstehen sollte (auch auf diesem sozialpolitischen Feld nahmen die Buchdrucker eine Vorreiterrolle ein). Ein solches fest institutionalisiertes und differenziertes kollektives Arbeitsvertragssystem wäre – auch – in Regensburg längst überfällig gewesen, da dort jede Druckerei ihren eigenen, sehr willkürlich gehandhabten Haustarif hatte, die Arbeitszeiten noch bei durchschnittlich 11 Stunden lagen und die „Lehrlingszüchterei" üppig wucherte. Auf die Forderung der Buchdrucker nach Einführung eines Reichstarifs reagierten die Prinzipalen in Regensburg jedoch nicht – wie an anderen Orten – mit der Aussperrung der Gehilfen[21], sondern traten in Verhandlungen ein mit den von den Buchdruckern gewählten Kommissionen[22]. Als dann jedoch die Firma Manz einem der Kommissionsmitglieder kündigte, sollte dieser Betrieb bestreikt werden; auf einer am 19. März 1873 von der sozialdemokratischen Arbeiterpartei in Regensburg eigens einberufenen Streik-Versammlung verpflichteten sich die 200 Teilnehmer, den scheinbar bevorstehenden Streik der Buchdrucker „mit allen materiellen Opfern zu unterstützen"[23]. Die Regensburger Buchdrucker wollten sich aber mit dieser Unterstützung nicht begnügen und sich beim Verbandspräsidenten Härtel in Leipzig rückversichern, ob sie im Falle eines Ausstandes mit Zahlungen aus der Streikkasse rechnen könnten, was von dort verneint wurde, da der Regensburger Ortsverein schon seit langem keine Beiträge mehr an den Zentralverband abgeliefert habe.

Dieser ablehnende Bescheid hatte in Regensburg zur Folge, daß man jeden Streikgedanken wieder fallen ließ, daß eine ganze Reihe von Mitgliedern den Deutschen Buchdruckerverband verließ und – noch im selben Jahr 1873 – ein Gegenverein, der „Sängerbund Gutenberg" (der sich später „Freie Vereinigung" nennen sollte), gegründet wurde, in den – laut Statut – Mitglieder des Buchdruckerverbandes nicht aufgenommen werden durften[24]. Während also an anderen Orten erfolgreich für die Einführung des ersten reichsweiten und allgemeinverbindlichen Tarifvertrages in Deutschland (der u. a. den Zehnstunden-Normalarbeitstag festschrieb) gekämpft und damit ein entscheidender Erfolg für den Buchdruckerverband und die sozialdemokratische Gewerkschaftsbewegung insgesamt errungen worden war[25], herrschte in den Regensburger Druckereien – aufgrund des kläglichen Rückziehers der dortigen Verbandsmitglieder – weiterhin die Willkür der jeweiligen „Haustarife"[26].

Nach einem 10jährigen Auf und Ab, nach dem peinlichen Versagen in der Tarifauseinandersetzung des Jahres 1873, nach einem ständigen Wechsel der Vorsitzenden und den fortwährenden Reibereien zwischen dem Buchdrucker-Ortsverein und der „Typographia" zählte der Ortsverein im Jahr 1877 nur noch ein Drittel seiner Gründungsmitglieder (die wohl zugleich auch das Gros der 32 „Typographia"-Mitglieder stellten) und war scheinbar hoffnungslos ins Hintertreffen geraten gegenüber dem von den Unternehmern geförderten Konkurrenzverein „Gutenberg" mit seinen 60 Mitgliedern[27]. Als im Jahr darauf, 1878, das Sozialistengesetz in Kraft trat, löste sich der Deutsche Buchdruckerverband – um einem Verbot behördlicherseits zuvorzukommen – selber auf und verwandelte sich zunächst in den „Unterstützungsverein Deutscher Buchdrucker", später dann (von 1881 an) in einen „Unterstützungsverein für Bayern", der bis 1890 bestand und nach dem Auslaufen des Sozialistengesetzes sich wieder mit dem neuentstandenen Zentralverband vereinigte. Die Ortsvereine hießen von 1878 an nur noch Mitgliedschaften, und die „Typographia" mußte vom Zentralverband organisatorisch getrennt werden[28], was auf lokaler Ebene sich aber als Vorteil erweisen sollte.

Bis zur Mitte der 1880er Jahre blieb das ohnehin eher träge „Vereinsleben" der Regensburger Buchdrucker-Mitgliedschaft vom Sozialistengesetz unberührt; erst mit dem Amtsantritt eines neuen Staatsanwaltes 1885 sollte sich dies ändern, schien dieser doch sein besonderes Augenmerk den organisierten Buchdruckern zuwenden zu wollen. Noch im selben Jahr 1885 fiel seiner Überwachungstätigkeit der langjährige Schriftführer und Reisekassen-Verwalter des Buchdrucker-Ortsvereins, Heinrich Schmid, zum Opfer, in dessen Wohnung verbotene Schriften gefunden worden waren und der daraufhin vor Gericht gestellt und vom Druckereibesitzer Manz fristlos entlassen wurde (später aber bei der „Fränkischen Tagespost" in Nürnberg Arbeit fand)[29].

Die wenigen während der Zeit des Sozialistengesetzes abgehaltenen Versammlungen beschäftigten sich hauptsächlich mit der Tariflosigkeit (vor allem hinsichtlich der Bezahlung und Arbeitszeit) im graphischen Gewerbe Regensburgs, das hier das Schlußlicht unter den bayerischen Druckorten war. Vom 1. Januar 1886 an wurden dann die Bestimmungen des Buchdrucker-Reichstarifs von 1886 bei Pustet und Manz, den beiden größten Regensburger Druckereien, übernommen; dem lag offenbar aber keine vertragliche Regelung zugrunde, sondern lediglich die von Pustet einem Buchdrucker-Tarifausschuß gegenüber gegebene Zusage, für die Einhaltung des Tarifs in diesen beiden Betrieben zu sorgen[30].

Das wohl markanteste Ereignis in der Geschichte der Regensburger Buchdruckerorganisation war der an Pfingsten 1891 dort abgehaltene „Bayerntag" und die mit diesem verbundene 25-Jahr- Feier des Unterstützungsvereins Deutscher Buchdrucker, zu der rund 800 Buchdruckergehilfen aus ganz Bayern gekommen waren. Mit dieser Zusammenkunft sollte an allen bayerischen Druckorten der Kampf um den Neunstunden-Normalarbeitstag eröffnet werden[31]; in Regensburg, wo 1891 nur 61 von insgesamt 163 Buchdruckergehilfen im Unterstützungsverein, vermutlich mindestens ebensoviele aber in der „Freien Vereinigung" (die Streiks strikt ablehnte) organisiert waren, schloß man einen Streik als Mittel zur Durchsetzung des Neunstundenarbeitstages von vorneherein aus und wählte statt dessen eine Kommission, die mit den Unternehmern verhandeln sollte. Nachdem aber Pustet der Kommission angeboten hatte, künftig in seinem Unternehmen eine 7 1/2 % ige Lohnzulage zu zahlen[32], falls die Forderung nach Einführung des Neunstundenarbeitstages aufgegeben würde, war die Frage der Arbeitszeitverkürzung für die Regensburger Buchdrucker auf Jahre hinaus (bis 1896) kein Thema mehr, und der Regierungspräsident konnte Ende 1891 zufrieden konstatieren[33]: „Der Buchdruckerstreik wurde in Regensburg durch den Einfluß und die geschickte Haltung der großen Firma Pustet vermieden, obwohl von den Münchener Agitatoren Alles versucht wurde, um die hiesigen Buchdruckergehilfen aufzuhetzen."

Offensichtlich waren also zu Anfang der 1890er Jahre bei Pustet und Manz durch die dort geschaffenen betrieblichen Wohlfahrtseinrichtungen (vor allem die beiden Hauskassen) und durch das – bei Manz allerdings mit ständigen politischen Repressalien verbundene – „Entgegenkommen" der beiden Unternehmer den Wünschen ihrer Arbeiter gegenüber bereits eine weitgehende Immunisierung der Belegschaft gegen sozialdemokratische Einflüsse sowie ein Betriebsklima geschaffen worden, von dem der Fabrikinspektor schwärmte: „Ein Stock guter alter Arbeiter ist um den Betriebsunternehmer versammelt, ein froher und zufriedener Geist herrscht in den Räumen"[34].

Diese Bereitwilligkeit der Buchdruckerschaft, sich mit dem eigentlich zu bekämpfenden System zu arrangieren, wurde von den anderen sozialdemokratischen Gewerkschaften Regensburgs offenbar als Korrumpierbarkeit einer neuen Arbeiteraristokratie empfunden. In einer über zwei Jahre sich hinziehenden, in der „Fränkischen Tagespost" ausgetragenen erbitterten Fehde wurde den sozialdemokratisch organisierten Regensburger Buchdruckern vor allem vorgehalten ihr elitäres Selbstverständnis als „Pioniere der Arbeiter"[35], ihre Kungelei mit dem Vorstand des katholischen Casinos in Regensburg, dem Verleger Pustet[36], ihre Weigerung, mit der in Regensburg übermächtigen, von den Prinzipalen protegierten „Freien Vereinigung" (wie sich der ehemalige „Sängerbund Gutenberg" jetzt nannte; die „Freie Vereinigung" konnte in Regensburg 2/3 der etwa 150 Buchdruckergehilfen organisieren)[37] sich auseinanderzusetzen und ihr wohl daraus resultierender, für Buchdruckerverhältnisse ungewöhnlich niedriger Organisationsgrad von nur 35 Prozent[38] sowie ihr fehlendes Solidaritätsbewußtsein und Engagement für die Arbeiterbewegung am Ort[39]. Der Vertrauensmann der Regensburger Buchdrucker-Mitgliedschaft, Leonhard Hierl, bemerkte in der einzigen Stellungnahme zu all diesen Vorwürfen nur kurz, „daß wir Buchdrucker im Gewerkverein überhaupt nicht Politik treiben" und daß man die Firma Pustet „in unverantwortlicher Weise in den Koth gezogen hat, da von einem Zwang in irgend einer Weise keine Sprache [sic] sein kann, indem sie einem jeden Arbeiter in seiner Gesinnung völlige Freiheit läßt"[40].

Um die Mitte der 1890er Jahre stieg zwar die Zahl der sozialdemokratisch organisierten Buchdruckergehilfen in Regensburg stark an[41], doch war die Position der Buchdrucker- Mitgliedschaft offenbar noch immer derart gefährdet durch die „mephistophelischen Umtriebe"[42] des „Gutenbergbundes" (wie sich die „Freie Vereinigung" seit 1893 nannte)[43], daß der Zentralvorsitzende des Deutschen Buchdruckerverbandes, Döblin aus Berlin, sich 1894 in Regensburg mit dieser Konkurrenzorganisation auf einer eigens hierfür einberufenen Versammlung auseinandersetzen mußte[44]. In den Jahren 1895/96 beschäftigten sich die Verbandsangehörigen auch erstmals seit 1891 wieder mit den Hauptübeln im Regensburger graphischen Gewerbe (Tariflosigkeit, überlange Arbeitszeiten, Lehrlingszüchterei)[45] – jedoch, bis zum Ende des Jahrhunderts, ohne spürbaren Erfolg.

So war bis zur Jahrhundertwende die „Lehrlingszüchterei" in den kleinen, wenig mechanisierten Druckereien auf dem Lande wohl noch die Regel: während im Jahr 1896 in der Oberpfalz in den 14 größeren Druckereien (mit Motorenbetrieb) 235 Gehilfen nur 38 Lehrlinge gegenüberstanden, übertraf in den 22 kleineren Druckereien (ohne Motorenbetrieb) die Zahl der Lehrlinge (37) die der Gehilfen (26) bei weitem[46]. Diesen Lehrlingen wurde durch einen Gehilfen oder älteren Lehrling meist nur das Allernötigste beigebracht; wegen ihrer schlechten Ausbildung fanden sie später auch keine Anstellung in den größeren, stärker mechanisierten Druckereien in den Städten und blieben zeitlebens angewiesen auf die – oft schlechtbezahlte – Beschäftigung in den kleinen ländlichen Betrieben[47]. Die durchschnittliche Arbeitszeit lag zum Ende des letzten Jahrhunderts in den oberpfälzischen Druckereien - mit ihren insgesamt 675 Beschäftigten – bei täglich 11 bis 12 Stunden (davon waren etwa 2 Stunden Pausenzeit)[48]; auch hatte um die Jahrhundertwende in der Oberpfalz noch jede Druckerei ihren eigenen „Haustarif"[49].

Das Ende der tariflosen Zeit wird in Regensburg durch das Jahr 1902 markiert, in dem erstmals sämtliche dort ansässigen Druckereien die Bestimmungen des – mit einer Laufzeit vom 1.1.1902 bis 31.12.1906 abgeschlossenen – „Tarifvertrags der Buchdrucker für Deutschland"[50] und von da an auch aller folgenden Buchdruckertarifverträge[51] anerkannten. Für diesen – wenn auch späten – tarifpolitischen Durchbruch waren wohl mit ausschlaggebend eine gewisse kommunale Einflußnahme (durch Bevorzugung tariftreuer Firmen bei der Vergabe von städtischen Druckaufträgen) und, vor allem, die enorm gestiegenen Mitgliederzahlen, die 1903 bei 146, 1906 bei 171[52] und 1911 – auf dem Höhepunkt – bei 211 frei organisierten Buchdruckern[53] angelangt waren. Inwieweit der „Ortsverein Regensburg im Verbande der Deutschen Buchdrucker", wie er sich seit 1908 offiziell nannte[54], noch mit der Konkurrenz des Gutenbergbundes zu kämpfen hatte, läßt sich aufgrund widersprüchlicher Angaben[55] nicht mehr feststellen. In der Oberpfalz bestanden – außerhalb Regensburgs – im Erhebungsjahr 1906 Buchdrucker-Mitgliedschaften bzw. - Ortsvereine (neben einer Reihe von Einzelmitgliedschaften) nur noch in Neumarkt (mit 4 Mitgliedern) und in Amberg (mit 16 Mitgliedern)[56], deren jeweiliges genaues (Wieder-) Gründungsdatum aber nicht bekannt ist.

Neben der Buchdrucker-Organisation existierte in Regensburg – vermutlich von der Jahrhundertwende an – auch noch eine Zahlstelle des Gaues Nordbayern des Deutschen Buchbinder- Verbandes, in der 1902 je 24 männliche und weibliche Buchbinder organisiert waren[57]. Am 13. Mai 1903 legten 6 von 12 bei Habbel beschäftigten Buchbinder(-inne)n die Arbeit nieder, um Lohnerhöhungen zu erreichen; bereits am Tag darauf mußte der Streik (der einzige im graphischen Gewerbe der Oberpfalz vor 1919!) abgebrochen werden, da Habbel – als Reaktion auf den Ausstand – seine Buchbinderei schloß und die sechs dort beschäftigten Buchbinderinnen, die sich nicht am Streik beteiligt hatten, in die Druckerei übernahm[58]. Trotz dieser Streikniederlage konnte die Regensburger Buchbinder-Zahlstelle aber noch im selben Jahr 1903 eine eigene Krankenkasse gründen sowie bei Pustet Fuß fassen und dort 11 Mitglieder gewinnen[59], so daß im Vergleichsjahr 1906 in Regensburg insgesamt 60 Buchbinder(-innen) organisiert waren[60].

1906 wurde in Regensburg auch eine Zahlstelle des Christlich- Graphischen Zentralverbandes gegründet[61], die bis 1911 120 Buchbinder(-innen) – gegenüber 61 sozialdemokratisch Organisierten – für sich zu gewinnen vermochte[62]. Diese spezifisch Regensburger Dominanz der christlich organisierten Buchbindergehilfen (auf Reichsebene standen im selben Jahr 1911 den 30.000 sozialdemokratisch nur 1.500 christlich organisierte Buchbinder gegenüber) versuchten Pustet, Habbel und Manz 1911 – nach dem Auslaufen des 1907 noch mit beiden Verbänden abgeschlossenen Tarifvertrages – zur Aushöhlung der Koalitionsfreiheit zu nutzen, indem sie erklärten, über einen neuen Tarifvertrag nur noch mit dem christlichen Verband verhandeln und künftig auch nur noch christlich organisierte Arbeiter einstellen zu wollen[63].

TABELLARISCHE ÜBERSICHT ÜBER DIE BUCHDRUCKER-VERSAMMLUNGSTÄTIGKEIT IN REGENSBURG
(soweit bekannt und nicht bereits im Text erwähnt)

Datum	Referent, Thema und Teilnehmerzahl (soweit erwähnt)	Quelle
12.4.1876	Midamer – München	60 Jahre, S. 17
26.4.1878	Didolph – Mitglied des Verbandsausschusses, vor nur 27 Zuhörern über die bevorstehende Tarifreduktion	ebd., S. 19
18.4.1882	Zwengauer – Vorsitzender der Regensburger Mitgliedschaft, über die 1. Generalversammlung des Unterstützungsvereins für Bayern in Nürnberg	ebd., S. 22
11.11.1886	Mizler – Gauausschußmitglied aus Nürnberg, und Kiefer – Mitglied der Tarifkommission aus München, vor mehr als 100 Zuhörern über die Durchsetzung des Tarifs von 1886	ebd., S. 29
Pfingsten 1891	Kiefer – München, und Riedel – Leipzig, beim Bayerntag d. dt. Buchdrucker über die Bedeutung des Neunstundenarbeitstages bzw. über Ziele und Wert des Unterstützungsvereins d. dt. Buchdrucker	ebd., S. 33 und „FT" Nr. 116 vom 21.5.1891
9.7.1892	Rosenlechner – Bremen, über die Stuttgarter Generalversammlung	60 Jahre, S. 36
5.9.1892	Döblin – Zentralvorstand des Unterstützungsvereins d. dt. Buchdrucker aus Berlin, über den internatio- Buchdruckerkongreß	ebd., S. 37
Mai 1896	Rexhäuser – München, über das Ergebnis der Tarifverhandlungen	ebd., S. 41
Juli 1902	Swoboda – Vorsitzender der Regensburger Mitgliedschaft, über die Generalversammlung des Verbandes in München	60 Jahre, S. 48
25.8.1904	Döblin – Zentralverbandsvorsitzender aus Berlin, über den Verband d. dt. Buchdrucker	ebd., S. 49
5.7.1905	Rexhäuser - „Korrespondent"-Redakteur und Exponent des revisionistischen Parteiflügels (vgl. AfS 1976, 16, S. 239), über Aufgaben und Ziele des Verbandes, „sehr guter Besuch"	ebd., S. 49
28.8.1906	Seitz – Gauvorsitzender und Gehilfenvertreter aus München, über die bevorstehenden Tarifverhandlungen	ebd., S. 50
11.10.1906	ders. – Zwischenbericht zu den Tarifverhandlungen in Berlin, „Mitgliedschaft vollzählig erschienen"	ebd., S. 50
1907	ders. – über den Organisationsvertrag und den Arbeitgeberverband im Buchdruckergewerbe	ebd., S. 51
1908	Zöltsch – Gaukassierer, Festrede zum 40 jährigen Bestehen des Buchdrucker-Ortsvereins Regensburg	ebd., S. 52
1909	Seitz – Gauvorstand, über den Gutenbergbund	ebd., S. 53
14.10.1909	Graßmann – 2. Verbandsvorsitzender, über die Lage im Gewerbe	ebd., S. 53
1910	Beischmidt – Nürnberg, über Arbeitgeberorganisationen und Dr. Bunz über Bleikrankheiten und deren Verhütung	ebd., S. 54
29.6.1912	Swoboda – Vorsitzender des Ortsvereins, „vor über 150 Mitgliedern" über die Generalversammlung in Hannover und Seitz- Gauvorstand, über die Gauvorsteherkonferenz und den Gewerkschaftskongreß	ebd., S.55

FUSSNOTEN: 3. ZUR LAGE UND ZUM GEWERKSCHAFTLICHEN ORGANISATIONSVERHALTEN DER WICHTIGSTEN LOHNARBEITERGRUPPEN IN DER OBERPFALZ (MIT TABELLEN ZU DEREN VERSAMMLUNGSTÄTIGKEIT UND -SOWEIT BEKANNT – MITGLIEDERENTWICKLUNG)

a) LAGE UND ORGANISIERUNG DER BUCHDRUCKER

1) Quelle: BSKB 10, 1862, S. 152 f.

2) Eine Übersicht über die Vielzahl der in Regensburg vertretenen graphischen Betriebe gibt die Festschrift „60 Jahre Ortsverein Regensburg des Verbandes d. dt. Buchdrucker", Regensburg 1928, S. 92 – 96.

3) Zur Geschichte dieser drei Firmen vgl. CHROBAK, VHVO 119, S. 207 – 209.

4) Vgl. S. 83 f. und 92.

5) Vgl. S. 68.

6) Festschrift „75 Jahre Typographia Regensburg", Regensburg 1926, S. 18; die Regensburger IG Druck und Papier ist – wie bereits erwähnt (vgl. Einleitung, S. 16, Fußnote 32) – die einzige oberpfälzische Gewerkschaftsgliederung, die Dokumente aus der Zeit vor 1919 und ihre eigenen Festschriften aufbewahrt hat.

7) Vgl. Typographia-Festschrift, S. 18 f.

8) Vgl. ALBRECHT, a.a. O., S. 145 und 148.

9) Zum teilweise verwirrenden Neben- und Nacheinander der verschiedenen Kassenorganisationen ausführlicher auf den S. 64 – 72 und 91.

10) Vgl. Typographia-Festschrift, S. 19; das genaue Gründungsdatum der „Typographia" ist nicht bekannt.

11) Vgl. ebd., S. 21.

12) Vgl. hierzu ALBRECHT, Willy: Fachverein – Berufsgewerkschaft - Zentralverband, Bonn 1982, S. 41 – 45.

13) Vgl. 60 Jahre, S. 7 und Typographia-Festschrift, S. 27; hierzu auch CHROBAK, VHVO 121, S. 219 f.

14) Vgl. Typographia-Festschrift, S. 27 und BHS I, MInn 30981/7, Bericht Nr. 208 vom 21.8.1869.

15) Rottmanner, der als energische, organisatorisch und rhetorisch begabte Persönlichkeit (sein Bruder war angeblich ein berühmter Kanzelprediger und Benediktinerpater in München) beschrieben wird, trat – nach seiner Kündigung in der Manz'schen Druckerei – eine Stelle in München an, wo er 1872 Vorsitzender des Buchdrucker-Ortsvereins wurde. Wegen eines Verstoßes gegen das Versammlungsgesetz mußte er in die Schweiz fliehen und starb im Jahre 1910 – die bayerischen Behörden hatten ihm zeitlebens die Rückkehr verweigert – hochbetagt in St. Gallen (vgl. 60 Jahre, S. 8 – 10 und Typographia-Festschrift, S. 27).

16) Vgl. hierzu die Tagesordnung des ersten (und einzigen) Gautages der Oberpfälzer Buchdrucker von Ostern 1870 (in der Festschrift „60 Jahre", S. 10 f.).

17) Vgl. hierzu ENGELHARDT, Ulrich: Von der „Unruhe" zum „Strike". Hauptzielsetzungen und -erscheinungsformen des sozialen Protests beim Übergang zur organisierten Gewerkschaftsbewegung 1848/49 – 1869/70, in: Heinrich VOLKMANN / Jürgen BERGMANN (Hrsg.), Sozialer Protest. Studien zu traditioneller Resistenz und kollektiver Gewalt in Deutschland vom Vormärz bis zur Reichsgründung, Köln 1984, S. 245 – 247.

18) Vgl. StA AM, Reg. d. Opf. 14199, Bericht vom 31.7.1869 und CHROBAK, VHVO 121, S. 229.

19) Vgl. S. 67.

20) Vgl. 60 Jahre, S. 12 f.

21) Vgl. SCHNEIDER, Michael: Aussperrung, Köln 1980, S. 55 f.

22) Vgl. StA AM, Reg. d. Opf. 13751, Bericht vom 17.3.1873 und 60 Jahre, S. 13.

23) StA AM, Reg.d.Opf. 13751, Bericht vom 24.3.1873.

24) 60 Jahre, S. 13 f.

25) Vgl. Willy ALBRECHT, a.a.O., S. 161.

26) Vgl. 60 Jahre, S. 14.

27) Vgl. ebd., S. 18 und „Typographia"-Festschrift, S. 34 f.

28) Vgl. ebd., S. 35 und 60 Jahre, S. 20.

29) Vgl. ebd., S. 27.

30) Vgl. ebd., S. 25 – 29.

31) Vgl. ebd., S. 33 und „FT" Nr. 116 vom 21.5.1891.

32) Vgl. 60 Jahre, S. 35.

33) StA AM, Reg. d. Opf. 13933, Bericht vom 22.11.1891.

34) FIB 1886, S. 42.

35) Vgl. „FT" Nr. 242 vom 15.10.1890 („Zopf- und Kastengeist haben diese Tarif- und Kassenmenschen wirklich genug dazu, es fehlt nur noch dem Kasperl der Degen").

36) Vgl. „FT" Nr. 112 vom 15.5.1891 („Das Symbol eines derartigen Regensburger Buchdruckers ist der Maßkrug, seine größten Autoritäten sind der 'Hochwürdige' und der Arbeitgeber"); hierzu auch die Nr. 242 vom 15.10.1890.

37) Zur „Freien Vereinigung" vgl. KULEMANN, a.a.O., S. 310 – 313.

38) Vgl. „FT" Nr. 112 vom 15.5.1891 („Und nun, Ihr werthen Nürnberger Collegen, wenn Ihr am Pfingsten zum Bayerntag nach Regensburg fahrt, so bringt einen großen, recht großen Nürnberger Trichter mit, damit wir diesen Auch-Collegen ein wenig Solidarität beibringen können").

39) Vgl. „FT" Nr. 205 vom 1.9. und Nr. 184 vom 8.8.1892 („Bis jetzt war es nicht möglich, mit den Buchdruckern einen persönlichen Verkehr anzuknüpfen, da sich dieselben jedenfalls noch immer als die Pioniere der Arbeiter betrachten." Daraus können die auswärtigen Genossen ersehen, daß, wenn man an einem so kleinen Orte mit solchen Elementen zu thun hat, es dann nicht anders sein kann, als daß wir so weit zurück sind").

40) „FT" Nr. 197 vom 23. 8. 1892.

41) Die Festschrift „60 Jahre" nennt auf den S. 39 f. für 1894 88, für das darauffolgende Jahr jedoch nur noch 75 Mitglieder; in der das Zahlenmaterial von TROELSCH/HIRSCHFELD für Bayern auswertenden Zulassungsarbeit von Ingeborg WITTMANN (Die Gewerkschaftsbewegung in Bayern vom Ende des Sozialistengesetzes bis zum I. Weltkrieg, S. 135) wird die Anzahl der sozialdemokratisch organisierten Buchdrucker in Regensburg für 1896 mit 97 angegeben.

42) 60 Jahre, S. 39.

43) Vgl. KULEMANN, a.a.O., S. 310.

44) Vgl. 60 Jahre, S. 39.

45) Vgl. ebd., S. 40 f.

46) Quelle: Erhebungen über die Lehrlings- und sonstigen Verhältnisse in Buchdruckereien und Schlossereien, in: FIB 1896, S. 186 – 188; vgl. hierzu auch FIB 1898, S. 173.

47) Vgl. ebd.

48) Vgl. S. 82.

49) Vgl. 60 Jahre, S. 43.

50) Vgl. FIB 1904, S. 99

51) Vgl. 60 Jahre. S. 48 – 51 und 55.

52) Quelle: WITTMANN, a.a.O., S. 135.

53) Quelle: 60 Jahre, S. 55.

54) Vgl. ebd., S. 53.

55) So heißt es einerseits, daß sich im Jahr 1909 der Gutenbergbund eine „gewisse Position" (ebd., S. 53) habe sichern können, andererseits wird aber für die Jahre 1908/09 und 1911 der Anteil der im Ortsverein organisierten Regensburger Buchdruckergehilfen mit 95 bzw. 98 Prozent (vgl. ebd., S. 53 und 55) beziffert.

56) Quelle: WITTMANN, a.a.O., S. 135 und Typographia-Festschrift, S. 46.

57) Quelle: „FT" Nr. 116 vom 22.5.1902.

58) Vgl. StA AM, Reg. d. Opf. 9710, Streiknachweis Nr. 12905 vom 6.6.1903 und FIB 1903, S. 280 f.

59) Vgl. „FT" Nr. 183 vom 8.8.1903.

60) Quelle: WITTMANN, a.a.O., S. 135.

61) Vgl. 90 Jahre Gewerkschaftsarbeit im graphischen Gewerbe Regensburg, Regensburg 1958, S. 43.

62) Vgl. „FT" Nr. 250 vom 25.10.1911.

63) Vgl. ebd.

b) LAGE UND ORGANISIERUNG DER BERGARBEITER

Die Oberpfalz, „das Ruhrgebiet des Mittelalters", erlebte im hier zu untersuchenden Zeitraum nochmals eine kurze Blütezeit ihrer Montanindustrie. Durch den Eisenbahnbau mit seinem Schienenbedarf hatte vor allem der Erzbergbau im Raum Amberg-Sulzbach (wo bereits um die Mitte des letzten Jahrhunderts rund 40 Prozent der oberpfälzischen Erzproduktion gefördert worden waren) kräftige Impulse erhalten[1]; im Jahr 1883 wurde dann beim Kgl. Bergamt Amberg (der späteren Luitpoldhütte) der erste Hochofen angeblasen[2]. Um dieselbe Zeit etwa wurden die staatlichen Hüttenwerke in Weiherhammer und Bodenwöhr in eisenverarbeitende Betriebe umgewandelt[3].

Abb. 17: Eröffnung des Theresienstollens auf der Luitpoldhütte Amberg

Der Bergbau lag im letzten Jahrhundert – auch – in der Oberpfalz größtenteils in Händen des Staates (mit Ausnahme der Braunkohlengruben vor allem), so daß der Betrieb des Bergbaus und die Aufsicht über die Bergbaubetriebe weitgehend zusammenfielen. Aber auch im privaten Bergbau griffen die Bergämter neben der reinen Bergaufsicht in die betrieblichen Belange ein, um so für einen wirtschaftlichen Produktionsablauf zu sorgen. Dieses sog. „Direktionsprinzip"[4], welches also geprägt war durch starke Eingriffe des Staates in den Bergbaubetrieb in technischer wie auch in wirtschaftlicher Hinsicht und durch ein daraus entstandenes engmaschiges Netz kommunikativer Beziehungen zwischen der Bergarbeiterschaft und den obrigkeitlich-fürsorglichen Bergbehörden, war bis zum Jahr 1869 auch in der Oberpfalz vorherrschend. Im selben Jahr trat dann ein Gesetz in Kraft, durch das dem Staate die wirtschaftliche Beeinflussung des Bergbaues genommen und nur noch ein polizeiliches Aufsichtsrecht im Sinne des Inspektionsprinzips zugestanden wurde[5]. Hierzu wurden als Aufsichtsbehörden das Bayerische Oberbergamt in München sowie drei Bezirksbergämter

Abb. 18: Arbeit im Erzberg der Luitpoldhütte Amberg

(die von 1900 an als Berginspektionen bezeichnet wurden) geschaffen, wobei für das Gebiet der Oberpfalz dem Bezirksbergamt Bayreuth die bergpolizeiliche Aufsicht (über die Einhaltung der Arbeitsschutzbestimmungen etc.) übertragen wurde[6].

Die Zuständigkeit der staatlichen Bergbehörden beschränkte sich seit der Bergrechtsform des Jahres 1869 im wesentlichen auf die Knappschaftsvereine, deren Einrichtung nun für alle Bergbaubetriebe verbindlich vorgeschrieben war[7].

Bereits vor dieser Regelung hatte beim Kgl. Bergamt Amberg eine Knappschafts- Kasse bestanden, die – vermutlich um die Mitte des 18. Jahrhunderts gegründet – ihren Mitgliedern und deren Angehörigen Unterstützung bei Krankheit und im Sterbefalle bot[8]. Am Ende des Jahres 1871 bestanden in der Oberpfalz Knappschaftsvereine in Amberg (mit 330 Mitgliedern), Bodenwöhr (150 Mitglieder), Burglengenfeld (49 Mitglieder), Vilseck (47 Mitglieder)[9] und Weiherhammer, die wohl allesamt, wie der letztgenannte Verein, Kranken-, Invaliden-, Witwen- und Waisenunterstützung sowie freie Kur und

Abb. 19: Feierliche Inbetriebsetzung des III. Ofens auf der Luitpoldhütte Amberg

Arznei und Zuschüsse zu den Beerdigungskosten[10] gewährten (über Ausmaß und Höhe der jeweiligen Knappschaftsleistungen ist aber nichts bekannt). Die Werkseigentümer waren von 1869 an auch verpflichtet, mindestens die Hälfte der Arbeiterbeiträge zu den Knappschaftskassen aufzubringen, deren Leitung und Verwaltung sie mit den von den Arbeitern gewählten Vertretern (den sog. Knappschaftsältesten) teilen mußten[11]. Im Vergleichsjahr 1907 zählten die Knappschaftsvereine Amberg und Bodenwöhr bereits 462 bzw. 172 Mitglieder, während die Vereine in Burglengenfeld und Vilseck offenbar bereits aufgelöst worden waren bzw. die Vilsecker Kasse möglicherweise bereits aufgegangen war in dem neugebildeten – mit 633 Organisierten mitgliederstärksten – Sulzbacher Knappschaftsverein[12].

Trotz dieses vergleichsweise gut ausgebauten (Knappschafts-)Kassenwesens krankte der oberpfälzische Bergbau lange Zeit aber an einem akuten Arbeitskräftemangel, der seine Gründe in der – bereits mehrfach dargestellten[13] – in der Oberpfalz außerordentlich schikanös gehandhabten Praxis der Verhinderung der Ansässigmachung und Verehelichung von Lohnarbeiter(-inne)n und in dem – wie beim Haidhofer Braunkohlenbergbau – abschreckenden System polizeilicher Melde- und Ausweispflichten[14] hatte. Hinzu kamen die ständigen Strafkataloge, die – wie beispielsweise die 1871 erlassene Strafordnung der Haidhofer Braunkohlengrube[15] – „wegen falscher Angaben von Entschuldigungsgründen oder simulierter Krankheit ..., Faulenzens oder Schlafens in der Schicht ... Genusses geistiger Getränke oder Verleitung dazu während der Arbeit ... Ungehorsams, Ungezogenheit, Lügen, Widerspenstigkeit, Heranlassung zu öffentlichem Ärgernis und Ruhestörungen jeder Art"[16] jeweils Geldstrafen bis zur Höhe eines Schichtlohnes androhten. Abschreckend dürften wohl auch die oft miserablen Wohnverhältnisse der Berg- und Hüttenarbeiter, etwa in Bodenwöhr[17], gewirkt haben, zumal der Bau von Werkswohnungen (93 Wohnungen bis zum Jahr 1892 beim Hüttenwerk Bodenwöhr und – bis 1912 – 80 bzw. 52 Wohnungen bei den Braunkohlengruben in Wackersdorf bzw. Haidhof)[18] wohl kaum Schritt halten konnte mit den von der Jahrhundertwende an enorm steigenden Bergarbeiterzahlen in der Oberpfalz: Zählte der oberpfälzische Bergbau im Jahr 1884 noch 924 und 1900 1.003 Beschäftigte (davon 162 in Braunkohlen- und 630 in Eisenerzgruben), so waren diese Zahlen bis zum Vergleichsjahr 1911 auf 2.168 (davon 450 in Braunkohlen- und 1.365 in Eisenerzbergwerken) Beschäftigte (im oberpfälzischen Bergbau waren fast ausschießlich männliche Erwachsene tätig) angestiegen[19].

Auch wenn unter den Arbeitern des oberpfälzischen Bergbaus zeitweise Ausländer (zunächst als Lohndrücker-Konkurrenz, vor allem aber während des I. Weltkrieges als Ersatz für die eingezogenen heimischen Arbeitskräfte)[20] vertreten waren, so setzte sich doch das Gros der im oberpfälzischen Bergbau Beschäftigten aus heimischen Arbeitern zusammen, die in der Umgebung der einzelnen Betriebe beheimatet waren, zum Teil eigene Häuser besaßen und auf ihren kleinen Anwesen Landwirtschaft betrieben[21]. Ein regelrechter Arbeiterstamm, bei dem die Tradition des Bergarbeiterberufes vom Vater auf den Sohn vererbt worden wäre, scheint sich in der Oberpfalz aber nur bei den Amberger Bergleuten herausgebildet zu habe[22], wogegen bei den Belegschaften der oberpfälzischen Braunkohlengruben – wegen des ständigen konjunkturellen Auf und Abs und der relativ schlechten Bezahlung – die Fluktuation außerordentlich groß war[23].

Die im oberpfälzischen Braunkohlenbergbau vorherrschende Lohnform war das „Gedinge", ein Gruppenakkordlohn, der allerdings sehr konfliktträchtig war, fehlte ihm doch – aufgrund der großen Unterschiede in den jeweiligen Leistungsbedingungen – jeglicher objektive Maßstab für die Festsetzung der Akkordlohnhöhe. Wegen ihrer oft willkürlichen Handhabung war die Regelung des Gedinges deshalb ein ständiger Streitpunkt zwischen Bergleuten und Unternehmensleitung[24], zumal bis zum Jahr 1920 im oberpfälzischen Braunkohlenbergbau jedwede tarifvertragliche Regelung fehlte[25]. Die Lohnhöhe im oberpfälzischen Braunkohlen- wie auch Erzbergbau lag zwar im Vergleichszeitraum 1900 bis 1914 deutlich unter der außerbayerischer Bergbauregionen[26], jedoch erheblich über den Durchschnitts-Tagelöhnen für ungelernte Arbeiter in der Oberpfalz[27], wie der nachfolgende Vergleich dieser Lohnsätze mit den auf den beiden Braunkohlengruben Haidhof und Wackersdorf sowie der Erzgrube Amberg bezahlten Durchschnittslöhnen[28] der Gesamtbelegschaft (also nicht nur der – am besten bezahlten – eigentlichen Bergleute, d.h. der Hauer und Förderer) für die – einzig verfügbaren – Vergleichsjahre 1908 und 1913/14 zeigt:

Jahr	Durchschnittstagelohn für ungelernte Arbeit (männliche Erwachsene) in der Oberpfalz	Durchschnittstagelohn pro Beschäftigten in der Braunkohlengrube Haidhof	Braunkohlengrube Wackersdorf	Erzgrube Amberg
1908	2,11 M	2,84 M	3,26 M	3,70 M[29]
1913/14	2,23 M	3,76 M	3,34 M	4,08 M[30]

In seiner Untersuchung der bergmännischen Lebenshaltung im Ruhrgebiet kommt Tenfelde[31] zu dem Schluß, daß nicht so sehr ihr Lohn, „sondern ihre relative Nahrungssicherheit"[32] aus ländlichem Zuerwerb die Ruhr-Bergleute vor Existenzkrisen bewahrt hätte; inwieweit nun dies auch für die oberpfälzische Bergarbeiterschaft zutrifft, läßt sich – mangels Quellen –

Abb. 20: Bergmannskapelle bei der Barbarafeier auf der Luitpoldhütte Amberg

nicht mehr eindeutig nachweisen. Fest steht aber, daß im oberpfälzischen Bergbau durch eine Reihe von Wohlfahrtseinrichtungen – so z.B. durch die bereits erwähnten Werkswohnungen und den vom Bergamt Amberg gewährten Arbeiterurlaub[33] sowie durch die in Rosenberg, Auerbach und Wackersdorf eingerichteten Konsumvereine[34] – versucht wurde, die materielle Lage der Bergarbeiterschaft zu stabilisieren.

Um etwa dennoch entstandenes Konfliktpotential rasch registrieren und abbauen zu können, wurde im Berggesetz vom 20. Juli 1900 sämtlichen Bergwerken mit mehr als 20 Beschäftigten die Einrichtung von Arbeiterausschüssen zur Auflage gemacht[35], über deren Zusammensetzung aber nichts Näheres bekannt ist. Das Vertrauen in die Leistungsfähigkeit dieser Arbeiterausschüsse war aber zumindest bei den Belegschaften der oberpfälzischen Braunkohlengruben sehr gering, tauchte doch deren (im Untersuchungszeitraum unerfüllt gebliebener) Wunsch nach Einrichtung eines Berggewerbegerichtes in sämtlichen bergbehördlichen Berichten zu Anfang unseres Jahrhunderts auf[36].

Wie verlief nun aber der Organisierungsprozeß der Bergarbeiterschaft in der Oberpfalz? Vorausgeschickt sei hier, daß bis zur Jahrhundertwende keinerlei Versuche von der oberpfälzischen Bergarbeiterschaft unternommen wurden, sich selbständige- gewerkschaftliche- Interessenvertretungen zu schaffen und daß ihr politisches Engagement bis dahin sich auf die Mitgliedschaft in dem – allerdings sehr wortradikalen – Amberger katholischen Männerverein „Concordia" (der zu Anfang der 1870er Jahre bestand)[37] beschränkte. Um die Jahrhundertwende machte sich dann aber unter den Berg- und Hüttenarbeitern der Maxhütte in Rosenberg „eine gewisse Gährung bemerkbar"[38], die Folge einer schon länger schwelenden Unzufriedenheit mit den von der Maxhütte bezahlten Löhnen war. Um bessere Lohn- und Arbeitsverhältnisse zu erreichen, strebten Teile der Belegschaft eine gewerkschaftliche Organisierung an, die mit zwei Versammlungen am 26. August und 9. September 1900 in Rosenberg eingeleitet wurde. Hauptredner waren jeweils der Vorsitzende des christlichen Holzarbeiterverbandes, Steigerwald und der Zentrumsabgeordnete Karl Schirmer (beide aus München), auf deren Vortrag hin die Versammelten ihren Anschluß an den Verband christlicher Berg- und Hüttenarbeiter beschlossen[39].

Nur wenige Wochen später, am 28. Oktober 1900, sprach bei weiteren zwei Arbeiterversammlungen in Rosenberg und Sulzbach der christliche Verbandssekretär August Brust aus Altenessen, der hauptsächlich die Vorzüge des Unterstützungswesens seiner Organisation pries, „vor der Inszenierung von Arbeitseinstellungen ... aufs Eindringlichste"[40] warnte und seinen Zuhörern „anheimgab, im Falle zu strengen Auftretens der Werksbeamten es mit einer korporativen Beschwerde bei einem maßgebenden Aktionär der Gesellschaft zu versuchen"[41]. Am 30. Juni 1901 referierte Brust dann auf einer vom Rosenberger Vertrauensmann des Verbandes, Johann Grünthaler, einberufenen Bergarbeiter- Versammlung im Sulzbacher Josefshaus über Akkord- und Schichtlöhne sowie über die Bestimmungen der Unfall- und Krankenversicherungsgesetze[42].

In die staatlichen Hüttenwerke der Oberpfalz fand der Organisationsgedanke aber erst Eingang mit der vom Zentrumsabgeordneten Karl Schirmer initiierten (Wieder-)Gründung eines sich auf die bayerischen Staatsbetriebe beschränkenden „Verbandes der Arbeiter und Bediensteten Bayerischer Staats-, Hütten-, Berg- und Salinenwerke" im Dezember 1902. Der Verbandsgründung war im November 1902 die Einrichtung von Obmannschaften in Amberg (334 Mitglieder), Bodenwöhr (108) und Weiherhammer (88) vorausgegangen, wobei der Knappschaftsverein Amberg als Kontaktbrücke in die Oberpfalz gedient hatte[43]; Amberg stellte im Februar 1903 allein 345 der insgesamt 1.000 Verbandsmitglieder in Bayern[44].

Im Frühjahr 1904 legte der Verband dem bayerischen Landtag eine Denkschrift vor, in der er die Arbeits- und Lebensverhältnisse der Arbeiter und Bediensteten der bayerischen Staatsbetriebe darstellte und vorsichtig den Wunsch äußerte nach einem Ausbau der Knappschaftskassen, einer Erhöhung der Löhne und Gedinge, Verkürzung der Arbeitszeit, Gewährung eines jährlichen Urlaubs, dem Bau von Arbeiterwohnungen und der Übernahme der Vorarbeiter in den Beamtenstatus[45]. Das mit dieser Petition angestrebte Ziel, die Lage der in den bayerischen Staatsbetrieben Beschäftigten zu verbessern, wurde aber allenfalls in bescheidenen Ansätzen erreicht: So war etwa das Berg- und Hüttenamt Amberg im Jahr 1911 mit 1.100 Beschäftigten das größte bayerische Staatswerk überhaupt, zugleich aber auch der Staatsbetrieb mit der schlechtesten Entlohnung (mit Unregelmäßigkeiten bei der Lohnabrechnung, nicht bezahlten Nachtzuschlägen etc.)[46], in dem die Arbeiter häufig schikanös behandelt wurden[47], die hygienischen Verhältnisse miserabel waren und – bei 1.100 Beschäftigten! – Werkswohnungen noch gänzlich fehlten (erst 1911 wurde mit dem Bau einer Arbeitersiedlung begonnen)[48]. Trotz des Ausbleibens irgendwelcher bemerkenswerter Erfolge auf diese Verbands-Aktivitäten hin und – damit auch – des Fortbestehens der Mißstände in den Berg- und Hüttenwerken konnten die Christlichen auf der Luitpoldhütte noch Ende 1913 / Anfang 1914 bei den letzten Knappschaftswahlen vor Kriegsbeginn 1.699 Stimmen für sich gewinnen, wogegen die sozialdemokratischen Kandidaten nur 412 Stimmen und somit keinen einzigen Sitz im Ausschuß erhielten[49].

Blieb also die Luitpoldhütte in Amberg bis Kriegsbeginn unbestrittene Domäne des christlichen „Verbandes der Arbeiter und Bediensteten Bayerischer Staats-, Hütten-, Berg- und Salinenwerke", so begannen im Jahr 1906 (das den organisatorischen Durchbruch der Sozialdemokratie in der Oberpfalz markiert) überhaupt erst die Organisierungsbemühungen des sozialdemokratischen Bergarbeiterverbandes in der Oberpfalz. Im Jahr 1905 war ihnen der erste Bergarbeiterstreik in dieser Region[50] vorausgegangen, als 45 Bergleute der Braunkohlengrube Haidhof vom 6. bis 8. November die Arbeit niederlegten, um eine Erhöhung der Akkordlöhne bzw. die Einführung von Schicht- anstelle von Akkordlöhnen zu erzwingen. Letzteres wurde von der Betriebsleitung zwar kategorisch abgelehnt, auf Vermittlung des Oberbergamtes München und des Burglengenfelder Bezirksamtmannes hin wurde aber eine rund 10%ige Lohn-

Abb. 21: Arbeiter des Hüttenwerks Weiherhammer beim Freizeitvergnügen (Kegeln)

erhöhung zugestanden[51]. Dieser Streik blieb noch ohne jede Einflußnahme seitens des sozialdemokratischen Bergarbeiterverbandes, der bis 1905 in der Oberpfalz organisatorisch noch nicht hatte Fuß fassen können[52].

Erst vom August 1906 an, mit dem Amtsantritt des ehemaligen Redakteurs der „Deutschen Bergarbeiterzeitung" in Bochum, Johann Leimpeters[53], als Gewerkschaftssekretär in Regensburg, kam die sozialdemokratische Agitation und Organisierung der oberpfälzischen Bergarbeiter in Gang. Leimpeters begann seine Tätigkeit gleich mit einem Paukenschlag, konnte er doch in der sozialdemokratischen Hochburg Leonberg, wo wenige Wochen zuvor eine enorm florierende Metallarbeiter-Ortsverwaltung gegründet worden war[54], eine vom Ortsgeistlichen einberufene Zentrumsversammlung mit dem Reichstagsabgeordneten v. Pfetten sprengen[55]. Weniger erfolgreich verlief allerdings seine anschließende Agitationstour durch die Oberpfalz, bei der ihm – wie in Rosenberg und Wackersdorf – immer wieder die bereits zugesagten Säle abgetrieben wurden[56]. Bis Ende 1906 / Anfang 1907 gelang es Leimpeters aber, in Leonberg eine Zahlstelle des Allgemeinen Deutschen Bergarbeiterverbandes zu gründen, die aus 30 Bergleuten der benachbarten (dem Unternehmer Stinnes gehörenden) Braunkohlengrube Haidhof bestand[57].

Am 6. Juli 1907 kam es auf dieser Grube (der größten unterirdischen Braunkohlenzeche der Oberpfalz überhaupt) wegen der miserablen Lohn- und Arbeitsverhältnisse[58] zu einem Streik, der bis zum 12. August desselben Jahres dauerte und an dem sich 81 der 112 dort Beschäftigten beteiligten. Die Streikenden stellten insgesamt 8 Forderungen, von denen die wichtigsten die nach Einführung des achtstündigen Arbeitstages (mit Ablösung vor Ort), nach einer 50%igen allgemeinen Lohnerhöhung und der Gewährung von Mindestlöhnen für die verschiedenen Arbeiterkategorien waren[59]. Nach den zunächst gescheiterten Vermittlungsversuchen der Berginspektion Bayreuth[60] konnte – nach langwierigen Verhandlungen zwischen dem Bezirksleiter des Bergarbeiterverbandes, dem Burglengenfelder Bezirksamtmann sowie den Vertretern der Braunkohlengrube Haidhof und der Berginspektion Bayreuth[61] – dann doch noch eine Einigung erzielt werden, wonach der Achtstundenarbeitstag eingeführt (im oberpfälzischen Tagebau war allerdings weiterhin der zwölfstündige Arbeitstag die Regel) und eine, allerdings unbedeutende, Lohnerhöhung zugestanden werden sollte[62].

Diese nur geringfügige Lohnaufbesserung – vor allem angesichts der enormen Lebensmittelteuerung jener Jahre – trug in sich bereits den Keim für den nächsten, noch erbitterteren und sich vom 4. April bis 7. August 1908 hinziehenden Streik auf der Braunkohlengrube Haidhof. Vorausgegangen war dem bereits am 15. Februar 1908 die Entlassung von 16 Bergleuten (wegen ungenügender Arbeitsleistung), deren Wiederaufnahme in den Betrieb vom Bezirksleiter des sozialdemokratischen Bergarbeiterverbandes, Straßer aus Hausham, und vom Obmann der Leonberger Zahlstelle, Schneider, zwar ultimativ gefordert, von der Werksdirektion mit der Neueinstellung von 18 österreichischen Bergarbeitern aber definitiv ausgeschlossen wurde[63].

Ausgelöst wurde der Streik dann durch eine rigorose Reduzierung der Akkordsätze um etwa ein Drittel vom 1. April 1908 an[64], auf die hin am 4. April die 87 sozialdemokratisch organisierten Bergleute unter den insgesamt 142 Beschäftigten der Braunkohlengrube Haidhof in den Streik traten und höhere Löhne forderten[65]. Von den 18 österreichischen Bergarbeitern verließen zwölf den Streikort, fünf betätigten sich als Streikbrecher und einer schloß sich den Ausständigen an, die aus der Streikkasse des Bergarbeiterverbandes unterstützt wurden[66]. Wegen einer Absatzflaute hatte die Werksleitung aber „kein Interesse an der Beilegung des Streikes u. der Wiederaufnahme der Arbeit"[67], so daß der Streik (nach 18 Wochen) am 8.8. 1908 – ähnlich wie kurz zuvor schon der große Streik 1907/08 auf der benachbarten Maxhütte – infolge leerer Streikkassen des Bergarbeiterverbandes mit der bedingungslosen Wiederaufnahme der Arbeit durch die (sozialdemokratisch organisierten) Streikenden beendet werden mußte[68].

Im September 1908, nur einen Monat nach Streikende, wurde in Regensburg eine Aktiengesellschaft gegründet für eine „Bayerische Überlandzentrale"[69]; unter diesem Namen sollte fortan die Braunkohlenzeche Haidhof firmieren. Noch zweimal kam es bis zum Ende des Untersuchungszeitraums (bis 1919 also) auf der – im Volksmund so genannten – „Zentrale" zu Streiks: Am 29. September 1913 traten 37 von 41 beim Erweiterungsbau der „Zentrale" Beschäftigten einer Fremdfirma in einen 10tägigen Ausstand, um Lohnerhöhungen durchzusetzen, was ihnen zum Teil auch gelang[70]. Im Mai 1917 kam es abermals zu einer kurzen Arbeitseinstellung; nach der Entlassung von sechs Bergleuten nahmen aber die Streikenden die Arbeit – offenbar ohne etwas erreicht zu haben – wieder auf[71].

Zu Anfang des Jahres 1906 war die große Braunkohlen-Tagebau-Grube Klardorf in der neugegründeten Bayerischen Braunkohlen-Industrie (BBI) AG Schwandorf aufgegangen[72]; die gewerkschaftliche Organisation fand auf der Braunkohlengrube Wackersdorf (wie sie fortan hieß) erst mit der Revolution von 1918/19 Eingang[73]. Im Frühjahr 1915 kam es dort zum ersten Streik, als 92 der insgesamt 276 BBI-Beschäftigten vom 1. bis 6.4.1915 in den Ausstand traten. Die Streikenden forderten wegen der allgemeinen – durch den Krieg noch verschärften – Lebenmittelteuerung eine Lohnerhöhung (tatsächlich war ja die Lohnentwicklung in Wackersdorf gegenüber der in Haidhof zurückgeblieben)[74], die ihnen jedoch von der Direktion verweigert wurde; statt dessen erhielten sämtliche BBI- Beschäftigte vom 1. April 1915 an einen – in der Höhe zwischen 1,25 und 4,50 Mark gestaffelten – monatlichen Teuerungszuschlag[75].

Etwa gleichzeitig mit den sozialdemokratischen Organisierungsbestrebungen auf der Braunkohlengrube Haidhof, aber mit völlig anderem Resultat verliefen die Versuche, die auf den Maxhütten-Eisenerzgruben im Raum Sulzbach-Auerbach beschäftigten Bergleute für den sozialdemokratischen Bergarbeiterverband zu gewinnen. In Sulzbach, einer protestantischen Enklave an der Nahtstelle zwischen Oberpfalz und Mittelfranken, hatte bei den Reichstagswahlen 1903 der liberale Kandidat Tröger mit 1.855 Stimmen eine ⅔-Mehrheit erringen können, während der Zentrumskandidat Sir aus Wernberg nur 830 Stimmen und der sozialdemokratische Gemeindebevollmächtigte (und spätere DGB- Gründungsvorsitzende) Hans Böckler aus Fürth „trotz Verteilung zahl-

Abb. 22: Luitpoldhütte: Vorstandswohnung

reicher gedruckter Wahlaufrufe in den Wirtschaften und in Privathäusern" sogar nur 90 Wählerstimmen für sich verbuchen konnte[76]. Eine erste Arbeiterversammlung, auf der die Erhöhung des ortsüblichen Tagelohnes von 1,60 auf 2,50 Mark beantragt wurde, hielt Ende 1905 der katholische Arbeiterverein Sulzbach ab; diese Versammlung war von katholischen wie protestantischen Arbeitern gleichermaßen zahlreich besucht[77], zumal von protestantischer Seite in Sulzbach bis zum Ende des Untersuchungszeitraumes (bis 1919), soweit bekannt, keinerlei eigenständige Initiativen zur Verbesserung der Arbeitersituation entwickelt wurden. Im Jahr 1906 setzten dann, zunächst von der Verwaltungsstelle Amberg des Deutschen Metallarbeiterverbandes aus gesteuert, erste sozialdemokratische Bestrebungen ein, die Hütten- und Bergarbeiter der Maxhütte in Rosenberg in den Freien Gewerkschaften zu organisieren[78]; der Sulzbacher Bezirksamtmann hielt aber sozialdemokratische Organisationserfolge „in Anbetracht der ... Klagelosigkeit der betreffenden Arbeiterschaft vorerst für ausgeschlossen"[79].

Das Ergebnis des vom November 1907 bis November 1908 zwischen Christlichen und Freien Gewerkschaften stattgefundenen Wettlaufes um die Organisierung der Bergarbeiterschaft im Raum Sulzbach schien die Prognose des Bezirksamtmanns zu bestätigen: Trotz der vor allem von sozialdemokratischer Seite mit einer enormen Kraftanstrengung entfachten (nachstehend tabellarisch dokumentierten) Versammlungswelle, bei der – vom Bezirksleiter Franz Straßer aus Hausham (bei Penzberg) bis zum Reichstagsabgeordneten und Vorsitzenden des Bergarbeiterverbandes, Otto Hué aus Essen (der vom Nürnberger SPD- Parteitag aus einen Abstecher nach Sulzbach machte) – eine Vielzahl, teils prominenter, Referenten (die mitunter einander auch widersprachen: fand Straßer die Maxhütten-Lohnverhältnisse „befriedigend", so wurden dieselben nur ein halbes Jahr später von Hué scharf gegeißelt) aufgeboten wurde, und obwohl dabei eine Reihe brisanter Themen behandelt und, mit Zustimmung der oft sehr zahlreichen Zuhörerschaft, auch einschlägige Resolutionen (wie die Forderung nach der Berufung von staatlichen Sicherheitsbeauftragten – „Arbeiterkontrolleuren" - wegen der ständig steigenden Bergbau-Unfallziffern) verabschiedet wurden, so waren bis zum Jahr 1910 dennoch die Belegschaften – vermutlich – aller fünf Maxhütten-Eisenerzgruben christlich organisiert worden[80].

In einem – auf den ersten Blick – merkwürdigen Kontrast zu diesem sozialdemokratischen Bergarbeiter-Organisationsdesaster stand der erstaunliche Erfolg des sozialdemokratischen Kandidaten Bohl bei der Landtagswahl von 1909 im Wahlkreis Sulzbach: „Gewählt ist Pfarrer Steets in Auerbach mit 2506 Stimmen von 4827. Die Gegenkandidaten Lehrer Dümler (Kandidat der Landwirtschaftsbündler u. Liberalen) und Sozialdemokrat Bohl von Nürnberg erhielten 1606, bzgsw. 709 Stimmen. Bemerkenswert ist die große Stimmenzahl, die auf den letzteren fiel. Dessen Agitation war äußerst rührig. Auf ihn scheint manche Stimme gefallen zu sein von Wählern, die man zuvor als zum Zentrum oder zur liberalen Partei gehörig erachtete"[81]. Der überraschende Stimmenzugewinn (bei gleichzeitigen enormen Verlusten der Liberalen gegenüber der Reichstagswahl von 1903) des Nürnberger Gewerkschaftssekretärs und Referenten der ersten Sulzbacher Bergarbeiterversammlung, Bohl, der bei der Landtagswahl von 1905 nur 92 Stimmen erhalten hatte[82], dürfte aber auch zu tun gehabt haben mit einer Protestreaktion der Arbeiterschaft auf die in den Maxhütten-Betrieben nach dem verlorengegangenen Streik von 1907/08 noch verschärfte Repressionspolitik der Werksdirektion: Wo die Mitglieder des neugegründeten gelben Werkvereins „Alter Maxhütter" immer und überall bevorzugt[83] und im Jahr 1909 allein fünf Bergleute wegen Zugehörigkeit zur christlichen Organisation gekündigt und deren Vertrauensmänner wiederholt gemaßregelt wurden[84], dort blieb schon gar kein Raum für sozialdemokratische Agitations- und Organisierungsversuche und – in den Augen vieler Bergleute – wohl nur der Protest mit dem sozialdemokratischen Votum.

Der „größte Teil"[85] der auf den Maxhütten-Eisenerzgruben Beschäftigten gehörte – trotz der außerordentlich rührigen Agitation des christlichen Gewerkschaftssekretärs (und nach dem I. Weltkrieg langjährigen BVP-Landtagsabgeordneten) Mattes aus Amberg – dem gelben Werkverein „Alter Maxhütter" - bis zu dessen Auflösung Ende 1918 – an[86]. Der sozialdemokratische Bergarbeiterverband hatte bis zum Ende des I. Weltkriegs in der Oberpfalz also nur auf der Braunkohlengrube Haidhof Fuß fassen können; erst mit der Revolution von 1918/19 gelang ihm der Durchbruch mit der Organisierung der Belegschaft auf der Wackersdorfer Braunkohlengrube[87] sowie des Großteils der (vorher im Werkverein organisiert gewesenen) Belegschaften der Maxhütten- Eisenerzgruben[88], wo es fortan zu ständigen Reibereien und Kompetenzstreitigkeiten zwischen frei und christlich organisierten Bergleuten kommen sollte[89] und vereinzelt – wie in Sulzbach – die nicht bzw. christlich organisierten Bergarbeiter von sozialdemokratischen Verbandsmitgliedern sogar am Einfahren gehindert wurden[90]. Um eine Lohnerhöhung zu erreichen, traten die Auerbacher Bergleute am 19. April 1919 in den Ausstand (den ersten auf einer Maxhütten-Eisenerzgrube überhaupt!), und nur wenige Tage später, am 23. April, solidarisierten sich die Sulzbacher Bergleute – durch den Streikeintritt – mit ihnen[91]; „durch Nachgiebigkeit seitens der Direktion der Maxhütte wurde der Streik beigelegt, den Bergleuten wurde ein Taglohn von 14 M bewilligt"[92].

Zusammenfassend wird man wohl feststellen können, daß in der Oberpfalz die Bergarbeiter-Organisationen erst nach der Jahrhundertwende und – trotz enormer Anstrengungen – nur in beschränktem Umfang Fuß fassen konnten. Dem sozialdemokratischen Bergarbeiterverband gelang dies – vor der Revolution von 1918/19 - sogar nur auf der Braunkohlengrube Haidhof, während die christlichen Gewerkschaften eine nicht bekannte Anzahl Bergleute auf den Maxhütten-Eisenerzgruben im Raum Sulzbach-Auerbach (wo sich später aber – auf den Druck der Werksdirektion hin – der größte Teil der Bergleute dem 1908 gegründeten Werkverein anschloß) sowie das Gros der in den oberpfälzischen staatlichen Hüttenwerken Amberg, Bodenwöhr und Weiherhammer Beschäftigten in dem von Karl Schirmer initiierten „Verband der Arbeiter und Bediensteten Bayerischer Staats-, Hütten-, Berg- und Salinenwerke" zu organisieren vermochten. Die Gründe für das weitgehende Scheitern der sozialdemokratischen Organisierungsbestrebungen, die erst nach Krieg und Revolution auf größere Resonanz unter den oberpfälzischen Bergleuten stoßen sollten, lagen wohl vor allem in der besonders tiefen Religiosität der Bergarbeiterschaft überhaupt[93], in der wohl meist doch gegebenen Nahrungssicherheit durch Zuerwerb aus eigenen kleinen Anwesen sowie in einer – relativen – sozialen Sicherung gegen materielle Existenzkrisen (durch Knappschaftswesen, obrigkeitlich-fürsorgliche Bergbehörden etc.) und in den, wenn auch bescheidenen, Ansätzen zu einer Mitbestimmung (Teilnahme an der Knappschaftsverwaltung und Mitwirkung in den Arbeiterausschüssen).

TABELLARISCHE ÜBERSICHT ÜBER DIE BERGARBEITER-VERSAMMLUNGSTÄTIGKEIT IN DER OBERPFALZ
(SOWEIT BEKANNT UND NICHT BEREITS IM TEXT ERWÄHNT)

Datum	Ort	Einberufer, Referent, Thema und Teilnehmerzahl (soweit erwähnt)	Quelle
22.09.1907		die erste überhaupt im Raum Amberg-Sulzbach angekündigte, vom Sozialdemokraten Georg Süß aus Sulzbach einberufene Bergarbeiterversammlung (Thema: Der internationale Bergarbeiterkongreß und die bayerische Berggesetzreform); durch Saalabtreibung verhindert	StA AM, BA SUL 1301, Bericht vom 21.9.1907
10.11.1907	Sulzbach (Gastwirt Josef Schall)	christliche Bergarbeiter-Versammlung mit Referent Mettinger aus Malstatt-Burbach, Thema: Zweck und Ziele der Organisation, Einberufer: Bergmann Johann List aus Sulzbach	ebd., Bericht vom 9.11.1907 (Ankündigung)
10.11.1907	Forsthof (Heldrich'sches Gasthaus)	erste (offenbar zustandegekommene) sozialdemokratische Berg- und Hüttenarbeiter-Versammlung im Raum Amberg-Sulzbach überhaupt mit dem Referenten, Gewerkschaftssekretär Bohl („Bohl ist zweifellos identisch mit dem sozialdemokratischen Kandidaten der letzten Landtagswahl Georg Bohl aus Nürnberg, der damals 92 Stimmen auf sich vereinigte") zum Thema: Die wirtschaftliche Lage der Berg- und Hüttenarbeiter der Oberpfalz und deren Lohnverhältnisse, Einberufer: Bergmann Johann Fischer aus Sulzbach, Veranstaltungszweck – laut Bezirksamtmann – „auf Herbeiführung einer Lohnerhöhung gerichtet"	ebd. (Ankündigung)

Datum	Ort	Einberufer, Referent, Thema und Teilnehmerzahl (soweit erwähnt)	Quelle
28.3.1908	Sulzbach (Wirtschaft Benedikt Renner)	öffentliche Gewerkschaftsversammlung, „die von ungefähr 50 Personen, hauptsächlich Bergleuten aus Rosenberg und Großalbershof besucht war", Referent Bezirksleiter Straßer aus Hausham spricht zum Thema: Die Lage der Berg- und Hüttenarbeiter in der Oberpfalz, „Straßer anerkennt, daß im Bereiche der Maxhütte gegenwärtig befriedigende Lohnverhältnisse bestehen"	ebd., Bericht vom 7.4.1908
31.5.1908	Sulzbach (Wirtschaft Benedikt Renner)	vom Bergmann Johann Erhardt aus Sulzbach einberufene Bergarbeiterversammlung zum Thema: Die Bedeutung der Organisation und der bayerischen Berggesetzreform, anstelle des nicht erschienenen Referenten, Bezirksleiter Franz Strasser aus Hausham, spricht der Redakteur der Bergarbeiter-zeitung aus Essen, Prokory, „vor etwa 100 Personen", als Diskussionsredner treten auf die christlichen Verbandsfunktionäre Effert und Konrad aus Nürnberg	ebd. Bericht vom 6.6.1908
12.7.1908	Forsthof	sozialdemokratische Bergarbeiterversammlung mit dem Referenten Eichenmüller aus Nürnberg zum Thema: Die Feinde der Gewerkschaften und der Arbeiterbewegung	ebd. Bericht vom 18.7.1908
13.9.1908	Sulzbach	zwei Bergarbeiterversammlungen mit dem sozial-demokratischen Reichstagsabgeordneten und Bergarbeiterführer Otto Hué aus Essen (der auf der Sulzbacher Versammlung die Bezahlung auf der Maxhütte kritisiert – im Gegensatz zu Strasser – und zur Organisierung im Bergarbeiterverband auffordert)	ebd., Bericht vom 19.9.1908 und „FT" Nr. 218 vom 17.9.1908
und			
14.9.1908	Amberg	Zietsch – Charlottenburg Anlaß für beide Versammlungen war vermutlich der Nürnberger Parteitag	
29.11.1908	Sulzbach (Wirtschaft Benedikt Renner)	vom Bergmann Georg Strobel aus Großalbershof einberufene Bergarbeiterversammlung mit dem Referenten Bezirksleiter Strasser aus Hausham zum Thema: Das furchtbare Grubenunglück auf Zeche Radbod; und was verlangen wir vom Reichstage? „Dessen Vortrag war eine Philippika gegen des 'System der Unternehmer'", wegen der ständig steigenden Unfallziffern im Bergbau wird die Anstellung staatlicher Arbeiterkontrolleure und einheitliche Regelung des Arbeiterschutzes gefordert, „Eine hierauf abzielende Resolution wurde von den zahlreich erschienenen Bergarbeitern auch angenommen"	StA AM, BA SUL 1301, Bericht vom 5.12.1908

Datum	Ort	Einberufer, Referent, Thema und Teilnehmerzahl (soweit erwähnt)	Quelle
21.7.1912	Haselmühl	70 Zentrumsanhänger unter Leitung des christlichen Gewerkschaftssekretärs Funke wollen eine sozialdemokratische Bergarbeiterversammlung sprengen, die aber nicht abgehalten werden kann, da außer dem Referenten, Bezirksleiter Straßer aus Hausham, nur vier Zuhörer erschienen waren	„FT" Nr.173 vom 26.7.1912
10.5.1913	Sulzbach	der christliche Gewerkschaftssekretär Mattes aus Amberg spricht auf einer von ihm selbst einberufenen Versammlung über die christlichen Gewerkschaften als „die besten Vertreter des Arbeiterstandes"	StA AM, BA SUL 1301, Bericht (undatiert)
17.5.1914	Sulzbach	Versammlung christlicher Bergarbeiter, bei der die Arbeits- und Lohnverhältnisse der bei der Maxhütte in Rosenberg Beschäftigten kritisiert werden	ebd., Berichte vom 19. und 23.5.1914

FUSSNOTEN: b) LAGE UND ORGANISIERUNG DER BERGARBEITER

1) Vgl. ZORN, Eberhard: Bergbau in Bayern 1850 – 1980, in: Nürnberg-Ausstellungskatalog, S. 167 – 172. Am 8. Mai 1987 wurde mit der Stillegung der letzten deutschen Eisenerzgrube „Leonie" bei Auerbach, durch die 263 Bergleute und Angestellte sowie 28 Auszubildende arbeitslos wurden, ein mehr als 100 Jahre altes Kapitel Oberpfälzer (Eisenerz-) Bergbaugeschichte geschlossen (vgl. hierzu die Mittelbayerische Zeitung vom 9.5.1987: Die letzte Schicht im Oberpfälzer Erzbergbau sowie die Süddeutsche Zeitung vom 8.5.1987).

2) Zur Geschichte der Luitpoldhütte vgl. NICHELMANN, Wirtschaftsentwicklung Ambergs, in: Amberg-Ausstellungskatalog, S. 285 – 287.

3) Vgl. ZORN, a.a.O., S. 168.

4) Hierzu ZORN, a.a.O., S. 167 und CHANTEAUX, a.a.O., S. 179.

5) Vgl. ebd.

6) Zur Geschichte der Bergbehörden in der Oberpfalz vgl. EMMERIG, Behördengeschichte, in: OH 29, 1985, S. 16.

7) Zur Institution der Knappschaftsvereine vgl. BSKB 70, München 1908, Beilage „Stand und Entwicklung der Bayerischen Montanindustrie", S. 61 f.

8) Vgl. KOSCHEMANN, a.a.O., S. 59 f.; hierzu auch die Auflistung der im Jahr 1850 vom Kgl. Bergamt Amberg gewährten Witwen- Unterstützungen (StdAr AM, Zg I, Akte-Nr. 1955). Neben der Knappschafts-Kasse des Bergamts gab es um die Mitte des letzten Jahrhunderts noch zwei solche – aber eher unbedeutende und als „Bruderkassen" bezeichnete – Einrichtungen auf den Braunkohlengruben in Klardorf und Haidhof (vgl. CHANTEAUX, a.a.O., S. 235).

9) Quelle: ZSKB 5, 1873, S. 172 f. und 176 f.; zu den Beschäftigtenzahlen an den einzelnen Orten vgl. Tabelle I im Anhang.

10) Vgl. die „Satzungen für den Knappschaftsverein des kgl. Hüttenwerkes Weiherhammer" vom 18.2.1871 (LRA-Registratur NEW: VII, I, 3, 10); zu den Leistungen der Knappschaftskassen vgl. auch das bei KNAUER, a.a.O., S. 69 – 71 abgedruckte Statut des Knappschaftsvereins Amberg (hierzu auch KOSCHEMANN, a.a.O., S. 60).

11) Vgl. CHANTEAUX, a.a.O., S. 234.

12) Quelle: BSKB 70, 1908, S. 40 f.

13) Vgl. S. 61.

14) Vgl. CHANTEAUX, a.a.O., S. 68.

15) Auszugsweise zitiert ebd., S. 179 f.

16) Ebd.; zum Strafkatalog beim Bergamt Amberg vgl. „FT" Nr. 107 vom 9.5.1906.

17) Vgl. S. 79; zu den Bergarbeiter-Wohnverhältnissen allgemein vgl. KUCZYNSKI, Bd. IV, S. 380 f.

18) Quelle: S. 80; FIBe 1912, S. 339 und 1913, S. 347; von 1906 an firmierte die frühere Braunkohlengrube Klardorf unter „Wackersdorf".

19) Quelle: FIBe 1884, S. 125; 1900, S. 260 und 1911, S. 303.

20) Vgl. CHANTEAUX, a.a.O., S. 87 f.; in der Wackersdorfer Braunkohlengrube etwa waren zum Kriegsende 65 – 70 % der Belegschaft Kriegsgefangene (Quelle: FIB 1918, S. 434).

21) Vgl. ebd.; hierzu auch FIB 1913, S. 347 und KNAUER, a.a.O., S. 66.

22) Vgl. ebd.

23) Vgl. CHANTEAUX, a.a.O., S. 89.

24) Vgl. ebd., S. 198 f.

25) Vgl. ebd., S. 180.

26) Vgl. die Tabelle mit den durchschnittlichen Tagelöhnen im deutschen Braunkohlen- und Erzbergbau 1900 bis 1914 bei KUCZYNSKI, Bd. III, S. 419 f. und Bd. IV, S. 420; hierzu auch CHANTEAUX, a.a.O., S. 203 – 205, der aber völlig zu Recht auf den beschränkten Wert solcher Vergleiche wegen der hierfür fehlenden entsprechenden Reallohn- bzw. Kaufkraftdaten hinweist (S. 203).

27) Vgl. die Tabelle S. 54.

28) Wobei ausgegangen werden soll von den auch von CHANTEAUX (a.a.O., S. 204 f.) verwendeten Angaben der Bergbehörden (in den FIBen 1908, S. 382 f. und 1913, S. 348 f.), die in der Höhe um jeweils etwa 10 Prozent unter den entsprechenden Zahlen in den SJKB 1909 ff. rangieren.

29) Quelle: FIB 1908, S. 382 f.

30) Quelle: FIB 1913, S. 348 f.

31) TENFELDE, Klaus: Sozialgeschichte der Bergarbeiterschaft an der Ruhr im 19. Jahrhundert, Bonn 1977.

32) Ebd., S. 119.

33) Vgl. S. 83 f.

34) Vgl. FIB 1912, S. 339.

35) Vgl. BSKB 70, 1908, S. 59.

36) Vgl. CHANTEAUX, a.a.O., S. 199; zur Tätigkeit der oberpfälzischen Bergwerks-Arbeiterausschüsse nur FIB 1910, S. 314.

37) Vgl. BHS I, MInn 30981/23, Bericht vom 31.12.1872.

38) StA AM, BA SUL 1301, Bericht vom 20.10.1900.

39) Vgl. ebd.

40) StA AM, BA SUL 1301, Bericht vom 3.11.1900.

41) Ebd.

42) Vgl. ebd., Bericht vom 6.7.1901.

43) Vgl. DENK, a.a.O., S. 356 und KULEMANN, a.a.O., S. 322 f.

44) Vgl. „FT" Nr. 49 vom 27.2.1903.

45) Vgl. „FT" Nr. 123 vom 28.5.1904; Nr. 163 vom 16.7.1906 und Nr. 40 vom 17.2.1908.

46) Vgl. „FT" Nr. 15 vom 18.1.1911 und Nr. 235 vom 7.10.1912.

47) Vgl. ebd.

48) Vgl. „FT" Nr. 136 vom 14.6.1911.

49) Vgl. „FT" Nr. 3 vom 5.1.1914.

50) Die am 7. Oktober 1895 auf dem Berg- und Hüttenwerk Bodenwöhr „in etwas frivoler Weise in Scene gesetzte" (FIB 1895, S. 201) Streikbewegung hatte nur wenige Stunden gedauert und sich auf die Formerei des Werkes beschränkt (vgl. ebd. und StA AM, Reg. d. Opf. 13748, Bericht vom 14.10.1895).

51) Vgl. BHS I, MArb 343, Bericht Nr. 5625 des Burglengenfelder Bezirksamtmanns vom 8.11.1905 und BHS I, MArb 303, Streiknachweis vom 11.11.1905.

52) Vgl. hierzu auch die Tabelle bei WITTMANN, a.a.O., S. 134.

53) Johann Leimpeters, geb. 23.10.1867 in Kinzenburg, Heizer, von 1901 bis zu seinem Amtsantritt in Regensburg 1906 Redakteur der „Bergarbeiterzeitung" in Bochum (vgl. Handbuch des Vereins Arbeiterpresse, hrsg. vom Vorstand des Vereins Arbeiterpresse, 3. Jg. 1914, S. 304).

54) Vgl. S. 120.

55) Vgl. „FT" Nr. 182 vom 7.8.1906.

56) Vgl. „FT" Nr. 186 vom 11.8.1906.

57) Vgl. „FT" Nr. 32 vom 7.2.1907.

58) Zu den Lohnverhältnissen vgl. die Tabelle S. 164.

59) Vgl. FIB 1907, S. 440 f.; CHANTEAUX, a.a.O., S. 193 f.; BHS I, MArb 343, Streiknachweis vom 20.8.1907 und „FT" Nr. 158 vom 10.7.1907 und Nr. 164 vom 17.7.1907; der Regensburger Regierungspräsident spricht sogar von 85 Streikenden und von Lohnforderungen in Höhe von 60 – 70 % (vgl. StA AM, Reg. d. Opf. 13755, Bericht vom 14.7.1907); laut FIB 1907, S. 440, beteiligte sich die Gesamtbelegschaft von 104 Mann am Streik.

60) Vgl. ebd.; die Berginspektion Bayreuth war wohl auch wenig geeignet für eine solche Schlichterrolle, wie ihre diffamierenden Mutmaßungen über die Motive der Streikenden zeigen: „Einen Grund zur Unzufriedenheit haben die Arbeiter des Werkes nicht. Die maßlose, unnatürliche Unzufriedenheit ... läßt deutlich erkennen, daß die Forderungen nicht innerlichen Gründen entspringen, sondern gelehrt und aufgedrungen worden sind" (BHS I, MArb 343, Bericht Nr. 2263 der Berginspektion Bayreuth vom 11.7.1907).

61) StA AM, Reg. d. Opf. 13755, Bericht Nr. 605 vom 11.8.1907.

62) Vgl. FIB 1907, S. 440 f. und CHANTEAUX, a.a.O., S. 187 und 193.

63) Vgl. FIB 1908, S. 377 und StA AM, Reg. d. Opf. 13755, Berichte vom 23.2., 1. und 8.3.1908.

64) Vgl. „FT" Nr. 186 vom 11.8.1908; BHS I, MArb 343, Streiknachweis vom 13.8.1908 und StA AM, Reg. d. Opf. 13755, Bericht vom 29.3.1908.

65) Vgl. ebd., Bericht Nr. 265 vom 5.4.1908.

66) Vgl. ebd., Berichte Nr. 294 vom 12.4.1908 und vom 5.4.1908.

67) Ebd., Bericht Nr. 294 vom 12.4.1908.

68) Vgl. ebd., Bericht vom 16.8.1908 und BHS I, MArb 343, Streiknachweis vom 13.8.1908.

69) Vgl. StA AM, Reg. d. Opf. 13755, Bericht vom 27.9.1908; die „Bayerische Überlandzentrale" ist die Vorläuferin der heutigen Energieversorgung Ostbayern AG (OBAG).

70) Vgl. StA AM, Reg. d. Opf. 13755, Berichte vom 5. und 12.10. 1913 und Landratsamts-Registratur Schwandorf (abgekürzt: LRA-Registratur SAD), AA – BUL 81 – 810, Streiknachweis vom 8.10.1913.

71) StA AM, Reg. d. Opf. 13940, Bericht vom 13.5.1917.

72) Vgl. KUHLO, a.a.O., S. 495 f.

73) Vgl. FIB 1918, S. 438 und CHANTEAUX, a.a.O., S. 193.

74) Vgl. die Tabelle S. 164.

75) Vgl. LRA- Registratur SAD, AA-BUL 81-810, Streiknachweis vom 8.4.1915.

76) Vgl. StA AM, BA SUL 1301, Berichte vom 23.5. und 20.6.1903.

77) Vgl. ebd., Bericht vom 2.12.1905.

78) Vgl. ebd., Bericht vom 21.4.1906.

79) Ebd.

80) Vgl. FIB 1910, S. 314.

81) StA AM, BA SUL 1301, Bericht vom 25.9.1909.

82) Vgl. ebd., Bericht vom 9.11.1907.

83) Vgl. hierzu die bei NICHELMANN, VHVO 117, S. 148 f. abgedruckte Pressekontroverse.

84) Vgl. „FT" Nr. 106 vom 8.5.1909.

85) FIB 1918, S. 438; zum Organisationsgrad der im Raum Sulzbach- Auerbach beschäftigten Bergleute liegen keinerlei Angaben vor.

86) Vgl. ebd.

87) Vgl. BHS I, ASR 34 und FIB 1918, S. 438.

88) Vgl. ebd.

89) Vgl. StA AM, BA SUL 1304, Bericht vom 23.11.1918.

90) Vgl. StA AM, Reg. d. Opf. 13752, Bericht vom 10.3.1919; hierzu auch „RA" vom 11.3. und „AVZ" vom 14.3.1919.

91) Vgl. „AVZ" vom 26.4.1919.

92) StA AM, BA SUL 1305, Bericht vom 26.4.1919.

93) Vgl. hierzu HIRSCHFELD, Paul / TROELTSCH, W.: Die deutschen sozialdemokratischen Gewerkschaften, Berlin 1905, S. 168 f. und KULEMANN, a.a.O., S. 317.

c) LAGE UND ORGANISIERUNG DER GLASARBEITER

Die – von der Heimindustrie einmal abgesehen – beispiellosen Zustände in der oberpfälzischen (Spiegel-)Glasindustrie sind durch eine Reihe vorzüglicher Untersuchungen[1] bereits so eingehend dargestellt worden, daß hier nur ganz kurz deren Ergebnisse resümiert werden sollen: Danach war in keinem anderen Industriezweig (mit Ausnahme der Heimindustrie) und in keinem anderen Bezirk des Deutschen Reiches die Lage der Beschäftigten so miserabel wie in der oberpfälzischen Glasindustrie[2], wo die Löhne am niedrigsten[3], die Arbeitszeiten am längsten[4], die (vorübergehenden) Betriebsstillegungen am häufigsten[5], die sanitären Verhältnisse am schlechtesten[6] und die technischen Einrichtungen am veraltetsten[7] waren. Keine andere Branche (wiederum von der Heimindustrie abgesehen) war deshalb im letzten Vorkriegsjahrzehnt auch so ins Zentrum der sozialpolitischen Diskussion von Parteien und Verbänden gerückt wie die bayerische (Spiegel-)Glasindustrie, was – zusätzlich noch – mit deren enorm hohen Beschäftigtenzahlen, vor allem in der Oberpfalz, zu tun hatte: Waren es im Jahr 1864 in der Oberpfalz noch 1.374 Beschäftigte auf 209 Glasschleifereien und Polierwerken gewesen, so ging die Anzahl der Werke bis 1906 zwar auf 170 zurück, die Beschäftigtenzahl stieg aber auf 1.850 (davon 475 Frauen) an[8]; rechnet man die Arbeiter (-innen) der 17 oberpfälzischen Glasfabriken noch hinzu, so waren 1905/06 in der Oberpfalz insgesamt 3.385 Personen (davon 649 weiblich) in der Glasindustrie tätig[9].

Zwei die Lage – und damit auch das Organisierungsverhalten – der oberpfälzischen Glasarbeiterschaft wesentlich mitbestimmende Faktoren waren deren soziale Isoliertheit und, vor allem, das Zwischenmeistersystem. Da die oberpfälzischen Glasschleif- und Polierwerke zur Nutzung der Wasserkraft an den Flußläufen der Schwarzach, Naab, Pfreimd etc. – weitab von den großen Orten und Verkehrswegen also – angesiedelt waren und die Besitzer bzw. Pächter der Werke ihren Wohnsitz meist in Fürth hatten, war die Aufstellung eines „Poliermeisters" bzw. „Zwischenmeisters" notwendig geworden, der die Geschäfte führte, vom Besitzer/Pächter in Fürth den Gesamtarbeitslohn empfing und davon - in einer Art „Unterakkord" - die Arbeiter entlohnte, die Arbeitsmittel sowie die Beheizung und Beleuchtung der Arbeitsräume bezahlte. Was übrig blieb, war sein Verdienst, so daß in der Regel die Poliermeister die ihnen unterstellten Schleifer und Polierer durch Sondervereinbarungen – anstelle der eigentlich zu zahlenden Akkordlohntarife – zu übervorteilen trachteten[10]. „Die meisten Poliermeister sind unehrliche, gewinnsüchtige Menschen, die ihre Stellung als Geschäftsführer mißbrauchen und die Arbeiter zu ihren Gunsten ausnützen", schreibt der oberpfälzische Fabrikinspektor im Jahr 1900[11] über das willkürliche Entlohnungssystem dieser Zwischen- (bzw. Polier-) meister, die sich um tarifvertraglich festgelegte Akkordlohnsätze nichts scheren.

Die miserable Lage der oberpfälzischen (Spiegel-)Glasarbeiter wurde noch weiter erschwert durch die nicht nur geographische, sondern auch soziale Isolation (ja vereinzelt sogar Paria-Situation), in die sie sich während des gesamten Untersuchungszeitraumes gedrängt sahen. Ähnlich wie die – allerdings weit mehr geachteten, außerordentlich traditions- und selbstbewußten – Glasmacher[12] stammten auch die meisten (Spiegel-)Glasarbeiter aus Böhmen und galten den Einheimischen als verkommenes Gesindel, von zügellosem Charakter und ohne Sinn für Sitte und Moral, wie die aus der Zeit um 1850 überlieferten Klagen des Dorfpfarrers von Weiding (bei Schönsee) zeigen: „Die Glasschleifwerke, 8 an der Zahl, sind wahre Hurrennester und Zufluchtstätten für herumziehendes Gesindel, meist Böhmen, von denen immer die einen den anderen Platz machen. Dieses Schleifervölkchen huldigt mit wenigen Ausnahmen dem Rationolismus [sic]. Die göttlichen und kirchlichen Gebote scheinen für sie nicht zu existieren. Unter denselben werden auf das Frivolste besonders das 6. und 7. der Gebote Gottes übertreten. Die Concubinate zu verhindern, ist nicht möglich; denn beim ersten Offenbarwerden und Einschreiten verlassen die Concubinarier die Pfarrei und ziehen auf andere Schleifen"[13].

Die ständigen- häufig gehässigen – Klagen und Beschwerden der einheimischen Bevölkerung über das Verhalten der österreichischböhmischen Wander-Glasarbeiter[14] führten andererseits aber zur „freiwilligen" Absonderung dieser Glasarbeiter in eigenen Vereinen, wobei es zu so kuriosen Gründungen wie dem „1. Oesterreichischen Kriegerkorps Waldsassen in Bayern"[15] kam. Aber selbst innerhalb der sozialdemokratischen Arbeiterbewegung waren die Glasarbeiter aus der Oberpfalz schlecht angesehen und isoliert, hatten sie sich doch häufig für Streikbrecherdienste vereinnahmen lassen. So heißt es noch Ende 1902 in der „Fränkischen Tagespost"[16] über die Glasarbeiter aus dem – so die stereotype Formulierung[17] – „Lande der Pfaffen": „Die Glasindustrie in der Oberpfalz ist in ganz Bayern berühmt durch die elenden Löhne der Arbeiter und durch die mit dieser schlechten Entlohnung im engsten Zusammenhange stehende Theilnahmslosigkeit und Stupidität der Bevölkerung. So oft noch in Fürth ein größerer Glasarbeiterstreik stattgefunden hat, war die Oberpfalz das Reservoir, aus dem die Scharfmacher und Glasbarone ihre Streikbrecher herausholten. Waggonweise wurden oft bei Streiks diese billigen, willigen, strengkatholischen Leute ... nach Fürth transportirt."

Erste Initiativen, die oberpfälzischen Glasarbeiter zu organisieren (und dadurch auch vom Streikbrechertum fernzuhalten), wurden bereits im Frühjahr 1873 unternommen, als Vertreter des Fürther Glasarbeiter-Ortsvereins am 9. März in Kröblitz bei Neunburg v.W. (wo ja die meisten Glasschleifen massiert waren) eine Glasarbeiter-Versammlung abhalten wollten, ihnen dies aber behördlicherseits untersagt wurde[18]. Nur wenig später, am 14. April, kam es dann aber doch in Kröblitz zu einer Versammlung, die von 24 Schleifarbeitern aus der Umgebung besucht war und von zwei Mitgliedern des Fürther Glasarbeitervereins geleitet wurde, auf deren Veranlassung hin ein „Ortsgewerbeverein" sowie eine Streikkasse zur Verbesserung der Lohnsituation gegründet wurden[19]. Bei einer weiteren Versammlung am 18. Mai, ebenfalls in Kröblitz, referierte der Glasarbeiter Geisen vom Fürther Ortsverein über die Ursachen des Glasarbeiterstreiks in Fürth, wobei er die 30 anwesenden Schleifer aufforderte, ihrerseits noch nicht die Arbeit niederzulegen, sondern erst einmal das Fürther Streikergebnis abzuwarten[20]. Mit der am 24. November 1873 von den bayerischen Schleifwerkbesitzern auf einer Konferenz in Schwandorf bewilligten Teuerungszulage[21] schien der Agitation des Neunburger Glasarbeiter-Ortsvereins aber der Wind aus den Segeln genommen worden zu sein, scheiterten doch im darauffolgenden Jahr alle Versuche, auch die Glasarbeiter im benachbarten Amtsbezirk Waldmünchen für die Unterstützung der Forderung nach höheren Löhnen zu gewinnen[22]; nach diesem Mißerfolg löste sich dann der Neunburger Glasarbeiter-Lokalverein vermutlich wieder auf.

Erst im Frühjahr 1880, also zwei Jahre nach Erlaß des Sozialistengesetzes (und sieben Jahre nach der Neunburger Lokalvereins-Gründung), sollte es wieder zu Aktivitäten der oberpfälzischen Glasarbeiter kommen. Die Glasindustrie, vor allem im Amtsbezirk Vohenstrauß, erlebte um diese Zeit einen noch nicht dagewesenen Boom, der die Preise für die Glaserzeugnisse um mehr als das Doppelte in die Höhe schnellen ließ. Den enorm gestiegenen Gewinnen der Schleifwerkbesitzer stand aber eine Verschlechterung der materiellen Lage der Glasarbeiter gegenüber, war diesen doch trotz anhaltender Lebensmittelteuerung bereits im Sommer 1876 die drei Jahre zuvor in Schwandorf zugebilligte Teuerungszulage wieder gestrichen worden. Auf zahlreichen Glasschleif- und Polierwerken, vor allem des Zottbachtals (im Amtsbezirk Vohenstrauß), legten deshalb die Glasschleifer die Arbeit nieder, um damit – gerade angesichts der günstigen Auftragslage – die Werksbesitzer zur Wiedergewährung der Teuerungszulage zu bewegen[23].

Begonnen hatte diese Streikbewegung bereits am 17. April mit der Arbeitseinstellung der Schleifer im Schwarzach- und im Aschatale (im Amtsbezirke Neunburg v.W. also). An einer wenige Tage später, am 20. April, vom Schleifmeister Johann Richthammer von Finkenhammer (einem im Zottbachtale gelegenen Schleif- und Polierwerk) abgehaltenen Versammlung – außerhalb Pleysteins – im Freien beteiligten sich etwa 100 Glasschleifer, die sich durch Handaufheben verpflichteten, in den Streik zu treten und so lange auszuhalten, bis die geforderte Lohnerhöhung durchgesetzt sei. Auf fast sämtlichen Schleifwerken des Amtsbezirkes Vohenstrauß legten daraufhin die – meist böhmischen – Glasschleifer die Arbeit nieder, wogegen die Polierer weiterarbeiteten; nach zweiwöchiger Dauer mußte die erste Streikbewegung der Glasarbeiter in der Oberpfalz aber wieder abgebrochen werden, ohne daß ein Erfolg erzielt worden wäre[24]. Die meist österreichischen Staatsangehörigen unter den Streikenden waren der ihnen drohenden Ausweisung zuvorgekommen und bereits nach Böhmen zurückgekehrt, während gegen die beiden Hauptinitiatoren des Streiks, den aus Teunz im Amtsbezirk Neunburg v.W. stammenden Schleifmeister Richthammer und seinen Kollegen Johann Kunz wegen des den beiden vorgeworfenen Vergehens gegen das Vereinsgesetz (durch Abhaltung der Glasschleiferversammlung bei Pleystein) und wegen eines angeblichen Hausfriedensbruchs der beiden (die, „verstärkt durch einen Trupp böhmischer Arbeiter", durch die Schleifwerke des Zottbachtales gezogen wären und die dort Arbeitenden unter Drohungen zum Streik genötigt hätten) zunächst Strafverfolgung beim Landgericht Weiden eingeleitet, nach wenigen Wochen aber mangels Beweisen wieder eingestellt wurde[25].

Im Jahr 1885 wurde von der Genossenschaft der „Vereinigten bayerischen Spiegelglasfabrikanten" ein Tarifvertrag für die Schleif- und Polierwerke der Oberpfalz aufgestellt[26], der aber – aufgrund der bereits beschriebenen Allmacht der Poliermeister – ebenso wie der Schwandorfer Tarif von 1873 weitgehend unbeachtet blieb und keine Verbesserung der (insbesondere Lohn- und Arbeitszeit-)Verhältnisse der oberpfälzischen Glasarbeiter brachte. Daher fielen die offenbar selbst während des Sozialistengesetzes fortgesetzten Agitations- und Organisierungsbemühungen der Fürther Glasarbeiter auch auf fruchtbaren Boden: So konnte am 30. Juni 1889, also noch ein Jahr vor Auslaufen des Sozialistengesetzes, in Dieterskirchen (im Amtsbezirk Neunburg v.W.) ein Glasarbeiter-Fachverein mit 35 Mitgliedern nach dem Vorbild seines Fürther „Paten-Vereins" gegründet werden. Nach dem Fürther Musterstatut sollte der Verein, der bis Ende Juli 1889 bereits 49 Mitglieder zählte[27], sich zwar auf Bildung und Geselligkeit beschränken, da aber sowohl beim „Paten-Verein" in Fürth als auch vom Initiator der Dieterskirchener Gründungsversammlung, dem Schleifmeister Joseph Pöllmann von Hohenthal, bereits unverhohlen die Thematik Streik und Bildung von Streikkassen angesprochen worden war, schien dem oberpfälzischen Regierungspräsidenten dennoch höchste Vorsicht geboten[28]. Dies um so mehr, als am 1. August – nur einen Monat nach der Dieterskirchener Fachvereins-Gründung also – die 21 bei der Firma Kupfer & Glaser in Furth i.W. beschäftigten Glasschleifer die Arbeit niederlegten, sie allerdings – nach Androhung der sofortigen Entlassung – am 3. August wieder aufnahmen[29]. Der Fachvereins-Gründung in Dieterskirchen vom 30. Juni 1889 folgten noch im selben Jahr – ebenfalls im Amtsbezirk Neunburg v.W. angesiedelt und mit dem gleichen (Fürther Muster-)Statut ausgestattet – zwei weitere Fachvereine in Kröblitz, wo sich am 11. August 50 Schleifmeister, Polier- und Schleifgesellen zu einem „Fachverein für Glasarbeiter aller Branchen für Murnthal und Umgebung" formierten[30], und Ende Dezember 1889 in Schönsee, wo sich eine – unbekannte – Anzahl Glasarbeiter in einem Fachverein für das obere Aschatal organisierte[31].

Die Gründung der drei Glasarbeiter-Fachvereine Dieterskirchen, Murntal und Schönsee innerhalb nur eines halben Jahres schien die Regierung der Oberpfalz doch erheblich beunruhigt zu haben, wie ihre umfangreiche Ursachenforschung und die zahlreichen An- und Rückfragen hierzu bei den ihr nachgeordneten Behörden (Fabrikinspektion sowie Bezirksamt und Stadtverwaltung Neunburg v.W.) zeigen. Der Neunburger Bezirksamtmann bezeichnete als Hauptinitiatoren und Träger der Fachvereins-Bewegung die Schleifmeister, die unzufrieden wären mit ihrer Bezahlung und ihrer Stellung den Poliermeistern gegenüber[32]; seiner Ansicht nach „dürften ... die wenigen Fachvereine völlig harmlos sein, umso mehr, als sie unter sich in keiner wahrnehmbaren Verbindung stehen"[33]. Der Neunburger Bürgermeister stellte demgegenüber fest, daß allein innerhalb des Dieterskirchener Fachvereins sechs Exemplare des Glasarbeiter-Organs „Der Fachgenosse" kursierten[34] und daß die Neunburger Glasarbeiter, sofern sie überhaupt wählten, ihre Stimme bei der Reichstagswahl des Jahres 1890 nicht dem sozialdemokratischen Kandidaten Karl Grillenberger (auf den im Stadtbezirk dennoch immerhin 69 Stimmen – „ausschließlich von ... Arbeitern, Taglöhnern, Gewerbetreibenden usw." - entfallen waren), sondern dessem Parteifreund Georg Horn, Verleger und Redakteur des „Fachgenossen" gegeben hätten, was wiederum zeige, daß in Neunburg v.W. um 1890 „die Lehren der Social-Demokratie ... bei diesen Fabrikarbeitern leider schon Eingang gefunden haben"[35].

Wenn auch seitens der oberpfälzischen Regierung sowie der ihr nachgeordneten Instanzen (Fabrikinspektion und Bezirksamt vor allem) eine ganze Reihe von Vorschlägen zur Verbesserung der Glasarbeitersituation[36] gemacht wurde, so blieb deren Realisierung letztendlich doch den bayerischen Schleif- und Polierwerkbesitzern selber überlassen. Am 3. Mai 1890 wurden deshalb in Fürth von den Vorständen der Vereinigung bayerischer Spiegelglasfabriken und von mehreren anderen Polierwerkbesitzern - im Beisein der Fabrikinspektoren – insgesamt fünf Vereinbarungen getroffen, wonach die jeweils geltenden Tarife für die Schleif- und Polierlöhne auf den einzelnen Werken gut sichtbar anzuschlagen und die Poliermeister streng verpflichtet wären, Berechnung und Auszahlung der Arbeitslöhne genau nach diesen Tarifen vorzunehmen, die Schleifmeister vor Betrügereien der Poliermeister geschützt werden sollten und die Sonn- und Feiertagsarbeit einzustellen wäre[37]. Trotzdem die Einhaltung dieser Bestimmungen von Vertretern der gesamten bayerischen Glasindustrie für alle Glasbetriebe verbindlich gemacht worden war und diese Vereinbarungen im darauffolgenden Jahr als „Bekanntmachung" auch im Neunburger Amtsblatt[38] veröffentlicht wurden, waren sie dennoch „nicht allgemein durchgeführt, auf manchen Werken vielmehr nur unvollständig zum Vollzug gelangt, auf manchen gänzlich unbeachtet oder gar unbekannt geblieben"[39], kurz: ignoriert worden und am Zwischenmeistersystem gescheitert. Die Zwischen- bzw. Poliermeister kümmerten sich ganz offensichtlich nicht um diese Bestimmungen; auf Proteste reagierten sie in der Regel so wie der Poliermeister Pöllmann von Zangenstein, der 1890 den Polierer Streetz entließ, weil er seine Arbeitskollegen habe zum Streik aufhetzen wollen, und sich auch durch die energische Intervention der Werksbesitzer nicht von dieser fristlosen Kündigung abbringen ließ, da es – seiner Ansicht nach – „lediglich Sache des Meisters ist, die Arbeiter aufzunehmen und zu entlassen"[40].

Im Oktober 1890 schloß sich der Fachverein Murntal dem eben erst gegründeten „Verband der Glasarbeiter Deutschlands" an[41]. Bereits beim konstituierenden Kongreß dieses Verbandes im August 1890 in Bergedorf bei Hamburg[42] war Murntal als einer von 18 Orten[43] vertreten gewesen, und zwar durch den Fürther Glasarbeiter und Tagungsleiter Johann Fischer[44], der den 21 Delegierten einen umfassenden Bericht über die katastrophalen Arbeits- und Lebensverhältnisse der oberpfälzischen Glasarbeiter gab[45]. Bei diesem Kongreß wurden die Trennung des Mietverhältnisses vom Arbeitsverhältnis, eine fünfjährige Lehrzeit in allen Branchen der Glasindustrie und der zehnstündige Normalarbeitstag gefordert[46]; der vom Kongreß beschlossene Mindest- Mitgliedsbeitrag von 10 Pfennig wöchentlich[47] veranlaßte aber den Fachverein Murntal im August des darauffolgenden Jahres, sich wieder vom Zentralverband zu trennen[48]. Ob auch die anderen vom Vorstand des Fachvereins, dem Schleifmeister Gottfried Greßmann von Steinmühle, beim Bezirksamt Neunburg v.W. zu Protokoll gegebenen Gründe für den Verbandsaustritt – Verbesserung der Wohnsituation, Eindämmung des Trucksystems (des Kaufzwangs beim Poliermeister also) und weitgehende Einhaltung der Fürther Vereinbarungen vom Mai 1890[49] – eine ausschlaggebende Rolle spielten, darf bezweifelt werden, wurde doch – wie Greßmann gleichfalls ausführte – auf den einzelnen Werken immer noch nach sehr unterschiedlichen Tarifen entlohnt und auch weiterhin häufig noch an Sonn- und Feiertagen gearbeitet[50].

Im Jahr 1892 ging beim oberpfälzischen Fabrikinspektor Dyck ein (nicht näher bezeichnetes) von 173 Glasschleifern und -polierern unterschriebenes Bittgesuch ein, in dem der Wunsch nach einer Aufbesserung der Löhne und Verkürzung der Arbeitszeit vorgebracht wurde[51]. Da dieses Bittgesuch ohne jeden Erfolg blieb, adressierte der Fachverein Murntal im März 1893 eine ähnlich lautende Petition mit 190 Unterschriften von Glasarbeitern aus der Umgebung Neunburgs an den Petitionsausschuß des Deutschen Reichstags, wo sie aber nicht fristgerecht einging und daher unbehandelt blieb. Im Dezember 1893 richtete der Fachverein Murntal deshalb mit Hilfe des Zentrumsabgeordneten Witzelsberger aus Cham eine zweite Bittschrift an den Reichstag[52], in der über die täglich 16 – 17stündige Arbeitszeit, Sonntagsarbeit und Hungerlöhne geklagt und um eine gesetzliche Beschränkung der Arbeitszeit auf 12 Stunden täglich, Einführung fixer Wochenlöhne und Wegfall der den Arbeitern obliegenden Beschaffung der Arbeitsmaterialien nachgesucht wurde[53]. Diese Petition war von 534 Glasarbeitern (darunter „eine sehr große Anzahl Böhmen") aus den beiden Amtsbezirken Neunburg v.W. und Vohenstrauß unterzeichnet und beim Petitionsausschuß eingereicht worden, ohne daß der Fabrikinspektor (oder eine andere Instanz) darüber informiert worden wäre, was diesen ganz besonders in Harnisch brachte.

Als Dyck im Februar 1894 im Auftrag des bayerischen Innenministers die Verfasser und eine Anzahl Unterzeichner der Petition „zur Rede stellte"[54], rückten die letzteren wieder von ihrer Unterschrift ab und gaben an, den Inhalt der Bittschrift nicht gekannt zu haben und mit ihrer allgemeinen Situation zufrieden zu sein. Die Verfasser der Petition (unter ihnen der Murntaler Fachvereins-Vorstand Greßmann) erklärten hingegen, daß sie „gedrängt von den Arbeitern, endlich einmal etwas für die Verbesserung ihrer Lage zu thun, die Petition an den Reichstag abgefaßt hätten"[55]. Dyck gab dann zu bedenken, daß Greßmann sowie der Fachvereins-Schriftführer Bauer zwar in ständigem Verkehr mit Fürther und Nürnberger Sozialdemokraten stünden und – nach Aussagen der befragten Arbeiter – „eigenmächtig" und unbeeinflußt von ihnen gehandelt hätten, daß man es bei diesen aber nicht „mit im Verhetzen geübten Agitatoren zu thun habe"[56]. Durch das unsolidarische, kleinmütige und unentschlossene Verhalten der Neunburger Glasarbeiter blieben deren Fachvereins-Aktivitäten letztendlich also doch nur ein Strohfeuer bzw. ein „Sturm im Wasserglas": von den 1889 50 Gründungsmitgliedern des Fachvereins Murntal waren im Februar 1894 nur mehr 15 bis 20 Mitglieder übriggeblieben, während sich der Fachverein in Schönsee bereits im Vorjahr und der in Dieterskirchen sogar schon um 1890 wieder aufgelöst hatte[57].

Bei den Glasmachern der Oberpfalz, die sich selbst als Glasarbeiteraristokratie empfanden, war bis zum Frühjahr 1893 die von „norddeutschen Agitatoren" betriebene sozialdemokratische Propaganda ohne jeden Erfolg geblieben, so daß sie schon „unempfänglich für die sozialdemokratische Propaganda schienen"[58]. Erst als – initiiert von Johann Haberfellner, dem Redakteur der sozialistischen Zeitschrift „Volkswacht" und Obmann des Arbeitervereins „Freiheit" in Eger[59] – böhmische Glasmacher die Agitation und Organisierung ihrer ja meist selbst aus Böhmen stammenden Berufsgenossen auf den Glashütten in Waldsassen, Tirschenreuth, Neustadt und Röthenbach in Angriff nahmen[60], gelang am 9. Mai 1893 auf einer von 40 Delegierten sämtlicher 14 oberpfälzischen Glashütten – mit Ausnahme der Klarahütte[61] – besuchten Versammlung in Weiden, die von Haberfellner selbst sowie dem Waldsassener Glasmacher Franz Schröpf geleitet wurde, die Gründung eines Fachvereins für Spiegelglashütten-Arbeiter mit dem Sitz in Waldsassen[62].

Auf der Jahreshauptversammlung des Fachvereins am 11. Februar 1894 in Weiden wurden die Waldsassener Glasmacher Andreas Riedl zum Obmann und Andreas Fick zum Schriftführer des Vereins bestellt; außerdem wurde – nach entsprechenden Ermahnungen des Fürther Glasschleifers Fischer – beschlossen, auf etwaige Lohnreduzierungen durch die Unternehmer mit Streik zu reagieren[63]. Im Frühjahr 1894 wurde dann tatsächlich von den Hüttenbesitzern eine Kürzung der Glasmacherlöhne beschlossen; auf einer von 50 Delegierten besuchten Streikversammlung des Fachvereins am 18. April 1894 in Weiden erklärten die Vertreter der zehn dem Verein angeschlossenen Glashütten (Furth i.W., Loisnitz, Frankenreuth, Trabitz, Annahütte, Tirschenreuth, Redwitz, Waldsassen, Charlottental und Weiden), daß sie zum 3. Mai die Arbeit niederlegen würden, während die beiden dem Verein nicht angehörenden Delegierten von Windischeschenbach (Klarahütte) und Neustadt a.d.WN erst noch abwarten wollten[64]. In welchem Umfang und mit welchem Erfolg die oberpfälzischen Glasmacher sich an diesem Streik beteiligten, läßt sich aber aufgrund Quellenmangels[65] nicht mehr feststellen. Der Glasmacher- Fachverein Waldsassen erlebte in den darauffolgenden Jahren einen starken Mitgliederrückgang – von rund 30 Mitgliedern 1896[66] auf nur noch 12 im Jahr 1898[67].

Im Jahr 1898 waren von den rund 60.000 deutschen Glasarbeitern erst knapp 3.500 organisiert, und der Glasarbeiterverband blieb weitgehend noch ohne Einfluß, was dessen langjähriger Vorsitzender Georg Horn nur mit dem „Mangel an Intelligenz, wirtschaftspolitischer Einsicht, Thatkraft und Opferwilligkeit" der Glasarbeiter[68] sich erklären konnte. Philip Berlin ging in seiner Skizzierung[69] des Milieus und der geistigmentalen Verfassung der Glasarbeiter in der Oberpfalz noch einen Schritt weiter: „Die Oberpfalz ist wohl die ärmste Gegend Bayerns; ... die stark slavisch gemischte Bevölkerung ist ziemlich zurückgeblieben; sie liefert auch nach dem Nürnberger Industriebezirk die billigen Arbeitskräfte. ... Aus diesem Milieu heraus erklärt sich denn auch die auf den ersten Blick ganz ungeheuerlich scheinende Genügsamkeit dieser Arbeiter. Es sind eben keine städtischen Industriearbeiter, und alle ihre Bedürfnisse müssen erst geweckt werden. ... Der hervorstechende Zug dieser Arbeiter ist wohl ihr Indifferentismus."

Abb. 23: Glasofenbauer aus Plößberg in einer Glashütte

Um die Jahrhundertwende setzte in der Oberpfalz ein zunächst nur in Ansätzen erkennbarer, dann aber immer offener zutage tretender Konkurrenzkampf zwischen christlichen und sozialdemokratischen Glasarbeiterverbänden ein. Begonnen hatte dieser Organisierungswettlauf im August 1899 mit der Gründung eines „Verbandes der Glasarbeiter in den Schleif- und Polierwerken im Erbendorfer Grund" (der sich vom Oktober 1899 an bereits „Verband der Glasarbeiter in den Schleif- und Polierwerken der Oberpfalz" - mit Sitz in Erbendorf – nannte und sich Ende 1904 dem zwei Jahre zuvor in München geschaffenen Christlichen Keramarbeiterverband anschloß) durch den Erbendorfer Benefiziaten Franz Lederer, der damit der von den Sozialdemokraten im Sommer 1899 von Fürth aus geplanten Agitation und Organisierung der oberpfälzischen Glasarbeiter zuvorkommen wollte[70]. Am 17. September desselben Jahres gelang es dem Fürther Glasschleifer und Sektions-Bevollmächtigten des Glasarbeiterverbandes, Michael Dirscherl[71], auf einer von 45 Glasschleifern aus dem gesamten Laabertal besuchten Versammlung in Eichhofen, eine Zahlstelle zu gründen, der sämtliche Anwesenden beitraten[72].

Ein vom Glasarbeiterverband in Schönhofen in der Zeit vom 24. Dezember 1900 bis 21. Januar 1901 erfolgreich geführter Streik von 17 organisierten Glasarbeitern um die Einhaltung des 1885er Tarifs[73] ging dort vermutlich einher mit der Gründung einer Glasarbeiter-Zahlstelle. Am 9. Februar 1902 wurde in Schönhofen eine Versammlung abgehalten, die von 40 Schleifern besucht war und bei der alle Anwesenden, soweit sie nicht ohnehin schon Mitglied waren, dem Glasarbeiterverband beitraten; der Referent Partsch aus Fürth erklärte, daß eine oberpfälzische Glasarbeiterversammlung in Weiden geplant sei, bei der vor allem über die „in der Oberpfalz besonders schlechten Lohnverhältnisse" gesprochen werden sollte[74].

Mit einem vollen und einem teilweisen Erfolg endeten zwei weitere aus der Streikkasse des Glasarbeiterverbandes unterstützte Abwehrstreiks gegen Lohnreduzierungen im Jahr 1901 in Obermurntal[75] und im Sommer 1902 in Schönhofen[76]. Von 1901 bzw. 1903 an waren auch die Zahlstellen in Winklarn und Obermurntal sporadisch durch Delegierte bei den Generalversammlungen des deutschen Glasarbeiterverbandes vertreten[77]; im Jahr 1903 konnte der sozialdemokratische Glasarbeiterverband in der Oberpfalz auf rund 160 Mitglieder[78] verweisen und Michael Dirscherl, die treibende Kraft der Glasarbeiter-Agitation in der Oberpfalz, die bis dahin geleistete Arbeit resümieren: „Wir sind fast Sonntag für Sonntag unterwegs, um die in der Oberpfalz ... zerstreut wohnenden Kollegen der Organisation zuzuführen. Wir haben viel mit den Pfaffen zu kämpfen, die die Kollegen für die sog. christlichen Vereine einzufangen suchen. ... Ich finde, es müßte noch bedeutend mehr agitiert werden"[79].

Besonders im Jahr 1905 wurden die – am Ende dieses Kapitels tabellarisch dokumentierte – Versammlungstätigkeit und die Anzahl der Zahlstellengründungen sowohl auf christlicher als auch auf sozialdemokratischer Seite noch erheblich gesteigert: konnte der Keramarbeiterverband – soweit bekannt – in Pfreimd, Windischeschenbach und Nabburg Ortsgruppen schaffen[80], so gelang es dem sozialdemokratischen Glasarbeiterverband, in Traidendorf, Wutzschleif, Pleystein und – vorübergehend – auch in Schwarzenfeld organisatorisch Fuß zu fassen[81]. Aufgrund der angestauten Unzufriedenheit mit den Lohn- und Tarifverhältnissen in den oberpfälzischen Glasschleifen wollten die dort Beschäftigten bereits im März 1905 in den Streik treten; durch die vereinten Vermittlungsbemühungen des Erbendorfer Benefiziaten und christlichen Gewerkschaftssekretärs Lederer, des Zentrumsabgeordneten Dr. Heim, des Fabrikinspektors und der Bezirksamtmänner von Kemnath und Neustadt a.d.WN sowie durch eine am 30. März auf einer Konferenz in Weiden zugestandene Lohnerhöhung wurde der Streikausbruch aber zunächst verhindert[82]. Nach einem gemeinsamen Warnstreik von 253 christlich sowie sozialdemokratisch organisierten Glasschleifern im Amtsbezirk Vohenstrauß[83] kam es am 16. Mai 1905 in Regensburg zum Abschluß des ersten Tarifvertrages auf drei Jahre, der für die meisten Arbeiter Lohnerhöhungen brachte, die Arbeitsbedingungen generell festlegte und so der Willkür der einzelnen Poliermeister einen Riegel vorschob[84].

Nach dem Zustandekommen dieses Tarifvertrages setzte eine geradezu hektische Mitgliederwerbung des christlichen Keram- wie auch des sozialdemokratischen Glasarbeiterverbandes ein; die Agitations- und Organisierungsbemühungen wurden auf christlicher Seite von Anfang 1905 an vom neuernannten Bezirksleiter Salomon in Weiden gesteuert[85], während beim Glasarbeiterverband am 8. Juli 1906 Michael Dirscherl mit dem Amt eines Gauleiters für Süddeutschland betraut[86] und nur einen Monat später als sozialdemokratischer Landtags- und Reichstags-(Zähl-)Kandidat für den Wahlkreis Weiden-Neustadt a.d.WN nominiert wurde[87]. Aufgabe des Gauleiters sollte es auch sein, „bei den Mitgliedern nicht gleich den Gedanken an eine Arbeitseinstellung aufkommen zu lassen"[88], um das Risiko organisationsgefährdender Streikgeldzahlungen zu vermeiden.

Dirscherl hatte in der Oberpfalz bald schon mit der erbitterten Konkurrenz dreier – von ihm heftig abgelehnter – Keramarbeiterverbandssekretäre („Diese christlichen Demagogen stellen die Ausbeutung als eine göttliche Einrichtung hin, die höchstens gemildert, aber niemals beseitigt werden kann. Sie verteidigen den kapitalistischen Klassenstaat, an dessen Grundpfeilern zu rütteln in ihren Augen ein Verbrechen ist.")[89] und mit den ständig wiederkehrenden Saalabtreibereien der Geistlichen, vor allem aber mit der dumpfen Gleichgültigkeit der Glasarbeiter selbst zu kämpfen[90]. Auch der Anstieg der Organisiertenzahl um etwa ein Drittel – von 1903 159 auf 1906 236 Verbandsmitglieder[91] – konnte nicht darüber hinwegtäuschen, daß es „leicht (ist), Mitglieder zu gewinnen, schwer ist, sie zu erhalten, doch am schwierigsten, die Mitglieder zu überzeugten Gewerkschaftlern heranzubilden. Die Kollegen müssen immer wieder darauf aufmerksam gemacht werden, daß sie nicht nur ihre Pflicht erfüllen, wenn sie die Beiträge bezahlen und die Zeitung am Sonnabend in die Tasche stecken, sondern daß sie mit dem Beitritt auch die Pflicht übernehmen, unsere Ideale zu verbreiten ... Geschieht dies, dann werden unsere Erfolge nicht nur oberflächliche sein, sondern die bisher vorhandene ungeheure Fluktuation wird wenigstens teilweise beseitigt werden"[92].

Die Mehrzahl der organisierten Schleifer und Polierer trat offenbar nach dem Tarifabschluß des Jahres 1905 wieder aus der Organisation aus und schloß sich dieser erst wieder an, als im Jahr 1908 ein neuer Tarifvertrag ausgehandelt werden mußte[93]. Obwohl, wie Gauleiter Dirscherl klagte, der „Unternehmer, der Pfarrer und die gegnerische Presse, diese drei Mächte, alles darangesetzt (haben), um die Arbeiterbewegung zu unterdrücken"[94], hatte der Glasarbeiterverband in den Jahren 1907/08 dennoch Zahlstellen in Mitterteich (mit 70 Mitgliedern), Waldsassen (28), Pfreimd (32) und Floß-Sperlhammer (13) gründen können[95]. Dennoch standen diese Erfolge in keinem Verhältnis zu den gewaltigen Anstrengungen, die unternommen worden waren und zu den ungeheuerlichen, nach Abhilfe geradezu schreienden Mißständen in der oberpfälzischen Glasindustrie. „Wir können feststellen, daß in keiner anderen Branche und in keinem anderen Bezirk so trostlose Zustände herrschen als wie in der Oberpfalz. ... Die lange Arbeitszeit läßt einen Besuch der Versammlungen nicht zu, und da die Kollegen fast ausnahmslos nur geringe Schulkenntnisse besitzen, so nützen uns leider auch Flugblätter nichts. ... Wir müssen uns also in das Unvermeidliche fügen, daß wir auch in der nächsten Zukunft keine Vorteile in diesem Bezirk erreichen werden", war Dirscherls Prognose im Jahr 1908[96], als von 2.300 oberpfälzischen Glasschleifarbeitern erst 300 sozialdemokratisch und 250 christlich organisiert waren[97], mehr als 3/4 aller oberpfälzischen Glasschleifer und -polierer also noch jeder Organisation fernstanden.

Auf einer gemeinsamen Konferenz des Keram- und des Glasarbeiterverbandes am 12. Juli 1908 in Weiden sprachen die Delegierten sich zwar für einen Streik aus, um günstigere Tarifbestimmungen durchzusetzen (nachdem bereits im Juni 1908 auf zehn oberpfälzischen Glasschleif- und Polierwerken gestreikt worden war)[98], angesichts des miserablen Organisationsgrades und der wirtschaftlichen Flaute verweigerten aber sowohl die christliche als auch die sozialdemokratische Verbandsleitung ihre Zustimmung zum Streik, was einen Sturm der Entrüstung bei den streikwilligen Vertrauensleuten hervorrief. Nach neuerlichen Verhandlungen der Organisationsleiter mit den Werksbesitzern (die bereits mit Aussperrung gedroht hatten) und den Behörden wurde dann am 24. September 1908 in Schwandorf ein neuer Tarifvertrag – mit einer Laufzeit bis zum 1.1.1911 – abgeschlossen, der die Zahlung von Teuerungszulagen (bis zu 5 Prozent) regelte und das Anrecht auf den Bezug von Feiergeldern bei Betriebseinstellungen (für Gesellen 6 Mark und für Meister 8 Mark pro Woche) festschrieb; außerdem sollte bei allen tariflichen Streitfällen ein paritätisch aus Arbeitgebern und -nehmern zusammengesetztes Schiedsgericht schlichten[99].

Bei den Spiegelglasmachern der Oberpfalz war es im Jahr 1906 zur ersten größeren Lohnbewegung gekommen; noch vor Ausbruch eines Streiks wurde am 1. Mai 1906 ein Tarifvertrag mit dreijähriger Laufzeit abgeschlossen, der eine Verkürzung der Arbeitszeit um 20 Prozent (auf 12 Stunden täglich) bei einer geringen Lohnminderung brachte[100]. Nach einem – offenbar vom christlichen Keramarbeiterverband geleiteten – erfolgreichen Solidaritätsstreik von 200 Hüttenarbeitern in Moosbürg und Ullersricht für die Wiedereinstellung zweier gekündigter Kollegen im Juli 1907[101] kam es erst wieder mit dem Auslaufen des Tarifvertrages im Mai 1909 zu Aktivitäten der Oberpfälzer Glasmacher. „Offenbar in vollkommener Unkenntnis der Geschäftslage stellten die Organisationen eine Anzahl sehr bedeutender Forderungen für den neu abzuschließenden Vertrag. Nun waren aber zu dieser Zeit große Rohglaslager vorhanden, Betriebseinschränkungen der Veredelungswerke waren zu erwarten; den Fabrikanten konnte also zu dieser Zeit gar nichts erwünschter kommen als ein Streik. Sie lehnten daher alle Forderungen ab, und die Hüttenarbeiter traten in den Streik, der am 16. August mit einer nahezu vollständigen Niederlage der Arbeiter endete", beschreibt Philipp Berlin[102], Sohn des zeitweiligen Vorsitzenden der Bayerischen Polierwerksgenossenschaft in Fürth, den fatalen Glasmacher-Lohnkampf des Jahres 1909, der 115 Tage dauerte und – auf 11 Spiegelglashütten – insgesamt 271 Arbeiter freiwillig und 200 Arbeiter unfreiwillig zum Feiern veranlaßte[103]. Nur 20 Streikende (auf der Glashütte Tirschenreuth) waren sozialdemokratisch, alle anderen aber christlich organisiert[104]; der Keramarbeiterverband hatte die ersten vier Streikwochen überhaupt keine, danach nur an 130 der 251 christlich organisierten Ausständigen die statutengemäße Streikunterstützung bezahlt, was eine regelrechte Austrittswelle aus dem Keramarbeiterverband[105] und die Absetzung des Bezirksleiters Salomon zur Folge hatte[106].

Im Untersuchungszeitraum (bis 1919 also) sollte es in der Oberpfalz noch zu zwei weiteren völlig erfolglosen Glasmacherstreiks – im November 1909 in Neustadt a.d.WN und im Herbst 1912 in Mitterteich – kommen. In den Glashütten Neustadts waren 1909 mehr als 500 Glasmacher beschäftigt,

Abb. 24: In der Glasfabrik Weiden – Moosbürg im Jahr 1904; mit Hut: Direktor Max Adler, mit Mütze: Hüttenmeister Eichinger

davon allein 200 in der Nachtmann'schen Hohlglasfabrik des Zacharias Frank, der – wie der Fabrikinspektor im selben Jahr dem Regierungspräsidenten berichtete – 1907 bereits wegen gesetzwidriger Beschäftigung von Kindern gerichtlich belangt worden war, überhaupt „einer meiner brutalsten Fabrikanten ist und fortwährend mit seinen Arbeitern in Unfrieden lebt"[107]. Obwohl es bei der Firma Frank offenbar auch häufiger schon zu Unregelmäßigkeiten in der Lohnauszahlung (garniert mit Ratschlägen des Fabrikdirektors, die Arbeiter sollten ihren Frauen statt des Haushaltsgeldes eine Tracht Prügel verabreichen) gekommen war[108] und trotzdem die Löhne in Neustadt selbst vom Vorsitzenden des Arbeitgeberschutzverbandes, Reichow aus Dresden, als äußerst schlechte bezeichnet worden waren[109], beteiligten sich am Abwehrstreik gegen die im November 1909 bei Frank geplante rund 30%ige Lohnreduktion bei den Glasmachergehilfen doch nur die 15 im sozialdemokratischen Glasarbeiterverband Organisierten unter den 200 Beschäftigten bei Frank[110]. Da Frank jegliche Verhandlungen mit den Ausständigen kategorisch ablehnte, mußte der Streik durch den Vorsitzenden des Industriellen-Verbandes, Reichow, beigelegt werden[111].

Trotz emsiger Aktivitäten, eindringlicher Appelle und wiederholter Brandreden Gauleiter Dirscherls gegen die Lethargie und Zerstrittenheit der bunt zusammengewürfelten (aus Deutschen, Böhmen, Ungarn, Galiziern usw.) Neustädter Glasarbeiterschaft untereinander[112] blieb dem Glasarbeiterverband dort im Untersuchungszeitraum ein nennenswerter organisatorischer Erfolg versagt: die Mitgliederzahl stieg zwar von 1910: 28 (über 1911: 30) auf 1912: 54, fiel dann aber 1913 (nach einer kampflos hingenommenen 5%igen Lohnreduktion) wieder auf 34 zurück[113]. Dirscherl hatte aber bereits im Jahr 1911 in Neustadt resigniert festgestellt: „Jegliche Wirksamkeit fehlte unserer Agitation in Neustadt a.d.WN. Alle Anstrengungen ..., die dortigen Kollegen unter unsere Fahne zu bringen, waren vergebens. Der Kollege Weiß sowie der Vertrauensmann Schick waren nicht minder tätig, doch die Kollegen blieben hart. ... Im Gegenteil, sie schmiedeten sich in mehreren Klimbimvereinen zusammen, um dort vollends unterzugehen. (Die gesamte nachfolgende Passage im Original fett gedruckt, d. Verf.) Neustadt ist die Brutstätte billiger Arbeitskraft. Die Liebedienerei sowie das Schmarozertum zeitigt hier die höchsten Blüten. Die Arbeitslöhne wurden im letzten Jahr bis 30 und 40 Prozent reduziert. Die Wohnungen gleichen teilweise Höhlen, Schikanierungen und Behandlung wird unmenschlich betrieben. Neustadts Kollegen aber bleiben stumm, Hunderte wandern zu, Hunderte wieder ab. Mit guten, sauberen Einrichtungen wandern sie zu, arm und elend, nichts mehr ihr eigen nennen, ziehen sie wieder ab. Die größten Laster, der Alkohol, die Vereinsmeierei sowie die Spielwut haben den größten Nährboden. Ich richte an dieser Stelle an alle Hohlglasarbeiter Deutschlands die Bitte, ihr ganzes Augenmerk auf die Zuwanderer von Neustadt lenken zu wollen, denselben die Kollegialität teil werden zu lassen, die ihnen auch gebührt"[114].

Als positives Gegenbeispiel zu Neustadt a.d.WN dienten Dirscherl die Mitterteicher Tafelglasmacher, die im Streikjahr 1912 zu 85 Prozent organisiert waren[115] und mit – mindestens – 100 Mitgliedern[116] eine der größten und aktivsten Zahlstellen der Oberpfalz bildeten. Allein 94 Glasarbeiterverbands-Mitglieder waren im Werk Mitterteich der Firma Kupfer beschäftigt[117], wo bereits in den Jahren 1911/12 vier Vertrauensleuten gekündigt worden war. Als im Sommer 1912 wiederum zwei Kollegen (einer davon Vertrauensmann) entlassen wurden, traten am 21. August 78 frei organisierte Glasmacher in einen Solidaritätsstreik[118]. Nachdem die Firma Kupfer die von den Gewerkschaften erbetene Vermittlung seitens des Fabrikinspektors abgelehnt hatte[119], die Streikfront aufgrund der von der Firmenleitung angewendeten Repressalien stark abgebröckelt war und 20 Streikende bereits wieder die Arbeit aufgenommen hatten[120], schließlich Arbeitswillige aus Sachsen herangeholt worden waren[121], mußte der Streik abgebrochen werden. Alle neueingestellten Glasmacher mußten daraufhin einen Revers unterschreiben, wonbach sie sich innerhalb eines Jahres keinem Verbande anschließen würden; der Glasarbeiterverband aber verlor in Mitterteich nach der Streikniederlage mehr als ein Drittel seiner Mitgliedschaft und zählte am Ende des Jahres 1912 nur noch 60 Verbandsangehörige[122].

Die Schleif- und Polierwerke der Oberpfalz waren allein im Jahr 1909 zwölf Wochen stillgestanden; Dirscherls Agitations- und Organisierungsbemühungen stagnierten aber in der Oberpfalz (bis auf wenige Bezirke), schon weil ihm aufgrund der Störmanöver des Ortsklerus kaum irgendwo ein Versammlungslokal zur Verfügung gestellt wurde[123] und die Glasarbeiter selber sich in ihr – vermeintliches – Schicksal ergeben hatten. „Das Wort Lassalles, daß die Arbeiter gar nicht wissen, wie schlecht es ihnen geht, charakterisiert sich hier am deutlichsten. ... Sehr gute Organisationsverhältnisse sind ... in Neunburg v.W. vorhanden, diese Kollegenschaft ist als äußerst rührig zu bezeichnen. Ebenfalls zu unseren besten Zahlstellen zählt der Bezirk Eichhofen. Diese Zahlstelle besteht schon über zehn Jahre und da sind die Kollegen von der Notwendigkeit der Organisation derart überzeugt, daß ein Unorganisierter dort keinen Platz hat. Den gehegten Erwartungen nicht entsprochen hat die fortgesetzte Aufklärungsarbeit in den Schleifereibezirken Böhmischbruck, Moosbach sowie Pleistein. Diese genannten Bezirke sind die am rückständigsten. Die sozialen Zustände als auch die Organisation zeigen hier einen ganz besonderen Tiefstand"[124].

Am 13. März 1910 hielt der Glasarbeiterverband in Weiden eine Konferenz der bayerischen Rohglasschleifer und -polierer ab, bei welcher der Chefredakteur der „Fränkischen Tagespost", Kurt Eisner, das Hauptreferat (zur Notlage der Glasarbeiterschaft) hielt[125]. Als Ergebnis der Beratungen wurden insgesamt acht Forderungen an die Adresse der bayerischen Polierwerksbesitzer beschlossen, und zwar: Einführung der zwölfstündigen Arbeitszeit, Beseitigung der Nachtarbeit, Schaffung fester Wochenlöhne, Beseitigung des Zwischenmeistersystems, Lohnfortzahlung bei Betriebseinstellungen, Schaffung menschenwürdiger Wohnungen und Trennung von Wohn- und Arbeitsräumen sowie ausreichende Beheizung und Beleuchtung der Arbeitsräume[126]. Sowohl der Glasarbeiter- wie auch der durch Mitgliederschwund wesentlich geschwächte Keramarbeiterverband kündigten am 1. Oktober 1910 den zum 1. Januar 1911 auslaufenden Tarifvertrag, wobei die christliche Organisation mit einem deutlich abgeschwächten Forderungskatalog (gegenüber dem des Glasarbeiterverbandes) an die Genossenschaft bayerischer Polierwerksbesitzer in Fürth herantrat[127], die aber selbst diese Wünsche noch als „so ungeheuerliche" betrachteten, daß sie Verhandlungen darüber von vornherein ausschlossen und statt dessen mit Aussperrung drohten[128]. Durch die Vermittlung eines bayerischen Regierungsvertreters gelang es schließlich am 1. März 1911, einen neuen Tarifvertrag auf die Dauer von drei Jahren abzuschließen und so einen Streik zu vermeiden, der aufgrund des niedrigen Organisationsgrades der Glasarbeiterschaft[129], der gefüllten Lager der Unternehmer und der ungünstigen Witterungsverhältnisse (im Jahr 1911 standen wegen Wassermangels fast sämtliche oberpfälzischen Spiegelglasschleifen annähernd fünf Monate still)[130] nur mit einer Niederlage der Schleifer und Polierer hätte enden können. Im neuen Tarifvertrag war zwar keine der acht Forderungen des Glasarbeiterverbandes erfüllt worden, er brachte den Arbeitern aber eine Lohnaufbesserung und die Einführung der Sonntagsruhe (von Samstag abends 6 Uhr bis Montag früh 6 Uhr)[131].

Nach dem mit Verbesserungen für die Glasschleifer und -polierer verbundenen Tarifabschluß im Frühjahr 1911 erlebte der Glasarbeiterverband aber keinen Mitgliederzustrom (wie es zu erwarten gewesen wäre), sondern das Gros der Mitglieder verließ den Verband wieder, und die in der Organisation Verbliebenen verhielten sich weiterhin passiv gegenüber allen Verbandsangelegenheiten[132], so daß der Tarifvertrag sehr häufig umgangen und von der Mehrzahl der oberpfälzischen Glasschleifer und -polierer schon bald wieder bis Sonntag mittag gearbeitet wurde[133]. Verantwortlich hierfür machte Gauleiter Dirscherl deren „Interesselosigkeit der Arbeiterbewegung gegenüber, wie sie in keinem anderen Industriezweig schlimmer gefunden werden kann (vorstehende Passage im Original gesperrt gedruckt, d. Verf.). Was durch schwere Arbeit der Organisation errungen, was selbst tariflich festgelegt wird, darauf verzichtet ein Teil der Kollegenschaft freiwillig. . . . Es herrscht nach wie vor der Geist der Verdummung. Der Druck des Klerikalismus lastet doppelt schwer auf dieser Menschheit. Was heute aufgebaut wird, bricht morgen zusammen. Kapital und Pfaffentum reichen sich zur Unterdrückung dieser Arbeiter gegenseitig die Hände. 'Wer Knecht ist, muß Knecht bleiben', sagte der (Regensburger, d. Verf.) Bischof Henle. Vom höchsten Geistlichen bis zum letzten Dorfkaplan, sie alle stellen sich auf die Seite der Unternehmer. Es ist deshalb notwendiger denn je, den Organisationsgedanken mit doppeltem Eifer zu verbreiten. Umsomehr schon da die christlichen Gewerkschaften, katholischen Gesellen- und Arbeitervereine sowie der Volksverein für das katholische Deutschland in jedem Winkel Sekretäre sitzen haben, die in der rücksichtslosesten Weise Zersplitterung innerhalb der Arbeiterschaft treiben. Bedauerlich ist auch die Erscheinung, daß viele Glasarbeiter statt bei uns im Fabrikarbeiter-Verband organisiert sind. Die Angestellten des genannten Verbandes kümmern sich leider nicht um die Beschlüsse der Gewerkschaftskongresse; es hat fast den Anschein, als ob sie ihre Hauptaufgabe in dem Mitgliederfang anderer Gewerkschaften erblicken. . . . Es liegt also nicht an uns, wenn nicht größere Fortschritte erzielt wurden, sondern die Verhältnisse sind stärker als wir", beklagt Gauleiter Dirscherl im Jahr 1912[134] seine mehr als zehnjährigen Agitations- und Organisierungsanstrengungen unter den Glasschleifern und -polierern der Oberpfalz, die für ihn – wegen ihrer (vermeintlichen) Vergeblichkeit und der ständig wiederkehrenden Niederlagen – zu einer geradezu traumatischen Erfahrung geworden zu sein schienen, der er von 1912 an – trotz innerverbandlicher Kritik[135] – sowohl im gewerkschaftlichen als auch im parteipolitischen Bereich aus dem Weg zu gehen trachtete.

Nur einmal noch, im Kriegsjahr 1915 – als nur 10 Prozent der Spiegelglasschleifen überhaupt noch arbeiteten[136] – äußerte sich Gauleiter Dirscherl zum „Land der Pfaffen"[137]: „Über unser Schmerzenskind, die Oberpfalz, habe ich wieder sehr viel zu klagen. Es will der Gedanke der Organisation, der Zusammengehörigkeit keine Wurzeln fassen. . . . Hier werden alle Agitationsmethoden über den Haufen geworfen. Zahlstellen gehen, Zahlstellen kommen, der leiseste Hauch wirft alles über Bord. Es ist keine Festigkeit, kein Halt vorhanden. Es fehlt die Schule, es fehlt die Presse und so liegt fast alles darnieder. Es ist nichts Lebendiges vorhanden. Verfault und veraltet sind die Betriebe, alt ihre Einrichtungen, alt ihr Arbeitsprozeß. Die Bezahlung der Arbeitskraft wird nach dem 5. oder 6. Jahrhundert berechnet. In diesem Industriezweig hat das Kapital Millionen zugenommen"[138].

Über den Organisationsverlauf, wie er sich wegen oder trotz der Gleichgültigkeit und des mangelnden Solidaritätsgefühls der Schleifer und Polierer, der dezentralisierten Betriebsstruktur und des patriarchalischen Zwischenmeistersystems entwickelte, gibt für die einzelnen Zahlstellen – soweit bekannt bzw. Zahlen vorliegen – und für den Zeitraum 1910 bis 1913 (nur für diese Jahre liegen überhaupt Vergleichswerte vor) die nachfolgende Tabelle Aufschluß[139]:

Jahr				
1910	Tirschenreuth (19 Mitglieder)	Mitterteich (58) Waldsassen (33)	Floß (15) Neustadt a.d.WN (28) Pleystein (55) Böhmischbruck (44)	keinem Kartell angeschlossen: Neunburg v.W. (120) Pfreimd (34)
				insgesamt: 406
1911	Tirschenreuth (16 Mitglieder)	Mitterteich (96) Waldsassen (30)	Floß (-) Neustadt a.d.WN (30) Pleystein (28) Böhmischbruck (14)	keinem Kartell angeschlossen: Neunburg v.W. (120) Pfreimd (34) Furth i.W. (32)
				insgesamt: 400
1912	Tirschenreuth (15 Mitglieder)	Mitterteich (60) Waldsassen (32)	Floß (-) Pleystein (16) Böhmischbruck (10)	keinem Kartell angeschlossen: Neunburg v.W. (120) Windischeschenbach (14) Neustadt a.d.WN (54) Furth i.W. (32)
				insgesamt: 353
1913	Tirschenreuth (17 Mitglieder) Weiden (10)	Mitterteich (34) Waldsassen (44)	Floß (-) Neustadt a.d.WN (34) Pleystein (30) Böhmischbruck (27)	keinem Kartell angeschlossen: Neunburg v.W. (120) Windischeschenbach (14) Furth i.W. (25) Pfreimd (20) Moosbach (30)
				insgesamt: 405

TABELLARISCHE ÜBERSICHT ÜBER DIE GLASARBEITER-VERSAMMLUNGSTÄTIGKEIT IN DER OBERPFALZ
(SOWEIT BEKANNT UND NICHT BEREITS IM TEXT ERWÄHNT)

Datum	Ort	Einberufer, Referent, Thema und Teilnehmerzahl (soweit erwähnt)	Quelle
22.10.1900	Pleystein	Spiegelglasarbeiter-Versammlung der christlichen Gewerkschaften mit Arbeitersekretär Braun aus München als Referenten, der besonders gegen die „Handvoll Fürther Glasjuden" wettert	„Vohenstraußer Anzeiger" Nr. 246 vom 28.10.1900, in: StA AM, KdI 14424
26.10.1902	Moosbach	christliche Glasarbeiter-Versammlung mit dem Referenten Lederer und den sozialdemokratischen Diskussionsrednern Dirscherl und Oed	„FT" Nr. 256 vom 1.11.1902
ca. 20.7.1904	Kaltenthal	Rauferei und Messerstecherei zwischen Glasschleifern und Polierern	StA AM, BA NAB 745, Bericht vom 23.7.1904
Anfang Februar 1905	Pfreimd	Gründung einer Ortsgruppe des Zentralverbandes christlicher Arbeiter und Arbeiterinnen der keramischen Industrie Deutschlands („Erörterung konfessioneller u. parteipolitischer Fragen bleibt ausgeschlossen")	ebd., Nr. 4846 vom 9.2.1905
26.3.1905	Ebnath	von 80 – 100 Personen (v.a. Glasarbeitern) besuchte christliche Gewerkschaftsversammlung, als Referenten sind vorgesehen Benefiziat Lederer und der Vorsitzende der keramischen Verbandes, Lechner aus Köln, da beide aber verhindert sind, fungieren der Schreiner Steinbauer aus Nürnberg und Pfarrer Hupfer von Ebnath als Ersatz-Referenten	StA AM, Reg. d.Opf. 13922, Nr. 1904 vom 27.3.1905
15.6.1905	Schwarzenfeld	zahlreich besuchte, vom Referenten Dirscherl aus Fürth einberufene Glasarbeiterversammlung mit scharfer Kapitalismus-Kritik Dirscherls, der mit der Losung: „Proletarier aller Länder, vereinigt Euch" schließt, der zweite Referent, „Glasarbeiter Weiß von Weiden", wirft den Poliermeistern „Verräterdienste" vor, „Die Versammlung ... endigte damit, daß sämtliche anwesenden Glasarbeiter ihren Anschluß an den deutschen Glasarbeiterverband erklärten"	StA AM, Reg. d.Opf. 5485, Nr. 2658 vom 17.6.1905
20.8.1905	Karolinenhütte	Glasarbeiterversammlung mit dem Referenten Dirscherl zum Thema: Wie verbessern wir unsere Lohn- und Arbeitsverhältnisse?, Dirscherl bezeichnet die in Regensburg erreichte Einigung als „Butterbrot", „Der Redner fand starken Beifall", sein Kontrahent, Pfarrer Nickl aus Kallmünz stimmt zwar in der Sache Dirscherl zu, wirbt aber für die christliche Organisation, womit er jedoch auf Ablehnung stößt	ebd., Nr. 4367 vom 26.8.1905

Datum	Ort	Einberufer, Referent, Thema und Teilnehmerzahl (soweit erwähnt)	Quelle
28.11.1905	Windischeschenbach	Gründung einer Ortsgruppe des Zentralverbandes christlicher Arbeiter und Arbeiterinnen der keramischen Industrie Deutschlands mit dem Glasmacher Wenzl Landgraf als 1. Vorsitzenden	LRA-Registratur NEW: VII, I, 3, 10, Bericht vom 28.11.1905
Anfang Dezember 1905	Nabburg	Gründung einer Zentralverbands-Ortsgruppe des Keramik-Arbeiter(-innen)-Vereins	StA AM, BA NAB 745, Bericht vom 9.12.1905
31.12.1905	Moosbach	vom christlichen Keramarbeiterverband einberufene Arbeiterversammlung mit 300 Teilnehmern („auch eine Anzahl Moosbacher Bürger" darunter) und Referaten der Bezirksleiter Salomon, Weiden, und Kempf, München, „In der Diskussion suchten die drei von Fürth gekommenen Genossen ihre Weisheit an den Mann zu bringen, schnitten aber recht kläglich ab"	„OK" Nr. 2 vom 4.1.1906
3.5.1908	Weiden	gemeinsame Konferenz des christlichen Keram- und des sozialdemokratischen Glasarbeiterverbandes, bei der Bezirksleiter Salomon über die Arbeitszeit und Gauleiter Dirscherl über den Lohn der Schleifarbeiter referiert	„OK" Nr. 103 vom 6.5.1908
24.6.1908	Traidendorf (Gasthaus Ott)	christliche Glasarbeiter-Streikversammlung mit dem Referenten Bezirksleiter Salomon aus Weiden, zum 1.Juli solle auf allen Werken die Arbeit eingestellt werden, „Versammlung (nahm) einen lebhaften Verlauf u. (endete) schließlich mit einer Ruhestörung"	StA AM, Reg. d.Opf. 5451, Nr. 366 vom 25.6.1908
ca. 25.11.1908	Neustadt a.d.WN	sehr gut besuchte Glasarbeiterversammlung, nach einem Referat Dirscherls und heftigen Auseinandersetzungen mit Vertretern des Volksvereins für das katholische Deutschland werden 24 Neuaufnahmen in den Glasarbeiterverband gemacht	„FT" Nr. 278 vom 26.11.1908
1.5.1909	Pfreimd	ruhig verlaufene Maifeier des Glasarbeiterverbandes mit auswärtigen Gästen	StA AM, BA NAB 745, Berichte vom 1. und 8.5.1909
1.8.1909	Rothenstadt	sehr gut besuchte Gewerkschaftsversammlung mit den Referenten Gauleiter Dirscherl, Fürth, und Arbeitersekretär Weiß, Weiden, zum fehlgeschlagenen Glasmacherstreik, die Referenten „wiesen nach, daß die Leiter des Christlichen Keramarbeiterverbandes durch ihre Unfähigkeit den traurigen Ausgang dieses Kapitels verschuldeten. Die Versammelten stimmten mit Einschluß der Christlichen den Referenten zu"	„FT" Nr. 179 vom 4.8.1909

Datum	Ort	Einberufer, Referent, Thema und Teilnehmerzahl (soweit erwähnt)	Quelle
28.3.1910	Pfreimd	Glasarbeiter-Versammlung mit dem Referenten Kiesl aus Fürth zum Thema: Kann die wirtschaftliche Lage der Rohglasarbeiter verbessert werden?	„FT" Nr. 76 vom 2.4.1910
ca. 10.4.1910	Pfreimd	Versammlung und Gründung einer Zahlstelle – mit 16 Mitgliedern – des Zentralverbandes der Glasarbeiter	„FT" Nr. 85 vom 13.4.1910
29.4.1910	Berching	Gründung einer Zahlstelle des christlichen Verbandes der Keram- und Steinarbeiter (als Konkurrenz zur sozialdemokratischen Zahlstelle)	„FT" Nr. 105 vom 7.5.1910
12.3.1911	Weiden (Restauration) „Zur Sonne"	sehr stark beschickte sozialdemokratische Glasarbeiter-Konferenz billigt (bei nur zwei Gegenstimmen) – nach einem Referat des Gauleiters Dirscherl – den Vermittlungsvorschlag des Regierungsvertreters im Tarifkampf	„FT" Nr. 63 vom 15.3.1911
23.7.1911	Neustadt a.d.WN	gut besuchte Glasarbeiterversammlung mit den Referenten Gauleiter Dirscherl, Fürth (Thema: Die „tieftraurigen Zustände der Neustädter Glasarbeiter") und Wußmann, Weißwasser (zu den Aussperrungskämpfen in Schlesien) sowie Römisch, Pirkmühle, und dem Neustädter Vertrauensmann Schick	„FT" Nr. 173 vom 27.7.1911
8.4.1912	Mitterteich („Bayerischer Hof")	gut besuchte Glasarbeiterversammlung mit einem Referat von Gauleiter Dirscherl (zum Thema: Die Lohnverhältnisse der Arbeiter der Tafelglasbranche) und Beiträgen von Arbeitersekretär Weiß, Marktredwitz, und Sommer, Mitterteich; für den 21. August solle eine nordbayerische Tafelglasmacher-Konferenz nach Weiden einberufen werden	„FV" Nr. 86 vom 12.4.1912
14.4.1912	Windischeschenbach	Fabrikarbeiterversammlung mit einem Referat von Koch aus Fürth zum Thema: Die deutsche Arbeiterbewegung und die Pflichten der Arbeiter allerorts; Weiß, Marktredwitz, kritisiert „die Lässigkeit und Interessenlosigkeit eines Teiles der Glasarbeiter", wo diese doch – aufgrund ihrer Arbeitsbedingungen – " nur die Hälfte des Lebensalters anderer Menschen haben"; Gründung eines Konsumvereins wird vorbereitet	„FV" Nr. 89 vom 16.4.1912
10. und 11.8.1912	Mitterteich („Bayerischer Hof")	zwei überfüllte Glasarbeiter-Versammlungen mit den Referenten Gauleiter Dirscherl und Arbeitersekretär Weiß zum Streik im Werk Mitterteich der Firma Kupfer	„FV" Nr. 188 vom 13.8.1912
30.3.1913	Weiden (Restauration „Zur Sonne")	sehr gut besuchte Glasarbeiterversammlung mit einem Referat von Gauleiter Dirscherl über die „mißlichen Verhältnisse in den verschiedenen Schleif- und Polierwerken"	„FV" Nr. 77 vom 3.4.1913

Datum	Ort	Einberufer, Referent, Thema und Teilnehmerzahl (soweit erwähnt)	Quelle
22.3.1914	Kröblitz (Hoffmann-Brauerei)	gut besuchte sozialdemokratische Versammlung der Glasarbeiter aus den Schleifwerken im Murntal mit dem Referenten Gewerkschaftssekretär Baptist Kiesl aus Fürth; 16 Mann erklären ihren Beitritt zum Verband	„FT" Nr. 72 vom 26.3.1914

FUSSNOTEN: c) LAGE UND ORGANISIERUNG DER GLASARBEITER

1) So vor allem durch Philipp BERLINS – bereits mehrmals zitierte - brillante Dissertation: Die bayerische Spiegelglasindustrie, Berlin 1910 (Philipp Berlin war Sohn eines Fürther Spiegelmillionärs, dem u.a. die Spiegelglasschleife in Traidendorf, Amtsbezirk Burglengenfeld – mit 50 Beschäftigten die zweitgrößte in der Oberpfalz überhaupt – gehörte); dann die Studie des späteren bayerischen Zentralgewerbearztes Franz KOELSCH: Die soziale und hygienische Lage der Spiegelglas- Schleifer und -Polierer, in: Soziale Medizin und Hygiene, 1908, Bd. III, S. 400 – 408, 483 – 495 und 536 – 545 sowie die Sondererhebungen zur oberpfälzischen Glasindustrie in den FIBen 1905, S. 67 – 87 und 1906, S. 23 – 25.

2) So sinngemäß auch noch im Jahr 1908 die vergleichende Beurteilung der oberpfälzischen Glasindustrie in den Rechenschaftsbericht des sozialdemokratischen Glasarbeiter-Zentralverbandes (ZBG, P II 770 – 1907/08, S. 13).

3) Vgl. hierzu auch die Lohnangaben in der Tabelle I im Anhang und die Glasarbeiter-Haushaltsrechnungen im Kapitel „Löhne und Preise, Lebensstandard", S. 56 f.

4) Vgl. Kapitel „Arbeitszeit". S. 50 f.

5) So ruhten im Zeitraum 1883 bis 1898 die Werke der organisierten Glaswerksbesitzer 3 1/4 Jahre völlig; in den Jahren 1895 bis 1898 standen die Werke zeitweilig sogar 20 bis 32 Wochen still (Quelle: BERLIN, a.a.O., S. 132).

6) Vgl. die Kapitel „Fabrikwohnungsbau" und „Gesundheitswesen".

7) Zum – technisch überholten – Produktionsprozeß bei der Spiegelglasherstellung vgl. BERLIN, a.a.O., S. 11 – 21; FIB 1905, S. 67 und Augsburg-Ausstellungskatalog, Bd. 1, S. 98 f.

8) Quelle: BERLIN, a.a.O., S. 41.

9) Quelle: FIB 1905, S. 67.

10) Vgl. BERLIN, a.a.O., S. 72 – 81; FIB 1890, S. 45 f. und Ergebnisse einer Erhebung über die . . . zum Besten der Arbeiter ..., S. 12.

11) StA AM, KdI 14424, Bericht Nr. 21280 vom 31.10.1900.

12) Vgl. hierzu BLAU, Josef: Die Glasmacher im Böhmer- und Bayerwald, Kallmünz 1956, mit einem Porträt der Glasmacher- Dynastie Frank-Nachtmann (auf den S. 55 und 166); zu den Glasmacher-Arbeitsverhältnissen BERLIN, a.a.O., S. 61 – 70 und als interessantes autobiographisches Dokument eines Gewerkschaftspioniers die „Lebenserinnerungen des Glasmachers Germanus Theiss". Hrsg. u. erg. v. Konrad THEISS, Stuttgart 1978 (Reprint).

13) Zitiert nach FRÖHLICH, Paulinus: Weiding bei Schönsee. Beiträge zur Geschichte des Ortes, o.O. u. J., S. 65.

14) So z.B. Mitte 1911 die Klagen über die Glasarbeiter in Neustadt a.d.WN, die zu fünft auf der Straße nebeneinander gingen und – angeblich – friedliche Bürger anrempelten, Waffen trügen und diese bei Raufhändeln auch einsetzten, die Schutzleute aber - aus Schwäche – nicht dagegen einschreiten wagten, woraufhin die bezirksamtliche Anweisung – bei Androhung der Entlassung – erhielten, künftig alle Glasarbeiter einer Leibesvisitation zu unterziehen und deren Nebeneinanderherspazieren auf den Straßen nicht länger mehr zu dulden (vgl. LRA-Registratur NEW, VII, I, 1, 7a).

15) Vgl. „FV" Nr. 134 vom 11.6.1912.

16) Nr. 256 vom 1.11.1902.

17) So z.B. in ZBG, P II 771 – 1903, S. 40.

18) Vgl. StA AM, Reg. d. Opf. 13751, Bericht Nr. 520 vom 17.3.1873.

19) Vgl. ebd., Bericht vom 21.4.1873 und BHS I, MInn 30981/24, Bericht Nr. 714 vom 21.4.1873.

20) Vgl. StA AM, Reg. d. Opf. 13751, Bericht Nr. 921 vom 26.5.1873.

21) Vgl. StA AM, KdI 14424, Protokoll vom 24.11.1873.

22) Vgl. ebd., Bericht Nr. 10291 des Waldmünchener Bezirksamtmanns vom 30.4.1880.

23) Vgl. StA AM, Reg. d. Opf. 14202, Berichte vom 16.3. und 26.4.1880 und StA AM, KdI 14424, Bericht Nr. 1750 des Vohenstraußer Bezirksamtmanns vom 26.4.1880.

24) Vgl. BHS I, MInn 38977, Berichte Nr. 7366 vom 3.5. und Nr. 7738 vom 10.5.1880.

25) Vgl. StA AM, KdI 14424, Berichte vom 26., 29., 30.4. und 1.7.1880.

26) Vgl. StA AM, Reg. d. Opf. 5226, Protokoll der Fabrikinspektoren-Jahreskonferenz vom 9./10.11.1903, S. 44 und „AVZ" vom 18.4.1890.

27) Ein Namensverzeichnis (mit Wohnort und Geburtsdatum) dieser 49 Mitglieder sowie des Vereinsstatuts finden sich in der Akte StA AM, Bezirksamt Neunburg v.W. (abgekürzt BA NEN) 1259 („Verhältnisse der Glasarbeiter im Bezirke 1889 – 1900").

28) Vgl. StA AM, Reg. d. Opf. 13932, Bericht Nr. 328 vom 15.7.1889.

29) Vgl. ebd., Bericht des Fabrikinspektors vom 12.8.1889.

30) Vgl. ebd., Bericht vom 19.8.1889 und BA NEN 1259 (darin enthalten auch ein Namensverzeichnis – mit Wohnort, Funktion und Geburtsdatum – der 50 Fachvereins-Mitglieder); die vom oberpfälzischen Fabrikinspektor Dyck in seinem Schreiben vom 22.2.1894 (StA AM, KdI 14424) genannte Anzahl von 150 Gründungsmitgliedern trifft – wie sich aus Dycks Angaben ergibt – nicht zu; angesichts der miserablen sanitären Verhältnissen auf den drei Murntalschleifen, wo um 1890 für die rund 150 Bewohner noch nicht einmal ein eigener Trinkwasserbrunnen vorhanden war, vgl. StA AM, BA NEN 1272, Bericht vom 5.3.1891.

31) Vgl. StA AM, Reg. d. Opf. 13932, Bericht Nr. 646 vom 29.12.1889.

32) Vgl. StA AM, BA NEN 1259, Bericht Nr. 3137 vom 16.8.1889.

33) StA AM, KdI 14424, Bericht Nr. 1859 vom 12.5.1890.

34) Vgl. StA AM, BA NEN 1259, Bericht vom 20.8.1889.

35) Ebd., Bericht Nr. 1627 vom 31.8.1890.

36) Vgl. ebd.

37) Vgl. ebd.

38) Vgl. Nr. 13 vom 14.2.1891, in: ebd.

39) Ebd.

40) Ebd., Schreiben Nr. 4358 vom 13.10.1890.

41) Ebd., Bericht vom 19.4.1891.

42) Zur (Vor-)Geschichte dieses Verbandes als immer noch einzige Darstellung HORN, Georg: Die Geschichte der Glasindustrie und ihrer Arbeiter, Stuttgart 1903, insbesondere die S. 226 – 231 und 248 – 251.

43) Vgl. ebd., S. 248 f.

44) Vgl. StA AM, BA NEN 1259, Bericht vom 19.4.1891.

45) Vgl. ebd., Protokoll des II. allgem. deutschen Glasarbeiter-Congresses zu Bergedorf bei Hamburg am 3., 4., 5. und 6. August 1890, S. 7 – 9.

46) Vgl. ebd., S. 28 – 33.

47) Vgl. ebd., S. 38 f.

48) Vgl. StA AM, BA NEN 1259, Nr. 1344 vom 11.5.1892.

49) Vgl. ebd.

50) Vgl. ebd.

51) Vgl. FIB 1892, S. 93.

52) Vgl. StA AM, KdI 14424, Bericht des Fabrikinspektors Dyck vom 22.2.1894.

53) Vgl. ebd. und Bericht vom 15.2.1894.

54) Vgl. ebd., Bericht vom 22.2.1894.

55) Ebd.

56) Ebd.

57) Vgl. ebd.

58) Ebd., Bericht Nr. 16144 des Fabrikinspektors vom 29.9.1893.

59) Vgl. StA AM, Reg. d. Opf. 9194/2, Nr. 8960 vom 30.5.1893.

60) Vgl. StA AM, KdI 14424, Bericht Nr. 109 des Fabrikinspektors vom 3.5.1893.

61) Der auf der Klarahütte bei Windischeschenbach bestehende Glasmacher-Geselligkeitsverein „Frohsinn" trat nur einmal – unangenehm – in Erscheinung, als er Ende 1893 aus Anlaß einer Beerdigung „ohne polizeiliche Erlaubnis einen öffentlichen Aufzug unter Vorantritt von Musik durch die Ortsgassen veranstaltet(e)" (StA AM, Reg. d. Opf. 13748, Bericht Nr. 11 vom 7.1.1894).

62) Vgl. StA AM, Reg. d. Opf. 9194/2, Versammlungsbericht Nr. 2923 vom 10.5.1893 und FIB 1893, S. 99.

63) Vgl. StA AM, Reg. d. Opf. 9194/2, Versammlungsbericht Nr. 1022 vom 17.2.1894.

64) Vgl. ebd., Versammlungsbericht Nr. 2357 vom 19.4.1894 und StA AM, KdI 14424, Bericht Nr. 165 des Fabrikinspektors vom 23.4.1894.

65) Nur von der Glashütte Frankenreuth (Bezirksamt Vohenstrauß) ist überliefert, daß dort die Arbeiter am 10. Mai – nach einer Woche Streik also – die Arbeit wieder aufnahmen (vgl. StA AM, Reg. d. Opf. 9194/2, Bericht Nr. 2454 vom 25. 5. 1894).

66) Quelle: FIB 1896, S. 198.

67) Quelle: WITTMANN, a.a.O., S. 135.

68) A.a.O., S. 248.

69) A.a.O., S. 103 und 105.

70) Vgl. DENK, a.a.O., S. 260 – 262; SCHNEIDER, Christliche Gewerkschaften, S. 105 und FIB 1899, S. 197.

71) Geb. 27. 11. 1867 in Burgschleif. Glasarbeiter. Seit 1. 7. 1905 Gauleiter des Glasarbeiterverbandes (vgl. Vorstand des Vereins Arbeiterpresse, Hrsg.: Handbuch, 3. Jg., Berlin 1914, S. 374).

72) Vgl. FIB 1899, S. 197 und STA AM, BA Stadtamhof 72, Bericht vom 23. 9. 1899.

73) Vgl. ebd., BA Stadtamhof 2272, Streiknachweis Nr. 14202 sowie FIBe 1900, S. 234 f. und 1901, S. 236 f.

74) Vgl. StA AM, BA Stadtamhof 2272, Berichte vom 2. und 14. 2. 1902.

75) Vgl. FIB 1901, S. 236 f. und ZBG, P II 770 – 1901–03, S. 13.

76) Vgl. StA AM, BA Stadtamhof 2272, Streiknachweis und Reg. d. Opf. 5485, Bericht Nr. 4077 vom 5. 7. 1902.

77) Vgl. die „Präsenz-Listen" in ZGB, P II 771 – 1901 ff., in denen 1901 Joseph Römisch für Winklarn und 1903 Johann Gleixner für Obermurntal verzeichnet ist.

78) Quelle: WITTMANN, a.a.O., S. 135.

79) ZBG, P II 771 – 1903, S. 26.

80) Vgl. die Tabelle am Ende des Kapitels.

81) Vgl. ZBG, P II 770 – 1905/06, S. 24.

82) Vgl. StA AM, Reg. d. Opf. 13754, Berichte Nr. 234 vom 26.3. und Nr. 259 vom 2.4.1905; hierzu auch das Schreiben v. Podewils' (StA AM, Reg. d. Opf. 13922, Nr. 7582 vom 5.4.1905), in dem er dem oberpfälzischen Regierungspräsidenten für die erfolgreichen Vermittlungsbemühungen dankt, ihm aber zugleich aufträgt, „auf den Benefiziaten (Lederer, d. Verf.) ein wachsames Auge zu haben; sollte er zu weiteren Klagen Anlass geben, so bitte ich, mir hiervon Kenntnis zu geben." Anfang Juni beschwerte sich dann der Regierungspräsident zunächst bei Bischof v. Senestrey, dann bei v. Podewils über Lederer, der mit seiner lautstarken „sozialdemokratische(n) Brandrede" die Weidener Ausgleichsbemühungen vom 30. März beinahe zum Scheitern gebracht hätte (vgl. ebd.,Nr. 433 vom 6.6.1905). Offensichtlich war also Lederer mit der Argumentation in seinem Vermittlungsgesuch vom 28.3.1905 (ebd.) auf wenig Glauben beim Regierungspräsidenten gestoßen: „Glücken aber die Bemühungen, dann werden wir Sorge tragen zu konstatieren, der Staat ist kein Klassenstaat. Für alle sorgt er. Hier war sein Eintreten für die Armen u. Unterdrückten eklatant. Der glückliche Abschluß unserer Differenzen wird zum Sieg unserer Gesellschaftsordnung, zum Triumph der vom Umsturz bekämpften Staatsautorität."

83) Vgl. StA AM, Bezirksamt Vohenstrauß (abgekürzt BA VOH) 1166, Nr. 368 vom 10.5.1905; BHS I, MArb 303, Streiknachweise vom 6. und 10.6.1905 und FIB 1905, S. 310 f.

84) Vgl. BERLIN, a.a.O., S. 117 f. und 134 f. und StA AM, Reg. d. Opf. 13754, Bericht Nr. 395 vom 21.5.1905.

85) Vgl. FIB 1905, S. 99.

86) Vgl. ZBG, P II 770 – 1905/06, S. 3.

87) Vgl. „FT" Nr. 201 vom 29.8.1906.

88) ZBG, P II 770 – 1906/07, S. 6: „Regulativ für die Gauleiter".

89) ZBG, P II 771 – 1909, S. 116.

90) Vgl. ZBG, P II 770 – 1906/07, S. 3 und P II 770 – 1905/06, S. 24.

91) Quelle: WITTMANN, a.a.O., S. 135.

92) ZBG, P II 770 – 1906/07, S. 2.

93) Vgl. BERLIN, a.a.O., S. 118.

94) ZBG, P II 770 – 1907/08, S. 13.

95) Vgl. ebd., S. 147.

96) Ebd., S. 13.

97) Quelle: ebd., S. 11.

98) Vgl. FIB 1908, S. 312 f.

99) Vgl. ebd., S. 98 und 312 f.; BERLIN, a.a.O., S. 118 und 136 f. und StA AM, Reg. d. Opf. 5451, Nr. 4974 vom 30.9.1908.

100) Vgl. FIB 1906, S. 95 und BERLIN, a.a.O., S. 116 f.

101) Vgl. StA AM, Reg. d. Opf. 5485, Nr. 1297 vom 24.7.1907.

102) A.a.O., S. 117.

103) Vgl. IHK-Bericht 1909, S. 45 f. und FIB 1909, S. XII, 118 und 332 f.

104) Vgl. die einzelnen Bezirksamts-Berichte und Streiknachweise in StA AM, Reg. d. Opf. 5451 sowie ZBG, P II 770 – 1909, S. 36. und P II 771 – 1909, S. 40.

105) Vgl. StA AM, Reg. d. Opf. 5451, Nr. 20722 vom 22.7.1909 und DGB, AKP 831, Geschäftsbericht 1909.

106) Vgl. ebd. und „FT" Nr. 157 vom 9.7.1909.

107) StA AM, Reg. d. Opf. 5451, Nr. 2292 vom 26.11.1909.

108) Vgl. „FT" Nr. 278 vom 26.11.1908.
109) Vgl. ZBG, P II 770 – 1909, S. 68.
110) Vgl. StA AM, Reg. d. Opf. 5451, Nr. 8762 vom 18.11.1909.
111) Vgl. ebd. und Streiknachweis Nr. 34655 vom 1.12.1909 sowie FIB 1909, S. 332 f.
112) Vgl. hierzu etwa „FT" Nr. 173 vom 27.7.1911.
113) Quelle: DGB, AKP 831, Geschäftsberichte 1910 ff.
114) ZBG, P II 770 – 1911, S. 71.
115) Vgl. „FT" Nr. 86 vom 12.4.1912.
116) Der Marktredwitzer Arbeitersekretär Weiß gibt die Zahl der 1911 in Mitterteich organisierten Glasmacher mit 96 an (DGB, AKP 831, Geschäftsbericht 1911), der Fürther Gauleiter Dirscherl dagegen – sicher zu hoch gegriffen – mit 120 (ZBG, P II 770 – 1911, S. 71).
117) Vgl. ZBG, P II 770 – 1912, S. 23.
118) Vgl. „FV" Nr. 188 vom 13.8.1912 und StA AM, Reg. d. Opf. 13755, Berichte vom 25.8. und 1.9.1912.
119) Vgl. ebd.
120) Vgl. „FV" Nr. 244 vom 17.10.1912, wo die Namen der Streikbrecher aufgelistet sind.
121) Vgl. ebd.
122) Vgl. DGB, AKP 831, Geschäftsbericht 1912.
123) Vgl. ZBG, P II 770 – 1909, S. 61 und 63.
124) Ebd., S. 62.
125) Dieses Referat ist vollständig abgedruckt im Konferenzprotokoll (ZBG, P II 773) und auszugsweise wiedergegeben in der „FT" Nr. 62 vom 15.3.1910.
126) Vgl. ebd. und ZBG, P II 770 – 1909, S. 63 f.
127) Vgl. „RA" Nr. 495 vom 4.10.1910, in: StA AM, Reg. d. Opf. 5451.
128) Vgl. ebd., Nr. 35332 vom 2.12.1910.
129) Vgl. ZBG, P II 770 – 1909/10, S. 6 f.
130) Vgl. DGB, AKP 831, Geschäftsbericht 1911.
131) Vgl. FIB 1911, S. 102 und „FT" Nr. 120 vom 24.5.1911; ebenfalls im Frühjahr 1911 war auf der Reichskonferenz der Glasschleifer im Ilmenau jedoch bereits die Einführung des 8- stündigen Arbeitstages gefordert worden (vgl. „FT" Nr. 123 vom 29.5.1911).
132) Vgl. ZBG, P II 770 – 1911, S. 65 und -1912, S. 44.
133) Vgl. ebd.
134) Ebd., S. 104 und 14 und – 1911, S. 72.
135) Vgl. ebd., S. 104.
136) Vgl. DGB, AKP 831, Geschäftsbericht 1914.
137) Wie Dirscherl die Oberpfalz gerne apostrophierte (so z.B. in ZBG, P II 771 – 1903, S. 40).
138) ZBG, P II 770 – 1915, S. 32 f.
139) Quelle: DGB, AKP 831, Geschäftsberichte 1910 ff.; Legende: unterstrichener Ortsname = Kartellbezirk.

d) LAGE UND ORGANISIERUNG DER BAUARBEITER[1]

Im Erhebungsjahr 1861 wurden in der Oberpfalz insgesamt 3.067 in der Baubranche Beschäftigte gezählt[2]: wegen des saisonalen Charakters des Baugewerbes, der zumindest während der Wintermonate noch zur Tätigkeit in einem anderen Gewerbe (in der Landwirtschaft, in Brauereien, bei Holz- und Erdarbeiten usw.) zwang, und wegen der dadurch unvermeidlichen Doppel- und Dreifachzählungen ist diese Zahl aber weitaus zu hoch gegriffen. Bei einer zweiten Zählung im Jahr 1900 wurden vom Fabrikinspektor für das oberpfälzische Baugewerbe 1.886 Beschäftigte (darunter 82 Italiener und 41 Böhmen) ermittelt; von diesen arbeiteten 775 als Maurer und 1.111 als Taglöhner, Stein- und Mörtelträger (178 davon waren Frauen). Behördlich registriert waren im selben Jahr 1900 in der Oberpfalz aber nur 176 Maurerbetriebe mit insgesamt 537 Arbeitern (134 Betriebe beschäftigten weniger als 5, 42 Betriebe mehr als 5 Arbeiter), was auf die kleinbetriebliche Struktur, den relativ kleinen Beschäftigtenstamm und die ganz außerordentliche saisonale Fluktuation in diesem Gewerbe verweist[3].

Noch während der Reaktionsära der 1850er Jahre hatten, wie bereits ausführlich dargestellt[4], in Regensburg 1855 die Maurer und 1857 die Zimmerer Krankenunterstützungskassen gegründet, die offenbar Vorläuferinnen des im Mai 1872 dort geschaffenen Fachvereins der Maurer und Zimmerer waren[5], dessen 80 Mitglieder wiederum auch bereits beim sozialdemokratischen Gewerkschaftskongreß vom Juni 1872 in Erfurt vertreten waren[6]. Im Dezember desselben Jahres wurde der Fachverein in eine Mitgliedschaft der Internationalen Gewerksgenossenschaft der Maurer und Zimmerer umgewandelt[7], die mit dem Sozialdemokratischen Arbeiterverein in Regensburg personell eng verflochten blieb[8].

Am 10. Oktober 1873 stellten in Regensburg erstmals 60 beim Bahnhofsbau beschäftigte Maurer aus Solidarität mit einem ungerecht sich behandelt fühlenden Kollegen für einen Tag die Arbeit ein, was von der Unternehmerseite mit einer einwöchigen Aussperrung beantwortet wurde[9]. In den darauffolgenden Jahren scheinen aber die Aktivitäten der Regensburger Mitgliedschaft erlahmt zu sein (bis auf ein – allerdings vor dem Sozialdemokratischen Arbeiterverein gehaltenes – Referat des Maurers Carl Trillhose aus Hamburg am 21.2.1878 über die Notwendigkeit einer Bauarbeiterhaftpflichtversicherung)[10]; bei Erlaß des Sozialistengesetzes im Herbst 1878 gehörten ihr nur noch 29 Maurer und Zimmerer an[11].

Bereits am 1. Juli 1872 war der „Arbeiter-Verein der Steinhauer zu Flossenbürg", die vor 1878 einzige selbstverwaltete (Unfall-)Hilfskasse der Oberpfalz außerhalb Regensburgs, mit 25 Mitgliedern gegründet worden[12]. 1884, also während des Sozialistengesetzes, wurde in Regensburg ein Fachverein der Steinmetzgehilfen geschaffen[13], der auch bereits durch Delegierte bei den beiden konstituierenden Kongressen des „Verbandes der Steinmetzen Deutschlands" (vom 6. bis 8. Juli 1884 in Halle und vom 25. bis 27. April 1886 in Köln) vertreten war[14]; irgendwelche weiteren Aktivitäten entwickelte dieser Fachverein aber nicht und löste sich vermutlich auch schon bald wieder auf.

Erst um die Jahrhundertwende gelang dann in der Oberpfalz ein Neubeginn in der Stein- und Bauarbeiter-Organisierung, konnten doch Zahlstellen des Steinarbeiterverbandes 1899 in Blauberg[15], Floß[16], Neusorg[17] und 1900 in Nabburg[18] sowie im Februar 1900 – auch und vor allem – eine Zahlstelle des Zentralverbandes der Maurer Deutschlands in Regensburg[19] errichtet werden; auf Unternehmerseite wurde im März 1900 der „Verband der Arbeitgeber des Bau-Gewerbes für Regensburg und Umgebung"[20] gegründet. Beide Tarifparteien hatten sich organisatorisch also bereits formiert, als am 11. Juni 1900 – im Zeichen einer lebhaften Baukonjunktur – der erste und zugleich größte Streik im überaus streikfreudigen oberpfälzischen Baugewerbe begann. Vorausgegangen war dem eine bereits länger währende heftige Agitation durch den Regensburger Maurer Mathias Süß und den Berliner Zentralverbandssekretär Hermann Silberschmidt[21], der allwöchentlich nach Regensburg gekommen war, um den Organisationsgrad der Regensburger Maurer und damit deren Erfolgsaussichten für den unvermeidlich scheinenden Kampf um eine Verbesserung der Lohnverhältnisse zu erhöhen.

Von den im Juni 1900 insgesamt 515 Mitgliedern der Regensburger Bauhandwerker-Ortskrankenkasse waren angeblich 400 sozialdemokratisch organisiert[22]; an dem vom 11. bis 28. Juni 1900 dauernden Streik beteiligten sich aber nur etwa 240 Maurer (die rund 550 in Regensburg beschäftigten Bauhilfsarbeiter wurden nicht ins Streikgeschehen mit einbezogen), von denen wiederum 100 bereits nach einer Woche Regensburg verließen, um die Streikkasse zu entlasten[23]. Trotz dieser erheblich abgebröckelten Streikfront und trotz Einschüchterungsmaßnahmen sowohl von seiten des Regensburger Magistrats (Bereitstellen-Lassen von Militär; Polizeipatrouillen)[24] als auch des neugegründeten „Arbeitgeberverbandes für das Baugewerbe in Regensburg und Umgebung" (ultimative Aufforderung zur Arbeitswiederaufnahme bei gleichzeitiger Androhung der Entlassung; Herbeischaffen von Streikbrechern)[25] konnten die Streikenden mit Hilfe ihres Verhandlungsführers Silberschmidt aber – aufgrund der günstigen Baukonjunktur – ihre Lohn- und Arbeitszeitforderungen weitgehend durchsetzen (so wurden z. B. ein Mindestlohn von 35 Pfennig für die Stunde sowie Nacht- und Sonntagszuschläge erreicht)[26].

Nach der erfolgreichen Beendigung des Streiks verließ aber die Mehrzahl der Mitglieder wieder die Organisation, so daß die Regensburger Maurer-Zahlstelle 1902 nur noch 90[27] und 1903 sogar nur mehr 35[28] Verbandsangehörige zählte. Wie auch in allen anderen nordbayerischen Städten waren in Regensburg während der Bauflaute im ersten Jahrfünft unseres Jahrhunderts die Maurer- Verbandsaktivitäten nahezu völlig eingeschlafen[29]; lediglich in Weiden war die Entwicklung gegenläufig, konnte dort doch im Juni 1902 eine Maurer-Zahlstelle mit 38 Mitgliedern gegründet werden, die als Zweigverein dem Bezirk Mittelfranken des deutschen Maurer-Verbandes angeschlossen war[30].

Eine Frage von ganz besonderer Bedeutung war im Baugewerbe die Unfallverhütung, waren – oft schwere – Unfälle doch an der Tagesordnung. So nahmen in Regensburg im Jahr 1900 allein drei Unglücksfälle einen tödlichen Ausgang; in einer „Enquête über den Bauarbeiterschutz in Bayern"[31] wurden als Ursachen für die weit überdurchschnittlich Unfallhäufigkeit im Regensburger Baugewerbe „schlechte Rüstungen und Geräte . . . die Antreiberei der Poliere und Unternehmer" sowie Vertuschungsversuche der städtischen Baupolizei genannt. Ende 1900 wurde deshalb auch in Regensburg durch die baugewerblichen Branchen der Maurer und Flaschner eine gewerkschaftliche Bauarbeiterschutzkommission gegründet, die im darauffolgenden Jahr außer einer vereinsinternen Sitzung und einer Versammlung zum Thema Bauarbeiterschutz aber keinerlei Aktivitäten entfaltete[32]. So wurden in der Oberpfalz noch im Jahr 1904 bei 19 Inspektionen hinsichtlich des Arbeiterschutzes auf Bauten insgesamt 40 Verstöße gegen die oberpolizeilichen Vorschriften (vor allem auf dem flachen Lande) festgestellt, von denen aber nur ein einziger geahndet wurde[33].

Der fehlende bzw. mangelhafte Bauarbeiterschutz in Bayern und die von 1901 an – trotz der Einsetzung staatlicher Bauaufseher in diesem Jahr – wieder stark gestiegenen Unfallziffern im Baugewerbe waren auch eines der Hauptthemen der 3. Konferenz der bayerischen Gewerkschaftskartelle in Nürnberg 1906, wo eine vom Vorsitzenden der bayerischen Bauarbeiterschutzkommission, Johann Merkel aus Nürnberg[34], vorgeschlagene einschlägige Resolution einstimmig verabschiedet wurde[35]; irgendwelche eigenständigen gewerkschaftlichen Initiativen zur Verbesserung des Bauarbeiterschutzes kamen in der Oberpfalz bis zum Ende des Untersuchungszeitraumes (bis 1919) aber nicht mehr zustande. Ohne jede gewerkschaftliche Einwirkung war auch im Oktober 1913 in Amberg die Arbeitsniederlegung von 310 Maurern und Handlangern zustandegekommen, die damit eine vorschriftsmäßige Herstellung bzw. Ausbesserung der Baugerüste hatten durchsetzen wollen; nach vier Tagen hatten sie aber, ohne etwas erreicht zu haben, aufgrund eines gegenteiligen Gutachtens der Baugewerksberufsgenossenschaft ihren Streik wieder abbrechen müssen[36].

Die selbst von den bayerischen Gewerberäten beklagte lasche Revisionstätigkeit der Baugewerksberufsgenossenschaften, vor allem auf dem flachen Lande[37], war sicherlich einer der Hauptgründe für die nahezu unvermindert hohen bayerischen Bauunfallziffern im hier zu untersuchenden Zeitraum, auch wenn Zentralinspektor Dyck wegen Bayerns jeweils höchsten Unfallziffern in einer ganzen Reihe von Berufen[38] hierfür die Eigenart des bayerischen Arbeiters verantwortlich machte. So sei „beim Süddeutschen ein geringeres Maß von Vorsicht und ein erhöhtes Sichgehenlassen bei der Arbeit, eine gewisse Schwerfälligkeit und die Neigung zum Ueberschätzen der eigenen Körperkraft nicht zu verkennen. . . . Hiezu kommt der übermäßige Alkohol-, namentlich Biergenuß, der auch während der Arbeitszeit nicht eingestellt wird und schwer zu bekämpfen ist"[39].

Mit dem Wiedereinsetzen einer günstigen Baukonjunktur im Jahr 1905 nahm auch die Bau- und Steinarbeiter-Organisierung in der Oberpfalz – wie auch in Bayern und im Deutschen Reich überhaupt[40] - einen ganz außerordentlichen Aufschwung, der bis etwa zur großen Bauarbeiter-Aussperrung im Frühjahr 1910 anhielt[41]. In keinem anderen Gewerbe der Oberpfalz wurde derart häufig gestreikt wie bei den Bau- und Steinarbeitern (begünstigt wohl auch durch die Ausweichmöglichkeiten in Nebenerwerbstätigkeiten oder verwandte Berufe)[42]; gerade während der Boomjahre 1905/06 konnten durch eine Reihe erfolgreich durchgeführter Streiks spürbare Verbesserungen in den Lohn- und Arbeitsbedingungen – auch - der oberpfälzischen Bauarbeiterschaft[43] erzielt werden, was wohl einer der Hauptgründe war für die enorme Mitgliederzunahme der freigewerkschaftlichen Maurer-, Bauhilfsarbeiter-, Zimmerer- und Steinarbeiter-Organisationen. In Regensburg wurde im Jahr 1907 als hauptamtlicher Sekretär des bereits 780 Mitglieder zählenden Bauhilfsarbeiterverbandes Johann Rudolf aus Nürnberg angestellt[44]; ein Jahr darauf, 1908, übernahm Hermann Engler[45] als „Ortsbeamter" bzw. Geschäftsführer der Maurerverbands- Zahlstelle in Regensburg die Betreuung der rund 560 dort Organisierten.

Dagegen waren die Mitgliederzahlen der – in der Oberpfalz sonst so starken – christlichen Gewerkschaften im Baugewerbe der beiden Städte Regensburg und Amberg offenbar verschwindend gering [46]; nur in Weiden und im angrenzenden Amtsbezirk Eschenbach hatten die christlichen Bauarbeiter-Konkurrenzorganisationen (hier insbesondere der Hilfs- und Transportarbeiterverband) Fuß fassen und bis zum Anfang des Jahres 1908, als die Bauarbeiten für den Truppenübungsplatz Grafenwöhr in Gang kamen, knapp 300 (vor allem Erd- und Rodungsarbeiter) organisieren können[47]. Den freigewerkschaftlichen Bauarbeiterverbänden blieben in Grafenwöhr, trotz einer Vielzahl von Versammlungen in den Jahren 1909/10, nennenswerte Organisierungserfolge versagt: zu stark – saisonal und konjunkturell – fluktuierend und in sich zu unterschiedlich (mit einem beträchtlichen Beschäftigtenanteil von Österreichern und Italienern) war das – im April 1910 (auf dem Beschäftigtenhöchststand) 1.692 Mann[49] zählende – Heer der beim Bau des Truppenübungsplatzes Grafenwöhr beschäftigten (meist ungelernten Erd- und Rodungs-) Arbeiter[50], als daß stabile Organisationen dort hätten begründet werden können.

Noch vor den Maurer- und Bauhilfsarbeiter-Organisationen hatte der Steinarbeiterverband bereits im Mai 1905 in Regensburg mit dem Steinmetz Hans Mittenmaier aus München[51] einen hauptamtlichen Sekretär angestellt. Vermutlich im Jahr 1907 konnte, von Floß aus initiiert, in Flossenbürg eine Steinarbeiter-Zahlstelle errichtet werden[52], die 1910 maßgeblichen Anteil am Zustandekommen eines Tarifvertrages für die 200 im oberpfälzischen Granitgebiet Floß-Flossenbürg Beschäftigten hatte[53].

Eine Wendemarke in der Bauarbeiter-Organisierung in der Oberpfalz vor dem Ersten Weltkrieg bildete die vom Deutschen Arbeitgeberbund für das Baugewerbe mit Auslaufen des Tarifvertrages im Jahr 1910 verhängte 68tägige reichsweite Aussperrung vom 15. April bis 17. Juni 1910[54], von der in der Oberpfalz 49 Baugeschäfte mit rund 2.000 Arbeitern betroffen waren[55]. Die Aussperrung der organisierten Bauarbeiter beschränkte sich aber weitgehend auf die dem Arbeitgeberbund angeschlossenen größeren Baugeschäfte in Regensburg und Amberg, während etwa von den 1.550 beim Bau des Truppenübungsplatzes Grafenwöhr Beschäftigten nur 40 bis 50 Arbeiter ausgesperrt, in der Stadt Sulzbach bereits nach einer Woche die Ausgesperrten wieder beschäftigt wurden und die Bauunternehmer in den Amtsbezirken Neustadt a.d.WN und Waldmünchen – wie offenbar auch in allen anderen oberpfälzischen Amtsbezirken – die Aussperrungsbeschlüsse des Arbeitgeberbundes schlichtweg ignoriert hatten[56].

Da die von der Aussperrung Betroffenen erst nach einer vierzehntägigen Karenzzeit finanzielle Unterstützung seitens der Bauarbeiterorganisationen erhielten[57] und in Regensburg zudem wegen der Fertigstellung des Hafen- und Kasernenbaues kaum Aussicht auf erneute Beschäftigung nach einer Aufhebung der Aussperrung bestand, verließen knapp 750 von insgesamt 1.200 organisierten Bauhilfsarbeitern (hinzu kamen noch 88 Verbandsaustritte) und 157 von 447 Maurerverbandsangehörigen Regensburg, um andernorts Arbeit und Verdienst zu suchen[58]. Von diesen enormen Mitgliederverlusten konnten sich die Maurer- und Bauhilfsarbeiter-Organisationen in Regensburg – trotz des mit Aufhebung der Aussperrung in Kraft getretenen, auf drei Jahre befristeten Tarifvertrages und der in diesem festgeschriebenen, allerdings geringfügigen Lohnerhöhung und auch trotz der zum 1. Januar 1911 vollzogenen Verschmelzung der beiden Organisationen zum Deutschen Bauarbeiterverband – bis zum Ende des Untersuchungszeitraumes nicht mehr erholen, zumal da das Baugewerbe in Regensburg – wie auch im Deutschen Reich insgesamt[59] – Ende 1911 in eine schwere wirtschaftliche Krise geriet und zeitweilig knapp 500 organisierte Bauarbeiter dort arbeitslos waren, obwohl 200 Verbandsmitglieder bereits aus Regensburg abgereist waren, um anderweitig nach Arbeit zu suchen[60].

Eine annähernd normale Bautätigkeit konnte dagegen im Jahr 1912 wie auch im ersten Halbjahr 1913 die nördliche Oberpfalz vermelden[61]; dort vermochten die organisierten Bauarbeiter sogar noch Lohnerhöhungen – ohne Streiks – zu erzielen, und zwar 1912 in Tirschenreuth (um 8 %), in Mitterteich und Waldsassen (um je 5 %)[62] sowie 1913 in Weiden (um 4 %)[63]. Noch größere Erfolge konnten die Steinarbeiter-Zahlstellen in Floß und Flossenbürg verzeichnen, die in den Jahren 1910 bis 1913 Lohnerhöhungen von insgesamt 15 bis 20 % durchsetzen und damit auch ihre Mitgliederzahlen noch erhöhen konnten; die im Jahr 1910 etwa 80 Mitglieder zählende Steinarbeiter-Zahlstelle in Neusorg verlor dagegen durch eine Aussperrungsmaßnahme der Firma Ackermann im Jahr 1912 rund 70 Mitglieder (15 davon an die christliche Konkurrenzorganisation)[64].

MITGLIEDERZAHLEN DER FREIGEWERKSCHAFTLICHEN MAURER- UND BAUHILFSARBEITER-
(BZW. VON 1911 AN BAUARBEITER-), ZIMMERER- UND STEINARBEITER-ZAHLSTELLEN IN DER OBERPFALZ 1896 – 1913
(SOWEIT BEKANNT)[65]

1903	Regensburg Maurer: 35	Weiden Maurer: 38	Kemnath Steinarbeiter: 58	
1906	Regensburg Maurer: 229 Bauhilfsarbeiter: 25 Zimmerer: 56 Steinarbeiter: 57	Neustadt a.d.WN Steinarbeiter: 20	Amberg Maurer: 15	
1907	Regensburg Maurer: 500 Bauhilfsarbeiter: 780 Zimmerer: 126			
1908	Regensburg Maurer: 558 Bauhilfsarbeiter: 1.011 Zimmerer: 150			
1909	Regensburg Maurer: 527 Bauhilfsarbeiter: 1.200 Zimmerer: 162 Steinarbeiter: 33			
1910	Regensburg Maurer: 447 Bauhilfsarbeiter:439 Zimmerer: 152 Steinarbeiter: 24	Tirschenreuth Maurer: 28	Floß (Steinarbeiter: 90) Flossenbürg (Steinarbeiter: 35)	keinem Kartell angeschlossen: Grafenwöhr (verschiedene Bauberufe: 130) Neusorg (Steinarbeiter: 79) Neubäu (Steinarbeiter: 39)
1911	Regensburg Bauarbeiter: 841 Zimmerer: 147 Steinarbeiter: 23	Tirschenreuth Bauarbeiter: 15	Floß (Steinarbeiter: 75) Flossenbürg (Steinarbeiter: 24)	keinem Kartell angeschlossen: Grafenwöhr (verschiedene Bauberufe: 130) Neusorg (Steinarbeiter: 79) Neubäu (Steinarbeiter: 42) Friedenfels (Steinarbeiter:12)

1912	Regensburg	Tirschenreuth	Floß (Steinarbeiter: 84)	keinem Kartell angeschlossen:
	Bauarbeiter: 827 Zimmerer: 120 Steinarbeiter: 32	(Bauarbeiter: 8) Weiden (Bauarbeiter: 20)	Flossenbürg (Steinarbeiter: 27) Mitterteich (Bauarbeiter: 8) Waldsassen (Bauarbeiter: 25)	Grafenwöhr (verschiedene Bauberufe: 130) Neusorg (Steinarbeiter: 12) Neubäu (Steinarbeiter: 30)
1913	Regensburg	Tirschenreuth	Floß (Steinarbeiter: 70)	keinem Kartell angeschlossen:
	Bauarbeiter: 807 Zimmerer: 135 Steinarbeiter: 26	Bauarbeiter: 10 Weiden Bauarbeiter: 24	Flossenbürg (Steinarbeiter: 63)	Grafenwöhr (verschiedene Bauberufe: 150) Neusorg (Steinarbeiter: 12) Neubäu (Steinarbeiter: 30)

TABELLARISCHE ÜBERSICHT ÜBER DIE BAUARBEITER-VERSAMMLUNGSTÄTIGKEIT IN DER OBERPFALZ
(SOWEIT BEKANNT UND NICHT BEREITS IM TEXT ERWÄHNT)

Datum	Ort	Einberufer, Referent, Thema und Teilnehmerzahl (soweit erwähnt)	Quelle
26.5.1889	Regensburg (Gasthaus zum blauen Hechten)	in einer von 100 Personen besuchten Bauhandwerker-Versammlung informiert der Bauhandwerker Pierlmeier aus München über Bestand und Wirksamkeit der Zentralkrankenkasse „Bavaria" für die Bauhandwerker in Süddeutschland, Frage eines Beitritts der Regensburger Bauhandwerker bleibt aber offensichtlich noch ungeklärt	StA AM, Reg. d.Opf. 13932, Nr. 256 vom 2.6.1889
27.4.1890	Reinhausen (Heilmeier'sche Brauerei)	Bauarbeiter-Versammlung bzw. vorgezogene Maifeier, die „ein Haupt-Agitator der Sozialdemokraten von Regensburg und Umgebung", der Eisendreher in der Centralwerkstätte und Pächter des Versammlungslokals, Max Liebl, einberufen hatte, wird vom Stadtamhofer Bezirksamtmann verboten, der das Verbot durch Anschläge publizieren, Militär bereitstellen und die Gendarmerie patrouillieren läßt sowie Strafantrag gegen den als Redner vorgesehenen Liebl stellt, dem zudem vom Centralwerkstätten-Vorstand die fristlose Entlassung bei weiterer politischer Betätigung angedroht wird, trotz all dieser Repressalien erscheinen zu der – ohne Referat verlaufenen – Zusammenkunft 90 Personen,	StA AM, Reg. d.Opf. 14055, Nr. 2123 vom 27.4. und Nr. 193 vom 29.4. 1890 sowie ebd., Reg. d.Opf. 13933, Nr. 191 vom 28.4.1890

Datum	Ort	Einberufer, Referent, Thema und Teilnehmerzahl (soweit erwähnt)	Quelle
		„von denen etwa 70 als Sozialdemokraten rekogneszirt wurden", „In Regensburg und Umgebung befinden sich mehr als 4000 Bauhandwerker ... Reinhausen selbst zählt über 100 ausgesprochene Anhänger der Sozialdemokratie, von denen nicht wenige schlecht beleumundet sind und besitzt außerdem ein zahlreiches Proletariat", begründete der Bezirksamtmann selber seine enormen Sicherheitsmaßnahmen	
Anfang April 1895	Regensburg	teilweiser Zimmerergesellen-Streik für die Bezahlung von Minimallöhnen	„FT" Nr. 84 vom 9.4.1895
16.5.1897	Lehenhammer (Gasthaus Volkert)	in einer „von 60 – 70 Arbeitern u. auch Bauern" besuchten Versammlung referiert Arbeitersekretär Martin Segitz aus Nürnberg über die „Notwendigkeit der gewerkschaftlichen Organisation", 34 Arbeiter erklären daraufhin ihren Beitritt zur Maurer- und Steinarbeiter-Organisation	StA AM, Reg. d.Opf. 13750, Bericht vom 24.5.1897 und ebd., BA SUL 1301, Bericht vom 15.5.1897
16.6.1900	Regensburg	Maurer-Streikversammlung mit dem Referenten Putz aus München zum Thema: Entwicklung der Regensburger Maurerorganisation und Notwendigkeit der Aufbesserung der Maurer-Lebenslage, Putz betont den hohen Organisationsgrad, der die Lohn- und Arbeitszeitforderungen erst ermöglicht habe und die Kollegen sich fast einstimmig für den Streik aussprechen ließ, Putz ermahnt alle, sich ruhig zu verhalten, da es bis zu Verhandlungen ohnehin nicht lange dauern werde	„FT" Nr. 139 vom 20.6.1900
2.6.1901	Keilberg	freigewerkschaftliche Maurerversammlung mit dem Referenten Hagen-Regensburg zur Forderung nach Einführung des Achtstunden-Arbeitstages und nach Lohnerhöhung	StA AM, BA Stadtamhof 72, Bericht vom 8.6.1901
9.7.1905	Weiden	sozialdemokratische Zimmererversammlung mit dem Referenten Drey aus Nürnberg (zum Thema: Zweck und Nutzen der Organisation), nachdem ein christlicher Gegenreferent aus München vergeblich versucht hatte, die Versammlung zu sprengen und er nach einem „entsetzliche(n) Radau ... mit noch mehreren an die Luft befördert werden (mußte)", wird eine Zahlstelle des Verbandes deutscher Zimmerer gegründet, der sich aber nur sechs Anwesende anschließen	„FT" Nr. 164 vom 17.7.1905

Datum	Ort	Einberufer, Referent, Thema und Teilnehmerzahl (soweit erwähnt)	Quelle
24.4.1906	Amberg (Restauration „Maximilian")	„von zirka 200 Arbeitern aller Sparten" besuchte Bauhandwerkerversammlung mit dem Referenten Merkel-Nürnberg zum Thema: Was für Lehren ziehen wir aus dem letzten Maurerstreik in Amberg?, „Kollege Merkel führte ... den Anwesenden klipp und klar vor Augen, was für ein Unikum von Vertrag von den Bauunternehmern den Bauhandwerkern aufgehalst wurde", die Versammlung verurteilt daraufhin in einer Resolution den Inhalt und die Laufzeit des am 17.4.1906 vor dem Gewerbegericht abgeschlossenen Tarifvertrags	„FT" Nr. 98 v. 27.4.1906; zum Zustandekommen des Tarifvertrages vgl. Amberg-Verwaltungsbericht 1906/07, S. 58 und StA AM, Reg. d.Opf. 13755, Berichte vom 8. und 22.4.1906
31.7.1906	Weiden („Einhenkelsaal")	zahlreich besuchte christliche Bau- und Bauhilfsarbeiterversammlung mit dem Referenten Sommer-Nürnberg zum Thema: Ist es notwendig, daß sich die Weidener Bau- und Bauhilfsarbeiter organisieren?, 46 Versammlungsteilnehmer schließen sich „der ohnehin ziemlich starken Zahlstelle" an	„OK" Nr. 172 vom 1.8.1906
9.10.1907	Windischeschenbach	Gründung von Zahlstellen für Holzarbeiter und Bauhandwerker als Auftakt für eine gut besuchte christliche Gewerkschaftsversammlung	„OK" Nr. 231 v.10.10.1907
Mitte Februar 1908	Grafenwöhr (Truppenübungsplatz)	„Fabrikarbeiter" Zirngibl aus Weiden organisiert einen Forstarbeiterstreik, um damit – laut Eschenbacher Bezirksamtmann – die Arbeiter für den „christlichen Zentralverband der Hilfs- u. Transportarbeiter Deutschlands, Sitz München" zu gewinnen	StA AM, Reg. d.Opf. 13755, Bericht vom 23.2.1908
23.2.1908	Sulzbach (Gasthaus Schall)	christliche Bauarbeiter-Versammlung mit Referaten von Böckler-Nürnberg (über „Die gegenwärtige Lage in der christlichen Arbeiterbewegung") und Schaller-Amberg (über „Nutzen und Wert der christlichen Arbeiterbewegung")	StA AM, BA SUL 1301, Bericht vom 22.2.1908
Ende Februar 1908	Wernberg	„große Forstarbeiterversammlung" mit dem christlichen Verbandssekretär Zirngibl aus Weiden als Referenten, dem Zentrums-Reichstagsabgeordneten Sir und Vertretern der Forstbehörde als Zuhörern	„OK" Nr. 50 vom 29.2.1908
Anfang April 1908	Grafenwöhr (Truppenübungsplatz)	25 erst seit kurzem christlich organisierte Holzarbeiter treten in den Streik, um eine Lohnerhöhung zu erreichen, diese wird ihnen jedoch von der Militärverwaltung verweigert	StA AM, Reg. d.Opf. 13755, Nr. 294 vom 12.4.1908
11.5.1909	Grafenwöhr (Gasthaus „Zum Adler")	bei einer Versammlung sozialdemokratisch organisierter Maurer und Bauhilfsarbeiter kommt die beabsichtigte Zahlstellen-Gründung nicht zustande, weil – trotz des angekündigten auswärtigen Referenten – kaum unorganisierte Arbeiter erschienen waren	StA AM, BA ESB 240, Nr. 2535 vom 14.5.1909

Datum	Ort	Einberufer, Referent, Thema und Teilnehmerzahl (soweit erwähnt)	Quelle
25.5.1909	Grafenwöhr (Gasthaus „Zum Adler")	Versammlung der Maurer und Hilfsarbeiter, die von dem Maurer Ludwig Zirkelbach aus Bayreuth geleitet wird und bei der Hempel aus Frankfurt a.M. referiert	ebd., Bericht vom 28.5.1909
26.5.1909	Grafenwöhr (Gasthaus „Zum Adler")	Versammlung der Zimmerleute, die von dem Zimmermann Jakob Knauer aus Nürnberg geleitet wird und bei der Theodor Frey, ebenfalls Nürnberg, referiert; in beiden Versammlungen (vom 25. und 26.5.) ermahnen die Referenten zum Organisationseintritt und zum gemeinsamen Lohnkampf	ebd.
9.6.1909	Grafenwöhr (Gasthaus „Zum Adler")	Arbeiterversammlung unter Vorsitz des Maurers Ludwig Zirkelbach-Bayreuth mit dem Referenten Johann Merkel-Nürnberg zur selben Thematik wie oben	ebd., Bericht vom 11.6.1909
30.6.1909	Grafenwöhr (Gasthaus „Zum Adler")	Versammlung der sozialdemokratisch organisierten Maurer und Bauhilfsarbeiter unter Vorsitz von Kopp-Münchberg und mit einem Referat von Johann Merkel-Nürnberg	ebd., Bericht vom 2.7.1909
18. und 20.7.1909	Grafenwöhr (Gasthaus Specht)	zwei Versammlungen mit dem Referenten Hempel aus Frankfurt a.M. zu Lohnfragen	ebd., Bericht vom 23.7.1909
2.9.1909	Grafenwöhr (Gasthaus „Zum Adler")	von Popp-Münchberg einberufene Rodungs- und Bauhilfsarbeiter-Versammlung mit dem Referenten Hempel-Frankfurt a.M.	ebd., Bericht vom 3.9.1909
9.9.1909	Grafenwöhr (Gasthaus Specht)	„geheime" (laut Gendarmerie-Bericht) sozialdemokratische Rodungs- und Bauhilfsarbeiter-Versammlung	ebd., Bericht vom 10.9.1909
15.9.1909	Grafenwöhr (Gasthaus Specht)	von Sommer-Nürnberg einberufene Versammlung der christlich organisierten Bau- und Bauhilfsarbeiter	ebd., Bericht vom 17.9.1909
22.9.1909	Grafenwöhr (Gasthaus Specht)	von Popp-Fichtelberg einberufene Versammlung der sozialdemokratisch organisierten Maurer und Bauhilfsarbeiter mit dem Referenten Arons aus Köln	ebd., Bericht vom 24.9.1909
4.10.1909	Grafenwöhr (Gasthaus Specht)	von Popp-Fichtelberg einberufene Versammlung	ebd., Bericht vom 8.10.1909
6.4.1910	Grafenwöhr (Gasthaus „Zum Adler")	„geheime" (laut Gendarmerie-Bericht) Versammlung der Maurer, Bauhilfsarbeiter und Zimmerleute	ebd., Bericht vom 8.4.1910

Datum	Ort	Einberufer, Referent, Thema und Teilnehmerzahl (soweit erwähnt)	Quelle
17. und 20.4.1910	Grafenwöhr (Gasthäuser Specht und „Zum Adler")	bei zwei Solidaritätsversammlungen der nicht ausgesperrten organisierten Maurer und Bauhilfsarbeiter für ihre ausgesperrten Kollegen kommt es zu keiner Einigung über die vom Referenten Keßler aus Nürnberg vorgeschlagene Höhe der Unterstützungsgelder, die Ausgesperrten hatten aber bereits Grafenwöhr verlassen; laut Bezirksamtmann „kommen jetzt bereits täglich solche Agitatoren (wie Keßler, d. Verf.) von größeren Städten hierher"	ebd., Bericht vom 22.4.1910
1.5.1910	Grafenwöhr	die Maifeier in Grafenwöhr von 40, die darauffolgende Versammlung in Eschenbach von 60 Personen besucht; „Zurzeit sind hier 1000 bis 1200 fremde Arbeiter auf dem Truppenübungsplatz beschäftigt, es sind jedoch wenig organisiert. Die große Masse lebt stumpfsinnig bei niedrigen Löhnen in den Tag hinein"	ebd., Berichte vom 29.4. und 6.5.1910 und „FT" Nr. 101 vom 2.5.1910.
ca. 10.5.1910	Laaber	bei einer „Besprechung von Maurern, Handlangern und Zimmerleuten" wird eine Erhöhung der Löhne gefordert	StA AM, BA Parsberg 938, Bericht vom 14.5.1910
18. und 19.5.1910	Grafenwöhr (Gasthaus Specht)	zwei Versammlungen der organisierten Zimmerleute bzw. Maurer und Bauhilfsarbeiter	StA AM, BA ESB 240, Bericht vom 20.5.1910
2.6.1910	Grafenwöhr (Gasthaus Specht)	von Popp-Fichtelberg einberufene Versammlung der sozialdemokratisch organisierten Bauhandwerker	ebd., Bericht vom 3.6.1910
29.7.1910	Grafenwöhr (Gasthaus Specht)	vom Maurer Josef Brunner aus Grafenwöhr einberufene Versammlung der organisierten Bauhandwerker und -hilfsarbeiter mit dem Referenten Kratzer aus Böhmen zur allgemeinen Situation der Bauarbeiter	ebd., Bericht vom 29.7.1910
15.7.1912	Waldsassen („Bayerischer Hof")	bei einer „stark besuchte(n) Bauarbeiterversammlung" wird eine Zahlstelle des deutschen Bauarbeiterverbandes gegründet, der sofort 30 Anwesende beitreten, „Seit Februar sind in Waldsassen drei Organisationen zustande gekommen, nämlich eine Sektion des sozialdemokratischen Vereins, ein Verband der Fabrikarbeiter Deutschlands und nun eine Zahlstelle des deutschen Bauarbeiterverbandes. Wir marschieren, so schwer es auch gehen will"	„FV" Nr. 166 vom 18.7.1912

TABELLARISCHE ÜBERSICHT ÜBER DIE STEINARBEITER-VERSAMMLUNGSTÄTIGKEIT

Datum	Ort	Einberufer, Referent, Thema und Teilnehmerzahl (soweit erwähnt)	Quelle
9.7.1899	Schlammering (Gasthaus Fischer)	von etwa 100 Arbeitern der Granitwerke in Blauberg besuchte Versammlung mit dem Referenten „Vereinsleiter" Theodor Niederländer aus München, der über „Zweck und Nutzen der Steinarbeiter-Organisation" spricht, „wobei Ausdrücke wie 'socialdemokratisch' etc. geflissentlich vermieden wurden, ferner ... Schonung der religiösen und patriotischen Gefühle", abschließend protestieren die Versammelten in einer Resolution gegen die Zuchthausvorlage, treten geschlossen der Steinarbeiter-Organisation bei und gründen eine Streikkasse	StA AM, BA CHA 1994, Bericht vom 11.7. und Nr. 2091 vom 14.7.1899
26. und 27.7.1899	Granitwerk Blauberg	100 Steinmetze und Pflasterer (von insgesamt 300) stellen die Arbeit ein und werden daraufhin vom Betriebsleiter Grohmann ausgesperrt, auf Vermittlung Niederländers hin werden die Ausgesperrten wieder aufgenommen, müssen jedoch „wegen ihrer frivolen Arbeitsniederlegung" 1 Mark Streikgeld zahlen; Niederländer droht mit neuerlichem Streik, wenn nicht die Arbeitszeit verkürzt und die gewerkschaftliche Organisation anerkannt werden würde	ebd., Nr. 2778 vom 29.7. und Nr. 2835 vom 5.8.1899
22.8.1899	Kothmaißling (Gasthaus Wagner)	Versammlung der Blauberger Steinarbeiter mit dem Referenten Verbandsgeschäftsführer Paul Mitschke aus Berlin-Rixdorf zum Thema „Der Kampf um's tägliche Brod", der Blauberger Betriebsleiter Grohmann kann als Gegenredner einen „besonderen Eindruck ... bei den durch die agitatorischen Reden der 'Collegen' aus München u. Berlin verhetzten Arbeiter natürlich nicht erzielen"	ebd., Nr. 3130 vom 26.8.1899
8.9.1899	Katzberg	Steinbrucharbeiterversammlung mit dem Referenten Theodor Niederländer aus München zum Thema „Nutzen und Zweck der gewerkschaftlichen Organisation"	ebd., Nr. 3313 vom 16.9.1899
8.4.1900	Nabburg (Gasthaus zum Adler)	„von zahlreichen Arbeitern u. Bauern besuchte Steinhauerversammlung behufs Gründung einer gewerkschaftlichen Organisation ... Als Redner ... war auf Einladung von ein paar jungen unzufriedenen Steinarbeitern dahier ein Steinmetzgeselle namens Niederländer aus München erschienen", nach dem Referat Niederländers und der Erwiderung seines ebenfalls erschienenen christlichen Kontrahenten aus München wird ein Vertrauensmann gewählt und eine Zahlstelle der „modernen organisierten" Arbeiter gegründet	StA AM, BA NAB 745, Nr. 1384 vom 14.4.1900

Datum	Ort	Einberufer, Referent, Thema und Teilnehmerzahl (soweit erwähnt)	Quelle
12.5.1901	Kothmaißling (Gasthaus Wagner)	„zahlreich besuchte Maifeier der sozialdemokratischen Steinbrucharbeiter der Granitwerke Blauberg ... Hiebei sprach der Genosse Hartl von Nürnberg über die Bedeutung des 1. Mai. Hieran schloß sich eine bis Mitternacht dauernde Familienunterhaltung mit Harmoniemusik"	StA AM, BA CHA 1994, Bericht vom 18.5.1901

FUSSNOTEN: d) LAGE UND ORGANISIERUNG DER BAUARBEITER

1) Unter dem Sammelbegriff „Bauarbeiter" sollen hier sowohl die im Februar 1910 zum Deutschen Bauarbeiterverband zusammengeschlossenen Maurer und Bauhilfsarbeiter (zur Verschmelzung der beiden Verbände vgl. WERNER, Karl-Gustav: Organisation und Politik der Gewerkschaften und Arbeitgeberverbände in der deutschen Bauwirtschaft, Berlin 1968, S. 38 – 40 und SCHÖNHOVEN, Expansion, S. 332 – 339) als auch die - zahlenmäßig weniger bedeutenden – Zimmerer und Steinarbeiter subsumiert und behandelt werden.

2) Quelle: BSKB 10, 1862, S. 20 f.

3) Quelle: FIB 1900, Sondererhebung über das Maurergewerbe in der Oberpfalz, S. 42 – 46, hier S. 42 f.

4) Im Kapitel „Kassenwesen", S. 66 f. und 91.

5) Vgl. CHROBAK, VHVO 121, S. 221; im Erhebungsjahr 1869 existierte auch noch ein – allerdings erklärtermaßen nicht politischer – „Unterstützungsverein der Maurer und Zimmererleute" in Beilngries (vgl. ECKERT, Hugo: Liberal – oder Sozialdemokratie, Stuttgart 1968, S. 159).

6) Vgl. MEYER, Rudolf: Der Emancipationskampf des vierten Standes, Bd. 1, Berlin 1882[2], S. 331.

7) Vgl. CHROBAK, VHVO 121, S. 221 und IHK-Bericht 1873 – 76, S. 64.

8) Vgl. CHROBAK, VHVO 121, S. 223.

9) Vgl. StA AM, Reg. d. Opf. 13751, Nr. 1625 vom 13.10.1873.

10) Vgl. StA AM, Reg. d. Opf. 14202, Nr. 309 vom 25.2.1878.

11) Vgl. BHS I, MInn 66312, Nr. 1316 vom 3.9.1878.

12) Vgl. LRA-Registratur NEW: VII, I, 3, 10 und Kapitel „Kassenwesen", S. 68.

13) Vgl. CHROBAK, VHVO 121, S. 224.

14) Vgl. KESSLER, Gustav: Geschichte der Organisation der Steinarbeiter Deutschlands, Berlin 1897, S. 104 f.

15) Vgl. die Tabelle „Steinarbeiter-Versammlungstätigkeit" am Ende dieses Kapitels.

16) Zur Steinarbeiter-Organisierung, -Vereins- und -Versammlungstätigkeit in Floß ausführlich Karl BAYER: Die Anfänge der Sozialdemokratie in Floß, in: ders. / BARON / LEHNER: 75 Jahre SPD Floß, Weiden 1981, S. 17 – 20, 23, 34 und 38.

17) Vgl. „Oberfränkische Volkszeitung" Nr. 288 vom 8.12.1899; zum gescheiterten Steinarbeiter-Streik in Neusorg 1904 vgl. BHS I, MArb 302, Streiknachweis vom 15.7.1904.

18) Vgl. Tabelle „Steinarbeiter-Versammlungstätigkeit".

19) Vgl. Festschrift „75 Jahre Industriegewerkschaft Bau-Steine- Erden, Bezirksverband Schwandorf-Cham", S. 19.

20) Vgl. „FT" Nr. 66 vom 19.3.1900 und „RA" Nr. 315 vom 27.6.1900, in: StA AM, KdI 4195, hierzu auch Nr. 11172 vom 11.6.1900.

21) Geb. 9.10.1866 in Mühlbock (Kr. Jüllichau-Schwiebus). Maurer. Seit 1898 im Hauptvorst. d. Bauarbeiterverb. – Mitgl. d. Generalkomm. d. Gewerkschaften (Handbuch des Vereins Arbeiterpresse, III. Jg. 1914, S. 290); Bürgermeister Stobäus diffamierte ihn in seinem Streikbericht an den Regierungspräsidenten vom 25.6.1900 (StA AM, KdI 4195) als „der fremde Streikgeneral, Jude Silbermond aus Berlin".

22) Vgl. ebd., Nr. 1172 vom 11.6.1900.

23) Vgl. StA AM, Reg. d. Opf. 13753, Bericht vom 17.6.1900.

24) Vgl. StA AM, KdI 4195, Nr. 10929 vom 9. und Nr. 11247 vom 15.6.1900.

25) Vgl. ebd., „RA" Nr. 315 vom 27.6.1900 und Reg. d. Opf. 13753, Nr. 428 vom 24.6.1900.

26) Vgl. FIB 1900, S. 5, 43 und 234 f.; StA AM, KdI 4195, Streiknachweis vom 30.6.1900 und Reg. d. Opf. 13753, Nr. 447 vom 1.7.1900.

27) Quelle: „FT" Nr. 107 vom 10.5.1902.

28) Quelle: WITTMANN, a.a.O., S. 132.

29) Vgl. Festschrift „75 Jahre ...", S. 20 und „FT" Nr. 107 vom 10.5.1902.

30) Vgl. „FT" Nr. 256 vom 1.11.1902 und WITTMANN, a.a.O., S. 132.

31) Gekürzt wiedergegeben in „FT" Nr. 80 und 81 vom 4. und 6.4.1901.

32) Vgl. ebd.

33) Vgl. FIB 1904, S. 103; mit einer ähnlichen Mängelquote auch noch der Revisionsbericht im FIB 1911, S. 108.

34) Geb. 5.12.1866 in Kettenhöfstetten. Maurer u. Steinhauer. Seit 1.11.1901 Angest. d. Bauarbeiterverb. – 1894 bis 1909 Vors. d. Bauarbeiterschutzkomm. für Bayern u. Nürnberg. 1897 bis 1899 Vors. d. Maurerverb. 1899 bis 1901 Mitgl. d. Gauvorst. d. Partei, 1892 bis 1896 Mitgl. d. Landtags. Lit.Arb.: Der Bauarbeiterschutz in Bayern (Handbuch des Vereins Arbeiterpresse, III. Jg. 1914, S. 492).

35) Vgl. DGB, AKP 700, Protokoll der 3. Konferenz, S. 15 – 17.

36) Vgl. StdAr AM, Zg II, 1907, Streiknachweis vom 18.10.1913.

37) Vgl. StA AM, Reg. d. Opf. 5453, Protokolle der Fabrikinspektoren-Jahreskonferenzen vom 3./4.11.1907, S. 10 f. und 27./ 28.11.1911, S. 30 f.

38) Vgl. ebd., S. 27.

39) Ebd., S. 28 f.

40) Vgl. SCHÖNHOVEN, Expansion, S. 131 – 133.

41) Vgl. hierzu die Tabelle zur Mitgliederentwicklung am Ende dieses Kapitels.

42) Vgl. hierzu die Streiktabellen in den FIBen 1900 ff.; StA AM, Reg. d. Opf. 9710, Streiknachweise und die Auflistung von Streiks bei HATTENKOFER, a.a.O., S. 151 – 155.

43) Vgl. ebd.

44) Vgl. „FT" Nr. 253 vom 29.10.1907.

45) Geb. 20.2.1873 in Hainewalde. Maurer. Seit 4.5.1911 Angest. d. Bauarbeiterverb.- Mitgl. d. Preßkomm. u.d. Bauarbeiterschutzkomm. 1908 bis 1911 Vors. d. Maurer-, später d. Bauarbeiterverb. (Handbuch des Vereins Arbeiterpresse, III. Jg. 1914, S. 506).

46) Vgl. hierzu den Bericht (in der „FT" Nr. 98 vom 27.4.1907) über die 4. Nordbayerische Gaukonferenz der Zweigvereine des Zentralverbands der Maurer in Nürnberg 1907, wo der Maurer- Organisationsgrad für Nordbayern mit 60 % angegeben wird.

47) Vgl. „OK" Nr. 50 vom 29.2.1908.

48) Vgl. hierzu die Tabelle am Kapitelende.

49) Quelle: StA AM, Bezirksamt Eschenbach (abgekürzt BA ESB) 240, Bericht vom 15.4.1910; in den Wochen-Berichten der Gendarmerie- Station Grafenwöhr 1909 – 1912 (ebd.) werden die jeweiligen Beschäftigungszahlen (nach Nationalitäten aufgegliedert) angegeben.

50) Zu den Lebens- und Arbeitsverhältnissen der beim Bau des Truppenübungsplatzes Grafenwöhr Beschäftigten vgl. den Artikel „Der Militarismus als Unternehmer" in der „FT" Nr. 136 vom 15.6.1906.

51) Geb. 19.12.1870 in München, Steinmetz. Seit 1.5.1905 Gauvorst. d. Steinarbeiterverb. – Mitgl. d. Preßkomm. u. d. Wahlkreisaussch. 1895 bis 1896 2. Vors. d. Soz. Ver. in Pirna, 1897 bis 1904 Vors. u. Kassierer d. Zahlstelle München des Steinarbeiterverb. u. Obmann d. Agitationskomm. (Handbuch des Vereins Arbeiterpresse, III. Jg. 1914, S. 507).

52) Zur Steinarbeiter-Organisierung in Flossenbürg vgl. Karl BAYER / Bernhard M. BARON / Albert SCHWÄGERL: 75 Jahre SPD- Ortsverein Flossenbürg, Weiden 1983, S. 23 – 25; einer der Hauptinitiatoren der Steinarbeiter-Aktivitäten im Raum Floß-Flossenbürg während der letzten Vorkriegsjahre und Vorsitzender der SP-Sektion Floß bis zum Jahr 1919 war Xaver Senft sen. (vom 1.1.1920 bis 1933 fungierte er als Gauleiter des Steinarbeiterverbandes in Schlesien), dessen Sohn Xaver Senft jun., gelernter Steinmetz wie der Vater, langjähriger stellvertretender Vorsitzender des DGB-Landesbezirks Bayern war.

53) Vgl. „FV" Nr. 215 vom 14.9.1910.

54) Zu den Hintergründen der Bauarbeiter-Aussperrung 1910 vgl. SCHNEIDER, Aussperrung, S. 71 – 74 und WERNER, a.a.O., S. 64 – 81.

55) Vgl. FIB 1910, S. 116.

56) Vgl. StA AM, Reg. d. Opf. 13755, Nr. 315 vom 17. und Nr. 345 vom 24.4.1910; BA ESB 240, Bericht vom 15.4.1910 und BA SUL 1301, Berichte vom 16., 23. und 30.4.1910.

57) Vgl. den Bericht über die heftige Diskussion hierzu bei der Regensburger Maurerversammlung aus Anlaß der bevorstehenden Aussperrung in der „NDP" Nr. 87 vom 15.4.1910.

58) Vgl. ZBG, P II 432 – 1910, S. 1 und die Tabelle zur Mitgliederstatistik.

59) Vgl. SCHÖNHOVEN, Expansion, S. 141 f. und 145.

60) Vgl. ZBG, P II 432 – 1912, S. 15.

61) Vgl. „FT" Nr. 33 vom 8.2.1913.

62) Quelle: DGB, AKP 831, Geschäftsbericht 1912.

63) Quelle: ebd., Geschäftsbericht 1913.

64) Quelle: ebd., Geschäftsberichte 1910, 1912 und 1913.

65) Quelle: WITTMANN, a.a.O., S. 132; ZBG, P II 432 – Jahresberichte 1908 ff. und DGB, AKP 831 – Geschäftsberichte 1910 ff.; Legende: von 1907 an ist der unterstrichene Ortsname zugleich der Name des jeweiligen Kartellbezirkes und der 31.12. der jeweilige Zähltag.

e) LAGE UND ORGANISIERUNG DER METALLARBEITER

Die Lebens- und Arbeitsverhältnisse der oberpfälzischen Metallarbeiterschaft und die zur Verbesserung ihrer Lage betriebene staatliche, betriebliche und gewerkschaftliche Sozialpolitik wurden ja bereits ausführlich dargestellt; ein ganz besonderes Augenmerk wurde auf die „Rekrutierung, Qualifizierung und Disziplinierung der Lohnarbeiterschaft in der Oberpfalz sowie daraus resultierende Konflikte und erste Ansätze zur kollektiven Gegenwehr und Bildung eines Klassenbewußtseins"[1] gerichtet, die am Beispiel des „Innenlebens" der drei größten oberpfälzischen Metallbetriebe (Maxhütte sowie Gewehrfabrik und Emailfabrik Baumann in Amberg) beschrieben wurden. Unter Berücksichtigung der dabei gewonnenen Ergebnisse soll im Folgenden nach einem Abriß der Metallarbeiter-Organisierung nach den Gründen für deren Erfolge bzw. Mißerfolge gefragt werden.

Im Jahr 1869 hatte sich in Nürnberg die „Internationale Gewerksgenossenschaft der Metallarbeiter" konstituiert[2], der sich im Februar 1873 auch der im Juni 1872 gegründete Regensburger Fachverein der Metallarbeiter anschloß[3]. Die Regensburger Mitgliedschaft der Internationalen Gewerksgenossenschaft der Metallarbeiter war von Anfang an personell eng verflochten mit dem Sozialdemokratischen Arbeiterverein in Regensburg und dessen Nachfolgeorganisationen; so war deren Kassier Johann Moser zugleich Vorsitzender des Arbeitervereins und ihr Bevollmächtigter Josef Malgersdorfer wiederum 1873/74 Kassier des sozialdemokratischen Reichstagswahlkomitees[4].

Um ein breiteres Eindringen der sozialdemokratischen Metallarbeitergewerksgenossenschaften zu verhindern, waren in der Oberpfalz in den Jahren 1871/72 insgesamt drei Hirsch-Dunckersche Gewerkvereine gegründet worden: die beiden – bereits behandelten - Gewerkvereine Ende 1871 in Regensburg[5] und am 2.11.1872 im Werk Maxhütte[6], die aber nie öffentlich in Erscheinung traten und sich auch schon bald wieder auflösten, sowie ein Gewerkverein am 13.10.1872 in Allersberg, dem von den 200 Teilnehmern der Gründungsversammlung („darunter 80 Arbeiter von Nürnberg, Schwabach und Roth") sofort 72 Personen (darunter auch solche, die nicht in den beiden Allersberger Drahtfabriken beschäftigt waren) beitraten. Zugleich wurde beschlossen, „eine Lohnerhöhung von 50 % zunächst auf dem Wege gütlicher Vereinbarung mit den Fabrikanten anzustreben"[7]. Der Versuch zur Gründung eines weiteren Gewerkvereins und zur – damit verknüpften – Fundierung einer Streikkasse im Juni 1873 in Neumarkt mißlang jedoch[8].

Am 28. November 1875 – zu einem Zeitpunkt also, zu dem sich wegen des Wirtschaftsabschwungs die meisten Gewerksgenossenschaften in Regensburg bereits wieder aufgelöst hatten[9] – konstituierte sich in Amberg eine Mitgliedschaft der Metallarbeitergewerkschaft mit 31 Gründungsmitgliedern[10], der zu Anfang des darauffolgenden Jahres aber bereits 72 (wohl ausschließlich Gewehrfabrik-)Arbeiter angehörten[11] und die im April 1876, bei der Generalversammlung der Metallarbeiter-Gewerksgenossenschaften in Erfurt (bei der die Amberger Mitgliedschaft durch den Delegierten Huber vertreten war), sogar auf 76 Mitglieder verweisen konnte und damit zum Dutzend der mitgliederstärksten deutschen Metallarbeitergewerksgenossenschaften zählte[12]. Im Jahr 1877 gehörten der Amberger Mitgliedschaft aber nur noch 20[13], der Regensburger Mitgliedschaft 1878 sogar nur mehr 7 Metallarbeiter an[14].

Die Regensburger Metallarbeiter-Mitgliedschaft konstituierte sich noch vor Auslaufen des Sozialistengesetzes neu als Fachverein und zählte zu Anfang des Jahres 1890 bereits 50 Mitglieder[15]; im September 1891 schloß sich der Regensburger Fachverein dem neugegründeten Deutschen Metallarbeiter-Verband (DMV) an[16]. Im Mai 1890 war es zur ersten Arbeitsniederlegung im Amtsbezirk Sulzbach gekommen, als auf den Metallhammerwerken zu Oed und Lehenhammer sämtliche Beschäftigten einen Tag lang – erfolglos – für höhere Löhne gestreikt hatten[17]; ob und inwieweit dieser Streik vom nahen Nürnberg aus initiiert worden war, läßt sich nicht mehr feststellen. Trotz aller Bemühungen gelang es den Nürnberger DMV-Funktionären im letzten Jahrzehnt des vorigen Jahrhunderts aber nicht, ihre Organisation in den drei größten oberpfälzischen Metallbetrieben (der Maxhütte, der Gewehrfabrik und Emailfabrik Baumann in Amberg) zu verankern; die Enttäuschung über die Vergeblichkeit dieser Organisierungsversuche machte sich schon früh Luft in bissigen Bemerkungen in der sozialdemokratischen Tagespresse[18].

Die Organisationserfolge des DMV blieben in der Oberpfalz bis zur Jahrhundertwende beschränkt auf die Klein- und Mittelbetriebe der Metallbranche in Regensburg (wo die Mitgliederzahl des Fachvereins von 50 im Jahr 1890 auf 36 im Vergleichsjahr 1896 zurückging)[19], Tirschenreuth (wo 1896 ein Metallarbeiter-Fachverein mit 15 Mitgliedern existierte)[20] und Neumarkt, wo 1882 von Joseph Goldschmidt die erste Fahrradfabrik auf dem europäischen Kontinent gegründet und wo – unter der Anleitung von fünf englischen Facharbeitern – im Jahr 1889 bereits 150 Arbeiter, großenteils ehemalige Handwerksgesellen, beschäftigt worden waren[21]. Nachdem bereits im Jahr 1896 sämtliche bei Goldschmidt beschäftigte Schleifer und Polierer die Arbeit (kurzzeitig?) niedergelegt hatten[21], konnte sich im Februar des darauffolgenden Jahres in Neumarkt eine DMV-Zahlstelle mit 15 Gründungsmitgliedern konstituieren.

Im Jahr 1896 eröffnete in Neumarkt noch ein weiterer Metallbetrieb, die Firma Kannstein[23]. Die bei den beiden Neumarkter Metallbetrieben 1896 bezahlten Durchschnitts-Tagelöhne von 2,35 Mark (bei einer zehnstündigen Tagesarbeitszeit) gehörten zwar zu den niedrigsten in der nordbayerischen Metallindustrie überhaupt[24], lagen aber dennoch weit über dem durchschnittlichen Tagelohn von 1,36 Mark, den ein ungelernter Arbeiter im selben Jahr 1896 in der Oberpfalz erhielt[25]. Im Jahr 1899 streikten bei der Firma Kannstein 21 im DMV organisierte Former zehn Tage lang, um ihre Forderungen nach Einführung eines Mindestlohnes, Bezahlung der Überstunden, Beseitigung der Mißstände und Entfernung des Meisters durchzusetzen, was ihnen auch teilweise gelang[26].

Am 30. April 1900 legten 30 Former und Gießereiarbeiter (von denen 25 sozialdemokratisch organisiert waren) bei Kannstein die Arbeit nieder, nachdem von ihnen verlangt worden war, Arbeiten für Nürnberg während des dortigen Streikes von 361 Fachgenossen (zur Durchsetzung des Neunstundentages und der Zahlung von Mindestlöhnen)[27] zu übernehmen. Trotz langwieriger Verhandlungen des DMV mit dem Unternehmer Kannstein war dieser aber nicht zu einem Verzicht auf die Aufträge zu bewegen, war Kannstein doch selbst Mitglied des Industriellenverbandes und weitgehend abhängig von den Bestellungen der Nürnberger Schuckertwerke, die ihrerseits im Industriellenverband tonangebend waren. Die „Nürnberg-Neumarkter Streikangelegenheit" - wie sie im Gewerkschaftsjargon genannt wurde[28] - endete für die Streikenden in beiden Städten am 31. Juli 1900 - nach 13 Wochen - mit einem vollständigen Mißerfolg. In Neumarkt blieben von den 30 Ausständigen nach Streikende 16 Mann arbeitslos, die aufgrund der von den Unternehmern untereinander ausgetauschten Schwarzen Listen weder am Ort selbst noch in Nürnberg eine Stelle finden konnten; dem DMV aber hatte die dreizehnwöchige Unterstützung seiner 25 streikenden Mitglieder in Neumarkt 5.760 Mark gekostet[29].

Größere organisatorische Erfolge konnte der Deutsche Metallarbeiter-Verband in der Oberpfalz erst nach der bei der Generalversammlung in Nürnberg 1901 - gegen den heftigen Widerstand einer starken Minderheit von Delegierten (zu der auch der Regensburger Vertreter Lersch zählte) - beschlossenen Organisationsreform erzielen, durch die im Wirkungsbereich des DMV 10 Bezirke sowie das Amt eines aus Verbandsmitteln fest besoldeten Bezirksleiters bzw. „Gauvorstandes" geschaffen wurden. Die Oberpfalz gehörte zum 10. Bezirk (mit dem Sitz in Nürnberg), der das Königreich Bayern mit Ausnahme der Rheinpfalz umfaßte[40]; die Delegiertenmehrheit erwartete sich von der Organisationsreform vor allem, „daß manche Ausgaben für ungeschickt inszenierte Streiks durch das geschickte Eingreifen der Bezirksleiter vermieden werden können und daß . . . einer Menge von Unregelmäßigkeiten . . . vorgebeugt werden könnte"[31]. Aber gerade über diesen Punkt, die Anstellung eines besoldeten Bezirksleiters für Bayern, konnte im Herbst desselben Jahres 1901 bei der 1. Bezirkskonferenz der bayerischen Metallarbeiter in Nürnberg keine Einigung zwischen den Delegierten der beiden Agitationskomitees für Süd- und für Nordbayern erzielt werden; die Anstellung eines Bezirksleiters wurde schließlich - entgegen einer dringlichen Empfehlung des Nürnberger Arbeitersekretärs Martin Segitz - mit 46 gegen 24 Stimmen abgelehnt[32].

Erst Ende 1903/Anfang 1904 scheint dann die Anstellung Karl Enßners aus Nürnberg als Leiter des 10. Bezirks (Bayern) im DMV bewilligt worden zu sein; denn im Rechenschaftsbericht für das Jahr 1904 trat Enßner erstmals öffentlich in Erscheinung, und zwar mit bitteren Klagen über die christlichen Spaltungs- und Einschüchterungsversuche und die Instabilität der - vermutlich Ende 1903[33] - errichteten Metallarbeiter-Verwaltungsstelle in Amberg[34]. Anlaß für Enßners Klagen war der Mitgliederrückgang der Amberger Zahlstelle von 101 Verbandsangehörigen im Gründungsjahr 1903 auf nur noch 82 im Jahr 1904[35]. Von 1906 an häufen sich dann, wie der Sulzbacher Bezirksamtmann berichtet[36], „vom 'Deutschen Metallarbeiterverband Verwaltungsstelle Amberg' ausgehend, die Versuche, durch massenhafte Verteilung von Aufrufen und Broschuren . . . die bisher von derartigen Bewegungen fern gehaltene Arbeiterschaft der Maxhütte in Rosenberg zum Anschluß an die Organisation zu bewegen. . . . Einen Erfolg halte ich in Anbetracht der seitherigen Klagelosigkeit der betreffenden Arbeiterschaft vorerst für ausgeschlossen." Wie bereits bei den Bergarbeitern[37] sollte das Werk Rosenberg auch in der Metallarbeiter-Organisierung eine Domäne der christlichen Gewerkschaften werden und - bis zum Auftauchen des gelben „Hüttenverbandes" - auch bleiben; im August 1908 wurde das Scheitern der eigenen Organisierungsbemühungen in Rosenberg erstmals - wenn auch verklausuliert - in der sozialdemokratischen Presse[38] eingestanden: „Man denke sich einen Haufen Leute, bei denen jedes selbständige Denken systematisch erstickt oder niedergehalten, die wirtschaftlich ausgenützt, dafür von den Pfaffen auf katholisch getröstet und deren Murren im Alkohol erstickt wird, so hat man ein Bild der Belegschaften des Rosenberger Werkes." Erst mit der Anstellung eines hauptamtlichen Sekretärs im Jahr 1910[39] erhielt die Amberger DMV- Verwaltungsstelle kurzzeitig neuen Auftrieb und konnte noch im selben Jahr ihre Mitgliederzahl (von 105 auf 234) mehr als verdoppeln; danach stagnierte die DMV-Mitgliederentwicklung in Amberg aber bis

Abb. 25: Maschinenbetrieb im Maxhütten-Werk Haidhof 1912

zur Revolution von 1918/19, in der die Zahl der organisierten Metallarbeiter 1918 auf 717 und 1919 sogar auf 3.821 hochschnellte[40].

Am 24. Juni 1906 – ein Jahr also nach den Streiks und Aussperrungen in der bayerischen Metallindustrie (von denen die Oberpfalz aber nicht direkt betroffen war)[41] – konnte der Deutsche Metallarbeiter-Verband in Leonberg eine Ortsverwaltung mit 22 Gründungsmitgliedern errichten; durch die emsige Agitation des Leonberger DMV-Vertrauensmannes Zitzelsberger (der bezeichnenderweise nicht in der Maxhütte beschäftigt war), des Nürnberger Bezirksleiters Karl Enßner und des Regensburger Bevollmächtigten Hans Brandl[42] gelang es, innerhalb von nur drei Monaten nahezu 400 Maxhütten-Arbeiter im DMV zu organisieren. Konnten auf der ersten DMV-Agitationsversammlung (mit Enßner und Brandl als Referenten) „nur" 19 Mitglieder gewonnen werden, so waren es bei einer zweiten Veranstaltung 108 und bei einer weiteren Versammlung Mitte September 1906 noch einmal 70 Neuaufnahmen. Die vom DMV gesteuerte erste erfolgreiche Lohnbewegung auf der Maxhütte im Herbst 1906 tat ein übriges, um die Mitgliederzahl der Leonberger

Zahlstelle bis Ende 1906 auf mehr als 500 zu erhöhen und die Zahl der christlich organisierten Maxhütten-Arbeiter von 80 auf 20 zu verringern[43].

Durch den offenbar Anfang 1908 vollzogenen Anschluß der Leonberger DMV-Filiale an das Regensburger Gewerkschaftskartell konnte die Mitgliederzahl der dortigen Metallarbeiter- Verwaltungsstelle von 264 auf 853[44] gesteigert und zum 1. Oktober desselben Jahres Hans Brandl als hauptamtlicher Geschäftsführer in Regensburg angestellt werden. Wie bereits ausführlich dargestellt[45], wurde als Folge des (u. a. aufgrund des Streikbruchs der Christlichen) gescheiterten Maxhütten-Streiks ein gelber „Hüttenverband" gegründet, dem bis Mitte 1908 410 Maxhütten-Arbeiter, darunter 150 ehemalige DMV-Mitglieder, beitraten; der DMV sollte als Folge des katastrophalen Streikausgangs insgesamt zwei Drittel seiner Mitglieder auf der Maxhütte verlieren.

In einer kurzen Schlußbetrachtung wird man wohl feststellen können, daß die Metallarbeiter-Organisierungserfolge in der Oberpfalz weitgehend beschränkt blieben auf die Klein- und Mittelbetriebe und daß dem DMV nur in einem einzigen der

Abb. 26: Walzer im Maxhütten-Werk Haidhof 1912

drei großen oberpfälzischen Metallbetriebe (Maxhütte, Gewehrfabrik und Emailfabrik Baumann), dem Maxhütten-Werk Haidhof, der organisatorische Durchbruch gelang, dies aber auch erst im Jahr 1906 und selbst da nur von kurzer Dauer. „Der Großbetrieb als Organisationsproblem des Deutschen Metallarbeiter-Verbandes vor dem Ersten Weltkrieg"[46] war eine – allerdings erst spät thematisierte – allgemeine Erscheinung, blieben doch die Großbetriebe der Metallbranche im gesamten Deutschen Reich – mit nur wenigen Ausnahmen – bis in die ersten Kriegsjahre hinein (das Aufkommen der oppositionellen Revolutionären Obleute markiert hier eine Wende) der gewerkschaftlichen Agitation verschlossen. Die Gründe hierfür wurden ja bereits im Rahmen des Kapitels „Rekrutierung, Qualifizierung und Disziplinierung der Lohnarbeiterschaft in der Oberpfalz sowie daraus resultierende Konflikte und erste Ansätze zur kollektiven Gegenwehr und Bildung eines Klassenbewußtseins" an den Fallbeispielen Maxhütte, Gewehrfabrik und Emailfabrik Baumann aufgezeigt; diese drei großen oberpfälzischen Metallbetriebe hatten sich dafür geradezu angeboten, ließen sich hier doch (begünstigt auch durch das erhalten gebliebene bzw. noch zugängliche betriebsinterne Quellenmaterial für die Gewehrfabrik Amberg) sämtliche organisationshemmenden Disziplinierungsmittel (sowie die daraus resultierende Bildung eines Klassenbewußtseins) und Erscheinungsformen des fabrikindustriellen Systems (Wohlfahrtseinrichtungen und Strafkataloge als System von „Zuckerbrot und Peitsche"; Heranzüchten eines privilegierten Arbeiterstammes; politische Repression und „Herr-im-Hause"- Standpunkt; enorme Beschäftigtenfluktuation) geradezu prototypisch nachzeichnen.

Zu Anfang unseres Jahrhunderts wurden die freigewerkschaftlichen Bemühungen um die Metallarbeiter-(Neu-)Organisierung in der Gewehrfabrik Amberg noch zusätzlich erschwert durch die ihnen mittlerweile erwachsene starke Konkurrenz der zunächst christlichen, dann – von 1906 an – neutralen Sonderorganisationen für Militärarbeiter[47]. Beim anderen großen Amberger Metallbetrieb, der Firma Baumann[48], war der Anteil schlechtbezahlter, un- bzw. angelernter Frauen an der Gesamtbelegschaft – mit 1901: 799 (39,6 %) und 1908: 1.048 Frauen (43,1 %)[49] – besonders hoch; diese Arbeiterinnen galten als gewerkschaftlich nicht organisierbar. Im Jahr 1908 gründeten die Gebrüder Baumann- nach dem Vorbild der M.A.N. und zeitgleich mit der Einrichtung eines „Hüttenverbandes" auf der nahen Maxhütte – einen gelben Werkverein, dem 90 % der Arbeiter sofort beitraten[50] und dem die Gebrüder Baumann bis zum Ende des Jahres 1913 eine Monopolstellung in ihrem Betrieb verschafften durch die Entlassung sämtlicher – 60 – Arbeiter, die noch nicht dem gelben Werkverein angehört hatten, sondern im DMV bzw. im Christlichen Metallarbeiterverband organisiert gewesen waren[51].

Mitgliederentwicklung[52]
in den drei oberpfälzischen Verwaltungsstellen Regensburg, Neumarkt[53] und Amberg des 10. Bezirks des DMV 1902 – 1919

	Regensburg	Neumarkt	Amberg
1902	95	31	–
1903	114	63	101
1904	124	60	82
1905	160	47	94
1906	174	35	126
1907	264	50	170
1908	853	49	167
1909	798	46	105
1910	718	50	234
1911	653	56	264
1912	634	49	220
1913	672	38	268
1914	307	18	204
1915	135	15	155
1916	242		165
1917	313		246
1918	802		717
1919	2.945	223	3.821

TABELLARISCHE ÜBERSICHT ÜBER DIE METALLARBEITER-VERSAMMLUNGSTÄTIGKEIT IN DER OBERPFALZ
(SOWEIT BEKANNT UND NICHT BEREITS IM TEXT ERWÄHNT)

Datum	Ort	Einberufer, Referent, Thema und Teilnehmerzahl (soweit erwähnt)	Quelle
23.8.1891	Regensburg (Gasthaus „Blauer Hecht")	von 80 Arbeitern besuchte Metallarbeiterversammlung mit dem Referenten Großberger aus Nürnberg, der „die Nothwendigkeit einer Organisation aller Arbeiter (betont), um gegen das Kapital den Kampf aufnehmen zu können"	StA AM, Reg. d.Opf. 13933, Bericht vom 30.8.1891
6.9.1891	Regensburg (Gasthaus „Blauer Hecht")	Metallarbeiterversammlung beschließt den Anschluß an den Deutschen Metallarbeiter-Verband „zum Zwecke der Erzielung einer Lohnerhöhung u. Verminderung der Arbeitszeit"	ebd., Nr. 454 vom 20.9.1891
18.9.1892	Regensburg (Gasthaus Schmidt)	bei einer von Mitgliedern aller Gewerkschaften besuchten Metallarbeiterversammlung mit dem Referenten Martin Segitz aus Fürth (über „Die wirtschaftliche Lage der Arbeiter und die Nothwendigkeit der Organisation") wird die Errichtung eines Gewerbegerichtes gefordert	„FT" Nr. 220 vom 19.9.1892
17.6.1894	Regensburg (Stadler'sche Brauerei)	von 52 Arbeitern besuchte Metallarbeiterversammlung mit dem Referenten Segitz-Fürth (zum Thema: Die Lage der hiesigen Metallarbeiter und Zweck und Nutzen einer Organisation), „dessen Rede auf Bekämpfung des Kapitalismus abzielte"	StA AM, Reg. d.Opf. 13748, Bericht vom 25.6.1894 und „FT" Nr. 142 vom 21.6.1894
21.2.1897	Neumarkt	bei einer von 30 Personen - „meistens Socialdemokraten"- besuchten Metallarbeiterversammlung wird nach einem Referat von Georg Harscher aus Fürth eine Zahlstelle des Metallarbeiterverbandes gegründet, der sofort 15 Anwesende beitreten; der eigentliche Gründer und – bis zu seinem Tode im Jahre 1904 – Bevollmächtigte dieser Zahlstelle war der Neumarkter Sozialdemokrat Michael Lang, der auch Mitglied des Turnvereins sowie des Gesangvereins Liederkranz war	StA AM, Reg. d.Opf. 13750, Bericht vom 1.3.1897 und „FT" Nr. 131 vom 7.6.1904
20.11.1897	Neumarkt	„von dem Schlosser der dortigen Velocipedfabrik, Jos. Mayer, einberufene öffentliche Versammlung . . . , in welcher Karl Enßner aus Nürnberg über die Arbeiterfrage u. deren Verbesserung sprach u. schließlich zum Beitritte zum Metallarbeiter-Verbande Deutschlands aufforderte. Erschienen waren etwa 40 meist der vorgenannten Fabrik od. auch einer Eisengießerei in Neumarkt angehörige Arbeiter"	StA AM, Reg. d.Opf. 13750, Bericht vom 29.11.1897

Datum	Ort	Einberufer, Referent, Thema und Teilnehmerzahl (soweit erwähnt)	Quelle
1.Mai 1898	Neumarkt	vom Nürnberger Metallarbeiter Pfötschler einberufene Maifeier-Versammlung mit dem Festredner Karl Enßner aus Nürnberg, „Die von ca.35 Sozialdemokraten u. 15 anderen Personen besuchte Versammlung verlief ruhig"	ebd., Bericht vom 9.5.1898
Mitte Juni 1900	Neumarkt	Metallarbeiterversammlung mit dem Referenten Ettrich aus Nürnberg zur „'Nürnberg-Neumarkter Streikangelegenheit' . . . Weiter streifte Referent die Unterstützungen, die im Verhältniß zu der großen Zahl der streikenden Kollegen minimale seien, und ermahnte die hiesigen Kollegen, da keine weitere Unterstützung zur Verfügung stehe, mit der gegenwärtigen zufrieden zu sein und mit dem gleichen Muthe wie die Nürnberger Kollegen den Kampf bis zum letzten Augenblicke abzuwarten"	„FT" Nr. 140 vom 19.6.1900
28.2.1904	Amberg (Restauration Maximilian)	„von zirka 250 Personen" besuchte Metallarbeiterversammlung mit dem Referenten Enßner aus Nürnberg über „Nutzen und Werth der Organisation"; zur selben Zeit im Gesellenhaus christliche Konkurrenz-Veranstaltung	„FT" Nr. 55 vom 5.3.1904
20.5.1906	Sulzbach (Gasthaus Schall)	vom Vorsitzenden des christlichen Gewerkschaftskartells Amberg, dem Schlosser Joseph Siebzehnriebl, einberufene, von 85 Personen besuchte Arbeiterversammlung, bei der – nach heftigen Attacken des Referenten Göß aus Nürnberg gegen den DMV – eine Zahlstelle des christlichen Metallarbeiterverbandes gegründet wird	StA AM, BA SUL 1301, Berichte vom 19. und 26.5.1906
26.8.1906	Rosenberg (Braukeller)	DMV-Versammlung mit 30 auswärtigen Besuchern und einem Referat Karl Hummels aus München über „Die wirtschaftliche Lage der Arbeiter und der Kampf um das tägliche Brot"	ebd., Bericht vom 1.9.1906
9.5.1908	Sulzbach	Konferenz des christlichen Metallarbeiterverbandes, Bezirk Nordbayern, bei der 14 Ortsgruppen durch Delegierte vertreten sind, Mitgliederzahl im Bezirk stieg im Verlaufe des Jahres 1907 von 836 auf 1.391, in Amberg allerdings sei ein „großer Teil (der Arbeiterschaft, d. Verf.) der gelben Versumpfung verfallen"	„OK" Nr. 110 vom 14.5.1908
13.3.1910	Schwandorf	sehr gut besuchte Metallarbeiterversammlung mit einem Referat Werthmüllers aus Nürnberg über die schlechten Lohn- und Arbeitsverhältnisse in der Schwandorfer Gegend, endet mit einer Reihe von Neuaufnahmen in den DMV und Störmanövern christlicher Gewerkschafter	„FT" Nr. 61 vom 14.3.1910

FUSSNOTEN: e) LAGE UND ORGANISIERUNG DER METALLARBEITER

1) Vgl. hierzu das so überschriebene Kapitel.

2) Vgl. ALBRECHT, Fachverein, S. 74 – 77.

3) Vgl. CHROBAK, VHVO 121, S. 221 f. und StA AM, Reg. d. Opf. 13751, Bericht vom 16.3.1873.

4) Vgl. CHROBAK, VHVO 121, S. 223.

5) Vgl. ebd., S. 230 und das Kapitel „Kassenwesen", S. 67 f.

6) Vgl. das Kapitel „Rekrutierung . . . ", S. 119 f.

7) Vgl. StA AM, Reg. d. Opf. 14200, Nr. 1806 vom 21.10.1872.

8) Vgl. StA AM, Reg. d. Opf. 13751, Nr. 1012 vom 9.6.1873.

9) Vgl. CHROBAK, VHVO 121, S. 222.

10) Vgl. „Nürnberger-Fürther Socialdemokrat" Nr. 141 vom 27.11. und 143 vom 1.12.1875.

11) Quelle: ebd., Nr. 8 vom 18.1.1876.

12) Vgl. ZBG, Protokoll über die Generalversammlung der Metallarbeitergewerksgenossenschaften in Erfurt 1876, S. 4.

13) Vgl. ebd., Protokoll . . . Gotha 1877, S. 7.

14) Vgl. BHS I, MInn 66312, Nr. 41 vom 3.9.1878.

15) Vgl. Das Sozialistengesetz 1878 – 1890. Illustrierte Geschichte des Kampfes der Arbeiterklasse gegen das Ausnahmegesetz, Berlin (O) 1980, S. 283.

16) Vgl. StA AM, Reg. d. Opf. 13933, Nr. 454 vom 20.9.1891.

17) Vgl. ebd., Bericht vom 18.5.1890 und BA SUL 1301, Bericht vom 16.5.1890.

18) So z.B. in der „FT" Nr. 186 vom 11.8.1891: „Die Arbeitsräume der kgl. Gewehrfabrik zu Amberg sind am 5. ds. Mts. zum ersten Male mit elektrischem Lichte beleuchtet worden. (Wenn man nur auch in den Köpfen der Amberger ein elektrisches Licht anzünden könnte! Aber da wird's wohl noch lange dunkel bleiben)."

19) Quelle: WITTMANN, a.a.O., S. 134.

20) Quelle: FIB 1896, S. 198.

21) Vgl. MEIER, Hans: Die erste deutsche Fahrradfabrik in Neumarkt, in: DO 70, 1982, S. 345 – 348.

22) Vgl. „FT" Nr. 216 vom 15.9.1896.

23) Zu den Arbeitsbedingungen bei der Firma Kannstein, insbesondere zu den ständigen Auseinandersetzungen mit dem Meister, einem ehemaligen Sozialdemokraten, vgl. den Bericht in der „Deutschen Metallarbeiter-Zeitung" Nr. 7 vom 15.2.1908 (dokumentiert in: Das rote Nürnberg, Bd. III, Nürnberg 1984, S. 143 – 145).

24) Vgl. hierzu die Tabelle „Taglohn und Wochenarbeitszeit in der Metallindustrie Nordbayerns, 1896", in der „Deutschen Metallarbeiter-Zeitung" Nr. 34, 1897 (ebenfalls wiedergegeben in: Das rote Nürnberg, Bd. III, S. 286).

25) Vgl. hierzu die Tabelle im Kapitel „Löhne und Preise, Lebensstandard", S. 54.

26) Vgl. ZBG, P II 1102 – 1899: Protokoll der 4. ordentlichen Generalversammlung des DMV in Halle vom 4. bis 8. April 1899, S. 46.

27) Vgl. RUPIEPER, Hermann-Josef: Arbeiter und Angestellte im Zeitalter der Industrialisierung, Frankfurt a.M. 1982, S. 159.

28) Vgl. hierzu die Berichterstattung („FT" Nr. 140 vom 19.6.1900) im Veranstaltungskalender am Kapitelende.

29) Vgl. ZBG, P II 1099 – 1899/1900, Bericht des DMV-Vorstandes an die Generalversammlung in Nürnberg 1901, S. 98 und FIB 1900, S. 234 f.; zu der vom Verband Nürnberger Metallindustrieller betriebenen Repressionspolitik (Austausch von Schwarzen Listen, Unterstützung bestreikter Unternehmen durch die Übernahme von Lieferverpflichtungen etc.) vgl. RUPIEPER, a.a.O., S. 158 f.

30) Vgl. ZBG, P II 1102 – 1901, Protokoll der 5. ordentlichen Generalversammlung in Nürnberg vom 28.5. bis 1.6.1901, S. 198 und 257.

31) „FT" Nr. 251 vom 26.10.1901.

32) Vgl. „FT" Nr. 252 vom 28.10.1901.

33) Bei der 2. Konferenz der bayerischen Metallarbeiter im Juli 1903 in Nürnberg war noch von nur einzelnen, der Nürnberger DMV- Verwaltungsstelle angeschlossenen Mitgliedern in Amberg die Rede gewesen (vgl. „FT" Nr. 173 vom 28. 7. 1903); auf die Gründung der Amberger Zahlstelle um die Jahreswende 1903/04 deutet auch die von 250 Personen besuchte Metallarbeiterversammlung im Februar 1904 in Amberg hin (vgl. hierzu die Versammlungs-Tabelle am Kapitelende.

34) Vgl. hierzu den Rechenschaftsbericht Enßners (abgedruckt in: Das rote Nürnberg, S. 100 f.), in dem er sich über die Verhältnisse insbesondere in Amberg beklagt: „Durch das Zusammenwirken der Behörden, der Geistlichen und der Unternehmer werden sehr häufig Kollegen wegen ihrer Zugehörigkeit zum Verband in ihrer Existenz bedroht. ... Intelligente Kollegen bleiben nur so lange in kleinen Städtchen, so lange sie die Verhältnisse dazu zwingen. Dadurch wird die Agitation ungemein erschwert."

35) Quelle: ebd., S. 280 f.

36) StA AM, BA SUL 1301, Bericht vom 21. 4. 1906.

37) Vgl. hierzu das Kapitel „Lage und Organisierung der Bergarbeiter".

38) „FT" Nr. 187 vom 12. 8. 1908.

39) Vgl. „FT" Nr. 230 vom 1. 10. 1910.

40) Zur Mitgliederbewegung vgl. die Tabelle am Kapitelende.

41) Vgl. RUPIEPER, a.a.O, S. 160 – 163 und SCHNEIDER, Aussperrung, S. 64 f.

42) Geb. 27.5.1871 in Regensburg. Spengler. Seit 1.10.1908 Gesch.- Fhr. d. Metallarbeiterverb. – 1905 bis 1908 Bevollm. d. Verb., 1905 bis 1907 Kassierer des Gew.-Kart. (Handbuch des Vereins Arbeiterpresse, III. Jg. 1914, S. 506).

43) Vgl. „FT" Nr. 220 vom 20.9.1906; Festschrift „75 Jahre Industriegewerkschaft . . . ", S. 104 und Kapitel „Rekrutierung . . . ", S. 120 f.

44) Vgl. die Tabelle „Mitgliederentwicklung ..." am Kapitelende.

45) Im Kapitel „Rekrutierung . . . ", S. 123.

46) So auch der Titel der Studie von Elisabeth DOMANSKY-DAVIDSOHN in: MOMMSEN, Hans (Hrsg.), Arbeiterbewegung und industrieller Wandel, Wuppertal 1980, S. 95 – 116.

47) Vgl. DENK, a.a.O., S. 365 – 367; über die Mitgliederstärke dieser Organisationen ist nichts bekannt.

48) Die Firma Baumann mußte am 6.6.1986, nach einer mehr als hundertjährigen Firmengeschichte, mit zuletzt nur noch 113 (fast ausschließlich älteren, schwer „vermittelbaren") Beschäftigten Konkurs anmelden (vgl. „Mittelbayerische Zeitung" vom 7.6.1986).

49) Quelle: Kapitel „Frauenarbeit", S. 40.

50) Vgl. FIB 1908, S. 98.

51) Vgl. Kapitel „Rekrutierung . . . ", S. 128.

52) Quelle: die Zahlen für 1902 – 1918 aus: Das rote Nürnberg, Bd. III, S. 280 – 283 (Tabelle 1) und für 1919 aus: ebd., Bd. IV, Nürnberg 1985, S. 278 – 281.

53) Von 1916 bis 1918 gehörte Neumarkt zur Verwaltungsstelle Regensburg; 1919 wurde die Verwaltungsstelle Neumarkt aber wieder selbständig.

f) LAGE UND ORGANISIERUNG DER PORZELLANARBEITER[1]

Die Lage der oberpfälzischen Porzellanarbeiter wurde, soweit überhaupt noch rekonstruierbar, ja bereits dargestellt[2]. Erwähnt sei hier nochmals das betriebliche Kassenwesen, das in der Oberpfalz – wie auch im Deutschen Reich überhaupt – besonders früh bei den Porzellanarbeitern eingesetzt hatte: So war bereits 1832 in der Dorfner'schen Porzellanfabrik in Hirschau eine Kranken-, Unfall- und Witwen-Kasse eingerichtet worden, in der aber nur die von auswärts herbeigeholten Dreher und Former (von denen die Kasse – in Zusammenarbeit mit dem Fabrikherrn – auch gegründet worden war) Mitglied werden konnten. Bis 1869/70 waren dann in allen – damals vier – oberpfälzischen Steingut- und Porzellanfabriken (mit zusammen rund 350 Beschäftigten) Krankenkassen eingerichtet worden: neben der bereits erwähnten Kasse bei der Firma Dorfner (120 Beschäftigte) eine jeweils selbstverwaltete Unterstützungskasse bei der Amberger Steingutfabrik Kick (113 Beschäf-

Abb. 27: Belegschaft des Kaolinwerks „Auf der Schlemm" bei Kohlberg um 1900

tigte) und der Tirschenreuther Porzellanfabrik Muther & Tittel (wo die Mitgliedschaft allerdings - wie bereits bei Dorfner – den Porzellandrehern unter den 35 Beschäftigten vorbehalten blieb) sowie eine Krankenkasse bei der Waffler'schen Steingutfabrik in Regensburg (70 – 80 Beschäftigte)[3].

Die Skala der 1870 in den vier oberpfälzischen Porzellanfabriken bezahlten Wochenlöhne reichte von 2 Gulden für Tagelöhner bis zu 15 Gulden für Porzellandreher und -maler[4]. Die Arbeitsunfähigkeits- bzw. Krankenstands-Quoten differierten ebenfalls enorm zwischen den einzelnen Porzellan- und Steingutfabriken: am höchsten – unter sämtlichen oberpfälzischen Betrieben! – waren sie bei der Porzellanfabrik Tirschenreuth (wo 1882: 85,5 %; 1883: 83,3 % und 1884: 81,6 % der Belegschaft auf unbestimmte Zeit krankgeschrieben waren; der Tirschenreuther Bezirksarzt machte hierfür die feuchten Werkswohnungen verantwortlich), am niedrigsten – wiederum von allen Fabriken der Oberpfalz – in der Dorfner'schen Porzellanfabrik in Hirschau (mit Krankenstands-Quoten von 1882: 37,2 %; 1883: 31,5 % und 1884: 34,4 %)[5].

Abb. 28: Arbeiterinnen in der Porzellanfabrik Bauscher in Weiden

Erst 1881, mit der Betriebseröffnung der Firma Bauscher in Weiden, begann die eigentliche Ansiedlung der Porzellanindustrie in der Nordoberpfalz, wo im Erhebungsjahr 1910 bereits 12 Porzellanfabriken mit insgesamt 4.350 Beschäftigten[6] gezählt wurden. Die nordoberpfälzischen Porzellanbetriebe waren von Anfang an – neben der Glasindustrie und den beiden Amberger Emailfabriken – einer der Schwerpunkte der Frauenarbeit in der Oberpfalz, lag doch zu Ende des letzten Jahrhunderts der Anteil un- und angelernter Frauen an der Gesamtbeschäftigtenzahl der oberpfälzischen Porzellanindustrie bereits bei etwa einem Drittel[7]. Die weitaus bedeutendste oberpfälzische Porzellanfabrik war die Firma Bauscher in Weiden: zum einen natürlich aufgrund ihrer Beschäftigtenzahl (1.100 im Jahr 1910), zum anderen wegen des von ihr aufgebauten – ideologisch fundierten und in seinem umfassenden Charakter innerhalb der oberpfälzischen Porzellanindustrie einzigartigen – Systems betrieblicher Wohlfahrtseinrichtungen (Urlaubsgewährung, Werkssparkassen usw.)[8]

Nachdem 1859 mit dem Sturz der Regierung von der Pfordten-Reigersberg auch in Bayern eine „Neue Ära" eingeleitet worden war, entstand seit 1861/62 eine Reihe von liberalen Arbeitervereinen, deren Mitgliedschaft sich meist aus Kleinhandwerkern oder handwerklich ausgebildeten Fabrikarbeitern rekrutierte und die bereits 1862/63 im Rahmen der Kongreßbewegung ihre lokale Isoliertheit zu überwinden trachteten[9]. In Regensburg fand am 27. Dezember 1861 „eine Versammlung von etwa 130 Hafnern zum Zwecke der Bildung eines allgemeinen Hafnervereines statt"[10]; bei diesen 130 (Gründungs-) Versammlungsteilnehmern dürfte es sich – schon aufgrund der großen Zahl[11] – vor allem um in der

Abb. 29: Bauscher-Porzelliner bei der Arbeit

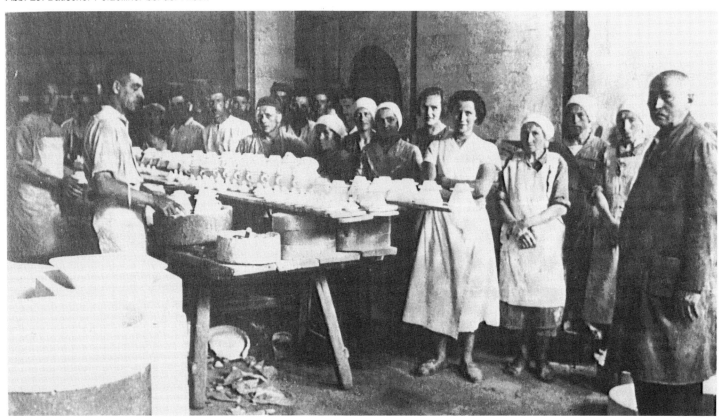

Waffler'schen Steingutfabrik beschäftigte Hafner (Töpfer), weniger um noch handwerklich tätige Hafnergehilfen und -meister gehandelt haben.

Selbst wenn nicht alle 130 Besucher der Gründungsversammlung dem „allgemeinen Hafnerverein" auch beigetreten sein sollten und über die Mitgliederstruktur des Vereins nichts Näheres bekannt ist, so kann doch die Bedeutung dieses ersten oberpfälzischen Arbeitervereins – nach der Reaktionsära der 1850er Jahre – als weitere Kontinuitätslinie (neben den bereits behandelten Hilfs- und Unterstützungskassen und der Buchdrucker-„Typographia") der gewerkschaftlich-politischen Arbeiterbewegung in der Oberpfalz gar nicht hoch genug veranschlagt werden. Es darf als gesichert gelten, daß aus der Mitgliedschaft der Hilfs- und Unterstützungskassen sozialistischer Provenienz sowie der „Typographia", insbesondere aber des allgemeinen Hafnervereins die drei Regensburger Delegierten zum süddeutschen Arbeiterkongreß am 1. November 1862 in Nürnberg[12] entsandt wurden und daß aus dieser Mitgliedschaft der im Herbst 1863 erstmals erwähnte Regensburger liberale Arbeiter(fort-)bildungsverein[13] sich rekrutierte bzw. der Hafnerverein in diesem aufgegangen war (zumal jedwede Hinweise auf irgendwelche Aktivitäten des Hafnervereins fehlen).

Abb. 30: Druckereipersonal der Porzellanfabrik Tirschenreuth 1913

Im Mai 1869 nahmen Delegierte aller vier oberpfälzischen Steingut- und Porzellanfabriken gemeinsam an der Gründungsversammlung des verbandsunabhängigen liberalen „Gewerkvereins der Porzellan- und verwandten Arbeiter" teil[14] – eine Konsequenz sicherlich sowohl der bereits vorher bestandenen Kontakte zwischen den Mitgliedern der einzelnen Porzellanarbeiter-Unterstützungskassen als auch der in jahrelanger Selbstverwaltungspraxis gewonnenen Einsicht in die Notwendigkeit organisatorischer Verselbständigung und Zentralisierung[15]. Ob und inwieweit die Teilnahme an dieser konstituierenden Versammlung auch zur Gründung von Porzellanarbeiter-Ortsvereinen in Regensburg, Amberg, Hirschau und Tirschenreuth führte, deren Aktivitäten über die der bereits vorhandenen Unterstützungskassen hinausgegangen wären, läßt sich aber nicht mehr feststellen[16]; zumindest in Hirschau scheint es aber zu keiner bzw. einer – allenfalls – kurzlebigen Ortsvereinsgründung gekommen zu sein, warb dort doch im Jahr 1880 der Berliner Porzellanmaler Dollmann vergeblich für den (Wieder?-)Anschluß an den Hirsch-Dunckerschen Gewerkverein der deutschen Porzellanarbeiter[17].

Im Februar 1872 wurde in Regensburg ein Hafnerfachverein mit 20 Mitgliedern gegründet[18], der außerordentlich rührig war und von Regensburg aus die Gründung eines deutschen Hafner- (bzw. Töpfer-)Zentralverbandes, allerdings erfolglos, zu initiieren versuchte[19]; der Vorstand des Hafner-Fachvereins, Michael Jung, war zugleich auch Vorsitzender des Regensburger Arbeitervereins[20]. In den Wirtschaftsflauten der Jahre 1874/75 scheint sich der Hafnerfachverein aber wieder aufgelöst zu haben.

Neue Porzellan- bzw. Hafner-Aktivitäten entwickelten sich in der Oberpfalz erst wieder nach dem Auslaufen des Sozialistengesetzes und der zu Ende des Jahres 1891 erfolgten Konstituierung eines sozialdemokratisch orientierten „Verbandes der Porzellan- und verwandten Arbeiter" (der durch Loslösung des Gewerkvereins d. dt. Porzellanarbeiter vom Hirsch-Dunckerschen Verband deutscher Gewerkvereine entstanden war)[21]. Im Sommer 1892 wurde eine erste Zahlstelle des Porzellanarbeiterverbandes in Weiden gegründet[22], der im Jahr darauf weitere Fachvereins-Gründungen folgten in Waldsassen und in Mitterteich[23], wo die Direktion der Porzellanfabrik Lindner u. Co. im September desselben Jahres sämtliche dem Verband angehörenden Porzellandreher entließ[24]. Daraufhin traten die (gleichfalls zur „Elite" innerhalb der Porzellanarbeiterschaft zählenden) Porzellanmaler in einen offenbar langandauernden Solidaritätsstreik[25], über dessen Ausgang nichts bekannt ist. Der Amtsbezirk Tirschenreuth war jedenfalls im Jahr 1896 mit 73 Mitgliedern der Organisationsschwerpunkt des Porzellanarbeiterverbandes in der Oberpfalz[26]; allerdings scheint – auch – dort die Mitgliedschaft in zwei untereinander zerstrittene Fraktionen gespalten gewesen zu sein[27].

Neben den 1896 vermutlich sieben Porzellanarbeiter-Zahlstellen in der Oberpfalz[28] existierte auch noch der im Jahr 1894 (wieder-)gegründete Regensburger Hafner-Fachverein[29], der sich später dem Zentralverband der Töpfer in Berlin anschließen sollte[30]; eine – eigentlich naheliegende – Verschmelzung der drei einander verwandten sozialdemokratisch orientierten Töpfer-, Porzellan- und Glasarbeiter-Zentralverbände kam nie zustande[31]. Im Jahr 1903 entließ der Tirschenreuther Ofenfabrikant Wallner 36 Hafnergehilfen, die seiner ultimativen Aufforderung zum Austritt aus dem Töpferverband nicht gefolgt waren (als weitere Kündigungsgründe nannte Wallner „Blaumachen" und „ungebührliches Benehmen" der Gehilfen)[32]. Bis zum Jahr 1910 konnte dann aber auch in Tirschenreuth – trotz des dort besonders organisationsfeindlich agierenden Unternehmers Wallner[33] – (im fünften Anlauf) eine Hafner-Zahlstelle gegründet werden, die noch im selben Jahr einen siebzehnwöchigen Streik bei der Firma Wallner offenbar erfolgreich abzuschließen vermochte[34]. Bereits im Jahre 1906 hatten die Regensburger Hafner – mit der (Streik-)Unterstützung des Zentralverbandes – eine Verkürzung der Tagesarbeitszeit auf 9 1/2 Stunden und einen verbessserten Lohntarif durchsetzen können[35].

Etwa von der Jahrhundertwende an waren bei allen Porzellanarbeiter-Generalversammlungen auch Delegierte aus der Oberpfalz vertreten[36]; bereits bei der Generalversammlung 1899 in Rudolstadt hatte der Verbandsvorsitzende Wollmann (der in der Oberpfalz mehrmals schon bei Porzellanarbeiterversammlungen referiert hatte) beklagt, daß häufig aussichtslose Streiks begonnen würden, die enorme Summen an Streikunterstützung verschlängen und daß „es scheine, als ob ein Teil der Mitglieder in dem Verbande nichts weiter als einen Unterstützungsverein erblicke. . . . Es sei dringend zu wünschen, daß auch die Mitglieder des Porzellanarbeiterverbandes mehr Interesse für diese Hauptaufgaben der gewerkschaftlichen Bewegung [Agitation, Organisation und gewerkschaftlicher Kampf] an den Tag legen"[37]. Auch in der Oberpfalz dürfte das beim Porzellanarbeiterverband besonders gut ausgebaute Unterstützungswesen den gewerkschaftlichen Alltag der Porzellanarbeiter-Zahlstellen bestimmt haben, fehlen hier doch bis zum Jahr 1910 Berichte über anderweitige Aktivitäten gänzlich.

Nach dem Solidaritätsstreik der Mitterteicher Porzellanarbeiter im Jahr 1893 sollte es in der Oberpfalz – mit Ausnahme einer eher kuriosen Auseinandersetzung im Jahr 1901[38] – bis zum Jahr 1910 zu keinem Porzellanarbeiterstreik mehr kommen. Der im November 1910 - nur ein Vierteljahr nach der Amtseinführung des ehemaligen Tirschenreuther Gewerkschaftskartells-Vorsitzenden Hermann Bredow[39] als Gauleiter des Porzellanarbeiterverbandes für Oberfranken und Oberpfalz (mit Sitz in Marktredwitz) - bei der Porzellanfabrik Mannl in Krummenaab begonnene sechsmonatige Streik sollte dann allerdings, da Mannl sämtliche 65 Ausständige (von denen 45 im Porzellanarbeiterverband organisiert waren) durch Streikbrecher ersetzen konnte, gleich mit einem Organisationsdesaster enden, d.h. zur Auflösung einer der mitgliederstärksten Porzellanarbeiter-Zahlstellen der Oberpfalz führen und der Porzellanarbeiterverbandskasse knapp 11.000 Mark Streikunterstützung kosten[40]. In der ersten Jahreshälfte 1911 endete auch der zweite oberpfälzische Porzellanarbeiterstreik (an dem aber nur sieben Verbandsmitglieder beteiligt gewesen waren) – bei der Firma Wolfrum in Wiesau – nach fast zwei Monaten (durch Zuzug von Streikbrechern) mit einer Niederlage[41]. Einige – wenn auch bescheidene – Verbesserungen der Lohn- und Arbeitsverhältnisse konnte dagegen im selben Jahr der Porzellanarbeiterverband – ohne Streik – erzielen in den Porzellanfabriken Plankenhammer (Lohnerhöhungen um 5 – 10 %), Tirschenreuth (Lohnaufbesserung um 5 %) und Gareis & Kühnl in Waldsassen (dort sollten die Beschäftigten an der Tarifkalkulation beteiligt werden)[42].

Abb. 31: Malerpersonal der Porzellanfabrik Tirschenreuth 1913

Um die Mitte des Jahres 1911 war – nach Angaben von Gauleiter Bredow[43] – knapp ein Drittel der oberpfälzischen Porzellanarbeiterschaft freigewerkschaftlich organisiert. Als seine beiden Hauptkonkurrenten bzw. -gegner bei der Organisierungsarbeit sah Bredow (wie vor ihm auch schon der Glasarbeiter-Gauleiter Dirscherl) den ständig in fremden Revieren wildernden bzw. auf Mitgliederfang befindlichen – ebenfalls sozialdemokratisch orientierten – Fabrikarbeiterverband[44] und, vor allem und immer wieder, die in der Oberpfalz allgegenwärtige katholische Geistlichkeit: „Sie gründet von [sic] Streikbrechern Arbeitervereine, bildet Unterstützungsvereine und aus solchen Vereinen werden dann die christlichen Gewerkschaften. Gehen diese ein, so entstehen wieder die alten Unterstützungsvereine. ... Unter der Agitation der Fabrikarbeiter haben wir auch zu leiden gehabt. Vielfach sind dadurch, daß zwei Verbände am Ort für die Kollegen existierten, Lohnbewegungen verloren gegangen"[45].

Eine existentielle Gefährdung sollte dem sozialdemokratischen Porzellanarbeiterverband um die Jahreswende 1911/12 in der Oberpfalz durch die Gründung eines gelben Werkvereins bei der Firma Bauscher in Weiden und durch die Aussperrungsmaßnahmen des „Schutzvereins deutscher Porzellanfabriken" erwachsen. Bei Bauscher war Ende 1911, als Reaktion auf eine im Sommer desselben Jahres gescheiterte Lohnbewegung des dort (mit 200 Organisierten) dominierenden christlichen Keramarbeiterverbandes[46], ein Werkverein gegründet worden, dem 160 der 1.100 Beschäftigten sofort beigetreten waren[47] und dem 1914 – aufgrund zahlreicher materieller Vergünstigungen für die Mitglieder – bereits der größte Teil der Belegschaft angehörte[48]. Vom 24. Februar 1912 an sperrten dann die im „Schutzverein deutscher Porzellanfabriken" organisierten Unternehmer sämtliche – insgesamt 6.300 – dem Porzellanarbeiterverband angehörenden Arbeiter aus[49]; im Gau Oberfranken und Oberpfalz waren davon 1.214[50], in der Oberpfalz allein 209[51] Porzellanarbeiter betroffen, von denen der Austritt aus dem Porzellanarbeiterverband gefordert wurde, da sie sonst nicht mehr eingestellt werden würden[52].

In der Oberpfalz beteiligten sich an der – zunächst bis zum 4. März 1912 befristeten – Aussperrung die zwei dem Schutzverein angeschlossenen Porzellanfabriken im Amtsbezirk Tirschenreuth sowie die Firma Bauscher in Weiden, wo die 30 ausgesperrten Mitglieder des Porzellanarbeiterverbandes allerdings bei der neugegründeten örtlichen Konkurrenz, der dem Schutzverein nicht beigetretenen Firma Seltmann, untergekommen zu sein scheinen[53]. Durch die – wie bereits bei der Aussperrung im Baugewerbe 1910 – mangelnde Geschlossenheit der Unternehmerfront endete die Aussperrung am 23. März 1912, nach vier Wochen also, mit einem Erfolg des Porzellanarbeiterverbandes, der bei den Einigungsverhandlungen in Berlin von den Vertretern des Schutzvereins erstmals als Verhandlungs- und Tarifpartner anerkannt wurde[54]. Vor allem aber konnten die im Amtsbezirk Tirschenreuth ausgesperrt gewesenen knapp 180 Freiorganisierten wieder an ihre alten Arbeitsplätze zurückkehren[55], die Tirschenreuther Porzellanarbeiter-Zahlstelle (die ohnehin mitgliederstärkste in der Oberpfalz) noch weiter ausbauen und eine neue Zahlstelle für die ebenfalls von der Aussperrung betroffen gewesenen Arbeiter der Waldershofer Porzellanfabrik gründen[56].

Mit einem materiellen Fiasko für die Betroffenen (Verlust des Arbeitsplatzes, Räumung der Werkswohnungen) und der Auflösung einer 80 Mann starken Zahlstelle endete dagegen eine zweite Porzellanarbeiteraussperrung 1913/14 in Plankenhammer. Dort waren - vom 24. November 1913 an – die 100 Verbandsmitglieder unter den insgesamt 170 Beschäftigten der Porzellanfabrik von der Arbeit ausgeschlossen worden, weil sie eine 20 bis 50 %ige Reduktion ihrer Löhne nicht hinnehmen wollten[57]; angesichts einer wirtschaftlichen Krise und enormen Arbeitslosigkeit mußten die Versuche der Ausgesperrten, Arbeitswillige von der Arbeit abzuhalten[58], aber scheitern, zumal da die Firmenleitung alle Vermittlungsangebote des Fabrikinspektors sowie des Gauleiters Bredow ablehnte[59] und der „christl. Keramarbeiterverband ... in Zuführung gelernter Arbeiter für die fragliche Fabrik erfolgreich tätig"[60] war. Anfang März 1914 waren so bereits 75 von 100 sozialdemokratisch organisierten Ausgesperrten durch neueingestellte Arbeitskräfte ersetzt worden[61] – mit Hilfe vor allem der von der Werksleitung protegierten starken christlichen Zahlstelle, die in der Aussperrung der Freiorganisierten ihre Chance witterte, sich der sozialdemokratischen Konkurrenzorganisation in der Porzellanfabrik Plankenhammer zu entledigen[62], was ihr dann ja auch gelingen sollte.

ZUR MITGLIEDERBEWEGUNG DER FREIGEWERKSCHAFTLICHEN PORZELLANARBEITER- UND TÖPFER-ZAHLSTELLEN IN DER OBERPFALZ 1896 – 1914 (SOWEIT BEKANNT)[63]

Zahlstelle	1896	1904	1905	1906	1908	1909	1910	Am Ort beschäftigte Porzellanarbeiter 1910	1911	1912	1913	1914
AMBERG	–	gegründet 1.7.1903: 18	21	22	20	24	29	–	Auflösung d. Zahlstelle nach Betriebsaufgabe	–	–	–
HIRSCHAU	37	–	33	26	15	10	12	149	12	–	–	–
KRUMMENAAB	22	–	–	–	gegründet am 1.9.1907: 27	55	34	146	Auflösung d. Zahlstelle nach Streikniederlage	–	–	–
WEIDEN	10	28	26	55	40	66	55	730	98	85	88	115
WALDSASSEN		34	45	32	24	22	36	900	38	36	48	36
TIRSCHENREUTH	Zusammen 73	72	73	92	72	77	102 (Töpfer:28)	400	112 (Töpfer:45)	158 (Töpfer:43)	144 (Töpfer:30)	133 (Töpfer:33)
MITTERTEICH		82	82	86	71	64	66	400	73	80	87	84
WIESAU	–	–	gegründet 1905: 9	16	10	13	19	70	18 (Töpfer:16)	–	–	–
REGENSBURG	–	11	7	5	13	17	13 (Töpfer:20)	18	13 (Töpfer:16)	15 (Töpfer:16)	7 (Töpfer:14)	8 (Töpfer:6)
FLOSS	–	–	–	–	–	–	42	–	45	63	–	15
VOHENSTRAUSS	–	63	75	62	71	61	49	400	50	27	39	33
WALDERSHOF	–	–	–	–	–	–	–	–	–	40	30	–
PLANKENHAMMER	–	–	–	–	–	–	47	100	55	–	80	–

TABELLARISCHE ÜBERSICHT ÜBER DIE PORZELLANARBEITER-VERSAMMLUNGSTÄTIGKEIT IN DER OBERPFALZ (SOWEIT BEKANNT)

Datum	Ort	Einberufer, Referent, Thema und Teilnehmerzahl (soweit erwähnt)	Quelle
11.7.1880	Hirschau	Porzellanarbeiterversammlung mit dem Referenten Porzellanmaler Joseph Dollmann vom Gewerkverein in Berlin-Charlottenburg, der die Arbeiter der Dorfner'schen Porzellanfabrik zum Anschluß an den Gewerkverein bewegen will, was ihm aber nicht gelungen sei, „auch soll der Berliner Gewerkverein weder mit socialdemokratischen Mitteln kämpfen noch socialdemokratische Ziele verfolgen"	StA AM, Reg. d.Opf. 14202, Bericht vom 19.7.1880
3.6.1893	Mitterteich	bei einer Porzellanarbeiterversammlung referiert Georg Wollmann aus Berlin-Charlottenburg, „In seinem Vortrage, in welchem er nach einigen Ausfällen gegen die Unternehmer u. die herrschenden Klassen die Beschwerden der Porzellanarbeiter näher erörterte, bezeichnete er als solche zunächst ungenügende Löhne, ungenügende Nahrung, Wohnung und Wärme, zu lange Arbeitszeit etc. . . . Eindruck . . . daß diese Verbände der Porzellan- u. verwandten Arbeiter politischer Natur mit socialdemokratischen Tendenzen sind, welche um so gefährlicher erscheinen, als sie nach u. nach eine einzige große Organisation mit einheitlicher Leitung anstreben"	StA AM, Reg. d.Opf. 13883, Nr. 293 vom 12.6.1893
24.6.1894	Regensburg (Stadler'sches Brauhaus)	bei einer vom Hafner Ketterer geleiteten Hafnerversammlung referiert Schneider Schade, „welcher die Lage der Hafner besprach und zur Organisation aufforderte. Die Versammlung . . . bestand aus 36 Mann, worunter sich 16 Hafner befanden"	StA AM, Reg. d.Opf. 13748, Bericht vom 2.7.1894
27.11.1896	Tirschenreuth (Gasthaus Ockl)	bei einer um 8 Uhr abends eröffneten Porzellanarbeiterversammlung referiert das Vorstandsmitglied des Porzellanarbeiterverbandes, Wollmann aus Berlin, über das Thema „Warum müssen wir uns vereinigen?", „Da der Streit zwischen den Anhängern des Magdeburger u. des Berliner Verbandes sich sehr lang ausdehnte, schloß der Vorsitzende auf Verlangen um 12 Uhr die polizeilich überwachte Versammlung, welche von etwas über 100 Porzellanarbeitern (nachfolgende Passage im Original gestrichen, d. Verf.) u. etwa 10 Arbeiterinnen besucht war"	StA AM, Reg. d.Opf. 14122, Bericht vom 7.12.1896
28.11.1896	Burggrub	bei einer von 30 Arbeitern der Porzellanfabrik in Krummenaab besuchten Porzellanarbeiterversammlung mit demselben Referenten Wollmann (wie bereits am Vorabend in Tirschenreuth) werden von dem die Versammlung überwachenden Polizeikommissär Frauen und Minderjährige aus dem Saale gewiesen, woraufhin Wollmann auf seinen	ebd.

Datum	Ort	Einberufer, Referent, Thema und Teilnehmerzahl (soweit erwähnt)	Quelle
		Vortrag verzichtet und statt dessen die Arbeiter in einer Aussprache die offenbar krassen Mißstände in der Porzellanfabrik Krummenaab anprangern, was nur eine Woche später zu einer Revision dieses Betriebes durch den Fabrikinspektor führen sollte	
7.10.1901	Weiden (Gasthaus Düll)	von Heinrich Goller einberufene, von 50 Personen besuchte Porzellanarbeiterversammlung mit dem Referenten Wollmann aus Berlin zum Thema: „Krisis im wirtschaftlichen Leben und in der Berufsorganisation", „Der erste Teil der Rede 'Die Krisis im wirtschaftlichen Leben' war zwar vom sozialistischen Geiste durchweht, doch sehr sachlich und gemäßigt gehalten", der zweite „Teil war mehr interner Natur, es scheint in der Berufsorganisation der Porzellanarbeiter Differenzen zu geben, weil sich Redner ... darüber beklagte, daß der Vorstand in der Fachzeitschrift von Mitgliedern grundlos angegriffen werde"	StA AM, KdI 345, Bericht (des Weidener Bürgermeisters Prechtl) Nr. 5833 vom 8.10.1901
25.10.1903	Weiden (Gasthaus Düll)	Porzellanarbeiterversammlung mit einem Referat von Marie Greifenberg aus Berlin über den Nutzen der gewerkschaftlichen Organisation, „Die Versammlung war außergewöhnlich stark besucht ..., weil es etwas neues war, hier eine Frau reden zu hören; auch die Frauen waren zahlreich vertreten, der donnernde Applaus bewies, daß die Rednerin den Anwesenden aus dem Herzen gesprochen hat"	„FT" Nr. 253 v. 29.10.1903
Mitte Oktober 1906	Hirschau	die vom christlichen Keramarbeiterverband unter Führung von Bezirksleiter Salomon aus Weiden versuchte Gründung eines Ortsvereins als Konkurrenz zur sozialdemokratischen Porzellanarbeiter-Zahlstelle in Hirschau wird von den Mitgliedern der letzteren (verstärkt durch auswärtige Kräfte) vereitelt, die rund die Hälfte der 100 Versammlungsteilnehmer stellen und durch den aus Nürnberg herbeigeholten Gegenreferenten Fischer den „Christlichen ... zeigen (wollen), daß sie in Hirschau nichts zu suchen haben"	„FT" Nr. 242 v. 16.10.1906
1.9.1907	Burggrub	in einer Porzellanarbeiterversammlung konstituiert sich nach einem Referat von Taumann-Wunsiedel (über Zweck und Nutzen der Organisation) eine Zahlstelle des Porzellanarbeiterverbandes mit 22 Arbeitern der Krummenaaber Porzellanfabrik als Mitgliedern	„FV" Nr. 206 vom 4.9.1907

Datum	Ort	Einberufer, Referent, Thema und Teilnehmerzahl (soweit erwähnt)	Quelle
Mitte Januar 1910	Weiden (Gasthaus Düll)	bei der Generalversammlung der Porzellanarbeiter-Ortsgruppe des christlichen Keramarbeiterverbandes werden „rücksichtslos ... die Mißstände aufgedeckt" (Mitgliederschwund, ungeordnete Finanzverhältnisse etc.), dann wird ein neuer Vorstand gewählt, der zurückgetretene Bezirksleiter Salomon verabschiedet und dessen Nachfolger Schwarz aus Koblenz in sein Amt eingeführt	„OK" Nr. 14 vom 19.1.1910
13.10.1910	Weiden („Restauration zur Sonne")	bei einer von 40 bis 50 Personen besuchten sozialdemokratischen Porzellanarbeiterversammlung spricht der österreichische Reichstagsabgeordnete und Vorsitzende des österreichischen Porzellanarbeiterverbandes Palme zum Thema: „Was uns nottut!"	„OK" Nr. 233 v.14.10.1910
30.10.1910	Hirschau (Schloßbrauerei)	bei einer sehr zahlreich von Porzellan- und Kaolinarbeitern aus Hirschau und Schnaittenbach sowie von den beiden Ortsgeistlichen besuchten christlichen Arbeiterversammlung spricht Gewerkschaftssekretär Schwarz aus Weiden über Zweck, Nutzen und Bedeutung der christlichen Gewerkschaften, nach dem Protest eines sozialdemokratischen Diskussionsredners gegen die christliche Saalabtreiberei in Hirschau wird noch eine Reihe von Neuaufnahmen in den Keramarbeiterverband getätigt	„OK" Nr. 250 vom 4.11.1910
Ende September 1911	Tirschenreuth Plankenhammer Vohenstrauß	bei drei gut besuchten Zahlstellen-Versammlungen erstattet der Delegierte Geyer Bericht über die Porzellanarbeiter-Generalversammlung in Berlin 1911, von den anwesenden Zahlstellen-Mitgliedern werden die in Berlin getroffenen Maßnahmen für eine (nicht zustande gekommene, d. Verf.) Verschmelzung mit den Töpfer- und Glasarbeiter-Zentralverbänden gebilligt	„FV" Nr. 228 vom 29.9.1911
2.3.1912	Tirschenreuth	bei einer Porzellanarbeiterversammlung referiert der Verbandsvorsitzende Wollmann aus Berlin über die Aussperrung in der Porzellanindustrie	„FV" Nr. 55 vom 5.3.1912
11.7.1912 12.7.1912 13.7.1912 14.7.1912	Tirschenreuth Floß Weiden Mitterteich	vier Porzellanarbeiterversammlungen mit der Referentin Marie Greifenberg aus Berlin zum Thema „Die wirtschaftliche Lage der Porzellanarbeiter und wie kann dieselbe verbessert werden?"	„FV" Nr. 153 vom 3.7.1912 (Ankündigung)
16.7.1912	Waldsassen (Gasthaus Hahn)	in einer von 120 Personen besuchten Porzellanarbeiterversammlung referiert Marie Greifenberg aus Berlin über das obige Thema	„FV" Nr. 168 vom 20.7.1912

FUSSNOTEN: f) LAGE UND ORGANISIERUNG DER PORZELLANARBEITER[1]

1) Im Rahmen dieser Thematik sollen auch die Vorläufer bzw. Verwandten der Porzellanarbeiter: die Hafner (die – wie zu zeigen sein wird – eine eminent wichtige politische Pionierfunktion hatten) bzw. Töpfer behandelt werden; die ausschließlich christlich organisierten Arbeiter der oberpfälzischen Kaolinindustrie wurden, soweit sie überhaupt gewerkschaftlich in Erscheinung traten, bereits bei RASEL, a.a.O., S. 39 f. behandelt.

2) Vgl. hierzu die Kapitel „Kassenwesen", „Gesundheitswesen", „Arbeiterurlaub", „Fabriksparkassen" und die Tabelle I im Anhang.

3) Vgl. Kapitel „Kassenwesen".

4) Vgl. Tabelle I im Anhang.

5) Quelle: Kapitel „Gesundheitswesen".

6) Diese 12 Porzellanfabriken waren (in Klammern jeweils das Gründungsjahr – soweit bekannt – und die Beschäftigtenzahl): Bavaria Tirschenreuth (1838; 750), Bareuther & Co. Waldsassen (1866; 600), Bauscher Weiden (1881; 1.100), Mannl Krummenaab (1897; 100), Gareis u. Kühnl Waldsassen (1898; 300), Rieber Mitterteich (1899; 180), Seltmann Weiden Vohenstrauß (1900; 200), Waldershof (1907; 400), Plankenhammer (1908; 100), Seltmann Weiden (1910; 300), A.G. Mitterteich (-; 220) und Wolfrum Wiesau (-; 100). (Quelle: VELHORN, Josef: Die Entwicklung der Porzellanindustrie in der Nordoberpfalz, Diss. Erlangen 1925, S. 53; zu den Gründungsjahren und zur Entwicklung der einzelnen oberpfälzischen Porzellanfabriken vgl. KUHLO, a.a.O., S. 92 – 94 und 516 f.).

7) Quelle: FIBe 1886, S. 33 und 1897, S. 179.

8) Vgl. hierzu die Kapitel „Arbeiterurlaub" und „Fabriksparkassen".

9) Vgl. OFFERMANN, a.a.O., S. 316 f. und 512.

10) BHS I, MInn 30981/3, Nr. 4254 vom 27.1.1862.

11) Leider liegen keine Angaben zur Zahl der 1861 in Regensburg beschäftigten Hafner vor; für das Jahr 1821 gibt JOCKISCH (a.a.O., S. 44) die Anzahl der in der Oberpfalz beschäftigten Hafner mit 250 an, wogegen CHROBAK (VHVO 121, S. 221) für 1872 25 im Regensburger Hafner-Handwerk beschäftigte Gehilfen nennt.

12) Vgl. SCHMIERER, Wolfgang: Von der Arbeiterbildung zur Arbeiterpolitik, Bonn 1970, S. 53.

13) Vgl. OFFERMANN, a.a.o., S. 320 und 517.

14) Vgl. ENGELHARDT, Anfänge, S. 870.

15) Vgl. Kapitel „Kassenwesen", S. 66 f.

16) Das im Verlag des „Coburger Volksblatts" erschienene Organ des Gewerkvereins, die Porzellanarbeiter-Zeitung „Der Sprechsaal", war dort – wie es auf die Anfrage des Verfassers hieß – nicht mehr auffindbar.

17) Vgl. hierzu den Veranstaltungskalender am Kapitelende.

18) Vgl. CHROBAK, VHVO 121, S. 221 und BHS I, MInn 30981/18, Nr. 561 vom 1.4.1872.

19) Vgl. CHROBAK, VHVO 121, S. 222.

20) Vgl. ebd., S. 223.

21) Vgl. ALBRECHT, Fachverein, S. 473 f.

22) Vgl. hierzu die Berichte zum 30jährigen Stiftungsfest der Weidener Zahlstelle im „Weidener Anzeiger" vom 28.7.1922 und in der „Volkswacht für Oberpfalz und Niederbayern" Nr. 176 vom 3.8.1922.

23) Vgl. FIB 1893, S. 99 und den Bericht über die Porzellanarbeiterversammlung in Mitterteich am 3.6.1893 (im Veranstaltungskalender am Kapitelende).

24) Vgl. „FT" Nr. 219 vom 18.9.1893.

25) Vgl. „FT" Nr. 225 vom 25.9. und Nr. 250 vom 24.10.1893.

26) Vgl. die Mitgliederstatistik am Kapitelende.

27) Vgl. hierzu den Bericht über die Porzellanarbeiterversammlung vom 27.11.1896 in der Tabelle am Kapitelende (nähere Aufschlüsse über diesen Richtungsstreit könnte eine noch zu schreibende Porzellanarbeiterverbands-Geschichte liefern); im Jahr 1894 wurde auch von „anarchistischer" Seite mit Flugblättern unter der Arbeiterschaft der Porzellanfabrik Tirschenreuth agitiert (vgl. StA AM, Reg. d. Opf. 13748, Nr. 330 vom 23.7.1894).

28) Vgl. Tabelle „Mitgliederbewegung" am Kapitelende.

29) Vgl. Tabelle „Versammlungstätigkeit" und CHROBAK, VHVO 121, S. 224.

30) Vgl. StA AM, Reg. d. Opf. 9710, Streiknachweis vom 31.5.1906.

31) Vgl. SCHÖNHOVEN, a.a.O., S. 348 f.

32) Vgl. FIB 1903, S. 90 und StA AM, Reg. d. Opf. 13754, Nr. 2315 vom 11.4.1903.

33) Wallner schreckte selbst vor Prügeln für „seine" Arbeiter nicht zurück; auf die Längsseite seines Fabrikgebäudes hatte er den Spruch aufmalen lassen: „Wer hier wiegelt und wer hetzt, wird an die frische Luft gesetzt!" (vgl. „FT" Nr. 298 vom 20.12.1910).

34) Vgl. „FT" Nr. 298 vom 20.12.1910.

35) Vgl. FIB 1906, S. 324 f. und StA AM, Reg. d. Opf. 9710, Streiknachweis vom 31.5.1906.

36) So 1902 in Berlin: Heinrich Goller (Weiden) und Friedrich Seebach (Mitterteich); 1905 in Berlin: Hugo Pleier (Tirschenreuth) und Friedrich Seebach (Mitterteich); 1908 in Berlin: Johann Beck (Weiden), Franz Gradl (Amberg), Hugo Pleier (Tirschenreuth) und Fritz Seebach (Mitterteich); 1911 in Berlin: Georg Geyer (Tirschenreuth); 1913 in Leipzig: Hugo Pleier (Tirschenreuth) und 1919 in Marktredwitz: Alois Prem (Weiden), Barbara Siegelsberger (Weiden) und Rosina Siller (Mitterteich): (vgl. ZBG, P II 778 – 1902 ff., Präsenz-Listen).

37) Zitiert nach „Oberfränkische Volkszeitung" Nr. 123 vom 30.5.1899.

38) 15 Arbeiter einer – nicht genannten – Porzellanfabrik hatten gefordert:„Die Frau des Arbeitgebers soll die Fabrikräume nicht betreten und keine Anordnungen mehr geben" und waren daraufhin entlassen worden (vgl. FIB 1902, S. 77).

39) Geb. 15.12.1880 in Frankfurt a.d.O. Porzellanmaler. Seit 1.8. 1910 Gauleiter des Porzellanarbeiterverbandes, Vors. d. Gew.- Kart. u. d. Bild.-Aussch. in Marktredwitz. 1905 bis 1909 Vors. d. Gew.-Kart. in Tirschenreuth (Handbuch des Vereins Arbeiterpresse, III. Jg. 1914, S. 474).

40) Vgl. zu den Hintergründen des Streiks „FV" Nr. 261 vom 7.11. und Nr. 271 vom 18.11.1910, zum Streikverlauf „FV" Nr. 72 vom 25.3.1911 und FIB 1910, S. 116 sowie zum katastrophalen Streikausgang FIB 1911, S. 101; DGB, AKP 831, Jahresberichte 1911 und 1912 und ZBG, P II 778 – 1911, S. 54 und 67.

41) Vgl. „FV" Nr. 74 vom 28.3.1911; DGB, AKP 831, Geschäftsbericht 1911 und ZBG, P II 778 – 1911, S. 56 und 67.

42) Vgl. ebd., S. 56.

43) Vgl. ebd., S. 57.

44) Zu den ständigen Grenzstreitigkeiten des Fabrikarbeiterverbandes mit anderen Verbänden vgl. SCHÖNHOVEN, a.a.O., S. 372.

45) Ebd., S. 83; hierzu auch S. 184.

46) Vgl. „FV" Nr. 242 vom 16.10. und Nr. 264 vom 10.11.1911 und die Festschrift „100 Jahre Bauscher", Weiden 1981, S. 95.

47) Vgl. ebd.

48) Vgl. ZÜCKERT, Gerhard: Weiden, Weiden 1981, S. 114 und 116.

49) Quelle: DGB, AKP 831 – 1912 und StA AM, Reg. d. Opf. 13755, Nr. 146 vom 11.2.1912.

50) Quelle: DGB, AKP 831 – 1912.

51) Quelle: FIB 1912, S. 187.

52) Vgl. DGB, AKP 831 – 1912.

53) Vgl. StA AM, Reg. d. Opf. 13755, Nr. 146 vom 11.2.1912.

54) Vgl. DGB, AKP 831 – 1912.

55) Vgl. StA AM, Reg. d. Opf. 13940, Bericht vom 24.3.1912 und „FV" Nr. 101 vom 30.4.1912.

56) Vgl. Tabelle „Mitgliederbewegung" am Kapitelende.

57) Vgl. DGB, AKP 831 – 1913; „FV" Nr. 279 vom 27.11.1913 und StA AM, Reg. d. Opf. 13755, Nr. 1043 vom 30.11.1913.

58) Vgl. ebd.

59) Vgl. StA AM, Reg. d. Opf. 13940, Bericht vom 18.1.1914.

60) Ebd., Bericht vom 8.2.1914; hierzu auch „FV" Nr. 54 vom 5.3.1914.

61) Quelle: StA AM, Reg. d. Opf. 13940, Bericht vom 8.3.1914.

62) Vgl. „FV" Nr. 54 vom 5.3.1914.

63) Quelle: WITTMANN, a.a.O., S. 135; Kassenberichte des Verbandes der Porzellan- und verwandten Arbeiter und Arbeiterinnen 1905 ff.; DGB, AKP 831, Geschäftsberichte 1910 ff.; ZBG, P II 432, Jahresberichte 1910 ff.und P II 778 – 1911, Protokoll der Porzellanarbeiter-Generalversammlung 1911.

II. DIE POLITISCHE ARBEITERBEWEGUNG IN DER OBERPFALZ 1848 – 1919

1. ERSTE ANSÄTZE ZU EINER FORMIERUNG DER POLITISCHEN ARBEITERBEWEGUNG IN DER OBERPFALZ 1848 – 1878

Neben den Gewerkschaften als der Primärform der Arbeiterbewegung (auch) in der Oberpfalz war die personell und organisatorisch mit ihnen verflochtene Sozialdemokratische Partei der andere integrale Bestandteil bzw. Hauptträger der Arbeiterbewegung, dessen Entwicklung in der Zeitspanne zwischen den beiden gescheiterten Revolutionen von 1848/49 und 1918/19 hier für die Oberpfalz nachgezeichnet werden soll. Zunächst aber einige allgemeine Anmerkungen zur Ausgangssituation der 1848er- Revolution: Während des Pauperismus der 30er und 40er Jahre des letzten Jahrhunderts hatten in Deutschland „mindestens 50 – 60 Prozent der Bevölkerung nicht bürgerlich-bäuerlich behäbig und gesichert, sondern knapp, ja dürftig und in Krisenzeiten elend und gefährdet"[1] gelebt; steigender Wohlstand weniger auf der einen und wachsende Armut vieler auf der anderen Seite kennzeichneten das letzte Jahrzehnt vor der 1848er-Revolution. In der ersten Hälfte des 19. Jahrhunderts hatte in Deutschland die Ablösung der agrarisch-handwerklichen durch die industrielle Epoche unter dem Zeichen des politischen und wirtschaftlichen Liberalismus bereits begonnen[2], damit auch die Auflösung der dörflich-kleinstädtischen Strukturen eingesetzt und waren die gesamten Unterschichten in Bewegung geraten. Die prägenden Ideen und Kräfte in Wirtschaft, Gesellschaft, Geist und Kultur Deutschlands im gesamten 19. Jahrhundert waren: Konstitution, soziale Frage und Nationalstaat (letzterer war sogar das beherrschende europäische Thema im letzten Jahrhundert überhaupt). Die deutschen Freiheits-Sehnsüchte und das Verlangen nach sozialer Emanzipation wurden aber durch die 1848er- Revolution nicht erfüllt, fehlten doch noch dynamische Kräfte, um die Oberschicht abzulösen und die Revolution durchzuführen. Es gab noch keine Parteien; erst nach 1848 sollten sich die ersten Mittelschichtsparteien formieren.

Auch wenn das deutsche Proletariat sich 1848 noch nicht als revolutionäre Klasse konstituiert hatte, so waren an dieser gescheiterten Revolution doch schon zahlreiche Kleinhandwerker, Gesellen und Arbeiter beteiligt gewesen[3]. Die ersten selbständigen Regungen der deutschen Arbeiterschaft in der Revolution von 1848 waren die Gründung der „Allgemeinen Deutschen Arbeiterverbrüderung" im selben Jahr und der beiden ersten gewerkschaftlichen Organisationen der Buchdrucker und Zigarrenarbeiter (ebenfalls 1848), wobei letztere der „Arbeiterverbrüderung" sich anschlossen. Präsident der „Arbeiterverbrüderung" wurde Stephan Born, ein Schüler von Marx und Engels, der jedoch schon bald für soziale Reformen im demokratisch organisierten Staat – anstelle von proletarischer Revolution und kommunistischer Zukunftsgesellschaft – eintrat. Die späteren ständigen Auseinandersetzungen zwischen den verschiedenen Lagern innerhalb der Sozialdemokratie haben hier ihren Ursprung[4].

Trotz des neoabsolutistisch-restaurativen Regimes Ludwig I., das weit hinter dem modernen liberalen Zeitgeist zurückblieb, gab es auch in Bayern bereits vor 1848 revolutionäre Vorboten. Der Monarch aber verschloß die Augen vor Warnungen wie der des Münchner Kardinals, der bereits 1847 die Arbeiterschaft als für die Kirche verloren ansah. Nach der Abdankung Ludwig I. infolge der 1848er-Revolution und der Amtsübernahme seines Sohnes, Max II., des bedeutendsten Wittelsbacher Herrschers im 19. Jahrhundert, übernahm der Liberalismus für lange Zeit die Führung im staatlich-politischen wie im geistig-kulturellen Leben Bayerns[5]. „Das 19. Jahrhundert war auch in Bayern durch den allmählichen Übergang von der Handwerks- zur Industriekultur, das Aufkommen und den Sieg des liberalen Geistes und der bürgerlichen Gesellschaft sowie die immer breiter gelagerte und verstärkte Polarisierung der Geister und die Konfrontation der weltanschaulich-geistigen Lager und gesellschaftlichen Gruppen geprägt. Idealismus, Marxismus, Kommunismus, Nationalismus und Internationalismus, Stände und Klassen, Kapitalismus und Proletariat, Wissen und Glauben, Kirche, Welt, Freiheit und Ultramontanismus prallten aufeinander und machten sich in Revolutionen von unten und oben und im revolutionären Klassenkampf Luft, der die Ära der Geheimbünde und Intrigen ablöste", so charakterisiert Karl Bosl[6] die soziale, politische, kulturelle und geistige Situation Bayerns im Zeitalter der Industriellen Revolution.

Das Revolutionsjahr von 1848/49 wurde für Regensburg bereits ausführlich dargestellt von Werner Chrobak[7] und, darauf aufbauend, von Dieter Albrecht[8]; beide Autoren betonen den äußerlich ruhigen Revolutionsverlauf in Regensburg und die überaus gemäßigt gehaltenen Forderungen der Regensburger Stadtväter in ihrer Adresse an den bayerischen König, der denn auch seinen Dank für diese moderate „Protestnote" ausdrücken ließ. Die Revolutionsphase von 1848/49 war aber auch in Regensburg wenn schon nicht die Geburtsstunde, so doch zumindest ein entscheidender Katalysator für die Entwicklung der die politischen Auseinandersetzungen in der Stadt wie in der gesamten Oberpfalz fortan bestimmenden bzw. beeinflussenden drei Parteien liberaler, katholisch-konservativer und sozialistischer Prägung[9].

Bereits im März 1848 war es in Regensburg zu Übergriffen durch – wie der Regierungspräsident berichtet – „einen Haufen aus der Hefe des Volkes im Vereine mit betrunkenen Handwerksgesellen, Lehrbuben, Taglohnarbeitern"[10] gekommen; diesen Unruhen habe aber „irgend eine politische Tendenz"[11] ferne gelegen. Die offensichtliche Abwiegelei durch den Regierungspräsidenten und das (bewußte) Ignorieren der politischen und sozialen Ursachen der Protestbewegung sollte sich in der Berichterstattung über die blutig verlaufenen Unruhen vom Juli 1848 wiederholen[12], an denen besonders zahlreich die Gesellen des am stärksten übersetzten Regensburger Gewerbes, des Schusterhandwerks, beteiligt waren, die kurz zuvor noch in einer Eingabe an den Magistrat eine Lohnerhöhung gefordert hatten[13]. Zur Abwehr der aufrührerischen (Schuster-)Gesellen stand eine im Frühjahr 1848 gebildete Stadtwehr bereit, der auch zwei Arbeiterkompanien der Rehbach'schen Bleistiftfabrik und der Schwerdtner'schen Porzellanfabrik unter der persönlichen Leitung der beiden Fabrikherrn (die auch vorsichtshalber die ausgegebenen Waffen nach dem jeweiligen Dienstgebrauch wieder einsammelten) angehörten[14]. In eben diesem „Einflusse, welchen die vorhandenen Fabrikherrn auf ihre Arbeits-Kräfte haben"[15], sah der Regierungspräsident rückblickend eine der Hauptursachen für den vergleichsweise friedlichen Verlauf der Märzbewegung in Regensburg; die zahlenmäßig noch eher unbedeutende Lohnarbeiterschaft der Regensburger Fabriken spielte also 1848 eine – objektiv – konservative und gegenrevolutionäre Rolle[16].

Auch in Regensburg wurde die Arbeiterbewegung in der Revolution von 1848 von Handwerker-Arbeitern getragen, die – auch dort – noch die übergroße Mehrzahl der Arbeiter ausmachten. Sie waren sowohl an den Unruhen vom März und Juli 1848 als auch an der Arbeiter(-bildungs)vereinsbewegung führend beteiligt gewesen[17]. So war der im Februar 1849 als Zweigverein der „Allgemeinen Deutschen Arbeiterverbrüderung" sich konstituierende „Arbeiter- Bildungs-Verein in Regensburg und Stadtamhof" aus einem 1848 dort gegründeten Gesellenverein hervorgegangen[18]. Die ganz außerordentliche Bedeutung des Regensburger Arbeiterbildungsvereins als Vorläuferorganisation und (im bruchlosen Übergang zum „Kranken-Unterstützungsverein der außerordentlichen Mitglieder des Gewerbevereins Regensburg") als eine der entscheidenden personellen und organisatorischen Traditionslinien in der Frühgeschichte der oberpfälzischen Arbeiterbewegung (über die Reaktionszeit der 1850er Jahre hinweg) wurde ja bereits[19] eingehend untersucht und dargestellt.

Außerhalb Regensburgs hatte sich in den langen Notjahren des Vormärz vor allem in der Nordoberpfalz bereits eine erhebliche Mißstimmung angestaut wegen der zunehmend bürokratisch reglementierten, für die Landbevölkerung aber existenznotwendigen Waldnutzung (Holz, Streu, Waldweide)[20]; die freie Nutzung von Streu und Holz war deshalb eines der Hauptverlangen der oberpfälzischen Landbewohner in der Revolution von 1848[21], während der es in einer Reihe von oberpfälzischen Landgemeinden (so in Sulzbach, Kemnath, Schwarzach) zu Tumulten und/oder massiv gehäuften Holz- und Wildfreveln kam[22].

Aber auch allgemeinpolitische Themen beschäftigten bereits die Bevölkerung, und das unbestimmte Gefühl einer schicksalhaften Zeitenwende scheint allenthalben die Menschen in Unruhe versetzt zu haben: So schreckte der Landrichter des Bezirks Riedenburg (am südwestlichen Rande der Oberpfalz) die oberpfälzische Regierung immer erneut mit seinen zwar skurrilen, im Kern aber doch wohl zutreffenden Beobachtungen zur Volksstimmung im Vor- und Umfeld der Revolution von 1848/49, bis er schließlich im Herbst 1852 abgelöst wurde. Anfang 1847 hatte der Riedenburger Landrichter bereits über die verheerende Wirkung der Affäre Lola Montez (wegen dem „ungeheueren Aufwande für eine aus anderen Staaten ausgewiesene Spanierin") geklagt, „die Achtung u. Liebe des Volkes zu seinem Könige ... untergrabe(n)"[23], was ihm einen Rüffel seitens des Regierungspräsidenten eingetragen hatte[24]. Im Mai 1848 konnte er seinen Vorgesetzten dann aber beruhigen, „daß nicht ein einziger Republikaner, vielweniger ein Revolutionär im ganzen Landgerichtsbezirk zu finden sey"[25], obwohl viel Zeitung und Flugblätter gelesen („Mit Jagen und Zeitungslesen ist ein großer Theil der Amtsangehörigen beschäftigt. Ob dieses viel zur Bildung u. Aufklärung beytragen wird, bezweifelt man")[26] und politisiert werde[27]. Auch der Auerbacher Landrichter berichtet während der März-Bewegung von einer „allg. Aufregung"[28] in seinem Bezirke.

Die Revolution von 1848 war also durchaus auch der Oberpfalz politisch wahrgenommen und diskutiert worden. Wenn daher Ludwig Mayer als Ergebnis seiner Untersuchung über die Auswirkungen der Revolution von 1848 auf die Oberpfalz glauben machen will:„Politische Vereine bestanden nirgends in der Oberpfalz"[29], so ist dies zumindest erstaunlich, existierten doch laut einer zeitgenössischen Quelle[30] im November 1848 in der Oberpfalz politische Vereine – nicht genannter Couleur – in Regensburg und Stadtamhof, Sulzbach, Amberg, Tirschenreuth[31]. Liberal-demokratische Volksvereine (auch als Vaterlands-, demokratisch-deutsche Vereine oder ganz allgemein: Märzvereine bezeichnet) waren in der Oberpfalz gegründet worden: am 8.9.1848 in „Regensburg und Stadtamhof"[32], am 25.9. dann in Amberg[33] und am 14.10.1848 in Sulzbach[34]; außerdem hatte sich – offenbar im Gefolge der 1848er-Revolution – in Floß eine „bürgerliche Abendgesellschaft" konstituiert[35]. Nachfolgend soll auf die Vereinsgründungen in Amberg, Sulzbach und Floß näher eingegangen werden, sind diese doch als erste liberal-demokratische Vorboten der sozialdemokratischen Arbeiterbewegung in der Oberpfalz – außerhalb Regensburgs mit seinem Arbeiterbildungsverein – anzusehen.

In Amberg hatte bereits im Vorfeld der Revolution von 1848/49 eine Reihe von bürgerlichen Geselligkeitsvereinen (die 1803 als „oberpfälzisches Museum" gegründete alte Bürgergesellschaft „Casino", der seit 1832 existierende „Bürgerverein" und der 1844 gegründete Gesangverein „Liederkranz")[36] bestanden, in denen die Politik zwar durch die Statuten ausgeschlossen blieb, aber – wie einer der Hauptorganisatoren der katholisch-konservativen Gegenbewegung in Amberg, der „Concordia"-Sekretär und geistliche Studienlehrer Wolfgang Liebl in seiner (unveröffentlichten) Vereinschronik[37] schreibt – „der Geist und die Gesinnung ihrer Führer und Hauptpersönlichkeiten schon dafür zu sorgen (wußte), daß die liberalen Ideen auch ohne förmliche Vorträge durch Lecture und Conversation in Umlauf gesetzt wurden".

Aus der dem handwerklich-gewerblichen Mittelstand zuzurechnenden Mitgliedschaft dieser Vereine dürften auch die etwa 50 Angehörigen[38] des am 25.9.1848 sich konstituierenden „Volksvereins" Amberg sowie die Mitglieder des ebenfalls im Herbst 1848 gegründeten Gewerbevereins sich rekrutiert haben[39]; mit Ausnahme des Lycealprofessors und Stadtchronisten Hubmann sowie einer Reihe seiner Schüler scheinen aber weder die wenigen liberalen Akademiker Ambergs am Volksverein sich beteiligt zu haben[40] noch gar die Arbeiterschaft des bedeutendsten frühindustriellen Betriebes der Oberpfalz, der Gewehrfabrik Amberg. Der teilnahmslosen, wenn nicht sogar desinteressierten Haltung der Gewehrfabrik-Arbeiterschaft galt deshalb auch das besondere Lob des Magistrats und der Gemeindebevollmächtigten von Amberg, sei es doch eine Tatsache, „daß selbst die Arbeiterklasse eine rühmenswerte Haltung bewiesen und so manche aufregende der Presse von hier aus übergebene Artikel an ihr wirkungslos verhallt seien"[41]. Über den Verlauf, die Teilnehmer und Motive der die Revolution 1848 auch in Amberg und seiner Umgebung (Hohenburg und Kastl) begleitenden Unruhen[42] ist zu wenig bekannt, als daß hier genauere Aussagen gemacht werden könnten; diese Ausschreitungen scheinen aber nicht allzu gravierend für den Sicherheitszustand in Amberg gewesen zu sein, sollte die Stadt doch 1851 – auf Vorschlag einer Kommission – „für den Patriotismus" ihrer Einwohner im Revolutionsjahr 1848 mit der Verstärkung der Garnison „belohnt" werden[43].

Mit ausschlaggebend für das rasche Ende des liberal-demokratischen Amberger Volksvereins im Sommer 1849[44] war die Formierung der übermächtigen katholisch-konservativen Gegenkräfte Ambergs in dem im März 1849 gegründeten Pius-Verein, der 1854 wegen Streitigkeiten der Mitglieder untereinander wieder zerfiel und 1865 im katholischen Männerverein „Concordia" seine Fortsetzung fand. Dem Amberger Pius-Verein schlossen sich wohlweislich auch fast sämtliche Beamten an, war doch der Vereinsvorstand Seminardirektor Adam Schmid geistiger und persönlicher Mentor des früheren Amberger Lyceaten und nachmaligen allmächtigen Kabinettssekretärs Pfistermeister gewesen. „So war der heftige Anprall der modernen Ideen gegen die conservativen Elemente Ambergs rasch zurückgewiesen, und während ganz Europa in Feuer und Flammen stand, erfreute sich Amberg bald wieder seiner alten Ruhe und Gemüthlichkeit", resümierte Liebl[45] 1873 aus seiner – klerikalen – Sicht den Verlauf der Revolution von 1848/49 in Amberg.

In Sulzbach, der Nachbarstadt Ambergs an der Grenze zu Mittelfranken, waren im April 1848 Flugblätter aus Nürnberg und Bamberg aufgetaucht, in denen Vorwürfe und Anschuldigungen gegen die deutschen Fürsten erhoben worden waren. Im darauffolgenden Monat kam es vor dem Rentamt Sulzbach zu einem Auflauf von 300 Bauern, die Einsicht in die Grundbücher verlangten; bereits Ende März hatte unter der Landbevölkerung des Bezirks die Nachricht von einer angeblichen Invasion französischer Truppen für erhebliche Unruhe gesorgt[46]. In diesem aufgewühlten politischen Umfeld des Grenzbezirks Sulzbach gründete der Rabbiner Dr. Wolf Schlessinger am 14. Oktober 1848 einen liberal-demokratischen „Volks-Verein zu Sulzbach"[47]; von den 73 – vor allem dem handwerklich-gewerblichen Mittelstand (wie auch bereits in Amberg) zuzurechnenden – Gründungsmitgliedern[48] des Volksvereins gehörten mindestens 13, von den sechs Ausschußmitgliedern allein vier der Jüdischen Gemeinde Sulzbach an[49], die allesamt ihrem Rabbiner und dem Verein auch noch die Treue hielten, als der Volksverein im Januar 1849 nur noch insgesamt 47 Mitglieder zählte[50]. Selbst noch am Oberpfälzer und Sulzbacher Beispiel läßt sich also modellhaft demonstrieren, daß der Beitrag des deutschen Judentums zur Entwicklung der Demokratie und insbesondere der Sozialdemokratie in Deutschland gar nicht überschätzt werden kann und selbst die in ihrer Tragik menschlich so anrührende Biographie des Sulzbacher Rabbiners Dr. Wolf Schlessinger[51] mag noch gleichnishaft, paradigmatisch für die so katastrophal gescheiterte deutsch-jüdische Symbiose und den damit verbundenen enormen substantiellen Verlust an Aufklärung und Humanität stehen.

Den in den „Statuten des Volks-Vereins zu Sulzbach"[52] bezeichneten Vereinszweck: „Politische Bildung und Aufklärung unter sich zu fördern, und die vom Volke errungenen Rechte durch alle gesetzlichen Mittel zu wahren"[53] suchte Schlessinger durch eine Reihe überaus schwärmerischer Ansprachen zu erfüllen: so z.B. bei der Gründung des „Volks-Vereins" am 14. Oktober 1848, als er über die Bedeutung der Französischen Revolution und deren Losung „Freiheit, Gleichheit, Brüderlichkeit" - auch hinsichtlich der Gleichstellung der Konfessionen – referierte[54]. Nachdem der Sulzbacher Volksverein zu Anfang Februar 1849 offenbar dem Vorort der fränkischen Kreisvereine für Volks-Freiheit (die eng mit den fränkischen Arbeitervereinen – bis hin zu gemeinsamen Presseorganen – kooperierten) sich angeschlossen hatte[55], organisierten die fränkischen Volksvereine eine Versammlung am 22. April 1849 in Weigendorf, bei der eine von Schlessinger vorgetragene Resolution zur unbedingten Annahme der deutschen Grundrechte und der Reichsverfassung verabschiedet wurde[56]. Drei weitere Volksversammlungen in den – ebenfalls im Landgerichtsbezirk Sulzbach gelegenen – Orten Königstein (am 13.5.1849), Siebeneichen und Kleinfalz wurden wahrscheinlich ausschließlich von den fränkischen Volksvereinen bestritten: es fanden aber – wie der Regierungspräsident (vermutlich auch hier abwiegelnd) berichtet[57] – „die beiden Redner auf der Volksversammlung zu Königstein – ein Zimmermann und Buchdruckergehilfe, ... wegen ihres stotternden Vortrages so wenig Anklang, als die Rede des Feilenhauers Burkhard aus Nürnberg zu Siebeneichen vor ca. 500 Personen verschiedenen Alters und Geschlechts".

Der Vortrag Dr. Schlessingers auf der Volksversammlung in Weigendorf sollte aber bereits seine persönliche Exilantentragik und damit auch das Ende des Volksvereins Sulzbach einleiten, erschien doch zwei Wochen später im „Sulzbacher Wochenblatt"[58] ein von dem katholischen Dekan und Landtagsabgeordneten Nast aus Sulzbach verfaßter „Rückblick" (auf Schlessingers Ansprache in Weigendorf), der in Form und Inhalt ein wüstes antisemitisches Pamphlet[59] war und in seiner (voraussehbaren) Wirkung eine Pogromstimmung erzeugen mußte. So wurde denn auch im Juli desselben Jahres in Sulzbach an einem Alleebaum eine Schlessinger nachgebildete Strohpuppe – mit einem Schild um den Hals: „Rabbiner allhier, wegen democratischer Umtriebe zum Strange verurteilt"[60] – aufgehängt und verbrannt[61]; da die Behörden (der Stadtmagistrat und Landrichter von Sulzbach) auf jedwede Untersuchung dieser Lynchdrohung verzichteten, Schlessinger damit gewissermaßen für „vogelfrei" erklärt wurde, blieb ihm nur die Flucht nach Amerika. Im Herbst 1849 wurden in Sulzbach nur noch 9 Abonnenten democratischer Blätter gezählt[62]; bis zum Frühjahr 1850 hatte sich der „Volks-Verein zu Sulzbach" dann aufgelöst[63].

Ob und, falls ja, inwieweit auch an der offenbar 1849 gegründeten und im Sommer 1850 durch Selbstauflösung einem wohl drohenden behördlichen Verbot zuvorgekommenen „bürgerlichen Abendgesellschaft zu Floß"[64] Mitglieder der – neben Sulzbach – anderen bedeutenden Jüdischen Gemeinde der Oberpfalz[65] – initiierend – beteiligt gewesen waren, läßt sich aufgrund Quellenmangels nicht mehr schlüssig feststellen; das Fehlen irgendwelcher anderer potentieller Trägerschichten für eine solche liberal-demokratische Vereinsgründung in dieser fernab aller größeren geistigen und industriellen Zentren gelegenen Landgemeinde läßt dies aber vermuten. Die Meldung über die Selbstauflösung des Vereins verband der Neustädter Landrichter Wiedenhofer im Sommer 1850 mit einer bitteren Nachbetrachtung zum Revolutionsjahr 1848: „Ueberhaupt hat das Unglücks-Jahr 1848 das wechselseitige Vertrauen der Menschen unter sich sehr erschüttert, da Recht und Ordnung, Gehorsam und Eigenthum gefährdet und Stolz und Eigenmacht an ihre Stelle geschoben wurden"[66].

Auch während der Reaktionsära der 1850er Jahre konnte selbst in der Oberpfalz von der vielzitierten politischen „Kirchhofsruhe" (so Bebels Charakterisierung jenes Jahrzehnts) keine Rede sein. Trotz des Verbots sämtlicher Arbeitervereine im Juni 1850 entstand in den darauffolgenden Jahren (auch) in der Oberpfalz eine Reihe – bereits ausführlich dargestellter[67] – Unterstützungskassen: so in Regensburg die Kranken- Unterstützungskassen der Maurer (im Jahr 1855) und der Zimmerer (1857) sowie die Witwen- und Waisen-Unterstützungskasse der Buchdrucker (1858)[68], in deren Rahmen (ebenso wie innerhalb der 1851 gegründeten Regensburger Buchdrucker-„Typographia")[69] eine bescheidene gewerkschaftliche Betätigung möglich war. Auf katholischer Seite hatte Adolf Kolping zu Anfang der 1850er Jahre mit dem – von den Behörden zunächst argwöhnisch beobachteten [70] – Aufbau von Gesellenvereinen begonnen[71]; in der Oberpfalz war der erste katholische Gesellenverein („zur Förderung von Religiosität und Sittlichkeit unter den Vereinsmitgliedern") im Dezember 1852 in Regensburg gegründet worden[72].

Nach der Reaktionsperiode 1850 – 59 wurden in den deutschen Einzelstaaten, vor allem Süddeutschlands, die Arbeiterbildungsvereine neu aufgebaut[73]. Die Mitgliedschaft dieser seit 1861/62 entstandenen liberalen Arbeiter(- bildungs)vereine setzte sich zusammen aus meist handwerklich qualifizierten Arbeitern[74], die im Rahmen der Kongreßbewegung 1862/63 einen organisatorischen Zusammenhang unter den deutschen Arbeitervereinen und damit die Voraussetzungen für den 1863 sich konstituierenden Allgemeinen Deutschen Arbeiterverein (ADAV) schufen [75]. In Regensburg wurde am 27. Dezember 1861 in einer Versammlung mit 130 Teilnehmern ein „allgemeiner Hafnerverein" gegründet[76], der als erster oberpfälzischer Arbeiterverein nach der Reaktionsära der 1850er Jahre und als die entscheidende Kontinuitätslinie (noch vor den erwähnten drei Unterstützungskassen und der „Typographia") der gewerkschaftlich- politischen Arbeiterbewegung in der Oberpfalz anzusehen ist. Wahrscheinlich aus der Mitgliedschaft dieses allgemeinen Hafnervereins wurden auch die drei Regensburger Delegierten zum süddeutschen Arbeiterkongreß am 1. November 1862 in Nürnberg[77] entsandt, der von dem aus der Nähe von Regensburg stammenden und 1850 „wegen seiner Verbindungen zur (sozialistischen) Demokratie" aus Regensburg ausgewiesenen Johann Peter Staudinger mit einberufen worden war[78]. Der Regensburger Hafnerverein ging vermutlich schon bald (da weitere Zeugnisse für seine Existenz fehlen) in dem im Herbst 1863 erstmals erwähnten Regensburger Arbeiter-(fort-)bildungsverein[79] auf, der seine Statuten anscheinend erst 1867 zur Genehmigung vorlegte bzw. sie erst so spät genehmigt erhielt[80].

Auch in der Oberpfalz lassen sich also organisatorische (und auch personelle) Kontinuitätslinien feststellen für die gesamte Frühgeschichte der Arbeiterbewegung (1848 – 1863), deren obere Epochengrenze markiert wird durch den Beginn „der ständigen, ununterbrochenen wirksamen Organisation der deutschen Arbeiterschaft im nationalen Rahmen"[81] innerhalb des von Ferdinand Lassalle am 23.5.1863 in Leipzig gegründeten „Allgemeinen Deutschen Arbeitervereins" (ADAV). Den Impuls zur Konstituierung der ersten politischen Arbeiterpartei – erst von da an manifestierte sich das Auseinanderdriften der Arbeiterbewegung in eine gewerkschaftliche und eine (partei)politische Strömung auch organisatorisch – hatte Lassalles „Offenes Antwortschreiben" an den Leipziger Arbeiterbildungsverein gegeben; Lassalle hatte sich darin für die Emanzipation der Arbeiterklasse vor allem durch die Formierung einer zentralistischen politischen Arbeiterbewegung ausgesprochen, deren erstes Ziel das allgemeine und gleiche Wahlrecht sein sollte. Gewerkschaftliche Vereinigungen und deren Erfolgsaussichten beurteilte Lassalle sehr skeptisch, da er die Arbeiterlage von dem von ihm formulierten „Ehernen Lohngesetz" bestimmt sah, wonach der Lohn der Arbeiterschaft auf die Dauer das Existenzminimum nicht überschreiten könne. Lassalle schlug deshalb vor, die Arbeiter sollten zuerst nach der Eroberung der politischen Macht streben und dann den Staat als Instrument zur Überwindung der kapitalistischen Wirtschaftsordnung und des „Ehernen Lohngesetzes" benutzen, indem sie sich mit Hilfe staatlicher Kredite zu Produktivgenossenschaften zusammenschlössen und somit ihre eigenen Unternehmer wären[82].

Die Auffassung Lassalles von der hilfreichen Rolle des Staates bei der Emanzipation der Arbeiterklasse stand in krassem Widerspruch zu Marx' Anschauung vom Staat als Instrument zur Unterdrückung einer Klasse durch die andere. So war denn auch das von Marx und Engels bei der Gründung der „Internationalen Arbeiterassoziation" 1864 vorgelegte Programm eines internationalen, revolutionären Sozialismus scheinbar unvereinbar mit Lassalles den nationalen Staat bejahendem sozial- demokratischen Reformismus. Auch in seiner Auffassung von der Rolle der Gewerkschaften unterschied sich Marx von Lassalle, schrieb Marx ihnen doch eine doppelte Aufgabe zu: den tagespolitischen Kampf um Lohn- und Arbeitszeitfragen ebenso wie den um die soziale Revolution zu führen[83].

Das Konzept des ADAV – ein Kleindeutschland unter Führung Preußens und ein vom Staat geförderter Genossenschaftssozialismus – fand jedoch nicht den ungeteilten Beifall der politisch bewußten Arbeiterschaft. „Der Versuch Lassalles, eine Interessenkoalition von Monarchie und Arbeiterschaft gegen das Bürgertum zu begründen, scheiterte, und die in bewußter Opposition gegen die preußenfreundliche, kleindeutsche Politik und die straffe zentralistische Organisation der Lassalleaner ... von Wilhelm Liebknecht und August Bebel in Eisenach 1869 gegründete Sozialistische Arbeiterpartei Deutschlands, in der sich marxistisches Gedankengut mit Ideen des bürgerlichen Radikalismus verband, war betont antipreußisch, staatsfeindlich und großdeutsch", beschreibt Gerhard A. Ritter[84] Entstehungssituation und Inhalte der Sozialistischen Arbeiterpartei Deutschlands (SDAP), deren Anhänger nach dem Gründungsort auch „Eisenacher" genannt wurden.

Sowohl die Eisenacher wie auch die Lassalleaner erstrebten den klassenlosen Staat mit den Mitteln der bürgerlichen Demokratie; der Gegensatz zwischen ADAV und SDAP war also in erster Linie durch die Auseinandersetzungen um die nationale Frage bestimmt gewesen, die aber durch die Reichsgründung sich erübrigten. Der Rücktritt von Schweitzers, der als Präsident des ADAV das Erbe des 1864 verstorbenen Lassalles geradezu diktatorisch verwaltet hatte und ein erbitterter Gegner von Marx, Engels und Bebel gewesen war, förderte ebenfalls die Annäherung der beiden Parteien. Schließlich wuchsen Eisenacher und Lassalleaner auch zusammen als gleichermaßen von Bismarcks antisozialistischer Politik Verfolgte. So schlossen sich ADAV und SDAP 1875 in Gotha zur „Sozialistischen Arbeiterpartei Deutschlands" zusammen; ihre Ziele (die Einführung des allgemeinen und gleichen Wahlrechts sowie die Errichtung staatlich geförderter Arbeiter- Produktivgenossenschaften vor allem) formulierten sie im Gothaer Programm, dessen Durchsetzung sie „mit allen gesetzlichen Mitteln" erreichen wollten[85].

In Bayern war im März 1864 die erste süddeutsche ADAV-Gemeinde überhaupt in der damals am stärksten industrialisierten Stadt des Königreichs, in Augsburg, gegründet worden. Einen wirklichen Aufschwung erlebte die kleine Augsburger Mitgliedschaft jedoch erst, als im Jahr 1867 der aus Regensburg zugewanderte Schriftsetzer Leonhard Tauscher (der bedeutendste „personelle Beitrag" der Oberpfalz zur sozialdemokratischen Arbeiterbewegung) an ihre Spitze trat. Durch seine unermüdliche Agitation und rhetorische Brillanz gelangen Tauscher innerhalb kurzer Zeit Parteigründungen nicht nur in Franken, sondern auch in Altbayern (so 1869 in München und Rosenheim). Der ADAV erlebte in Bayern aber eine nur kurze Blüte: Nach Streitigkeiten mit dem ADAV-Präsidenten von Schweitzer, der den Bayern nicht das von ihnen herausgegebene Wochenblatt, den „Proletarier", hatte zugestehen wollen, spaltete sich Tauscher mit seinen Anhängern vom ADAV ab und gründete Ende Januar 1870 eine eigene Organisation, den Allgemeinen Deutschen Sozialdemokratischen Arbeiterverein (ADSAV), der aber nur kurz bestand und sich im Sommer desselben Jahres bereits der SDAP August Bebels anschloß[86]. Im rechtsrheinischen Bayern war damit die organisatorische Trennung in „Lassalleaner" und „Eisenacher" also bereits fünf Jahre vor deren Zusammenschluß auf Reichsebene (beim Einigungsparteitag in Gotha 1875) aufgehoben worden.

Schon vor der Vereinigung der beiden rivalisierenden Parteien hatte die SDAP, deren bayerisches Zentrum Nürnberg war, ebenfalls Stützpunkte in Altbayern aufbauen können. Den Anfang hatte die SDAP – noch vor München – in Regensburg gemacht, wo am 17. oder 19. Oktober 1869 ein sozialdemokratischer Arbeiterverein mit 25 Mitgliedern gegründet worden war[87]. Der im direkten Auftrage des Parteiausschusses der Eisenacher Sozialdemokratischen Arbeiterpartei agierende Schneidergehilfe Georg Windsheimer hatte es dort außerordentlich geschickt verstanden, bei der von 200 – 300 Personen, hauptsächlich Mitgliedern des Regensburger Arbeiterfortbildungsvereins, besuchten Versammlung deren ursprüngliche strikte Befürwortung fortschrittsparteilich- liberaler Anschauungen und Ablehnung von SDAP-Positionen in ihr Gegenteil zu verkehren und so für Regensburg die vielzitierte „Trennung der proletarischen von der bürgerlichen Demokratie" zu vollziehen"[88]. Windsheimers Erfolg war um so höher zu bewerten, als der Regensburger Arbeiterfortbildungsverein mit seinen 180 Mitgliedern beim 5. Vereinstag der deutschen Arbeitervereine 1868 in Nürnberg, wo Delegierte von 108 Arbeitervereinen das von Bebel vorgelegte Programm der von Karl Marx präsidierten Internationalen Arbeiter-Association angenommen und damit den Weg für die Gründung der Sozialdemokratischen Arbeiterpartei im darauffolgenden Jahr geebnet hatten, zu den entschiedensten Widersachern der von Bebel betriebenen Politisierung des 1863 als Zusammenschluß liberal-demokratischer Bildungsvereine gegründeten „Vereinstages Deutscher Arbeitervereine" gehört hatte[89].

Die Entwicklung der politischen Parteien (also auch der Sozialdemokratischen Partei), Verbände und Vereine in Regensburg 1869 – 1914 hat ja bereits Werner Chrobak in seiner Regensburger Parteien- und Stadtgeschichte außerordentlich sorgfältig nachgezeichnet; zudem hat Peter Hattenkofer bereits einen Veranstaltungskalender mit in der Oberpfalz im Zeitraum 1870 – 1890 abgehaltenen sozialdemokratischen Versammlungen[90] erstellt. Bei der Behandlung der Sozialdemokratischen Partei und von deren Konkurrenzorganisationen in der Oberpfalz werden für Regensburg und sein Umland Chrobaks Forschungsergebnisse herangezogen werden; das Hauptaugenmerk soll in diesem wie in den nachfolgenden beiden Kapiteln (einschließlich des Tabellenteils) vor allem auf die – noch wenig erforschte – Entwicklung der Sozialdemokratischen Partei in der Oberpfalz außerhalb der Hauptstadt Regensburg und der beiden ihr vorgelagerten Amtsbezirke Regensburg und Stadtamhof (die deshalb auch im noch folgenden Tabellenteil für den Zeitraum 1890 -1919 ausgespart bleiben werden) gerichtet werden.

In Regensburg hatten sich die drei großen politischen Parteien (die bis in die Gegenwart fortwirken): die bayerische Patrioten- bzw. Zentrumspartei, die Liberale Partei und die Sozialdemokratische Partei in ein und demselben Jahr 1869 konstituiert[91]. Bestimmendes und koordinierendes Agitationszentrum der Bayerischen Patrioten- bzw. Zentrumspartei war in Regensburg bis 1918 das im April 1869 gegründete Katholische Kasino für Regensburg, Stadtamhof und Umgebung[92]; den entscheidenden Anteil am Zustandekommen der Patriotenparteiformierung in Regensburg aber hatte der Diözesanklerus unter Leitung des extrem konservativen, ja rektionären Bischofs Ignatius v. Senestrey[93], der damit die Kirche organisatorisch rüsten wollte für den innenpolitischen Kampf gegen die liberale bayerische Kulturpolitik[94]. Als Reaktion auf die Gründung des katholischen Kasinos als organisatorischer Vertretung der Bayerischen Patriotenpartei konstituierte sich im Juni 1869 der Liberale Verein der Stadt Regensburg und Umgebung[95], der sich als Sammelbecken aller liberalen Gruppierungen der Stadt verstand und der 1870/71 auch bereits über die Stadt hinausreichende Aktivitäten[96] entwickelte, als er die Gründung des Liberalen Kreisvereins der Oberpfalz und von Regensburg betrieb[97], welcher aber nach anfänglichen Erfolgen[98] sich bald wieder auflöste und erst 1907 neu gegründet werden sollte[99].

Der hier besonders interessierende Sozialdemokratische Arbeiterverein Regensburg geriet schon bald nach seiner Gründung am 17. (oder 19.) Oktober 1869 und nach einer noch im November desselben Jahres abgehaltenen (von nur 100 Personen besuchten) Versammlung mit dem Parteiführer August Bebel (der Regensburg bereits kannte, hatte er doch im Winter 1858/59 auf der Wanderschaft als Geselle bei einem Regensburger Schreinermeister gearbeitet und in der Weißen Hahnengasse 2 gewohnt) in den Jahren 1870/71 in eine erste – organisationsgefährdende – schwere Krise. Verantwortlich hierfür war eine ganze Reihe von Gründen: So hatte der erste Vorsitzende des Regensburger Arbeitervereins, Jakob Watter, bereits nach zwei Monaten den Verein wieder verlassen, weil sich die von ihm aus seiner Vorstandstätigkeit erhofften finanziellen Vorteile nicht eingestellt hatten[100]. Schlimmer noch wirkte sich für die Glaubwürdigkeit des Sozialdemokratischen Arbeitervereins der Skandal um die Person des Vereinsgründers Windsheimer aus, der sich einige Betrügereien hatte zuschulden kommen lassen und daraufhin in Augsburg vor Gericht gestellt und auch aus der Partei ausgeschlossen worden war[101]. Neben der Unterbrechung jeglicher agitatorischer Tätigkeit durch den Deutsch-Französischen Krieg von 1870/71 war es aber vor allem der - bereits ausführlich dargestellte[102] – vom Sozialdemokratischen Arbeiterverein mitgetragene Streik der Ostbahnwerkstättenarbeiter vom September 1871, der trotz günstiger Erfolgsaussichten aufgrund Streikbruchs kläglich gescheitert war und „so ungeheuer deprimierend auf die anderen Arbeiter einwirkt(e)"[103], daß er fast zur Auflösung des Sozialdemokratischen Arbeitervereins Regensburg geführt hätte, der nach Streikende nur noch 28 Mitglieder zählte[104].

Erst mit dem Anwachsen der Gewerkschaftsbewegung und einer Reihe erfolgreich abgeschlossener Lohnbewegungen während der Hochkonjunkturphase der Gründerjahre 1871 bis 1873 konnte sich auch der Sozialdemokratische Arbeiterverein Regensburg regenerieren und trotz der Repressalien des liberalen Stadtmagistrats (der sämtliche Wirte im Stadtgebiet veranlaßt hatte, an Sozialdemokraten keine Versammlungslokale mehr zu vermieten) seine Mitgliederzahl bis zum September 1872 auf 50 erhöhen und im Januar 1873 sogar noch eine sozialdemokratische Mitgliedschaft im Arbeitervorort Reinhausen gründen[105]. Dementsprechend waren auch die Abonnentenzahlen für das SDAP- Organ „Volksstaat" von 8 im Dezember 1869 über nur noch 3 im Juni 1871 auf 25 im Dezember 1872 und 24 im Juli 1873 gestiegen[106].

Die Sozialdemokraten in Bayern waren zwar von Anfang an von Polizei und Behörden scharf beobachtet, vereinzelt auch – vor allem Redakteure der Parteizeitung – vor Gericht gestellt worden; die Organisation selber war aber – bis auf zwei Ausnahmen – nicht behelligt worden. Dies sollte sich schlagartig mit der zu Ostern 1874 in Nürnberg – auf eine Initiative Karl Grillenbergers hin – abgehaltenen bayerischen Landesversammlung der Sozialdemokraten ändern, bei der Delegierte von 16 Orten (Regensburg war nicht darunter) die Organisation und Agitation der Partei in Bayern regeln wollten. So sollte fortan Werbung auch im ländlichen Bereiche – vor allem durch sog. „fliegende Agitatoren" - betrieben werden; hierzu wurde ein zentrales Agitationskomitee für Bayern gegründet, dessen Sitz in Nürnberg sein sollte, wo die Partei um die Mitte der 1870er Jahre auf die zweitgrößte Mitgliedschaft im gesamten Deutschen Reich (nach Hamburg) verweisen konnte und wo alleine die Hälfte aller sozialdemokratischen Stimmen in Bayern abgegeben worden war[107].

In der Oberpfalz hatten hingegen die Sozialdemokraten bei der Reichstagswahl im Januar 1874 nur 0,4 % der Stimmen erhalten, den zweitniedrigsten Stimmenanteil (nur in Niederbayern lag er mit 0,2 % noch darunter) unter allen bayerischen Regierungsbezirken überhaupt[108]. Um diesem Manko abzuhelfen und Wähler bzw. Anhänger für die Sozialdemokratie zu gewinnen, wurde im April 1874 in einer Versammlung des Sozialdemokratischen Arbeitervereins Regensburg ein Lokalagitationskomitee – gemäß den Beschlüssen der Nürnberger Landesversammlung – gegründet, dessen Aktivitäten sich aber in der Abhaltung von zwei Volksversammlungen auf dem flachen Lande und im Anzetteln eines völlig erfolglosen Bierstreiks in Regensburg selbst erschöpften[109].

Als im Sommer 1874 eine von Preußen ausgehende Verbotswelle auch den Bestand der Regensburger sozialdemokratischen Parteiorganisation zu gefährden schien, befand sich diese bereits in einem desolaten Zustand: innerhalb von nur zwei Monaten (Mai und Juni) waren zwei neue Vorstandschaften gewählt worden[110], und die Mitgliederzahl war auf 32 (gegenüber 50 im September 1872) gesunken[111]. Der sozialdemokratische Agitator Leonhard Tauscher nannte auf einer Volksversammlung am 25. Juli 1874 in seiner Heimatstadt Regensburg auch die Gründe hierfür: „Warum hier sich die Bewegung so langsam entwickelt, rührt einfach daher, daß hier die Großproduktion noch nicht derart ausgebreitet ist, wie anderswo, so daß wir also sagen können, wir haben hier noch einen bedeutenden Mittelstand, der noch eine bessere Existenz hat und in Folge dessen auch viel dazu beiträgt, die Arbeiterbewegung hintanzuhalten. Andererseits haben wir hier eine große Anzahl Arbeiter, die entweder dem katholischen oder dem protestantischen Gesellen-, dem Handwerker- oder dem von Schulze-Delitzsch gegründeten Arbeiter-Fortbildungsverein angehören"[112].

Der Empfehlung Tauschers, angesichts der drohenden Verbotswelle solle sich der Sozialdemokratische Arbeiterverein Regensburg selbst auflösen und eine Mitgliedschaft der Sozialdemokratischen Arbeiterpartei bilden, wurde zu Anfang August 1874 auch entsprochen[113]. Als vom Herbst desselben Jahres an selbst solche Ortsmitgliedschaften vom Verbot bedroht waren, verzichtete der Regensburger Stadtmagistrat seinerseits aber auf ein polizeiliches Einschreiten wegen „der geringen Bedeutung"[114] der im August 1874 nur noch 10 und im Mai 1875 12 Personen[115] zählenden Regensburger Mitgliedschaft, die sich im April 1876 dann in ein ständiges Wahlkomitee umwandelte, um so neuerlich drohenden staatlichen Auflösungsversuchen zu entgehen[116]. Dieser Wahlverein betrieb – neben seinem eigentlichen Hauptzweck als Ersatzorganisation für die Parteimitgliedschaft – auch die Agitation für die Reichstagswahlen 1877 und 1878, bei denen die Sozialdemokraten in der Oberpfalz allerdings gegenüber 1874 (0,4 %) stagnierende (1877: 0,4 %) bzw. rückläufige (1878: 0,2 %) Stimmenanteile[117] verzeichnen mußten. Im Jahr 1875 hatten die Regensburger Sozialdemokraten auch noch den – bereits dargestellten[118] – „Socialen Krankenunterstützungsverein" gegründet, den sie noch rechtzeitig vor Erlaß des Sozialistengesetzes in einen (vermeintlich unverdächtiger klingenden) „Allgemeinen Krankenunterstützungsverein" umbenannt hatten.

Im September 1878, also kurz vor Erlaß des Sozialistengesetzes, resümierte der Regensburger Bürgermeister die neun Jahre organisierter politischer Arbeiterbewegung in der Stadt: „Die hiesige sozialdemokratische Bewegung scheint überhaupt sowohl an Theilnahmslosigkeit der arbeitenden Bevölkerung als auch an der Unbedeutendheit der Agitatoren zu kranken, von welchen lediglich der erst unterm 6.ten April 1878 wegen Vergehens der Beleidigung des Landesherrn mit 2 Monat 15 Tagen Gefängniß bestrafte Konrad Brendel, Geschäftsführer im Nähmaschinen-Geschäfte von Schad hier, geistig hervorragend und deshalb gefährlicher Natur zu sein scheint ... Ein von der Partei besoldeter Agitator (Beamter) wohnt hier nicht"[119]. Allein 10 der insgesamt 13 in den Jahren 1876 bis 1878 in Regensburg abgehaltenen Versammlungen (1876: 7; 1877: 4 und 1878: 2) mit durchschnittlich 70 Besuchern[120] waren von auswärtigen – sog. „fliegenden" - Agitatoren bestritten worden; wie die Anzahl der Versammlungen war auch der in Regensburg für die Sozialdemokraten bei den Reichstagswahlen abgegebenen Stimmen (von 1874: 297 über 1877: 178 auf 1878 nur noch 79 Stimmen)[121] stark rückläufig. Bei den noch vor Erlaß des Sozialistengesetzes abgehaltenen Reichstagswahlen von 1878 konnten die Regensburger Sozialdemokraten noch nicht einmal mehr Versammlungen im Stadtgebiet abhalten, weil – auf Druck des liberalen Stadtmagistrats hin – kein Wirt mehr seinen Saal an sie vermietete; selbst die Wahlaufrufe mußten mit der Hand geschrieben werden, weil kein Regensburger Druckereibesitzer mehr Aufträge von Sozialdemokraten annahm. In den Jahren 1876 bis 1878 waren von den Regensburger Sozialdemokraten auch bereits keine Versuche mehr unternommen worden, die Agitation auf die Bevölkerung des flachen Landes auszudehnen[122].

In Amberg, der alten Hauptstadt der Oberpfalz (deren besonderes Fluidum, ja Aroma noch heute spür- und fühlbar ist), war als Nachfolgerin des 1854 aufgelösten Pius-Vereins ein Jahrzehnt später, am 9. März 1865, die „Concordia" gegründet worden, die einer der ersten katholischen Männervereine Bayerns überhaupt war[123] und der „Förderung katholischen Sinnes u. Lebens durch gesellschaftliche Unterhaltung"[124] dienen sollte. Im Januar 1870 hatte sich in Amberg dann ein Liberaler Verein konstituiert[125]. Einen enormen Aufschwung erlebte die Concordia, nachdem Ende des Jahres 1870 der Bezirksgerichtsassessor Johann Baptist Walter[126] und der Buchhändler, Redakteur und Verleger der „Amberger Volkszeitung", Joseph Habbel, an die Vereinsspitze gewählt worden waren. Die von beiden betriebene Reorganisation der Concordia durch eine deutliche politische Akzentuierung der neugefaßten Vereinsstatuten, durch die Herabsetzung des Mitgliedsbeitrages auf die Hälfte und die Betonung der Gleichberechtigung aller Vereinsangehörigen untereinander ließ die Mitgliederzahl der Concordia 1872/73 sprunghaft auf über 500 anwachsen[127]. Walter und Habbel hatten die Concordia damit zielstrebig zu einem schlagkräftigen Parteiverein des politischen Katholizismus, zu einer Vorform also der erst später sich ausprägenden Bayerischen Patriotenpartei ausgebaut. 1872 gelang der Concordia durch die Mobilisierung des katholisch-konservativen Wählerpotentials bei den Gemeindewahlen erstmals ein Sieg über die liberale Rathausmehrheit[128], die im Gegenzug Ende 1872 die Concordia verbot, in dieser Entscheidung aber wenig später von der oberpfälzischen Regierung korrigiert wurde[129].

Wie vergiftet, haßerfüllt, ja bürgerkriegsähnlich aufgeladen in Amberg das Verhältnis zwischen dem liberalen und dem katholisch-konservativen Lager und insbesondere zwischen deren jeweiligen Exponenten war, illustriert die Begründung des liberalen Amberger Bürgermeisters König für die (versuchte) Schließung der Concordia: „Wenn auch, durch die Zeitverhältnisse veranlaßt, in allen Städten mit gemischter Bevölkerung Parteien bestehen und infolge davon Reibungen stattfinden, so wird doch dieser Zustand in keiner anderen Stadt so grell hervortreten, wie dieß hier der Fall ist. Die hauptsächlichste Ursache hieran liegt in der Gesellschaft Concordia, die zum weitaus größten Theile aus Taglöhnern, Berg- und Fabrikarbeitern und der niedrigsten Klasse der hiesigen Bürger besteht ... Insbesonders ist es der Besitzstand, die größere Wohlhabenkeit, was in den Augen dieser Leute ein unverzeihliches Verbrechen bildet und der Ausdruck: 'Großkopferte, Großschädel' ist in ihrem Munde ein ständiger allen gegenüber, die sich in besseren finanziellen Verhältnissen befinden ... Selbst Geistliche (Unterstreichung im Original, d. Verf.) versicherten dem Magistratsvorstande, daß sie von der Gesellschaft sich zurückgezogen haben, da sie es nicht mehr aushalten hatten können ... Seine (Walters, d. Verf.) finanziellen Verhältnisse sind äußerst zerrütteter Natur und gibt es hier wenige bessere Häuser, in denen nicht schon seine Frau ihre beliebten Kniefälle um Darlehen gemacht hätte. Diese mißliche finanzielle Lage mag es auch gewesen sein, die ihn vor mehreren Jahren in die Arme der ultramontanen Parthei trieb, da er bekanntermassen früher der Frömmigkeit nicht sehr huldigte ... Er will einen totalen Umschwung und Umsturz der hiesigen Verhältnisse"[130]. Inwieweit die im selben Bericht aufgestellte Behauptung, der Fürst von Thurn und Taxis sei der eigentliche Finanzier der klerikalen Kräfte in der Oberpfalz, der Wahrheit entsprach, mag dahingestellt bleiben; deutlich werden aber die kapitalismuskritischen Tendenzen (wenn auch zunächst wohl nur hinsichtlich des Amberger Besitzbürgertums) des Casinos, das die Keimzelle der in Amberg später so starken christlichen Arbeiterbewegung war.

Amberg, in den 1870er Jahren eine der wenigen Industriestädte im altbayerischen Raum überhaupt, war wegen des dort vorhandenen vergleichsweise großen Potentials an organisierbaren Arbeitern auch und gerade für die Sozialdemokratische Arbeiterpartei (SDAP) von besonderem Interesse. Schon im Jahr 1870 bestanden in Amberg - vorübergehend – fünf Abonnements auf das SDAP-Organ „Volksstaat"[131], und bis zum Herbst 1872 konnten dort auch bereits einzelne Mitglieder für die SDAP gewonnen werden[132], von denen das aktivste sicherlich der Schuhmachergeselle Josef Steiner war. Vermutlich auf seine Initiative hin war Anfang Mai 1873 in Amberg eine Ortsmitgliedschaft der Schuhmacher gegründet worden[133]. Für den 18. Mai 1873 berief er eine Arbeiterversammlung ins Vereinshaus ein, wo vor etwa 300 Zuhörern der Schuhmachergeselle Geier und der Arbeiter Heintke, beide aus Nürnberg, über „Die Grundsätze der Sozialdemokratie" und „Die Ziele der Gewerkschaften" referierten. Danach zeichnete sich eine beträchtliche Anzahl von Versammlungsteilnehmern in die aufgelegten Listen für die Gründung einer Parteimitgliedschaft ein, die auf einer eigens dafür anberaumten Versammlung am 26. Mai 1873 vollzogen werden sollte.

Die Reaktionen der Gegenkräfte auf dieses Vorhaben ließen aber nicht lange auf sich warten. Am 19. Mai, nur einen Tag nach der ersten sozialdemokratischen Versammlung in Amberg also, hielt die Concordia eine Gegenkundgebung ab, bei der sie sich entschieden von der Sozialdemokratie abgrenzte; außerdem kündigte sie ihr Vereinslokal, das Amberger Vereinshaus, auf, weil dort die sozialdemokratische Veranstaltung hatte stattfinden dürfen[134]. Dem „Hauptagitator" Steiner war umgehend von seinem Meister gekündigt worden, und innerhalb von nur einer Woche hatte bereits die Hälfte aller eingezeichneten Mitglieder ihre Unterschrift wieder zurückgezogen, „darunter sämmtliche eingezeichnete Bürger ... Die noch vorhandenen Mitglieder sind fast ausschließlich Schuhmacher und Schneidergesellen", heißt es im Bericht von Bürgermeister König an den Regierungspräsidenten[135].

(Gewehr-) Fabrikarbeiter, Bergleute und Bürger waren – soweit sie nicht ohnehin schon der Concordia angehörten – also offenbar nicht vertreten bei der Gründungsversammlung am 26. Mai 1873, bei der wiederum der Schuhmachergeselle Geier aus Nürnberg über das Programm und die Organisation der SDAP referierte[136]. Beim Gothaer Vereinigungskongreß vom 22. bis 27. Mai 1875 ließ sich die Amberger Mitgliedschaft durch den Reichstagsabgeordneten und Kassier im SDAP-Vorstand, August Geib aus Hamburg, mitvertreten; zu diesem Zeitpunkt hatte sie mit 45 Organisierten die nur noch 12 Angehörige zählende Regensburger Mitgliedschaft[137] bereits weit überflügelt. Die nachweisbaren (Versammlungs-) Aktivitäten der Amberger Parteimitgliedschaft beschränken sich auf sechs innerhalb des kurzen Zeitraums vom August 1875 bis Januar 1876 abgehaltene, von durchschnittlich 2 – 300 (!) Personen besuchte Versammlungen[138], die allesamt – laut Regierungspräsident[139] – „auf Anregung der Agitatoren Baumann aus Nürnberg und Löwenstein aus Fürth von in Amberg vollständig bedeutungslosen Persönlichkeiten aus dem Arbeiterstande einberufen" worden waren. Diese völlig atypischen, weil in einer wirtschaftlichen Abschwungphase massierten politischen Aktivitäten lassen sich wohl nur erklären vor dem Hintergrund bzw. in der Wechselbeziehung mit der gleichzeitigen gewerkschaftlichen Organisierung einer beträchtlichen Anzahl von (im April 1876 immerhin 76) Gewehrfabrikarbeitern[140].

Die Reihe der sozialdemokratischen Versammlungen in Amberg war am 2. August 1875 vom Fürther Magistratsrat Gabriel Löwenstein und dem Nürnberger Agitator Baumann eröffnet worden; als letzterer in seinem Vortrag über „Das Programm der sozialistischen Arbeiterpartei" die Rechtlosigkeit der Arbeiter kritisierte, löste der überwachende Polizeikommissär die Versammlung wegen angeblicher „Beleidigung des bayerischen Richterstandes" kurzerhand auf[141]. Löwenstein ließ daraufhin für den 7. August eine weitere Versammlung (wiederum über den Amberger Mittelsmann Mutzbauer) einberufen, in der er mit einem Vortrag über „Das bayerische Vereinsgesetz und die Amberger Polizei" die vorangegangene Versammlungsauflösung behandeln wollte. Damit stieß er aber auf den erbitterten Widerstand des politisch liberalen Amberger Bürgermeisters König, der erklärte, so wie er vor der Concordia nicht zurückgeschreckt sei, so werde er auch vor den Sozialdemokraten nicht zurückweichen. Dem Einberufer Mutzbauer und dem Wirt Schanderl (der schon für die erste Versammlung seinen Saal zur Verfügung gestellt hatte) kündigte er an, daß er das gesamte Amberger Militär aufbieten und beim geringsten Vorkommnis mit Bajonetten einschreiten lassen werde, ohne daß dem Wirt dabei möglicherweise entstehende Sachschäden ersetzt würden. Mit seinen Androhungen bewirkte König aber nur, daß auch eine Menge Schau- und Sensationslustiger zu der Veranstaltung kamen, die daher noch stärker besucht war als die vorangegangene und unter dem „Schutz" von vier – vom Bürgermeister dorthin abkommandierten – uniformierten und bewaffneten Polizisten ohne Zwischenfälle verlief[142]. Löwenstein erschienen diese Amberger Vorgänge so außergewöhnlich, daß er in Fürth, wo man ein freiheitlicheres Regiment gewohnt war, am 30. August 1875 eigens eine Versammlung zum Thema „Die Heldentaten der Amberger Polizei" abhielt[143].

Am 27. September 1875 referierte in Amberg Philipp Wiemer aus Chemnitz in einer von Baumann aus Nürnberg präsidierten Versammlung über den „Socialismus und seine Gegner"[144]; für den 7. November wurde dann im „Nürnberg-Fürther Socialdemokrat"[145] das erste Allgemeine Arbeiterfest in Amberg angekündigt: „Für reichhaltiges Programm ist Sorge getragen. Concert und deklamatorische Vorträge, Festrede, gehalten von Herrn Grillenberger aus Nürnberg. Alle Arbeiter und Gesinnungsgenossen sind freundlichst hierzu eingeladen. Entré à Person 6 kr. Das Festkomité." Grillenberger kam noch ein zweites Mal innerhalb von nur vier Wochen nach Amberg, als er am 7. Dezember 1875 (also nur eine Woche nach der Gründung der Amberger Metallarbeiter- Gewerksgenossenschaft) zum Themenkomplex „Die Organisation der sozialistischen Arbeiterpartei Deutschlands – Zweck und Nutzen einer Metallarbeitergewerkschaft" sprach[146]. Als Einberufer für diese Versammlung hatte der Bäcker und Gastwirt Held fungiert, da die Amberger Arbeiter – wie die sozialdemokratische Presse[147] ironisch anmerkte – „obwohl sonst nicht auf den Kopf gefallen und zum großen Theil dem Socialismus zugethan, ein gar schüchternes Völklein (sind), wozu die militärische Dressur in der kgl. Gewehrfabrik theilweise beitragen mag. Deshalb ist es für Einen, der von den messingbordirten Volkserziehern abhängig ist, immer ein Wagstück, seinen Namen zur Einberufung einer Volksversammlung herzugeben". Zu den Schwierigkeiten, einen Einberufer zu finden, kam bei der für lange Zeit letzten sozialdemokratischen Versammlung in Amberg am 8.1.1876 auch noch die überraschende Lokalverweigerung durch den „Stammwirt" Schanderl, woraufhin der Referent Wolf aus Chemnitz in einer improvisierten Versammlung im „Fleischmannsgarten" über das Thema „Die Arbeiterbewegung und ihrer Gegner" sprach. Trotz der widrigen Umstände konnten bei dieser überaus stark besuchten Veranstaltung zwölf Mitglieder für die Metallarbeiter-Gewerksgenossenschaft und auch einzelne Mitglieder für die Parteimitgliedschaft gewonnen werden[148].

Nach der Versammlung vom 8. Januar 1876 scheint die Amberger Mitgliedschaft ihre Aktivitäten völlig eingestellt und sich aufgelöst zu haben; die Ursachen für dieses jähe Ende des Organisationslebens dürften vielfältig gewesen sein: zunächst wurden wohl alle Aktivitäten auf den Ausbau der Metallarbeiter-Gewerksgenossenschaft (die im April 1876 mit 76 Mitgliedern ihren Höchststand erreichte) verlagert, danach dürfte sich angesichts der Wirtschaftskrise und zunehmender Repressalien am Arbeitsplatz eine allgemeine Lethargie breitgemacht haben, die noch weiter verstärkt wurde durch das Fehlen von Arbeitern, die bereit gewesen wären, sich als Einberufer sozialdemokratischer Versammlungen zu exponieren sowie durch die auch in Amberg einsetzenden Saalabtreibereien bzw. Lokalverweigerungen. Zusammenfassend läßt sich also feststellen, daß es in

Amberg an Persönlichkeiten aus der Arbeiterschaft selbst fehlte, die – ohne fremde Hilfe aus Nürnberg, Fürth und Chemnitz – das sozialdemokratische Parteileben am Ort eigenständig hätten gestalten können, wohingegen die katholisch-konservativen Gegenkräfte Ambergs in der Concordia und von 1879 an in zwei Arbeitervereinen und einem Arbeiterinnenverein so geschlossen und schlagkräftig sich formiert hatten, daß Amberg bereits in den 1870er Jahren zum Organisationsmittelpunkt der Bayerischen Patriotenpartei bzw. der Zentrumspartei in der Oberpfalz geworden war und dies bis ins Jahr 1907 hinein auch bleiben sollte[149].

Bis zum Erlaß des Sozialistengesetzes 1878 waren in der Oberpfalz also drei SDAP-Mitgliedschaften gegründet worden: in Regensburg, Reinhausen und Amberg. Auch die sozialdemokratische Agitation war offenbar weitgehend auf die beiden Städte Regensburg und Amberg beschränkt geblieben. Bei einer im September 1878, also wenige Wochen vor Erlaß des Sozialistengesetzes, durchgeführten Umfrage des oberpfälzischen Regierungspräsidenten unter den Bezirksamtmännern nach „sozialdemokratischen Umtrieben" in den einzelnen Amtsbezirken meldeten sämtliche Amtsvorstände „Fehlanzeige"[150]. Nur der Sulzbacher Bezirksamtmann berichtete, daß es in Sulzbach selbst zwar einige „bald mehr bald weniger verkappte Anhänger der socialistischen Doctrinen"[151] gebe, daß aber bei der Reichstagswahl letztendlich doch nur eine einzige sozialdemokratische Stimme abgegeben worden sei. Auch im Amtsbezirk Velburg waren „nur 5 Gemeindebürger bekannt geworden, welche socialdemokratischen Grundsätzen huldigen, nämlich 3 in der Stadtgemeinde Velburg und 2 in der Gemeinde Lutzmannstein. Letztere halten sich die socialdemokratische Zeitschrift 'Zeitgeist'"[152]. Aber auch in diesen beiden Amtsbezirken sei von einer sozialdemokratischen Agitation nichts zu bemerken gewesen[153]. In Altershausen, Amtsbezirk Beilngries, hatte im Herbst 1875 der Schneider Michael Minderlein für Unruhe gesorgt, als er jeweils an den Sonntagen zur Gottesdienstzeit „religiöse Besprechungen" mit Teilnehmern beiderlei Geschlechts aus den umliegenden Ortschaften abhielt[154]; ob es sich bei Minderlein um einen sozialdemokratischen Agitator handelte, blieb aber ungeklärt.

Ein – ganz unverhohlener – sozialdemokratischer Agitationsversuch scheiterte am 7. Januar 1877 in Burglengenfeld, wo der Augsburger Agitator Jakob Endres und der Bevollmächtigte der Regensburger Metallarbeiter-Gewerksgenossenschaft Josef Malgersdorfer angesichts der Nähe der Maxhütte und der dort beschäftigten 800 Arbeiter eine Versammlung abhalten wollten. Nachdem sie vom Wirt des „Pfälzerhofs" abgewiesen worden waren, erlaubte ihnen der Besitzer des Gasthofes „Zur Post", Haug, abends dort eine Veranstaltung durchzuführen; Endres, Malgersdorfer und zwei Begleiter brachten daraufhin Plakate an den Straßenecken an, um auf ihr Vorhaben aufmerksam zu machen. Sofort traten aber – auch in Burglengenfeld – Polizei und Behörden in Aktion: die Gendarmerie entfernte sämtliche Plakate; der Bürgermeister wirkte auf den Gasthofbesitzer Haug solange ein, bis dieser sich zur Lokalverweigerung bereit erklärte; der Magistrat wurde eilends zu einer Sondersitzung einberufen, in der er durch gemeinsamen Beschluß die Abhaltung der Versammlung untersagte und Anzeige gegen Endres und seine Begleiter wegen unerlaubten Plakatierens erstattete und, schließlich, traf auch noch der Bezirksamtmann „entsprechende Sicherheitsmaßregeln" für den Fall, daß Endres sich nicht an die Magistratsbeschlüsse halten sollte. Endres und seine Begleiter verzichteten deshalb – trotz eines großen Zuhörerandranges – auf die Abhaltung der Veranstaltung und beschränkten sich auf die Verteilung von Wahlaufrufen und -zetteln[155]. Selbst auf dieser lokalen Ebene waren also, auch schon vor Erlaß des Sozialistengesetzes, polizeiliche und behördliche Schikanen und Unterdrückungsmaßnahmen – seit der sozialdemokratischen Landesversammlung von Ostern 1874 – an der Tagesordnung gewesen.

FUSSNOTEN: II. DIE POLITISCHE ARBEITERBEWEGUNG IN DER OBERPFALZ 1848 – 1919
1. ERSTE ANSÄTZE ZU EINER FORMIERUNG DER POLITISCHEN ARBEITERBEWEGUNG IN DER OBERPFALZ 1848 – 1878

1) Vgl. CONZE, Werner: Vom „Pöbel" zum „Proletariat". Sozialgeschichtliche Voraussetzungen für den Sozialismus in Deutschland, in: VSWG 41, 1954, S. 347.
2) Vgl. GREBING, Helga: Geschichte der deutschen Arbeiterbewegung, München 1980[10], S. 24.
3) Vgl. CONZE, a.a.O., S. 333 f.
4) Vgl. GREBING, a.a.O., S. 43 f. und LIMMER, Hans: Die deutsche Gewerkschaftsbewegung, München 1966[9], S. 18.
5) Vgl. BOSL, Karl: Bayerische Geschichte, München 1980, S. 161 – 163.
6) A.a.O., S. 175 f.
7) VHVO 120, S. 220 – 224.
8) Regensburg, S. 130 – 150.

9) Vgl. ebd.

10) BHS I, MInn 45786, 22-seitiger Bericht des oberpfälzischen Regierungspräsidenten Freiherrn von Künsberg vom 2.10.1849 über die Folgen der Märzbewegung in der Oberpfalz, S. 1.

11) Ebd., S. 2.

12) Vgl. ebd.

13) Vgl. ALBRECHT, a.a.O., S. 138; zu den Schuhmacherunruhen in München 1848 vgl. Augsburg-Ausstellungskatalog, Bd. 3, S. 44.

14) Vgl. ALBRECHT, a.a.O., S. 137 und BHS I, MInn 45786, Bericht vom 2.10.1849, S. 3.

15) Ebd.

16) Vgl. hierzu allgemein SCHIEDER, Wolfgang: Die Rolle der deutschen Arbeiter in der Revolution von 1848/49, in: Dieter LANGEWIESCHE (Hrsg.), Die deutsche Revolution von 1848/49, Darmstadt 1983, S. 322 – 340 und BERGMANN, Jürgen: Soziallage, Selbstverständnis und Aktionsformen der Arbeiter in der Revolution von 1848, in: ders./ VOLKMANN, Sozialer Protest, S. 283 - 303.

17) Vgl. hierzu auch SCHIEDER, a.a.O., S. 328 f.; hierzu auch THAMER, Hans-Ulrich: Von der Zunft zur Arbeiterbewegung, in: Augsburg-Ausstellungskatalog, Bd. 2, S. 469 – 478.

18) Vgl. ALBRECHT, a.a.O., S. 144.

19) Im Kapitel „Kassenwesen".

20) Vgl. MAYER, Ludwig: Regensburg und die Revolution 1848, in: VHVO 102, 1962, S. 21 – 99, hier: S. 80.

21) Vgl. BHS I, MInn 45786, Bericht vom 2.10.1849, S. 18.

22) Vgl. MAYER, a.a.O., S. 84, 86 und 88.

23) StA AM, BA Riedenburg 3106, Bericht vom 4.3.1847.

24) Vgl. ebd., Nr. 586 vom 7.3.1847.

25) Ebd., Bericht vom 5.5.1848.

26) Ebd., Bericht vom 23.4.1849.

27) Vgl. ebd., Bericht vom 2.6.1848; mit demselben Tenor auch die Berichte vom 25.8., 25.9. und 22.12.1848 sowie vom 23.5., 23.6. („Einzelne Müßiggänger, deren Geschäft lediglich im Kolportieren u. Erklären der Zeitungen u. Flugblätter besteht, werden wenig beachtet u. es scheint bald verachtet" u. 24.10.1848.

28) StA AM, LG Auerb. 84, Bericht vom 17.3.1848; abweichend davon jedoch wiederum der Bericht des Landrichters im Nachbarbezirk Eschenbach.

29) A.a.O., S. 89.

30) Vgl. Neue Münchener Zeitung Nr. 121 vom 16.11.1848, S. 485, abgedruckt in: Augsburg-Ausstellungskatalog, Bd. 3 (Dokumentensammlung), S. 265 f.

31) Vgl. ebd., S. 265.

32) Vgl. ALBRECHT, a.a.O., S. 139.

33) Vgl. LAUBE, Rudolf: Unsere Heimat während der deutschen Revolution 1848/49, in: Jahresbericht der Oberrealschule Schwandorf über das Schuljahr 1962/63, S. 43 – 62, hier: S. 58, und CHROBAK, Kirchengeschichte Ambergs, in: Amberg-Ausstellungskatalog, S. 306.

34) Vgl. StdAr Sulzbach-Rosenberg (abgekürzt SUL), A 4284, Sulzbacher Wochenblatt vom 1.9.1848 mit den Vereins-Statuten vom 14.10.1848.

35) Vgl. StA AM, Reg.d.Opf. 9194/1, Nr. 4536 vom 29.8.1850.

36) Vgl. CHROBAK, a.a.O., S. 306.

37) A.a.O., S. 32.

38) Quelle: BHS I, MInn 45786, Bericht vom 2.10.1849, S. 13.

39) Vgl. CHROBAK, a.a.O., S. 306 und LAUBE, a.a.O., S. 59.

40) Vgl. LIEBL, a.a.O., S. 29 und LAUBE, a.a.O., S. 59.

41) Zitiert nach ebd., S. 61.

42) Vgl. ebd., S. 47 und 50.

43) Vgl. BRAUN, Amberg als Garnisonsstadt, in: Amberg-Ausstellungskatalog, S. 214.

44) Vgl. LAUBE, a.a.O., S. 59.

45) A.a.O., S. 30.

46) Vgl. MAYER, a.a.O., S. 84 f.

47) Vgl. StdAr SUL, A 4284, Vereinsstatut vom 14.10.1848.

48) Im Mitgliederverzeichnis (vgl. ebd.) werden allerdings nur 14 der 73 Gründungsmitglieder mit Berufsbezeichnung genannt; darunter befinden sich: 4 Kaufleute, 2 Buchdrucker, 2 Spengler, 1 Schlosser, 1 Nagelschmied, 1 Büttner, 1 Schuhmacher, 1 Metzger und 1 Landwirt.

49) Vgl. WEINBERG, Magnus: Geschichte der Juden in der Oberpfalz, Bd. V: Herzogtum Sulzbach (Sulzbach und Floss), München 1927, S. 60: Familienliste der Gemeinde Sulzbach aus dem Jahre 1828.

50) Vgl. StdAr SUL, A 4284, Mitgliederverzeichnis.

51) Geb. 1812 als Sohn des Buchhändlers Salomon Schlessinger in Frankfurt a.M. 1841 wird er zum Rabbiner der Jüdischen Gemeinde Sulzbach gewählt, tritt danach vor allem mit Übersetzungen aus dem Hebräischen hervor. 1843 ehelicht er Rosetta (Tochter des Sulzbacher Buchdruckereibesitzers Jakob Arnstein), die einzige Tochter der beiden stirbt schon bald nach der Geburt. Nach dem Scheitern der Revolution von 1848/49 muß er Hals über Kopf aus Sulzbach fliehen; er emigriert nach New York, von wo er brieflich seinen Verzicht auf das Sulzbacher Rabbinat erklärt. Trotz eines von allen Mitgliedern der Jüdischen Gemeinde unterschriebenen glänzenden Ehrenzeugnisses vermag er aber in New York beruflich nicht Fuß zu fassen und kehrt in seine Geburtsstadt Frankfurt a.M. zurück, wo er, erst 42 Jahre alt, im Jahr 1854 an Herzwassersucht stirbt. Die Rückkehr nach Sulzbach, wo seine Frau Rosetta 1872 verstirbt (vgl. WEINBERG, unpaginiert), war ihm zeitlebens vom Sulzbacher Magistrat verwehrt worden (vgl. Steiner, Evi: Geschichte der Stadt Sulzbach in der Oberpfalz in der zweiten Hälfte des 19. Jahrhunderts, Zulassungsarbeit Universität Regensburg, o.J., S. 73).

52) Vgl. StdAr SUL, A 4284, Sulzbacher Wochenblatt vom 1.9.1848, S. 395.

53) Ebd.

54) Vgl. ebd., Vortragstext.

55) Vgl. ebd., Schlessingers Einladung zur Mitgliederversammlung vom 29.1.1849.

56) Vgl. BHS I, MInn 45786, Bericht vom 2.10.1849, S. 14.

57) Ebd.

58) StdAr SUL, A 4284, „Sulzbacher Wochenblatt" Nr. 19 vom 9.5.1849

59) Vgl. ebd.

60) Zitiert nach STEINER, a.a.O., S. 69.

61) Vgl. WEINBERG, unpaginiert.

62) Vgl. STEINER, a.a.O., S. 69.

63) Vgl. BHS I, MInn 30981/1, Nr. 5391 vom 26.4.1850.

64) Vgl. StA AM, Reg. d. Opf. 9194/1 („Vereine 1849/50 – 1890"), Nr. 4536 vom 29.8.1850.

65) Vgl. hierzu WEINBERG, Geschichte der Juden in der Oberpfalz, Bd. V.

66) StA AM, Reg. d. Opf. 9194/1, Nr. 4536 vom 29.8.1850.

67) Im Kapitel „Kassenwesen".

68) Vgl. ebd.

69) Vgl. das Kapitel „Lage und Organisierung der Buchdrucker".

70) Vgl. StA AM, LG Auerb. 84, Regierungserlasse Nr. 36 vom 13.10.1853 und Nr. 1575 vom 28.9.1857.

71) Vgl. hierzu ausführlich DENK, a.a.O., S. 11 – 19.

72) Vgl. BHS I, MInn 30981/1, Nr. 21975 vom 12.1.1853.

73) Vgl. hierzu allgemein SCHMIERER, a.a.O., S. 51 – 58.

74) Vgl. OFFERMANN, a.a.O., S. 316 f. und 512.

75) Vgl. ebd.

76) Vgl. BHS I, MInn 30981/3, Nr. 4254 vom 27.1.1862; hierzu ausführlich im Kapitel „Lage und Organisierung der Porzellanarbeiter".

77) Vgl. SCHMIERER, a.a.O., S. 53.

78) Zu Staudingers Biographie vgl. OFFERMANN, a.a.O., S. 318 f.

79) Vgl. ebd., S. 320 und 517.

80) Vgl. hierzu CHROBAK, VHVO 121, S. 185.

81) DOWE, Bibliographie, S. 30.

82) Vgl. HIRSCHFELDER, a.a.O., S. 61 und LIMMER, a.a.O., S. 20 f.

83) Vgl. ebd., S. 21 – 24 und GREBING, a.a.O., S. 52 und 57.

84) Die Arbeiterbewegung im Wilhelminischen Reich, Berlin 1963, S. 10.

85) Vgl. GEBHARDT, Handbuch der deutschen Geschichte, Bd. 3, Stuttgart 1970^9, S. 238.

86) Vgl. hierzu ausführlich HIRSCHFELDER, a.a.O., S. 71 (mit einer Biographie Tauschers), S. 92 f. und 570 – 572; zur Person Tauschers vor allem ECKERT, a.a.O., S. 168 f.

87) Hierzu ausführlich CHROBAK, VHVO 121, S. 185 – 187; im Bericht Nr. 891 des Regierungspräsidenten vom 3.7.1878 (BHS I, MInn 66312) wird als Gründungsdatum, abweichend von den anderen Quellen, der 19.Oktober 1869 genannt.

88) Vgl. CHROBAK, VHVO 121, S. 185 – 187; zum erfolgreichen „Putsch-Versuch" der „Bebel-Liebknechts-Fraktion" in Regensburg (so die zeitgenössische Diktion und Interpretation von Windsheimers gelungenem „Bekehrungsversuch") vgl. ENGELHARDT, a.a.O., S. 894.

89) Vgl. CHROBAK, VHVO 121, S. 185 – 187; ECKERT, a.a.O., S. 110 f., 118, 132 f. und 137 sowie HIRSCHFELDER, a.a.O., S. 106 f.

90) Vgl. a.a.O., S. 114 – 122.

91) Vgl. CHROBAK, VHVO 121, S. 271.

92) Vgl. ders., VHVO 120, S. 226 – 235 zur Entwicklung der Bayerischen Patriotenpartei in Regensburg 1869 – 1887 und ebd., S. 261 – 277 zur Zentrumsorganisation in der Oberpfalz 1887 – 1914.

93) Zum reaktionären politischen Standpunkt Senestreys vgl. ebd., S. 311 – 314.

94) Vgl. ders., VHVO 121, S. 272.

95) Vgl. ebd. und ders., VHVO 120, S. 309, 314 f. und 318 f.

96) Vgl. ebd., S. 326 – 329 und 334 f.

97) Vgl. ebd., S. 327.

98) Vgl. ebd., S. 368 – 375.

99) Vgl. ebd., S. 375 – 384 und VHVO 121, S. 273.

100) Vgl. ebd., S. 187 – 191.

101) Vgl. ebd., S. 190 und HIRSCHFELDER, a.a.O., S. 134.

102) Im Kapitel „Streiks, Aussperrungen, Tarifvertragswesen", S. 149–151.

103) „Volksstaat" Nr. 79 vom 30.9.1871.

104) Vgl. CHROBAK, VHVO 121, S. 191.

105) Vgl. ebd., S. 192 – 194 und HIRSCHFELDER, a.a.O., S. 197.

106) Quelle: Fricke, a.a.O., S. 371 – 373.

107) Vgl. ECKERT, a.a.O., S. 222 f.

108) Quelle: HIRSCHFELDER, a.a.O., S. 251.

109) Vgl. CHROBAK, VHVO 121, S. 196.

110) Vgl. ebd.

111) Quelle: HIRSCHFELDER, a.a.O., S. 197.

112) Volksstaat Nr. 90 vom 5.8.1874.

113) Vgl. CHROBAK, VHVO 121, S. 196.

114) BHS I, MInn 66312, Nr. 891 vom 3.7.1878.

115) Quelle: CHROBAK, VHVO 121, S. 198 f. und FRICKE, a.a.O., S. 94.

116) Vgl. ebd., S. 199.

117) Quelle: HIRSCHFELDER, a.a.O., S. 251.

118) Im Kapitel „Kassenwesen", S. 67.

119) BHS I, MInn 66312, Nr. 40 vom 3.9.1878.

120) Quelle: ebd.

121) Quelle: CHROBAK, VHVO 121, S. 200.

122) Vgl. BHS I, MInn 66312, Nr. 40 vom 3.9. und Nr. 10464 vom 10.9.1878.

123) Vgl. CHROBAK, Kirchengeschichte Ambergs, S. 307.

124) StA AM, Reg. d. Opf. 8243.

125) Vgl. ebd. und StdAr AM, Dollacker-Chronik.

126) Geb. 18.10.1831 in Leuchtenberg; Landtagsabgeordneter 1875 – 1881 für den Wahlbezirk Stadtamhof, 1881 – 1898 für Amberg; Aufstieg zum Oberlandesgerichtsrat in München und zum geadelten Landtagspräsidenten (vgl. CHROBAK, Kirchengeschichte, S. 318, Anmerkung 95).

127) Vgl. ebd., S. 308 und 313; zur Entwicklung der Amberger Concordia auch HATTENKOFER, a.a.O., S. 85 – 92.

128) Vgl. CHROBAK, Kirchengeschichte, S. 308.

129) Vgl. ebd.

130) BHS I, MInn 30981/23, „Bericht des Vorstandes des Stadtmagistrats Amberg ... Die politischen und socialen Verhältnisse der Stadt Amberg betreffend" vom 31.12.1872; wohl eine späte Folge dieser erbitterten Auseinandersetzungen zwischen Liberalen und Klerikalen in Amberg sowie ein Beleg für den „Zeitgeist" ist die im November 1880 in Amberg von der Pfarrkanzel öffentlich verkündete Exkommunikation der 18jährigen Maria Distler, Tochter des (vermutlich national-liberalen) Amberger Bezirksamtmanns, weil diese mit dem geschiedenen Amberger Bezirksarzt Schmelcher sich verlobt (und damit einen die Amberger Gesellschaft erschütternden Skandal verursacht) hatte (vgl. StA AM, Reg. d. Opf. 14202, Bericht vom 8.11.1880).

131) Quelle: FRICKE, a.a.O., S. 371 f.

132) Vgl. ebd., S. 30.

133) Vgl. „Volksstaat" Nr. 37 vom 7.5. und Nr. 40 vom 17.5.1873.

134) Vgl. StA AM, Reg. d. Opf. 13751, Berichte vom 19. und 26.5. 1873 und „Volksstaat" Nr. 51 vom 25.6.1873.

135) StA AM, Reg. d. Opf. 13751, Nr. 968 vom 2.6.1873.

136) Vgl. „Volksstaat" Nr. 51 vom 25.6.1873, „Amberger Tagblatt" vom 24.5. und 13.6.1873 sowie HIRSCHFELDER, a.a.O., S. 198.

137) Quelle: FRICKE, a.a.O., S. 94 f.

138) Quelle: BHS I, MInn 66312, Nr. 40 vom 3.9.1878.

139) Ebd.

140) Vgl. hierzu ausführlich die Kapitel „Rekrutierung, Qualifizierung und Disziplinierung ...", S. 123 und „Lage und Organisierung der Metallarbeiter", S. 204.

141) Vgl. „Nürnberg-Fürther Socialdemokrat" Nr. 93 vom 7.8.1875 und BHS I, MInn 38969, Nr. 9536 vom 24.8.1875.

142) Vgl. „Nürnberg-Fürther Socialdemokrat" Nr. 94 vom 10.8.1875.

143) Vgl. HIRSCHFELDER, a.a.O., S. 341, Anmerkung 49.

144) Vgl. „Nürnberg-Fürther Socialdemokrat" Nr. 119 vom 7.10.1875.

145) Nr. 132 vom 6.11.1875.

146) Vgl. „Nürnberg-Fürther Socialdemokrat" Nr. 143 vom 1.12. und Nr. 145 vom 7.12.1875.
147) „Nürnberg-Fürther Socialdemokrat" Nr. 152 vom 23.12.1875.
148) Vgl. „Nürnberg-Fürther Socialdemokrat" Nr. 4 vom 8.1. und Nr. 8 vom 18.1.1876.
149) Vgl. CHROBAK, Kirchengeschichte, S. 309.
150) Vgl. BHS I, MInn 66312.
151) Ebd.
152) Ebd.
153) Vgl. ebd.
154) Vgl. StA AM, BA Beilngries 147, Nr. 2786 vom 27.9.1875.
155) Vgl. BHS I, MInn 38972, Nr. 705 vom 20.1.1877; StA AM, Reg. d. Opf. 14201, Nr. 76 vom 15.1.1877 und Reg. d. Opf. 8689, Nr. 89 vom 8.1.1877.

2. AUSWIRKUNGEN VON BISMARCKS SOZIALISTENGESETZ (1878 – 1890) AUF DIE POLITISCHE ARBEITERBEWEGUNG IN DER OBERPFALZ

1878 verübten zwei Männer, die keine Sozialdemokraten waren, kurz hintereinander Attentate auf Wilhelm I.; Bismarck nahm diese Vorfälle zum Vorwand, um gegen die – wie er sich ausdrückte- „Vermehrung der bedrohlichen Räuberbande, mit der wir gemeinsam unsre größern Städte bewohnen"[1], vorzugehen und das „Gesetz gegen die gemeingefährlichen Bestrebungen der Sozialdemokratie" - kurz: Sozialistengesetz – im Reichstag durchzusetzen. Es galt zunächst für drei Jahre und wurde bis 1890 noch viermal verlängert. Durch das Gesetz wurden alle Organisationen verboten, „welche durch sozialdemokratische, sozialistische und kommunistische Bestrebungen den Umsturz der bestehenden Staats- und Gesellschaftsordnung bezwecken"[2]. Aufgrund des Sozialistengesetzes vom 21.Oktober 1878 wurden also die Organisationen der Partei aufgelöst sowie fast sämtliche Zeitungen verboten; geschätzte 1.500 Sozialdemokraten wurden zu Gefängnis- und Zuchthausstrafen verurteilt, allein 900 Partei- und Gewerkschaftsmitglieder wurden ausgewiesen. Als die einzigen Formen legaler Betätigung ließ das Sozialistengesetz noch die Ausübung des Wahlrechts und die parlamentarische Tätigkeit sozialdemokratischer Abgeordneter zu[3].

In der Oberpfalz war es bereits am 4. Juni 1878, nur zwei Tage nach dem zweiten Attentat auf Wilhelm I., in Regensburg zur Denunziation und Inhaftierung eines 17jährigen Bauhilfsarbeiters gekommen, der in einem Kaufladen den Mordanschlag auf den deutschen Kaiser begrüßt hatte[4]. „Das Denunziantentum blühte" schreibt Chrobak[5] über die Praxis des Sozialistengesetzes in Regensburg und nennt als Beleg allein zehn – aktenkundige – Personen, bei denen Haussuchungen durchgeführt wurden, die in der Regel mit Beschlagnahmen und häufig mit der – zumindest vorübergehenden – Inhaftierung des Verdächtigen verbunden waren[6]. Diese Repressalien im öffentlichen Bereich wurden, gerade während des Sozialistengesetzes, oft noch verstärkt durch das verschärfte antisozialdemokratische Vorgehen von Unternehmern wie dem Regensburger Buchdruckereibesitzer Manz, der jedem als Sozialdemokraten Verdächtigen die fristlose Entlassung androhte und dies dann auch rigoros wahrmachte[7].

Der Arm des (Sozialisten-) Gesetzes reichte zwar auch in der Oberpfalz bis in die letzten Winkel, der Zugriff erfolgte dann aber doch oft zu spät und/oder blieb nach langwierigen Gerichtsverfahren letztendlich ohne Ergebnis: so vor allem beim bereits ausführlich dargestellten[8] Glasarbeiterstreik vom Frühjahr 1880 im Ascha-, Schwarzach- und Zottbachtal; dann bei dem aus der Schweiz ausgewiesenen „Anarchisten" Philipp Kennel, dessen Frau sich 14 Tage unerkannt bei Kennels in Roding als Feldwebel stationiertem Vater aufgehalten hatte, um das Reisegeld für die Auswanderung nach Amerika zu erbitten[9]; schließlich auch bei dem Nabburger Hafnergesellen Jakob Reischl, um den ein Sturm im Wasserglas entfacht worden war, bemühten sich doch das Amtsgericht Nabburg und das Landgericht Amberg anscheinend vergeblich darum, Reischl nachzuweisen, daß er das bei ihm aufgefundene, als sozialdemokratisch eingestufte Flugblatt habe weiterverbreiten wollen (der Besitz allein war nach dem Sozialistengesetz noch nicht strafbar)[10].

Bei der Untersuchung der gewerkschaftlichen Arbeiterbewegung in der Oberpfalz war bereits gezeigt worden, daß mit Hilfe des Unterstützungswesens die organisatorische und personelle Kontinuität von einzelnen Verbänden über die Zeit des Sozialistengesetzes hatte hinübergerettet werden können: So traten bereits 1884 die Regensburger Unterstützungskassen der Tischler und Schuhmacher wieder den jeweiligen Zentralverbänden bei. Im selben Jahr konstituierte sich in Regensburg auch – ungehindert – der Fachverein der Steinmetzgehilfen, und noch im letzten Jahr vor Auslaufen des Sozialistengesetzes, 1889, waren in der Oberpfalz wieder Fachvereine der Glas- und der Metallarbeiter gegründet worden. Auch die Ersatzorganisation der politischen Arbeiterbewegung in Regensburg, das Wahlkomitee, war selbst nach Erlaß des Sozialistengesetzes vom Stadtmagistrat unbehelligt geblieben, stellte es doch von selbst jede Tätigkeit ein; um einen organisatorischen Zusammenhalt zu wahren, schlossen sich zwölf Regensburger Sozialdemokraten in dem bereits mehrmals erwähnten „Allgemeinen Krankenunterstützungsverein" zusammen, vermieden aber peinlichst jegliches Anzeichen politischer Tätigkeit [11].

Neben diesen Beispielen zeugten auch der – illegale – Aufbau einer Verteilerzentrale für den „Socialdemokrat" in Regensburg sowie die legale Versammlungstätigkeit zu Wahlkampfzeiten von der Fortexistenz der sozialdemokratischen Arbeiterbewegung in der Oberpfalz während des Sozialistengesetzes. Für den überörtlichen Zusammenhang der Sozialdemokratie während der Verbotszeit war von besonderer Bedeutung, daß deren in Zürich gedrucktes Organ „Socialdemokrat" durch die „Rote Feldpost" Julius Mottelers ins Reich transportiert und dort dann weiterverteilt werden konnte; von der bayerischen Sozialdemokratie war deshalb der ehemalige Redakteur des „Zeitgeistes" in München, Friedrich Löbenberg, beauftragt worden, in Regensburg eine Verteilerzentrale für den „Socialdemokrat" aufzubauen, um dort unbemerkt Kontingente der Parteizeitung nach Sachsen und Preußen weiterleiten zu können[12]. Löbenberg hatte hierzu bereits Anfang 1879 eine Stelle bei einer Stadtamhofer Zeitung angenommen und scheint zusammen mit dem Manz'schen Buchbinder Böhlers seinen Parteiauftrag auch erfolgreich ausgeführt zu haben, ehe beide Ende des Jahres 1881 überführt und im Mai 1882 zu zwei Monaten bzw. (bei Böhler) zwei Wochen Gefängnis verurteilt wurden[13]; aber selbst nach der Verurteilung Löbenbergs und Böhlers scheint Regensburg noch als Verteilerort für den „Socialdemokrat" gedient zu haben[14]. Außerhalb Regensburgs war im Jahr 1881 in Neukirchen bei Sulzbach ein Paket mit sozialdemokratischen Druckschriften entdeckt worden[15], das ein dort wohnender „ordnungsliebender, der agitatorischen Thätigkeit unverdächtiger Mann"[16] von seinem in der Schweiz lebenden Bruder, einem Sozialdemokraten, zugeschickt erhalten hatte[17].

Die legale Versammlungstätigkeit der Sozialdemokraten zu Wahlkampfzeiten wurde in der Oberpfalz während des Sozialistengesetzes vor allem von Karl Grillenberger aus Nürnberg bestritten, der 1881 als erster Sozialdemokrat aus Süddeutschland in den Reichstag eingezogen war[18]. In Regensburg referierte er am 22.9.1883 vor 200[19] und am 21.9.1889, also fast genau sechs Jahre später, vor 150 Zuhörern[20]; weitaus stärker noch scheint eine von Grillenberger am 1.8.1885 in Neumarkt abgehaltene Arbeiterversammlung besucht gewesen zu sein[21] und zu seiner wenig später, am 29. November desselben Jahres, in der Landgemeinde Auerbach durchgeführten, nur durch Mundpropaganda angekündigten Versammlung „mochten sich 4 – 5000 Zuhörer eingefunden haben, nicht gerechnet diejenigen, welche überhaupt keinen Platz finden konnten"[22].

Angesichts der nur mühsam aufrechterhaltenen Restbestände sozialdemokratischer Organisation und Agitation während der Verbotszeit (1878 – 1890) waren die Wahlerfolge der Sozialdemokratie gerade in diesem Zeitraum um so erstaunlicher: So stieg der sozialdemokratische Wähleranteil im Reichsdurchschnitt zwischen 1878: 7,6 % und 1890: 19,1 % auf etwa das Zweieinhalbfache an. In Bayern konnte die Partei den Prozentanteil ihrer Wählerstimmen in diesen zwölf Jahren sogar von 3,4 % auf 13,9 % – durch einen enormen Stimmenzuwachs bei den Wahlen von 1887 und 1890 vor allem – vervierfachen und damit den starken Rückstand gegenüber dem Reichsdurchschnitt deutlich verringern. Selbst in der Oberpfalz, wo man von einer verstärkten Industrialisierung ja eigentlich erst in der Vorkriegsära (1890 – 1914) sprechen kann, kletterte der Anteil der sozialdemokratischen Stimmen von 1887: 1,4 % (Vergleichswerte für Gesamtbayern: 6,6 %; Niederbayern: 0 ,3 %; Schwaben: 3,2 %) auf 1890: 4,4 % (Gesamtbayern: 13,9 %; Niederbayern: 2,2 %; Schwaben: 6,8 %), hatte sich damit also innerhalb von nur drei Jahren mehr als verdreifacht. Auch wenn in Regensburg 1890 bereits ein sozialdemokratischer Wähleranteil von 12,4 % (also rund 1/8) erreicht worden war[23], so hatte die Oberpfalz aber dennoch immer noch den zweitniedrigsten Stimmenanteil unter allen bayerischen Regierungsbezirken zu verzeichnen; für die Oberpfalz wird man also wohl kaum von einem Durchbruch der Sozialdemokratie als einer „Wählerpartei" noch vor der Aufhebung des Sozialistengesetzes im Jahr 1890 sprechen können, wie dies Hirschfelder[24] für Gesamtbayern tut.

Trotz alledem bleibt doch die Frage nach den Ursachen für die Verdreifachung des sozialdemokratischen Stimmenanteils in den Jahren 1887 bis 1890. Die – wenn auch massenhaft besuchten – sporadischen Wahlversammlungen Grillenbergers waren wohl allenfalls ein Seismograph dieses sich anbahnenden Stimmenzuwachses, nicht aber dessen Ursache. In Regensburg dürfte der sozialdemokratische Wahlerfolg 1890 vor allem ein Verdienst des im Vorjahr, am 18. Mai 1889, nach dem Nürnberger und Fürther Muster gegründeten „Wahlvereins zur Erzielung volkstümlicher Wahlen" gewesen sein[25]. Diese Wahlvereine mit ihren sehr allgemein gehaltenen Statuten konnten zum Zwecke der Wahlvorbereitung legal arbeiten; ihnen oblag auch die Vorbereitung für die Landtagswahlen, an denen die bayerische Sozialdemokratie 1887 – trotz des ungünstigen Wahlsystems – erstmals sich beteiligt hatte[26]. Die Wahlvereine waren aber auch bereits auf Kontinuität – über die Zeit des Sozialistengesetzes hinaus – angelegt[27]. Ausschlaggebend für den Wahlerfolg der Sozialdemokraten 1890 war – auf die gesamte Oberpfalz bezogen – die Unzufriedenheit der unter der Agrarkrise leidenden Landbevölkerung, die sich im Zentrum nicht mehr ausreichend vertreten fühlte. Diese Unzufriedenheit verschaffte sich zunächst in aggressivem Verhalten Luft[28], zeigte sich bei den Reichstagswahlen des Jahres 1890 aber auch bereits im Rückgang der Wahlbeteiligung in Gesamtbayern (von 1887: 71,9 % auf 1890: 62,5 %) wie auch und vor allem in der Oberpfalz (von 1887: 66,3 % auf 1890: 50,0 %)[29]. In dieser wirtschaftlichen Krisensituation dürfte wohl sogar in der katholischen Oberpfalz eine beträchtliche Anzahl von Landbewohnern, soweit sie nicht den Wahlurnen ferngeblieben waren, aus Protest für die Sozialdemokraten gestimmt haben, betrieb doch die Sozialdemokratie im Reichstag die weitaus radikalere Opposition als das Zentrum.

Die täglich erfahrene Unterdrückung während des Sozialistengesetzes und die ständige Furcht vor einer Welle neuer Verfolgungen waren eine Hypothek, die die Politik der Partei in den folgenden Jahren entscheidend beeinflussen sollte.

Die aufgezwungene Isolierung der sozialistischen Arbeiterschaft bestärkte als Reaktion die Selbstisolierung der Partei, deren Charakter als Staat im Staate sich in diesen Jahren ausprägen sollte. Daran vermochte auch die von Bismarck betriebene Sozialreform „von oben" nichts zu ändern, war diese doch gekoppelt mit dem gleichzeitig rigoros gehandhabten Sozialistengesetz. Die Arbeiterorganisationen rekrutierten während der Verbotszeit aber auch einen Stamm erprobter und ihnen treu ergebener Mitglieder, denen keine Partei etwas Gleichwertiges entgegenzusetzen hatte; ohne die „erzieherische" Wirkung des Sozialistengesetzes wäre aber auch die sprungartige Entwicklung der Gewerkschaftsbewegung nach 1895 undenkbar gewesen[30].

Eine entscheidende Auswirkung von Bismarcks Sozialistengesetz war die theoretische Radikalisierung der Sozialdemokratie. Die Verfolgung in den Jahren des Sozialistengesetzes hatte die Ideen Lassalles, die noch den Inhalt des Gothaer Vereinigungsprogrammes bestimmt hatten, hinter die Lehren von Marx und Engels zurücktreten lassen. Die Übernahme der Theorien von Marx und Engels führte noch während des Sozialistengesetzes zu einem unauflösbaren Widerspruch zwischen dem Radikalismus der Partei in der Theorie und ihrem Reformismus in der Praxis; diese reformistische Praxis war vor allem durch die während des Sozialistengesetzes erzwungene Beschränkung auf die parlamentarische Tätigkeit ausgeprägt worden. Zudem war die Führung der Partei auf die Reichstagsfraktion übergegangen, und so erschien bald die parlamentarische Arbeit, angesichts der wachsenden Wahlerfolge der Partei, als der einzige richtige Weg zur Machtgewinnung. Diese Tendenz blieb aber nicht unbestritten, war Anlaß zu offenen Konflikten schon während der Zeit der Unterdrückung und führte bereits in den 1890er Jahren zur Bildung eines radikalen linken Flügels[31].

FUSSNOTEN: 2. AUSWIRKUNGEN VON BISMARCKS SOZIALISTENGESETZ (1878 – 1890) AUF DIE POLITISCHE ARBEITERBEWEGUNG IN DER OBERPFALZ

1) Zitiert nach ALBRECHT, Willy: Die frühe organisierte Arbeiterbewegung in Bayern, in: Das andere Bayern. Lesebuch zu einem Freistaat, hrsg. v. Martin GREGOR-DELLIN, Peter GLOTZ u.a., München 1976, S. 212.

2) Zitiert nach GREBING, a.a.O., S. 75; zur Vorgeschichte, Vorbereitung, Durchführung und zu den Auswirkungen des Sozialistengesetzes vgl. RITTER, Staat, S. 33 – 43, Kapitel „Unterdrückung als kollektive Erfahrung".

3) Vgl. GREBING, a.a.O., S. 74 f. und RITTER, Staat, S. 38 f.

4) Vgl. StA AM, Reg. d. Opf. 14202, Nr. 797 vom 4.6.1878.

5) VHVO 121, S. 202.

6) Vgl. ebd., S. 202 f.

7) Wie im Falle des Reisekassen-Verwalters des Buchdrucker- Ortsvereins Regensburg, Heinrich Schmid (vgl. hierzu das Kapitel „Lage und Organisierung der Buchdrucker", S. 157); zu Manz vgl. auch CHROBAK, VHVO 121, S. 202.

8) Im Kapitel „Lage und Organisierung der Glasarbeiter", S. 176.

9) Vgl. StA AM, Reg. d. Opf. 14055, Nr. 345 vom 14.5. und Nr. 11 vom 18.5.1884.

10) Vgl. StA AM, BA NAB 745, Nr. 1115 vom 9.4.1887.

11) Vgl. CHROBAK, VHVO 121, S. 201.

12) Vgl. hierzu HIRSCHFELDER, a.a.O., S. 607, Anmerkung 13 und S. 415; biographische Daten zu Löbenberg bei CHROBAK, VHVO 121, S. 202, Anmerkung 200.

13) Vgl. CHROBAK, VHVO 121, S. 202 f. und HATTENKOFER, a.a.O., S. 136 f.

14) Vgl. CHROBAK, VHVO 121, S. 203.

15) Vgl. StA AM, Reg. d. Opf. 13884, Nr. 430 vom 4.4.1881.

16) Ebd., Nr. 458 vom 11.4.1881.

17) Vgl. ebd.

18) Vgl. HIRSCHFELDER, a.a.O., S. 355.

19) Vgl. CHROBAK, VHVO 21, S. 203.

20) Vgl. StA AM, Reg. d. Opf. 13922, Bericht vom 23.9.1889.

21) Vgl. StA AM, Reg. d. Opf. 13749, Bericht vom 10.8.1885.

22) „FT" Nr. 284 vom 3.12.1885 und StA AM, Reg. d. Opf. 13749, Bericht vom 7.12.1885.

23) Quelle: Hirschfelder, a.a.O., S. 355 und 422 f.

24) A.a.O., S. 421.

25) Vgl. CHROBAK, VHVO 121, S. 205.

26) Vgl. HIRSCHFELDER, a.a.O., 406 f.

27) Vgl. ebd., S. 420 und CHROBAK, VHVO 121, S. 205.

28) Vgl. STELZLE, a.a.O., S. 518 und 523.

29) Quelle: ebd., S. 522.

30) Vgl. RITTER, Arbeiterbewegung, S. 10 f.

31) Vgl. GREBING, a.a.O., S. 90 ff.

3. DIE POLITISCHE ARBEITERBEWEGUNG IN DER OBERPFALZ 1890 – 1919 (MIT TABELLEN ZU SOZIALDEMOKRATISCHEN AKTIVITÄTEN, VERSAMMLUNGEN ETC.)

Das Jahr 1890 war eine Zäsur in der Geschichte der deutschen Sozialdemokratie, wurden doch bereits im ersten Jahrzehnt nach 1890 die Weichen gestellt für die Entwicklung der deutschen Arbeiterbewegung, ja des Wilhelminischen Reiches überhaupt[1]. Durch die Entwicklung der Sozialdemokratie zur stärksten Partei des Reiches, den Sturz Bismarcks, die Aufhebung des Sozialistengesetzes und den parlamentarisch-reformistischen Kurs der Sozialdemokratie wurden Probleme aufgeworfen, welche die inneren Auseinandersetzungen der Arbeiterbewegung bis zur Revolution von 1918 beherrschten[2].

1890 formierte sich die Sozialdemokratische Arbeiterpartei nach Auslaufen des Sozialistengesetzes neu und stellte sich im Erfurter Programm 1891 als „Sozialdemokratische Partei Deutschlands" ganz auf den Boden des Marxismus[3]. Die SPD wurde nach 1890 zu einer sich über das gesamte Deutsche Reich (mit Schwerpunkten in Mitteldeutschland, Berlin-Brandenburg und Hamburg) erstreckenden Massenbewegung, was sich allein schon an der Mitgliederbewegung und den Wahlergebnissen seit 1890 ablesen läßt. Seit 1906 sind folgende Mitgliederzahlen nachgewiesen (in Tausend): 1906: 384; 1907: 530; 1908: 587; 1909: 633; 1910: 720; 1911: 836; 1912: 970; 1913: 982; 1914: 1.085[4].

Bei den Wahlen von 1890 erhielt die Sozialdemokratie fast 20 % der Wählerstimmen und wurde damit zur größten Partei in Deutschland. Die parlamentarische Vertretung der Partei mit 35 Abgeordneten (8,8 %) entsprach dem jedoch in keiner Weise; diese auffällige Diskrepanz von Stimmenzahl und Anzahl der Abgeordneten zeigte sich auch bei den folgenden Wahlen vor 1914[5]:

1893: 23,3 % der Wählerstimmen, 11,1 % der Abgeordneten
1898: 27,2 % der Wählerstimmen, 14,1 % der Abgeordneten
1903: 31,7 % der Wählerstimmen, 20,4 % der Abgeordneten
1907: 28,9 % der Wählerstimmen, 10,8 % der Abgeordneten
1912: 34,8 % der Wählerstimmen, 27,7 % der Abgeordneten

Ursache dieser verzerrten Sitzverteilung war das ungerechte Wahlsystem. Es bestand für die Reichstagswahlen zwar von Anfang an das allgemeine und gleiche Wahlrecht, aufgrund dessen in zunächst 382, seit 1874 in 397 Wahlkreisen nach dem Mehrheitswahlrecht je ein Abgeordneter direkt ermittelt wurde. Wurde die absolute Mehrheit nicht erreicht, so gab es eine Stichwahl zwischen den beiden Bewerbern mit den meisten Stimmen. Eine Wahlgerechtigkeit im modernen Sinne bestand aber nicht; denn zum einen blieb die Wahlkreiseinteilung von 1874 bis 1912 konstant, obwohl eine ständige Wanderung aus dem ländlichen Raum in die Städte stattfand und vor allem die Industriestädte geradezu stürmisch wuchsen. Dadurch wurde die Mandatsverteilung völlig verzerrt: Nutznießer waren die Konservativen mit ihren Hochburgen in ländlichen Gebieten, Hauptleidtragende die Sozialdemokraten, deren größte Wählerpotentiale in den Städten lagen. Andrerseits war die Wahl zwar allgemein und gleich, doch setzte sie das Heimatrecht am Wahlort voraus. Dieses konnte gekauft werden; viele Arbeiter brachten jedoch den Kaufpreis in Höhe von ein bis zwei Monatseinkommen nicht auf und hatten somit kein Stimmrecht (mancherorts bildeten sich deshalb sozialdemokratische Sparvereine). De facto war die SPD aber auch dadurch benachteiligt, daß seit den 80er Jahren bei Stichwahlen Konservative, Liberale und Zentrum grundsätzlich ein „Stimmkartell" bildeten, um SPD-Kandidaten abzublocken[6].

Bis zum Ersten Weltkrieg übertraf die Gewerkschaftsbewegung (1913: 2.548.763 Mitglieder) bei weitem die Sozialdemokratische Partei (1913: 1.085.905 Organisierte) an Mitgliederzahl[7]. Zwischen SPD und Freien Gewerkschaften bestand eine klare Kompetenzteilung: Die Partei war die politische Vertretung der Arbeiter, und die Gewerkschaften nahmen die wirtschaftlichen Interessen wahr; diese Selbstbeschränkung auf wirtschaftliche Interessenvertretung war ein Charakteristikum der deutschen Gewerkschaftsvertretung[8] und führte nach 1900 zu heftigen Auseinandersetzungen (u.a. im Rahmen der Massenstreikdebatte) um die Eigenständigkeit der Freien Gewerkschaften als Teil der Arbeiterbewegung. Dieser Streit endete mit der Absage der an Mitgliederzahl und Finanzkraft überlegenen Freien Gewerkschaften an den Führungsanspruch der SPD und der Anerkennung der Eigenständigkeit der Freien Gewerkschaften durch die SPD auf dem Mannheimer Parteitag 1906[9].

Die deutsche Sozialdemokratie bekannte sich zwar vom Ende des Sozialistengesetzes bis zum Beginn des Ersten Weltkrieges verbal mit großer Mehrheit zu den Zielen des Marxismus – der seit dem Erfurter Programm 1891 offizielle Parteiideologie war -, doch hatte sie, besonders in Bayern, ein merkwürdiges Verständnis von der Marx'schen Lehre. Nach Oertzen[10] war die gesamte sozialistisch orientierte und organisierte deutsche Arbeiterschaft kaum je marxistisch gewesen, trotzdem sie sich verbal immer als marxistisch verstanden hatte, weil sie am Endziel einer Sozialisierung der Produktionsmittel und einer klassenlosen Gesellschaft festhielt. Die Diskrepanz zwischen Wortradikalismus und reformistischer Praxis wurde im Erfurter Programm festgeschrieben, deckten sich doch die darin enthaltenen Tagesforderungen mit dem Fehlen irgendwelcher Hinweise auf eine konsequente revolutionäre Politik. Der Sozialismus wurde gesehen als eine historische Entwicklung, die mit Naturgewalt eintreten müsse. Die Parteiführung war deshalb außerordentlich an einer gesetzmäßigen Entwicklung interessiert, sah sie doch in einem ungestörten organischen Wachstum die Voraussetzung für das Erlangen der Reichstagsmehrheit[11].

Bayern nahm hinsichtlich der Entwicklung und Ausbreitung der SPD ohnehin eine Sonderstellung ein. Die Ursachen für die viel langsamere Ausbreitung der Sozialdemokratie besonders in Altbayern (in Oberbayern, Niederbayern und der Oberpfalz also) lagen in den großen strukturellen Unterschieden zwischen diesem Landstrich und dem übrigen Deutschen Reich: in der noch sehr starken dörflichen Prägung, im Überwiegen der Landwirtschaft mit vorherrschend klein- und mittelbäuerlicher Betriebsstruktur, in der geminderten Industrialisierung und Dominanz der Kleinbetriebe und, vor allem, in der alles beherrschenden Stellung des Katholizismus[12]. Mehr als 90 % der Bevölkerung Altbayerns waren katholisch, was deshalb von so entscheidender Bedeutung war, weil die katholische Kirche viel eindeutiger als die protestantische (die sich weitgehend neutral verhielt) politisch Partei ergriff. Dazu kam, daß während des Kulturkampfes die Identifizierung von bayerischer Eigenständigkeit und Katholizismus noch weiter ausgeprägt worden war. Was nicht katholisch war, war somit in den Augen vieler auch nicht bayerisch.

Angesichts dieser (alt-) bayerischen Besonderheiten versuchten die Führer der bayerischen SPD, eine eigene Konzeption im Kampf um die Wählerstimmen zu entwickeln. Georg von Vollmar, der Kopf der bayerischen SPD, plädierte erstmals im Sommer 1891 öffentlich in seinen berühmten „Eldorado"-Reden für eine parlamentarisch ausgerichtete sozialreformistisch-pragmatische Politik[13]. Die Marx' sche Theorie als solche stellte Vollmar aber noch nicht in Frage; erst Eduard Bernstein sollte einige Jahre später von der SPD fordern, sie solle endlich ihr politisches Programm mit ihrer reformistischen Praxis in Übereinstimmung bringen[14]. Eine wichtige Konsequenz des Sonderkurses der bayerischen Sozialdemokratie zu Anfang der 1890er Jahre war die Zustimmung der sozialdemokratischen Landtagsfraktion zum Landeshaushalt 1894, was zu heftigen Protesten der norddeutschen Parteifreunde führte[15], war die Budgetbewilligung doch allgemein als Vertrauensbeweis für die Regierung gewertet worden[16].

Gegen den Widerstand der Berliner Parteileitung schloß die sozialdemokratische Landtagsfraktion 1899 ein Wahlbündnis mit dem Zentrum[17]; das Hauptmotiv für die Bündnispolitik der bayerischen SPD war die Änderung des ungerechten Landtagswahlrechts. Danach durfte nur der wählen, der Steuern bezahlte, also gerade die ärmeren Schichten nicht. Auch wurden bei den sog. Urwahlen nicht die Abgeordneten, sondern nur Wahlmänner bestimmt, die ihrerseits den Abgeordneten wählten. Das führte bei dem geltenden Mehrheitswahlrecht dazu, daß die bürgerlichen Wahlmänner in der Regel Absprachen gegen die Sozialdemokraten trafen. Dazu kam noch eine skandalöse Wahlkreiseinteilung, die nicht einmal gesetzlich geregelt war, sondern von der Regierung nach ihren Interessen festgesetzt wurde. Die Kombination von Wahlmänner-System und ungerechter Wahlkreiseinteilung führte z.B. 1905 in Nürnberg dazu, daß die Sozialdemokraten zwar 61% der abgegebenen Stimmen, aber nicht ein einziges der vier Mandate der Stadt erhielten[18].

Das Bündnis der bayerischen SPD mit dem Zentrum schien sich zunächst – mit einem kräftigen Stimmenzuwachs 1899 und 1905 sowie mit einer Verbesserung des eigenen Ansehens bei den katholischen Wählern – auszuzahlen, zumal da SPD und Zentrum 1906 eine Wahlrechtsreform durchführten, die wesentliche Verbesserungen – im Sinne der SPD – brachte[19]. Die Grenzen dieser Bündnispolitik zeigten sich aber in den Jahren 1909/10, als bereits keinerlei sozialpolitische Fortschritte mehr erreicht werden konnten. Das Verhältnis zur Mehrheitspartei im Landtag, dem Zentrum, verschlechterte sich in dem Maße, in dem sich dort der aristokratisch-hochklerikal-reaktionäre Flügel durchsetzte. 1911 wurde auf Druck des Zentrums der Landtag vorzeitig aufgelöst; 1912 wurde dann das Ministerium Podewils durch die Regierung des Zentrumsmannes Hertling abgelöst, der einen prononciert anti- sozialdemokratischen Kurs einschlug. Hertlings Unterdrückungspolitik radikalisierte die bayerische SPD, deren „rechter" Landesvorstand in München nun wieder auf die vorher allein von Nürnberg und dem Gau Nordbayern vertretenen Positionen der Reichs-SPD einschwenkte und die vom Zentrum betriebene Regierungspolitik prinzipiell ablehnte. Die so in den letzten Vorkriegsjahren wieder geschlossene bayerische SPD sollte 1912 im Bauernbund und in den Liberalen neue Bündnispartner finden[20]. Einflußreichster bayerischer SPD-Politiker nach Vollmar war Erhard Auer, der 1918 auch offiziell dessen Nachfolge als Landesvorsitzender der (Mehrheits-) Sozialdemokraten antreten sollte. Bereits seit 1908 war er Landessekretär der SPD und galt allgemein als die „rechte Hand" Vollmars. Wiederholt betrieb er eine andere Politik, als es die Parteimehrheit wollte; linke Strömungen in der Partei bekämpfte er mit aller Entschiedenheit[21].

Während des Ersten Weltkrieges entfremdeten sich beträchtliche Teile der Arbeiterschaft von SPD und Gewerkschaften wegen der – vor allem von letzteren schnell und vorbehaltlos (in der Hoffnung, damit als legitime Vertretung der Arbeiterschaft anerkannt zu werden) eingeschlagenen – Burgfriedenspolitik[22]. Nachdem der erste Überschwang über die bei Kriegsbeginn erlebte nationale Einmütigkeit (mit einigen Ausnahmen) abgeebbt und die ersten Folgen des sich viel länger als erwartet hinziehenden Krieges sichtbar waren, erinnerten sich viele wieder des Zusammenspiels von Unternehmern und Gewerkschaften einerseits und der SPD und der Regierung andererseits, hatte doch am 2. August 1914 die Vorständekonferenz der Freien Gewerkschaften die Beendigung aller Lohnbewegungen und Streiks beschlossen und zwei Tage später die SPD-Fraktion (mit der einzigen Ausnahme Karl Liebknechts) im Reichstag für die Kriegskredite gestimmt[23].

In den Jahren 1917 und 1918 gerieten die Sozialdemokratische Partei und die Freien Gewerkschaften in eine unübersehbare Legitimationskrise: Die Autorität der Vorstände war schwer erschüttert, sie wurden von der Basis im wesentlichen als Ordungsmacht, als Instrument eines abgewirtschafteten Regimes begriffen. In den Gewerkschaften wie in der Partei wuchs die innere Opposition; die Gruppe Internationale, der spätere Spartakusbund und die Sozialdemokratische Arbeitsgemeinschaft, aus der die USPD hervorging, entstanden. Parallel zu ihrem Erscheinen kam es zu Streikbewegungen, bei denen sich zum erstenmal in Deutschland Umrisse der späteren Rätebewegung abzeichneten[24]. Hier sind vor allem die von den „Revolutionären Obleuten", einer aus Oppositionellen des Deutschen Metallarbeiterverbandes hervorgegangenen Gruppe, organisierten Streiks im Juni 1916, April 1917 und Januar/Februar 1918 zu nennen.

Gedrängt und überrascht von diesen Aktionen außerhalb und oft gegen den Willen von Partei und Gewerkschaft erarbeitete die Reichs-SPD ein Programm, das man als ihre Zielsetzungen für das Jahr 1918 bezeichnen kann (Mitverfasser dieses Programms war Erhard Auer): Darin wurden gefordert allgemeines, gleiches, geheimes und direktes Wahlrecht vom 20. Lebensjahr an für Männer und Frauen (die bis dahin nicht wählen durften), Einführung des Verhältniswahlrechts, Umgestaltung des Erziehungswesens usw. Alle diese Forderungen zielten auf eine Demokratisierung ab und alle waren durchführbar innerhalb des bestehenden Systems[25].

Dasselbe Verhalten wie im Reich zeigte die SPD auch in Bayern. Um einer zunehmenden Radikalisierung von großen Teilen der Bevölkerung vorzubeugen und deren Entfernung von der Partei zu verhindern, drängte sie auf eine Verfassungsreform. Der „Auer-Süßheim-Antrag" gilt als Versuch, den Staat in ein parlamentarisches System umzuwandeln.

Über die oben erwähnten Forderungen hinaus gab es einige Punkte, die speziell auf Bayern abgestimmt waren, wie z.B. die Abschaffung des Zweikammer-Systems, Beseitigung des königlichen Sanktionsrechtes sowie aller Vorrechte der Geburt. Die Zentrumsmehrheit lehnte diesen Antrag aber im Dezember 1917 ab[26].

Wie verlief nun aber die Organisierung der politischen Arbeiterbewegung in der Oberpfalz 1890 – 1919?[27] Die bayerische SPD-Hochburg war (und ist bis heute) die Industriestadt Nürnberg, von wo aus die gesamte Oberpfalz (mit Ausnahme – von 1910 an – Regensburgs) organisatorisch betreut wurde. Auf der örtlichen Ebene selbst bestanden nach 1890 Wahlverein und Vertrauensmännersystem als Organisationsformen nebeneinander. Im Dezember 1890 wurde in Nürnberg ein „Sozialdemokratischer Agitationsverein für Franken und die Oberpfalz" gegründet, der es sich zur Aufgabe machte, „die Agitation im nördlichen Bayern einheitlich zu gestalten . . . Vor allen Dingen sollen die großen ländlichen Bezirke, in denen bis jetzt die Sozialdemokratie eine geringe Anhängerschaft aufweist, in Angriff genommen werden. Der Verein wird die Agitation durch Ausbildung (im Original gesperrt gedruckt, d. Verf.) und Entsendung von Rednern, Verbreitung von socialistischer Literatur ec. betreiben . . . Vorsitzender des Vereins ist Oertel"[28].

Den Anstoß zur Landagitation hatte im Oktober 1890 – wenige Tage nach dem Auslaufen des Sozialistengesetzes – der Parteitag in Halle mit der Parole „Hinaus aufs Land!" gegeben; damit sollten die Voraussetzungen für eine Verbesserung der Lage der „Arbeitsbrüder" auf dem Lande geschaffen, zugleich aber – im wohlverstandenen Eigeninteresse der städtischen Industriearbeiterschaft – durch politische Aufklärungsarbeit dem Zuzug ländlicher Lohndrücker und Streikbrecher sowie einer künftigen Konterrevolution der Landbevölkerung vorgebeugt werden. Über die Formen, den Inhalt und die Zielgruppe dieser Agitation sollte die deutsche Sozialdemokratie sich aber erst in einem bis 1895 das Parteileben mit beherrschenden Diskussionsprozeß überhaupt Klarheit verschaffen[29].

Der Nürnberger Agitationsverein kam schon bald von seiner zunächst gewählten Agitationsform, den Versammlungen, wieder ab; denn – so der Vorsitzende des Agitationsvereins, Oertel[30] – „in der Oberpfalz läßt sich mit Versammlungen absolut nichts machen, weil die Saalabtreiberei in diesen Gegenden eine zu große ist. Der Verein muß sich deshalb auf die schriftliche Agitation beschränken, die vielleicht in diesem Falle erfolgreicher u. nachhaltiger wie die mündliche ist." Zu stark waren in der Oberpfalz die Widerstände gewesen in Form von klerikalen und behördlichen Saalabtreibereien (wie in Sulzbach, Burglengenfeld, Pleystein, Burgtreswitz, Eslarn) oder Versammlungssprengungen (wie in Beilngries) sowie von Repressalien seitens der Unternehmerschaft (wie bei der Entlassung von 5 Maxhütten- Arbeitern wegen Teilnahme an einer sozialdemokratischen Versammlung)[31]. In Amberg, dem einzigen bedeutenden SDAP- Stützpunkt außerhalb Regensburgs während der 1870er Jahre, waren innerhalb kurzer Zeit gleich drei Anläufe zu einer sozialdemokratischen Versammlung gescheitert: beim ersten Mal hatte der Fabrikant Baumann den Wirt, der seine Räume zur Verfügung stellen wollte, mit 80 Mark zur Lokalverweigerung bewogen, ein anderes Mal war der Referent Grillenberger verhindert und beim dritten Mal hatte der Amberger Bezirksamtmann den Saalbesitzer zum Kontraktbruch gezwungen[32]. Eine vollständige Übersicht über die – soweit bekannt – dennoch zustandegekommenen sozialdemokratischen Versammlungen in der Oberpfalz geben die Tabellen am Ende des Kapitels.

Bereits vom Mai 1891 an wurde vom Nürnberger Agitationsverein der politischen Werbung mit Broschüren, Zeitschriften und vor allem Flugblättern der Vorzug gegeben vor dem Abhalten von Versammlungen[33]. Das Material wurde teils an mit der Sozialdemokratie sympathisierende Kontaktpersonen (ländliche Verwandte, Freunde, Bekannte etc.) in der Oberpfalz versandt[34], teils aber auch bei sonntäglichen Agitationstouren (häufig auf „Stahlrossen") in Trupps von 15 bis 30 Mann, meist jedoch von jeweils zwei bis drei Agitatoren unter der oberpfälzischen Landbevölkerung verbreitet[35]. Das wohl aktivste von allen Mitgliedern des Nürnberger Agitationsvereins war Johann Siebenbürger[36], der mit der systematischen Hausagitation in der Oberpfalz und in Oberfranken betraut worden war: „Mit den schon längst im Grabe ruhenden Genossen Erhard und Zeltner zog er 1891/92 im tiefen Winter wochenlang durch die unwirtlichen Gegenden der Oberpfalz und Oberfrankens, von Ort zu Ort, von Haus zu Haus, um die eigens für diese Tour hergestellten Flugschriften zu verbreiten und die Bewohner jener Bezirke, die sich bis dahin unter einem Sozialdemokraten den leibhaftigen Gottseibeiuns oder eine Art Räuberhauptmann vorgestellt hatten, im persönlichen Verkehr über die Bestrebungen der Sozialdemokratie zu unterrichten. Wo es nur irgend möglich wurden auch Versammlungen abgehalten. Die Polizei, die noch vom Geiste des noch nicht lange gefallenen Schandgesetzes beherrscht war, widmete dieser Tätigkeit große Aufmerksamkeit und verfolgte Siebenbürger und seine beiden Begleiter mit allerlei Schikanen und ungesetzlichen Maßnahmen. Es kam sogar einigemale zu Verhaftungen und schließlich zu einer Verhandlung, die mit einer Blamage für die bezirksamtliche Polizei endete"[37].

Besonders mit der von Vollmar in oberbayerischer Mundart verfaßten Flugschrift „Für Wahrheit, Freiheit und Recht! Was dem Bauer, Bürger und Arbeiter helfen könnte"[38] scheint Siebenbürger auf eine vergleichsweise positive Resonanz unter der Bevölkerung der von ihm „durchwanderten" oberpfälzischen Amtsbezirke gestoßen zu sein. Obwohl er (zusammen mit seinem Begleiter Erhard) im November 1891 gleich zweimal – in Cham und Furth – verhaftet worden war[39], berichtete er nach seiner Rückkehr in der Versammlung des Nürnberger Agitationsvereins geradezu euphorisch über seine Erlebnisse beim Verteilen der Flugschrift in der Oberpfalz: „Diese Flugblätter haben kolossal eingeschlagen und ist insbesondere die Adressenfischerei von großem Erfolg gewesen. . . . Er (Siebenbürger, d. Verf.) will i.A. sehr gut aufgenommen worden sein und glaubt, daß verschiedene Orte wie Neunburg, Kröblitz, Ober- und Untermurrenthal [sic], Tiefenbach, Winklarn & Pfreimd für die Sozialdemokratie gewonnen sind, nur müsse die Agitation rege fortgesetzt werden"[40].

Auch nach einer längeren Agitationstour Siebenbürgers und Erhards durch die gesamte nördliche Oberpfalz[41] im Januar 1892 schwärmte Siebenbürger – trotz zweimaliger Verhaftung in Vohenstrauß und Pleystein[42] – wiederum von der „sehr begeisterten" Aufnahme, die er und Erhard bei der Landbevölkerung gefunden hätten und die durch die Warnungen seitens der Behörden und der Geistlichkeit vor der Ankunft der Sozialdemokraten nur noch gesteigert worden sei. „In Freyung, Pleistein, Eslarn u. Waidhaus sind bereits Leute gewonnen, welche die weitere Vertheilung von Schriften in die Hand nehmen"[43]. Im Mai 1892 wurden Siebenbürger und Erhard wegen „unbefugten Verbreitens von Schriftwerken" vom Amtsgericht Tirschenreuth in einer Verhandlung mit 28 geladenen Zeugen verurteilt; das Urteil mußte jedoch in der Berufungsinstanz vom Landgericht Weiden wieder aufgehoben werden[44]. Gleichfalls mit Freispruch endete im Frühjahr 1893 die Berufungsverhandlung gegen den Nürnberger Agitator Pfändt, der zuvor – wegen desselben „Delikts" wie Siebenbürger und Erhard – vom Schöffengericht Auerbach zu 12 Tagen Gefängnis verurteilt worden war[45].

Im Juni 1892 fand im Regensburger Arbeitervorort Reinhausen der erste bayerische Parteitag der SPD statt, bei dem der bayerische Landesverband gegründet wurde, der sich allerdings aufgrund der Gesetzeslage erst sechs Jahre später formell konstituieren konnte. Bayern wurde in drei Parteibezirke eingeteilt: Nordbayern mit Franken und der Oberpfalz, Südbayern mit Oberbayern, Niederbayern und Schwaben sowie die Rheinpfalz. Für die im Jahr 1893 stattfindenden Landtagswahlen beschlossen die Parteitagsdelegierten ein

Landeswahlprogramm, dessen wichtigste Punkte das direkte, gleiche und geheime Wahlrecht für Männer und für Frauen, unentgeltlicher Schulunterricht unter staatlicher Aufsicht, Verbesserung des Arbeitsschutzes und des Versicherungswesens sowie humaner Strafvollzug waren[46].

Der enorme Stimmenzuwachs der Oberpfälzer Sozialdemokraten bei den Reichstagswahlen der Jahre 1887 und 1890 (von 1,4 auf 4,4 %), für den die Proteststimmen der unter der Agrarkrise leidenden Landbevölkerung ausschlaggebend gewesen waren, sollte sich bei der Reichstagwahl des Jahres 1893 noch weiter fortsetzen und verfestigen. Die nachfolgende Tabelle[47] gibt einen Überblick über die Entwicklung der SPD-Stimmenanteile bei den Reichstagswahlen 1874 bis 1912 (in Prozent) in der Oberpfalz sowie in den fünf oberpfälzischen Reichstagwahlkreisen und korreliert diese Zahlen mit den jeweiligen deutschen, bayerischen, oberbayerischen und niederbayerischen Vergleichswerten.

SPD-STIMMENANTEILE BEI DEN REICHSTAGSWAHLEN 1874 BIS 1912 (IN PROZENT)

	1874	1877	1878	1881	1884	1887	1890	1893	1898	1903	1907	1912
DEUTSCHES REICH	6,8	9,1	7,6	6,1	9,7	10,1	19,7	23,3	27,2	31,7	29,0	34,8
BAYERN	2,2	3,7	3,4	4,5	5,5	6,6	13,9	16,3	18,1	21,7	20,9	27,3
OBERBAYERN	2,5	3,8	4,6	5,8	9,8	12,2	23,3	27,6	23,7	29,8	27,7	33,6
NIEDERBAYERN	0,2	0,3	0,4	0,1	0,2	0,3	2,2	2,7	2,4	6,0	7,3	9,5
OBERPFALZ	0,4	0,3	0,2	0,2	–	1,4	4,4	10,5	5,9	7,3	8,6	11,7
REGENSBURG	1,7	1,1	0,5	–	–	4,8	12,4	14,7	10,0	13,1	16,3	17,0
AMBERG	–	0,4	0,4	–	–	0,8	2,3	8,9	4,3	4,5	7,3	13,1
NEUMARKT	–	–	–	–	–	–	1,4	2,4	1,5	2,7	2,5	4,2
NEUNBURG v.W.	–	–	–	–	–	0,2	1,2	10,6	4,3	6,9	6,0	8,5
NEUSTADT A. D. WN	–	–	–	1,0	–	0,4	1,8	14,9	6,5	6,8	7,4	11,8

Die Tabelle zeigt den geradezu sensationellen Wahlerfolg der Sozialdemokraten 1893 in der Oberpfalz, wo sie 10,5 % (in den Wahlkreisen Regensburg und Neustadt a.d.WN sogar 14,7 % und 14,9 %) der Stimmen erhielten, um dann 1898 allerdings wieder auf nur 5,9 % Stimmenanteil zurückzufallen (allein in den Wahlkreisen Neustadt a.d.WN und Neunburg v.W. reduzierte sich ihr Stimmenanteil von 14,9 % auf 6,5 % bzw. von 10,6 % auf 4,3 %). Ebenso wie in den anderen ländlichen und kleinstädtischen Gebieten Altbayerns sollte die SPD 1898 ihre Wahlerfolge von 1890 und 1893 nicht mehr erreichen. Die beiden – sich wechselseitig bedingenden – Hauptursachen für die frappierenden sozialdemokratischen Stimmenverluste in der Oberpfalz 1898 (die in einzelnen Wahlkreisen – wie Neustadt a.d.WN und Neunburg v.W. - nach dem Ersten Weltkrieg überhaupt erst wieder wettgemacht werden konnten) lagen einerseits im Scheitern der sozialdemokratischen Landagitation, andererseits in der vom „Bauerndoktor" Georg Heim betriebenen Umformierung des bayerischen Zentrums zur Volkspartei, die zusammen mit dem Heim'schen Genossenschaftswesen und den von ihm initiierten Christlichen Bauernvereinen der unzufriedenen Bauernschaft Hilfe zur Selbsthilfe und politische Orientierung anzubieten vermochte[48].

Die sensationellen Wahlerfolge der SPD in der Oberpfalz 1893 waren letztlich vor allem auf das ungewöhnlich große Protestpotential zurückzuführen gewesen, das sich ganz besonders zu Anfang der 1890er Jahre dort angestaut hatte und das die SPD bei der Wahl 1893 kurzfristig hatte aktivieren können, das ansonsten aber sein Ventil fand zum einen in der Abwanderung in die Städte und Industriebezirke, zum anderen im Zulauf zu einer der zahlreichen, zu Anfang der 1890er Jahre in der Oberpfalz gegründeten Splittergruppen (wie etwa dem 1893 geschaffenen antisemitischen Volksverein Weiden), das sich aber auch in Gewalttätigkeiten – wie in den Amtsbezirken Parsberg und Vohenstrauß – entlud[49]. Von einem bereits vollzogenen Anschluß bedeutender Teile der oberpfälzischen Landbevölkerung an die Sozialdemokratie konnte dagegen 1893 noch keine Rede sein; nach einer geradezu tragikomischen, von Fehleinschätzungen gekennzeichneten Anfangseuphorie (wie am Beispiel Siebenbürgers demonstriert, der von der angetroffenen Proteststimmung bereits auf gesicherte Organisationserfolge in einer Reihe von Orten geschlossen hatte) war die Landagitation in der Oberpfalz nach 1893 – mit Ausnahme der von Oertel und Siebenbürger im Februar 1895 initiierten Gründung eines offenbar nur kurzlebigen sozialdemokratischen Wahlvereins in Vöslesrieth und einer im August desselben Jahres in Bruck abgehaltenen Versammlung[50] – bereits zum Erliegen gekommen.

Ausschlaggebend hierfür war das Fehlen sowohl von starken Gewerkschaften als Bahnbrechern der sozialistischen Idee in der Oberpfalz als auch von einheimischen Agitatoren und die damit verbundene Abhängigkeit von der Opferwilligkeit der Nürnberger Landagitatoren (und von deren Bereitschaft, sich allen erdenklichen behördlichen und klerikalen Schikanierungen in der Oberpfalz auszusetzen), vor allem aber das Scheitern des von Vollmar gegen den Willen der Gesamtpartei vertretenen reformistischen Bauernschutzprogramms[51], was bei der Dominanz der Landwirtschaft und hier wiederum der klein- und mittelbäuerlichen Betriebe (dem Fehlen einer eigentlichen Landarbeiterschaft also) in der Oberpfalz von ganz besonderer Tragweite war. War die bayerische SPD mit ihrer Bauernpolitik bis 1893 noch in eine Lücke gestoßen, so stand sie zur Mitte der 1890er Jahre im ländlichen Raum einer doppelten Konkurrenz gegenüber: dem vom Zentrum abgespaltenen radikalen Bauernbund und dem von Georg Heim formierten linken Zentrumsflügel. Die katholische Prägung des Zentrums sowie die streng konservative Grundlinie beider Parteien machte sie aber allemal für die bayerische und insbesondere oberpfälzische Landbevölkerung zum glaubwürdigeren Partner als eine noch so bauernfreundliche Sozialdemokratie.

Das Sprungbrett für die Karriere Georg Heims und der Ort seiner ersten Bauernvereinsgründung am 3.3.1895[52] war bezeichnenderweise Fuchsmühl – der Schauplatz der einzigen sozialen Revolte in Altbayern im ausgehenden 19. Jahrhundert – gewesen[53]. In dem nahe Mitterteich gelegenen Ort war es Ende Oktober 1894 zur Revolte gekommen, als den Einwohnern, meist kleinen Häuslern, durch Gerichtsbeschluß die angestammten Holzrechte genommen wurden und sie daraufhin widerrechtlich in den Lehenswald des Freiherrn von Zoller zogen. Nachdem sie der Aufforderung der Gutsherrschaft und zweier Gendarmen, abzuziehen, nicht nachgekommen waren, hatte Bezirksamtmann Wall in Begleitung von sechs Gendarmen einen weiteren vergeblichen Versuch unternommen; aber selbst der Bürgermeister von Fuchsmühl unterstützte die aufständischen Holzrechtler. Da die Gendarmerie kein gewaltsames Einschreiten gegen die etwa 200 Personen wagte, forderte Wall telegraphisch ein Militärkommando aus Amberg an; die Regierung der Oberpfalz war darüber nur ungenau, das bayerische Innenministerium gar nicht unterrichtet worden.

Als das Kommando eintraf, dessen Führung Wall selbst übernahm, arbeiteten im Lehenswald nur noch etwa 100 Holzfäller, da Verhaftungen einen Teil der Fuchsmühler bereits eingeschüchtert hatten. Wall forderte die Holzfäller dreimal auf, den Wald zu verlassen und gab dann den Befehl zur gewaltsamen Räumung des Waldes. Das Bajonett sollte nur bei aktivem Widerstand eingesetzt werden; tatsächlich wurden jedoch die Getöteten und Verletzten (unter denen auch zwei Frauen waren) ohne jede Gegenwehr und zum Teil sogar auf der Flucht niedergestochen.

Der dafür hauptverantwortliche Bezirksamtmann Wall wurde lediglich in den Ruhestand versetzt; weitere Konsequenzen gegenüber den am Gemetzel Schuldigen wurden nicht gezogen. Anders erging es den Holzfällern: 151 Fuchsmühler mußten sich vom 23. bis 27. April 1895 in einem Mammutprozeß vor dem Landgericht Weiden wegen Landfriedensbruchs und Forstfrevels verantworten. Gerichtsvorsitzender war der Zentrumsabgeordnete Franz X. Lerno, der zwar dem Gutsherrn Freiherrn von Zoller eine moralische Mitschuld an den Ereignissen nicht absprach, aber dennoch 149 der 151 Angeklagten zu Gefängnisstrafen zwischen 14 Tagen und 4 1/2 Monaten verurteilte; erst später sollte die Begnadigung durch den Prinzregenten erfolgen.

Im Landtag prangerten Sozialdemokraten und Bayerischer Bauernbund das hier verübte Unrecht am schärfsten an; die SPD erzwang auch eine Änderung des Forstrechts. Die Zentrums-Fraktion war zurückhaltender und versicherte die Betroffenen nur ihrer moralischen Unterstützung. In Fuchsmühl selbst halfen jedoch Zentrumsleute und Sozialdemokraten gleichermaßen durch Geldsammlungen für die Angehörigen der Opfer und durch kostenlose Rechtshilfe. Dabei profilierte sich besonders der Wunsiedeler Realschullehrer Dr. Georg Heim, der fortan der „Bauerndoktor" genannt wurde. Anfang März 1895 gründete er in Fuchsmühl in einer Versammlung mit 300 bis 400 Teilnehmern den ersten Christlichen Bauernverein[54]. Heim gelang es auch, bei einer Nachwahl zum Reichstag am 14. September 1897 in seinem oberpfälzischen Wahlkreis Neustadt a.d.WN, in dem auch Fuchsmühl lag, die ohnehin starke Stellung des Zentrums von 66 auf 86 % zu verbessern, wohingegen die SPD von 14,9 auf 11 % zurückfiel.

Dieser völlig unerwartete Wahlausgang hatte seine Ursache (neben dem etwas farblosen Gegenkandidaten Heims, dem Nürnberger SPD- Parteiredakteur Breder)[55] in der Tatsache, daß das Zentrum inzwischen selbst einen linken Flügel unter Georg Heim ausgebildet hatte. Damit hatte es aber seine ureigene – erfolgversprechende – Antwort auf die neuentstandene soziale Frage auf dem Lande (drohende Proletarisierung der Unterschicht und Existenzangst selbst der bäuerlichen Mittelschicht) und auf die Abspaltung und damit Konkurrenz des Bayerischen Bauernbundes gefunden. In diesem Sinne ist wohl auch Stelzles[56] Resümee zu verstehen: „Der revolutionäre Elan der Oberpfalz ist mit Fuchsmühl gebrochen. Die Regierung hat mit ihrer Gewaltreaktion der Volksbewegung das Rückgrat gebrochen, Zentrum und Bauernbund ziehen in den folgenden Jahren den Nutzen aus den frischen politischen Strömungen der Oberpfalz." Dem linken Zentrumsflügel in der Oberpfalz und dem Bayerischen Bauernbund in Niederbayern war es damit gelungen, die Ende der 1880er Jahre aus der Misere in der Landwirtschaft entstandene radikale Bauernbewegung (neben der Arbeiterschaft die entscheidende dynamische Kraft überhaupt zum Ende des letzten Jahrhunderts in Bayern) zu kanalisieren und ihr eine politische Heimat zu geben.

Die Anfangseuphorie bei den Mitgliedern des sozialdemokratischen Agitationsvereins für Franken und die Oberpfalz war nach den sich häufenden Mißerfolgen von der Mitte der 1890er Jahre an in Resignation umgeschlagen; der freiwillige Rückzug auf das „natürliche" Wählerpotential der Partei, die städtische Industriearbeiterschaft, erschien wohl den meisten Vereinsmitgliedern als einziger Ausweg aus dieser Sackgasse[57]. Die gesamte bayerische SPD mußte also gegen Ende des vorigen Jahrhunderts ihr Augenmerk auf Felder richten, auf denen ihre Chancen größer zu sein schienen: zum einen auf die Bündnispolitik mit anderen politischen Kräften und zum anderen auf den Prozeß der langsamen, aber unaufhaltsam fortschreitenden Verstädterung und Industrialisierung Bayerns[58]. Doch selbst beim einzigen städtischen, ja überhaupt einzigen nennenswerten SPD-Wahlverein in der Oberpfalz zur Mitte der 1890er Jahre, dem in der Regierungshauptstadt Regensburg (die beiden Wahlvereine in Vöslesrieth und Reinhausen-Weichs waren nur kurz in Erscheinung getreten), zeigten sich von 1895 an deutliche Verfallserscheinungen, für die – wie bereits in den 1870er Jahren - vor allem die ständigen Saalabtreibereien und das Fehlen zugkräftiger Redner verantwortlich gemacht wurden[59]. Lediglich im Norden der Oberpfalz, wo sich in den letzten beiden Jahrzehnten des vorigen Jahrhunderts eine Reihe von Porzellan- und Glasfabriken angesiedelt hatte, kam es zu Anfang 1898 in Weiden zu einer vor allem von den – überwiegend aus Franken stammenden – Arbeitern des Eisenbahnausbesserungswerkes getragenen Gründung eines „Sozialdemokratischen Wahlvereins für den Wahlkreis Weiden- Neustadt/W.N."[60].

Einen Aufschwung nahm die Sozialdemokratische Partei in Bayern aber erst, nachdem 1898 das bayerische Vereinsgesetz reformiert und im selben Jahr beim Würzburger Landesparteitag die Partei neu organisiert worden war. Fortan bildeten überall Ortsvereine die einheitliche Grundorganisation eines nun festgefügten Landesverbandes, dem drei „Gauverbände" für Nordbayern, Südbayern und die Pfalz angehörten, deren mitgliederstarke „Vororte" Nürnberg, München und Ludwigshafen waren[61]. Als Folge der Konstituierung des Gauverbandes Nordbayern, der die drei fränkischen Bezirke und die Oberpfalz umfaßte, löste sich am 30. November 1898 der Agitationsverein für Franken und die Oberpfalz selbst auf[62].

Im Jahr 1900 bestanden in der Oberpfalz nur die beiden sozialdemokratischen Ortsvereine in Regensburg und Weiden[63]; vermutlich im darauffolgenden Jahr konstituierten sich weitere – nur kurzlebige – Vereine in Neumarkt und in Tirschenreuth, wo sich der Ortsverein aber noch im selben Jahr wieder auflöste, nachdem der Gründungsvorsitzende außerhalb Tirschenreuths hatte Arbeit suchen müssen und sich kein geeigneter Nachfolger für ihn hatte finden lassen[64]. Zu Beginn des Jahrhunderts ziehen sich – wie ein roter Faden – durch alle Berichte des Gauvorstandes Nordbayern die Klagen über das Fehlen geeigneter agitatorischer Kräfte und die ständigen Saalabtreibereien in der Oberpfalz[65]. Wohl weniger ein Erfolg der sporadischen Flugblattaktionen und Versammlungen des nordbayerischen Gauvorstands[66] als vielmehr eine Auswirkung der sich allmählich Bahn brechenden gewerkschaftlichen Organisierung in der Oberpfalz waren die im Jahr 1903 deutlich verbesserten (gegenüber 1898) sozialdemokratischen Reichstagswahlergebnisse in den Wahlkreisen Regensburg, Neumarkt und Neunburg v.W.[67]. In dieser

Phase eines leichten Aufwärtstrends und vorsichtigen Organisationsausbaus innerhalb des Gaus Nordbayern (der seit Frühjahr 1902 einen hauptamtlichen Geschäftsführer hatte) konnten 1903 in Amberg Einzelmitgliedschaften und im Januar 1904 in Mitterteich ein SPD- Ortsverein gegründet werden[68]. Aber trotz dieser Gründung und trotzdem im Reichstagswahlkreis Regensburg um 1904/05 bereits ein dichtes Netz von 80 Vertrauensmännern (die in denjenigen Orten aufgestellt wurden, in denen zu wenige Mitglieder existierten, um einen eigenen Ortsverein zu gründen) geknüpft und zu diesem Zeitpunkt in Regensburg selbst auch endlich die Lokalfrage (nach fast 30 Jahren Saalabtreibereien und Lokalverweigerungen) gelöst worden war[69], lag es dort wie in der gesamten übrigen Oberpfalz doch weiterhin mit dem Interesse der Mitglieder an der Parteipresse im Argen, waren z. B. in der nördlichen Oberpfalz die Abonnenten auf vier verschiedene sozialdemokratische Organe zersplittert[70], befand sich die Sozialdemokratische Partei in der Oberpfalz in einer fast vollständigen Abhängigkeit von der Nürnberger Sozialdemokratie[71] bzw. von dem (von Nürnberg dominierten) Gauvorstand Nordbayern, der sich seinerseits ständiger Kritik von den – selbst häufig völlig passiven – Ortsvereinen wegen des zu langsamen Organisierungstempos im Gau ausgesetzt sah[72].

Erst mit der Wirtschaftsblüte der Jahre 1906 bis 1908 kam es in der Oberpfalz zum eigentlich organisatorischen Durchbruch – wie bereits der gewerkschaftlichen Arbeiterbewegung – auch der Sozialdemokratischen Partei. Über den Organisationsverlauf, die SP-Mitglieder- und Abonnentenbewegung in den fünf oberpfälzischen Reichstagswahlkreisen geben für den Zeitraum 1906 bis 1913 (nur für diese Jahre waren überhaupt – und selbst da nur lückenhaft – Vergleichswerte vorhanden) die nachfolgenden Tabellen[73] Aufschluß.

SPD GAU NORDBAYERN, 1. OBERPFÄLZISCHER WAHLKREIS REGENSBURG

Sektion (Ortsverein)	Mitgliederzahlen			Zahl der Abonnenten der Parteipresse	
	1906	1907	30.6.1909	1906/07	1908/09
GROSSBERG	–	13	10	2	1
LEONBERG	–	22	24	22	8
MÜNCHSHOFEN	–	43	20	30	13
PIRKENSEE	–	39	53	41	23
REGENSBURG	240	360	500 (davon 22 weiblich)	200	200
REINHAUSEN	–	60	87 (davon 2 w.)	2	11
SCHWANDORF	–	13	16	3	3
REGENSTAUF			11		–

Am 1.10.1910 wurde der Reichstagswahlkreis Regensburg dem Gau Südbayern angeschlossen.

SPD GAU NORDBAYERN, 2. OBERPFÄLZISCHER WAHLKREIS AMBERG

Sektion (Ortsverein)	Mitgliederzahlen					Zahl der Abonnenten der Parteipresse			
	1906	1907	30.6.1909	30.6.1911	31.8.1913	1906/07	1908/09	1911	1913
AMBERG	–	65	96	193 (davon 3 w.)	124 (davon 2 w.)	115	87	112	78
SULZBACH			50 (davon 4 w.)	35 (davon 2 w.)	34		5	24	25
ROTHENBRUCK				50	76			33	28
EDELSFELD					30				23
HÖGEN					15				5
OED					20 (davon 1 w.)				8

SPD GAU NORDBAYERN, 3. OBERPFÄLZISCHER WAHLKREIS NEUMARKT

Sektion (Ortsverein)	Mitgliederzahlen					Zahl der Abonnenten der Parteipresse			
	1906	1907	30.6.1909	30.6.1911	31.3.1913	1906/07	1908/09	1911	1913
NEUMARKT	–	27	22 (davon 3 w.)	54 (davon 3 w.)	45 (davon 1 w.)	41	38	62	96
BERCHING			16	17	–			5	10	–
EICHHOFEN				20 (2 w.)	39 (2 w.)			10	20
ALLERSBERG				12 (1 w.)	15 (1.w.)			5	2

SPD GAU NORDBAYERN, 4. OBERPFÄLZISCHER WAHLKREIS NEUNBURG v. W.

Sektion (Ortsverein)	Mitgliederzahlen					Zahl der Abonnenten der Parteipresse			
	1906	1907	30.6.1909	30.6.1911	31.3.1913	1906/07	1908/09	1911	1913
NEUNBURG	–	70	20	4	5	8	2	3	6
FISCHBACH	–	16				4			
FURTH				30	3			–	17
CHAM				11	12			3	6
BLAUBERG				21	–			–	

SPD GAU NORDBAYERN, 5. OBERPFÄLZISCHER WAHLKREIS NEUSTADT a.d.WN

Sektion (Ortsverein)	Mitgliederzahlen					Zahl der Abonnenten der Parteipresse			
	1906	1907	30.6.1909	30.6.1911	31.3.1913	1906/07	1908/09	1911	1913
FLOSS	–	17	10	43	35	16	19	47	56
MITTERTEICH	40	56	36	122	79	23	27	95	131
TIRSCHENREUTH	–	56	60	111	124	84	71	125	171
VOHENSTRAUSS	–	36	40	41	30	40	31	39	27
WEIDEN	–	94	50	53	121	42	70	76	82
FLOSSENBÜRG				22	9			20	19
KRUMMENAAB				19	–			22	–
FRIEDENFELS					32				12
GROSCHLATTENGRÜN					10				12
WALDSASSEN					68				78

Den Auftakt zur verstärkten politischen Agitation und Organisierung in der Oberpfalz durch den nordbayerischen Gauvorstand markierte eine Anfang Mai 1906 in der „Fränkischen Tagespost"[74] veröffentlichte „Zuschrift aus der Oberpfalz", die ein – selten genug – unverblümtes Resümee der bis dahin von den Sozialdemokraten gesammelten Erfahrungen und des Standes der sozialdemokratischen Bewegung in der Oberpfalz gab: „Die Oberpfalz ist mit zu jenen Kreisen Bayerns zu zählen, die in der Arbeiterbewegung am rückständigsten sind. Es sind verschiedene Faktoren, die hemmend im Wege stehen. Einmal ist es die Klerisei mit ihren ausgebildeten Hetzkaplänen, die es sich zu ihrem Berufe gemacht haben, jede politische und gewerkschaftliche Betätigung der Arbeiter und Kleinbauern in der fanatischsten Weise zu bekämpfen. ... Die Eigenschaften des Oberpfälzers mit seiner mißtrauischen Zurückhaltung gegen alle Neuerungen, vor allem auf geistigem Gebiete, sind weitere Ursachen ... In dem ganzen Kreise haben wir nur wenige Orte zu verzeichnen, in denen wir Vertrauensmänner haben, mit denen wir fortwährend in Verbindung stehen. Selbst ganze Industriegegenden, die leicht für den Sozialismus empfänglich wären, sind uns noch fremd geblieben. Es fehlt an systematischer Arbeit und meist auch an Arbeitskräften, die Land und Leute kennen. Sieht man von der Bearbeitung des Kreises bei Reichstagswahlen ab, die ohnehin mangelhaft genug ist, so liegen, vielleicht mit Ausnahme des Regensburger Kreises, die vier Reichstagswahlkreise der Oberpfalz für uns völlig brach. Die Abhaltung einzelner Volksversammlungen änderte sehr wenig daran. ... Das liegt daran, daß dem Referenten die Zeit fehlt, positive Arbeit zusammen mit einer Gruppe von Genossen am Orte zu leisten. Der Oberpfälzer ist in diesen Dingen eine zaghaft schüchterne Natur, und nur im engen Kreise wird er Vertrauen zu uns gewinnen. ... Erst schaffe man die Vorbedingungen durch Besprechungen, zu denen man durch Zettel oder persönlich die Leute einlädt. ... Später kann man dann mit guter Zuversicht eine Versammlung abhalten ... Wohl aber muß von unserem Gau verlangt werden, daß er dem Kreise Oberpfalz mehr Aufmerksamkeit schenkt wie bisher. Besonders der nördliche Teil der mit zahlreicher Industrie durchsetzt ist, muß in Angriff genommen werden."

Im Sommer 1906 wurde dann mit der Gründung des Amberger Ortsvereins und einer Reihe von Agitationsversammlungen und Wahlkreiskonferenzen[75] die eigentliche sozialdemokratische Organisierung in der Oberpfalz eingeleitet. Die erste „Oberpfälzische sozialdemokratische Parteikonferenz" am 9.9.1906 in Schwandorf war von Delegierten aus 17 Orten[76] besucht; bei dieser Versammlung wurde bereits von ersten Anzeichen für einen organisatorischen Durchbruch der SPD in der Oberpfalz[77] gesprochen und die „Fränkische Tagespost" als einheitliches Presseorgan für die Sozialdemokraten in der gesamten Oberpfalz bestimmt[78]. Besonders im Maxhütten-Industriegebiet und in der Nordoberpfalz sollte es in den Jahren 1906/07 zu einer Vielzahl von (am Kapitelende tabellarisch dokumentierten) sozialdemokratischen Versammlungen, Wahlkreiskonferenzen und Ortsvereinsgründungen kommen; der Weidener SPD-Ortsverein war allerdings in diesem Zeitraum erheblich geschwächt durch interne Differenzen (einige Mitglieder hatten sich offenbar aus der Vereinskasse persönlich bereichert)[79].

Trotz der sich 1906 geradezu überschlagenden sozialdemokratischen Aktivitäten und einer gewaltigen organisatorischen Kraftanstrengung in der Oberpfalz[80] brachte die Reichstagswahl vom Januar 1907 nennenswerte sozialdemokratische Stimmengewinne nur in den Wahlkreisen Regensburg und Amberg[81], in denen die Zentrumspresse besonders heftig die Werbetrommel für das Wahlbündnis von Zentrumspartei und Sozialdemokraten gerührt hatte[82]. Die sozialdemokratischen Stimmengewinne waren offensichtlich weit zurückgeblieben hinter dem 1906 einsetzenden - atypischen – Wirtschaftsboom und Industrialisierungsschub der Oberpfalz, der sie in kurzer Zeit zum künftigen – so die sozialdemokratische Presse geradezu stereotyp – „bayerischen Rheinland-Westfalen" machen werde[83], befände sich doch kein bayerischer Regierungsbezirk in einer derartigen wirtschaftlichen und politischen Gärung wie gerade die Oberpfalz[84].

Eine der Ursachen für das unbefriedigende Abschneiden der SPD in der Oberpfalz bei der Reichstagswahl von 1907 war das Fehlen einer billigen weitverbreiteten Parteipresse für die im selben Jahr insgesamt 1.000 Mitglieder der 16 oberpfälzischen SP-Vereine[85]; die Klagen darüber bestimmten auch den Verlauf der im Herbst 1907 – wiederum in Schwandorf – abgehaltenen zweiten Oberpfälzischen sozialdemokratischen Parteikonferenz[86]. Die überfällige organisatorische und ideologische Vereinheitlichung der Sozialdemokratie in der Oberpfalz durch ein eigenes Parteiorgan wurde aber – bis zur Gründung des MSP-Bezirks Niederbayern/Oberpfalz am 1.10.1919 – wesentlich erschwert durch den Regensburger Alleingang des Jahres 1909, als – über den Kopf des „linken" Gauvorstandes Nordbayern (der die „Fränkische Tagespost" als einheitliches Presseorgan für die Oberpfalz und die spätere Gründung eines auf der Linie der Gesamtpartei liegenden oberpfälzischen Parteiblatts favorisiert hatte) hinweg - auf Betreiben der Regensburger Gewerkschaften und in enger Zusammenarbeit mit dem „rechten" SP-Landesvorstand in München am 16. September 1909 als Regensburger Kopfblatt der „Münchner Post" erstmals die „Donau-Post" (vom 18.11.1909 an „Neue Donau-Post") erschien, was die Lostrennung des Regensburger Reichstagswahlkreises vom Gau Nordbayern und seine Angliederung an den südbayerischen Gau erforderlich machte. Dies führte beim nachfolgenden Gau- und Landesparteitag zu heftigen Auseinandersetzungen zwischen dem nordbayerischen Gauvorstand und dem Amberger Delegierten Stark einerseits sowie dem Landesvorstand und den Regensburger Vertretern andererseits, was den ständigen Nord-Süd-Konflikt in der bayerischen Sozialdemokratie (aufgrund unterschiedlicher ideologischer Positionen und der – vermeintlichen oder tatsächlichen – Benachteiligung des Gaus Nordbayern – als mitgliederstärkster Organisation – bei der Besetzung des Landesvorstandes)[87] noch verschärfte. Der Regensburger Alleingang sollte sich aber nicht nur als politischer, sondern auch als geschäftlicher Mißerfolg erweisen, waren doch die ohnehin niedrigen Abonnentenzahlen der „Neuen Donau-Post" in den letzten Vorkriegsjahren stark rückläufig, so daß bis Kriegsende in Regensburg keine eigene Parteidruckerei gegründet werden konnte[88].

Nach den im Jahr 1908 – erstmals nach dem Verhältniswahlrecht – durchgeführten Gemeindewahlen saßen in drei oberpfälzischen Orten mit Landgemeinde-Verfassung Sozialdemokraten in der Gemeindevertretung, und zwar drei in Leonberg und je zwei in Meßnerskreith und Teublitz[89]; diese Konzentration der Oberpfälzer SP-Gemeindevertreter im Jahr 1908 auf das Maxhütten- Industriegebiet war wohl eine Folge der beiden Maxhütten-Streiks 1907/08 und der damit verbundenen besonders heftigen sozialdemokratischen Agitation dort. Dagegen war die Oberpfalz 1908 – mit Ausnahme Niederbayerns – der einzige bayerische Regierungsbezirk, der noch ohne sozialdemokratische Vertretung in den städtischen Rathäusern geblieben war. Dort oblag die Erledigung der Gemeindeangelegenheiten dem Magistrat als Verwaltungsbehörde und den Gemeindebevollmächtigten als Gemeindevertretung. Es lag also eine Art Doppelvertretung vor, wobei aber ausschließlich dem Magistrat die Eigenschaft eines verwaltenden Organs zukam. Der Magistrat bestand aus dem bzw. den Bürgermeistern, aus mehreren rechtskundigen Räten und aus den bürgerlichen Magistratsräten der größeren politischen Parteien. Die Zahl der gewählten Gemeindebevollmächtigten sollte nach der bayerischen Gemeindeordnung dreimal so groß wie die Zahl der bürgerlichen Magistratsräte sein. Durch die enorm hohen Bürgerrechtsgebühren wurde die Zahl der Bürgerrechtsverleihungen (als Voraussetzung des Wahlrechts) eng beschränkt und durch die zusätzliche städtische Wahlkreisgeometrie der Klassencharakter des Stadtregiments gewahrt[90]. In Regensburg 1909 und – vermutlich auch – in Weiden 1911[91] wurden deshalb von den Sozialdemokraten Sparvereine zum Erwerb des Heimat- und Bürgerrechts gegründet[92].

Bei den Gemeindewahlen 1911 zog dann je ein sozialdemokratischer Gemeindebevollmächtigter in die Rathäuser von Regensburg[93] und Neumarkt[94] ein; in Tirschenreuth wurden sogar zwei sozialdemokratische Gemeindebevollmächtigte in die städtischen Gremien gewählt[95]. Bei denselben Wahlen konnte die SPD in den im Maxhütten-Industriegebiet gelegenen Gemeinden (mit Landgemeindeverfassung) Leonberg bereits 7 und Pirkensee sogar 10 Sitze in der kommunalen Vertretung erringen[96]; selbst im agrarisch strukturierten Amberger Wahlkreis fielen 1911 in Edelsfeld und Högen je ein Sitz und in Rothenbruck sogar zwei Mandate an SP-Kandidaten[97]. Bei den Gemeindewahlen des Jahres 1914 konnten die Regensburger Sozialdemokraten mit Hilfe der Liberalen ihren vorherigen Gemeindebevollmächtigten, den Redakteur der „Neuen Donau-Post", Robert Wunderlich, im Stadtmagistrat plazieren sowie zwei Gemeindebevollmächtigten- Mandate erringen[98], während in Tirschenreuth auch 1914 wiederum zwei Sozialdemokraten ins Rathaus gewählt wurden[99].

Ein anderes Feld sozialdemokratischer Politik (neben der Kommunalpolitik): die Organisierung der Jugendlichen, war lange Zeit von der Sozialdemokratie vernachlässigt[100] und damit weitgehend der katholischen Kirche überlassen worden, die 1912 in der Diözese Regensburg in 23 Männlichen Jugendvereinen 1.190 Mitglieder, nur zwei Jahre später, im Mai 1914, dann sogar schon in 40 Vereinen 1.854 (männliche) Jugendliche hatte organisieren können[101]. Der Aufbau einer eigenen sozialdemokratischen Jugendorganisation begann in der Oberpfalz erst mit der Gründung der „freien Jugendorganisation" am 7. August 1910 in Regensburg[102]. Zur Förderung der sozialdemokratischen Jugendarbeit wurde der SP-Gau Nordbayern Anfang 1912 in drei Bezirke eingeteilt, an deren Spitze jeweils ein Bezirksjugendausschuß stand. Ausschußvorsitzender für den Bezirk Oberfranken und den Reichstagswahlkreis Neustadt a.d.WN war der Redakteur der „Fränkischen Volkstribüne" in Bayreuth, Fritz Puchta; in dem von ihm betreuten Bezirk wurden 1913 insgesamt 1.451 Abonnenten der sozialistischen „Arbeiterjugend" gezählt[103]. Außerhalb Regensburgs beschränkte sich die sozialdemokratische Jugendbewegung der Oberpfalz vermutlich auf die beiden in Puchtas Bezirk gelegenen Stützpunkte Weiden und Mitterteich, wo im Jahr 1913 25 (gegenüber 1911: 14) bzw. (in Mitterteich) 61 Jugendliche die „Arbeiterjugend" abonniert hatten[104].

In den Jahren 1911 und 1912 konnte der SP-Gau Nordbayern – trotz Wirtschaftsflaute – einen erheblichen Mitgliederzuwachs erzielen¹⁰⁵; danach trat aber eine „Abspannung und Ermattung und infolgedessen ein Rückgang in den Mitgliederzahlen"¹⁰⁶ ein, der seine Ursachen vor allem im „Zentrumsfanatismus" und in der Wirtschaftskrise hatte¹⁰⁷. Am schlimmsten betroffen war davon – innerhalb des Gaus Nordbayern – die von den Glasarbeitern getragene sozialdemokratische Parteiorganisation im Reichstagswahlkreis Neunburg v.W.,wofür der SP-(Zähl-)Kandidat dieses Kreises bei den Reichstagswahlen 1912, der Arbeitersekretär Nikolaus Eichenmüller aus Nürnberg, beim nordbayerischen Gautag 1913 folgende Gründe anführte: „Von Industrie ist fast gar keine Rede, dazu herrscht ein kolossaler Wechsel in den Arbeitern, und die Leute, die wirklich für unsere Ideen zu haben wären, sind wirtschaftlich so abhängig, daß wir nichts von ihnen erwarten können. Dazu herrschen miserable Lohnverhältnisse usw. Man kann es also wohl verstehen, daß die Leute sich nicht dazu aufschwingen können, ständige Zahler zu werden"¹⁰⁸. Im Reichstagswahlkreis Neunburg v. W. lag auch der Anteil der auf die Wählerstimmen (= 100 %) entfallenden Parteimitglieder mit 1,6 % am weitaus niedrigsten unter allen oberpfälzischen Wahlkreisen; die höchsten Organisationsquoten hatten in der Oberpfalz die Wahlkreise Neustadt/WN mit 21,9 % und Regensburg mit 17,2 % aufzuweisen¹⁰⁹. Die SP-Organisiertenzahlen lagen auch in der Oberpfalz weit (genaue Vergleichszahlen fehlen jedoch) unter den freigewerkschaftlichen Organisiertenzahlen.

Wie der SP-Organisationsverlauf, die Entwicklung der sozialdemokratischen Stimmenanteile, Mitglieder- und Abonnentenzahlen sowie Versammlungsaktivitäten der einzelnen oberpfälzischen Reichstagswahlkreise und SP-Wahlkreisorganisationen bzw. -Ortsvereine zeigen¹¹⁰, machte die SPD in den letzten Vorkriegsjahren innerhalb der Oberpfalz die größten Fortschritte in den von Ober– bzw. Mittelfranken (im Sinne der Reichs-SPD) beeinflußten Reichstagswahlkreisen Neustadt/WN (mit den Organisationshochburgen Tirschenreuth, Weiden und Mitterteich) und Amberg¹¹¹. Der jeweils ganz unterschiedliche Organisationsverlauf in den einzelnen Wahlkreisen, Amtsbezirken, ja sogar Ortsvereinen und die weitgehende Abhängigkeit vom Gau Nordbayern (bzw. in Regensburg vom südbayerischen Gau), die sich in den Tabellen am Kapitelende spiegeln, lassen es aber – wie bereits bei den Freien Gewerkschaften – zumindest bis 1919 nicht zu, von einer bodenständigen oberpfälzischen SPD zu sprechen.

Der einzige gemeinsame Nenner, auf den sich sämtliche oberpfälzischen SP-Organisationen allenfalls bringen ließen, sind die ständigen (aufgezwungenen) Auseinandersetzungen mit dem besonders militanten politisierenden Zentrumsklerus in der Oberpfalz. Dieser hatte es besonders auf dem flachen Lande – und noch verstärkt in den letzten Vorkriegsjahren – verstanden, durch Saalabtreibereien, Versammlungssprengungen¹¹² und wirtschaftlichen Druck auf potentielle SPD-Sympathisanten der Sozialdemokratie¹¹³ den Zugang zu weiten Teilen der Oberpfalz (so z.B. zu vielen Orten in den Amtsbezirken Amberg, Neustadt a.d.WN und Neumarkt)¹¹⁴ bis zur Revolution von 1918/19 regelrecht zu verwehren. In einer ganzen Reihe von Landgemeinden vor allem des Amtsbezirks Amberg (so z.B. in Schnaittenbach) war bis 1914 noch keine sozialdemokratische Agitation bzw. Versammlung möglich, ohne daß es für den sozialdemokratischen Agitator bzw. Versammlungsredner von seiten der vom Ortspfarrer verhetzten Gläubigen eine Tracht Prügel gesetzt hätte¹¹⁵. Die Zahl der Berichte und Klagen über die „Kampfesweise des Zentrums" - so die stereotype Formulierung – in der sozialdemokratischen Presse ist Legion; 1911 wurde in Weiden eigens zu diesem Thema eine sozialdemokratische Parteikonferenz für die vier beim Gau Nordbayern verbliebenen oberpfälzischen Wahlkreise einberufen, bei der eine schier endlose Reihe von Beispielen für den „schwarzen Schrecken in der Oberpfalz" aufgezählt wurde¹¹⁶, die in ihrer Wirkung das Versammlungsrecht in vielen Orten der Oberpfalz für die Sozialdemokraten zur Farce hatten werden lassen. Die Skrupellosigkeit und der Autoritätsmißbrauch, die von zahlreichen politisierenden Zentrumsgeistlichen den Sozialdemokraten gegenüber an den Tag gelegt wurden, erinnern in Vielem an den intriganten Meineid-Pfarrer in Ludwig Thomas Bauerndrama „Andreas Vöst", das seine historische Entsprechung zwar im geistlichen Rufmord an einem prominenten Bauernbund- Führer hatte, das aber auch die literarische Vorlage hätte abgeben können für die – beim 8. Gautag des SP-Gaus Nordbayern 1913 den Delegierten geschilderte – im Jahr 1912 gerichtlich geahndete Ehrabschneidung des Geistlichen Will in Buchbach (bei Ludwigstadt) gegenüber dem sozialdemokratischen Reichstagskandidaten Josef Seelmann¹¹⁷.

Die Gründe für das in den letzten Vorkriegsjahren wieder besonders aggressive Auftreten der oberpfälzischen Zentrumskleriker lagen zunächst in der Rückenstärkung durch die geradezu erdrückende Übermacht der Bayerischen Patriotenpartei bzw. ihrer Nachfolgeorganisation, des Zentrums, die in der Oberpfalz bei den Landtags- und Reichstagswahlen zwischen 1869 bzw. 1871 und 1914 sämtliche Mandate hatte gewinnen können. Dies war mit ein Verdienst der relativ schlagkräftigen Zentrumsorganisation, die bis zur Jahrhundertwende von Amberg, seit Anfang des Jahrhunderts – nach der von Held und Heim 1907/08 betriebenen grundlegenden Modernisierung der Organisationsstruktur¹¹⁸ – von Regensburg aus dirigiert wurde. Zur übermächtigen Zentrumsorganisation kamen die in der Oberpfalz außerordentlich starken Christlichen Gewerkschaften, die einen Großteil der Arbeiterschaft – bis 1918/19 – an das Zentrum zu binden vermochten, und der diese ideologisch fundierende Volksverein für das katholische Deutschland[119], der Mitte 1914 in der Diözese Regensburg 12.232 Mitglieder zählte[120]. Jeder Angriff in Form von sozialdemokratischen Versammlungen etc. auf diese geradezu monopolartige Vorherrschaft der katholisch-konservativen Kräfte in der Oberpfalz erschien da wohl vielen Klerikern wie das Rütteln an einer gottgewollten Ordnung, das besonders empfindlich registriert und mit allen Mitteln einzudämmen versucht wurde.

Mit dem von 1912 an vom Exponenten des aristokratisch-hochklerikal-reaktionären Zentrumsflügels, Hertling, eingeschlagenen scharf anti-sozialdemokratischen Regierungs- und Repressionskurs (auf den auch der ehemalige Gefolgsmann des mittlerweilen resignierten „Bauerndoktors" Heim, Heinrich Held, unverzüglich eingeschwenkt war)[121], fühlten sich wohl auch der Regensburger Diözesanklerus und das Ordinariat ermuntert, ihre ohnehin geringen Skrupel bei der Bekämpfung der Sozialdemokratie fortan gänzlich zu ignorieren. Nur so ist wohl auch das von Erhard Auer auf dem bayerischen SPD-Landesparteitag 1912 bekanntgemachte vertrauliche Rundschreiben des Ordinariats Regensburg

Abb. 32: Regensburg im I. Weltkrieg. Abgabe von Kartoffeln gegen Marken in den Lagerhäusern an der Donau.

Abb. 33: Porträtaufnahme Kurt Eisners, des Ministerpräsidenten des Volksstaates Bayern, der sich in dieser Funktion auch mehrmals zu Besuchen in der Oberpfalz aufhielt (so am 10.12.1918 in Burglengenfeld, am 14.12.1918 in Regensburg sowie am 9. und 26.1.1919 in Weiden)

vom Oktober 1911 die „Sozialistische Agitation unter der Landbevölkerung betr."[122] zu verstehen, in dem auf die „Pflicht ... des Widerstandes"[123] in Form von Gegenveranstaltungen, Versammlungssprengungen[124] usw. verwiesen wird, um „mit diesen und etwa noch anderen Mitteln dem hetzerischen und lügernischen [sic] Treiben der Sozialisten entgegenzutreten und ihnen besonders ihre heuchlerische Maske vom Gesicht zu reißen. Regensburg, den 23. Oktober 1911. Dr. Schleglmann, Generalvikar"[125].

Zu Anfang September 1914, wenige Wochen nach Beginn des Ersten Weltkrieges also, standen bereits 30 Prozent der in den Wahlkreisen Amberg und Neustadt a.d. WN und 25 Prozent der im Wahlkreis Neumarkt organisierten SPD-Mitglieder im Feld[126]. Bei der Kriegs-Gau-Konferenz der SP Nordbayerns im Mai 1915 konnten nur noch Restbestände der einstigen oberpfälzischen SP- Wahlkreisorganisationen und -Ortsvereine sowie des ehemaligen Abonnentenstammes festgestellt werden: im Wahlkreis Neumarkt wurden noch 11 Mitglieder (gegenüber 105 vor dem Krieg), im Wahlkreis Neustadt a.d. WN 143 (vor dem Krieg: 425) und im Wahlkreis Amberg noch 133 (vor dem Krieg: 299) Mitglieder gezählt[127]. Im Bezirk Neunburg v.W. war das Parteileben praktisch erloschen; um so mehr erregte sich der Delegierte dieser nur noch pro forma existierenden Wahlkreisorganisation darüber, daß aus Magdeburg bereits vier Kontingente mit den internationalistischen Zeitschriften „Lichtstrahlen" (dem im April 1916 verbotenen Organ der Internationalen Sozialisten Deutschlands, einer Gruppe der deutschen Linken) und „Internationale" (die von Rosa Luxemburg und Franz Mehring herausgegeben wurde) in seinen Bezirk überstellt worden seien[128]. Der Amberger Delegierte Stark äußerte sich besonders enttäuscht darüber, daß von den Hunderten von – meist sozialdemokratisch organisierten – für die Gewehrfabrik zwangsverpflichteten Nürnberger Metallarbeitern kaum einer die darniederliegende Amberger Gewerkschafts- und Partei-Organisation unterstützte[129]. Über das Parteileben während des Krieges, soweit denn ein solches überhaupt noch existierte, geben für die einzelnen oberpfälzischen Amtsbezirke und Orte die Tabellen am Kapitelende Aufschluß.

Wie verlief nun aber die Revolution von 1918/19 in den wichtigsten Industrieorten der Oberpfalz (Regensburg – Burglengenfeld – Schwandorf – Amberg – Weiden – Mitterteich – Auerbach – Sulzbach)? Nachfolgend soll das Rätewirken in den genannten Orten schlaglichtartig in seinen jeweiligen Ausprägungen, die entscheidend von der parteilichen Vorgeschichte an den einzelnen Orten abhängig waren, beleuchtet werden[130]. Daraus sollen allgemeinere Entwicklungslinien des Rätewirkens in der Oberpfalz abgeleitet werden; von besonderem Interesse wird im nachfolgenden Resümee sein, ob die Revolution von 1918/19 nur ein Ereignis der Landeshauptstadt war, ob und in welchem Ausmaß auch die Oberpfalz daran beteiligt und in welchem Umfang sie in die bayerische Parteienbildung miteinbezogen war. Weiter soll kurz darauf eingegangen werden, ob sich die Regierung Eisner bzw. später die Regierung Hoffmann in der Oberpfalz durchsetzen konnte, auf welche Bereitschaft die Revolution hier überhaupt stieß, in welcher Form das Rätesystem sich behaupten konnte, dem Innenminister Erhard Auer ja jegliche Entscheidungskompetenz absprach, wie die konservativen Gruppen und Parteien sich zur Revolution stellten, wie das Verhältnis von MSPD und USPD sich in den ausgewählten industriellen Modellorten entwickelte, wie Militär und Soldatenräte funktionierten und welchen Druck die in Bauernbund und Christliche Bauernvereine gespaltenen Bauernräte durch die Drohung der Lebensmittelsperre auf die Entwicklung ausüben konnten.

Regensburg: In seiner wirtschaftlichen Struktur war Regensburg zum Ende des 1. Weltkrieges durch Handwerk, Klein- und Mittelbetriebe und das völlige Fehlen von Großbetrieben geprägt. Eine Hochburg katholisch-konservativer Prägung (Pustet, Habbel, Held, Heim) in der bayerischen Parteien-Landschaft, wurde Regensburg in den Wochen nach Kriegsende zur Geburtsstätte des erneuerten bayerischen Zentrums, der Bayerischen Volkspartei.

Die Regensburger SPD versuchte der BVP den Rang abzulaufen bei den katholischen und mittelständischen Wählern durch eine prononciert „kgl.-bayerisch"-sozialdemokratische Politik Auer'scher Prägung. So kann die Bildung eines „Ordnungsausschusses" in Regensburg (unter Einschluß aller politischen Kräfte) als ein Versuch rechter SPD-Kreise gewertet werden, dadurch die von München angeordneten Rätegründungen zu unterlaufen. Als in Regensburg das Drängen antimilitaristischer, dann auch antimonarchistischer und prorepublikanischer Kräfte (vor allem unter den Soldaten) nach Bildung von Räten unüberhörbar wurde, setzte sich die SPD an die Spitze dieser Bewegung, um sie in ihre Bahnen zu lenken.

Die anderen politischen Parteien (BVP, DVP/DDP) und die Stadtverwaltung standen der Revolution ablehnend gegenüber, widersetzten sich ihr aber vorerst nicht. Die Regensburger Räte bewegten sich streng entlang der Auer'schen Richtlinien, wonach ihnen keinerlei Vollzugsgewalt zustünde; weitergehende Vorstellungen („Bolschewisierung" z.B.) lehnten sie entschieden ab. Durch zahlreiche „Aufklärungs"-Versammlungen im Regensburger Umland warb der ASR für diese Räte-Vorstellungen.

Abb. 34 und 35: Der Umsturz in Regensburg am 8. November 1918: Ansprache an die Soldaten vor den Kasernen an der Landshuter Straße

Abb. 35

Abb. 36 bis 39: Momentaufnahmen von der großen sozialdemokratischen republikanischen Kundgebung im Regensburger Stadtpark am 10. November 1918

Abb. 37

Abb. 38

Abb. 39

Abb. 40: Heimkehr der II. Eskadron des Chevaulegers Regiments am 9. Dezember 1918 in Regensburg (Unterführung Sternbergstraße)

Abb. 41 und 42: Aufnahmen von der Trauerfeier für den in München ermordeten bayerischen Ministerpräsidenten Kurt Eisner auf dem Regensburger Neupfarrplatz am 26. Februar 1919

Abb. 42

Abb. 43: Wortlaut der zeitgenössischen Untertitelung: „Die Sturmhelm-Compagnie der Weißgardisten in Ausrüstung zum Abmarsch gegen die Roten-Truppen lagern am 1. Mai 1919 im Hofe des Rathauses zu Regensburg."

Abb. 44 und 45: Mitglieder der im Mai 1919 „zur Aufrechterhaltung der Ruhe und Ordnung in Regensburg" errichteten Einwohnerwehr (mit X sind hervorgehoben auf Abb. 44 Max Bergmüller, Mitbesitzer der Karmelitenbrauerei und auf Abb. 45 Georg Rauch, Malzfabrikant)

Abb. 45

Nichts im Sinne mit der Republik hatten die monarchistisch eingestellten christlichen Bauernvereine, die – auch in Regensburg – den BR stellten. Sie versuchten, durch forcierte BR- Gründungen im Regensburger Umland eine Gegenmacht (Einwohner-, Dorfwehren) zum ungeliebten Volksstaat aufzubauen. Andererseits scheinen sie in der Lebensmittelversorgung ihr Möglichstes geleistet zu haben. Sowohl der ASR als auch der BR forderten baldige Einberufung einer Nationalversammlung, was sicher zur reibungslosen Zusammenarbeit mit beitrug. Außer den Plünderungen vom 10. Januar 1919 gab es in Regensburg keine größeren Ausschreitungen. Auch die Ausrufung der „Räterepublik Baiern" löste in Regensburg nur bei der dort amtierenden übergeordneten Räte-Instanz (die sonst die gemäßigtere war gegenüber der „Basis"), dem Kreis-AR, eine allerdings sehr halbherzige und schnell zurückgenommene Reaktion aus.

Burglengenfeld: Die männlichen Einwohner Burglengenfelds waren wie die seiner Nachbarorte großenteils – schon seit Generationen - im Eisenwerk Maxhütte beschäftigt. Handwerk existierte in Burglengenfeld nur wenig, in den Nachbarorten überhaupt nicht (darin bereits ein Gegensatz zu Regensburg). Durch eine außergewöhnlich hohe Anzahl arbeitsloser Kriegsheimkehrer und die noch frische Erinnerung an die in den Streiks von 1907/08 erlittenen, verbitternden Niederlagen radikalisierte sich hier schnell ein Großteil der Arbeiterschaft, die (anders als in Schwandorf, Amberg, Auerbach und Sulzbach-Rosenberg) im Dt. Metallarbeiterverband organisiert war.

Das Erlebnis des Krieges führte bei den weiblichen wie männlichen Arbeitern in der Burglengenfelder Gegend zum offenen Widerstand gegen die Träger der verhaßten früheren Staatsgewalt: Nach einem gescheiterten Streik von Rüstungsarbeiterinnen im Burglengenfelder Zementwerk im Januar 1918 emanzipierten sich diese in solidarischen, gewalttätigen Aktionen mit den Männern gegen Gendarmerie, Lagerhalter, Gutsbesitzer, klerikale BVP- Parteigänger, BVP-Funktionäre und den seines Ansehens verlustig gegangenen Feudaladel. Diese Militanz konnte weder von SPD-Führung noch Behörden gezügelt werden. „Was geht uns der Auer und das Bezirksamt an", lautete die klassische Antwort auf versuchte Reglementierungen.

Vermutlich Anfang März 1919 kam es im Burglengenfelder Gebiet zu einer Welle von USP-Ortsvereinsgründungen, die mit 650 Mitgliedern (gegenüber 400 der MSPD-Ortsvereine) bald die stärkste politische Gruppierung darstellten. Ihre Anleitung scheinen sie über Amberg aus Nürnberg bezogen zu haben, dabei aber doch weitgehend autonom geblieben zu sein (wohl aufgrund eines wenig funktionsfähigen USP-Parteiapparates); ideologisch gehörten sie wohl zu den radikaleren USP-Fraktionen, wie der Artikel „Diktatur des Proletariats" vom 12. April 1919 und die gleichzeitige Absetzung der städtischen Kollegien zeigen. Sein Ende fand der aussichtslose, aber durchaus ehrenvolle, von dem charismatischen Arbeiterführer Josef Schmid eingeleitete Versuch, im Burglengenfelder Gebiet einen autonomen, basisdemokratischen, humanen Sozialismus zu realisieren, durch die unversöhnliche, verständislose Gegnerschaft der ringsum inzwischen organisierten ländlichen Einwohnerwehren. Nach der blutigen Auseinandersetzung zwischen Burglengenfelder Räten und der Kallmünzer Einwohnerwehr am 13. April 1919 wurde durch eine Reihe von Gerichtsurteilen das Burglengenfelder Gebiet „saniert".

Schwandorf: Zwar im Bereich des Bezirksamtes Burglengenfeld gelegen, nahm Schwandorf dennoch, aufgrund seiner wirtschaftlich- sozialen Situation, eine eigenständige Entwicklung. War die Arbeiterschaft ausschließlich in christlichen Gewerkschaften organisiert, so gab es unter der Bauernschaft BBB-Einflüsse (vermutlich aufgrund seiner Lage am Eingangstor zum Bayerischen Wald) und einen starken SPD-Ortsverein. Dieser stellte, in Absprache mit Regensburger ARen, dem Schwandorfer Bürgermeister und einem Militärvertreter dann auch den gesamten AR, während der BR teilweise oder ganz vom BBB gestellt wurde (der SR trat kaum in Erscheinung). Die „in Permanenz" tagenden sieben Schwandorfer Vollzeit-ABRe scheinen sehr selbstbewußt aufgetreten zu sein gegenüber einem anpassungsfähigen Bürgermeister, dem BVP- Landtagsabgeordneten Lampart. So konnten sie die Bildung eines Bürgerrates und alle Versuche zur Gründung einer Einwohnerwehr verhindern.

Eine lokale Besonderheit ist die am 17. Februar 1919 gegründete Vereinigung „Freier Kamerad", die USP-Positionen vertrat. Am 12. April stellte sich der AR Schwandorf hinter die Regierung Hoffmann; über die vorangegangenen Ereignisse ist nichts Näheres bekannt. Nach dem 12. April wurde Schwandorf zu einem Sammelpunkt für die Aufstellung von Freiwilligenverbänden; die Stadt Schwandorf gründete eine örtliche Volkswehr zum Schutze gegen die radikale Wackersdorfer Arbeiterschaft (Genaueres ist nicht bekannt). Vier Angehörige dieser Formation sollten später bei einer Schießerei mit anderen „Weißen" ums Leben kommen.

Amberg: In Amberg als einem Zentrum der Eisenindustrie in der Oberpfalz und, seiner geographischen Lage nach, dem Brückenkopf der Oberpfalz zu Franken und Nürnberg bildete sich die erste USP- Sektion der Oberpfalz. Diese Sektion stand aber im Schatten der übermächtigen christlichen Gewerkschaftsvereine, denen vier Fünftel der organisierten

Arbeiterschaft Ambergs angehörten. Auch in Amberg (wie in Regensburg) wurde anfangs versucht, durch Gründung eines „Ausschusses für Freiheit und Recht" Rätebildungen zu umgehen. Erklärtes Anliegen der SPD-Mitglieder im paritätisch besetzten (halb christlich, halb sozialdemokratisch) AR war das Mitspracherecht im Amberger Rathaus.

Nach der Ermordung Eisners kam es zu einer Politisierung und Radikalisierung der SPD-ARe, der nach langen Auseinandersetzungen die christlichen Mitglieder des AR zum Opfer fielen, d.h. aus ihm ausgeschlossen wurden. Noch unbemerkt war eine Radikalisierung auch der Amberger USP-Sektion abgelaufen; sehr geräuschvoll spielte sich derselbe Vorgang beim SR-Vorsitzenden Reis ab, einem politischen Chamäleon und Wanderer zwischen den politischen Lagern MSPD und USPD.

Am 7. April 1919 nutzten einige USP-AR-Mitglieder die Unentschlossenheit der anderen politischen Gruppierungen in der Beurteilung der Lage, riefen die Räterepublik aus und erklärten die städtischen Kollegien für abgesetzt. Wenig später schloß sich ihnen der SR Amberg an. Magistratsvorstand, Bezirksamtmann und Beamtenschaft boten sofort ihre weitere Mitarbeit an. Erst als der Bezirks-BR mit Lebensmittel-Boykott drohte und Ambergs Mittelstand zu Demonstrationen und Kundgebungen mobilisierte, stellte sich der SR hinter die Regierung Hoffmann und „beeinflußte" auch den AR in diesem Sinne. Nach diesen Ereignissen wurde vom III. b. AK. gegen Magistratsvorstand und Bezirksamtmann, denen „Opportunismus" vorgeworfen wurde, eine Untersuchung eingeleitet und von den SPD-Führern im III. b. AK. (Schneppenhorst, Ewinger) Amberg militärisch „saniert", d. h. von USP-Einflüssen „gereinigt", was jedoch diese Partei zur stärksten politischen Organisation der Amberger Arbeiterschaft machen sollte.

Weiden: Nach den Erfahrungen aus den Weidener Hungerkrawallen vom August 1917 (Versagen der Sicherheitskräfte und des Bezirksamtmannes) drang Bürgermeister Knorr vom 8. November 1918 an darauf, die Kompetenzen des Weidener ASR möglichst eng zu fassen und eine militärische Gegenformation (Stadtschutzwehr) aufzubauen. Dies wurde ihm sehr erleichtert durch den aus Sozialdemokraten, BVP- und DVP/DDP-Vertretern zusammengesetzten Weidener AR. Auch die Weidener USP-Sektion (der hauptsächlich die Porzellan- und Glasarbeiter angehörten, während die Eisenbahner – traditionell – in der SPD organisiert waren), angeleitet von der Amberger Sektion, setzte keine eigenen politischen Akzente. In Weiden wurde auch als einzigem der hier behandelten Orte bereits am 8. April die Proklamation der Regierung Hoffmann veröffentlicht und der Kriegszustand verhängt. In der Folgezeit betätigte sich Knorr als Verantwortlicher für die Aufstellung von Freiwilligen-Verbänden in der Nord-Oberpfalz und trat für eine Lostrennung Nordbayerns von München ein.

Mitterteich: Nach Zerschlagung des Burglengenfelder AR bildete der Bereich des Bezirksamtes Tirschenreuth den Haupt-Unruheherd in der Oberpfalz. Die immer erneuten Betriebsstillegungen in der Glas- und Porzellanindustrie (wegen Kohlenmangels) hatten dort zu den höchsten Arbeitslosenzahlen unter allen Oberpfälzer Bezirksämtern geführt; auch die Notstandsarbeits-Programme der Regierung konnten wohl deswegen dort nicht „greifen". Zwar hatte sich dem Mitterteicher AR ein Bürgerrat angegliedert, doch schien der AR die Oberhand behalten zu haben. Erwähnenswert ist auch, daß der Tirschenreuther Bezirks-AR Ende April 1919 noch keine Loyalitätserklärung gegenüber der Regierung Hoffmann abgegeben hatte, sich vielmehr für neutral erklärte.

Auerbach: Hier (wie in Sulzbach-Rosenberg) bestand von Anfang an eine enge Anlehnung des örtlichen AR an den SR Nürnberg, was bei der versuchten Amtsenthebung des Eschenbacher Bezirksamtmannes deutlich wurde. Am 26. Februar 1919 kam es dann zur Amtsenthebung des Bürgermeisters und zweier Magistratsräte sowie zur Nötigung des Stadtpfarrers und zur Ausrufung des stv. AR-Vorsitzenden Triltsch als „Stadtkommandant" (wobei persönliche Motive nicht ausgeschlossen scheinen). Einher gingen damit Repressalien gegen christlich organisierte Bergarbeiter (wie in Sulzbach-Rosenberg), die nicht in die Freien Gewerkschaften eintreten wollten. Nach Mahnungen des Innenministers, des Regierungspräsidenten und des Kreis-AR wurden diese Maßnahmen jedoch rückgängig gemacht. Bereits am 9. April stellte sich der AR Auerbach hinter die Regierung Hoffmann; wenig später fand eine Neuwahl des AR statt.

Sulzbach-Rosenberg: Ähnlich wie die Burglengenfelds war (und ist) die wirtschaftliche Struktur Sulzbach-Rosenbergs bestimmt durch einen einzigen Großbetrieb inmitten einer Agrarkultur mit nur wenigen Handwerksbetrieben. Die Arbeiterschaft war jedoch hier fast ausschließlich christlich organisiert, ein SPD-Ortsverein existierte nicht. Durch den SR Nürnberg wurde ein solcher auch für Sulzbach gegründet und als dessen Vorsitzender Ludwig Wiesel, eine schillernde Persönlichkeit, eingesetzt. Noch vor Gründung eines SPD-Ortsvereins am 7. Dezember 1918 kam es zu einer Reihe von Konflikten zwischen dem ASBR Sulzbach und christlichen Gewerkschaftsvertretern, wobei die Auslieferung der „Sulzbacher Zeitung" für einige Tage gestoppt wurde (weitere Konflikte mit den christlichen Gewerkschaften sollten Anfang März 1919 folgen). Der Versuch der Räte, am 2. März 1919 durch eine Volksabstimmung den Bezirksamtmann, Bürgermeister, Stadtsekretär und Polizeiwachtmeister abzusetzen, scheiterte allerdings. Bei Ausrufung der Räterepublik erklärte sich der ABR Sulzbach für neutral; Unruhen entstanden erst, als auf Anordung des III. b. AK am 13. April 1919 Wiesel verhaftet (aber zwei Tage später wieder freigelassen wurde) und der Kriegszustand verhängt wurde.

Zum Schluß seien noch einige allgemeine Entwicklungslinien aufgezeigt, die das Wirken der Räte in der Oberpfalz während des Umbruchs bestimmten. Auffallend sind die im Vorangegangenen aufgezeigten unterschiedlichen Ausprägungen des Räte-Wirkens innerhalb einer Region. So kommt gerade dort, wo revolutionäre Zentren als Modelle fern sind (wie in der Oberpfalz), der Persönlichkeit des einzelnen Revolutionsführers (z.B. Josef Schmid, Ludwig Wiesel) besondere Bedeutung zu, da diese im kleinen Rahmen oft Identifikationsmuster sind.

Andererseits lassen die Ereignisse in dieser Region auch Verallgemeinerungen zu, z.B. daß hier nirgends der Mittelstand – wie oft behauptet wird – die Aktionen der Arbeiter mit stillschweigender Zustimmung betrachtet hat oder gar als Hauptträger der Revolution aufgetreten ist. Auch Mitchells „Faustregel"[131]: „Je näher an München, um so größer der Einfluß der Revolution", hat für die Oberpfalz keine Gültigkeit, sonst hätte die Revolution in Regensburg wesentlich lebhafter verlaufen müssen als im – geographisch – abgelegenen Tirschenreuther Gebiet. Es muß also auch in der Oberpfalz Faktoren gegeben haben (außer den im Vorangegangenen bereits genannten), die Revolutionsbereitschaft erzeugten.

Der bestimmende Faktor war die neue treibende politische Kraft, die Arbeiterschaft, die den bis dahin in der Oberpfalz vorherrschenden Dualismus von Bauernschaft und städtischem Mittelstand aufzulösen begann. Zwar schritt die industrielle Entwicklung der Oberpfalz nur langsam und dünn gestreut an einzelnen Orten voran, doch zogen die wenigen Großbetriebe an diese einzelnen Orte dichtmassierte Arbeiterheere, die weder ausreichende Wohn- und Arbeitsverhältnisse noch eine angemessene Vertretung in den kommunalen Gremien vorfanden. Zudem befanden sie sich in Widerspruch zu einer – sie häufig ablehnenden – ländlichen Umgebung, der sie oftmals selbst entstammten. Dieser Sprung von der Bauern- zur Industriekultur (die Stufe einer Handwerkerkultur war hier gar nicht zwischengeschaltet), das Aufeinanderprallen alter Strukturen mit neuen Kräften[132] erzeugte die „soziale Frage".

Anfangs schien sich ein linker Flügel des bayer. Zentrums (Held, Heim) dieser Frage anzunehmen, der aber nach dem Rechtsruck des bayerischen Zentrums von 1912 sich resigniert von dieser Aufgabe abwandte. Auch noch so rührige christliche Gewerkschaftsvereine konnten nicht verhindern, daß der Großteil der Arbeiterschaft 1918/19 dem Zentrum bzw. der BVP entglitt. Zudem waren die christlichen Gewerkschaftsvereine oft mehr „Dienstleistungsbetriebe", die Wert darauf legten, „unpolitisch" zu erscheinen und nur wirtschaftliche Interessenvertretung für die verschiedenen Berufssparten zu sein (das gleiche gilt für die Freien Gewerkschaften).

Zwar hatte die Kirche 1918/19 bei der bäuerlichen Bevölkerung und beim städtischen Mittelstand noch starken ideologischen Einfluß, den sie gerne in politische Machtdemonstrationen ummünzte und gegen dessen Einschränkung sie sich entschieden wehrte (z.B. während der Rätezeit in Protestkundgebungen gegen die Aufhebung der geistlichen Schulaufsicht). Doch versagte während der Revolution von 1918/19 ihre Integrationskraft bei der Arbeiterschaft, die sich in ihren Interessen von der Kirche nicht mehr verstanden und vertreten fühlte.

So blieb als Vertreterin der Arbeiterschaft nur die SPD, die bis Kriegsende noch nicht in die Verlegenheit gekommen war, ihre revolutionären Parolen in Taten umsetzen zu müssen. Tausende junger Männer, durch das Erlebnis des Krieges geprägt und nach Kriegsende ohne Arbeit in der rohstoffarmen Oberpfälzer Industrie, setzten ihre Hoffnungen in eine Partei, die längst keine revolutionäre mehr war. Ebenso erging es vielen Frauen, die während des Krieges eine eigene Form der Emanzipation in den Rüstungsfabriken erleben mußten[133] und die ihren Protest bereits in Hungerkrawallen und Streiks geäußert hatten. Ausschlaggebend für Eisners Hereinnahme der SPD in die Regierungsverantwortung war wohl das Wissen um das Fehlen eines eigenen USP-Parteiapparates besonders auf dem flachen Lande, der die Räte-Vorstellungen hätte propagieren können; diese Aufgabe dachte Eisner dem eingespielten SPD-Parteiapparat zu. In allen hier behandelten Orten, bis auf Amberg und Weiden, bestand personelle Identität zwischen Arbeiter-Räten und SPD-Mitgliedern. Eine bezeichnende Ausnahme bildete der Vorsitzende des AR Burglengenfelds, Josef Schmid, der USP-Landtagskandidat war. Ansonsten standen die ARe unter der Herrschaft der Partei (im Falle Sulzbachs ist der umgekehrte Fall anzunehmen, da die Räte-Gründung der SPD-Ortsvereins-Gründung vorausging). Da man die Revolution als die Sache der sozialistischen Parteien betrachtete, machte man auch keinen Unterschied zwischen SPD und USPD, was sich aber später ändern sollte.

Eine zweitrangige Position (verglichen mit den ARen) nahmen die Soldaten- und Bauernräte ein. Auers Richtlinien wirkten bei den SRen wesentlich einschneidender als bei den ARen, da sie einer direkten Befehlsgewalt unterstanden und so bei jedem „Übergriff" sofort mit Sanktionen belegt werden konnten. Wohl mitentscheidend für das Scheitern der Rätebewegung sollte ihr Unvermögen sein, die Bauernschaft in die BRe zu integrieren. Diese benutzten ihre Stellung – gerade in der Oberpfalz mit ihren fast ausschließlich von den christlichen Bauernvereinen behaupteten BRen – meist dazu, Stimmung gegen die Regierung zu machen und die Organisation von Einwohnerwehren zu betreiben.

Zum Rätewirken in der Oberpfalz lassen sich für einige Modellorte gemeinsame Grundzüge und Entwicklungslinien feststellen:

- Die ARe in Burglengenfeld, Schwandorf, Amberg (ab 26.2.1919), Auerbach und Sulzbach-Rosenberg verstanden sich als antikapitalistisch, d.h. sie lehnten BVP und DVP/DDP wegen ihres bürgerlichen Standpunktes ab und traten für die sozialistische Partei, die SPD, ein.

- Die oben genannten ARe waren antibürokratisch: Das zeigen die (versuchten) Amtsenthebungen und die Forderungen nach Kontrolle des Ein- und Auslaufs bei den Ämtern; durch die Provisorischen Richtlinien scheiterten diese Versuche aber.

-Probleme, die von den lokalen Räten nicht gelöst werden konnten, wurden an die übergeordneten Räteorgane delegiert. Damit wurde ein stufenförmiger Aufbau des Systems anerkannt (Briefwechsel mit Kreis-AR und Zentral-AR z.B.).

- Die gewählten Räte waren jederzeit abwählbar; dies zeigen die häufigen Anträge auf Neuwahlen.

- Die Gewählten gehörten, zumindest in den eingangs genannten Orten, derselben Schicht an wie ihre Wählerschaft.

Fragt man sich nach dem Grund für die Übereinstimmung zwischen der konkreten Situation in Burglengenfeld, Amberg, Auerbach und Sulzbach-Rosenberg, so findet man, daß die Räte größtenteils qualifizierte Facharbeiter, d.h. Metall- oder Bergarbeiter waren. Organisiert waren sie im Dt. Metallarbeiterverband oder im Bergarbeiterverband. Obwohl sicher keine Verbindungen zwischen ihnen und den „Revolutionären Obleuten" bestanden, gibt es doch Gemeinsamkeiten zwischen den Räten in den genannten Oberpfälzer Orten und dieser revolutionären Gruppierung:

Diese Oberpfälzer ARe verstanden sich als Anhänger des Sozialismus und traten deswegen der SPD bei, die durch ihr Bestehen als Partei auch das Wissen vom Sozialismus und von seinen einzelnen Forderungen verbreitet hatte. Erst im Laufe der politischen Entwicklung erkannten sie, daß die SPD andere Vorstellungen von der Entwicklung des Staates hatte, als man von ihr aufgrund ihrer verbalen Radikalität annehmen und erwarten durfte: Sie arbeitete sogar mit den Kräften zusammen, die zu bekämpfen diese Oberpfälzer ARe ja ausgezogen waren. Die Folge war, daß sie beim ersten direkten Kontakt mit der USP anläßlich des Rätekongresses in München diese Partei als die Verfechterin der eigenen Vorstellungen entdeckten und sich ihr zuwandten.

FUSSNOTEN: 3. DIE POLITISCHE ARBEITERBEWEGUNG IN DER OBERPFALZ 1890 – 1919 (MIT TABELLEN ZU SOZIALDEMOKRATISCHEN AKTIVITÄTEN, VERSAMMLUNGEN ETC.)

1) Vgl. RITTER, Arbeiterbewegung, S. 8.

2) Vgl. GREBING, a.a.O., S. 94.

3) Vgl. RITTER, Arbeiterbewegung, S. 238.

4) Quelle: GREBING, a.a.O., S. 104.

5) Quelle: RITTER, Arbeiterbewegung, S. 67.

6) Vgl. KAACK, Heino: Geschichte und Struktur des deutschen Parteiensystems, Opladen 1971, S. 34 – 42.

7) Quelle: SCHRÖDER, a.a.O., S. 235; hierzu auch LIMMER, a.a.O., S. 35.

8) Vgl. RITTER, Arbeiterbewegung, S. 115.

9) Vgl. LIMMER, a.a.O., S. 35 – 38; GEBHARDT, Bd. 3, S. 247 und SCHRÖDER, a.a.O., S. 235.

10) OERTZEN, Peter von: Betriebsräte in der Novemberrevolution, Düsseldorf 1963, S. 32.

11) Vgl. RITTER, Arbeiterbewegung, S. 84 f. und 95 – 98.

12) Vgl. HIRSCHFELDER, a.a.O., S. 563 – 567.

13) Vgl. ebd., S. 438.

14) Vgl. GEBHARDT, Bd. 3, S. 239; RITTER, Arbeiterbewegung, S. 87 f. und BOSL, Bayerische Geschichte, S. 185.

15) Vgl. HIRSCHFELD, a.a.O., S. 448 f.

16) Vgl. SCHADE, Franz: Kurt Eisner und die bayerische Sozialdemokratie, Hannover 1961, S. 22.

17) Vgl. HIRSCHFELDER, a.a.O., S. 472 f.

18) Vgl. KAACK, a.a.O., S. 34 – 42.

19) Vgl. HIRSCHFELDER, a.a.O., S. 472 und 578; zu der bereits im August 1902 in Regensburg geführten heftigen Debatte um die Zustimmung der SPD-Landtagsfraktion zur Wahlrechtsreform vgl. „FT" Nr. 196 vom 23.8.1902.

20) Vgl. HIRSCHFELDER, a.a.O., S. 486, 507 – 513, 521 – 527, 535 - 537 und 580 f.

21) Vgl. SCHADE, a.a.O., S. 22.

22) Hierzu umfassend die jüngst edierten Quellen zur Geschichte der deutschen Gewerkschaftsbewegung im 20. Jahrhundert, Bd. 1: Die Gewerkschaften in Weltkrieg und Revolution 1914 – 1919, bearb. v. Klaus SCHÖNHOVEN, Köln 1985.

23) Vgl. ebd. und SCHNEIDER/KUDA: Arbeiterräte in der Novemberrevolution. Ideen, Wirkungen, Dokumente, Frankfurt a.M. 1968, S. 15 ff.

24) Vgl. ebd., S. 17.

25) Vgl. KOLB, Eberhard: Die Arbeiterräte in der deutschen Innenpolitik 1918 – 1919, Düsseldorf 1962, S. 26.

26) Vgl. MITCHELL, Allan: Revolution in Bayern 1918/19. Die Eisner-Regierung und die Räterepublik, München 1967, S. 23 ff.

27) Zur Entwicklung der Sozialdemokratischen Partei im Zeitraum 1890 bis 1914 in Regensburg und seinem Umland (den Amtsbezirken Regensburg und Stadtamhof) ausführlich CHROBAK, VHVO 121, S. 204 - 219, 227 – 231 und 271 – 275.

28) StdAr Nbg, HR V d – 15, Nr. 1516 („Socialdemokratischer Agitationsverein für Franken und die Oberpfalz"), „FT" Nr. 285 vom 10.12.1890; hierzu auch HIRSCHFELDER, a.a.O., S. 434.

29) Vgl. hierzu SAUL, Klaus: Der Kampf um das Landproletariat, in: AfS 15 (1975), S. 163 – 208, hier S. 163 und 167 und DITTMAR, Gerhardt: Zur praktischen Landagitation der deutschen Sozialdemokratie unter den deutschen Kleinbauern in den 90er Jahren des 19. Jahrhunderts, in: BZG 10 (1968), S. 1091 – 1100, hier: S. 1091 – 1093.

30) StdAr Nbg, HR V d – 15, Nr. 12395 vom 8.3.1892.

31) Vgl. hierzu die jeweiligen Versammlungstabellen am Kapitelende.

32) Vgl. StdAr Nbg, HR V d – 15, Nr. 1516, Nr. 22586 vom 14.5.1891.

33) Vgl. ebd., „FT" Nr. 221 und 222 vom 21. und 22.9.1891 (mit dem von Grillenberger bei der ersten nordbayerischen Parteikonferenz gehaltenen Referat zur zweckmäßigsten Agitationsform); hierzu auch „FT" Nr. 6 vom 8.1. und Nr. 150 vom 29.6.1892.

34) Vgl. hierzu auch den in der „FT" Nr. 262 vom 7.11.1892 abgedruckten Dankbrief eines Empfängers sozialdemokratischer Schriften in der Oberpfalz.

35) Vgl. StdAr Nbg, HR V d – 15, Nr. 22586 vom 14.5.1891.

36) Geb. am 23.4.1854 in Brixenstadt, schließt sich schon früh als Schustergeselle der sozialdemokratischen Bewegung in Würzburg an, in der er als Redner hervortritt. Zieht dann nach Nürnberg, wo er in Partei und Gewerkschaft überaus aktiv ist; seine Haupttätigkeit fällt jedoch in die Zeit des Sozialistengesetzes und der Landagitation, während der er ungezählten Versammlungen abhält und in der Oberpfalz und in Oberfranken die systematische Hausagitation betreibt. Fungiert danach als Reichstags-(Zähl-) Kandidat in den Wahlkreisen Neustadt a.d.WN und Bayreuth. „Wegen seiner Agitationstätigkeit fand er schließlich nirgends mehr Arbeit und mußte sich mit seiner Familie auf die kümmerlichste Weise durchs Leben schlagen. Es gab sogar eine Zeit, wo er sein Dasein durch den am elendesten bezahlten Beruf, durch Nachtlichterstecken zu fristen suchen mußte. Eine Zeitlang beschäftigte ihn . . . Genosse Nefzger als gelegentlichen Einkassierer seines Abzahlungsgeschäftes, bis Siebenbürger vor 16 Jahren (im Jahr 1892, d. Verf.) endlich bei der Versicherungsgesellschaft Viktoria unterkam, wo er wegen seiner Redlichkeit und Pflichttreue sich größten Ansehens und des größten Vertrauens erfreute". 1908 erlag er nach jahrelanger schwerer Krankheit einem Lungenleiden (vgl. den Nachruf „Johann Siebenbürger tot!" in der „FT" Nr. 243 vom 16.10.1908; hierzu auch „FT" vom 1.2.1892).

37) „FT" Nr. 243 vom 16.10.1908.

38) Vgl. die Textprobe daraus bei LEHMANN, Hans-Georg: Die Agrarfrage in der Theorie und Praxis der deutschen und internationalen Sozialdemokratie. Vom Marxismus zum Revisionismus und Bolschewismus, Tübingen 1970, S. 67 f.

39) Vgl. die Versammlungstabelle am Kapitelende.

40) StdAr AM, HR V d – 15, Nr. 1516, Nr. 5987 vom 1.12.1891.

41) Vgl. hierzu die Tabelle „Neustadt a.d.WN".

42) Vgl. „FT" vom 1.2.1892.

43) Vgl. StdAr Nbg, HR V d – 15, Nr. 1516, Nr. 6482 vom 2.2.1892; zu den Anfängen der Sozialdemokratie im Raum Vohenstrauß ausführlich BAYER, Karl: Auf roten Spuren, Weiden 1982.

44) Vgl. StdAr Nbg, HR V d – 15, Nr. 1516, Nr. 24662 vom 3.5. 1892 und „FT" Nr. 148 vom 27.6.1892.

45) Vgl. „FT" Nr. 31 vom 6.2. und Nr. 75 vom 29.3.1893.

46) Vgl. HIRSCHFELDER, a.a.O., S. 433 und 436 f. sowie CHROBAK, VHVO 121, S. 208.

47) Zusammengestellt aus ZSKB 6 ff. (1874 ff.); SJKB 1 ff. (1894 ff.); „FT" Nr. 124, 125 und 126 vom 30., 31.5. und 3.6.1903 sowie Wahlgeschichtliches Arbeitsbuch. Materialien zur Statistik des Kaiserreichs 1871 – 1918, von Gerhard A. RITTER unter Mitarbeit von Merith NIEHUSS, München 1980, S. 38 – 42, 84 f. und 88. Im Jahr 1871 wurden noch in keinem altbayerischen Reichstagswahlkreis sozialdemokratische Stimmen abgegeben.

48) Zu Georg Heim und seinem Lebenswerk vgl. die (allerdings unkritische) Darstellung von Hermann RENNER: Georg Heim, der Bauerndoktor, München/Bonn/Wien 1960.

49) Vgl. zu den erwähnten Beispielen die jeweiligen Tabellen am Kapitelende.

50) Vgl. die jeweiligen Tabellen am Kapitelende.

51) Hierzu ausführlich HIRSCHFELDER, a.a.O., S. 451 – 457 und 461 - 464.

52) Vgl. die Tabelle am Kapitelende sowie RENNER, a.a.O., S. 87 f.

53) Zur nachfolgenden Darstellung des Streits von Fuchsmühl und seiner Folgen vgl. STELZLE, Wirtschaftliche und soziale Verhältnisse in der bayerischen Oberpfalz, ZBLG 39 (1976), S. 487 - 540 und ALBRECHT, Willy: Die Fuchsmühler Ereignisse vom Oktober 1894 und ihre Folgen für die innere Entwicklung Bayerns im letzten Jahrzehnt des 19. Jahrhunderts, in: ZBLG 33 (1970), S. 307 – 354.

54) Vgl. die Tabelle am Kapitelende.

55) Vgl. hierzu auch die Berichte über Breders Wählerversammlungen in Tirschenreuth, Eslarn und Pleystein im August/September 1897 in den Tabellen am Kapitelende.

56) A.a.O., S. 531.

57) Vgl. hierzu „FT" Nr. 168 vom 22.7.1897 und Nr. 228 vom 30.9.1902.

58) Vgl. MITCHELL, a.a.O., S. 11 ff.

59) Vgl. CHROBAK, VHVO 121, S. 210 f.

60) Vgl. Karl BAYER / Bernhard M. BARON: Die sozialdemokratische Arbeiterbewegung in der Stadt Weiden vor dem Ersten Weltkrieg, in: Bilderlesebuch, S. 19 – 26, hier: S. 20.

61) HIRSCHFELDER, a.a.O., S. 433 – 437 f. und 451 f.

62) StdAr Nbg, HR V d – 15, Nr. 1516, Nr. 105327 vom 4.12.1898.

63) Vgl. Protokoll des 5. SP-Landesparteitages vom 8./9.12.1900 in Fürth, S. 26.

64) Vgl. „FT" Nr. 48 vom 26.2.1902.

65) So z.B. in der „FT" Nr. 210 vom 9.9.1902 und Nr. 65 vom 13.3.1903.

66) Vgl. „FT" Nr. 227 vom 29.9. und Nr. 250 vom 26.10.1903.

67) Vgl. die Tabelle mit den SPD-Stimmenanteilen bei den Reichstagswahlen 1874 bis 1912.

68) Vgl. den Bericht des Gauvorstands Nordbayern für die Zeit vom 1.3.1902 bis 1.3.1904 in der „FT" Nr. 62 und 63 vom 14. und 15.3.1904; hierzu auch „Oberfränkische Volkszeitung" Nr. 65 vom 17.3.1904.

69) Vgl. „FT" Nr. 28 vom 2.2.1905.

70) Vgl. „FT" Nr. 70 vom 23.3.1906.

71) Vgl. ebd. und „FT" Nr. 7 vom 9.1.1906; so waren beispielsweise von den 25 sozialdemokratischen (Zähl-) Kandidaten, die zwischen 1877 und 1912 bei Reichstagswahlen in der Oberpfalz sich um ein Mandat bewarben, allein 17 aus Nürnberg (vgl. HATTENKOFER, a.a.O., S. 140).

72) Vgl. „FT" Nr. 82 vom 6.4.1906.

73) Zusammengestellt aus „FT" Nr. 89 vom 14.4.1908; Geschäftsberichte des Gauvorstandes Nordbayern 1909 ff. und Protokoll über die Verhandlungen des 8. Gautages des SP-Gaus Nordbayern vom 16./17.8.1913 in Nürnberg.

74) Nr. 103 vom 4.5.1906.

75) Vgl. hierzu die Tabelle am Kapitelende und die „FT" Nr. 161 vom 13.7.1906.

76) Folgende 17 Orte hatten Delegierte zur ersten Oberpfälzischen sozialdemokratischen Parteikonferenz entsandt: Amberg, Pirkensee, Burglengenfeld, Cham, Großberg, Keilberg, Leonberg, Meßnerskreith, Münchshofen, Neunburg v.W., Obertraubling, Regensburg, Reinhausen, Regenstauf, Sinzing, Schwandorf und Teublitz (vgl. „FT" Nr. 212 vom 11.9.1906).

77) Eine ähnlich optimistische Einschätzung findet sich im Leitartikel „Die Arbeiterbewegung und die wirtschaftlichen Verhältnisse der Oberpfalz" der „FT" Nr. 237 vom 10.10.1906.

78) Vgl. „FT" Nr. 212 vom 11.9.1906.

79) Vgl. die Tabelle „Neustadt a.d.WN" am Kapitelende.

80) Hierzu auch „FT" Nr. 257 vom 2.11.1906 und Nr. 7 vom 9.1. 1907 sowie StA AM, Reg. d. Opf. 13755, Nr. 67 vom 20.1.1907.

81) Vgl. die Tabelle mit den SPD-Stimmenanteilen bei den Reichstagswahlen; hierzu auch „FT" Nr. 64 vom 16.3.1907 und StA AM, Reg. d. Opf. 13755, Nr. 79 vom 27.1.1907.

82) Vgl. ebd., Nr. 96 vom 3.2.1907.

83) Vgl. „FT" Nr. 286 vom 5.12.1908.

84) Vgl. „FT" Nr. 257 vom 2.11.1907.

85) Vgl. „FT" Nr. 129 vom 6.6. und Nr. 257 vom 2.11.1907; zur sozialdemokratischen Presse in der Oberpfalz ausführlich im Kapitel „Mentalität . . .", S. 103.

86) An der 2. Oberpfälzischen SP-Konferenz in Schwandorf 1907 nahmen Delegierte teil aus Regensburg, Amberg, Weiden, Floß, Vohenstrauß, Wiesau, Mitterteich, Tirschenreuth, Schwandorf, Neunburg v.W., Burglengenfeld, Leonberg, Pirkensee, Teublitz, Fischbach und Reinhausen (vgl. „FT" Nr. 258 vom 4.11.1907).

87) Vgl. hierzu auch „FT" Nr. 189 vom 15.8.1910.

88) Zur sozialdemokratischen Presse in der Oberpfalz ausführlich im Kapitel „Mentalität . . .", S. 103.

89) Vgl. Protokoll des 9. Parteitages der bayerischen SP am 28./29.6.1908 in München, S. 68.

90 Hierzu umfassend am Beispiel Regensburg CHROBAK, VHVO 121, S. 215, 228 und 231 – 244 sowie Albrecht, Regensburg, S. 19 – 22, 29 – 35 und 87 f.

91) Vgl. die Tabelle „Neustadt a.d. WN" am Kapitelende.

92) Vgl. CHROBAK, VHVO 121, S. 215.

93) Vgl. ebd.

94) Vgl. „FT" Nr. 288 vom 8.12.1911 und StA AM, Reg. d. Opf. 13755, Nr. 962 vom 3.12.1911.

95) Vgl. „FV" Nr. 287 vom 7.12.1911 und Protokoll des 11. Parteitages der bayerischen SP 1912 in Landshut, S. 70.

96) Vgl. ebd., S. 74.

97) Vgl. Protokoll des 8. Gautages des Gaus Nordbayern 1913, S. 37.

98) Vgl. CHROBAK, VHVO 121, S. 215 und 228.

99) Vgl. ZBG, P II – 1915, Protokoll über die Kriegs-Gaukonferenz der Sozialdemokratie Nordbayerns 1915, S. 120.

100) Vgl. hierzu SCHRÖDER, Arbeitergeschichte, S. 218 f. und 230 f. sowie HIRSCHFELDER, a.a.O., S. 552 f.

101) Quelle: DENK, a.a.O., S. 409.

102) Vgl. CHROBAK, VHVO 121, S. 227.

103) Vgl. Protokoll des 8. Gautages des SP-Gaus Nordbayern 1913, S. 25; hierzu auch „FT" Nr. 50 vom 28.2.1912 und Nr. 166 vom 18.7.1913.

104) Quelle: FRICKE, a.a.O., S. 443 und 446.

105) Vgl. den Geschäftsbericht des SP-Gaus Nordbayern 1913 in der „FT" Nr. 166 vom 18.7.1913.

106) Ebd.

107) Vgl. ebd.

108) Protokoll des 8. Gautages des SP-Gaus Nordbayern vom 16./17.8.1913 in Nürnberg, S. 80.

109) Quelle: HIRSCHFELDER, a.a.O., S. 545.

110) Vgl. hierzu die entsprechenden Tabellen.

111) Zur ideologisch „linken" Ausrichtung (innerhalb des bayerischen SPD-Spektrums) der SP-Wahlkreisorganisationen Neustadt a.d.WN und Amberg vgl. etwa deren Kritik 1912 am Landtagswahlkompromiß (an der Unterstützung der Liberalen also) und die scharfe Kritik des Floßer Delegierten Xaver Senft im Juni 1914 an den süddeutschen SPD-Genossen (vgl. hierzu die Tabellen „Neustadt a.d. WN" und „Amberg" am Kapitelende).

112) Vgl. hierzu die Versammlungstabellen am Kapitelende.

113) Z.B. beim Verleih von Kirchengeldern (vgl. „FT" Nr. 165 vom 18.7.1907).

114) Vgl. hierzu die Versammlungstabellen und „FT" Nr. 250 vom 24.10.1913.

115) Vgl. „FT" Nr. 165 vom 18.7.1914; zu den Gewalttätigkeiten gegenüber Sozialdemokraten in der Zentrumsdomäne Oberpfalz auch der Geschäftsbericht des SP-Gauvorstands Nordbayern 1911, S. 29 und das Protokoll des 8. SP-Gautages des Gaus Nordbayern in Nürnberg 1913, S. 27 f.

116) Vgl. hierzu die sehr plastischen Beispiele im Geschäftsbericht des SP-Gauvorstandes Nordbayern 1911, S. 6 f. und 28 – 32 sowie in der „FT" Nr. 96 vom 25.4.1911.

117) Vgl. Protokoll des 8. Gautages des SP-Gaus Nordbayern 1913, S. 76 f.

118) Vgl. CHROBAK, VHVO 120, S. 263 und 278 sowie VHVO 121, S. 231 und 272; hierzu auch „FT" Nr. 286 vom 5.12., Nr. 294 vom 15.12.1908 und Nr. 7 vom 9.1.1909.

119) Vgl. hierzu CHROBAK, VHVO 120, S. 254 – 258.

120) Ebd., S. 256.

121) Vgl. ebd., S. 278 f.

122) Komplett wiedergegeben im Protokoll des 11. Parteitages der bayerischen SPD 1912 in Landshut, S. 95 – 97.

123) Ebd., S. 95.

124) Vgl. ebd., S. 96.

125) Ebd., S. 97.

126) Quelle: „FT" Nr. 222 vom 23.9.1914.

127) Quelle: ZBG, P II – 1915, S. 68 f.

128) Vgl. ebd., S. 56; hierzu auch FRICKE, a.a.O., S. 450 f.

129) Vgl. ZBG, P II 52 – 1915, S. 92 und Versammlungstabelle „Amberg" am Kapitelende.

130) Die nachfolgende Betrachtung ist ein Resümee der Diplomarbeit des Verfassers, in der ausführliche Literatur- und Quellenhinweise zu den hier nur kurz skizzierten Modellorten enthalten sind.

131) MITCHELL, a.a.O., S. 136.

132) Vgl. BOSL, Gesellschaft und Politik in Bayern, ZBLG 28 (1965), S. 3 f.

133) BOSL, a.a.O., S. 19.

TABELLARISCHE ÜBERSICHT ÜBER DIE SP-VERSAMMLUNGSTÄTIGKEIT, VEREINSGRÜNDUNGEN UND STREIKS IM STADTBEZIRK AMBERG (SOWEIT BEKANNT)

Datum	Ort	Einberufer, Referent, Thema, Teilnehmerzahl etc. (soweit erwähnt)	Quelle
1865	Amberg	Gründung der Concordia zur „Förderung katholischen Sinnes u. Lebens durch gesellschaftliche Unterhaltung"	StA AM, Reg. d.Opf. 8243
30.1.1870	Amberg	Gründung eines Liberalen Vereins	StA AM, Reg. d.Opf. 8243 und StdAr AM, Dollacker-Chronik
1873	Amberg	Gründung des Geselligkeits-Vereins „Harmonie"	StA AM, Reg. d.Opf. 8243
1879	Amberg	Gründung eines Christl. Arbeiter-Vereins (Vereinszweck: „Wahrung der christlichen Grundsätze bezügl. der Arbeiterfrage u. Abwehr aller unchristlichen Bestrebungen. Geistige u. materielle Förderung")	StA AM, Reg. d.Opf. 8243
Anfang April 1889	Amberg	„Von einer Arbeiterorganisation ist leider keine Spur vorhanden"	„FT" Nr. 84 vom 9.4.1889
Ende März 1891	Amberg	eine (geplante) sozialdemokratische Versammlung mit dem Reichstagsabgeordneten Grillenberger aus Nürnberg als Referenten (vorgesehenes Thema: Die politischen und wirtschaftlichen Zustände in Deutschland) wird durch Saalabtreibung verhindert, an der sich – angeblich – der Amberger Bezirksamtmann Mark höchstpersönlich beteiligte	„FT" Nr. 76 vom 2.4. und Nr. 89 vom 17.4.1891, hierzu auch die Vorschau in der „FT" Nr. 84 vom 11.4.1891
5.6.1898	Amberg („Aktiensäle")	SP-Wählerversammlung mit dem Kandidaten Kynast, der mit seinem Referat über die wirtschaftlichen und politischen Tagesfragen „lebhaftesten Beifall" erntet, nach einigen Bemerkungen über die Auseinandersetzungen mit anwesenden Zentrumsopponenten dann das (schon wie eine Beschwörungsformel klingende) „FT"-Resümee: „Diese Versammlung hat gezeigt, daß trotz des geistlichen und kapitalistischen Terrorismus, der in Amberg gegenüber der Arbeiterschaft ausgeübt wird, die Sympathie für unsere Partei Fortschritte gemacht hat"	„FT" Nr. 132 vom 9.6.1898
Mitte Juni 1906	Amberg	Gründung eines Sozialdemokratischen Vereins	StA AM, Reg. d.Opf. 8243, Nr. 4394 vom 16.6.1906

Datum	Ort	Einberufer, Referent, Thema, Teilnehmerzahl etc. (soweit erwähnt)	Quelle
15.7.1906	Amberg (Restauration „Maximilian")	SP-Volksversammlung mit Hagen aus Regensburg zum Thema " Die Lebensmittelverteuerung und die Notwendigkeit der politischen wie gewerkschaftlichen Organisation", 30 Mann lassen sich in den Sozialdemokratischen Verein aufnehmen	„FT" Nr. 167 vom 20.7.1906
Ende November 1906	Amberg	vom Geschäftsführer des Amberger Konsum- und Sparvereins Graf initiierte Konstituierung eines Zentrums-Arbeiter-Wahlvereins mit 54 Gründungsmitgliedern, hauptsächlich Gewehrfabrikarbeitern, Graf selbst wird Vorsitzender dieses Vereins	„FT" Nr. 287 vom 7.12.1906
1.1.1907	Amberg	„In Amberg ist es ... der schwarzen Garde gelungen, uns den Maximilianssaal, das einzige unseren Verhältnissen entsprechende Versammlungshaus, abzutreiben. ... Die Theater- und Sängerabende und Versammlungen, die unsere Freunde abhalten, sollen sittlich-religiös verletzend sein"	„FT" Nr. 4 vom 5.1.1907
21.7.1907	Amberg („Auf der Alm")	1. Stiftungsfest (verbunden mit einem Gartenfest) des Arbeiter-Gesangvereins „Sängerheim"	„FT" Nr. 165 vom 18.7.1907 (Ankündigung)
Frühjahr 1908	Amberg	als SP-freundliche Lokale werden den Nürnberger Parteigenossen bei Landpartien nach Amberg empfohlen: Restauration Maximilian, Auf der Alm, Grabinger Keller, Zum Paradies und Zum Lagerhaus	„FT" Nr. 91 vom 16.4.1908
18.7.1909	Amberg	3. Stiftungsfest des Arbeiter-Gesangsvereins und Bezirksfest des Radfahrervereins, „Zum erstenmal war es, daß die organisierte Arbeiterschaft Ambergs auf die Straße ging", Kritik der „FT" an einem polemischen „AVZ" - Artikel über angebliche Ausschreitungen auswärtiger Gäste, Singen unziemlicher Lieder usw.	„FT" Nr. 170 vom 24.7. u. Nr. 174 vom 29.7.1909
15.8.1909	Amberg („Sturmbräukeller")	vom Gewerkschaftskartells-Vorsitzenden Gottlieb Stark einberufene sehr gut besuchte SP-Versammlung mit dem Referenten Max Walther aus Nürnberg zum Thema: Steuerraub des schwarzen Blocks	„FT" Nr. 193 vom 20.8.1909
19.12.1909	Amberg	außerordentlich stark besuchte Weihnachtsfeier der sozialdemokratisch organisierten Arbeiterschaft, „Die Feier verlief in herrlicher Weise. Der Arbeitergesangverein und die Theaterspieler taten ihr möglichstes"	„FT" Nr. 300 v. 23.12.1909

Datum	Ort	Einberufer, Referent, Thema, Teilnehmerzahl etc. (soweit erwähnt)	Quelle
ca. 20.3.1910	Amberg („Aktiensäle")	SP-(Frauen-)Versammlung mit der Referentin Helene Grünberg aus Nürnberg zum Thema: Die Arbeiter und Arbeiterinnen im Kampfe ums Dasein	„FT" Nr. 64 vom 17.3.1910 (Ankündigung)
Mitte April 1910	Amberg	Streik der Tapeziergehilfen, die 57-stündige Wochenarbeitszeit (statt bisher 60 Stunden), 10 %ige Lohnerhöhung sowie feste Mindestlöhne fordern	„FT" Nr. 90 vom 19.4.1910
24.11.1910	Amberg („Aktiensäle")	sehr zahlreich besuchte Bäcker-Zahlstellenversammlung mit einem Referat des Bezirksleiters zur „Bewegung für den allgemeinen 36 stündigen Ruhetag"	„FT" Nr. 286 vom 6.12.1910 und Nr. 139 vom 17.6.1911
22.1.1911	Amberg	sehr schlecht besuchte SP-Mitgliederversammlung mit einem Referat von Klötzler über die bevorstehenden Reichstagswahlen	„FT" Nr. 23 vom 27.1.1911
1.5.1911	Amberg	„von ungefähr 250 Personen" besuchte Maifeier mit dem Referenten Fischer	„FT" Nr. 102 vom 3.5.1911
2.7.1911	Amberg („Auf der Alm")	Generalversammlung des Sozialdemokratischen Vereins für den Reichstagswahlkreis Amberg-Nabburg-Sulzbach-Eschenbach, Mitgliederentwicklung in Amberg und Sulzbach zwar noch unbefriedigend, aber: „In den Landorten ist das Interesse an der Sozialdemokratie ein äußerst reges und allenthalben werden Versammlungen verlangt", der Gauvorstand habe allen diesen Wünschen Rechnung getragen, als Kandidat für den Reichstag wird Georg Bohl, Nürnberg, und als Delegierter für den Gautag Gottlieb Stark, Amberg, gewählt	„FT" Nr. 154 vom 5.7.1911
Mitte August 1911	Amberg	Streik von 5 oder 6 Bäckergesellen, diese werden von ihren Meistern schikaniert, das Gros der Arbeiterschaft erklärt sich angeblich mit den Meistern – und nicht mit den Gesellen – solidarisch	„FT" Nr. 193 vom 19.8.1911
14.7.1912	Amberg	Wahlkreis-Jahreskonferenz Amberg-Sulzbach mit Delegierten aus Amberg, Sulzbach, Edelsfeld, Rothenbruck und Högen sowie Vertrauensleuten aus dem Sulzbacher und Vilsecker Bezirk, der Geschäftsführer des Wahlkreises, Gauvorstandsmitglied Walther, verweist in seinem Jahresbericht auf 84.000 verteilte Flugblätter und 48 abgehaltene Versammlungen, von denen einige (u.a. in Schwarzenfeld und Hahnbach) „durch Hunderte fanatisierter Zentrumsanhänger unter rohen Gewaltausbrüchen gesprengt (wurden)", auch die Unterstützung für die Liberalen bei der Landtagswahl wird heftig kritisiert, „zumal die liberale Wahltätigkeit besonders im Wahlkreise Sulzbach es an allen Ecken und Enden fehlen ließ"	„FT" Nr. 168 vom 20.7.1912

Datum	Ort	Einberufer, Referent, Thema, Teilnehmerzahl etc. (soweit erwähnt)	Quelle
27.10.1912	Amberg	stark besuchte SP-Versammlung, bei der Dr. Süßheim aus Nürnberg viel Beifall für sein Referat erhält, der Versammlungsleiter ermahnt abschließend noch zu vermehrtem Eintritt in Partei und Gewerkschaften sowie zum Abonnement der Parteipresse	„FT" Nr. 258 vom 2.11.1912
1.5.1913	Amberg	die – auch von Frauen – gut besuchte Maifeier wird vom Arbeitergesangverein eröffnet, nach dem Referat von Helene Grünberg aus Nürnberg findet noch ein Maifest auf dem Keller in Rosenberg statt, an dem sich „die Amberger Genossen mit Frau und Kindern zahlreich beteiligt(en)"	„FT" Nr. 101 vom 2.5.1913
14.4.1914	Amberg	„Die im Deutschen und im Christlichen Holzarbeiterverband organisierten Schreiner sind wegen Nichtanerkennung des Berliner Schiedsspruches 1913 ... in den Streik getreten"	„FT" Nr. 87 vom 15.4.1914
31.10.1915	Amberg	bei einer gut besuchten Mitgliederversammlung des Sozialdemokratischen Vereins wird der Stand der Parteibewegung am Orte als unbefriedigend bezeichnet, außerdem die völlige politische Interesselosigkeit der Hunderte in Amberg beschäftigten Nürnberger Parteigenossen kritisiert, von denen kaum noch ein Dutzend die sozialdemokratische Presse lese und/oder sich für den Sozialdemokratischen Verein bzw. den Konsumverein interessiere	„FT" Nr. 260 vom 5.11.1915
31.8.1916	Amberg („Aktiensäle")	„äußerst zahlreich besuchte Versammlung ... welcher auch viele Frauen beiwohnten" mit dem Referenten Segitz aus Fürth zum Thema „Krieg und Frieden", von den Anwesenden wird eine Petition unterschrieben, in der von der Regierung Aufklärung über deren Kriegsziele gefordert wird	„FT" Nr. 208 vom 5.9.1916
Mitte April 1917	Amberg	Hans Kastner eröffnet an der Krambrücke („neben Springmanns Schuhwarenhaus") eine Parteibuchhandlung und Expedition für die „Fränkische Tagespost"	„FT" Nr. 95 vom 24.4.1917
21.10.1917	Amberg	Versammlung des Sozialdemokratischen Vereins mit einem Bericht des Delegierten Springer vom Würzburger Parteitag, „Die Mehrheit der Diskussionsredner war mit dem Ergebnis des Parteitags nicht ganz einverstanden, und ein Antrag auf baldige Einberufung einer außerordentlichen Generalversammlung mit der Tagesordnung 'Entscheidung über unsere weitere Stellungnahme' wurde einstimmig angenommen"	„FT" Nr. 252 v.26.10.1917
4.11.1917	Amberg („Auf der Alm")	die außerordentliche Generalversammlung entscheidet sich – bei 4 Gegenstimmen – für den Verbleib in der MSP und gegen einen Anschluß an die USP, „Von den meisten Rednern wurde der Standpunkt der Opposition vertreten und eine rücksichtslose Stellungnahme der	„FT" Nr. 258 vom 2.11. u. Nr. 263 vom 8.11.1917

Datum	Ort	Einberufer, Referent, Thema, Teilnehmerzahl etc. (soweit erwähnt)	Quelle
		Partei gegen die Regierung und die Kriegsgesellschaften verlangt. Während ein Teil der Genossen den Anschluß an die Unabhängigen empfiehlt, sieht ein anderer Teil darin einen Schritt ins Dunkle", Diskussion solle künftig parteiintern geführt werden	
19.11.1918	Amberg („Aktiensäle")	Gewerkschaftskartellsversammlung mit dem Referenten Burgau aus Regensburg zum Thema: Unsere nächsten Aufgaben	„FT" Nr. 271 v.16.11.1918 (Ankündigung)
12.12.1918	Amberg	„überaus zahlreich" besuchte SP-Volksversammlung mit dem Referenten Schulze zum Thema: Die Revolution und unsere Aufgabe	„FT" Nr. 297 v. 17.12.1918
Anfang Januar 1919	Amberg	drei SP-Versammlungen innerhalb nur einer Woche: zunächst eine sehr stark besuchte Frauenversammlung mit der Referentin Häffner, dann am 4.1. in der „Bierhalle" eine überfüllte Versammlung mit dem Referenten Walther und am 8.1. eine Versammlung unter freiem Himmel mit Staatsminister Auer („Viertausend Personen mögen es gewesen sein, die seinen Ausführungen lauschten. Es war wohl die größte Versammlung, die Amberg je gesehen hat")	„FT" Nr. 9 vom 11.1.1919
16.3.1919	Amberg	Generalversammlung des Sozialdemokratischen Vereins, Sektion Amberg, zum 1. Vorsitzenden der jetzt fast 700 Mitglieder zählenden Sektion wird Hardt, zu dessen Stellvertreter Stahlberg gewählt	„FT" Nr. 67 vom 20.3.1919

Datum	Ort	Einberufer, Referent, Thema, Teilnehmerzahl etc. (soweit erwähnt)	Quelle
14.8.1892	Vilshofen (Brauerei Laus)	„prächtige Versammlung", zu der „sich aus den verschiedensten Orten des Vilsthales Theilnehmer" – insgesamt ca. 150 – eingefunden hatten, Martin Segitz aus Fürth referierte über die Bestrebungen der Sozialdemokratie und deren Widersacher sowie über „die Aussichtslosigkeit der kleinbürgerlichen und staatlichen Reformversuche und deducirte daraus die Nothwendigkeit einer völligen Umgestaltung unserer gesellschaftlichen Verhältnisse.... die Anwesenden (erklärten) ihre volle Uebereinstimmung mit den Grundsätzen der Socialdemokratie. Der Boden ist im Vilsthal für unsere Bestrebungen sehr günstig, was am Besten daraus ersichtlich ist, daß der Referent von den Bewohnern verschiedener Orte eingeladen wurde, Versammlungen abzuhalten und zu diesem Zwecke Säle bzw. Privatlokale in Aussicht gestellt wurden. Bei systematisch betriebener Agitation können in dieser Gegend bedeutende Erfolge erzielt werden. Die Lage der Bauern und Arbeiter des Vilsthales ist eine äußerst traurige, mit der Vertretung, welche diese vielgeplagte Bevölkerung bis jetzt im Reichstag und Landtag gefunden hat, ist sie nichts weniger als zufrieden.... Die 'rothe Fackel' wird noch öfter in die 'schwarze Oberpfalz' hinüberleuchten und wird bewirken, daß es auch in den Köpfen der pfälzischen Bewohner helle wird und den Heuchlern, die unter der Maske der Religion das Volk in der schändlichsten Weise ausplündern, das Handwerk gelegt wird"	„FT" Nr. 191 vom 16.8. u. Nr. 201 vom 27.8.1892, hierzu auch „AVZ" Nr. 21 vom August 1892
Anfang Juni 1893	Gegend um Vilseck	Landagitation von 15 Nürnberger Sozialdemokraten, „darunter die Hälfte auf Stahlrossen"	„FT" Nr. 134 vom 10.6.1893
Februar 1897	Freihung	„Es ist sehr bedauerlich, daß die hiesigen Arbeiter gar nicht dahin zu bringen sind, sich zu organisieren, es würden dann doch wenigstens die schlimmsten Uebergriffe des Unternehmerthums nicht mehr vorkommen. So müssen sie sich alles ruhig gefallen lassen"	„FT" Nr. 35 vom 11.2.1897
ca. 20.1.1907	Hirschau	SP-Wählerversammlung mit dem Kandidaten Schrembs aus Regensburg	„FT" Nr. 20 vom 24.1.1907
5.9.1909	Vilseck	1. SP-Versammlung dort überhaupt mit 250 Besuchern (Saal war zu klein, viele Besucher mußten wieder umkehren), Landtagsabgeordneter Michael Hierl spricht über die bevorstehende Landtagswahl und das SP-Programm	„FT" Nr. 208 vom 7.9.1909
Anfang April 1910	Neuhaus	in Neuhaus Gründung einer SP-Sektion	
	Rieden	in Rieden „außerordentlich stark besucht(e)" SP-	

Datum	Ort	Einberufer, Referent, Thema, Teilnehmerzahl etc. (soweit erwähnt)	Quelle
		Versammlung (trotz versuchter Saalabtreiberei durch den Pfarrer), bei der Aufnahmen in die Partei getätigt werden	„FT" Nr. 87 vom 15.4.1910
	Haselmühl	SP-Versammlung	
	Etzelwang	SP-Versammlung	
August 1910	Kastl	Gastwirt verweigert – nach Einwirkung von Ortspfarrer, Bürgermeister, Feuerwehrkommandant u.a. – den (bereits zugesagten) Saal für eine SP-Versammlung und wird dafür im liberalen „Amberger Tagblatt" gefeiert, weil er „sich in entscheidender Stunde seiner Königstreue und religiösen Überzeugung erinnerte und sich die rote Aufklärung energisch verbat	„FT" Nr. 198 vom 25.8.1910
18.6.1911	Schlicht bei Vilseck	1. SP-Versammlung dort überhaupt, „Der Besuch war ein außerordentlich guter, und die kernigen Ausführungen des Gen. Konrad Brunner fielen auf guten Boden, was der stürmische Beifall bewies"	„FT" Nr. 141 vom 20.6.1911
16.7.1911	Freihung	1. SP-Versammlung dort überhaupt, bei der Giermann aus Nürnberg vor mehr als 50 Zuhörern über die allgemeine politische Lage referiert („FT"-Resümee: ... „daß auch in dieser Gegend die Erkenntnis Platz gegriffen hat, daß Religion und Politik ganz verschiedene Dinge seien")	„FT" Nr. 169 vom 22.7.1911
Anfang Oktober 1911	Hahnbach bei Vilseck	die 1. überhaupt dort abgehaltene (vom Vertrauensmann Burger einberufene) SP-Versammlung endet wegen der breiten klerikalen Mobilisierung zu dieser Veranstaltung mit einem Fiasko: „Unser Redner bemühte sich vergeblich, das Schlußwort zu erhalten. Die fanatisierten Zentrumsbauern schrien und tobten wie besessen. 'Werft'n außi! Oeitz wirds Zeit, daß gangt's ! Haut'n außi!' scholl es wirr durcheinander. Bei der gegebenen Situation war es es natürlich dem Gen. Zapf nicht möglich, zu Wort zu kommen. ... Das wird uns aber nicht abhalten, immer wieder in die schwarzen Gefilde vorzudringen, einmal muß doch auch der unter der Zentrumsfuchtel gehaltenen Bevölkerung ein Licht darüber aufgehen, wo eigentlich ihre wirklichen Freunde und wo die Volksverräter sitzen"	„FT" Nr. 235 vom 7.10.1911
ca. 20.12.1911	Rieden	eine SP-Versammlung mit dem Referenten Stefan Schmidt aus Nürnberg wird von Zentrumsanhängern – unter Führung von vier Geistlichen (darunter Dekan Schmidt, Ensdorf, Pfarrer Moser, Rieden, und Pfarrer Hecht, Vilshofen) - durch Zwischenrufe, Einschüchterung der Wirtin und des Referenten sowie durch eine Gegenversammlung zu sprengen versucht, in der Diskussion wird die Sozialdemokratie als „Judenpartei" bezeichnet	„FT" Nr. 301 v. 23.12.1911

TABELLARISCHE ÜBERSICHT ÜBER DIE SP-VERSAMMLUNGSTÄTIGKEIT IM AMTSBEZIRK BEILNGRIES

Datum	Ort	Einberufer, Referent, Thema, Teilnehmerzahl etc. (soweit erwähnt)	Quelle
12.6.1893	Beilngries	„Endlich gelang es der Socialdemokratie, auch in dieser von den Pfaffen beherrschten Gegend eine Versammlung abzuhalten. Dieselbe war von 500 – 600 Personen, darunter 7 Pfarrern besucht. Genosse Großberger legte ... die Ziele und Zwecke unserer Partei klar", nach der Gegenrede zweier klerikaler Opponenten sprengen die 7 Pfarrer mit ihrem Anhang die Versammlung, „Wir Socialdemokraten von Beilngries und Umgebung geben ... das Versprechen, daß wir nicht ruhen und rasten werden, bis auch hier das Volk aufgeklärt ist über die Wölfe in Talar und Kutte. ... Die Bresche ist geschossen, auf zum Kampfe!"	„FT" Nr. 137 vom 14.6.1893
1. Mai 1898	Altmannstein	auf der Burgruine wird von 5 Minderjährigen eine rote Fahne aufgesteckt, woraufhin gegen die jungen Leute Strafanzeige erstattet wird	StA AM, Reg. d.Opf. 13750, Bericht vom 9.5.1898
10., 11. und 16.6.1907	Berching	zwei SP-Versammlungen am 10. und 16.6.1907 (die letztere mit dem Arbeitersekretär Brunner aus Nürnberg als Referenten), am 11.6.1907 christliche Gewerkschaftsversammlung als Konkurrenzveranstaltung hierzu	StA AM, BA Beilngries 150, Nr. 4027 vom 22.6.1907
ca. 20.11.1908	Berching	Gründung einer Sektion des Sozialdemokratischen Vereins Regensburg	„FT" Nr. 277 v. 25.11.1908
ca. 20.1.1911	Berching	SP-Versammlung mit dem Referenten Messerer zur wirtschaftlichen Lage der Fabrikarbeiter	„FT" Nr. 22 vom 26.1.1911
30.11.1918	Beilngries	Gründung einer SP-Sektion (97 Personen erklären ihren Beitritt, 30 werden Abonnenten der „Fränkischen Tagespost")	„FT" Nr. 287 vom 5.12.1918

TABELLARISCHE ÜBERSICHT ÜBER DIE SP-VERSAMMLUNGSTÄTIGKEIT IM AMTSBEZIRK BURGLENGENFELD

Datum	Ort	Einberufer, Referent, Thema, Teilnehmerzahl etc. (soweit erwähnt)	Quelle
10.2.1890	Schwandorf („Pfälzer Hof")	1. sozialdemokratische Versammlung in Schwandorf überhaupt von nur 100 Personen besucht, Wiemer aus Nürnberg spricht über die „Bedeutung der kommenden Reichstagswahlen"	„FT" Nr. 35 vom 11.2.1890
12.4.1891	Leonberg	„von etwa 200 Personen, vorwiegend aus dem Handwerkerstande" besuchte Versammlung, bei welcher der Vorsitzende des Agitationsvereins für Franken und die Oberpfalz, Oertel aus Nürnberg, über „Die Bestrebungen der Arbeiterpartei" referiert; laut Oertel war die Versammlung „von sehr gutem Erfolg für die soz. Sache begleitet"	StA Am, Reg. d.Opf. 13933, Bericht vom 20.4.1891; „FT" Nr. 87 vom 15.4.1891 und StdAr Nbg, HR V d-15, Nr. 1516
25.7.1891	Schmidmühlen	„Wer sollte glauben, daß auch in diesen entlegenen, glaubensfinstern Ort bereits das Evangelium der Socialdemokratie gedrungen sei?", der Heidelberger Sozialdemokrat Dr. Rüdt, der von Erhardt aus Nürnberg begleitet wird, spricht über das „ganze große Elend der heutigen Verhältnisse ..., dem nur durch Umgestaltung ... in socialistischem Sinne und mit socialistischen Mitteln abgeholfen werden könne", nachdem Zentrums-Landtagsabgeordneter Walther aus Amberg „das alte Eia Popeia vom Himmel sang ..., führte (Dr. Rüdt, d. Verf.) den frommen Mann nach allen Regeln der Kunst in einer Weise ab, daß ihm die Zähne klapperten und er sobald wohl nicht mehr als Opponent der Socialdemokratie auftauchen wird.... Einige Radaubrüder, worunter zwei unmündige Schulamts-Candidaten, waren bald unschädlich gemacht und wurde die Versammlung mit einem brausenden Hoch auf die Socialdemokratie geschlossen", lt. Regierungspräsident war die Versammlung hauptsächlich von bäuerlicher Bevölkerung besucht	„FT" Nr. 144 v. 28.7.1891, hierzu auch STA AM, Reg. d.Opf. 13933, Nr. 369 vom 3.8.1891
26.7.1891	Burglengenfeld	Dr. Rüdt referiert (am Tag nach der SP-Versammlung in Schmidmühlen) „vor ungefähr 5 – 600 Zuhörer(n) aus allen Kreisen der Bevölkerung ..., unter denen der Herr Bezirksamtmann, der Herr Stadtpfarrer und Caplan, sowie der Bürgermeister und andere Honoratioren sich befanden. ... Er (Dr. Rüdt, d. Verf.) wurde oftmals von stürmischen Bravo's unterbrochen, die am Schlusse seiner Rede kein Ende nehmen wollten. Die Zustimmung und Begeisterung war großartig und allseitig. Opposition gab es keine. In besonders scharfen und ergreifenden Worten hatte Redner speziell das namenlose Elend der armen Fabriksklaven auf der benachbarten Maxhütte geschildert. ... So ist auch in jene dunkle, abergläubische Gegend die Socialdemokratie siegreich eingezogen und hat der 'Schrecken der Pfaffen', Dr. Rüdt, unser flatterndes Banner dort aufgerichtet";	„FT" Nr. 174 vom 28.7.1891

Datum	Ort	Einberufer, Referent, Thema, Teilnehmerzahl etc. (soweit erwähnt)	Quelle
		„Leider hatte die Versammlung in Burglengenfeld zur Folge, daß 5 Arbeiter der Maxhütte sofort entlassen wurden, weil sie angeblich dem Dr. Rüdt in der Versammlung nicht entgegengetreten sind"	StAr Nbg, HR V d-15, Nr. 1516, Bericht vom 13.8.1891
30.8.1891	Burglengenfeld	„In einer ... von dem Stadtpfarrer Ferdinand Dengler ... abgehaltenen Versammlung sprach sich derselbe unter Beleuchtung der Greuel und Verwüstungen gewaltsamer Erhebung u. Auflehnung gegen Gesetz u. Obrigkeit entschieden gegen die Sozialdemokratie aus und betonte, daß die patriotische Partei und die Kirche von jeher den Umsturzbestrebungen derselben entgegengearbeitet haben", der Text dieses Vortrags wurde gedruckt und und erschien als Beilage der Burglengenfelder Zeitung	StA AM, Reg. d.Opf. 13933, Berichte vom 7.9. und 27.9.1891
20.9.1891	Nürnberg	bei der nordbayerischen Parteikonferenz sind unter den 62 Delegierten auch zwei aus der Oberpfalz – und zwar je einer aus Burglengenfeld und Regensburg – vertreten	„Fränkischer Kurier" Nr. 483 vom 21.9.1891, in: StDAr Nbg, HR V d-15, Nr.1516
28.5.1893	Schwandorf („Pfälzer Hof")	bei einer SP-Wählerversammlung referieren die Regensburger Sozialdemokraten, Reichstagskandidat Thomas Neuwirth (über „Die bevorstehende Reichstagswahl") und Joseph (über „Die Grundsätze und Forderungen der Socialdemokratie"), „Mit einem kräftigen Hoch auf die Socialdemokratie endete diese Versammlung in der schwärzesten aller schwarzen Städte"; bei der Versammlung waren fast sämtliche Magistratsräte und auch die Geistlichkeit anwesend, die noch am Vormittag gegen die Socialdemokratie gepredigt und vor dem Versammlungsbesuch gewarnt hatte	„FT" Nr. 125 vom 31.5.1893
4.6.1893	Leonberg	bei einer von 300 – 400 Personen besuchten, schon lange vor Veranstaltungsbeginn überfüllten Wählerversammlung referieren Reichstagskandidat Neuwirth (über „Die bevorstehende Reichstagswahl"), Schade (über „Die Forderungen der Socialdemokratie") und Löbl	„FT" Nr. 131 vom 7.6.1893
12.6.1893	Burglengenfeld	bei einer Wählerversammlung spricht Reichstagskandidat Neuwirth „vor einer circa 400 köpfigen Zuschauermenge in Ermangelung eines Saales in einem Privathofraume" über die Bedeutung der bevorstehenden Wahl und die Grundsätze der Sozialdemokratie	„FT" Nr. 137 vom 14.6.1893

Datum	Ort	Einberufer, Referent, Thema, Teilnehmerzahl etc. (soweit erwähnt)	Quelle
12.6.1893	Carolinenhütte	eine weitere vom Regensburger Wahlcomité organisierte Versammlung (neben der vom selben Tage in Burglengenfeld) ist von 500 – 550 Personen besucht, darunter „circa 40 bis 50 Wähler aus dem angrenzenden Wahlkreis Neumarkt", Joseph spricht über die Tätigkeit des Reichstages	„FT" Nr. 137 vom 14.6.1893
3.6.1894	Carolinenhütte	ohne Störungen verlaufene SP-Versammlung	StA AM, Reg. d.Opf. 13748, Bericht vom 11.6.1894
16.5.1897	Burglengenfeld	bei einer Versammlung des Bayerischen Bauernbundes mit dem Referenten Wieland wird eine Obmannschaft mit dem Gutsbesitzer Hermann Kruschwitz von Richthof als Vorsitzendem gebildet	StA AM, Reg. d.Opf. 13750, Bericht vom 24.5.1897
24.10.1897	Burglengenfeld („Brückl's Brauerei")	„sehr gut besucht(e) und von bestem Geiste beseelt(e)" SP-Versammlung, die in einem anderen Lokal abgehalten werden mußte, weil der ursprünglich dafür vorgesehene Saal kurzfristig aus „bau- und feuerpolizeilichen Gründen" gesperrt worden war, „Genosse Wiemer aus Nürnberg sprach über 'Die Socialdemokratie und ihre Gegner', dabei einen Vortrag unseres streitbaren Pfarrers zerpflückend, den dieser einmal vom Stapel gelassen hatte (am 30.8.1891 in Burglengenfeld – vgl. die Versammlungstabelle -, d. Verf.). Ein Gegner meldete sich nicht zum Wort und nachdem Genosse Hagen aus Regensburg noch einige Erläuterungen gegeben, ergriff Wiemer das Schlußwort ... Das Hinscheiden unseres Genossen Grillenberger hat hier und in der ganzen Umgegend große Theilnahme hervorgerufen"	„FT" Nr. 248 vom 23.10. und Nr. 250 v. 26.10.1897
30.1.1898	Leonberg	die (geplante) SP-Versammlung mit einem Referat (Thema: Die wirtschaftliche und politische Lage Deutschlands) des Kandidaten für den Reichstagswahlkreis Regensburg, Wiemer aus Nürnberg, wird durch Saalabtreibung verhindert	„FT" Nr. 22 vom 27.1. und Nr. 32 vom 8.2.1898
22.5.1898	Burglengenfeld (Brauerei Brückl) nachmittags, Leonberg (Gasthaus Rothdauscher) abends	zwei SP-Wählerversammlungen mit dem Reichstagskandidaten Wiemer aus Nürnberg als Referenten; den Maxhütten-Arbeitern wurde für den Fall der Versammlungsteilnahme die Entlassung angedroht	„FT" Nr. 116 vom 20.5.1898 (Ankündigung); StA AM, Reg.d. Opf. 13750, Bericht vom 30.5.1898

Datum	Ort	Einberufer, Referent, Thema, Teilnehmerzahl etc. (soweit erwähnt)	Quelle
19.5.1902	Burglengenfeld	von 125 Personen besuchte SP-Vertrauensmänner-versammlung für den Reichstagswahlkreis Regensburg, bei der einer der Delegierten eine abfällige Bemerkung über die Justiz macht („justitia habe wohl eine Binde vor den Augen; bevor sie aber Recht spreche, schaue sie darunter hervor, um zu sehen, wer vor ihr stehe"), woraufhin der überwachende Polizeikommissär mit der Versammlungsauflösung im Wiederholungsfalle droht	StA AM, Reg. d.Opf. 13754, Bericht vom 25.5.1902
20.7.1902	Leonberg	von 300 Personen (laut Regierungspräsident dagegen von nur 100 Interessenten) besuchte SP-Volksversammlung mit einem Referat von Vereinssekretär Keller aus Nürnberg über die wirtschaftliche und politische Lage Deutschlands, „Als der Redner davon sprach, daß die Sozialdemokratie den Klassenstaat, in dem das Volk entrechtet und bedrückt wird, beseitigen werde, erhob sich der überwachende Bezirksamtmann und drohte mit Auflösung der Versammlung; er nahm jedoch wieder Abstand von seinem unbegründeten Vorhaben", nach der Versammlung fand noch eine interne Sektions-Besprechung statt	„Oberfränkische Volkszeitung" Nr.170 vom 24.7.1902 und StA AM, Reg.d.Opf. 13754, Bericht vom 27.7.1902
Weihnachten 1902	Leonberg (gräfliche Wirtschaft)	„gut besuchte" SP-Versammlung zum Thema: Die Vorgänge im Reichstage und der Umsturz von oben	StA AM, Reg. d.Opf. 13754, Bericht vom 28.12.1902
11.11.1906	Schwandorf Katzdorf	zwei überfüllte SP-Volksversammlungen Dr. Südekum aus Nürnberg referierte, „welcher einen durchschlagenden Erfolg hatte" die 1. Versammlung dort überhaupt, „an der außer den Industriearbeitern auch Bauern teilnahmen", es referieren Hagen aus Regensburg (erntet lebhaften Beifall; die von ihm vorgeschlagene Resolution gegen den Zollwucher wird einstimmig angenommen) und Igl aus Leonberg, Kassierer des Metallarbeiterverbandes	„FT" Nr. 268 v. 15.11.1906
11.11.1906	Burglengenfeld Leonberg Pirkensee	drei gut besuchte Gewerkschaftsversammlungen	„FT" Nr. 268 v.15.11.1906
26.11.1906	Leonberg (nachmittags) Burglengenfeld (abends)	zwei überfüllte Arbeiter- und Arbeiterinnen- („Das weibliche Proletariat war außerordentlich stark vertreten") Versammlungen mit der Referentin Magda Hagen aus Regensburg zum Thema: Niedere Löhne, hohe Lebensmittelpreise, mindere Rechte – „Genosse Brandl ermahnte die Arbeiter, fest und treu zum Metallarbeiterverband zu halten, um eine Macht zu werden, die dann mit ihren Ausbeutern und Unterdrückern gewiß fertig werden wird"	„FT" vom 1.12.1906

Datum	Ort	Einberufer, Referent, Thema, Teilnehmerzahl etc. (soweit erwähnt)	Quelle
1.1.1907	Münchshofen Teublitz	bei zwei SP-Wählerversammlungen mit dem Referenten Hagen aus Regensburg werden 8,05 Mark Wahlkampfspenden „von den Genossen in Münchshofen und Teublitz" erbracht	„FT" Nr. 2 vom 3.1.1907
6.1.1907	Schwandorf	zahlreich besuchte SP-Versammlung mit einem Referat v. Hallersteins über die bevorstehenden Reichstagswahlen	„FT" Nr. 6 vom 8.1.1907
13.1.1907	Teublitz Burglengenfeld	„Sehr starken Zuspruch fanden die Genossen Reger und Hermann in der von Arbeitern und Kleinbauern zahlreich besuchten Versammlung in Teublitz. Genosse Burgau sprach in Burglengenfeld. Seine Ausführungen erweckten stürmischen Beifall"	„FT" vom 19.1.1907
1. Mai 1907	Burglengenfeld Leonberg	„Genosse Max Walther sprach in außerordentlich zahlbesuchten Wählerversammlungen ... unter stürmischer Zustimmung der Zuhörer. Die zugunsten der Arbeiter beendete Lohnbewegung auf der Maxhütte hat allenthalben eine zuversichtliche Stimmung unter der zahlreichen Arbeiterbevölkerung des Wahlkreises ausgelöst"	„FT" Nr. 102 vom 3.5.1907
ca. 10.5.1907	Katzdorf	eine von „mehr als 300 Personen" besuchte SP-Protestversammlung (mit dem Referenten Burgau aus Regensburg) gegen die Pressehetze des „RA"-Redakteurs und Zentrumskandidaten Heinrich Held der Maxhütten-Arbeiterschaft gegenüber endet mit dem Beitritt von 50 Personen zum Sozialdemokratischen Verein Regensburg	„FT" Nr. 109 vom 13.5.1907
19.5.1907	Schmidmühlen	„sehr gut besuchte Wählerversammlung ..., in der Genosse Asberger aus Regensburg referierte. Von den zahlreich anwesenden Gegnern meldete sich niemand zum Wort. Anfangs der neunziger Jahre sprach dort Dr. Rüd. Seit dieser Zeit war uns dieser Ort verschlossen. Der nicht offizielle Zentrumskandidat Schaller hat auch hier viele Anhänger"	„FT" Nr. 118 vom 24.5.1907
7.9.1907	Pirkensee	„Am letzten Sonntag wurde nach Anhörung eines Referates des Genossen Hagen aus Regensburg in Pirkensee (Oberpfalz) eine Sektion des Sozialdemokratischen Vereins gegründet, der sofort 29 Genossen beitraten. Sektionsführer ist der Genosse Steger. Auch eine Filiale der Fränkischen Tagespost kam zu Stande. Filialexpedient ist der Gen. Schleinkofer, Schuhmachermeister"	„FT" Nr. 211 vom 10.9.1907
3.5.1908	Burglengenfeld	„In Burglengenfeld sprach Genosse Abg. Simon in einer Volksversammlung, die sich zu einer Demonstration **gegen** den Zentrumsabgeordneten des dortigen Wahlkreises Held gestaltete. Der Erfolg der Versammlung war u.a. auch die Gründung eines sozialdemokratischen Vereins, dem die schwere Arbeit obliegt, die in geistigem und wirtschaftlichen Elend lebenden Arbeitermassen der Maxhütte zu politischem Verständnis zu erziehen"	„FT" Nr. 105 vom 6.5.1908

Datum	Ort	Einberufer, Referent, Thema, Teilnehmerzahl etc. (soweit erwähnt)	Quelle
10.10.1908	Burglengenfeld Teublitz	2 SP-Versammlungen mit dem Geschäftsführer des Metallarbeiterverbandes in Regensburg, Brandl, als Referenten („zeigte, daß die Arbeiterschaft im Industriebezirk Burglengenfeld erwacht ist und Anteil an der politischen und gewerkschaftlichen Bewegung nimmt")	„FT" Nr. 242 v.15.10.1908
10.10.1908	Leonberg	SP-Sektions-Versammlung mit dem Referenten Wunderlich aus Regensburg über „die Notwendigkeit und die Aufgaben des Vereins", „größere Anzahl Neuaufnahmen ... Als Sektionsführer wurde Genosse Schneider und Kassier Genosse Igl gewählt"	„FT" Nr. 242 v. 15.10.1908
10.10.1908	Schwandorf („Pfälzer Hof")	„von 180 Personen, darunter einer Anzahl Frauen" besuchte SP-Versammlung mit der Referentin, Genossin Magda Hagen aus Regensburg („Auch in dieser schwarzen Domäne gewinnt die moderne Arbeiterbewegung an Boden und Festigung der bestehenden Organisationen")	„FT" Nr. 242 v. 15.10.1908
13.12.1908	Leonberg	„zahlreich auch von Frauen besuchte Versammlung" mit der Referentin Helene Grünberg aus Nürnberg zum Thema: Die Frau und die Arbeiterbewegung	„FT" Nr. 295 v. 16.12.1908
4.7.1909	Schwandorf	„gutbesuchte Volksversammlung" mit einem Referat von Helene Grünberg zum Thema: Die Frau in der Arbeiterbewegung, nachdem in der Diskussion ein opponierender Pfarrerskandidat „durch die Genossin Grünberg noch seinen Nasenstüber erhalten hatte", treten 17 Versammlungsteilnehmer dem SP-Wahlverein bei	„FT" Nr. 159 vom 12.7.1909
26.9.1909	Burglengenfeld	„sehr gut besuchte Zentrumsversammlung ..., in welcher die Landtagsabgeordneten Held u. Dr. Heim sprachen. Anwesend waren weiters auch 9 Abgeordnete der Zentrumspartei"	StA AM, Reg. d.Opf. 13755, Bericht vom 3.10.1909

TABELLARISCHE ÜBERSICHT ÜBER DIE SP-VERSAMMLUNGSTÄTIGKEIT,-VEREINSGRÜNDUNGEN, STREIKS ETC.
IM AMTSBEZIRK CHAM (SOWEIT BEKANNT)

Datum	Ort	Einberufer, Referent, Thema, Teilnehmerzahl etc. (soweit erwähnt)	Quelle
Mitte November 1891	Cham Furth i.W.	die beiden Mitglieder des Agitationsvereins für Franken und die Oberpfalz, Siebenbürger und Erhardt aus Nürnberg, werden auf ihrer Agitationstour (über Neunburg v.W. – Schwarzachtal-Rötz) in Cham und Furth i.W. von der Gendarmerie festgenommen und können jeweils erst nach der Personalienfeststellung ihre Flugblätter „Für Wahrheit, Freiheit und Recht" verteilen, beide setzen dann ihren Fußmarsch nach Waldmünchen fort	„FT" Nr. 273 v. 20.11.1891
November 1909	Furth i.W.	Gründung einer Sektion des Sozialdemokratischen Vereins	„FT" Nr. 272 v. 20.11.1909
16.1.1910	Cham („Randsberger Hof")	bei einer SP-Wahlkreiskonferenz für den Reichstagswahlkreis Neunburg v.W. wird die „sehr erfreuliche" Mitgliederzunahme und die Gründung von drei neuen Sektionen konstatiert, als einheitliches Presseorgan für den gesamten Wahlkreis die „Fränkische Tagespost" bestimmt und als Reichstagskandidat Arbeitersekretär Nikolaus Eichenmüller aus Nürnberg nominiert, als Sitz des Kreisvorstandes wird Cham festgelegt, jedoch soll die Hälfte der Vorstandssitze von der Sektion Furth i.W. gestellt werden; die anschließende öffentliche Versammlung mit dem Referenten Gausekretär Vogel zum Thema: „Die Sozialdemokratie und ihre Gegner" wird von der zahlreich erschienenen Zentrumsanhängerschaft (darunter zwei Geistliche und zwei christliche Gewerkschaftssekretäre) gesprengt	„FT" Nr. 19 vom 24.1.1910
November 1910		3 SP-Versammlungen mit dem Referenten Nikolaus Eichenmüller aus Nürnberg zum Thema: Die volksfeindlichen Taten des Zentrums	„FT" Nr. 278 v. 26.11.1910
	Kothmaißling	Gründung einer „Sektion des Sozialdemokratischen Vereins Neunburg-Cham" mit 25 Mitgliedern, mehr als 200 Besucher (darunter 2 Geistliche aus Cham und „20 – 30 klerikale Fanatiker")	
	Cham	großes klerikales Aufgebot: der Zentrums-Ortsvorsitzende und zwei Geistliche polemisieren stundenlang	
	Lehen	keine klerikalen Opponenten anwesend	
Juli/ August 1911	Cham	ein 8-wöchiger Arbeitskampf sozialdemokratisch organisierter Schreiner um einen Tarifvertrag (Forderungen: 8 Pfennig Lohnerhöhung und 55-Stunden-Woche) endet erfolgreich	„FT" Nr. 199 vom 26.8.1911

Datum	Ort	Einberufer, Referent, Thema, Teilnehmerzahl etc. (soweit erwähnt)	Quelle
Mitte November 1916	Furth i.W.	vom Gauvorstand Walther geleitete Wiedergründung der SP-Sektion mit 23 Mitgliedern	„FT" Nr. 275 v. 22.11.1916
26.8.1917	Furth i.W.	SP-Volksversammlung mit dem Referenten Parteisekretär Walther aus Nürnberg zum Thema:„Für Freiheit und Frieden", „Der Besuch der Versammlung war ein geradezu riesiger, . . . auffallend stark war die ländliche Bevölkerung aus den benachbarten Gemeinden vertreten. Frauenspersonen hatten sich ebenfalls ziemlich zahlreich eingefunden"	StA AM, BA CHA 1995, Bericht vom 1.9.1917
Anfang Januar 1919	Cham	„massenhaft" besuchte Versammlung der SP-Sektion, nach einem Referat vom SP-Landtagskandidaten und Gewerkschaftssekretär Beser aus Nürnberg werden 94 Neuaufnahmen gemacht	„FT" Nr. 7 vom 9.1.1919
30.1.1919	Furth i.W.	Mitgliederversammlung der Sektion (mit 24 Neuaufnahmen und 30 neuen „FT"-Abonnenten)	„FT" Nr. 28 vom 3.2.1919

TABELLARISCHE ÜBERSICHT ÜBER VERSAMMLUNGSTÄTIGKEIT, VEREINSGRÜNDUNGEN ETC. IM AMTSBEZIRK ESCHENBACH (SOWEIT BEKANNT)

Datum	Ort	Einberufer, Referent, Thema, Teilnehmerzahl etc. (soweit erwähnt)	Quelle
19.4.1881	Pressath	„von etwa 150 Personen besucht(e)" Versammlung der katholischen Volkspartei mit dem Referenten Gutsbesitzer Frhr. v. Satzenhofen (Rothenstadt) sowie dem Reichs- und Landtagsabgeordneten Pfarrer Schaefler aus Ramspau zur „Lage des Landes"	BHS I, MInn 38979, Nr. 6903 vom 3.5.1881
4.9.1892	Weidlwang Nasnitz Michelfeld	„Das Bezirksamt Eschenbach berichtet: 'Am 4.1.M. hat der wegen socialistischer Agitation aus der Eisengießerei in Pegnitz entlassene Arbeiter Julius Pfändt von Berlin, z. Zt. in Nürnberg wohnhaft, in den Orten Weidlwang, Nasnitz und Michelfeld socialistische Druckschriften unentgeltlich von Haus zu Haus vertheilt'"	StA AM, Reg. d.Opf. 13883, Bericht vom 9.10.1892
Ende März 1893	Auerbach	„Genosse Pfändt, welcher vor Kurzem vom Schöffengericht in Auerbach wegen Verbreitung von Flugblättern ohne polizeiliche Erlaubniß zu 12 Tagen Gefängniß und in die Kosten des Verfahrens verurtheilt wurde, erzielte bei der heutigen Verhandlung in der Berufungsinstanz ... seine kostenlose Freisprechung"	„FT" Nr. 75 vom 29.3.1893
Ende März 1894	Eschenbach	als ein – eher kurioser – anonymer Drohbrief gefunden wird, mutmaßt der Eschenbacher Bezirksamtmann sofort, daß als sein Urheber „der Steinhauer Joh. Bapt. Lachner in Eschenbach (erscheint), da derselbe als Socialdemokrat bekannt ist "	StA AM, Reg. d.Opf. 13748, Bericht vom 1.4.1894
Ende März/ Anfang April 1895	gesamter Amtsbezirk	6 Gründungsversammlungen für Christliche Bauernvereine	StA AM, Reg. d.Opf. 13748, Berichte vom 31.3. und 8.4.1895
Anfang Juli 1910	Auerbach	Gründung einer Ortsgruppe des Arbeiter-Radfahrer-Bundes „Solidarität"	„FT" Nr. 72 vom 28.3.1910
Ende September 1911	Neustadt a./K.	eine von Georg Meyer aus Bayreuth einberufene SP-Versammlung mit 200 Besuchern aus der ganzen Umgebung, nach dem Referat von Kassenvorstand Philipp Wiemer aus Nürnberg treten „etwa 20 Personen, durchweg dem Arbeiterstand zugehörig", der SP bei	StA AM, BA ESB 221, Bericht vom 30.9.1911

TABELLARISCHE ÜBERSICHT ÜBER DIE SP-VERSAMMLUNGSTÄTIGKEIT IM AMTSBEZIRK KEMNATH

Datum	Ort	Einberufer, Referent, Thema, Teilnehmerzahl etc. (soweit erwähnt)	Quelle
14.5.1898	Friedenfels	„zahlreich besuchte in ruhigster Weise verlaufene" SP-Versammlung; „Für 17.ds. war eine weitere sozialdemokratische Versammlung in Friedenfels in Aussicht genommen, dieselbe jedoch vereitelt, weil kein Local zur Verfügung gestellt wurde u. die Siegle'sche Güterdirection ihren Arbeitern für den Fall der Beteiligung die sofortige Entlassung ankündigte; der Versuch in Reuth b./E. eine solche Versammlung abzuhalten, schlug gleichfalls fehl, weil kein Wirt dortselbst ein Local zur Verfügung stellte"	StA AM, Reg. d.Opf. 13750, Nr. 390 vom 23.5.1898
4.7.1901	Erbendorf	eine (geplante) SP-Versammlung mit dem Referenten Landtagsabgeordneten Dr. Haller von Hallerstein aus Nürnberg zum Thema „Getreidezölle und Handelsverträge" muß wegen Lokalverweigerung entfallen	StA AM, Reg. d.Opf. 13753, Bericht vom 11.8.1901
Anfang November 1910	Krummenaab	von 100 Personen besuchte SP-Wählerversammlung (mit 20 Neuaufnahmen in die Partei) zeitgleich zur Gründung eines katholischen Arbeitervereins am selben Ort	„FV" Nr. 258 vom 3.11.1910
17.12.1910	Friedenfels	SP-Veranstaltung mit drei vom Ortspfarrer als Gegenredner dorthin beorderten christlichen Gewerkschaftssekretären im Publikum	„FV" Nr. 108 vom 10.5.1911
Ende März 1911	Friedenfels	Gründung eines Volksvereins für das katholische Deutschland, um „die politische Ignoranz zu fördern und die Gesinnung der Arbeiter auszuschnüffeln"	„FV" Nr. 81 vom 5.4.1911; hierzu auch „FV" Nr. 141 vom 20.6.1911
6.5.1911	Friedenfels	in einer von 120 bis 130 Personen „vorzüglich" besuchten SP-Volksversammlung mit einem Referat von Parteisekretär Vogel aus Nürnberg über „Zentrum und Sozialdemokratie" „zogen zwanzig Anwesende aus dem Gehörten die Nutzanwendung und traten der Sozialdemokratie als Mitglieder bei", die Versammlung diente der Gründung einer sozialdemokratischen Sektion Friedenfels	„FV" Nr. 108 v. 10.5.1911; hierzu auch „FV" Nr. 250 v. 25.10.1911
Mitte Juni 1911	Friedenfels	„Aufgerüttelt durch die Schröpfung und Entrechtung der Massen haben sich die Friedenfelser Arbeiter eine sozialdemokratische Sektion gegründet, ein Bollwerk gegen Zentrumskniffe und Arbeiterfang. . . . 20 neue Mitglieder haben wir wieder gewonnen, während weitere Anmeldungen in Aussicht stehen"	„FV" Nr. 141 vom 20.6.1911

Datum	Ort	Einberufer, Referent, Thema, Teilnehmerzahl etc. (soweit erwähnt)	Quelle
21.10.1911	Friedenfels	bei einer „sehr gut" besuchten SP-Volksversammlung referiert Parteisekretär Max Walther aus Nürnberg über die bevorstehenden Reichstagswahlen, „Unsere Sektion wurde am 6. Mai mit 20 Mitgliedern gegründet und hat jetzt die stattliche Zahl von 63 Mitgliedern erreicht, von denen 9 in der letzten Versammlung gewonnen wurden"	„FV" Nr. 250 v. 25.10.1911
9.11.1912	Friedenfels	bei einer schwach besuchten SP-Sektionsversammlung kann der Vorsitzende konstatieren, „daß die Sektion acht neue Mitglieder und vier neue Abonnenten der Arbeiterpresse als Zuwachs zu verzeichnen hat. Angeregt wurde, im Laufe des Winters einen Arbeitergesangverein zu gründen"	„FV" Nr. 267 v. 13.11.1912
August 1913	Friedenfels	„In Friedenfels hat man die Zeit fast völlig verschlafen und deshalb geht es den Arbeitern schlechter als anderswo. Es ist Zeit zum Aufwachen!"	„FV" Nr. 187 vom 12.8.1913

TABELLARISCHE ÜBERSICHT ÜBER VEREINSGRÜNDUNGEN, POLITISCHE VERSAMMLUNGEN UND AKTIVITÄTEN
IM AMTSBEZIRK NABBURG (SOWEIT BEKANNT)

Datum	Ort	Einberufer, Referent, Thema, Teilnehmerzahl etc. (soweit erwähnt)	Quelle
Herbst 1869	Nabburg	der Vorstand des Hauptvereins, Bauer Haferbraedl, zeigt die Gründung eines „katholischen Bauernvereins" an (ansonsten bestehen nur zwei nichtpolitische Geselligkeitsvereine und der Schleswig-Holsteinische Hilfsverein im Amtsbezirk)	StA AM, Reg. d.Opf. 9043, Bericht vom 20.12.1869
5.3.1893	Wernberg Pfreimd Schwarzenfeld	„In Wernberg, Pfreimd u. Schwarzenfeld haben Abgeordnete des sozialdemokratischen Agitationsvereins für Franken u. die Oberpfalz aus Nürnberg, welche am 5. d.Mts. von Weiden kommend die genannten Orte kurz besuchten, ein sozialistisches Flugblatt, ... dann Wahlzettel auf den Namen Joh. Siebenbürger in Nürnberg lautend, in verschiedenen Häusern unter dem Ersuchen, die Blätter bei den Nachbarn circulieren zu lassen, verbreitet	StA AM, BA NAB 745, Nr. 818 vom 18.3.1893
Palmsonntag 1893	Wernberg (Gasthaus zur Alten Post)	von 350 Personen, darunter zahlreichen Klerikern, besuchte Versammlung des Volksvereins für das katholische Deutschland zum Zwecke der „Belehrung über die Pflichten der Katholiken gegenüber den Socialdemokraten sowie über den Volksverein", Benefiziat Beer von Paulsdorf referiert zunächst über Bestrebungen und Ziele der Sozialdemokratie, danach Buchhändler Mayr aus Amberg über die Zwecke des Volksvereins, „der eine Schutzwehr gegen die Socialdemocratie bilde", laut Bezirksamtmann gaben den Anlaß zu dieser Versammlung „die Wahlumtriebe, welche sich socialdemokratische Agitatoren aus Nürnberg unmittelbar vor der am 7. März c. stattgehabten Reichstagsersatzwahl durch Vertheilung von Flugschriften, Wahlzetteln u. dgl. in Wernberg u. in den benachbarten größeren Orten erlaubten"	StA AM, BA NAB 745, Nr. 920 vom 1.4.1893 und Reg. d. Opf. 13883, Bericht vom 4.4.1893
20.6.1893	Nabburg	von Amberg kommende Mitglieder des Agitationsvereins haben „massenhaft ein sozialistisches Flugblatt, ... dann Wahlzettel auf den Namen Joh. Siebenbürger von Nürnberg lautend, auf den Strassen, in den öffentlichen Wirtschaftslocalen u. in den Privathäusern unter dem Ersuchen vertheilt, Aufruf u. Wahlzettel circulieren zu lassen u. namentlich auch der Landbevölkerung zugänglich zu machen"	StA AM, BA NAB 745, Nr. 1702 vom 20.6.1893
8.12.1899	Pfreimd	vom Weidener Oberbahnamtssekretär und ehemaligen Zentrumsanhänger Nehmann einberufene, von 40 Personen (vor allem Eisenbahnbediensteten) besuchte Versammlung unter Vorsitz des Bahnmeisters Voit aus Nabburg, bei der Nehmann über Zweck und Ziele des von von ihm in Weiden gegründeten Vereins für volkstümliche Wahlen sowie über die Gestaltung des künftigen bayerischen Landtagswahlgesetzes referiert	StA AM, BA NAB 745, Bericht Nr. 754 vom 9.12.1899

Datum	Ort	Einberufer, Referent, Thema, Teilnehmerzahl etc. (soweit erwähnt)	Quelle
17.12.1899	Nabburg	von 30 Personen besuchte Versammlung mit einem Referat Nehmanns zur selben Thematik wie oben, trotz Nehmanns Aufforderung tritt keiner der Zuhörer seinem Verein bei	StA AM, BA NAB 745, Bericht vom 23.12.1899
14.1.1900	Nabburg (Gasthaus zum Schwan)	vom Nabburger Stadtkaplan Haller einberufene „Versammlung von Arbeitern behufs Gründung eines 'Christlichen Arbeiter-Vereins'. . . . Als Redner war Präses und Religionslehrer Josef Stahl aus Weiden erschienen. Die Versammlung, welche sich eines sehr guten Besuches erfreute, . . . führte zur Bildung des genannten Vereines, welchem sofort 127 Arbeiter als Mitglieder beitraten. Die Aufgabe des Vereins besteht in Förderung der Religiosität u. Sittlichkeit seiner Mitglieder"	StA AM, BA NAB 745, Bericht vom 20.1.1900
Ende Juni 1905	Nabburg Pfreimd	„Außer der massenhaften Verteilung von sozialdemokratischen Flugblättern u. Wahlaufrufen in den beiden Städten u. Märkten des Bezirkes (ist von irgendwelchen Wahlaktivitäten, d. Verf.) nichts wahrnehmbar"	StA AM, BA NAB 745, Bericht vom 1.7.1905
Ende September 1906	Nabburg	nach einem Vortrag von Arbeitersekretär Albrecht aus Regensburg über „Zweck und praktischen Wert des Volksbureaus" erklären die Mitglieder des Christlichen Arbeitervereins Nabburg den Anschluß an das Arbeitersekretariat Regensburg	StA AM, BA NAB 745, Nr. 4204 vom 29.9.1906
Mitte Mai 1907	Nabburg (Bürgerbräu)	von etwa 250 Personen besuchte SP-Wählerversammlung, bei der die Teilnehmer „mit der größten Aufmerksamkeit . . . dem 1 3/4 stündigen Referate des Gen. Hagen aus Regensburg" folgten	„FT" Nr. 109 vom 13.5.1907
13.3.1910	Nabburg	„vollständig ruhig" verlaufene SP-Versammlung mit 70 Teilnehmern („zumeist Neugierigen"), nach einem Referat von Rudolf Fischer aus Nürnberg über „Die politische Lage im Reich und in Bayern" treten 7 Zuhörer dem Sozialdemokratischen Verein für den Reichstagswahlkreis Amberg-Sulzbach-Nabburg bei	StA AM, BA NAB 744, Bericht vom 18.3.1910

TABELLARISCHE ÜBERSICHT ÜBER DIE SP-VERSAMMLUNGSTÄTIGKEIT IM AMTSBEZIRK NEUMARKT

Datum	Ort	Einberufer, Referent, Thema, Teilnehmerzahl etc. (soweit erwähnt)	Quelle
7.5.1898	Neumarkt („Schwane")	laut Regierungspräsidentenbericht „gering besucht(e)" SP-Wählerversammlung mit dem Referenten Reichstagsabgeordneten Oertel aus Nürnberg, dagegen laut „Fränkischer Tagespost" „gutbesuchte Wählerversammlung" mit den Referenten Enßner und Wiemer aus Nürnberg zur Tätigkeit des deutschen Reichstages, Enßner wird einstimmig als SP-Reichstagskandidat nominiert	StA AM, Reg. d.Opf. 13750, Nr. 378 vom 16.5.1898 und „FT" Nr. 108 vom 10.5.1898
29.5.1898	Eismannsberg (Gasthaus Leykauf)	„außerordentlich stark besuchte Wähler-Versammlung" mit einem Referat des Reichstagskandidaten Enßner aus Nürnberg („Ein Beweis, daß auch hier die Sozialdemokratie Wurzeln gefaßt hat")	„FT" Nr. 126 vom 2.6.1898
Weihnachten 1902	Neumarkt	„gut besuchte" SP-Versammlung zum Thema: Die Vorgänge im Reichstage u. der Umsturz von oben	StA AM, Reg. d.Opf. 13754, Bericht vom 28.12.1902
10.6.1906	Undorf (bei Eichhofen)	1. SP-Versammlung überhaupt in dieser Gegend, „von Fabrikarbeitern und Kleinbauern sehr gut besucht . . . Hagen aus Regensburg referierte über die Lebensmittelverteuerung und die Notwendigkeit der politischen und gewerkschaftlichen Organisation . . . Die Pioniere der Organisation sind auch hier die organisierten Glasarbeiter	„FT" Nr. 136 vom 14.6.1906
Mitte Dezember 1909	Deuerling	eine mit 120 Teilnehmern überraschend gut besuchte SP-Versammlung mit einem Referat Trummerts aus Nürnberg „über die Finanzreform im Reich und in Bayern", zeitgleiche Zentrums-Konkurrenzveranstaltung im Nachbarort, „Wir haben wieder mehrere Mitglieder zu der in Undorf bestehenden Sektion des Neumarkter Kreisvereins erhalten. Es geht vorwärts"	„FT" Nr. 293 v. 15.12.1909
14.7.1912	Neumarkt („Tuchersäle")	SP-Jahreskonferenz für den Wahlkreis Neumarkt konstatiert eine eher bescheidene Entwicklung der Partei angesichts der enormen Anstrengungen, die im Geschäftsjahr gemacht worden waren (22 Versammlungen, 67.000 Flugblätter etc.), als Hauptursachen hierfür werden in der Diskussion die Zentrums-Wahlmanipulationen (Stimmzettel-Diebstahl usw.) und -Einschüchterungen genannt	„FT" Nr. 168 vom 20.7.1912
24.8.1913	Lauterhofen	SP-Versammlung anberaumt, jedoch Saal abgetrieben	„FT" Nr. 206 vom 3.9.1913
24.8.1913	Neumarkt	Versammlung des christlichen Fabrik-, Verkehrs- und Hilfsarbeiterverbandes	„FT" Nr. 200 vom 27.8.1913

Datum	Ort	Einberufer, Referent, Thema, Teilnehmerzahl etc. (soweit erwähnt)	Quelle
28.10.1917	Neumarkt	zahlreich (auch von Frauen) besuchte Versammlung des Sozialdemokratischen Vereins, bei der der Wille zur Partei-Einheit betont wird und 22 Gewerkschaftsmitglieder sich demonstrativ in die SP aufnehmen lassen	„FT" Nr. 259 vom 3.11.1917
25.11.1917	Neumarkt	gut besuchte SP-Versammlung mit einem Referat von „FT"-Chefredakteur Adolf Braun über „Taktik und Ziele der Sozialdemokratie", Braun glaubt danach (in seinem „FT"-Artikel) feststellen zu können: „Die Arbeiter der Oberpfalz (erblicken) ... in der alten Sozialdemokratie die Vertreterin ihrer Interessen"	„FT" Nr. 281 v. 29.11.1917
18.2.1919	Neumarkt	Demonstration (an der „die freiorganisierte Arbeiterschaft und die Mitglieder der Sozialdemokratischen Partei aus allen Betrieben Neumarkts" teilnahmen) und „Protestversammlung, an der sich Tausende beteiligten", gegen die Kündigungen auf dem Sägewerk „Zeche Graf Beust", der Referent „Genosse Großmann (sprach) über die Forderungen der Arbeiter unter großem Beifall"	„FT" Nr. 45 vom 22.2.1919 und StA AM, Reg.d.Opf. 13752, Bericht vom 24.2.1919

TABELLARISCHE ÜBERSICHT ÜBER DIE SP-VERSAMMLUNGSTÄTIGKEIT UND -AKTIVITÄTEN IM AMTSBEZIRK NEUNBURG V.W.

Datum	Ort	Einberufer, Referent, Thema, Teilnehmerzahl etc. (soweit erwähnt)	Quelle
Juni 1891	Neunburg v.W.	die Abgeordneten Grillenberger und Birk planen eine Versammlung im Ort, „welches Vorhaben jedoch kaum zur Ausführung gelangen wird, da die betreffenden Wirthe ... ihre Zusage nunmehr widerriefen"	StA AM, Reg. d.Opf. 13933, Bericht vom 21.6.1891
10./ 11.11.1891	Neunburg v.W.	zwei Nürnberger Sozialdemokraten, der Warenlagerbesitzer Johann Siebenbürger und der Gastwirt Johann Erhard, übernachten in einem Gasthaus, tags darauf gehen sie von Haus zu Haus und verteilen „die in oberbayerischer Mundart und leicht verständlicher Fassung gehaltene Broschüre 'Für Wahrheit, Freiheit, Recht! Was dem bayerischen Bauern, Bürger u. Arbeiter allein helfen kann'", die beiden Agitatoren ziehen dann nach Rötz, Cham und Furth weiter	StA AM, Reg. d.Opf. 13933, Berichte vom 15. und 22.11.1891 sowie „FT" Nr. 273 v. 20.11.1891
1894	München	am II. SP-Landesparteitag in München 1894 nimmt ein Delegierter Josef Meier aus Neunburg v.W. teil	Parteitags-Protokoll, S. 63 f.: Präsenzliste
12.6.1898	Bodenwöhr (bei Genossem Heindel)	bei einer in Privaträumen abgehaltenen Ersatz-Versammlung für die am selben Tag in Bruck durch Saalabtreiberei verhinderte SP-Veranstaltung referiert der Kandidat Werthner	„FT" Nr. 137 vom 15.6.1898
29.5.1904	Kröblitz	zahlreich besuchte SP-Volksversammlung mit dem Redakteur der „Fränkischen Tagespost", Staufer aus Nürnberg, als Referenten (zum Thema: Wirtschaftliche und politische Strömungen der Gegenwart und die Notwendigkeit der politischen Organisierung), die einzige von den zahlreich anwesenden Zentrumsanhängern gestellte Frage beantwortete Staufer „so gründlich, daß Keiner mehr fragte. Nachdem der Vorsitzende die Versammelten aufgefordert, endlich einmal Ernst zu machen und sich unter der Fahne des Sozialismus zu sammeln, wurde die Gründung eines Sozialdemokratischen Vereins beschlossen. Es meldeten sich 21 Mann als Mitglieder. So ist wieder in einer der schwärzesten Hochburgen Bresche geschlagen, mögen unsere jungen Genossen nur der Losung huldigen: 'Vorwärts immer, rückwärts nimmer!'"	„FT" Nr. 127 vom 2.6. und Nr. 141 (zur Person Staufers) vom 13.6.1904
13.5.1906	Neunburg v.W.	sehr gut besuchte SP-Volksversammlung (im Rahmen der Landagitation des Gaus Nordbayern) unter dem Vorsitz des Glaspolierers Stefan Balk aus Frankenthal, in seinem immer wieder von Beifall unterbrochenen Referat befaßt sich Hagen aus Regensburg mit der Lebensmittelteuerung und der Notwendigkeit der politischen und und gewerkschaftlichen Organisation, von den Anwesenden, unter denen sich auch mehrere Frauen befanden, erklären 12 ihren Beitritt zum Sozialdemokratischen Verein, „Träger der politischen Organisation sind die organisierten Glasarbeiter"	„FT" Nr. 115 vom 18.5.1906

Datum	Ort	Einberufer, Referent, Thema, Teilnehmerzahl etc. (soweit erwähnt)	Quelle
22.7.1906	Fischbach	eine gut besuchte SP-Volksversammlung mit dem Referenten Dr. Süßheim aus Nürnberg erbringt „18 Aufnahmen in den Wahlverein und fast ebensoviele Abonnenten auf die Fränkische Tagespost"	„FT" Nr. 170 vom 24.7.1906
12.8.1906	Kröblitz (Hoffmann'- sche Brauerei)	sehr gut besuchte Versammlung des sozialdemokratischen Vereins Kröblitz mit einem Referat von Hagen aus Regensburg über „Die Arbeiterfreundlichkeit des Zentrums und die Sozialdemokratie", nach einer Reihe von Neuaufnahmen besteht der Verein inzwischen aus 50 Mitgliedern, Stefan Balk wird zum Delegierten für die Wahlkreiskonferenz am 9.9.1906 in Schwandorf gewählt, Hagen ermahnt zum Abonnement der „Fränkischen Tagespost", die auch beim Vereinswirt Hoffmann aufliegt	„FT" Nr. 189 vom 15.8.1906 und StA AM, BA NEN 1692, Bericht vom 18.8.1906
25.11.1906	Neunburg v.W. (Bahnhofs- restauration)	Volksversammlung des sozialdemokratischen Vereins Kröblitz mit 100 – 120 Teilnehmern zum Thema: Unsere Zoll- und Steuerpolitik, die Lebensmittelverteuerung und die politischen Parteien	StA AM, BA NEN 1692, Bericht vom 1.12.1906
Anfang Januar 1907	Kröblitz	schwach besuchte SP-Wählerversammlung mit dem „Kaufmann Michael Weiß von Weiden" als Referenten	StA AM, BA NEN 1692, Bericht vom 12.1.1907
3.1.1907	Bodenwöhr	die Vertrauensmännerversammlung der Zentrumspartei nominiert, nach heftiger Diskussion, den Arbeitersekretär und Landtagsabgeordneten Schirmer als Kandidaten für den Reichstagswahlkreis Neunburg v.W. (sein sozialdemokratischer Gegenkandidat ist Michael Weiß)	StA AM, BA NEN 1692, Nr. 88 vom 5.1.1907
6.1.1907	Neunburg v.W.	gut besuchte SP-Wählerversammlung mit dem Reichstagskandidaten Michael Weiß; war vorbereitet und begleitet worden von Flugblattverteilung in den meisten größeren Orten des Amtsbezirks	„FT" Nr. 6 vom 8.1.1907
14.4.1907	Kröblitz	vom sozialdemokratischen Glasarbeiterverein Kröblitz-Murntal organisierte Versammlung, „in welcher Schuhmachersehefrau M. Hagen aus Regensburg über die Frauenfrage im sozialdemokratischen Sinne sprach und nebenbei über den Streik in der Maxhütte, über die Zoll- und Steuergesetze, über den Krieg in Deutsch-Südwestafrika u. versch. andere sich äußerte"	StA AM, BA NEN 1692, Nr. 1568 vom 27.4.1907
5.5.1907	Kröblitz	vom sozialdemokratischen Glasarbeiterverein Kröblitz-Murntal veranstaltete sehr schwach besuchte Volksversammlung – verbunden mit Maifeier und Konzert – mit dem Referenten Georg Öd aus Fürth zur „Bedeutung der Maifeier"	StA AM, BA NEN 1692, Nr. 1779 vom 11.5.1907

Datum	Ort	Einberufer, Referent, Thema, Teilnehmerzahl etc. (soweit erwähnt)	Quelle
19.5.1907	Dieterskirchen (Gasthaus Plecher)	vom sozialdemokratischen Verein Kröblitz-Murntal einberufene Volksversammlung, „in welcher die Schuhmachersehefrau M. Hagen aus Regensburg über den wirtschaftlichen Kampf der Arbeiter um das tägliche Brot sprach"	StA AM, BA NEN 1692, Nr. 1956 vom 25.5.1907
14.7.1907	Cham	die Parteikonferenz für den Reichstagswahlkreis Neunburg v.W. beschließt, „einen Kreisverein zu bilden und den Vorort nach Neunburg zu verlegen. Als Kreisvorsitzender wurde der Genosse Stefan Balk zu Obermurnthal bei Neunburg gewählt. Die Berichte der erschienenen Genossen ließen durchgehends die großen Schwierigkeiten erkennen, mit denen unsere Partei in diesen vorgeschobenen Posten zu rechnen hat. . . . Dagegen hat unsere Bewegung im Tale der Schwarzach kräftige Wurzeln gefaßt. In Murnthal, Dieterskirchen, Kröblitz usw. haben wir einen tüchtigen Stamm von Genossen. Der Verein Neunburg v.W. und Umgebung zählt ca. 100 Mitglieder, meistens Glasschleifer, die überhaupt die Träger der dortigen Bewegung sind. Gerade aus den Reihen dieser Genossen kommt auch der Wunsch nach Verbilligung unserer Presse oder Schaffung eines Wochenblattes. . . . Wir wollen nur der Hoffnung Ausdruck geben, daß unter der Leitung unserer bewährten und eifrigen Murnthaler Genossen die Parteibewegung im Kreise Neunburg tüchtig vorwärts schreitet"	„FT" Nr. 165 vom 18.7.1907
4.8.1907	Kröblitz	Volksversammlung des sozialdemokratischen Vereins Kröblitz-Murntal mit dem Referenten Karl Probst aus Leipzig zum Thema: „Was wollen die Sozialdemokraten?"	StA AM, BA NEN 1692, Bericht vom 10.8.1907
15.9.1907	Hillstett	vom Glaspolierer Stefan Balk einberufene SP-Versammlung mit dem Referenten Glasarbeiter Michael Weiß aus Weiden zur Thematik: Wahl, Gesetze und Hebung des Mittel- und Arbeiterstandes	StA AM, BA NEN 1692, Bericht vom 21.9.1907
29.9.1907	Dieterskirchen	von Stefan Balk einberufene SP-Versammlung mit Michael Weiß aus Weiden zum Thema: „Was wollen die Sozialdemokraten?"	StA AM, BA NEN 1692, Bericht vom 5.10.1907
24.11.1907	Kröblitz (Brauerei Hoffmann)	von Stefan Balk einberufene, sehr gut – auch von Gegnern – besuchte Versammlung des sozialdemokratischen Vereins Kröblitz-Murntal mit einem Referat des Landtagsabgeordneten Joseph Simon aus Nürnberg zum Thema: „Wer regiert? Die Hofprozesse und ihre Lehren. . . . Die ganze Rede fand fortgesetzt stürmische Zustimmung"	StA AM, BA NEN 1692, Bericht vom 30.11.1907 und „FT" Nr. 279 vom 28.11.1907

Datum	Ort	Einberufer, Referent, Thema, Teilnehmerzahl etc. (soweit erwähnt)	Quelle
22.3.1908	Neunburg v.W.	Zentrums-Versammlung mit den Referenten Reichtagsabgeordnetem Schirmer und Landtagsabgeordnetem Spiegler zum Thema: Tätigkeit des Reichs- bzw. des Landtages	StA AM, BA NEN 1692, Bericht vom 28.3.1908
11.10.1908	Kröblitz (Hoffmann'-sche Brauerei)	vom sozialdemokratischen Verein Kröblitz einberufene Volksversammlung mit Parteisekretär Max Walther aus Nürnberg als Referenten zum Thema: „Die Sozialdemokratie im bayerischen Landtag", Walther kritisiert besonders die Aussperrung der Glasschleifer und -polierer sowie den Zentrums-Reichstagsabgeordneten Schirmer, der sich nur in Wahlzeiten bei seinen Neunburger Wählern sehen lasse	StA AM, BA NEN 1692, Nr. 3860 vom 17.10.1908 und „FT" Nr. 243 vom 16.10.1908
7.1.1914	Bodenwöhr (Bahnhofs-restauration)	auf einer gutbesuchten Bezirksversammlung des Volksvereins für das kath. Deutschland kommt es zur Gründung einer „Bezirksgruppe mit dem Sitze in Bodenwöhr . . ., als deren Geschäftsführer Expositus A. Obendorfer gewählt (wurde)"	„Neunburger Tagblatt" Nr. 8 vom 11.1.1914
27.4.1914	Neunburg v.W.	Zentrumsversammlung mit den Wahlkreisabgeordneten Reichstagsabgeordneter Schirmer und Landtagsabgeordneter Baumann als Referenten	„Neunburger Tagblatt" Nr. 99 vom 29.4.1914
17.11.1918	Neunburg v.W. („Klosterbräu-haus")	„außerordentlich gut" besuchte („auch mehrere Frauen" anwesend) SP-Volksversammlung, bei der Verbandsbeamter Wolfram aus Nürnberg „sehr großen Beifall" erntet für sein Referat „Im freien Volksstaat" und ein Arbeiter- und Bauernrat (aus Joh. Ettel, Joh. Winterl, Josef Gebhardt, Joh. Wegele, Josef Hausner, Mich. Lottner, Georg Götz, Mich. Hofmann, Jos. Söllner, Mich. Turban) gebildet wird	„Amberger Tagblatt" vom 19.11.1918 und „FT" Nr. 276 vom 22.11.1918
1.12.1918	Neunburg v.W. (Bahnhofs-restauration)	überaus zahlreich besuchte BVP-Volksversammlung mit einem Referat des Abgeordneten Sir aus Wernberg und Diskussionsbeiträgen von Arbeiterrat Ettel, Stadtpfarrer Koller und Bibliothekarin Hartmann aus Regensburg	„Amberger Tagblatt" vom 5.12.1918

TABELLARISCHE ÜBERSICHT ÜBER VEREINSGRÜNDUNGEN UND VERSAMMLUNGEN IM AMTSBEZIRK NEUSTADT A.D.WN

Datum	Ort	Einberufer, Referent, Thema, Teilnehmerzahl etc. (soweit erwähnt)	Quelle
Januar 1872	Weiden	katholisches Casino mit 98 Mitgliedern gegründet, das im März 1872 aber bereits 180 Mitglieder zählt	StA AM, Reg. d.Opf. 9194/1, Vereinsverzeichnis vom 29.12.1882; BHS I, MInn 30981/17, Nr. 161 vom 29.1.1872 und MInn 30981/18, Nr. 434 vom 11.3.1872
21.1.1872	Parkstein	Gründung eines katholischen Männervereins mit 138 Mitgliedern	StA AM, Reg. Opf. 9194/1, Vereinsverzeichnis vom 30.12.1885 und BHS I, MInn 30981/17, Nr. 195 vom 5.2.1872
1874	Neustadt a.d.WN	Gründung eines katholischen Casinos	StA AM, Reg. d.Opf. 9194/1, Vereinsverzeichnis vom 30.12.1885
1884	Neustadt a.d.WN	Gründung eines katholischen Gesellenvereins	LRA-Registratur NEW, VII, I, 1, 8, Nr. 3301 vom 23.4.1909 (Genehmigungsbescheid für das 25jährige Stiftungsfest)
6.7.1884	Weiden	„Mit diesem Tage löste sich das kath. Casino von Weiden auf und entstand daraus der obige Verein" (katholische Männerverein, d. Verf.)	StA AM, Reg. d.Opf. 9194/1, Vereinsverzeichnis vom 30.12.1885
20.12.1887	Weiden	Gründung einer Hilfskrankenkasse der Arbeiter der königl. Betriebs-Werkstätte Weiden (Mitglieder des provisorischen Ausschusses sind Friedrich Reinlein, Albert Kreimel und Michael Ostermeier)	StA AM, Reg. d.Opf. 9194/1, „Erklärung" v. 20.12.1887

Datum	Ort	Einberufer, Referent, Thema, Teilnehmerzahl etc. (soweit erwähnt)	Quelle
ca. 20.1.1892	gesamter Amtsbezirk	„Im Bezirksamtssprengel Neustadt WN haben die Sozialdemokraten ihre Flugblätter durch Joh. M. Siebenbürger, Warenlagerbesitzer u. Joh. Pfertsch, Gastwirth, beide aus Nürnberg, in den Häusern unentgeltlich vertheilt"	StA AM, Reg. d.Opf. 13883, Bericht vom 25.1.1892
21.10.1893	Weiden (Gasthaus „Zum Schwane")	vom Bauscher-Buchhalter (und von 1906 an: -Direktor) Otto eröffnete Versammlung der antisemitischen Volkspartei mit dem Referenten, Ingenieur und Verleger L. Wenng aus München, der erklärt, „daß die Judenfrage die bedeutendste unserer socialen Fragen sei"	StA AM, Reg. d.Opf. 9194/2 („Vereine 1893-1905"), Nr. 4228 vom 22.10.1893; zur Person Ottos die Bauscher-Festschrift, S. 143
4.11.1893	Weiden (Gasthaus „Zum Schwane")	Gründung eines antisemitischen Volksvereins Weiden bei einer von etwa 20 Personen besuchten Versammlung (in den Vereinsvorstand wird u.a. Baumeister Meckl gewählt)	StA AM, Reg. d.Opf. 9194/2, Nr. 6480 vom 9.11.1893
7.4.1894	Weiden	Versammlung des antisemitischen Volksvereins Weiden mit einem Referat von Redakteur Geisler aus München zum Thema: " Der deutsche Mittelstand und seine Zukunft", Geisler hebt hervor, „daß gerade dem Mittelstande von Seiten der Juden die größte Gefahr drohe"	StA AM, Reg. d. Opf. 9194/2, Nr. 2150 vom 13.4.1894
15.4.1894	Etzenricht (Pfister'scher Tanzsaal)	stark besuchte Versammlung des antisemitischen Volksvereins mit dem Referenten Wenng (den die Zuhörerschaft „öfters mit Bravorufen [ehrte]") zum Thema: „Die Zukunft des deutschen Bauernstandes", Wenng fordert unentgeltliche staatliche Rechtshilfe für die Landwirte sowie Ein- und Verkaufsgenossenschaften, außerdem „sollte am Eingangsthore jeden Bauernhofes eine Hundepeitsche angebracht werden, um jeden noch eindringenden Juden entsprechend zu bedienen"	StA AM, Reg. d.Opf.9194/2, Nr. 2331 vom 16.4.1894
9.12.1894	Windischeschenbach (nachmittags)	bei einer am Nachmittag abgehaltenen Versammlung definiert Referent Geisler die antisemitische Partei als eine wahre Volkspartei, welche „auf dem Boden der Monarchie und des Christenthums steht";	StA AM, Reg. d.Opf. 13748, Bericht vom 17.12.1894
	Weiden (Gasthaus „Zum Schwane") (abends)	eine „sehr zahlreich besuchte" Versammlung des antisemitischen Volksvereins wird vom Vereinsvorstand Bauscher-Buchhalter Otto eröffnet, bevor Redakteur Geisler aus München referiert; „Ein fast gleichzeitig 'an die Frauen' durch die Post verschicktes Flugblatt warnt vor Einkauf bei den Juden"	StA AM, Reg. d.Opf. 9194/2, Nr. 5493 vom 11.12.1894

Datum	Ort	Einberufer, Referent, Thema, Teilnehmerzahl etc. (soweit erwähnt)	Quelle
Mitte Dezember 1894	Weiden (Graben-Saal)	vom Weidener Stadtpfarrer Söllner initiierte Gründung eines katholischen Arbeitervereins mit einem Referat von Dr. Heim, als beim „Hoch" auf den Prinzregenten „ein Monteur u. zwei Maurer sitzen blieben, . . . kostete es viele Mühe, die Erbitterung der Versammelten im Zaume zu halten", gegen die drei „Sitzenbleiber" wurde Strafverfolgung eingeleitet	StA AM, Reg. d.Opf. 13748, Bericht vom 17.12.1894
15./ 16.8.1896	Weiden	„Der 'Parteitag' der (antisemitischen) bayerischen Reformpartei (Richtung Wenng) findet am 15. und 16. August in Weiden (Oberpfalz) statt"	„FT" Nr. 182 vom 6.8.1896
8.11.1896	Weiden (Josefshaus)	Gründung eines Centrums-Wahlvereins mit 370 Mitgliedern und Wahl eines Vorstandes (1. Vorsitzender: Zahntechniker Baier; Schriftführer: Commis Weigert und Kassier: Kaufmann Röger), danach referiert Dr. Heim u.a. über die Armut der Oberpfalz an Mittelschulen und Lokalbahnen und Moritz Schmid aus München spricht zum Thema: „Was wollen wir Katholiken?"	StA AM, Reg. d.Opf.9194/2, Nr. 5752 vom 11.11.1896 und Reg. d. Opf. 14122, Bericht vom 16.11.1896
14.8.1897	Weiden (Gasthof „Zum Schwane")	die 1. sozialdemokratische Versammlung in Weiden überhaupt mit den Referenten Grillenberger und Breder, am Tag darauf folgt eine weitere SP-Versammlung mit den beiden Referenten in Tirschenreuth; der Regierungspräsident resümiert am 23.8. den Erfolg der beiden Veranstaltungen: „Für die Reichstagswahl im Wahlkreise Neustadt W./N. haben die Sozialdemokraten in der Person des Journalisten u. vorm. Metallarbeiters Breder v. Nürnberg einen Gegner aufgestellt; derselbe dürfte beim Wahlakte eine Anzahl Stimmen bekommen, wenngleich sein Auftreten am 15. d.M. in Tirschenreuth u. tags vorher in Weiden kein glückliches war. Es ist bemerkenswert, daß obwohl bei der Agitations-Versammlung der Sozialdemokraten in Weiden der Saal zum Erdrücken voll war, bei der Abstimmung sich nur 22 Anwesende offen für die Sache der Sozialdemocratie bekannten. Nach den Reden des Abgeordneten Grillenberger u.des Kandidaten Breder meinten die Leute, der Letztere habe wieder verdorben, was der Erstere gutgemacht habe"	StA AM, Reg. d.Opf. 13750, Berichte vom 16. und 23.8.1897 und „FT" Nr. 189 vom 16.8.1897
14.9.1897	Reichstagswahlkreis Neustadt a.d.WN	„Bei der am 14. d.M. stattgefunden Reichstagswahl im Wahlkreise Neustadt a.d.WN wurde von 7357 abgegebenen Stimmen der k. Reallehrer Dr. Heim in Ansbach mit 6506 Stimmen zum Reichstagsabgeordneten gewählt. . . . Sozialist Breder, der auch am 12. d. M. noch zu Pleistein sein Programm entwickelte, erhielt insgesamt 809 Stimmen"	StA AM, Reg. d.Opf. 13750, Bericht vom 20.9.1897

Datum	Ort	Einberufer, Referent, Thema, Teilnehmerzahl etc. (soweit erwähnt)	Quelle
24.10.1897	Weiden	Generalversammlung des Centrums-Wahlvereins beschließt Umbenennung in „Wahlverein der Centrumspartei ... ", Hauptträger des Wahlvereins sind – laut Bezirksamtmann – der katholische Stadtpfarrer Söllner von Weiden und dessen Kooperator Stahl, „Die eigentlichen Vorstände sind Männer ganz ... harmloser Natur"	StA AM, Reg. d.Opf.9194/2, Nr. 6148 vom 6.12.1897
19.3.1898	Weiden (Gasthaus „Zum Schwane")	„sehr stark besuchte Volksversammlung", bei der Redakteur Stücklen aus Hof über die politische Lage und die kommenden Reichstagswahlen referiert und anschließend als Reichstags-(Zähl-)Kandidat nominiert wird; laut Regierungspräsident war die Versammlung „von etwa 120 – 140 Personen besucht, von denen etwa 2/3 Sozialdemokraten waren" und wurde nach heftigen Auseinandersetzung zwischen Zentrums- und SP-Anhängern aufgelöst	„FT" Nr. 70 vom 24.3.1898 und StA AM, Reg.d.Opf. 13750, Bericht vom 28.3.1898
24.5.1898	Weiden	von 1300 Personen besuchte, „sehr stürmisch" verlaufene Bauernbunds-Versammlung, die nach den Referaten von Feustel, Wieland, Dr. Gäch, Schäfer, Schwab und Vilsmeier aufgelöst wird (mitverantwortlich für den turbulenten Verlauf sei u.a. – so der Regierungspräsident – der ebenfalls anwesende Dr. Heim gewesen)	StA AM, Reg. d.Opf. 13750, Bericht vom 30.5.1898
2.2.1899	Floß	Gründung eines katholischen Männer- und Arbeitervereins mit Pfarrer Mertz als Präses	LRA-Registratur NEW, VII, I, 3, 10, Bericht vom 3.2.1899
Mai 1899	Weiden	Gründung eines Wahlvereins der liberalen und nichtultramontanen Wähler von Weiden und Umgebung	StA AM, Reg. d.Opf. 9194/2, Nr. 2957 vom 26.5.1899
8. und 10.7.1901	Weiden Neustadt a.d.WN Windischeschenbach	drei jeweils von 80 – 100 Personen besuchte SP-Versammlungen, bei denen Landtagsabgeordneter Dr. Haller von Hallerstein aus Nürnberg über Getreidezölle und Handelsverträge referiert („ohne besonderen Beifall ... zu finden")	StA AM, Reg. d.Opf. 13753, Bericht vom 11.8.1901
1.12.1901	Windischeschenbach	die SP-Wahlkreiskonferenz für den Wahlkreis Weiden-Neustadt a.d.WN beschließt, „in allen, auch den kleinsten Orten, wo Industriearbeiter vorhanden sind, Vertrauensmänner aufzustellen"	„FT" Nr. 286 vom 6.12.1901
29.5.1902	Neustadt a.d.WN	Gründung eines katholischen Arbeiter-Vereins mit 114 Mitgliedern und dem Neustädter Stadtpfarrer Schmid als Präses	StA AM, Reg. d.Opf. 9194/2, Nr. 3188 vom 29.5.1902

Datum	Ort	Einberufer, Referent, Thema, Teilnehmerzahl etc. (soweit erwähnt)	Quelle
Weihnachten 1902	Weiden	„gut besuchte" SP-Versammlung zum Thema: „Die Vorgänge im Reichstage und der Umsturz von oben"	StA AM, Reg.d.Opf.13754, Bericht vom 28.12.1902
27.3.1904	Weiden	Versammlung des Konsumvereins Weiden mit dem Referenten Dr. Rien (zum Thema:„Zweck und Nutzen der Konsumvereine"), der die Konsumvereine „als Volkskrankheit und durchweg als sozialdemokratisch" bezeichnet, die „Fränkische Tagespost" merkt hierzu an, daß der Weidener Konsumverein „zum allergrößten Theil aus Anhängern der Zentrumspartei" bestehe	„FT" Nr. 77 vom 31.3.1904
22.5.1904	Windischeschenbach	Gründung eines katholischen Arbeiter-Vereins, in den – nach einer Statutenänderung – nur aufgenommen werden kann, wer „einem antichristlichen Vereine nicht angehört"	StA AM, Reg. d.Opf.9194/2, Anzeige vom 23.5.1904
Mitte März 1906	Weiden	gut besuchte SP-Wählerversammlung mit dem Referenten Eberhard aus Würzburg	„FT" Nr. 70 vom 23.3.1906
6.5.1906	Weiden (Gasthaus zur Eisenbahn)	von 250 Personen besuchte Maifeier („mit Konzert und Preißkegeln verbunden") des „Gewerkschaftskartells für Weiden und Umgebung" mit Ansprache des Arbeitersekretärs Josef Seelmann aus Kronach zur „Bedeutung des 1. Mai"	LRA-Registratur NEW: II, I, 3, 8, Berichte vom 28.4. und 8.5.1906
19.8.1906	Wiesau	Wahlkreiskonferenz für den Wahlkreis Weiden-Neustadt a.d.WN mit 14 Delegierten aus Weiden, Mitterteich, Tirschenreuth, Wiesau, Waldsassen und Thumsenreuth; als Landtags- und Reichstagskandidat wird für Weiden-Neustadt a.d.WN Dirscherl (Fürth), als Landtagskandidaten werden für Tirschenreuth-Mitterteich Weiß (Weiden) und für Kemnath-Erbendorf Trautner (Bayreuth) nominiert	„FT" Nr. 201 vom 29.8.1906
7.10.1906	Weiden (Restauration „Zur Zentralwerkstätte")	die bei der Gründungsversammlung für die SP-Wahlkreisorganisation Weiden-Neustadt a.d.WN anwesenden 10 Delegierten aus Mitterteich, Tirschenreuth, Vohenstrauß, Floß, Neustadt a.d.WN und Weiden erklären sich – nach dem Bericht Walthers aus Nürnberg – mit den Mannheimer Parteitagsbeschlüssen einverstanden, als Vorort des Kreiswahlvereins wird Weiden bestimmt (von dort kommt auch der 1. Vorsitzende Berghammer; 2. Vorsitzender wird Bredow aus Tirschenreuth) und als offizielles Organ des Wahlkreises die „Fränkische Tagespost" festgelegt	„FT" Nr. 232 vom 4.10. u. Nr. 238 vom 11.10.1906
Ende Oktober 1906	Weiden (Gasthaus Düll)	„außerordentlich stark besucht(e)" SP-Volksversammlung mit dem Referenten Martin Segitz aus Fürth zur Tätigkeit des bayerischen Landtags	„FT" vom 2.11.1906

Datum	Ort	Einberufer, Referent, Thema, Teilnehmerzahl etc. (soweit erwähnt)	Quelle
Ende November 1906	Floß Vohenstrauß	„An einem der letzten Sonntage wurden unter der Leitung des Genossen Berghammer-Weiden 2 neue Sektionen des sozialdemokratischen Kreiswahlvereins Neustadt/WN in Floß und Vohenstrauß gegründet. Ebenso gelang es in beiden Orten 50 Abonnenten der 'Fränkischen Tagespost' zu gewinnen"	„FT" Nr. 285 vom 5.12.1906
2.12.1906	Weiden („Ankersaal")	von 450 Personen besuchte Arbeiterversammlung mit dem Referenten Gewerkschaftssekretär Bohl aus Nürnberg zum Thema: Zweck und Nutzen der Gewerbegerichte, gleichzeitig findet im Gesellenhaus eine christliche Konkurrenzveranstaltung mit zwei Referenten zum selben Thema statt	„FT" Nr. 288 vom 8.12.1906
Januar 1907	Weiden Floß Flossenbürg	drei gutbesuchte (in Weiden 100 Zuhörer) SP-Wahlkampfveranstaltungen mit dem Reichstagskandidaten Dirscherl als Referenten	„FT" Nr. 6, 8 und 19 vom 8., 10. und 23.1.1907
9.3.1907	Weiden (Gasthaus Düll)	außerordentlich schlecht besuchte SP-Sektions-Versammlung, bei der Krisenerscheinungen – im Vorfeld der nächsten Landtagswahlen – erörtert werden: „Auch wurden verschiedene Mißstände zur Sprache gebracht, wo Genossen die Kasse gemißbraucht ... haben", Michael Weiß, der die Versammlung anstelle des verhinderten Sektions- und Kreisvorsitzenden Berghammer leitet, fordert die Anwesenden zum Beitritt und zur Mitwirkung im Arbeitergesangverein „Lyra" auf	„FT" Nr. 59 vom 11.3.1907
Mitte März 1907	Weiden	Versammlung der Ortsgruppe Weiden des Volksvereins für das katholische Deutschland mit dem Landessekretär Brem aus München als Referenten	„OK" Nr. 65 vom 19.3.1907
Mitte Juni 1907	Flossenbürg	sehr gut besuchte SP-Wählerversammlung mit dem Landtags- und Reichstagskandidaten Dirscherl als Referenten	„FV" Nr. 138 vom 16.6.1907
Ende Juni 1907	Weiden	die Generalversammlung der Sektion Weiden des Sozialdemokratischen Vereins wählt erneut Bartl Berghammer zum 1. Vors., Martin Gruber zum 2. Vors. und Hans Bär zum Kassier, Berghammer fordert zur Agitation für die „Fränkische Tagespost" auf, „damit die Organisation dem Gegner gegenüber etwas gerüsteter als bisher auftreten könne"	„FT" Nr. 160 vom 12.7.1907
20.6.1907	Wiesau	Wahlkreiskonferenz für den Wahlkreis Weiden-Neustadt a.d.WN, auf der die Sektionen Weiden, Tirschenreuth, Floß, Vohenstrauß, Mitterteich und die Orte Waldsassen und Wiesau durch Delegierte vertreten sind, Kreisvorsitzender Berghammer kritisiert insbesondere	„FT" Nr. 160 vom 12.7.1907

Datum	Ort	Einberufer, Referent, Thema, Teilnehmerzahl etc. (soweit erwähnt)	Quelle
		die vom Zentrum – hier wiederum vor allem vom Klerus-betriebenen Saalabtreibereien, zur Bereinigung der innerhalb der Sektion Weiden bestehenden Differenzen soll Parteisekretär Walther vom Gau Nordbayern nach Weiden entsandt werden	
27.9.1908	Floß	Gründung eines Arbeitersportvereins	„FT" Nr. 261 vom 6.11.1908
Mitte März 1909	Weiden (Katholisches Gesellenhaus)	die Teilnehmer der ersten Versammlung des christlichen Ortskartells Weiden sprechen sich (nach einem Referat von Verbandssekretär Zirngibl über Arbeitskammern) für die gesetzliche Einführung der – von Unternehmern und Freien Gewerkschaften gleichermaßen abgelehnten – paritätischen Arbeitskammern aus	„OK" Nr. 66 vom 23.3.1909
Ende März 1909	Flossenbürg	Gründung einer Sektion – mit 18 Mitgliedern – des Sozialdemokratischen Vereins, „Eine neue Kompagnie hat sich der großen Armee der Sozialdemokratie angeschlossen"	„FT" Nr. 76 vom 31.3.1909
2.10.1909	Flossenbürg	sehr gut besuchte SP-Versammlung mit dem Referenten Hans Gentner aus Pegnitz	„FT" Nr. 236 vom 9.10.1909
3.10.1909	Neustadt a.d.WN	bei einer überaus zahlreich besuchten SP-Versammlung wird der Sozialdemokratische Verein Neustadt a.d.WN gegründet, der Referent Gentner aus Pegnitz kritisiert besonders scharf den „Bauerndoktor" Georg Heim („der stürmische Beifall, den seine Worte fanden, gibt die Gewähr dafür, daß der Bann der schwarzen Reaktion, der auf dem Oberpfälzer Volk lastet, mehr und mehr durchbrochen wird")	„FT" Nr. 236 vom 9.10.1909
3.12.1909	Neustadt a.d.WN	eine (geplante) SP-Versammlung kann wegen Saalabtreibung nicht stattfinden, „trotz der Saalabtreiberei wird sich die Wahrheit auf die Dauer nicht unterdrücken lassen, denn die kleinen Bauern, Handwerker, Bediensteten und Arbeiter fangen auch in der Oberpfalz allmählich zu denken an"	„FT" Nr. 292 v. 13.12.1911
5.12.1909	Oberwildenau	nur 39 Besucher (davon angeblich nur 5 christlich, sonst vor allem frei Organisierte) bei einer christlichen Gewerkschaftsversammlung mit dem Redakteur Fromm aus Köln, dem Arbeitersekretär Brendel aus Saarbrücken und dem Bezirksleiter Salomon aus Weiden als Referenten	„FT" Nr. 287 vom 8.12.1909
1. Mai 1910	Weiden	Arbeiter-Maifest mit 130 Teilnehmern, der Eisenbahner-Gesangverein war der Maifeier ferngeblieben	„FT" Nr. 101 vom 2.5.1910

Datum	Ort	Einberufer, Referent, Thema, Teilnehmerzahl etc. (soweit erwähnt)	Quelle
1. Mai 1910	Floß	Maifestzug von Floß nach Flossenbürg mit 150 Teilnehmern, „Die darauffolgende Versammlung war von über 200 Personen besucht. Genosse Karl Körner-Nürnberg hielt das Referat"	„FV" Nr. 105 vom 7.5.1910
Anfang August 1910	Floß	Generalversammlung des Sozialdemokratischen Vereins für den Wahlkreis Weiden-Neustadt a.d.WN, auf der die Sektionen Weiden, Mitterteich, Tirschenreuth, Floß, Flossenbürg, Vohenstrauß (Windischeschenbach fehlt allerdings) sowie der Gauvorstand Nordbayern (durch Parteisekretär Walther) und die „Fränkische Volkstribüne" (durch Redakteur Panzer) vertreten sind, Kreisvorsitzender Seebach aus Mitterteich berichtet über den Anstieg der Organisiertenzahl um 128 und beklagt den „Terrorismus der Zentrumsanhänger" (Saalabtreibereien und Geschäftsschädigungen), durch den die Agitation auf dem Lande besonders erschwert werde, weshalb es „nur langsam vorwärts" gehe, um die Agitation effektiver zu gestalten, solle der Wahlkreis in Bezirke gegliedert und jeder Sektion ein Bezirk zugewiesen werden, Sitz der Kreisleitung solle Mitterteich bleiben, abschließend werden noch Gauvorstand Walther als Reichstagskandidat und Kreisvorsitzender Seebach als Delegierter für den bayerischen Parteitag nominiert	„FV" Nr. 183 vom 8.8.1910
22.4.1911	Weiden (Hotel zum Anker)	„für Weidener Verhältnisse gut besucht(e), auch aus bürgerlichen Kreisen" SP-Versammlung unter Vorsitz von Nikolaus Eichenmüller, Nürnberg, und mit einem Referat von Landtagsabgeordnetem Segitz, ebenfalls Nürnberg, zum Thema: „Die Verhältnisse in Bayern", zeitgleich findet eine Zentrums-Konkurrenzveranstaltung für Arbeiter statt	„FT" Nr. 95 24.4.1911
1.Mai 1911	Weiden	Maifeier mit dem Referenten Klampfer, „Sowohl der Arbeiter-Gesangverein wie die Maler-Musikkapelle (13 Mann stark) trugen zur Verschönerung des Abends wacker bei. Besonders die Leistungen der fast nur aus Porzellanmalern bestehenden Kapelle riefen wahre Beifallssalven hervor"	„FT" Nr. 102 vom 3.5.1911
Ende Mai 1911	Weiden	„unerwartet gut, besonders von Frauen" besuchte SP-Frauenversammlung mit der Referentin Reichert aus Berlin zum Thema: „Die Frau und die kommenden Reichstagswahlen"; „Daß die Worte der Rednerin auf guten Boden gefallen sind, bewies, daß sich 32 Frauen der Sozialdemokratischen Partei anschlossen"	„FV" Nr. 123 vom 29.5.1911
ca. 20.6.1911	Weiden	eine zweite, wiederum zahlreich besuchte SP-Frauenversammlung, die „im Zeichen der Frauenbewegung stand. Wie die Frau in das heute	„FV" Nr. 143 vom 22.6.1911

Datum	Ort	Einberufer, Referent, Thema, Teilnehmerzahl etc. (soweit erwähnt)	Quelle
		auf ihr lastende Abhängigkeitsverhältnis gekommen ist, wies Genosse Walther-Nürnberg an der Hand entwicklungsgeschichtlicher Beispiele nach . . . gemäß den Wünschen einiger jüngerer Genossen (sollen) Diskussions- und Bildungsabende geschaffen werden"	
2.7.1911	Schirmitz	die 1. SP-Versammlung dort überhaupt mit mehr als 100 Teilnehmern und dem Referenten Schirmer aus Fürth zum Thema: „Ist das Zentrum eine Volkspartei?"	„FV" Nr. 154 vom 5.7.1911
9.7.1911	Tirschenreuth	Generalversammlung des Sozialdemokratischen Vereins für den Wahlkreis Weiden-Neustadt a.d.WN, auf der alle 9 Sektionen (Mitterteich, Tirschenreuth, Weiden, Floß, Flossenbürg, Vohenstrauß, Windischeschenbach und – neu hinzugekommen -: Groschlattengrün und Friedenfels) vertreten sind, der Verein zählt insgesamt 520 Mitglieder (davon 41 weibliche), nach Referaten vom Redakteur der „Fränkischen Volkstribüne", Puchta (über die Presse) und vom Gauvorstandsmitglied Vogel (über die politische Lage) werden Summer und Seebach aus Mitterteich sowie Bär aus Weiden als Delegierte für den Gautag in Nürnberg nominiert	„FV" Nr. 160 vom 12.7.1911
6.8.1911	Weiden	die 5. Gründungsfeier des Turnvereins „Frisch Auf", „das erste öffentliche Arbeiterfest in Weiden" überhaupt, wird zu einer „imposante(n) Veranstaltung . . . Der Gesangverein 'Lyra' trug zur Verschönerung des Festes bei. Turngenosse Fischer-Nürnberg hielt eine herzhafte Festrede, die . . . mit einem brausenden 'Frei Heil' erwidert wurde"	„FV" Nr. 168 vom 21.7. u. Nr. 182 vom 7.8.1911; hierzu auch „FV" Nr. 130 vom 7.6.1911
27.8.1911	Etzenricht	sehr zahlreich besuchte SP-Versammlung mit dem Referenten Schiller aus Fürth (zum Thema: „Die Sozialdemokratie und ihre Gegner"), dessen anti-kapitalistische und -militaristische Ausführungen von Anfang an durch Zwischenrufe von Zentrumsanhängern aus Weiden gestört werden, nach einem Diskussionsbeitrag des christlichen Arbeitersekretärs Sollfrank aus Weiden „sprengten die Zentrumschristen durch andauerndes Tumultuieren die Versammlung" und bedrohten den Referenten offenbar auch mit physischer Gewalt	„FV" Nr. 201 vom 29.8.1911
Ende August 1911	Weiden	bei einer von nur 40 Personen besuchten SP-Sektionsversammlung „wurde beschlossen, die 'Kommunale Praxis' zu abonnieren und – auf Anregung des Genossen Gmeiner – den Inhalt in den Diskussionsabenden zu besprechen. Auch soll die Gründung eines Vereins resp. einer Sparabteilung zur Erwerbung der bayerischen Staatsangehörigkeit, des Heimat- und Bürgerrechts angestrebt werden. Der Bildungsausschuß wurde durch die Beteiligung der Sektion ergänzt"	„FV" Nr. 200 vom 28.8.1911

Datum	Ort	Einberufer, Referent, Thema, Teilnehmerzahl etc. (soweit erwähnt)	Quelle
Anfang September 1911	Wilchenreuth	1. SP-Versammlung dort überhaupt, zu der aber nach eindringlichen Warnungen des Ortspfarrers nur 30 Zuhörer erschienen waren	„FV" Nr. 209 vom 7.9.1911
ca. 25.9.1911	Neustadt a.d.WN	bei einer von 200 Personen besuchten SP-Versammlung treten nach einem Referat von Philipp Wiemer aus Nürnberg allein 20 Versammlungsteilnehmer der Sozialdemokratischen Partei bei	StA AM, BA ESB 221, Bericht vom 30.9.1911
25.9.1911	Weiden	„massenhafter Besuch, vor allem von Frauen und Mädchen" bei einer SP-Frauenversammlung mit der Referentin Maria Müller aus Nürnberg zum Thema „Die gegenwärtige Teuerung und die Stellung der Frau im politischen Leben"	„FV" Nr. 223 vom 23.9. u. Nr. 226 vom 27.9.1911
Mitte Oktober 1911	Weiden	von etwa 250 Personen besuchte SP-Versammlung mit Reichstagsabgeordnetem Zietsch zum Thema: „Die politischen Parteien und die kommende Reichstagswahl"; „Die Versammlung brachte uns mehrere neue Parteimitglieder"	„FV" Nr. 243 v. 17.10.1911
November 1911	Weiden	Gründung einer Ortsgruppe des Arbeiter-Radfahrerbundes „Solidarität", die in den ersten drei Monaten ihres Bestehens ihre Mitgliederzahl bereits verdoppeln kann; wenig später konstituiert sich auch der christliche Radfahrer-(Konkurrenz-)Verein „Konkordia"	„FV" Nr. 59 vom 9.3.1912
2.12.1911	Weiden	Wahlkampfauftakt mit einer von 300 Personen besuchten SP-Wählerversammlung, bei der Landtagskandidat Simon aus Nürnberg über „Die Auflösung des bayerischen Landtages" und der örtliche Reichstagskandidat Walther, ebenfalls Nürnberg, über „Die bevorstehenden Neuwahlen zum Reichs- und Landtag" sprechen	„FV" Nr. 285 vom 5.12.1911
10.12.1911	Windischeschenbach	von 500 bis 600 Personen besuchte SP-Versammlung mit Gauleiter Schlichting aus Nürnberg als Referentem	„FV" Nr. 291 v. 12.12.1911
17.12.1911	Mantel	zahlreich besuchte SP-Versammlung mit dem Referenten Trefflich aus Nürnberg; „Langsam, aber unaufhaltsam wird Licht. Auch in der Oberpfalz."	„FV" Nr. 298 v. 20.12.1911
ca. 10.1.1912	Floß	von „weit über 200 Personen" besuchte SP-Versammlung mit dem Referenten Walther aus Nürnberg, „Die Sozialdemokratie wird voraussichtlich in Floß und Umgebung eine starke Stimmenzunahme zu verzeichnen haben"	„FV" Nr. 9 vom 11.1.1912
28.1.1912	Weiden („Ankersaal")	von 600 Personen besuchte SP-Versammlung mit dem Gemeindebevollmächtigten Frech aus München und dem Arbeitersekretär Endres aus Würzburg zur Staatsarbeiter-Frage und zum Verhältniswahlrecht	„FV" Nr. 22 vom 26.1. (Ankündigung) und Nr. 25 vom 30.1.1912

Datum	Ort	Einberufer, Referent, Thema, Teilnehmerzahl etc. (soweit erwähnt)	Quelle
9.6.1912	Windisch-eschenbach	SP-Volksversammlung mit dem Landtagsabgeordneten Vogel aus Nürnberg als Referenten	„FV" Nr. 135 vom 12.6.1912
7.7.1912	Mantel	SP-Volksversammlung mit dem Landtagsabgeordneten Lämmermann aus Schwabach zum Thema: „Die Zentrumspolitik und die neuen Steuern", der christliche Arbeitersekretär Sollfrank und andere Zentrumsanhänger aus Weiden versuchen – allerdings erfolglos – die Veranstaltung zu sprengen	„FV" Nr. 160 vom 11.7.1912
Mitte Juli 1912	Windisch-eschenbach	die Abhaltung eines Arbeitersommerfestes kann – nach vorangegangener versuchter Saalabtreiberei durch Zentrumsanhänger – nur mit Hilfe eines Rechtsanwaltes und der Androhung einer Konventionalstrafe durchgesetzt werden, die Arbeitergesangvereine aus Floß und Weiden gestalteten dieses Fest, das von den Einheimischen selbst aber nur schwach besucht war, „Ein krasser Terrorismus züchtet einen Mangel an Bekennermut hoch. Das Zentrumschristentum äußert sich hier in der Brotlosmachung Andersdenkender, die man sogar aus ihren Wohnungen treibt"	„FV" Nr. 166 v. 18.7.1912, hierzu auch „FT" Nr. 43 vom 20.2.1913
ca. 20.7.1912	Weiden	Generalversammlung des Sozialdemokratischen Vereins für den Wahlkreis Weiden-Neustadt a.d. WN, bei der alle 9 Sektionen durch Delegierte und der Gauvorstand durch Dill vertreten sind, der Verein zählt insgesamt 526 Mitglieder, trotz skrupelloser Agitation der Zentrumspartei und fast der gesamten Presse im Wahlkreis gegen die Sozialdemokratie sei es dieser gelungen, ihre Stimmenzahl bei der Reichstagswahl von 1401 auf 2446 zu erhöhen und bei den Kommunalwahlen zwei Sitze im Tirschenreuther Gemeindekollegium zu erringen, der Landtagswahlkompromiß (Unterstützung der Liberalen) sowie eine Erhöhung der Mitgliedsbeiträge werden von den Delegierten einhellig abgelehnt, abschließend werden noch Summer (Mitterteich), Bär (Weiden) und Geyer (Tirschenreuth) als Delegierte für den bayerischen sowie Walther als Delegierter für den deutschen Parteitag nominiert	„FV" Nr. 173 vom 26.7.1912
Mitte April 1913	Weiden	Hans Bär eröffnet in seinem Lokal „Zur Sonne" eine SP-Rechtsauskunftsstelle	„FV" Nr. 94 vom 23.4.1913
25.5.1913	Mitterteich	die SP-Wahlkreiskonferenz für den Reichstagswahlkreis Neustadt a.d.WN berät über die Ursachen für die rückläufigen Abonnenten- und die stockenden Mitgliederzahlen im Wahlkreis, in der Diskussion wird als einer der Hauptgründe die immer schwieriger werdende Agitation – hauptsächlich durch die ständigen klerikalen Saalabtreibereien – genannt	„FV" Nr. 124 vom 30.5.1913

Datum	Ort	Einberufer, Referent, Thema, Teilnehmerzahl etc. (soweit erwähnt)	Quelle
21.12.1918	Weiden	Vertreter der sozialdemokratischen Organisationen aus der gesamten nördlichen und mittleren Oberpfalz nominieren ihre Kandidaten für den bayerischen Landtag und die deutsche Nationalversammlung	„FT" Nr. 303 v. 24.12.1918
Mitte März 1919	Windisch-eschenbach	die „scharfen Zusammenstöße(n) zwischen der Arbeiter- und der Bürgerschaft" werden vom Bezirksamtmann beigelegt	StA AM, Reg. d.Opf. 13752, Bericht vom 17.3.1919
30.3.1919	Windisch-eschenbach (Gasthof zur Klarahütte)	mitgliederinterne USP-Monatsversammlung mit dem Referenten Baier aus Nürnberg, der Gendarmerie-Wachtmeister vermutet dahinter „Aufhetzereien" und „spartakistische Werbungen für ein gemeinsames Losschlagen mit den Weidener Genossen"	LRA-Registratur NEW: II, I, 3, 8, Bericht vom 1.4.1919
Anfang April 1919	Neustadt a.d.WN	„großer Demonstrationszug der Arbeiterschaft... wegen schlechter Beschaffenheit des Fleisches, mangelhafter Belieferung der Fleischkarten und wegen der Milchlieferung"	StA AM, Reg. d.Opf. 13752, Bericht vom 7.4.1919

TABELLARISCHE ÜBERSICHT ÜBER SP-AKTIVITÄTEN UND -VERSAMMLUNGEN SOWIE ÜBER BESONDERE VORKOMMNISSE IM AMTSBEZIRK PARSBERG

Datum	Ort	Einberufer, Referent, Thema, Teilnehmerzahl etc. (soweit erwähnt)	Quelle
Mitte Mai 1893	Willmhofen	„In den jüngsten Tagen versuchte ein Abgesandter der socialdemokratischen Partei in Willmhofen eine Agitation, wurde aber von den Landleuten abgewiesen und unsanft aus der dortigen Wirtschaft entfernt"	StA AM, BA Parsberg 938, Bericht vom 19.5.1893
Juli/ August 1893	Hemau	„Bezüglich der Unruhen in Hemau wird auf die speziellen Berichte und die speziellen Telegramme Bezug genommen". -„In Hemau sind normale Verhältnisse eingetreten"	StA AM, BA Parsberg 938, Berichte vom 7.7. und 5.8.1893
2.7.1893	Parsberg	„Am Sonntag den 2. Juli 1893 Nachts gegen 12 Uhr verübten mehrere Betrunkene Ruhestörung, groben Unfug u. Widerstand gegen die Amtsgewalt im Markte Parsberg"	StA AM, BA Parsberg 938, Bericht vom 7.7.1893
Anfang Januar 1894	Velburg	„In Velburg sind nach der Gemeindewahl 1894/99 Schmähplakate u. Schmähbriefe gegen Gewählte u. Besudlungen von Fensterläden u. Thüren Gewählter wiederholt vorgekommen"	StA AM, BA Parsberg 938, Bericht vom 26.1.1894
7.8.1910	Hohenfels (Gasthaus Weigert)	bei einer schwach besuchten („meist von jüngeren ledigen Leuten"), vom Gemeindebevollmächtigten Trummert aus Nürnberg einberufenen SP-Versammlung referiert Philipp Graßmann aus Neumarkt über den Gegensatz von Zentrum und Sozialdemokratie	StA AM, BA Parsberg 938, Bericht vom 13.8.1910

TABELLARISCHE ÜBERSICHT ÜBER VEREINSGRÜNDUNGEN, SP-VERSAMMLUNGEN, STREIKS ETC. IM AMTSBEZIRK RODING

Datum	Ort	Einberufer, Referent, Thema, Teilnehmerzahl etc. (soweit erwähnt)	Quelle
Januar 1871	Nittenau	Gründung eines Bürger-Casinos	BHS I, MInn 30981/13, Nr. 168 vom 31.1.1871
18.8.1895	Bruck (Baumgärtner'scher Sommerkeller)	vom Agitationsverein für Franken und die Oberpfalz einberufene SP-Volksversammlung, die „von ungefähr 120 Personen, meist der Arbeiterbevölkerung angehörig, besucht (war) ... Seitens des genannten Agitationsvereins waren erschienen Wilhelm Huber, Schlossergeselle in Nürnberg, aus Bodenwöhr gebürtig, und Johann Erhard, Schlosser von Nürnberg, gewesener Kandidat für letzte Reichstagswahl im IV. oberpfälzischen Wahlkreis Neunburg v.W. g. Huber übernahm den Vorsitz, worauf Erhard über das Thema 'politische Rundschau und die Bestrebungen der Socialdemokratie' sprach und am Schluße zum Abonnement auf die Parteipresse aufmunterte"	StA AM, Reg. d.Opf. 13748, Nr. 578 vom 2.9.1895
26.3.1905	Roding	bei einer von 54 Personen besuchten Versammlung wird auf die Initiative des Ortspfarrers hin ein Zentrumswahlverein gegründet	StA AM, Reg. d.Opf. 5485, Nr. 1629 vom 1.4.1905
Anfang November 1908	Asang (Gde.Bodenstein)	Haberfeldtreiben „gegen einen durch sein rigoroses Vorgehen bei der Bevölkerung mißliebig gewordenen Privatforstschutzbediensteten.... Es wurde durch Schreien und Abfeuern von Schüssen randaliert"	StA AM, Reg. d.Opf. 13755, Bericht vom 8.11.1908
9.4.1914	Mühlau	„Im Sägewerk Gebrüder Knaf ... sind ... 31 Arbeiter wegen Entlassung von 4 Arbeitern u. wegen Lohndifferenzen in Ausstand getreten", dieser Streik bleibt aber erfolglos	StA AM, Reg. d.Opf. 13940, Berichte vom 19.4. und 24.5.1914

TABELLARISCHE ÜBERSICHT ÜBER VERSAMMLUNGEN, AKTIVITÄTEN UND BESONDERE VORKOMMNISSE
IM AMTSBEZIRK SULZBACH

Datum	Ort	Einberufer, Referent, Thema, Teilnehmerzahl etc. (soweit erwähnt)	Quelle
9.8.1891	Sulzbach (Gasthaus Schall)	„Dem als sozialdemokratischen Agitator bekannten Buchbinder Oertel in Nürnberg war es gelungen, dem Wirth J. Schall dahier einen Saal für Sonntag d. 9. d.M. zur Abhaltung einer sozialdemokratischen Versammlung abzumiethen. Auf Vorhalt meinerseits ließ sich jedoch g. Schall bereitwillig dazu herbei, seine Zusage bzgl. der Überlassung seines Saales zu fraglichem Zwecke wieder (zurückzunehmen)"; der Bezirksamtmann hatte – was er in seinem Bericht verschweigt – dem Gastwirt Schall alle erdenklichen Repressalien angedroht	StA AM, BA SUL 1301, Berichte vom 7. und 9.8.1891
Mitte März 1892	Sulzbach	in einer Wirtschaft verbreiten Reisende einzelne Exemplare einer sozialdemokratischen Flugschrift und des „Bayerischen Wochenblattes"	StA AM, BA SUL 1301, Bericht vom 25.3.1892
7.3.1893 (Reichstagsersatzwahl)	Amtsbezirk Sulzbach	von 3953 Stimmberechtigten hatten nur 730, also etwa 19 % gewählt, „Von diesen Stimmen fielen 123 auf den Schuhwarenhändler und Sozialdemokraten Siebenbürger in Nürnberg. . . . Große Rührigkeit wurde von sozialdemokratischen Agenten entfaltet, die . . . Wahlaufrufe und Stimmzettel kolportierten . . . Die meisten sozialdemokratischen Stimmen wurden im Wahlkreise Sulzbach I u. II, nämlich 50, abgegeben, 21 in Achtel und 18 in Hohenstein, obgleich in den beiden letzteren Bezirken nicht ein Fabrikarbeiter wohnt"	StA AM, BA SUL 1301, Bericht vom 10.3.1893
Mitte November 1894	Amtsbezirk Sulzbach	„Es ist nicht zu verkennen, daß die Fuchsmühler Vorgänge auch von der Bevölkerung des Bezirkes Sulzbach mit getheilten Empfindungen aufgenommen wurden"	StA AM, BA SUL 1301, Bericht vom 16.11.1894
Anfang Dezember 1894	Sulzbach	Mordanschlag auf den städtischen Waldhüter, der angeblich durch die von ihm „zur Anzeige und Strafe gebrachten Holzfrevler" verübt worden war	StA AM, BA SUL 1301, Bericht vom 8.12.1894
13.2.1898	Sulzbach	Gründungsversammlung für einen Christlichen Bauernverein mit den Landtagsabgeordneten Kohl und Bär sowie dem Benefiziaten Beer aus Paulsdorf als Referenten; 82 der 300 Anwesenden treten dem neugegründeten Verein sofort bei	StA AM, Reg. d.Opf. 13750, Bericht vom 21.2.1898
Anfang Mai 1898	Sulzbach	auf einer Versammlung des Bayerischen Bauernbundes wird Gutsbesitzer Feustel als Reichstagskandidat nominiert	StA AM, Reg. d.Opf. 13750, Bericht vom 2.5.1898

Datum	Ort	Einberufer, Referent, Thema, Teilnehmerzahl etc. (soweit erwähnt)	Quelle
18.6.1899	Etzelwang	bei einer „sehr zahlreich" besuchten Zentrums-Wählerversammlung wird Landtagsabgeordneter Bär aus Woppental erneut als Kandidat nominiert	StA AM, BA SUL 1301, Bericht vom 24.6.1899
21.6.1899	Sulzbach	Versammlung des „Vereins für volkstümliche Wahlen" mit dem Referenten Nehmann aus Weiden	StA AM, BA SUL 1301, Bericht vom 24.6.1899
25.10.1903	Hirschbach (Gasthaus Brunner)	vom Redakteur Anton Rackl aus Nürnberg einberufene und von 40 Personen besuchte SP-Versammlung, bei der der Gemeindebevollmächtigte in Fürth (und spätere DGB-Gründungsvorsitzende) Hans Böckler über den Wahlgesetzentwurf referiert; Böckler war im Wahlkreis Amberg Reichstags-(Zähl-)Kandidat gewesen und hatte insgesamt 90 Stimmen erhalten, davon allein 38 aus dem Wahlbezirk Achtel-Hirschbach	StA AM, BA SUL 1301, Berichte vom 24. und 31.10.1903
5.4.1908	Sulzbach (Gasthaus Renner)	auf einer vom Schneider Gottlieb Stark aus Amberg einberufenen SP-Volksversammlung referiert Landtagsabgeordneter Harscher aus Fürth über „Die Sozialdemokratie im bayerischen Landtag" vor etwa 90 Zuhörern, „hauptsächlich Bergleuten, hiesigen Filzmachern u. Malern des K. Armeeinstituts für kirchliche Kunst"	StA AM, BA SUL 1301, Bericht vom 11.4.1908
26.12.1908	Sulzbach (Gasthaus Renner)	bei einer wiederum von Gottlieb Stark einberufenen SP-Versammlung spricht Oswald Schrembs aus Regensburg zum Thema: „Die neuen Steuern im deutschen Reichstag u. was hat die Gesamtarbeiterschaft zu erwarten?"	StA AM, BA SUL 1301, Bericht vom 27.12.1908
2. Mai 1909	Sulzbach (Gasthaus Renner)	vom Filzmacher Wilhelm Straubig einberufene 1.-Mai-Versammlung, bei der der Vorsitzende des sozialdemokratischen Zimmererverbandes in Nürnberg, Oskar Promm, vor etwa 50 Zuhörern, „bestehend aus Arbeitern der Maxhütte, Handlangern, Filzmachern" (darunter 20 Sozialdemokraten) über „Die Bedeutung des 1. Mai" spricht	StA AM, BA SUL 1301, Bericht vom 8.5.1909
15.8.1909	Sulzbach	„außerordentlich stark besuchte Volksversammlung . . ., in der die Genossen Bohl und Walther über den Steuerraub des schwarzen Blocks und die Landtagswahl referierten", Bohl (Nürnberg) wird dann noch als SP-Landtagskandidat für den Wahlkreis Amberg-Sulzbach nominiert	„FT" Nr. 190 vom 17.8.1909
5.9.1909	Fürnried	1. SP-Versammlung dort überhaupt, vor einer zahlreichen Zuhörerschaft referiert Vogel	„FT" Nr. 209 vom 8.9.1909

Datum	Ort	Einberufer, Referent, Thema, Teilnehmerzahl etc. (soweit erwähnt)	Quelle
	Etzelwang	1. SP-Versammlung dort überhaupt, vor einer zahlreichen Zuhörerschaft referiert Gentner, „Unsere Flugblätter wurden durchwegs gut aufgenommen, auch in Ortschaften, wo man uns noch vor zwei Jahren aus dem Dorf jagte"	
Mitte Oktober 1909	Sulzbach	bei der außerordentlich stark besuchten Generalversammlung des Sozialdemokratischen Vereins für den Wahlkreis Amberg-Sulzbach-Eschenbach-Nabburg zieht Gottlieb Stark aus Amberg in seinem Jahresbericht eine positive Bilanz; künftig solle der Arbeitsschwerpunkt auf die gewerkschaftliche Organisierung der Arbeiter in den Großbetrieben Ambergs und Sulzbachs gelegt werden	„FT" Nr. 242 v. 16.10.1909
8.1.1911	Rosenberg	bei einer von 50 bis 55 Personen, meist Maxhütten-Arbeitern, besuchten SP-Versammlung spricht Verbandssekretär Schneppenhorst aus Nürnberg über „Die politische Lage u. die Reichstagswahlen"	StA AM, BA SUL 1301, Bericht vom 14.1.1911
22.1.1911	Sulzbach	schlecht besuchte SP-Mitgliederversammlung mit einem Referat von Klötzler über die bevorstehenden Reichstagswahlen, Gottlieb Stark aus Amberg kritisiert „in sehr scharfen Worten das laue Verhalten der Sulzbacher Parteigenossen. Die Vergnügungssucht der Genossen in den bürgerlichen Vereinen sei die Hauptschuld, warum nicht alles so sei, wie es sein sollte"	„FT" Nr. 23 vom 27.1.1911
14.5.1911	Högen	vom Nürnberger Ingenieur Seidenfaden einberufene, von 20 Personen besuchte SP-Versammlung mit einem Referat Philipp Wiemers aus Nürnberg	StA AM, BA SUL 1301 Bericht vom 20.5.1911
1.12.1912	Eschenfelden Hohenstein	zwei „schwach besucht(e)", wiederum vom Ingenieur Seidenfaden aus Nürnberg initiierte SP-Versammlungen mit dem Referenten Gustav Wickers aus Nürnberg	StA AM, BA SUL 1301, Bericht vom 14.12.1912
8.12.1912	Weigendorf	SP-Versammlung mit Kassenvorstand Philipp Wiemer aus Nürnberg als Referentem	StA AM, BA SUL 1301, Bericht vom 14.12.1912
15.12.1912	Edelsfeld	bei einer „mäßig" besuchten SP-Versammlung referiert Redakteur Georg Schirmer aus Fürth über „Die politische Lage"	StA AM, BA SUL 1301, Bericht vom 21.12.1912

Datum	Ort	Einberufer, Referent, Thema, Teilnehmerzahl etc. (soweit erwähnt)	Quelle
19.1.1913	Edelsfeld	„Am 19. Januar hat sich in Edelsfeld eine Sektion des Sozialdemokratischen Vereines für den Reichstagswahlkreis Amberg gebildet"	StA AM, BA SUL 1301, Bericht vom 25.1.1913
Ende Februar 1913	Hirschbach	bei einer „zahlreich besuchte(n)" SP-Versammlung plädiert Parteisekretär Karl Giesmann aus Nürnberg für eine Ablehnung der Militärvorlage und übt scharfe Kapitalismuskritik	StA AM, BA SUL 1301, Bericht vom 1.3.1913
Anfang Mai 1913	Sulzbach	bei einer von 22 Personen besuchten SP-Versammlung spricht der Fürther Gewerkschaftssekretär Endres über Krieg und Frieden, die Militärvorlage etc.; zur selben Zeit findet eine christliche Konkurrenzveranstaltung mit dem Amberger Gewerkschaftssekretär Mattes statt	StA AM, BA SUL 1301, Bericht vom 10.5.1913
10.11.1918	Sulzbach	zwei Demonstrationszüge mit 3000 und 5000 Teilnehmern als Treuebekenntnis zur Republik; am selben Tage Gründung des Sozialdemokratischen Vereins Sulzbach-Rosenberg	„FT" Nr. 268 v. 13.11.1918 und Nr. 2 vom 3.1.1919
Anfang Januar 1919	Sulzbach	„Über 1000 Mitglieder zählt zurzeit der in Sulzbach am 10.11.1918 gegründete Sozialdemokratische Verein Sulzbach-Rosenberg"	„FT" Nr. 2 vom 3.1.1919

TABELLARISCHE ÜBERSICHT ÜBER VERSAMMLUNGEN, VEREINSGRÜNDUNGEN UND BESONDERE VORKOMMNISSE
IM AMTSBEZIRK TIRSCHENREUTH

Datum	Ort	Einberufer, Referent, Thema, Teilnehmerzahl etc. (soweit erwähnt)	Quelle
4. Mai 1890	Waldsassen (Wohlrab'sche Wirtschaft)	„größere Ruhestörung . . . , wobei ein Gendarm genöthigt war, einen auf ihn eindringenden Angreifer einen Säbelhieb über den Kopf zu versetzen. Die Ruhestörer wurden zuerst aus der Wirtschaft entfernt und suchten nun unter den Rufen 'nieder mit der Gendarmerie, hauts zu, Wienerisch muß es zugehen, heute feiern wir den ersten Mai' in diese Wirtschaft wieder einzudringen, bis es der Gendarmerie unter Beihilfe des Wirths gelang, einen der Haupterredenten zu verhaften, worauf sich die Uebrigen zustreuten"	StA AM, Reg. d.Opf. 13933, Bericht vom 18.5.1890
Mitte Juni 1891	Fuchsmühl	Gründung eines katholischen Männervereins und Arbeitervereins	StA AM, Reg. d.Opf. 13933, Bericht vom 21.6.1891
Juni 1892	Tirschenreuth	„Die unzeitgemäße Socialistenfresserei des Amtsanwalts Rupprecht in Tirschenreuth hat dem bayerischen Staat eine hübsche Niederlage eingebracht und kostet ihn . . . außerdem ein schweres Stück Geld. In der Anklagesache gegen Siebenbürger und Ehrhardt wegen unbefugten Verbreitens von Schriftwerken hat nämlich am Samstag das kgl. Landgericht Weiden auf Freisprechung erkannt. . . . zugleich steht nun der weiteren Agitation in den Landbezirken mittelst Verbreitung von Druckschriften nichts mehr im Wege und auch die Gewaltigen in Tirschenreuth müssen es sich künftig gefallen lassen, daß von Haus zu Haus die 'socialdemokratischen Schandschriften' verbreitet werden"	„FT" Nr. 143 vom 18.6.1892
ca. 20.12.1892	Mitterteich	Versammlung des katholischen Männervereins, bei der außerordentlich aggressiv gegen die anwesenden Sozialdemokraten polemisiert wird	„FT" Nr. 304 v. 27.12.1892
Anfang Juni 1893	Gegend um Mitterteich	Landagitation von 15 Nürnberger Sozialdemokraten, „darunter die Hälfte auf Stahlrossen"	„FT" Nr. 133 vom 9.6.1893
6.8.1893	Tirschenreuth	anti-sozialdemokratische Versammlung des Volksvereins für das katholische Deutschland, „Präses Mehler gab bekannt, daß der Zweck des Volksvereines Bekämpfung der Sozialdemokratie sei, die keine Religion habe,	StA AM, Reg. d.Opf. 13883, Nr. 447 vom 14.8.1893

Datum	Ort	Einberufer, Referent, Thema, Teilnehmerzahl etc. (soweit erwähnt)	Quelle
		keinen König und kein Vaterland kenne. Man möge sich daher von ihr lossagen und sich dem Centrum, der Partei des katholischen Volkes, anschließen. Im gleichen Sinne sprach sich Beichtvater Lorenz von Waldsassen aus. Die anwesenden Socialdemokraten verhielten sich ruhig"	
12.11.1893	Mitterteich	bei einer von mehr als 100 Personen (darunter 1/3 Sozialdemokraten) besuchten SP-Versammlung referiert Siebenbürger aus Nürnberg über „die Ziele der Socialdemokratie unter großem Beifall der Versammlung, deren Besuch und Verlauf zugleich Zeugnis ablegte davon, wie tief die socialdemokratischen Principien hier bereits eingewurzelt sind"	StA AM, Reg. d.Opf. 13883, Bericht über 20.11.1893 und „FT" Nr. 270 vom 16.11.1893
3.3.1895	Fuchsmühl	Gründung eines Christlichen Bauernvereins in einer Versammlung mit 300 – 400 Teilnehmern	StA AM, Reg. d.Opf. 13748, Bericht vom 4.3.1895
8.7.1896	Waldsassen	Großbrand – mit unbekannter Ursache – in der Tonwarenfabrik Waldsassen	StA AM, Reg. d.Opf. 13748, Bericht vom 13.7.1896
15.8.1897	Tirschenreuth (Gasthaus Wurm)	„überaus stark besuchte Wählerversammlung" mit den Referenten Grillenberger und Breder aus Nürnberg, die – nach ihrer am Vorabend in Weiden abgehaltenen Versammlung (der 1. SP-Versammlung dort überhaupt)- über die bevorstehende Reichstagsersatzwahl im Wahlkreis Neustadt a.d.WN und über das SP-Programm sprechen; die bis von Mitterteich, Bärnau und Fuchsmühl gekommenen Zuhörer nominieren Breder als Reichstagskandidaten dieses Wahlkreises	„FT" Nr. 191 vom 18.8.1897 und StA AM, Reg.d.Opf. 13750, Bericht vom 23.8.1897
16.12.1900	Tirschenreuth (Härtels-Saal)	„sehr zahlreich besuchte" SP-Versammlung mit dem Referenten Herrmann aus Nürnberg zum Thema „Handelsverträge"; die „Kaplanokratie von Tirschenreuth" hatte vergeblich versucht, den Saal abzutreiben	„Oberfränkische Volkszeitung" Nr. 297 vom 19.12.1900
5.7.1901	Tirschenreuth	bei einer von 80 – 100 Personen besuchten SP-Versammlung referiert der Landtagsabgeordnete Dr. Haller von Hallerstein aus Nürnberg über Getreidezölle und Handelsverträge („ohne besonderen Beifall . . . zu finden")	StA AM, Reg. d.Opf. 13753, Bericht vom 11.8.1901
Mitte März 1906	Tirschenreuth Mitterteich Wiesau	SP-Agitationstour des Referenten Eberhard aus Würzburg, der sich in Wiesau nur schwer gegen ein in der Mehrzahl aus Zentrumsanhängern bestehendes Publikum behaupten kann; an allen Orten wird ihm gegenüber geklagt über zu seltene SP-Versammlungen	„FT" Nr. 70 vom 23.3.1906

Datum	Ort	Einberufer, Referent, Thema, Teilnehmerzahl etc. (soweit erwähnt)	Quelle
Mitte November 1906	Tirschenreuth (Gasthof „Zum Goldenen Anker")	Bezirkskonferenz der katholischen Arbeitervereine (unter Vorsitz von „Arbeiterapostel" Stahl aus Weiden), bei der fast sämtliche dem Verbande angehörenden Vereine durch Delegierte vertreten sind	„OK" Nr. 265 v.21.11.1906
13.1.1907	Waldershof Bärnau	1. SP-Versammlung dort überhaupt; „begeisterte Resonanz" auf SP-Versammlung mit dem Referenten Dirscherl	„FV" Nr. 14 vom 17.1.1907
15.1.1907	Mitterteich	bei einer sehr gut besuchten SP-Wählerversammlung fordert nach dem Referat des Reichstagskandidaten Dirscherl aus Fürth der Vorsitzende Seebach alle Anwesenden zu reger Mitarbeit auf	„FT" Nr. 16 vom 19.1.1907
16.1.1907	Waldsassen	sehr gut besuchte SP-Wählerversammlung mit dem Kandidaten Dirscherl als Referenten, „Stürmischer Beifall (beweist), daß es auch in den schwärzesten Winkeln der Oberpfalz vorwärts geht"	„FT" Nr. 18 vom 22.1.1907
Ende Februar 1908	Falkenberg	„von ca. 300 Personen" besuchte christliche Gewerkschaftsversammlung mit einem Referat von Verbandssekretär Weixler aus München zum Thema: „Die Entwicklung der Industrie in der Provinz, die Lohn- und Arbeitsverhältnisse der Arbeiterschaft, sind dieselben verbesserungsbedürftig?"	„OK" Nr. 50 vom 29.2.1908
12.8.1908	Tirschenreuth	außerordentlich schwach besuchte Mitgliederversammlung des Sozialdemokratischen Vereins, bei der Referent Vogel aus Nürnberg über das Thema „Gemeindewahlen" spricht	„FT" Nr. 187 vom 12.8.1908
1.8.1909	Mitterteich	bei einer von 400 Personen („darunter viele Bauern") besuchten SP-Versammlung (im Rahmen einer nordbayerischen SP-Versammlungswelle – mit noch nie dagewesenen Besucherzahlen – „gegen den Volksverrat der anderen Parteien") löst Referent „Eisners scharfe Kennzeichnung des begangenen Volksverrats (...) stürmische Kundgebungen aus"	„FT" Nr. 179 vom 4.8.1909 und „FV" Nr. 183 vom 9.8.1909 (dort werden 300 Zuhörer genannt)
1. Mai 1910	Mitterteich	„Die Maifeier nahm einen sehr schönen Verlauf. Angeführt von einer Schaar 12 – 14jähriger Knaben, jeder stolz eine rote Fahne tragend, durchzog der Festzug mit Musik das Dörfchen. Der Festrede der Genossin Helene Grünberg lauschten über 200 Männer und Frauen"	„FT" Nr. 101 vom 2.5.1910
Mitte Juli 1910	Schwarzenbach	eine (geplante) SP-Versammlung kann nicht stattfinden, da vom Bürgermeister, der eine Verhetzung der Dienstboten und deren Entlaufen als Folge einer Versammlung befürchtete, und vom Pfarrer gemeinsam der Saal	„FT" Nr. 169 vom 22.7.1910

Datum	Ort	Einberufer, Referent, Thema, Teilnehmerzahl etc. (soweit erwähnt)	Quelle
		abgetrieben wurde, indem sie den Gastwirt mit Hinweis auf seine Schulden bei der Heim'schen landwirtschaftlichen Darlehenskasse zur Saalverweigerung erpreßten	
ca. 20.7.1910	Tirschenreuth	Jahresgeneralversammlung der SP-Sektion Tirschenreuth, deren Mitgliederzahl von 60 auf 100 gestiegen ist, mit einem Referat von Klampfer zum Thema „Gemeindepolitik"	„FT" Nr. 169 vom 22.7.1910
1.7.1911	Groschlattengrün (Gaststätte „Schlößl")	SP-Sektions-Gründungsversammlung mit den Referenten Summer aus Mitterteich (zum Thema: „Wert der politischen Organisation und die politische Lage des Reichstagswahlkreises, der bisher eine unbedrohte Hochburg des Zentrums war") und Kaspar Schmidt aus Marktredwitz; „Das Resultat der Besprechung war, daß eine sozialdemokratische Sektion für Groschlattengrün und Umgebung gegründet wurde, der sofort 26 Mitglieder beitraten"	„FV" Nr. 154 vom 5.7.1911
29.10.1911	Groschlattengrün	gut besuchte SP-Volksversammlung mit dem Referenten Hacke aus Bayreuth zu den bevorstehenden Gemeinde- und Reichstagswahlen, „Mehrere Aufnahmen zur Sektion und einige Abonnenten auf die 'Fränkische Volkstribüne' waren der Erfolg der Versammlung"	„FV" Nr. 256 vom 1.11.1911
12.11.1911	Wiesau	eine SP-Versammlung zur Reichstagswahl wird vom Arbeitergesangverein Mitterteich mit dem Lied „Empor zum Licht" eröffnet, nach der Begrüßung der Zuhörer durch Summer aus Mitterteich referieren Landtagsabgeordneter Dr. Max Süßheim aus Nürnberg (zum Thema: 'Die politische Lage und die Reichstagswahlen am 12. Januar 1912'.... Während der Ausführungen Süßheims machten katholische Arbeitervereinsmitglieder von Wiesau den Versuch, durch ununterbrochene Zwischenrufe und Krawall die Versammlung zu stören.... Die 400 bis 500 Anwesenden standen bis auf einen verschwindend kleinen Bruchteil zu dem Referenten.") und der Reichstagskandidat dieses Wahlkreises, Max Walther aus Nürnberg	„FV" Nr. 269 v.16.11.1911
10.12.1911	Bärnau (Gasthaus „Schwarzer Bär")	sehr gut besuchte SP-Wählerversammlung, bei der bereits vor dem Referat von Redakteur Puchta aus Bayreuth der Versammlungsleiter präventiv darauf hingewiesen hatte, „daß es in letzter Zeit im Wahlkreise Neustadt a.d.WN Sitte geworden sei, daß sich immer eine Rotte fanatisierter Zentrumschristen, meist unter Führung des Ortsgeistlichen, alle Mühe gibt, durch tierisches Gebrüll unsere Versammlung zu stören", woraufhin diese Veranstaltung ohne Zwischenfälle verlief	„FT" Nr. 288 vom 8.12.1911

Datum	Ort	Einberufer, Referent, Thema, Teilnehmerzahl etc. (soweit erwähnt)	Quelle
Mitte Dezember 1911	Mitterteich Waldsassen	zwei außerordentlich stark besuchte SP-Versammlungen mit dem Referenten Schirmer aus Fürth	„FV" Nr. 299 v. 21.12.1911
Ende Januar 1912	Waldsassen	„Eine Sektion des Sozialdemokratischen Vereins hat sich hier gegründet. Sie zählt bereits 30 Mitglieder. – Bravo!"	„FV" Nr. 28 vom 2.2.1912
4.2.1912	Mitterteich („Lammsaal")	SP-Wählerversammlung mit dem parteilosen Kandidaten Günther, „der vor den 300 Anwesenden über unsere wirtschaftliche und politische Lage sprach. . . . Von sozialdemokratischer Seite sprachen Gösl, Seebach und Summer"	„FV" Nr. 32 vom 7.2.1912
Ende Februar 1912	Tirschenreuth	Aufruf für die Sonntags-Hausagitation der sozialdemokratischen Sektion: „Lasse niemand die Werber wieder Abschied nehmen, ohne Abonnent der Arbeiterpresse und schließlich auch Parteigenosse geworden zu sein"	„FV" Nr. 46 vom 23.2.1912
10.5.1912	Mitterteich	gut besuchte SP- Frauenversammlung mit einem Referat von Landtagsabgeordnetem Vogel aus Fürth über die Bedeutung des Frauentages, „Es sei mit Befriedigung festgestellt, daß das erstemal hier eine Frau in die Diskussion eingriff"	„FV" Nr. 113 vom 14.5.1912
1.9.1912	Waldsassen	von nahezu 300 Personen besuchte SP-Protestversammlung gegen die Fleischteuerung mit einem Referat von Walther aus Nürnberg über „Die Ursachen des Notstandes"	„FV" Nr. 207 vom 4.9.1912
7.9.1912	Tirschenreuth	von etwa 200 Personen besuchte SP-Protestversammlung gegen die Fleischteuerung (mit den Referenten König aus Nürnberg und Geyer aus Tirschenreuth), bei der 12 Neuaufnahmen für die SP-Sektion Tirschenreuth gemacht werden	„FV" Nr. 213 vom 11.9.1912
5.10.1912	Mitterteich	gut besuchte SP-Mitgliederversammlung, bei der Gausekretär Walther aus Nürnberg einen Bericht über den Parteitag in Chemnitz gibt und „9 Mitglieder der Partei neu zugeführt (wurden)"	„FV" Nr. 236 vom 8.10.1912
17.11.1912	Mitterteich („Bayerischer Hof")	Generalversammlung des Konsumvereins, der im 10. Jahr seines Bestehens – laut Geschäftsführer Seebach- 302 Mitglieder zählt	„FV" Nr. 273 v. 20.11.1912
2.3.1912	Tirschenreuth	eine SP-„Frauenversammlung nahm einen äußerst guten Verlauf", Referent war Klampfer aus Zirndorf	„FV" Nr. 53 vom 4.3.1913
1. Mai 1913	Mitterteich	bei einer Maifeier referiert Wertmüller aus Nürnberg „vor 300 Genossen"	„FT" Nr. 101 vom 2.5.1913

Datum	Ort	Einberufer, Referent, Thema, Teilnehmerzahl etc. (soweit erwähnt)	Quelle
1. Mai 1913	Tirschenreuth	SP-Landtagsabgeordneter Dorn referiert „nach einem schön verlaufenen Festzuge vor 400 Genossen"; am Festzug hatten sich 285 Personen beteiligt	„FT" Nr. 101 vom 2.5.1913 und „FV" Nr. 103 vom 5.5.1913
21.9.1913	Tirschenreuth	am Ausflug der Tirschenreuther Jugendfreunde zu ihren Mitterteicher Verbandskollegen beteiligen sich rund 100 Personen	„FV" Nr. 225 vom 25.9.1913
25.1.1914	Mitterteich („Bayerischer Hof")	der Redakteur der „Fränkischen Volkstribüne", Hacke aus Bayreuth, hält einen Bildungsvortrag über die Geschichte der deutschen Sozialdemokratie; in der Diskussion kritisiert Seebach den Koalitionsrechtraub und die Verhältnisse in der Glasfabrik Mitterteich	„FV" Nr. 18 und 23 vom 22. und 28.1.1914
10.5.1914	Waldsassen	Maifest „in allen seinen Teilen gut gelungen ... Der Besuch war über Erwarten gut, besonders waren die Genossen und Genossinnen von Mitterteich in ansehnlicher Zahl erschienen. Die Festrede hatte Gen. Steeger-Bayreuth übernommen", der „schlicht und sachlich die Bedeutung des 1. Mai (schilderte)"	„FV" Nr. 110 vom 13.5.1914
14.6.1914	Wiesau	bei der Generalversammlung des Sozialdemokratischen Vereins für den Reichstagswahlkreis Neustadt a.d. WN wird eine geringfügige Erhöhung der Abonnenten- und Mitgliederzahl konstatiert; der Delegierte Senft aus Floß übt scharfe Kritik an den süddeutschen Genossen	„FV" Nr. 138 vom 17.6.1914
12.7.1914	Tirschenreuth	„Ausländische Parteigenossen als Gäste. Vom herrlichsten Wetter begünstigt unternahmen ... zirka 100 Genossen und Genossinnen aus Tachau in Böhmen einen Ausflug nach Tirschenreuth", der geplante Gegenbesuch zu einem Sommerfest am 15. August in Tachau kommt aber -kriegsbedingt – nicht mehr zustande	„FV" Nr. 110 vom 13.5.1914
ca. 10.12.1918	Mitterteich	von 500 Personen besuchte SP-Volksversammlung	„FT" Nr. 295 v. 14.12.1918

TABELLARISCHE ÜBERSICHT ÜBER SP-VERSAMMLUNGEN, -VEREINSGRÜNDUNGEN UND ÜBER BESONDERE VORKOMMNISSE IM AMTSBEZIRK VOHENSTRAUSS

Datum	Ort	Einberufer, Referent, Thema, Teilnehmerzahl etc. (soweit erwähnt)	Quelle
1891/92	Pleystein Eslarn Waidhaus	dem Agitationsverein für Franken und die Oberpfalz gelingt es, Vertrauensleute in den drei Orten zu gewinnen	StdAr Nbg, HR V d-15, Nr. 6482 vom 2.2.1892; hierzu auch „FT" Nr. 262 vom 7.11.1892
Anfang Januar 1894	Waidhaus	„Nach Anzeige der Gendarmeriestation Waidhaus hat der Grenzwachtstationsführer Lorenz Steinbrückner von Süßlohe, Bezirksamt Vohenstrauß, einen Glaspolierer beim Holzfrevel betroffen und demselben einen Revolverschuß in das Schlüßelbein der rechten Schulter beigebracht. Steinbrückner gibt an, auf Widerstand gestoßen zu sein"	StA AM, Reg. d.Opf. 13748, Bericht vom 2.1.1894
28.4.1894	Burgtreswitz	eine vom Schumacher Konrad Bock geplante SP-Versammlung soll durch Intervention des Bezirksamtmanns verhindert werden	StA AM, Reg. d.Opf. 13748, Bericht vom 15.4.1894
10.9.1894	Pleystein (Gasthof Sittl)	eine von Siebenbürger aus Nürnberg geplante Versammlung wird durch Saalabtreibung verhindert	StA AM, Reg. d.Opf. 13748, Nr. 407 vom 17.9.1894
Mitte Januar 1895	Eslarn	der vom Agitationsverein in Nürnberg aus gesteuerte, durch die Unzufriedenheit mit dem Vohenstraußer Rentbeamten mitverursachte Versuch zur Gründung eines sozialdemokratischen Wahlvereins scheitert durch die Intervention des Vohenstraußer Bezirksamtmannes und des Eslarner Magistrats	StA AM, Reg. d.Opf. 13748, Bericht vom 21.1.1895
24.2.1895	Vöslesrieth (Gasthaus Völkl)	eine vom Reichstagskandidaten Siebenbürger aus Nürnberg einberufene SP-Versammlung wird vom Bezirksamtmann aus „bau-,feuer-und sicherheitspolizeilichen Gründen" kurzfristig verboten, kann dann aber doch stattfinden und endet – nach einem Referat Oertels aus Nürnberg vor 120 Besuchern aus der gesamten Umgebung – mit der Gründung eines sozialdemokratischen Wahlvereins	„FT" Nr. 46 v. 23.2.1895; hierzu ausführlich BAYER, Karl: Auf roten Spuren, Weiden 1982, S. 19 – 26
6.10.1895	Vöslesrieth	SP-Wahlvereins-Mitgliederversammlung mit 13 Teilnehmern, „durchgängig junge Leute aus dem Handwerkerstande", Versammlungsleiter war Vereinsvorstand Reinhold, Hafnergeselle aus Pleystein	StA AM, Reg. d.Opf. 13748, Bericht vom 14.10.1895

Datum	Ort	Einberufer, Referent, Thema, Teilnehmerzahl etc. (soweit erwähnt)	Quelle
5.9.1897	Eslarn	„Die Sozialdemokraten ... hielten eine Versammlung ab, in welcher der Sozialist Breder als Reichstagskandidat sein Programm entwickelte"	StA AM, Reg. d.Opf. 13750, Bericht vom 13.9.1897
12.9.1897	Pleystein	„Sozialist Breeder, der auch am 12. d.M. noch zu Pleistein sein Programm entwickelte, erhielt insgesamt 809 Stimmen"	StA AM, Reg. d.Opf. 13750, Bericht vom 20.9.1897
Anfang Juni 1902	Neukirchen	Tumulte unter der „hochgradig erregten böhmischen Grenzbevölkerung", nachdem ein böhmischer Grenzbewohner von einem Gendarmen angeblich „in Notwehr" erschossen worden war	StA AM, Reg. d.Opf. 13754, Bericht vom 8.6.1902
Ende November 1906	Vohenstrauß Floß	„An einem der letzten Sonntage wurden unter der Leitung des Genossen Berghammer-Weiden 2 neue Sektionen des sozialdemokratischen Kreiswahlvereins Neustadt/WN in Floß und Vohenstrauß gegründet. Ebenso gelang es in beiden Orten 50 Abonnenten der 'Fränkischen Tagespost' zu gewinnen"	„FT" Nr. 285 vom 5.12.1906
7.1.1907	Vohenstrauß	„sehr stark besuchte Wählerversammlung" mit dem SP-Reichstagskandidaten (und Glasarbeiter-Gauleiter) Dirscherl, zu der „sich zirka 400 Bürger, Beamte und Bauern aus den umliegenden Orten eingefunden (hatten) ..., um einmal einen Sozialdemokraten zu hören"	„FT" Nr. 12 vom 15.1.1907
Mitte März 1909	Vohenstrauß Pleystein	2 SP-Volksversammlungen mit den Referenten Hagen aus Regensburg und Rehnert aus Vohenstrauß; gerade im letzteren Orte sei eine „mutige unerschrockene Schar Genossen tätig, den Samen des Sozialismus auszustreuen. Die Träger der politischen und gewerkschaftlichen Organisation sind die Porzellan- und Glasarbeiter"	„FT" Nr. 64 vom 17.3.1909
26.12.1911	Leuchtenberg	1. SP-Versammlung dort überhaupt, „In Massen strömten die Einwohner herbei, um den trefflichen Ausführungen des Genossen Hierl-Schwabach zu lauschen"	„FV" Nr. 305 v. 30.12.1911

ZUSAMMENFASSUNG

Der Industrialisierungsprozeß setzte in der Oberpfalz um die Mitte des letzten Jahrhunderts nur sehr zögernd ein, da es noch an seiner wichtigsten Voraussetzung, dem Eisenbahnbau, fehlte und auch die oberpfälzische Eisenindustrie sich noch in einer schweren Krise befand. Erst mit der Gründung zunächst der Maxhütte im Jahr 1851 (die sich bis 1870 zum größten Eisenwerk Süddeutschlands, inmitten einer ländlich-bäuerlichen Umgebung, entwickeln sollte) und dann, vor allem, der Ostbahngesellschaft 1856 (die noch im selben Jahr mit den Eisenbahnbauarbeiten begann) sollte es in der Oberpfalz in den Jahren 1856 bis 1858 zu einer vorübergehenden wirtschaftlichen Prosperität kommen.

Trotzdem lag die Oberpfalz zum Beginn der 1860er Jahre hinsichtlich der Gewerbedichte an letzter Stelle unter allen bayerischen Regierungsbezirken. Die beiden am zahlreichsten vertretenen Gewerbe waren sowohl in der Oberpfalz insgesamt als auch in den beiden kreisfreien Städten Regensburg und Amberg jeweils das Schuster-, dann das Schneiderhandwerk; sie waren zugleich die am stärksten übersetzten und durch den größten Gesellenstau gekennzeichneten Gewerbe. Die Übersetzung und das materielle Elend der Gesellen waren in den beiden Städten Regensburg und Amberg besonders groß, da es dort kaum den Ausweg in irgendwelche Nebenerwerbstätigkeiten – wie beim Landhandwerk – gab. Dies barg beträchtlichen sozialen Zündstoff in sich, wie die starke Beteiligung der Regensburger Schustergesellen an den Unruhen im Revolutionsjahr 1848 zeigte. Bis zum Anfang der 1860er Jahre hatte bereits eine größere Anzahl vor allem von Gesellen, dann aber auch von Meistern der Schuster- und Schneider-Branche besonders in Regensburg ihr Handwerk aufgeben und vermutlich den Weg in die am Ort entstandenen Fabriken oder zum Eisenbahnbau, kurz: in die „Proletarisierung" gehen müssen.

Durch die wirtschaftliche Hausse der Jahre 1856 bis 1858 konnte die Oberpfalz bis zum Anfang der 1860er Jahre im innerbayerischen statistischen Vergleich des Industrialisierungsgrades und des Wachstums der Fabrikarbeiterzahl eine obere Mittelposition erreichen. Zur „Halbzeit" der – hier so genannten – „Initialphase der Industrialisierung" in der Oberpfalz (1850-1890) hatten sich hinsichtlich der Fabrikarbeiterzahlen und damit auch des Organisationspotentials für die Sozialdemokratie bereits vier regionale Schwerpunkte herauskristallisiert: zunächst die beiden Städte Regensburg (1.655 Beschäftigte) und Amberg (1.023 B.), dann – gleichauf mit Amberg – der Amtsbezirk Burglengenfeld (1.041 B.) und schließlich noch der Amtsbezirk Neunburg v.W. (wo von insgesamt 648 Arbeitern allein schon 505 in den 39 Glasschleifen des Bezirks beschäftigt waren). Die Textilindustrie, die in anderen Regionen einer der Leitsektoren des Industrialisierungsprozesses gewesen war, fehlte in der Oberpfalz fast völlig.

Trotz eines bis dahin nicht erlebten wirtschaftlichen Booms in den Gründerjahren nach 1871 kann von einer verstärkten Industrialisierung in der Oberpfalz eigentlich erst während der Vorkriegsära (1890 – 1914) gesprochen werden. Erst in den letzten beiden Jahrzehnten des vorigen Jahrhunderts entstanden dort, allerdings beschränkt auf einige wenige Regionen, die Großbetriebe der Glas- und Porzellanindustrie, die fortan neben den Leitsektor der Montanindustrie treten sollten; Amberg entwickelte sich in dieser Phase zur am stärksten industrialisierten Stadt in der Oberpfalz. Der Anteil der Großbetriebe am oberpfälzischen Industrialisierungsprozeß blieb im gesamtdeutschen Vergleich aber eher gering: 1895 lag er bei einem Fünftel, 1907 bei noch immer nicht einmal einem Drittel aller in Gewerbe und Handel Beschäftigten. In den Jahren 1906 bis 1908 erlebte die (vor allem Nord-) Oberpfalz dann eine für diese allgemeinen Depressionsjahre atypische Wirtschaftsblüte, die sie - so die immer wiederkehrende Prophezeiung in der sozialdemokratischen Presse – zum künftigen „bayerischen Rheinland-Westfalen" machen würde, befände sich doch kein anderer bayerischer Regierungsbezirk in einer derartigen wirtschaftlichen und politischen Gärung wie gerade die Oberpfalz. Zwar konnte die Oberpfalz durch dieses „Wirtschaftswunder" ihre Rückständigkeit den anderen Regierungsbezirken gegenüber zumindest teilweise wettmachen, letztendlich sollte dieser Aufschwung aber doch nur ein kurzes konjunkturelles „Strohfeuer" bleiben.

Rund zwei Drittel bis drei Viertel aller oberpfälzischen Gemeinden hatten bis zum Ende der Phase der verstärkten Industrialisierung (1890 – 1914) eine ungünstige Bevölkerungsentwicklung durchgemacht, trotzdem die Oberpfalz konstant mit die höchsten Geburtenüberschüsse unter allen bayerischen Regierungsbezirken aufzuweisen gehabt hatte. Die Wanderungsverluste der Oberpfalz waren aber im innerbayerischen Vergleich die höchsten überhaupt: sowohl was den Gesamtanteil (mehr als ⅖) der aus ihrer Heimatgemeinde abgewanderten Bevölkerung als auch was die jeweiligen Anteile der an den Binnenwanderungen zwischen den einzelnen oberpfälzischen Amtsbezirken (knapp ⅕ der Einwohner der Oberpfalz) und, vor allem, der an der Abwanderung aus der Heimatprovinz (mehr als ⅕ aller Oberpfälzer) beteiligten Bevölkerung anbelangte. Es liegt auf der Hand, daß durch die Abwanderung eines so enormen Anteils an der Gesamtbevölkerung (mehr als ein Fünftel; darunter vermutlich gerade die aktiveren Bevölkerungsanteile) auch ein beträchtlicher Anteil des etwa angestauten sozialen Konflikt- und Protestpotentials aus der Oberpfalz abgezogen wurde. Ein Bevölkerungswachstum konnten innerhalb der Oberpfalz nur einige wenige von der Industrialisierung besonders stark erfaßte Orte und Regionen verzeichnen, so vor allem Amberg (im Vergleichzeitraum 1855 bis 1910 um 133 %) und Regensburg (104 %), wo sich der Anteil der Katholiken an der Einwohnerschaft durch den Zustrom aus der zu knapp 92 % katholischen oberpfälzischen Bevölkerung zwischen 1840 und 1910 von 68,26 % auf 86,28 % erhöht und damit sich auch die politischen Erfolgsaussichten des Zentrums wesentlich verbessert hatten.

Der prozentuale Arbeiteranteil an der Erwerbstätigen-Gesamtzahl war in der Oberpfalz im ersten Vergleichsjahr 1882 mit 24,2 % noch über dem gesamtbayerischen Vergleichswert von 22,3 % gelegen, fiel dann aber gegenüber dem Industrialisierungstempo in den anderen bayerischen Regierungsbezirken zurück und gewann erst im oberpfälzischen Boomjahr 1907 mit 26,2 % wieder den Anschluß an den bayerischen Mittelwert von 27,4 %. Die Oberpfalz blieb aber im Vergleichszeitraum 1882 bis 1907 – neben Niederbayern – der einzige bayerische Regierungsbezirk, in dem mehr als die Hälfte aller Erwerbstätigen noch in der Land- und Forstwirtschaft beschäftigt war.

Die Untersuchung und Darstellung des Arbeiter-Lebens in der Oberpfalz 1848 – 1919 als eine Art Enzyklopädie von deren Lebens- und Arbeitsverhältnissen erbrachte für die einzelnen Teilbereiche folgende Ergebnisse: Bei der Kinderarbeit lagen in der Oberpfalz die Schwerpunkte weniger in den Fabriken (wo sie wegen der hier erst um 1850 einsetzenden Industrialisierung – aufgrund technischer Neuerungen – bereits zu wenig gewinnträchtig geworden war) als vielmehr in den „Grauzonen" Landwirtschaft und Heimgewerbe (meist saisonal wechselnd), wo 1907 von 443 gezählten gewerblich tätigen Kindern 312 gesetzwidrig beschäftigt waren. Aber nur 11 von diesen insgesamt 312 Verstößen wurden überhaupt geahndet, zeigten doch die Polizeibehörden am Ort in der Regel keinerlei Bereitschaft, sich mit Fabrikanten, Geschäftsleuten und/oder uneinsichtigen Eltern anzulegen. In dem der Kinderarbeit benachbarten Bereich der Lehrlingsausbildung lassen sich dagegen in den letzten Vorkriegsjahren bereits Ansätze zu einer Abhilfe der dort anzutreffenden Mißstände – vor allem der Lehrlingszüchterei und der Vertragslosigkeit der Lehrlinge – feststellen.

Für Frauen gab es jedoch in der Oberpfalz bis zum Ende des Ersten Weltkriegs keine geregelte Berufsausbildung; Frauenarbeit blieb auf un- und angelernte Tätigkeiten beschränkt, die – bei gleicher Tätigkeit – mit nur 1/3 bis 2/3 der Männerlöhne entlohnt wurden. Dies veranlaßte immer mehr Unternehmer, möglichst alle leichten unqualifizierten Arbeiten an Frauen zu vergeben, was im Zuge der sich rasch entwickelnden Massenproduktion und Arbeitsteilung auch in der Oberpfalz zu einer enormen, überproportional gegenüber dem Männeranteil verlaufenen Zunahme der Frauenarbeit in Fabriken führte. Schwerpunkte der Frauenarbeit in der Oberpfalz waren die Porzellan- und Glasindustrie sowie vor allem die Amberger Emailfabrik Baumann, wo die im Jahr 1908 beschäftigten 1.048 Frauen bereits 43,1 % der Gesamtbelegschaft stellten.

Eine besonders düstere Seite der Frauen- und Kinderarbeit vor allem war in der Oberpfalz wie im gesamten Deutschen Reich die Heimarbeit, die in der Vorkriegsära wegen ihrer elenden Verhältnisse die deutsche Öffentlichkeit wie kaum ein anderer Produktionszweig beschäftigte und in der sich bis zum Ende des Ersten Weltkrieges keinerlei Verbesserungen der Lage ergeben sollten. Vermutlich gerade wegen dieser einzigartigen Summierung miserabler Lebens- und Arbeitsverhältnisse, die allenfalls noch in der oberpfälzischen (Spiegel-) Glasindustrie ihre Parallelen hatten, kam es in der Oberpfalz aber nirgendwo zu einer gewerkschaftlichen Organisierung und Gegenwehr der Heimarbeiter; organisationshinderlich waren hier vor allem die völlige Abhängigkeit der Heimarbeiter vom Zwischenmeister, ihre Konkurrenz untereinander und räumliche Isolierung voneinander und ihre heterogene Sozialstruktur (mit einem besonders hohen Anteil un- und angelernter Frauen).

Ein wesentliches Kriterium für den Schutz der Arbeiterschaft vor geistiger und körperlicher Verkümmerung sowie für ihre gewerkschaftliche und politische Organisierbarkeit war die

Länge der Arbeitszeit; die Arbeitszeitverkürzung und die Festlegung eines „Normal" bzw. „Maximalarbeitstages" war daher seit Herausbildung der sozialdemokratischen Arbeiterbewegung eines der Hauptanliegen sowohl der Gewerkschaften als auch der Partei. Die bei weitem längsten Arbeitszeiten mit 12 bis 16 Stunden pro Tag hatten 1910 in der Oberpfalz die insgesamt 3.355 Beschäftigten der Schleif- und Polierwerke und Spiegelglashütten; die Wochenarbeitszeit lag in diesem stärksten Industriezweig der Oberpfalz bei 70 bis 90 Stunden. Wohl auch auf das gesamte Deutsche Reich bezogen, dürften die oberpfälzischen Glaspolierwerke mit täglich 18 Stunden Arbeitszeit den weitaus längsten Arbeitstag unter allen Industriebranchen gehabt haben.

Tariflich geregelt war die Arbeitszeit zu Anfang unseres Jahrhunderts nur für die Schneider in Regensburg und die oberpfälzischen Buchdrucker; für die Arbeiterbewegung in der Oberpfalz scheint erst während der wirtschaftlichen Hausse der Jahre 1906 bis 1908 die Forderung nach Arbeitszeitverkürzung zu einem zentralen Anliegen geworden zu sein. Im Jahr 1910 war in fast der Hälfte aller oberpfälzischen Industriebetriebe der im Deutschen Reich bereits übliche Zehnstundentag noch nicht erreicht; in einigen Bereichen lag die tägliche Durchschnittsarbeitszeit sogar skandalös weit über dem Zehnstundentag. Ausschlaggebend hierfür waren wohl die noch relativ geringe Technisierung der Betriebe und die mangelnde Durchsetzungskraft der Arbeiterbewegung in der Oberpfalz.

Auch für die Gewerkschaften in der Oberpfalz standen neben Arbeitszeitverkürzungen vor allem Lohnforderungen im Mittelpunkt des Interesses, waren sie doch – falls ihnen Erfolg beschieden war – das beste Mittel zur Mitgliedergewinnung. Die Oberpfalz hatte im innerbayerischen Vergleich 1884 die jeweils niedrigsten Durchschnitts-Tagelöhne bei den Männern (Jugendliche und Erwachsene) sowie bei den weiblichen Jugendlichen; innerhalb der Oberpfalz zeigte sich ein deutliches Einkommensgefälle vom am stärksten industrialisierten Amberg zum nur schwachindustrialisierten Grenzbezirk Waldmünchen. Im Zeitraum 1884 bis 1914 hatten sich in der Oberpfalz die Durchschnitts- Tagelöhne bei den Männern und weiblichen Jugendlichen in etwa verdoppelt; demgegenüber war die Entwicklung der – ohnehin nur 1/3 bis 2/3 des Männerverdienstes betragenden – Frauenlöhne mit einer Steigerung um nur etwa ein Drittel auffallend stark zurückgeblieben.

Überhaupt scheint es zu einer spürbaren Erhöhung der Löhne in der Oberpfalz erst in den letzten Jahren des vorigen Jahrhunderts gekommen zu sein. Vor allem im wirtschaftlichen Boomjahr 1906 wurden dann in einer ganzen Reihe von Industrie- und Handwerksbranchen Lohnerhöhungen von 10 Prozent und mehr erzielt (allein 12 der 1906 insgesamt 20 Streiks brachten zum Teil ganz erhebliche Lohnverbesserungen); trotzdem rangierte im selben Jahr die Oberpfalz im innerbayerischen Lohnvergleich sowohl bei den Männern als auch bei den Frauen noch immer an letzter Stelle. Erst während des atypischen oberpfälzischen Booms der Jahre 1907/08 mit seinem gesteigerten Arbeitskräftebedarf und der erhöhten Streiktätigkeit konnten große Teile der Arbeiterschaft in der Oberpfalz allein im Jahr 1907 (in dem 8 von insgesamt 18 mit Lohnforderungen geführten Streiks erfolgreich waren) Einkommenszugewinne – bei teilweise damit einhergehenden Arbeitszeitverkürzungen – zwischen 10 und 20 Prozent erzielen; 1908 wurden auch noch für eine Reihe von Handwerks- und Industriebranchen Tarifverträge mit Lohnerhöhungen abgeschlossen. Die Gesamtzunahme der Löhne in der Oberpfalz während der kurzen Wirtschaftsblüte 1906 – 1908 erreichte annähernd die der vorangegangenen zehnjährigen Periode 1896 – 1906; die sehr geringen Einkommenszugewinne während der letzten Vorkriegsjahre 1908 – 1914 kamen dann jedoch einem Stagnieren der Löhne gleich.

Mit diesen beträchtlichen Einkommenszugewinnen der oberpfälzischen Arbeiterschaft im Vergleichszeitraum 1884 bis 1914 gingen aber erhebliche Preissteigerungen beim Fleisch (im Zeitraum 1892 bis 1914 um 36 %), in den letzten Vorkriegsjahren dann auch bei den Kartoffeln und beim Bier einher, so daß das Arbeiterdasein auch und gerade in der Oberpfalz aus reiner Existenzsicherung und aus der Bereitstellung des Allernötigsten zum Überleben bestanden haben dürfte. Saisonale oder gar dauernde Arbeitslosigkeit, Erwerbslosigkeit im Alter, plötzliche Krankheit, Unfall und Tod des Hauptenährers hingen als ständige Bedrohungen wie ein Damoklesschwert über der Existenz der meisten oberpfälzischen Arbeiter.

Die soziale Frage in der zweiten Hälfte des 19. Jahrhunderts wurde wesentlich mitbestimmt und begleitet von einem Bündel staatlicher Gesetzgebungswerke und kommunaler, betrieblicher, kirchlicher und gewerkschaftlicher sozialpolitischer Maßnahmen. So wurde mit dem Heimatgesetz von 1868 das Erfordernis der Ansässigmachung und die Bindung der Eheschließung an diese abgeschafft; nirgendwo sonst in Bayern waren zuvor Ansässigmachung und Verehelichung vor allem von Handwerksgesellen, Fabrikarbeitern und Taglöhnern so häufig durch kommunales Veto verhindert worden wie gerade in der Oberpfalz und hier wiederum vor allem in Regensburg. Eine Folge davon waren die enorm hohen Unehelichenquoten gerade in Regensburg, wo sie

1859/60 mit 41,2 % weit über dem bayerischen Mittelwert von 22 % gelegen hatten.

Die wichtigste und folgenreichste sozialpolitische Einrichtung überhaupt war das Kassenwesen, dessen Zustandekommen und Ausbau durch staatliche, betriebliche und gewerkschaftliche Initiativen gemeinsam bewirkt worden war. Während die bis 1870 in den meisten oberpfälzischen Großbetrieben eingerichteten Betriebskranken- und Pensionskassen (wie übrigens auch die – ihnen später folgenden – anderen betrieblichen integrativen Maßnahmen: Fabrikwohnungsbau, Arbeiterurlaub, Fabriksparkassen, Arbeiterausschüsse und Werkskonsumvereine) neben der ansatzweisen sozialen Absicherung der Beschäftigten auch und vor allem der Disziplinierung der Arbeiterschaft (wie am Beispiel der Gewehrfabrik Amberg und der Maxhütte demonstriert wurde), ihrer Immunisierung gegen sozialdemokratische Einflüsse und Integration in den bürgerlichen Staat dienen sollten, müssen die als solidarische Selbsthilfeeinrichtungen entstandenen Hilfs- und Unterstützungskassen für Gesellen als Vorläuferorganisationen und als einer der entscheidenden personellen und organisatorischen Kontinuitätsstränge der gewerkschaftlich-politischen Arbeiterbewegung – auch – in der Oberpfalz während der Reaktionszeit der 1850er Jahre angesehen werden.

Eine der wichtigsten personellen und organisatorischen Traditionslinien in der Frühgeschichte der oberpfälzischen Arbeiterbewegung wurde markiert durch den nach der Selbstauflösung des Regensburger Arbeiterbildungsvereins 1850 noch im selben Jahr von dessen ehemals führenden Mitgliedern initiierten selbstverwalteten (und noch 1877 gut florierenden) „Kranken-Unterstützungsverein der außerordentlichen Mitglieder des Gewerbevereins Regensburg". Eine zweite um die Jahrhundertmitte gegründete Kasse war die ebenfalls 1850 als Nachfolgeorganisation für den kurz zuvor aufgelösten „Gutenbergverein" Regensburger Buchdrucker sich konstituierende „Unterstützungskasse für Buchdrucker in Regensburg und Stadtamhof".

Neben den jeweils zwei um die Jahrhundertmitte gegründeten Kassen sozialistischer sowie katholisch-konservativer Provenienz (letztere beide in Regensburg und Erbendorf) lassen sich selbst für die Reaktionszeit der 1850er Jahre noch weitere Spuren und Traditionslinien gewerkschaftlicher Arbeiterbewegung in Regensburg nachweisen: so die drei selbstverwalteten Unterstützungskassen der Zimmergesellen (Gründungsjahr: 1857) und der Buchdrucker-Witwen und -Waisen (gegründet 1858/59) sowie – wenn auch mit Einschränkungen – der Maurer (Gründungsjahr: 1855). In den nachfolgenden 1860er Jahren setzte dann auch bei den oberpfälzischen Porzellanarbeitern das Krankenkassenwesen bereits ein, wie die 1863 bzw. 1864 gegründeten selbstverwalteten Unterstützungskassen in Amberg bzw. Tirschenreuth beweisen; in der nördlichen Oberpfalz sollte im Jahr 1872 noch die selbstverwaltete Unfall-Hilfskasse der Steinhauer in Flossenbürg hinzukommen.

Die Kapitaleinlagen und (Zwangs-) Mitgliederzahlen der betrieblichen Kassen in der Oberpfalz waren zwar weit größer als die der selbstverwalteten Unterstützungskassen sozialistischer Provenienz, die eigentliche Bedeutung der letzteren lag aber – neben deren sicherlich vorhandener bewußtseinsprägender Wirkung auf die Mitgliedschaft – ohnehin mehr in ihrer Funktion als personelle und organisatorische Kontinuitätsstränge der Arbeiterbewegung – auch – in der Oberpfalz während der Reaktionszeit der 1850er Jahre. Der 1883 begründeten staatlichen Krankenversicherung vermochten die gewerkschaftlichen Hilfskassen in der Oberpfalz nur noch wenig entgegenzusetzen; zugleich blieb hier aber auch der „lange Marsch" durch die Selbstverwaltungsorgane der Krankenversicherung bereits in den ersten Ansätzen stecken.

Die auch bei den Sozialdemokraten in der Oberpfalz weitaus populärsten Einrichtungen staatlicher Sozialpolitik waren die Gewerbegerichte und die Fabrikinspektion, die – mit Hilfe der reformorientierten Sozialdemokratie in der Oberpfalz – sich als neutrale Vermittlungsinstanz profilieren konnte. Die paritätisch aus Arbeitgebern und -nehmern besetzten Gewerbegerichte hatten sich vor allem als Schlichtungsstelle bei Arbeitskämpfen und Tarifstreitigkeiten bewährt; durch das Proporzwahlsystem wurde hier eine starke gewerkschaftliche Repräsentanz ermöglicht. Von der Arbeiterschaft zwar häufig in Anspruch genommen, aber ohne jedes Mitspracherecht für deren gewerkschaftliche Interessenvertreter waren die – erst nach der Jahrhundertwende entstandenen – Arbeitsämter in der Oberpfalz, die aber – anders als die gewerkschaftlichen Unterstützungskassen – keinerlei materielle Hilfe für die Arbeitslosen boten. Erst am Vorabend des Ersten Weltkrieges und beschränkt auf Regensburg und die Nordoberpfalz schufen sich beträchtliche Teile der oberpfälzischen Arbeiterschaft wieder eigene Organisationen zur materiellen Daseinsbewältigung – neben den bereits behandelten selbstverwalteten Unterstützungskassen – in Form der Arbeiterkonsumvereine.

Durch die Bismarck'sche Sozialgesetzgebung mit ihrem ansatzweisen Schutz gegen die Folgen von Krankheit und Betriebsunfällen wurde die Lage der Arbeiterschaft insgesamt zwar sicherlich verbessert, die in Beruf, Wohn- und Ernährungsweise liegende unterschiedliche soziale Disposition zu Säuglingssterblichkeit, Typhus-Epidemien und Tuberkulose blieb davon aber im wesentlichen unberührt, und auch die – weit über den deutschen Vergleichswerten liegenden – Morbiditätsfrequenzen sowie die Betriebsunfallquoten der oberpfälzischen Arbeiter ließen im Untersuchungszeitraum keine Besserung erkennen.

Die tatsächlich verinnerlichte Mentalität und das Bewußtsein der Arbeiterschaft im 19. Jahrhundert lassen sich nur schwer rekonstruieren; dennoch erscheinen einige grundsätzliche Anmerkungen zur Mentalität – als wichtigem Faktor jeder Strukturanalyse – der oberpfälzischen Arbeiterschaft notwendig, um verstehen zu können, wie durch Schule, Presse, Armee, Vereinswesen und vor allem durch die in der Oberpfalz alles dominierende katholische Kirche ein Arbeitertypus geformt wurde, der sich nur allzu häufig bereitwillig in seine Unterdrückung schickte. Die katholische Kirche konnte gerade in der Oberpfalz (wo im Vergleichszeitraum 1840 bis 1910 ihr Anteil am Konfessionsgefüge mit konstant knapp 92 Prozent weit über dem gesamtbayerischen Mittelwert von rund 70 Prozent lag und wo es erst mit der Revolution von 1918/19 zur Entfremdung zwischen dem Klerus und beträchtlichen Teilen der politisch aktiven Industriearbeiterschaft kommen sollte) als die einzige sinn-, identitäts- und troststiftende Instanz sich einen überwältigenden mentalitätsprägenden Einfluß in Schule, Presse und Vereinswesen sichern, der besonders von der höheren Geistlichkeit (trotz aller Konflikte mit der Bürokratie) für die ideologische Rechtfertigung der herrschenden Ordnung und die Einhaltung einer Demutshaltung und Untertanenmentalität sowie für die anti-liberale und, vor allem, -sozialdemokratische Indoktrination und Immunisierung eingesetzt wurde.

Zur von 1808 an (bis zur Revolution von 1918/19) durch Geistliche wahrgenommenen Schulaufsicht in Bayern und zur Klerikalisierung des Volksschulwesens in der Oberpfalz, zu den regelmäßigen und die letzten Winkel der Oberpfalz erfassenden Volksmissionen und Jesuitenkonferenzen und zu dem den Jahresablauf wie auch den Lebensweg des Einzelnen – „von der Wiege bis zur Bahre" – begleitenden katholischen Ritus kamen noch der von Pustet, Habbel und Held betriebene Ausbau des oberpfälzischen Pressewesens zum „schwarzen Bollwerk" innerhalb der bayerischen Presselandschaft bei Beginn des Ersten Weltkrieges und das vom oberpfälzischen Klerus bis zur Jahrhundertwende geschaffene dichte Netz von katholischen Gesellen- und Arbeitervereinen, mit denen die katholische Kirche wesentliche Teile vor allem der ländlichen Arbeiterschaft in der Oberpfalz an sich und die Zentrumspartei zu binden vermochte. Selbst die von den 1860er Jahren an florierenden Geselligkeitsvereine hatte die Kirche unter ihr Protektorat zu nehmen verstanden, indem sie ihnen ihre Vereinshäuser als Versammlungslokale angeboten hatte. Gerade das Engagement – so die ständige Klage in der sozialdemokratischen Presse – in diesen ungezählten Geselligkeitsvereinen und „die verdummende Wirkung dieser bürgerlichen Klimbim-Vereine" seien mit ausschlaggebend für die Teilnahmslosigkeit und das Desinteresse großer Teile der oberpfälzischen Arbeiterschaft an jedweder Aktivität zur Verbesserung ihrer oft miserablen Lage.

Dem weitgehenden Monopol des unter kirchlichem Protektorat stehenden (politischen und geselligen) Vereinswesens erwuchs in der Oberpfalz erst von der Jahrhundertwende an – und beschränkt auf die wenigen Industriezentren – eine ernster zu nehmende Konkurrenz in einer organisatorisch eigenständigen Arbeiterkultur (mit lokalen Bibliotheken und Bildungsausschüssen, mit Arbeiter- Gesangvereinen, -Turnvereinen und -Radvereinen), deren Erfolg – je nach Kultursparte und Region – sehr unterschiedlich war. So konnte die sozialdemokratische Presse in der Oberpfalz nur einen Bruchteil der Gesamtarbeiterschaft erreichen, wie auch die wenigen und relativ spät errichteten sozialdemokratischen Bibliotheken wohl kaum imstande waren, sich gegen die erdrückende Übermacht der katholischen Arbeiter- und Gesellenvereinsbibliotheken zu behaupten. Die drei sozialdemokratischen Ortsbildungsausschüsse konnten zwar auf eine großartige demokratische Traditionslinie (die bis zum Regensburger Arbeiterbildungsverein des Jahres 1849 zurückreichte) verweisen, dürften aber mit ihren nur sporadischen Vortragsveranstaltungen in den Jahren 1909 bis 1913 keine allzu große Wirkung mehr erzielt haben, war doch in diesen letzten Vorkriegsjahren die organisatorische und ideologische Immunisierung großer Teile der oberpfälzischen Arbeiterschaft gegen die Sozialdemokratie durch das katholische (politische und gesellige) Vereinswesen bereits abgeschlossen.

Mehr Erfolg als mit ihrer Presse, ihren Bibliotheken und Ortsbildungsausschüssen hatten die Sozialdemokraten in der Oberpfalz mit den geselligen Arbeiter-Turnvereinen, -Radvereinen und, vor allem, -Gesangvereinen; das Zentrum der Arbeitersänger – wie auch schon der Konsumgenossenschaftsbewegung war die nördliche Oberpfalz. Erst durch die im letzten Jahrzehnt vor dem Ersten Weltkrieg vor allem von der Arbeiterbewegung (neben dem technischen Fortschritt etc.) erzwungenen allgemeinen Arbeitszeitverkürzungen war die Entwicklung einer so überraschend vitalen Arbeiterkultur wie im Amtsbezirk Tirschenreuth überhaupt ermöglicht worden. Die Integration einer – wie in der nördlichen Oberpfalz – bedeutenden Anzahl von Arbeitern (samt deren Familienangehörigen) in die sozialdemokratischen Kulturorganisationen und ganz besonders deren aktive Mitarbeit darin wirkte wiederum (organisations-) fördernd wie kaum ein anderer materieller oder immaterieller Anreiz auf das Parteileben am Ort und damit auch auf die Schlagkraft und die Erfolgschancen der Arbeiterbewegung insgesamt bei der Durchsetzung ihrer Forderungen (wie z.B. der nach Arbeitszeitverkürzung).

Die Herausbildung eines eigentlichen Proletariats begann auch in der Oberpfalz erst mit der Konzentration einer großen Anzahl von Arbeitern beim Eisenbahnbau und in den während der Initialphase der Industrialisierung (1850 – 1890) dort entstandenen Fabriken, die – wie die Maxhütte – gewissermaßen auf freiem Felde errichtet worden waren. In der Oberpfalz war während der Initialphase der Industrialisierung noch eindeutig der agrarisch vorgeprägte Arbeitertyp dominierend mit enger Bindung an sein Heimatdorf (in dem er meist wohnen blieb und wo er häufig noch – als sog. „Mondschein-Bauer" - eine kleine Landwirtschaft betrieb) und an die Kirche, mit ländlichen Lebensgewohnheiten und nur geringer Bereitschaft zum Protest gegen die ihm in der Fabrik widerfahrene Ausbeutung und Unterdrückung. Rund 85 Prozent der oberpfälzischen Bevölkerung lebten um 1860, bei Beginn der Industrialisierung also, nicht bürgerlich-behäbig, sondern dürftig, ja – zum großen Teil – sogar elend. Erste Ansätze eines solidarischen – wenn auch noch rohen und in ausländerfeindlichen Vorurteilen befangenen – Klassenbewußtseins sollten sich in der Oberpfalz erst bei den in den Jahren 1870 bis 1872 unweit Regensburgs entstandenen blutigen Eisenbahnarbeiterkrawallen zeigen.

Die Rekrutierung und Qualifizierung sowie die Disziplinierung und Entwicklung eines Klassenbewußtseins bei der Hauptgruppe der Lohnarbeiterschaft bzw. des Proletariats, den Fabrikarbeitern, war ein langwieriger widerspruchsvoller, von ständigen Rück- und Fehlschlägen begleiteter Prozeß. So waren in der Initialphase der Industrialisierung in der Oberpfalz (1850 – 1890) trotz der kinderreichen Landbevölkerung insbesondere qualifizierte Arbeitskräfte nur schwer zu bekommen wegen der abschreckenden Wirkung der dort so rigide und schikanös wie nirgendwo sonst in Bayern gehandhabten Praxis der Verhinderung der Ansässigmachung und Verehelichung von Fabrikarbeiter(-inne)n durch kommunales Veto, des häufig praktizierten Systems polizeilicher Melde- und Ausweispflichten und, vor allem, der strengen und allumfassenden Disziplinierung der Arbeiter(-innen) innerhalb der Fabriken. Gerade die strengen Fabrikordnungen aber waren es, die sich mit ihren Regeln und Kontrollen bereits auf die Arbeiter als Arbeiter, nicht mehr auf sie als Angehörige verschiedener Berufe bezogen und die damit wesentlich zur Entwicklung eines Klassenbewußtseins zumindest bei Teilen der Lohnarbeiterschaft beitrugen.

Wie am Beispiel der Maxhütte demonstriert, äußerte sich die beginnende Bewußtseinsveränderung bei Teilen der frühen Lohnarbeiterschaft – angesichts der ihr durch die Fabrikdisziplin zugemuteten Verhaltensnormen – zunächst in einer Vielzahl individualistischer Fluchtreaktionen: gewalttätige Aktionen gegen Vorgesetzte sowie Flucht in Krankheit und Alkohol. Eine weitere wesentliche Stufe hin zum Klassenbewußtsein der Lohnarbeiterschaft: die Praxis gemeinsamer Gegenwehr, wurde erst ganz allmählich genommen; dieser entscheidende Schritt wurde – auch und gerade – in den oberpfälzischen Fabriken vorbereitet und begleitet von politischen und sogar konfessionellen Repressionen seitens der Unternehmerschaft, wie am Beispiel wiederum der Maxhütte, dann der Gewehrfabrik und der Baumann'schen Emailfabrik in Amberg sowie der Bischofshofer Brauerei in Regensburg gezeigt wurde.

So wurde im bedeutendsten frühindustriellen Betrieb der Oberpfalz, der Amberger Gewehrfabrik, durch das Zusammenwirken von Sozialistengesetz sowie einer auf politische Disziplinierung ausgerichteten Fabrikordnung und Personalpolitik die dort um 1875/76 so starke Metallarbeiterbewegung innerhalb weniger Jahre derart geschwächt und unterminiert, daß sie auf Jahrzehnte hinaus (bis zum Jahr 1903) völlig zum Erliegen kam. Im größten Eisenwerk Süddeutschlands, der Maxhütte, hatten Verlauf und Auswirkungen der beiden Streiks vom Frühjahr 1907 und, vor allem, vom Herbst und Winter 1907/08 entscheidend zur Verbitterung und Radikalisierung und damit auch zur Entwicklung eines Klassenbewußtseins bei der Arbeiterschaft beigetragen. Das ganze Ausmaß der Erbitterung, das diese katastrophale Streikniederlage und der sie mitverschuldende Streikbruch der Christlichen bei der Maxhütten-Arbeiterschaft hinterlassen hatten, sollte aber erst in der Revolution von 1918/19 deutlich werden, die nirgendwo in der Oberpfalz so radikal, gewalttätig und anti-klerikal verlief wie gerade im Maxhütten- Industriegebiet.

Sinn und Zweck dieser Untersuchung von Arbeits- und Lebensverhältnissen der oberpfälzischen Arbeiterschaft 1848 – 1919 konnte es nicht sein, eine nicht enden wollende Elendsmelodie fortzuschreiben, sondern Aufklärung in die Verhältnisse zu bringen, in denen der ganz überwiegende Teil der oberpfälzischen Bevölkerung vor 1919 lebte, in denen er agierte und auf die er reagierte. Wenn Aufklärung nach Immanuel Kant der Ausgang des Menschen aus seiner selbstverschuldeten Unmündigkeit ist, dann stehen wir sicherlich erst an deren Anfang, auch wenn – wie der aberwitzige Verlauf der ersten Hälfte unseres Jahrhunderts (mit ihren zwei Weltkriegen und den Genoziden) gezeigt hat – nichts weniger Wirkung zu haben scheint als eben diese

Aufklärung. Doch was ist die Alternative: Mystizismus, Eskapismus, Hedonismus?

Wie verhielten sich nun aber in einer solchen – wie gezeigt wurde - besonders benachteiligten Region die Menschen unter dem Druck der Verhältnisse, wie formierten und organisierten sie sich – bis 1919 – zur gewerkschaftlichen und politischen Arbeiterbewegung? Auch in der Oberpfalz waren es die Gewerkschaften, welche die sozialdemokratische Parteibildung in Gang brachten (und nicht umgekehrt) und die so zur Primärform der Arbeiterbewegung wurden. Von einer oberpfälzischen Gewerkschaftsbewegung kann aber zumindest bis 1919 noch nicht gesprochen werden, sondern allenfalls von einer Gewerkschaftsbewegung oder besser noch: von einzelnen Gewerkschaftsverbänden in der Oberpfalz, deren branchenspezifische und verbandsinterne Besonderheiten sich nicht auf einen Nenner bringen lassen und daher eine nach Verbänden gesonderte Darstellung erfordern. Es wurde deshalb das branchenspezifische, immer auch von der jeweiligen Situation im Betrieb und am Arbeitsplatz abhängige gewerkschaftliche Organisationsverhalten für die wichtigsten oberpfälzischen Berufszweige (die Buchdrucker, Bergarbeiter, Glasarbeiter, Bauarbeiter, Metallarbeiter und Porzellanarbeiter) untersucht; die für die frühe Arbeiterbewegung auch in der Oberpfalz so bedeutsamen handwerklich geprägten Berufsgruppen der Schneider und Schuster konnten dagegen aufgrund Quellenmangels nicht im Rahmen von Einzelstudien behandelt werden. Auf die enorme Bedeutung einzelner Unterstützungskassen als Vorläuferorganisationen bzw. Kontinuitätsstränge der Gewerkschaftsbewegung in der Oberpfalz wurde ja bereits wiederholt hingewiesen.

Die Mitgliederentwicklung der Freien Gewerkschaften in Regensburg war nach einem ersten frühen Höhepunkt im Sommer 1872 mit 550 Mitgliedern stark rückläufig gewesen; sie erreichten überhaupt erst wieder im Jahr 1896 mit 294 Organisierten den Mitgliederstand von 285 bei Erlaß des Sozialistengesetzes 1878. In der gesamten Oberpfalz wurden im Jahr 1896 446 Gewerkschaftsmitglieder gezählt; von dem von Ritter/Tenfelde konstatierten „Durchbruch der Freien Gewerkschaften Deutschlands zur Massenbewegung im letzten Viertel des 19. Jahrhunderts" kann für die Oberpfalz zu diesem Zeitpunkt also noch keine Rede sein. Erst mit der Gründung der Gewerkschaftskartelle Regensburg im Jahr 1899 und Amberg 1904 gelang der Durchbruch in der Mitgliederentwicklung (im Jahr 1908 waren allein in Regensburg und Amberg insgesamt 6.350 Verbandsangehörige organisiert); in den Jahren 1909/10 setzte dann aber in diesen beiden Kartellen – trotz des gut ausgebauten Unterstützungswesens – ein hauptsächlich konjunkturbedingter Mitgliederrückgang ein, wohingegen reichsweit von 1909 an lediglich ein verlangsamtes Mitgliederwachstum festzustellen war.

Diese Mitgliederverluste in Regensburg und Amberg konnten aber von 1910 an – auf die gesamte Oberpfalz bezogen – mehr als ausgeglichen werden durch die schon seit 1905/06 in der Nordoberpfalz gegründeten Gewerkschaftskartelle, die rasch ihre Organisiertenzahlen zu stabilisieren vermocht hatten. Insbesondere die Kartelle Tirschenreuth und Mitterteich erreichten eine beachtliche Organisationsquote und konnten im Jahr 1910 jeden 6. Industriearbeiter (die Kartelle Weiden und Floß dagegen nur jeden zehnten) freigewerkschaftlich organisieren. Zur Entwicklung der Gewerkschaftsbewegung in der nördlichen Oberpfalz trug ganz wesentlich bei das von der Generalkommission der Gewerkschaften Deutschlands im Frühjahr 1908 in Marktredwitz eröffnete Gewerkschaftssekretariat der „Agitationskommission für die nördliche Oberpfalz und den südlichen Teil von Oberfranken", das von Michael Weiß geleitet wurde, der als der – neben den Regensburger Gewerkschaftssekretären Burgau, Brandl und Hagen – wohl bedeutendste oberpfälzische Gewerkschafts- und SP-Funktionär gelten darf.

Die Gründe dafür, daß die gewerkschaftliche Organisierung in der Oberpfalz – aufs Ganze gesehen – doch nicht in dem Maße voranging, wie es den gesteckten Erwartungen und den erbrachten Anstrengungen eigentlich hätte entsprechen sollen, lagen in einer Reihe von Organisationshemmnissen (so z. B. in der enormen Mitgliederfluktuation, der Nicht-Organisierbarkeit der Landarbeiter, in den Auseinandersetzungen um den Süddeutschen Eisenbahnerverband, im Problem der Frauenagitation sowie der richtigen Agitationsmethode überhaupt) und, vor allem, in der erdrückenden Übermacht der christlichen Gewerkschaften und – später auch – der wirtschaftsfriedlichen („gelben") Werkvereine.

Mit der alle Lebensbereiche erfassenden religiösen Prägung der oberpfälzischen Bevölkerung kam der konfessionellen Komponente auch auf dem Felde der Arbeiterbewegung eine Bedeutung zu, wie sie diese wohl in keiner anderen deutschen Region gehabt haben dürfte. So hatten bis zum Jahr 1912 in der Oberpfalz die christlichen Gewerkschaften 43,8 % (in Gesamtbayern dagegen nur 16,8 %) und die gelben Werkvereine 20,7 % (gegenüber nur 7,5 % im gesamten Königreich) der organisierten Arbeiterschaft für sich gewinnen können; im Jahr 1912 waren also insgesamt zwei Drittel aller Verbandsangehörigen in der Oberpfalz „schwarz-gelb" organisiert gegenüber landesweit nur einem Viertel. Den sozialdemokratischen Gewerkschaften gehörte 1912 in der Oberpfalz nur ein Drittel der organisierten Arbeiter an (in Gesamtbayern dagegen drei Viertel); auf dieses im gesamtbayerischen Vergleich geradezu frappierende gewerkschaftliche Organisationsbild der Oberpfalz hatten die auch hier in der Konstituierungsphase der Gewerkschaftsbewegung bedeutsam gewesenen Hirsch-Dunckerschen Gewerkvereine keinen Einfluß mehr.

Bereits bei den katholischen Arbeiter- und Arbeiterinnenvereinen hatte die Oberpfalz mit 1907: 15 % organisierten Arbeitern bzw. 1912: 14 % organisierten Arbeiterinnen die jeweils bei weitem höchste Organisationsquote unter allen bayerischen Regierungsbezirken aufweisen können; die organisatorischen und ideologischen Zentren der christlichen Arbeiterbewegung in der Oberpfalz waren vor allem Amberg, dann erst Regensburg und Weiden. Im Jahr 1911 zählten die christlichen Ortskartelle Amberg 1.170 (im darauffolgenden Jahr 1912 waren es dann sogar 1.524 Mitglieder; bereits bei den katholischen Arbeitervereinen war Amberg 1907 mit 1.320 Mitgliedern die „Organisationshochburg" in der Oberpfalz gewesen), Regensburg 930 (gegenüber 4.982 freigewerkschaftlich Organisierten; 1907 waren in Regensburg 741 katholische Arbeitervereins-Mitglieder gezählt worden) und Weiden 553 Mitglieder (gegenüber 241 Freiorganisierten; der katholische Arbeiterverein Weiden hatte 1907 640 Mitglieder).

Der Konkurrenzkampf zwischen Christlichen und Freien Gewerkschaften um die Errichtung von Zahlstellen wurde in der Oberpfalz mit „Haken und Ösen" ausgetragen, vor allem seit dem – vom Regensburger Zentrumspolitiker Held inszenierten – christlichen Streikbruch beim Maxhütten-Streik von 1907/08. Die objektive Funktion der christlichen Arbeiterbewegung bestand – trotz der unbestreitbaren persönlichen Integrität sicherlich der meisten ihrer Mitglieder und wohl auch Funktionäre – in einer domestizierenden Systemintegration der Arbeiterschaft und in klerikaler Gängelung, in ständig sich verschärfenden antisozialistischen Kampf- und Abwehrmaßnahmen und in der Spaltung der Arbeiterbewegung (wie z. B. beim Maxhütten-Streik 1907/08). In den letzten Vorkriegsjahren erwuchs der christlichen Arbeiterbewegung eine starke Konkurrenz in den wirtschaftsfriedlichen Werkvereinen, die auch in der Oberpfalz in den Großbetrieben der Metall- und Porzellanbranche, in denen ein besonders starker Druck auf die Arbeiter ausgeübt werden konnte, bald dominierten. Nach dem Krieg zählten die Christlichen Gewerkschaften im Jahr 1918 in der Oberpfalz „nur" noch 4.300 (gegenüber 1911: 7.800), die Freien Gewerkschaften dagegen 6.400 (1912: 6.313) und selbst die gelben Werkvereine noch 3.500 (1912: 3.681) Mitglieder.

Nach den Eisenbahnbauarbeiterstreiks zu Anfang der 1870er Jahre sowie einer Reihe von kleineren, meist ohne Streik erfolgreich abgeschlossenen Lohnbewegungen einzelner Handwerkergruppen in der Phase der Hochkonjunktur von 1871 bis 1873 kam es in der Oberpfalz zu einer nennenswerten Streikaktion – abgesehen von vereinzelten Arbeitsniederlegungen – erst wieder Ende 1895 in einer Further Lederfabrik. Während der Boomjahre 1906 bis 1908 war in der Oberpfalz eine enorme – im gesamtbayerischen Vergleich jedoch um ein Jahr zeitverschobene – Zunahme der Streikfrequenz festzustellen; das Jahr 1907 markierte den Höhepunkt der Arbeitskämpfe in der Oberpfalz (so z. B. auf der Maxhütte) sowohl nach der Anzahl der Einzelstreiks (22) als auch der beteiligten Arbeiter (3.061).

Die Reaktion der Unternehmerseite auf die Streikoffensive der Arbeiterschaft sollte aber nicht lange auf sich warten lassen, war doch bis Kriegsbeginn 1914 der Großteil der bayerischen Unternehmerschaft bereits in Arbeitgeberverbänden organisiert, die den Freien Gewerkschaften sowohl regional als auch branchenspezifisch in der Organisationsquote weit überlegen waren und zunehmend mit Aussperrungen der Arbeiterschaft ihre Bedingungen aufzuzwingen versuchten. Die Gewerkschaften wurden daher immer mehr zu „Streikvermeidungsvereinen"; da ein Konfrontationskurs kaum noch Erfolgschancen zu versprechen schien, wurde nach neuen Möglichkeiten zur Kooperation gesucht. In dieser als geradezu ausweglos empfundenen Situation schien die Konfliktregelung durch Tarifverträge wohl fast allen Gewerkschaftsfunktionären wie auch den bayerischen Fabrikinspektoren der „Königsweg des Interessenausgleichs", ja die einzig erstrebenswerte Konfliktlösung überhaupt zu sein. Der eigentliche Durchbruch gelang der Tarifvertragsbewegung in der Oberpfalz erst im Jahr 1911; bis Kriegsbeginn 1914 waren dann aber bereits für insgesamt 22 Berufsgruppen Tarifverträge abgeschlossen worden.

Die Wegbereiter der organisierten Arbeiterbewegung waren auch in der Oberpfalz die – zwischen Handwerk und Fabrikarbeiterschaft stehenden – Buchdrucker, die in ihrer Mehrzahl bereits dem 1849 gegründeten Regensburger Arbeiterbildungsverein angehört hatten und darin führend tätig gewesen waren. Nach der behördlichen Schließung des – als Ausweichorganisation für den vom Verbot bedrohten Arbeiterbildungsverein gegründeten – „Gutenbergvereins" und der Selbstauflösung des Arbeiterbildungsvereins war den Regensburger Buchdruckern dennoch eine bescheidene gewerkschaftliche Betätigung im Rahmen der beiden 1850 und 1858/59 geschaffenen Buchdrucker-Unterstützungskassen, vor allem aber innerhalb der sich 1851 konstituierenden Buchdrucker- „Typographia", einem Fortbildungs- und Geselligkeitsverein, möglich. Die „Typographia" diente auch dem 1866 gegründeten Deutschen Buchdruckerverband als organisatorischer Brückenkopf für die Konstituierung eines Ortsvereins in Regensburg um die Jahreswende 1867/68.

Das erste Auftreten der Sozialdemokraten in Regensburg gab den Anstoß zur Einrichtung sog. „Hauskassen" 1871 bei Manz und im Jahr darauf bei Pustet, dessen Hauskasse die in ihren Versicherungsleistungen umfassendste betriebliche Unterstützungskasse der Oberpfalz überhaupt war. Der dritte große graphische Betrieb Regensburgs, die Buchdruckerei Habbel, gewährte bereits im Jahr 1884 – als erster deutscher Betrieb überhaupt – einen Arbeiterurlaub, was bis zur Jahrhundertwende dann auch von Manz und Pustet übernommen wurde. Durch diese betrieblichen Wohlfahrtseinrichtungen und durch das – bei Manz allerdings mit ständigen politischen Repressalien verbundene – Entgegenkommen der Unternehmer den Wünschen ihrer Arbeiter gegenüber waren bis zum Beginn der 1890er Jahre die Beschäftigten des Regensburger graphischen Gewerbes bereits weitgehend gegen sozialdemokratische Einflüsse immunisiert worden.

Charakteristisch für die Buchdruckerbewegung allgemein war das Bemühen um Zusammenarbeit mit den Prinzipalen (Meistern), das die Gehilfen einem Einsatz der Streikwaffe reserviert gegenüberstehen ließ. In Regensburg, wo es bis 1919 zu keinerlei Buchdruckerstreiks kam, war dies ganz besonders ausgeprägt. Diese Bereitwilligkeit der Buchdrucker-Verbandsmitglieder, sich mit dem eigentlich zu bekämpfenden System zu arrangieren, wurde ihnen von den anderen sozialdemokratischen Gewerkschaften Regensburgs als Korrumpierbarkeit einer neuen Arbeiteraristokratie ausgelegt. In einer von 1890 bis 1892 sich hinziehenden, überaus heftigen Pressefehde wurde den sozialdemokratisch organisierten Regensburger Buchdruckern vor allem vorgehalten: ihr elitäres Selbstverständnis als „Pioniere der Arbeiter"; ihre Kungelei mit dem Verleger und katholischen Casino-Vorstand Pustet; ihre Weigerung, mit der in Regensburg übermächtigen, von den Prinzipalen protegierten „Freien Vereinigung" (die Streiks strikt ablehnte und in Regensburg zwei Drittel der etwa 150 Buchdruckergehilfen organisieren konnte) sich auseinanderzusetzen und ihr wohl daraus resultierender, für Buchdruckerverhältnisse ungewöhnlich niedriger Organisationsgrad von nur 35 Prozent sowie ihr fehlendes Solidaritätsbewußtsein und Engagement für die Arbeiterbewegung am Ort.

Erst von der Jahrhundertwende an kam es zu einem enormen Anstieg der Buchdrucker-Organisiertenzahlen (von 1903: 146 auf 1911: 211 Mitglieder), der gekoppelt war mit dem – wenn auch späten – tarifpolitischen Durchbruch des Jahres 1902, als sämtliche Regensburger Druckereien die Bestimmungen des – mit einer Laufzeit vom 1.1.1902 bis 31.12.1906 abgeschlossenen – „Tarifvertrags der Buchdrucker für Deutschland" und von da an auch aller folgenden Buchdruckertarifverträge anerkannten.

Die Bergarbeiter-Organisationen konnten in der Oberpfalz erst nach der Jahrhundertwende und – trotz enormer Anstrengungen – nur in beschränktem Umfange Fuß fassen. Dem sozialdemokratischen Bergarbeiterverband gelang dies – vor der Revolution von 1918/19 - sogar nur auf der Braunkohlengrube Haidhof, während die christlichen Gewerkschaften eine nicht bekannte Anzahl Bergleute auf den Maxhütten-Eisenerzgruben im Raum Sulzbach-Auerbach (wo sich später aber – auf den Druck der Werksdirektion hin – der größte Teil der Bergleute dem 1908 gegründeten gelben Werkverein anschloß) sowie das Gros der in den oberpfälzischen staatlichen Hüttenwerken Amberg, Bodenwöhr und Weiherhammer Beschäftigten in dem vom Zentrumsabgeordneten Karl Schirmer initiierten „Verband der Arbeiter und Bediensteten Bayerischer Staats-, Hütten-, Berg- und Salinenwerke" zu organisieren vermochten.

Die Gründe für das weitgehende Scheitern der sozialdemokratischen Organisierungsbestrebungen, die erst nach Krieg und Revolution auf größere Resonanz unter den oberpfälzischen Bergleuten stoßen sollten, lagen wohl vor allem in der besonders tiefen Religiosität der Bergarbeiterschaft überhaupt, in der wohl meist doch gegebenen Nahrungssicherheit durch Zuerwerb aus eigenen kleinen Anwesen sowie in einer – relativen – sozialen Sicherung gegen materielle Existenzkrisen (durch Knappschaftswesen, obrigkeitlich-fürsorgliche Bergbehörden etc.) und in den, wenn auch bescheidenen, Ansätzen zu einer Mitbestimmung (Teilnahme an der Knappschaftsverwaltung und Mitwirkung in den Arbeiterausschüssen).

In keiner anderen Branche (von der Heimarbeit einmal abgesehen) und in keinem anderen Bezirk des Deutschen Reiches herrschten so miserable Zustände wie in der Glasindustrie der Oberpfalz; in diesem mit 3.355 Beschäftigten im Jahr 1910 stärksten Industriezweig der Oberpfalz waren die Löhne am niedrigsten, die Arbeitszeiten am längsten, die (vorübergehenden) Betriebsstillegungen am häufigsten, die sanitären Verhältnisse am schlechtesten und die technischen Einrichtungen am veraltetsten. Die Lage und damit auch die Organisierbarkeit der im Jahr 1906 insgesamt 1.850 Beschäftigten (davon 475 Frauen) auf den 170 Glasschleif- und Polierwerken der Oberpfalz wurde noch weiter erschwert durch die dezentralisierte Betriebsstruktur und das dort praktizierte patriarchalische Zwischenmeistersystem.

Erste Initiativen zur Organisierung der oberpfälzischen Glasarbeiter wurden bereits im Frühjahr 1873 unternommen, als

Vertreter des Fürther Glasarbeiter-Ortsvereins in Kröblitz bei Neunburg v.W. (wo die meisten oberpfälzischen Glasschleifen massiert waren) einen (allerdings nur kurzlebigen) Glasarbeiter- Lokalverein installierten. Im Jahr 1889, also noch vor Auslaufen des Sozialistengesetzes, kam es wiederum im Amtsbezirk Neunburg v.W. zur Gründung von drei Fachvereinen – innerhalb nur eines halben Jahres – in Dieterskirchen, Murntal und Schönsee, deren Aktivitäten wegen des unsolidarischen, kleinmütigen und unentschlossenen Verhaltens ihrer Mitglieder letztendlich aber doch nur ein Strohfeuer bleiben sollten und von denen nur der Fachverein Murntal das Jahr 1893 überdauerte.

Bei den Glasmachern der Oberpfalz, die sich selbst als Glasarbeiteraristokratie empfanden, war bis zum Frühjahr 1893 die von Norddeutschland aus betriebene sozialdemokratische Propaganda ohne jeden Erfolg geblieben. Erst als böhmische Glasmacher die Agitation und Organisierung ihrer ja meist selbst aus Böhmen stammenden Berufsgenossen in Angriff nahmen, gelang im Mai 1893 die Gründung eines Fachvereins für Spiegelglashütten-Arbeiter mit dem Sitz in Waldsassen.

Um die Jahrhundertwende setzte in der Oberpfalz ein zunächst nur in Ansätzen erkennbarer, dann aber immer offener zutage tretender Konkurrenzkampf zwischen christlichen und sozialdemokratischen Glasarbeiterverbänden ein, dessen Erfolge (von insgesamt 2.300 oberpfälzischen Glasschleifarbeitern waren 1908 erst 300 sozialdemokratisch und 250 christlich organisiert; mehr als drei Viertel aller oberpfälzischen Glasschleifer und -polierer standen also noch jeder Organisation fern) aber in keinem Verhältnis standen zu den gewaltigen Anstrengungen, die von beiden Verbänden unternommen worden waren und zu den ungeheuerlichen, nach Abhilfe geradezu schreienden Mißständen in der oberpfälzischen Glasindustrie. Gerade diese Mißstände aber und die schlechte Schulbildung, die erschreckende Teilnahmslosigkeit und (Selbst-) Genügsamkeit sowie das mangelnde Solidaritätsgefühl der meisten oberpfälzischen Glasarbeiter bildeten eine Art Teufelskreis, der nennenswerte und dauerhafte Organisationserfolge kaum zuließ und der in den letzten Vorkriegsjahren auch den Fürther Glasarbeiter- Gauleiter Dirscherl resignieren ließ, der sich zuvor mehr als zehn Jahre lang in der Oberpfalz um die Organisierung der Glasschleifer und -Polierer bemüht (auch als SP-Landtags- und Reichstags-Zählkandidat für den Wahlkreis Weiden-Neustadt a.d.WN fungiert hatte) und sich dabei, angesichts ständig wiederkehrender Niederlagen und der vermeintlichen Vergeblichkeit aller Anstrengungen, aufgerieben hatte.

Noch während der Reaktionsära hatten in Regensburg 1855 die Maurer und 1857 die Zimmerer Krankenunterstützungskassen gegründet, die offenbar Vorläuferinnen des im Mai 1872 dort geschaffenen Fachvereins der Maurer und Zimmerer waren. Bereits am 1. Juli 1872 hatte sich der „Arbeiter-Verein der Steinhauer zu Flossenbürg" konstituiert, die vor 1878 einzige selbstverwaltete (Unfall-) Hilfskasse der Oberpfalz außerhalb Regensburgs; 1884, also während des Sozialistengesetzes, wurde in Regensburg ein Fachverein der Steinmetzgehilfen geschaffen, der auch bei den beiden konstituierenden Kongressen des „Verbandes der Steinmetzen Deutschlands" in den Jahren 1884 und 1886 durch Delegierte vertreten war. Sowohl die Maurer- und Zimmerer- als auch die Steinmetz-Fachvereins-Aktivitäten schliefen aber schon bald wieder ein.

Erst um die Jahrhundertwende gelang dann in der Oberpfalz ein Neubeginn in der Stein- und Bauarbeiter-Organisierung; auf Unternehmerseite wurde im März 1900 der „Verband der Arbeitgeber des Bau-Gewerbes für Regensburg und Umgebung" gegründet. Beide Konfliktparteien hatten sich organisatorisch also bereits formiert, als am 11. Juni 1900 – im Zeichen einer lebhaften Baukonjunktur – in Regensburg der erste und zugleich größte Streik im überaus streikfreudigen oberpfälzischen Baugewerbe von den organisierten Maurern begonnen wurde und nach zweieinhalb Wochen erfolgreich beendet werden konnte.

Mit dem Wiedereinsetzen einer günstigen Baukonjunktur im Jahr 1905 nahm die Bau- und Steinarbeiter-Organisierung in der Oberpfalz – wie auch in Bayern und im Deutschen Reich überhaupt – einen ganz außerordentlichen Aufschwung, der bis etwa zur großen Bauarbeiter-Aussperrung im Frühjahr 1910 anhielt. In keinem anderen Gewerbe der Oberpfalz wurde in dieser Phase derart häufig gestreikt wie bei den Bau- und Steinarbeitern; gerade während der Boomjahre 1905/06 konnten durch eine Reihe von erfolgreich durchgeführten Streiks spürbare Verbesserungen in den Lohn- und Arbeitsbedingungen auch der oberpfälzischen Bauarbeiterschaft erzielt werden, was wohl einer der Hauptgründe war für die enorme Mitgliederzunahme der freigewerkschaftlichen Maurer-, Bauhilfsarbeiter-, Zimmerer- und Steinarbeiter-Organisationen. Dagegen waren die Mitgliederzahlen der – in der Oberpfalz sonst so starken – christlichen Gewerkschaften im Baugewerbe der beiden Städte Regensburg und Amberg verschwindend gering; nur in Weiden und im angrenzenden Amtsbezirk Eschenbach hatte der christliche Hilfs- und Transportarbeiterverband knapp 300 beim Bau des Truppenübungsplatzes Grafenwöhr beschäftigte Erd- und Rodungs- Arbeiter organisieren können.

Eine Wendemarke in der Bauarbeiter-Organisierung in der Oberpfalz vor dem Ersten Weltkrieg bildete die vom Deutschen Arbeitgeberbund für das Baugewerbe mit Auslaufen des Tarifvertrages im Jahr 1910 verhängte 68-tägige reichsweite Aussperrung; von den dabei erlittenen Mitgliederverlusten konnten sich die Maurer- und Bauhilfsarbeiter-Organisationen in Regensburg – trotz des mit Aufhebung der Aussperrung in Kraft getretenen vorteilhaften Tarifvertrages und der zum 1. Januar 1911 vollzogenen Verschmelzung der beiden Organisationen zum Deutschen Bauarbeiterverband – bis zum Jahr 1919 aber nicht mehr erholen, zumal da das Baugewerbe in Regensburg – wie auch im Deutschen Reich insgesamt – Ende 1911 in eine schwere wirtschaftliche Krise geriet und zeitweilig knapp 500 freigewerkschaftlich organisierte Bauarbeiter dort arbeitslos waren, obwohl 200 Verbandsmitglieder bereits aus Regensburg abgereist waren, um anderweitig nach Arbeit zu suchen.

Im November 1875 – zu einem Zeitpunkt also, zu dem sich wegen des Wirtschaftsabschwungs die meisten Gewerksgenossenschaften in Regensburg bereits wieder aufgelöst hatten – konstituierte sich in Amberg eine Mitgliedschaft der Metallarbeitergewerkschaft mit 31 Gründungsmitgliedern, der zu Anfang des darauffolgenden Jahres aber bereits 72 (wohl ausschließlich Gewehrfabrik-) Arbeiter angehörten und die im April 1876 mit 76 Organisierten zum Dutzend der mitgliederstärksten deutschen Metallarbeitergewerksgenossenschaften zählte, danach aber in eine schwere Krise geriet und im darauffolgenden Jahr nur noch 20 Mitglieder hatte. Von dieser sehr frühen Ausnahme abgesehen, blieben die Metallarbeiter-Organisierungserfolge in der Oberpfalz aber weitgehend beschränkt auf die Klein- und Mittelbetriebe; nur in einem einzigen der drei großen oberpfälzischen Metallbetriebe (Maxhütte, Gewehrfabrik und Emailfabrik Baumann), dem Maxhütten-Werk Haidhof, gelang dem Deutschen Metallarbeiter-Verband (DMV) der organisatorische Durchbruch, dies aber auch erst im Jahr 1906 und selbst da nur von kurzer Dauer. Der Großbetrieb als Organisationsproblem des DMV vor dem Ersten Weltkrieg war eine – allerdings erst spät thematisierte – allgemeine Erscheinung, blieben doch die Großbetriebe der Metallbranche im gesamten Deutschen Reich – mit nur wenigen Ausnahmen – bis in die ersten Kriegsjahre hinein der gewerkschaftlichen Agitation verschlossen.

Ausschlaggebend hierfür war das in den Großbetrieben der Metallindustrie – auch in der Oberpfalz – besonders dicht ausgebaute System organisationshemmender Disziplinierungsmittel (die andererseits aber auch, wie am Beispiel der Maxhütte demonstriert, zur Bildung eines Klassenbewußtseins beitrugen): Wohlfahrtseinrichtungen und Strafkataloge als System von „Zuckerbrot und Peitsche", Heranzüchten eines privilegierten Arbeiterstammes sowie politische Repression und „Herr-im-Hause"- Standpunkt. In der Oberpfalz wurden zu Anfang unseres Jahrhunderts die freigewerkschaftlichen Bemühungen um die Metallarbeiter-(Neu-)Organisierung in der Gewehrfabrik Amberg noch zusätzlich erschwert durch die ihnen mittlerweile erwachsene starke Konkurrenz der zunächst christlichen, dann – von 1906 an – neutralen Sonderorganisationen für Militärarbeiter. Beim anderen großen Amberger Metallbetrieb, der Firma Baumann, war der Anteil schlechtbezahlter, un- bzw. angelernter Frauen an der Gesamtbelegschaft – mit 1901: 39,6 % und 1908: 43,1 % – besonders hoch; diese Arbeiterinnen galten als gewerkschaftlich nicht organisierbar. Im Jahr 1908 gründeten die Gebrüder Baumann – nach dem Vorbild der M.A.N. und zeitgleich mit der Einrichtung eines „Hüttenverbandes" auf der nahen Maxhütte – einen gelben Werkverein, dem 90 % der Arbeiter sofort beitraten und dem die Gebrüder Baumann bis zum Ende des Jahres 1913 eine Monopolstellung in ihrem Betrieb verschafften durch die Entlassung sämtlicher – 60 – Arbeiter, die noch nicht dem gelben Werkverein angehört hatten, sondern im DMV bzw. im Christlichen Metallarbeiterverband organisiert gewesen waren.

Das bereits mehrmals erwähnte betriebliche Kassenwesen hatte im letzten Jahrhundert in der Oberpfalz – wie auch im Deutschen Reich überhaupt – besonders früh bei den Porzellanarbeitern eingesetzt. Bis 1869/70 waren in allen – damals vier – oberpfälzischen Steingut- und Porzellanfabriken (mit zusammen rund 350 Beschäftigten) Krankenkassen eingerichtet bzw. noch weiter ausgebaut worden; die Teilnahme von Delegierten aus diesen vier Betrieben an der Gründungsversammlung des verbandsunabhängigen liberalen „Gewerkvereins der Porzellan- und verwandten Arbeiter" im Mai 1869 war sicherlich eine Konsequenz der in jahrelanger Selbstverwaltungspraxis gewonnenen Einsicht in die Notwendigkeit organisatorischer Verselbständigung und Zentralisierung.

Weit wichtiger noch als diese Gründungs-Versammlungsteilnahme war der im Dezember 1861 von den – der Porzellanarbeiterschaft zuzurechnenden – Hafnern (bzw. Töpfern) in Regensburg gegründete „allgemeine Hafnerverein", der als erster oberpfälzischer Arbeiterverein – nach der Reaktionsära der 1850er Jahre – die entscheidende Kontinuitätslinie (bedeutender noch als die bereits erwähnten Hilfs- und Unterstützungskassen und die Buchdrucker- „Typographia") der gewerkschaftlich-politischen Arbeiterbewegung in der Oberpfalz markiert. Im Februar 1872 wurde in Regensburg ein Hafner-Facherein gegründet, der außerordentlich rührig war und von Regensburg aus die Gründung eines deutschen Hafner- (bzw.Töpfer-)Zentralverbandes, allerdings erfolglos, zu initiieren versuchte.

Erst 1881, mit der Betriebseröffnung der Firma Bauscher in Weiden, begann die eigentliche Ansiedlung der Porzellanindustrie in der Nordoberpfalz, wo im Jahr 1910 bereits 12 Porzellanfabriken mit insgesamt 4.350 Beschäftigten gezählt wurden. Die nordoberpfälzischen Porzellanbetriebe waren von Anfang an – neben der Glasindustrie und der Emailfabrik Baumann – einer der Schwerpunkte der Frauenarbeit in der Oberpfalz, lag hier doch zu Ende des letzten Jahrhunderts der Anteil un- und angelernter Frauen an der Gesamtbeschäftigtenzahl bereits bei etwa einem Drittel. Im Sommer 1892 wurde eine erste Zahlstelle des Porzellanarbeiterverbandes in Weiden gegründet, der im Jahr darauf weitere Fachvereins-Gründungen folgten in Waldsassen und in Mitterteich, wo die Direktion der Porzellanfabrik Lindner u. Co. im September desselben Jahres sämtliche dem Verband angehörenden Porzellandreher entließ, woraufhin die (ebenfalls zur Porzellanarbeiter-„Elite" zählenden) Porzellanmaler bei Lindner in einen Solidaritätsstreik traten. Bis zum Jahr 1910 sollte es dann in der Oberpfalz zu keinem Porzellanarbeiterstreik mehr kommen; auch in dieser Region dürfte also das beim Porzellanarbeiterverband besonders gut ausgebaute Unterstützungswesen den gewerkschaftlichen Alltag der Zahlstellen bestimmt haben.

Im Jahr 1911 war etwa ein Drittel der Porzellanarbeiterschaft in der Oberpfalz freigewerkschaftlich organisiert; die Haupthemmnisse der sozialdemokratischen Agitation lagen hier (wie auch bereits bei den Glasarbeitern) in der doppelten Konkurrenz durch den in der Oberpfalz allgegenwärtigen, für die christlichen Gewerkschaften agitierenden katholischen Klerus einerseits und den zwar ebenfalls sozialdemokratisch orientierten, aber ständig in fremden Revieren „wildernden" Fabrikarbeiterverband andererseits. Eine existentielle Gefährdung erwuchs dem Porzellanarbeiterverband in der Oberpfalz dann um die Jahreswende 1911/12 mit der Gründung eines gelben Werkvereins in der größten oberpfälzischen Porzellanfabrik, der Firma Bauscher in Weiden.

Neben den Gewerkschaften als der Primärform der Arbeiterbewegung (auch) in der Oberpfalz war die personell und organisatorisch mit ihnen verflochtene Sozialdemokratische Partei der andere integrale Bestandteil bzw. Hauptträger der Arbeiterbewegung, dessen Entwicklung in der Zeitspanne zwischen den beiden gescheiterten Revolutionen von 1848/49 und 1918/19 für die Oberpfalz nachzuzeichnen versucht wurde. Trotz des äußerlich vergleichsweise ruhigen Verlaufs des Revolutionsjahres von 1848/49 in Regensburg war diese Phase doch auch für die Hauptstadt der Oberpfalz wenn schon nicht die Geburtsstunde, so doch zumindest ein entscheidender Katalysator für die Entwicklung der die politischen Auseinandersetzungen in der Stadt wie in der gesamten Oberpfalz fortan bestimmenden bzw. beeinflussenden drei Parteien liberaler, katholisch-konservativer und sozialistischer Prägung.

Auch in Regensburg wurde die Arbeiterbewegung in der Revolution von 1848/49 von Handwerker-Arbeitern getragen, die – auch dort – noch die übergroße Mehrzahl der Arbeiter ausmachten. Sie waren führend beteiligt gewesen sowohl an den Unruhen vom März und Juli 1848 als auch an der Gründung des Regensburger Arbeiterbildungsvereins im Februar 1849, der von ganz außerordentlicher Bedeutung war als Vorläuferorganisation und (im bruchlosen Übergang zum „Kranken-Unterstützungsverein der außerordentlichen Mitglieder des Gewerbevereins Regensburg") als eine der entscheidenden personellen und organisatorischen Traditionslinien in der Frühgeschichte der Arbeiterbewegung in der Oberpfalz (über die Reaktionszeit der 1850er Jahre hinweg). Die zahlenmäßig noch eher unbedeutende Lohnarbeiterschaft der Regensburger Fabriken spielte dagegen 1848 eine – objektiv – konservative und gegenrevolutionäre Rolle.

Außerhalb Regensburgs mit seinem Arbeiterbildungsverein und dem liberal-demokratischen Volksverein existierten aber in der Oberpfalz noch weitere solcher (als erste liberaldemokratische Vorboten der sozialdemokratischen Arbeiterbewegung in dieser Region anzusehender) Volksvereine: so in Amberg, wo der im Herbst 1848 gegründete Volksverein sich im Sommer des darauffolgenden Jahres (angesichts der erdrückenden Übermacht der sich im Pius-Verein formierenden katholisch-konservativen Gegenkräfte und wohl auch wegen der völligen Teilnahmslosigkeit der Gewehrfabrikarbeiterschaft) bereits wieder aufgelöst hatte, dann aber auch in Sulzbach, wo die Jüdische Gemeinde mit ihrem Rabbiner Träger der demokratischen Bewegung war – wie vermutlich auch in Floß, der anderen großen Judengemeinde der Oberpfalz. Geradezu gleichnishaft läßt sich am Sulzbacher (und wohl auch am Floßer) Beispiel der unschätzbare Beitrag des deutschen Judentums zur Entwicklung der (Sozial-) Demokratie demonstrieren – ein Beitrag, der ihm bereits im letzten Jahrhundert (wie das Schicksal des Sulzbacher Rabbiners Schlessinger exemplarisch zeigt) schändlich gelohnt wurde.

Auch während der Reaktionsära der 1850er Jahre konnte selbst in der Oberpfalz von einer politischen „Kirchhofsruhe" keine Rede sein, war doch in Regensburg – trotz des Verbots sämtlicher Arbeitervereine im Juni 1850 – auch weiterhin eine bescheidene gewerkschaftliche Betätigung im Rahmen der 1851 sich konstituierenden Buchdrucker-„Typographia" sowie der Unterstützungskassen der Maurer (1855 gegründet), der Zimmerer (1857) und Buchdrucker (1858) möglich. Im Dezember 1861 wurde dann der – bereits erwähnte – eminent wichtige „allgemeine Hafnerverein" gegründet; aus den Mitgliedschaften dieses Hafnervereins, der drei Unterstützungskassen sowie der „Typographia" kamen wohl auch die drei Regensburger Delegierten beim Süddeutschen Arbeiterkongreß vom 1. November 1862 in Nürnberg, der von dem aus Regensburg stammenden und von dort 1850 ausgewiesenen Johann Peter Staudinger hauptverantwortlich einberufen worden war. Der „allgemeine Hafnerverein" ging vermutlich schon bald in dem im Herbst 1863 erstmals erwähnten Regensburger Arbeiter(fort)bildungsverein auf. Auch in der Oberpfalz lassen sich also organisatorische und personelle Kontinuitätslinien feststellen für die gesamte Frühgeschichte der Arbeiterbewegung (1848 – 1863), deren obere Epochengrenze markiert wird durch den „Beginn der ständigen, ununterbrochen wirksamen Organisation der deutschen Arbeiterschaft im nationalen Rahmen" innerhalb des von Lassalle 1863 in Leipzig gegründeten Allgemeinen Deutschen Arbeitervereins (ADAV).

Schon vor der 1875 vollzogenen Vereinigung des ADAV und der von Bebel und Liebknecht in Eisenach gegründeten Sozialistischen Arbeiterpartei Deutschlands (SDAP) – in Bayern war die Trennung in „Lassalleaner" und „Eisenacher" allerdings bereits 1870 aufgehoben worden – hatte die SDAP, deren bayerisches Zentrum Nürnberg war, im Oktober 1869 mit der Konstituierung eines sozialdemokratischen Arbeitervereins in Regensburg ihren ersten Stützpunkt in Altbayern überhaupt aufbauen können. Der liberale Arbeiterfortbildungsverein hatte dabei als Kontaktbrücke zur Arbeiterschaft in Regensburg gedient, wo 1869 also bereits die Trennung der proletarischen von der bürgerlichen Demokratie vollzogen war. In Regensburg sollten sich die drei großen politischen Parteien (die bis in die Gegenwart fortwirken): die bayerische Patrioten- bzw. Zentrumspartei, die Liberale Partei und die Sozialdemokratische Partei in ein und demselben Jahr 1869 konstituieren.

Der Sozialdemokratische Arbeiterverein Regensburg erlebte aber erst mit dem Anwachsen der Gewerkschaftsbewegung und einer Reihe erfolgreich abgeschlossener Lohnbewegungen während der Hochkonjunkturphase der Gründerjahre 1871 bis 1873 eine kurze Blütezeit, während der er bis zum September 1872 seine Mitgliederzahl auf 50 erhöhen und im Januar 1873 sogar noch eine sozialdemokratische Mitgliedschaft im Arbeitervorort Reinhausen gründen konnte. Von 1874 an führte der Regensburger Arbeiterverein dann aber nur noch eine Kümmerexistenz, fehlte es doch am Ort selbst an bodenständigen Agitatoren (so mußten allein 10 der insgesamt 13 in den Jahren 1876 bis 1878 abgehaltenen Versammlungen – mit durchschnittlich nur 70 Besuchern – von auswärtigen Referenten bestritten werden) und war doch der Druck des liberalen Stadtmagistrats auf die Gastwirte und Druckereibesitzer (keine Säle mehr an Sozialdemokraten zu vermieten bzw. keine Druckaufträge von ihnen anzunehmen) erfolgreich gewesen. Wie die Anzahl der Versammlungen (1876: 7; 1877: 4 und 1878: 2) war daher auch die der bei den Reichstagswahlen abgegebenen sozialdemokratischen Stimmen in Regensburg stark rückläufig (von 1874: 297 über 1877: 178 auf 1878 nur noch 79 Stimmen) gewesen; auf die gesamte Oberpfalz bezogen hatten die entsprechenden Vergleichswerte mit 1874 und 1877 jeweils 0,4 Prozent (im innerbayerischen Vergleich war 1874 der sozialdemokratische Stimmenanteil nur in Niederbayern – mit 0,2 Prozent – niedriger gelegen) zunächst stagniert, um dann 1878 auf nur noch 0,2 Prozent zurückzufallen.

Außerhalb Regensburgs und seines Arbeitervororts Reinhausen war es nur noch in Amberg zur Gründung einer SDAP-Mitgliedschaft gekommen: Nach der Bildung einer Ortsmitgliedschaft der Schuhmacher zu Anfang Mai 1873 hatte sich dort wenig später, am 26. Mai 1873, eine Parteimitgliedschaft konstituiert, die fast ausschließlich aus Schuhmacher- und Schneidergesellen bestand. Die in Amberg zahlreichen (Gewehr-) Fabrikarbeiter und Bergleute gehörten dagegen weitgehend der 1865 – als einer der ersten katholischen Männervereine Bayerns überhaupt – gegründeten „Concordia" an, die von dem Bezirksgerichtsassessor – und späteren bayerischen Landtagspräsidenten – Walter und dem Verleger Habbel zu einem außerordentlich dynamischen und schlagkräftigen Parteiverein des politischen Katholizismus mit 1872/73 rund 500 Mitgliedern und zur Keimzelle der in Amberg später so starken christlichen Arbeiterbewegung ausgebaut worden war. Die vom „Concordia"-Vorstand organisierte Eroberung der Rathausmehrheit 1872 und die von ihm geübte äußerst wortradikale Kritik am – vermutlich nationalliberalen – Amberger Besitzbürgertum hatte einerseits zu einem haßerfüllten und bürgerkriegsähnlich gespannten Verhältnis zwischen dem katholisch-konservativen und dem liberalen Lager (und insbesondere zwischen deren jeweiligen Exponenten) geführt, andererseits zunächst aber doch wohl einen Großteil des eigentlichen sozialdemokratischen Rekrutierungspotentials für die „Concordia" gewinnen können.

So kam es erst im Jahr 1875 zum organisatorischen Durchbruch der Amberger SDAP-Mitgiedschaft, die im Mai desselben Jahres auf 45 Organisierte verweisen konnte und damit die nur noch 12 Angehörige zählende Regensburger Mitgliedschaft bereits weit überflügelt hatte. Die Amberger

SDAP-Aktivitäten beschränkten sich aber offenbar auf sechs innerhalb des kurzen Zeitraums vom August 1875 bis Januar 1876 abgehaltene Versammlungen, die mit durchschnittlich 200 bis 300 Personen außerordentlich gut besucht und allesamt vom Fürther Magistratsrat Gabriel Löwenstein und dem Nürnberger Agitator Baumann einberufen worden waren. Gleich die erste dieser Versammlungen war von der Amberger Polizei aufgelöst worden, was den Besucherandrang zu den weiteren Veranstaltungen – davon zwei mit Karl Grillenberger und ebenfalls zwei mit Referenten aus dem sächsischen Chemnitz – aber nur noch verstärkt hatte.

Diese völlig atypischen, weil in einer wirtschaftlichen Abschwungphase massierten politischen Aktivitäten lassen sich wohl nur erklären vor dem Hintergrund bzw. in der Wechselbeziehung mit der gleichzeitigen gewerkschaftlichen Organisierung einer beträchtlichen Anzahl von (im April 1876 immerhin 76) Gewehrfabrikarbeitern. Die Gründe für das abrupte Ende dieser Aktivitäten und die (wahrscheinliche) Auflösung der Amberger SDAP-Mitgliedschaft waren dieselben wie zuvor bereits beim Niedergang der Regensburger Parteimitgliedschaft: das Fehlen ortsansässiger Agitatoren, Zunahme der Saalabtreibereien, Lokalverweigerungen und – im Zeichen der Wirtschaftskrise – der Repressalien am Arbeitsplatz sowie der bereits in den 1870er Jahren sich abzeichnende Ausbau Ambergs zum Organisationsmittelpunkt der Bayerischen Patriotenpartei bzw. der Zentrumspartei in der Oberpfalz (was Amberg dann auch bis ins Jahr 1907 hinein bleiben sollte).

Auch in der Oberpfalz kam es während des Sozialistengesetzes (1878 – 1890) zwar immer wieder zu Denunziationen, die Strafverfolgung setzte dann aber doch oft zu spät ein und/oder blieb nach langwierigen Gerichtsverfahren letztendlich ohne Ergebnis. Auch das verschärfte antisozialdemokratische Vorgehen von Unternehmern wie dem Regensburger Verleger Manz hatte – auf lange Sicht – nur wenig Wirkung, konnte doch mit Hilfe des gewerkschaftlichen Unterstützungswesens die organisatorische und personelle Kontinuität von einzelnen Verbänden über die Zeit des Sozialistengesetzes hinübergerettet werden. Von der Fortexistenz der politischen Arbeiterbewegung in der Oberpfalz zeugte neben dem – illegalen – Aufbau einer Verteilerzentrale für den „Socialdemokrat" in Regensburg auch die legale Versammlungstätigkeit zu Wahlkampfzeiten.

Angesichts der nur mühsam aufrechterhaltenen Restbestände sozialdemokratischer Organisation und Agitation während der Verbotszeit (1878 – 1890) waren die Wahlerfolge der Sozialdemokratie gerade in diesem Zeitraum um so erstaunlicher: So stieg der sozialdemokratische Wähleranteil im Reichsdurchschnitt zwischen 1878: 7,6 % und 1890: 19,1 % auf etwa das Zweieinhalbfache an. In Bayern konnte die Partei den Prozentanteil ihrer Wählerstimmen in diesen zwölf Jahren sogar von 3,4 % auf 13,9 % – durch einen enormen Stimmzuwachs bei den Wahlen von 1887 und 1890 vor allem – vervierfachen und damit den starken Rückstand gegenüber dem Reichsdurchschnitt deutlich verringern. Selbst in der Oberpfalz, wo man von einer verstärkten Industrialisierung ja eigentlich erst in der Vorkriegsära (1890 – 1914) sprechen kann, kletterte der Anteil der sozialdemokratischen Stimmen von 1887: 1,4 % (Vergleichswerte für Gesamtbayern: 6,6 %; Niederbayern: 0,3 %; Schwaben: 3,2 %) auf 1890: 4,4 % (Gesamtbayern: 13,9 %; Niederbayern: 2,2 %; Schwaben: 6,8 %), hatte sich damit also innerhalb von nur drei Jahren mehr als verdreifacht. Auch wenn in Regensburg 1890 bereits ein sozialdemokratischer Wähleranteil von 12,4 % (also rund 1/8) erreicht worden war, so hatte die Oberpfalz insgesamt aber dennoch immer noch den zweitniedrigsten Stimmenanteil unter allen bayerischen Regierungsbezirken zu verzeichnen.

Die Ursachen für die Verdreifachung des sozialdemokratischen Stimmenanteils in der Oberpfalz in den Jahren 1887 bis 1890 lagen in Regensburg wohl vor allem in dem im Mai 1889 – nach dem Nürnberger und Fürther Muster – gegründeten „Wahlverein zur Erzielung volkstümlicher Wahlen", auf die gesamte Oberpfalz bezogen jedoch in der Unzufriedenheit der unter der Agrarkrise leidenden Landbevölkerung, die sich im Zentrum nicht mehr ausreichend vertreten fühlte. Diese Unzufriedenheit verschaffte sich zunächst in aggressivem Verhalten Luft, zeigte sich bei den Reichstagswahlen des Jahres 1890 aber auch bereits im Rückgang der Wahlbeteiligung in Gesamtbayern (von 1887: 71,9 % auf 1890: 62,5 %) wie auch und vor allem in der Oberpfalz (von 1887: 66,3 % auf 1890: 50,0 %). In dieser wirtschaftlichen Krisensituation dürfte wohl sogar in der katholischen Oberpfalz eine beträchtliche Anzahl von Landbewohnern, soweit sie nicht den Wahlurnen ferngeblieben waren, aus Protest für die Sozialdemokraten gestimmt haben.

Bayern nahm hinsichtlich der Entwicklung und Ausbreitung der SPD eine Sonderstellung ein. Am Beispiel der Oberpfalz lassen sich geradezu modellhaft die Ursachen für die viel langsamere Ausbreitung der Sozialdemokratie in Bayern zeigen: die noch sehr starke dörfliche Prägung, das Überwiegen der Landwirtschaft mit vorherrschend klein- und mittelbäuerlicher Betriebsstruktur, die geminderte Industrialisierung und Dominanz der Kleinbetriebe und ein militant-antisozialdemokratischer Klerus, der sich einen allumfassenden mentalitätsprägenden Einfluß auf die zu 92 % katholische Bevölkerung der Oberpfalz hatte sichern können.

Die bayerische SPD-Hochburg war die Industriestadt Nürnberg, von wo aus die gesamte Oberpfalz (mit Ausnahme – von 1910 an – Regensburgs) organisatorisch betreut wurde. Im Dezember 1890 wurde in Nürnberg ein „Sozialdemokratischer Agitationsverein für Franken und die Oberpfalz" gegründet, der die wenige Wochen zuvor propagierte Landagitation betreiben sollte. Die Nürnberger Landagitatoren stießen in der Oberpfalz mit ihren Versammlungen sofort auf erbitterten Widerstand in Form von klerikalen und behördlichen Saalabtreibereien sowie von Repressalien seitens der Unternehmerschaft (Entlassung von Arbeitern wegen Teilnahme an sozialdemokratischen Versammlungen); das Abhalten von Versammlungen – als zunächst gewählte Agitationsform – mußte deshalb schon bald wieder aufgegeben werden zugunsten von schriftlicher Agitation und systematischer Hausagitation.

Der enorme Stimmenzuwachs der Sozialdemokraten in der Oberpfalz bei den Reichstagswahlen der Jahre 1887 und 1890 (von 1,4 % auf 4,4 %), für den die Proteststimmen der unter der Agrarkrise leidenden Landbevölkerung ausschlaggebend gewesen waren, sollte sich bei der Reichstagswahl des Jahres 1893 noch weiter fortsetzen und verfestigen. Für die sensationellen Wahlerfolge der SPD 1893 in der Oberpfalz, wo sie 10,5 % (in den Wahlkreisen Regensburg und Neustadt a.d.WN sogar 14,7 % und 14,9 %) der Stimmen erhielt, war wiederum (wie bereits 1890) das ungewöhnlich große ländliche Protestpotential verantwortlich, das sich ganz besonders zu Anfang der 1890er Jahre dort angestaut hatte und das von der SPD bei der Wahl 1893 kurzfristig hatte aktiviert werden können. Von einem bereits vollzogenen Anschluß bedeutender Teile der oberpfälzischen Landbevölkerung an die Sozialdemokratie konnte dagegen 1893 noch keine Rede sein.

Dies zeigten auch die frappierenden sozialdemokratischen Stimmenverluste bei den Reichstagswahlen 1898, bei denen die SPD in der Oberpfalz wieder auf 5,9 % (gegenüber 1893: 10,5 %) Stimmenanteil zurückfiel; in den Wahlkreisen Neustadt a.d.WN (von 1893: 14,9 % auf 1898: 6,5 %) und Neunburg v.W. (von 1893: 10,6 % auf 1898: 4,3 %) konnten die SPD-Stimmenverluste nach dem Ersten Weltkrieg überhaupt erst wieder wettgemacht werden. Die beiden – sich wechselseitig bedingenden – Hauptursachen hierfür lagen einerseits im Scheitern der sozialdemokratischen Landagitation (aufgrund von Vollmars – angesichts der neuentstandenen doppelten Konkurrenz im ländlichen Raum: Georg Heims linkem Zentrumsflügel sowie dem Bayerischen Bauernbund – fehlgeschlagenem reformistischen Bauernschutzprogramm), andererseits in der vom „Bauerndoktor" Georg Heim betriebenen Umformierung des bayerischen Zentrums zur Volkspartei, die mit dem Heim'schen Genossenschaftswesen und den von ihm initiierten Christlichen Bauernvereinen (den ersten Bauernverein hatte Heim am 3.3.1895 im oberpfälzischen Fuchsmühl – dem Schauplatz der einzigen sozialen Revolte in Altbayern im ausgehenden 19. Jahrhundert – gegründet) der unzufriedenen Bauernschaft Hilfe zur Selbsthilfe und politische Orientierung anzubieten vermochte. Dem von Heim formierten linken Zentrumsflügel war es damit in der Oberpfalz (ähnlich wie dem Bayerischen Bauernbund in Niederbayern) gelungen, die Ende der 1880er Jahre aus der Misere in der Landwirtschaft entstandene radikale Bauernbewegung (neben der Arbeiterschaft die entscheidende dynamische Kraft überhaupt zum Ende des letzten Jahrhunderts in Bayern) zu kanalisieren und ihr eine politische Heimat zu geben.

Um die Mitte der 1890er Jahre setzten selbst beim – einzigen nennenswerten oberpfälzischen – sozialdemokratischen Wahlverein in Regensburg deutliche Verfallserscheinungen ein; zu Anfang 1898 wurde in Weiden von den – meist aus Franken stammenden – Arbeitern des Eisenbahnausbesserungswerkes die Gründung eines SPD-Wahlvereins initiiert. Im selben Jahr wurden vom Würzburger Landesparteitag die Wahlvereine durch Ortsvereine ersetzt und drei Gauverbände für Nordbayern, Südbayern und die Pfalz geschaffen; als Folge der Konstituierung des Gauverbandes Nordbayern löste sich am 30. November 1898 der Agitationsverein für Franken und die Oberpfalz selbst auf. Vor Einsetzen des – atypischen – oberpfälzischen Booms der Jahre 1906 bis 1908 zählte die Oberpfalz auf dem Felde der Parteiorganisation zu den rückständigsten bayerischen Regierungsbezirken: so lagen – mit Ausnahme des Wahlkreises Regensburg – die vier oberpfälzischen Reichstagswahlkreise organisatorisch noch völlig brach, waren kaum Vertrauensmänner vorhanden, fehlte es selbst noch in den Industriebezirken an systematischer agitatorischer und organisatorischer Arbeit, an bodenständigen Agitatoren und – wegen ständiger Saalabtreibereien und Lokalverweigerungen – an Versammlungsräumen.

Im Sommer 1906 wurde dann mit der Gründung des Amberger Ortsvereins und einer Reihe von Agitationsversammlungen und Wahlkreiskonferenzen die eigentliche sozialdemokratische Organisierung in der Oberpfalz eingeleitet; falls man überhaupt von einem organisatorischen Durchbruch – wie bei der Gewerkschaftsbewegung – auch bei der SPD in der Oberpfalz sprechen kann, so wird man ihn auf die Boomjahre 1906 bis 1908 datieren müssen. Trotz der enormen agitatorischen und organisatorischen Kraftanstrengungen jener Jahre konnte die SPD bei den Reichstagswahlen 1907 aber nur in den Wahlkreisen Regensburg und Amberg nennenswerte Stimmengewinne erzielen. Eine der Ursachen hierfür war das Fehlen einer billigen weitverbreiteten Parteipresse für die im selben Jahr insgesamt 1.000 Mitglieder der 16 oberpfälzischen SP-Vereine. Die überfällige organisatorische und ideologische Vereinheitlichung der Sozialdemokratie in der Oberpfalz durch ein eigenes Parteiorgan wurde aber – bis zur Gründung des MSPD-Bezirks Niederbayern/Oberpfalz am 1.10.1919 – wesentlich erschwert durch den Regensburger Alleingang des Jahres 1909, als – über den Kopf des „linken" Gauvorstandes Nordbayern hinweg – auf Betreiben der Regensburger Gewerkschaften und in enger Zusammenarbeit mit dem „rechten" SP-Landesvorstand in München am 16. September 1909 als Regensburger Kopfblatt der „Münchner Post" erstmals die „Donau- Post" (vom 18.11.1909 an „Neue Donau-Post") erschien, was die Lostrennung des Regensburger Reichstagswahlkreises vom Gau Nordbayern und seine Angliederung an den südbayerischen Gau erforderlich machte. Es ist ganz offensichtlich, daß der ständige Nord-Süd-Konflikt in der bayerischen SPD auch innerhalb der Sozialdemokratie in der Oberpfalz sich widerspiegelte: So wäre die Regensburger Sozialdemokratie mit der bereits vorhandenen Gewerkschaftsbürokratie sicher mehr beim rechten SP- Landesvorstand anzusiedeln (wie sich auch im Verhalten der Regensburger SP-Funktionäre während der Revolution von 1918/19 zeigen sollte), wohingegen die anderen oberpfälzischen Wahlkreisorganisationen wohl mehr von Mittel- bzw. Oberfranken (auf der Linie der Gesamtpartei) beeinflußt wurden.

Von 1908 bzw. 1910 an bemühten sich die Sozialdemokraten in der Oberpfalz auch auf den Feldern „Kommunalpolitik" und „Jugendorganisation", ohne dabei aber zu irgendwelchen bedeutsamen Erfolgen zu kommen. In den letzten Vorkriegsjahren setzte ein Rückgang der Mitgliederzahlen ein, von dem – innerhalb des Gaus Nordbayern – am schwersten die SP-Wahlkreisorganisation Neunburg v.W. betroffen war, wo die Glasarbeiter – als Träger der Parteiorganisation – wieder einmal in eine (in dieser Elendsindustrie stets drohende) katastrophale wirtschaftliche Notlage geraten waren. Die größten Fortschritte machte die SPD innerhalb der Oberpfalz hingegen in den Reichstagswahlkreisen Neustadt a.d.WN und Amberg, trotzdem gerade in diesen Amtsbezirken der besonders militant-antisozialdemokratische oberpfälzische Zentrumsklerus im Windschatten von Hertlings Repressionspolitik gegenüber der Sozialdemokratie und auf Weisung des Regensburger Ordinariats in den letzten Vorkriegsjahren durch noch verstärkte Saalabtreibereien, Versammlungssprengungen etc. in vielen Orten der Oberpfalz das Versammlungsrecht für Sozialdemokraten hatte zur Farce werden lassen. Bereits im ersten Kriegsjahr konnten dann nur noch Restbestände der einstigen oberpfälzischen SP-Wahlkreisorganisationen und -Ortsvereine sowie des ehemaligen Abonnentenstammes festgestellt werden. Abschließend bleibt noch anzumerken, daß man wegen des jeweils ganz unterschiedlichen Organisationsverlaufs in den einzelnen Wahlkreisen, Amtsbezirken, ja sogar Ortsvereinen und wegen der weitgehenden Abhängigkeit vom Gau Nordbayern (bzw. in Regensburg vom Gau Südbayern) und damit des Fehlens eines eigenen politischen Profils – wie bereits bei den Freien Gewerkschaften – zumindest bis 1919 nicht von einer oberpfälzischen SPD wird sprechen können, sondern allenfalls von der SPD in der Oberpfalz.

ANHANG

TABELLE ZUM STAND DER INDUSTRIE IN DER OBERPFALZ 1870 [1]

BEZIRK	ORT	BETRIEB	BESCHÄFTIGTEN-ZAHL	WOCHENLOHN	ARBEITER-UNTERSTÜTZUNGS-, STERBE-, KRANKEN- UND PENSIONSKASSEN
Stadtbezirk Amberg[2]	Amberg	Steingut-Fabrik Kick[3]	113	2-15fl.[4]	Krankenkasse
Stadtbezirk Amberg	Amberg	Schneid- u. Sägemühle Lampert	10	3-11fl.	(nicht vorhanden)

Liste unvollständig (Angaben zum Kgl. Bergamt und zur Kgl. Gewehrfabrik[5] fehlen)

BEZIRK	ORT	BETRIEB	BESCHÄFTIGTEN-ZAHL	WOCHENLOHN	ARBEITER-UNTERSTÜTZUNGS-, STERBE-, KRANKEN- UND PENSIONSKASSEN
Bezirksamt Amberg[6]	Hirschau	Steingut- u. Porzellanfabrik Dorfner	120	4fl.	Arbeiter-Unterstützungs-, Armen- und Witwen-Kasse
Bezirksamt Amberg	Hirschau	Gruben u. Schlämmen Dorfner, (H)andarbeit	30	4fl.	–
Bezirksamt Amberg	Hirschau und Schnaittenbach	Gruben u. Schlämmen Kick (H)	40	4fl.	–
Bezirksamt Amberg	Schnaittenbach	Gruben u. Schlämmen Vatta (H)	15	4fl.	–
Bezirksamt Amberg	Hellziechen (Gde. Langenbruck)	Schlör'scher Hochofen	20	3fl. 36xer-4fl. 48xer	–
Bezirksamt Amberg	Erzhäusl bei Langenbruck	Schlör'sche Eisensteingrube (H)	42	3-4fl.	Unterstützungskasse
Bezirksamt Amberg	Krumbach (Gde. Gärmersdorf)	Maxhütten-Eisensteingrube	40	5fl.-5fl. 24xer	Kranken-Unterstützungskasse
Bezirksamt Amberg	Engelsdorf (Gde. Gärmersdorf)	Maxhütten-Eisensteingrube (H)	18	5fl.-5fl. 24xer	Anteil an obiger Kasse
Bezirksamt Amberg	Altenricht (Gde. Hiltersdorf)	Maxhütten-Eisensteingrube (H)	24	5fl.-5fl. 24xer	Anteil an obiger Kasse

343

BEZIRK	ORT	BETRIEB	BESCHÄFTIGTEN-ZAHL	WOCHENLOHN	ARBEITER-UNTERSTÜTZUNGS-, STERBE-, KRANKEN- UND PENSIONSKASSEN
Bezirksamt Amberg	Krumbach (Gde. Gärmersdorf)	Eisensteingrube (H)	9	4fl.30xer 5fl.24xer	–
Bezirksamt Burglengenfeld [7]	Maximilianshütte	Eisenwerk	800	10-11fl.	Kranken-Unterstützungskasse
Bezirksamt Burglengenfeld	Fronberg	Hochofen u. Walzwerk	50	5fl.	Kranken-Unterstützungskasse (im Entstehen begriffen)
Bezirksamt Burglengenfeld	Carolinenhütte	Eisengießerei	40	6fl.45xer	–
Bezirksamt Burglengenfeld	Traidendorf	Glaspolierschleife	50	5fl.	–
Bezirksamt Burglengenfeld	Schwandorf	Tonwarenfabrik	70	3fl.	–
Bezirksamt Burglengenfeld	Ettmannsdorf	Kunstmühle	10	6fl.	–
Bezirksamt Burglengenfeld	Rohrbach	Glaspolierschleife	6	4fl.	–
Bezirksamt Burglengenfeld	Loisnitz	Glasfabrik	15	4fl.20xer	–

außerdem 40 Beschäftigte in Sägen, Kunst-, Gipsmühlen, Schleif- und Polierwerken

BEZIRK	ORT	BETRIEB	BESCHÄFTIGTEN-ZAHL	WOCHENLOHN	ARBEITER-UNTERSTÜTZUNGS-, STERBE-, KRANKEN- UND PENSIONSKASSEN
Bezirksamt Eschenbach [8]	Eschenbach	Ziegelhütte	8-10	1fl.+ freie Kost	–
Bezirksamt Eschenbach	Hammergmünd (Gde. Gmünd)	Glaspolierschleife	12	6fl. 20xer	–
Bezirksamt Eschenbach	Annahütte (Gde. Pappenberg)	Spiegelglasfabrik	im Winter: 30-36, im Sommer: 140-150	3fl. 36xer- 10fl.30xer	Krankenkasse
Bezirksamt Eschenbach	Drahthammer	Glashütte	15	4-25fl.	–
Bezirksamt Eschenbach	Drahthammer	Glaspolierschleife	5	5-6fl.	–

BEZIRK	ORT	BETRIEB	BESCHÄFTIGTEN-ZAHL	WOCHENLOHN	ARBEITER-UNTERSTÜTZUNGS-, STERBE-, KRANKEN- UND PENSIONSKASSEN
Bezirksamt Eschenbach	Troschelhammer	Paterlhütte	14	3fl.	–
Bezirksamt Eschenbach	Troschenreuth	Röthelgewinnung	12	4fl.	–

außerdem 64 Beschäftigte in 34 Schneidsägen, Mahlmühlen und Glaspolierschleifen

BEZIRK	ORT	BETRIEB	BESCHÄFTIGTEN-ZAHL	WOCHENLOHN	ARBEITER-UNTERSTÜTZUNGS-, STERBE-, KRANKEN- UND PENSIONSKASSEN
Bezirksamt Hemau[9]	Eichlhofen	Kunstmühle	13	(unleserlich)	–
Bezirksamt Hemau	Endorf	Papiermühle	7	für Männer: 6fl., für Frauen: 2fl. 24xer	–
Bezirksamt Hemau	Eichlhofen	Mechanische Werkstätte	13	6fl. - 7fl.48xer	–
Bezirksamt Hemau	Deuerling	Spiegelschleife	10	für Männer: 9fl., für Frauen: 6fl.	–
Bezirksamt Hemau	Obereinbuch	Spiegelschleife	31	–	–
Bezirksamt Hemau	Untereinbuch	Spiegelschleife	20	7fl.12xer	–
Bezirksamt Hemau	Schönhofen	Spiegelschleife	18	5fl.24xer	–
Bezirksamt Hemau	Schönhofen	Spiegelschleife	15	5fl.24xer	–

außerdem 50 Beschäftigte in 38 Schneidsägen, Mahl-, Gips- und Papiermühlen

BEZIRK	ORT	BETRIEB	BESCHÄFTIGTEN-ZAHL	WOCHENLOHN	ARBEITER-UNTERSTÜTZUNGS-, STERBE-, KRANKEN- UND PENSIONSKASSEN
Bezirksamt Kemnath[10]	Altenstadt	Paterlhütte	15	für Männer: 3fl. 36xer, für Frauen: 1fl. 30xer	–
Bezirksamt Kemnath	Erbendorf	Glasschleif- und Polierwerk	8	2fl. -2fl. 30xer	–
Bezirksamt Kemnath	Friedenfels	Paterlhütte	6	6fl.	–
Bezirksamt Kemnath	Friedenfels	Steinschleife	8	6fl.	–
Bezirksamt Kemnath	Grötschenreuth	Paterlhütte	30	4fl.	–

BEZIRK	ORT	BETRIEB	BESCHÄFTIGTEN-ZAHL	WOCHENLOHN	ARBEITER-UNTERSTÜTZUNGS-, STERBE-, KRANKEN- UND PENSIONSKASSEN
Bezirksamt Kemnath	Grötschenreuth	Glaspoliere	10	4fl.	–
Bezirksamt Kemnath	Mehlmeisl	Paterlhütte	16	4fl.	–
Bezirksamt Kemnath	Neuunterlind	Glasschleif- und Polierwerk	10	10fl.	–
Bezirksamt Kemnath	Unterlind	Glasschleif- und Polierwerk	6	10fl.	–
Bezirksamt Kemnath	Drahthammer	Paterlhütte	14	6fl.	Bruder- und Kranken-Kasse
Bezirksamt Kemnath	Rialasreuth	Glasschleif- und Polierwerk	7	4fl.	–
Bezirksamt Kemnath	Trautenberg	Glasschleif- und Polierwerk	5	2fl.24xer -3fl.	–
Bezirksamt Kemnath	Hammertrevesen	Hochofen und Eisenhammer	8	3fl.36xer	–
Bezirksamt Kemnath	Hopfau	Glasschleif- und Polierwerk	20	5fl.	–
Bezirksamt Kemnath	Hopfau	Glasschleif- und Polierwerk	5	5fl.12xer	–
Bezirksamt Kemnath	Burggrub	Glasschleif- und Polierwerk	6	2fl.	–

außerdem 48 Beschäftigte in 21 Schneidsägen, Glasschleif- und Polierwerken

BEZIRK	ORT	BETRIEB	BESCHÄFTIGTEN-ZAHL	WOCHENLOHN	ARBEITER-UNTERSTÜTZUNGS-, STERBE-, KRANKEN- UND PENSIONSKASSEN
Bezirksamt Nabburg[11]	Nabburg	Granitgewerkschaft (H)	100	6fl. -7fl.12xer	–
Bezirksamt Nabburg	Pfreimd	Glaspolier- und Schleifwerk	14	–	–
Bezirksamt Nabburg	Wiesmühle (Gde. Diendorf)	Glaspolierwerk	10	1fl.18xer	–
Bezirksamt Nabburg	Untersteinbach (Gde. Iffelsdorf)	Spiegelglas-Schleif- und Polierwerk	18	–	–
Bezirksamt Nabburg	Schwarzach	Hochofen	7	4-5fl.	–
Bezirksamt Nabburg	Ziegelhütte (Gde. Schwarzenfeld)	Ziegel-Fabrik	25-30	4fl.	–

BEZIRK	ORT	BETRIEB	BESCHÄFTIGTEN-ZAHL	WOCHENLOHN	ARBEITER-UNTERSTÜTZUNGS-, STERBE-, KRANKEN- UND PENSIONSKASSEN
Bezirksamt Nabburg	Schwarzenfeld	2 Spiegelglas-Schleif- und Polierwerke	40	3fl.	–
Bezirksamt Nabburg	Kaltenthal (Gde. Trausnitz)	Glasschleife	10	(unleserlich)	–

außerdem 9 Beschäftigte in 3 Glas-Schleifen und -Polieren

Bezirksamt Neumarkt[12]	Allersberg	Drahtfabrik	40	10fl.	–
Bezirksamt Neumarkt	Allersberg	Drahtfabrik	20	10fl.	–
Bezirksamt Neumarkt	Neumarkt	Kunst-Mahl-, Zement- und Sägemühle	15	12fl.	–
Bezirksamt Neunburg v.W.[13]	Katharinental (Gde. Bach)	Glasschleife	12	1fl.42xer -2fl.+ freie Kost	–
Bezirksamt Neunburg v.W.	Jedesbach (Gde. Dautersdorf)	Glasschleife	12	wie oben	–
Bezirksamt Neunburg v.W.	Dietersberg (Gde. Dietersdorf)	Glasschleife	8	3fl. +freie Kost	–
Bezirksamt Neunburg v.W.	Hohenthal (Gde. Dieterskirchen)	Glasschleife	9	1fl.30xer	–
Bezirksamt Neunburg v.W.	Fuchsberg	Glasschleife	5	1fl.	–
Bezirksamt Neunburg v.W.	Ober-, Unterrosen- u. Wilhelmsthal (Gde. Gaisthal)	3 Glasschleifen	78	2-5fl.	–
Bezirksamt Neunburg v.W.	Hammerschleife (Gde. Gaisthal)	Glasschleife	24	wie oben	–
Bezirksamt Neunburg v.W.	Höllmühle (Gde. Hillstett)	Glasschleife	11	1fl.	–
Bezirksamt Neunburg v.W.	Kröblitz	Glasschleife	13	3fl.	–
Bezirksamt Neunburg v.W.	Warnthal (Gde. Mitteraschau)	Glasschleife	40	bis zu 5fl.	–
Bezirksamt Neunburg v.W.	Oberaschau (Gde. Mitteraschau)	Glasschleife	12	bis zu 3fl.	–

BEZIRK	ORT	BETRIEB	BESCHÄFTIGTEN-ZAHL	WOCHENLOHN	ARBEITER-UNTERSTÜTZUNGS-, STERBE-, KRANKEN- UND PENSIONSKASSEN
Bezirksamt Neunburg v.W.	Bodenwöhr (Gde. Neuenschwand)	Dampfschneidesäge	6	4fl.48xer -6fl.	–
Bezirksamt Neunburg v.W.	Bodenwöhr (Gde. Neuenschwand)	Hüttenwerk	120	3-9fl.	Knappschaftskasse
Bezirksamt Neunburg v.W.	Ober-, Mitter- und Unter-Murnthal (Gde. Neunburg v.W.)	3 Glasschleifen	78	2 1/2fl.	–
Bezirksamt Neunburg v.W.	Nunzenried	Glasschleife	14	2fl.	–
Bezirksamt Neunburg v.W.	Muckentahl (Gde. Pirkhof)	2 Glasschleifen	15	1fl.30xer	–
Bezirksamt Neunburg v.W.	Pullenried	3 Glasschleifen	20	1fl.	–
Bezirksamt Neunburg v.W.	Schönau	Glasschleife	16	2-6fl.	–
Bezirksamt Neunburg v.W.	Lenken-, Hammer-, Perl-, Grünthal (Gde. Schönau)	4 Glasschleifen	26	1-2fl.	–
Bezirksamt Neunburg v.W.	Charlottenthal (Gde. Schönau)	Glashütte	20	1fl.50xer-5fl.45xer	–
Bezirksamt Neunburg v.W.	Schönsee	2 Glasschleifen	12	1fl.30xer	–
Bezirksamt Neunburg v.w.	Seebarn	Glasschleife	18	2fl.	–
Bezirksamt Neunburg v.W.	Schwarzach (Gde. Stadlern)	Schuhnägel-Fabrik	17	2 1/2-4fl.	–
Bezirksamt Neunburg v.W.	Weiding	4 Glasschleifen	27	2-4fl.	–
Bezirksamt Neunburg v.W.	Weidlitz	Glasschleife	10	1fl.18xer	–
Bezirksamt Neunburg v.W.	Häbermühle und Hermannsried (Gde. Wildstein)	3 Glasschleifen	19	1 1/2fl.	–

BEZIRK	ORT	BETRIEB	BESCHÄFTIGTEN-ZAHL	WOCHENLOHN	ARBEITER-UNTERSTÜTZUNGS-, STERBE-, KRANKEN- UND PENSIONSKASSEN
Bezirksamt Neunburg v.W.	Zangenstein	Glasschleife	6	2fl.	–

außerdem 37 Beschäftigte in 13 Glasschleifen und Schneidsägen

BEZIRK	ORT	BETRIEB	BESCHÄFTIGTEN-ZAHL	WOCHENLOHN	ARBEITER-UNTERSTÜTZUNGS-, STERBE-, KRANKEN- UND PENSIONSKASSEN
Bezirksamt Neustadt a.d.WN[14]	Floß	Spiegel-Belege	8	21xer-1fl.	–
Bezirksamt Neustadt a.d.WN	Störnstein	2 Glaspolieren	18	4-5fl.	–
Bezirksamt Neustadt a.d.WN	Plankenhammer	Schlör'sches Hammer-Werk	20	bis zu 5fl.	–
Bezirksamt Neustadt a.d.WN	Plankenhammer	Glaspoliere	6	2fl.	–
Bezirksamt Neustadt a.d.WN	Altenhammer	Glaspoliere	25	2fl.	–
Bezirksamt Neustadt a.d.WN	Röthenbach	Hammer-Werk	30	42xer-1fl.	–
Bezirksamt Neustadt a.d.WN	Röthenbach	Glaspoliere	5	(unleserlich)	–
Bezirksamt Neustadt a.d.WN	Hütten	Hammer-Werk	5	6fl.	–
Bezirksamt Neustadt a.d.WN	Grub	Glaspoliere	20	für Männer: 1 fl., für Frauen: 1/2fl. + freie Logis	–
Bezirksamt Neustadt a.d.WN	Steinfels	Hammer-Werk	20	48xer-1fl.	–
Bezirksamt Neustadt a.d.WN	Ullersricht	Glasfabrik Gollwitzer	25 (+80 Torfstecher im Sommer)	30xer-3fl.	–
Bezirksamt Neustadt a.d.WN	Ullersricht	Glaspoliere Gollwitzer	20	54xer	–

BEZIRK	ORT	BETRIEB	BESCHÄFTIGTEN-ZAHL	WOCHENLOHN	ARBEITER-UNTERSTÜTZUNGS-, STERBE-, KRANKEN- UND PENSIONSKASSEN
Bezirksamt Neustadt a.d.WN	Schirmitz	Papierfabrik Gollwitzer	6	1fl.	–
Bezirksamt Neustadt a.d.WN	Sperlhammer	Glaspoliere	18	für Männer: 3fl.36xer, für Frauen: 2fl. 24xer	–
Bezirksamt Neustadt a.d.WN	Etzenricht	Glaspoliere	15	wie oben	–
Bezirksamt Neustadt a.d.WN	Weiden	Öltropfgeräte-Fabrik Schauwecker	6-8	54xer -1fl.18xer	–

außerdem 7 Beschäftigte in 2 Glaspolieren

BEZIRK	ORT	BETRIEB	BESCHÄFTIGTEN-ZAHL	WOCHENLOHN	ARBEITER-UNTERSTÜTZUNGS-, STERBE-, KRANKEN- UND PENSIONSKASSEN
Stadtbezirk Regensburg[15]	Regensburg	Rehbach'sche Bleistiftfabrik	300[16]	1fl.30xer -20fl.	Arbeiter-Unterstützungs-,Kranken- und Pensions-Kassen
Stadtbezirk Regensburg	Regensburg	Fikentscher'sche Zuckerfabrik	im Herbst u. Winter: 270 Frauen u. Männer; im Frühjahr u. Sommer: 125 Männer	2fl.24xer-8fl.24xer 3fl.36xer-8fl.24xer	Krankenkasse
Stadtbezirk Regensburg	Regensburg	Maffei'sche Brückenbauanstalt	90-100	4fl.48xer-12fl.bzw. Akkordlohn: 9-21fl.	Krankenkasse
Stadtbezirk Regensburg	Regensburg	Buch- und Kupfer-Druckerei Manz	100	1fl.30xer-18fl.	Kranken-, Invaliden- u. Witwen-Kassen
Stadtbezirk Regensburg	Regensburg	Buchdruckerei Pustet	k e i n e	A n g a b e n	Krankenkasse
Stadtbezirk Regensburg	Regensburg	Maschinenfabrik Zorn	40	4fl.48xer-12fl.	Krankenkasse
Stadtbezirk Regensburg	Regensburg	Waffler'sche Steingut u. Porzellanfabrik[17]	70-80	4-15fl.	Krankenkasse
Stadtbezirk Regensburg	Regensburg	Krebs'sche Handschuhfabrik (H)	17 im Betrieb u. ca. 100 Heimarbeiterinnen (in der Nordoberpfalz)	7-12fl. u. 1-2fl.30xer	–

Angaben zur Ostbahn-Werkstätte fehlen völlig

BEZIRK	ORT	BETRIEB	BESCHÄFTIGTEN-ZAHL	WOCHENLOHN	ARBEITER-UNTERSTÜTZUNGS-, STERBE-, KRANKEN- UND PENSIONSKASSEN
Bezirksamt Roding[18]	Bergham	Eisenhütte Nittenau der Maximilianshütte	30	7fl.12xer	–
Bezirksamt Roding	Mühlenthal (Gde. Stefling)	Glasfabrik	18	–	–
Bezirksamt Roding	Wiesing	Glasschleife u. Polierwerk	12	–	–

Außerdem 9 Beschäftigte in 5 Schneidsägen

BEZIRK	ORT	BETRIEB	BESCHÄFTIGTEN-ZAHL	WOCHENLOHN	ARBEITER-UNTERSTÜTZUNGS-, STERBE-, KRANKEN- UND PENSIONSKASSEN
Bezirksamt Stadtamhof[19]	Regenstauf	Dampfsäge	17	4-9fl.	Krankenkasse
Bezirksamt Stadtamhof	Schwarzenberg (Gde. Fischbach, nächst „Ostbahnstation Haidhof")	Mühl- u. Bausteingeschäft (H)	20-25	ca. 7fl.	–
Bezirksamt Stadtamhof	Hirschling	Pflastersteinbruch (H)	30-36	ca. 8fl.	–

BEZIRK	ORT	BETRIEB	BESCHÄFTIGTEN-ZAHL	WOCHENLOHN	ARBEITER-UNTERSTÜTZUNGS-, STERBE-, KRANKEN- UND PENSIONSKASSEN
Bezirksamt Sulzbach[20]	Rosenberg	Maxhütten-Hochofen	150	5fl.42xer	Krankenkasse
Bezirksamt Sulzbach	Sulzbach	Pustet'sche Buchdruckerei	10-16	keine Angaben	Buchdrucker-Unterstützungskasse
Bezirksamt Sulzbach	Oed	Spiegelglasschleife	12	3fl.	–

außerdem 23 Beschäftigte in 14 Papiermühlen, Spiegelglasschleifen, Schneid- und Sägemühlen

BEZIRK	ORT	BETRIEB	BESCHÄFTIGTEN-ZAHL	WOCHENLOHN	ARBEITER-UNTERSTÜTZUNGS-, STERBE-, KRANKEN- UND PENSIONSKASSEN
Bezirksamt Tirschenreuth[21]	Hohenthan	Glasfabrik	19	6fl.	–
Bezirksamt Tirschenreuth	Liebenstein	Glaspoliere und -schleife	6	für Männer: 1fl.45xer, für Frauen: 1fl.20xer	–
Bezirksamt Tirschenreuth	Mitterteich	Imprägnier-Anstalt	11	6fl.	–
Bezirksamt Tirschenreuth	Pfaffenreuth	Eisengießerei	50	7fl.	–

BEZIRK	ORT	BETRIEB	BESCHÄFTIGTEN-ZAHL	WOCHENLOHN	ARBEITER-UNTERSTÜTZUNGS-, STERBE-, KRANKEN- UND PENSIONSKASSEN
Bezirksamt Tirschenreuth	Thanhausen	Glasschleife u. -poliere	7	2fl.+ freie Kost	–
Bezirksamt Tirschenreuth	Waldsassen	Kattundruckerei	8	6fl.	–
Bezirksamth Tirschenreuth	Tirschenreuth	Porzellanfabrik	35-40	Porzellandreher u. -maler 10-11fl., Taglöhner: 3-5fl.	Porzellandreher-Unterstützungskasse
Bezirksamt Tirschenreuth	Tirschenreuth	Dampfschneidesäge	60-70	4fl.36xer -7fl.	Krankenunterstützungskasse
Bezirksamt Tirschenreuth	Tirschenreuth	Wollspinnerei	7-8	für Männer: 4fl.30xer- -5fl., für Frauen: 1fl.48er	–

außerdem 40 Beschäftigte in 25 Schneidsägen, Glasschleifen und -polieren, Porzellangruben, Kunstmühlen und Waffenhämmern

BEZIRK	ORT	BETRIEB	BESCHÄFTIGTEN-ZAHL	WOCHENLOHN	ARBEITER-UNTERSTÜTZUNGS-, STERBE-, KRANKEN- UND PENSIONSKASSEN
Bezirksamt Vohenstrauß[22]	Schafbruck, Hagenmühle u. Neuenhammer (Zottbachtal)	3 Glasschleifen u. -poliere	60	für Männer: 1fl.30xer, für Frauen: 1fl.	–
Bezirksamt Vohenstrauß	Böhmischbruck	Glasschleife u. -poliere	60 (+ unbestimmte „Anzahl von Frauen und Kindern")	–	–
Bezirksamt Vohenstrauß	Burgtreswitz	Glasschleife u. -poliere	10	4fl.30xer	–
Bezirksamt Vohenstrauß	Danzerschleife	Glasschleife u. -poliere	8	3fl.12xer	–
Bezirksamt Vohenstrauß	Gebhardsreuth	Glasschleife u. -poliere	24	6fl.	–
Bezirksamt Vohenstrauß	Strehberg	Glasschleife u. -poliere	6	4fl.30xer	–
Bezirksamt Vohenstrauß	Gröbenstädt	Glasschleife u. -poliere	6	4fl.30xer	–

BEZIRK	ORT	BETRIEB	BESCHÄFTIGTEN-ZAHL	WOCHENLOHN	ARBEITER-UNTERSTÜTZUNGS-, STERBE-, KRANKEN- UND PENSIONSKASSEN
Bezirksamt Vohenstrauß	Lohma	Glasschleife u. -poliere	11	3fl.15xer	–
Bezirksamt Vohenstrauß	Pingermühle	Glasschleife u. -poliere	11	–	–
Bezirksamt Vohenstrauß	Finkenhammer	Glasschleife u. -poliere	11	–	–
Bezirksamt Vohenstrauß	Bartlmühle	Glasschleife u. -poliere	9	–	–
Bezirksamt Vohenstrauß	Kemnitzerschleife	Glasschleife u. -poliere	9	6fl.	–
Bezirksamt Vohenstrauß	Trutzhof	Glasschleife u. -poliere	9	–	–
Bezirksamt Vohenstrauß	Pleistein	Glasschleife u. -poliere	9	–	–
Bezirksamt Vohenstrauß	Niederland	2 Glasschleifen u. -polieren	20	3fl.36xer -6fl.	–
Bezirksamt Vohenstrauß	Roggenstein	2 Glasschleifen u. -polieren	13	–	–
Bezirksamt Vohenstrauß	Frankenreuth	Glashütte	40	–	–

außerdem 35 Beschäftigte in 15 Schneidsägen, Glasschleifen und -polieren

BEZIRK	ORT	BETRIEB	BESCHÄFTIGTEN-ZAHL	WOCHENLOHN	ARBEITER-UNTERSTÜTZUNGS-, STERBE-, KRANKEN- UND PENSIONSKASSEN
Bezirksamt Waldmünchen[23]	Waldmünchen	Tuchfabrik	200	3fl.20xer	Krankenkasse
Bezirksamt Waldmünchen	Oedhütte (Gde. Voithenbergoed)	Hohlglasfabrik	24	1fl.36xer	–

BEZIRK	ORT	BETRIEB	BESCHÄFTIGTEN-ZAHL	WOCHENLOHN	ARBEITER-UNTERSTÜTZUNGS-, STERBE-, KRANKEN- UND PENSIONSKASSEN
Bezirksamt Waldmünchen	Franken-, Hammerschleife, Michelstal u. Tiefenbach	4 Spiegelglasschleifen	40	2fl. + freie Kost	–
Bezirksamt Waldmünchen	Obere u. untere Hammerschleife in Tiefenbach	Glasschleifen	16	3fl.34xer	–
Bezirksamt Waldmünchen	Hoell	Spiegelglasschleife	9	3-4fl.	–
Bezirksamt Waldmünchen	Lenkenhütte	Fensterglasfabrik	30	6-12fl.	–
Bezirksamt Waldmünchen	Unterhütte	Hohlglasfabrik mit Glasschleife	40	3-12fl.	–

außerdem 6 Beschäftigte in 2 Schneidsägen

1) Quelle: StA AM, KdI, Sig. 14457: Den Stand der Industrie in der Oberpfalz 1870 betr.
2) Ebd., Schreiben Nr. 10679 vom 22.4.1870.
3) Die Kick'sche Steingutfabrik hatte im Jahr 1847 70 Beschäftigte (55 männliche und 15 weibliche) und im Jahr 1861 74 B. (56 m. + 18 w.) (Quelle: BSKB 10, 1862, S. 86 f.).
4) Zu den Münzeinheiten: 1 Gulden (fl.) = 60 Kreuzer (xer), vgl. hierzu ZORN, Wirtschafts- und Sozialgeschichte, S. 94 – 96.
5) Im Jahr 1847 hatte die Gewehrfabrik Amberg 196 B. und 1861 570 B. (Quelle: BSKB 10, 1862, S. 80 f.).
6) StA AM, KdI, Sig. 14457: Schreiben Nr. 11876 vom 13.5.1870.
7) Ebd., Schreiben Nr. 10536 vom 27.4.1870.
8) Ebd., Schreiben Nr. 10743 vom 29.4.1870.
9) Ebd., Schreiben Nr. 10984 vom 20.4.1870.
10) Ebd., Schreiben Nr. 10486 vom 27.4.1870.
11) Ebd., Schreiben Nr. 11852 vom 11.5.1870.
12) Ebd., Schreiben Nr. 10985 vom 3.5.1870.
13) Ebd., Schreiben Nr. 10370 vom 25.4.1870.
14) Ebd., Schreiben Nr. 4262 vom 5.5.1870.
15) Ebd., Schreiben Nr. 6744 vom 27.5.1870.
16) Im Jahr 1861 hatte die Rehbach'sche Bleistiftfabrik 250 B. (150 m. + 100 w.) (Quelle: BSKB 10, 1862, S. 92 f.).
17) Die Waffler'sche Steingut- und Porzellanfabrik hatte im Jahr 1861 47 B. (34 m. + 13 w.) (Quelle: BSKB 10, 1862, S. 86 f.).
18) Ebd., Schreiben Nr. 6768 vom 28.4.1870.
19) A.a.O., Schreiben Nr. 11560 vom 9.5.1870.
20) Ebd., Schreiben Nr. 10850 vom 29.4.1870.
21) Ebd., Schreiben Nr. 11222 vom 5.5.1870.
22) Ebd., Schreiben Nr. 11625 vom 9.5.1870.
23) Ebd., Schreiben Nr. 10533 vom 27.4.1870.

QUELLEN- UND LITERATURVERZEICHNIS, BILDNACHWEIS

I. QUELLENVERZEICHNIS

A. Unveröffentlichte Quellen

BAYERISCHES HAUPTSTAATSARCHIV MÜNCHEN
1. Abteilung I, Allgemeines Staatsarchiv (zitiert BHS I)
   ASR 34, 35.
   MArb 254, 257, 303, 321, 326, 343, 882.
   MInn 30980, 30981/1-3, 7, 10, 13-20, 23, 27, 38969, 38973, 38977, 38979, 38983, 38985, 38987, 45548, 45619, 45786, 54204, 66312, 66319.
2. Abteilung IV, Kriegsarchiv (zitiert BHS IV)
   E92.
   Fzm 5296-5360
   stv. Gen.-Kdo. III. b. AK. Bund 1a, 131/9, 202, 540/1, 545.

BAYERISCHE STAATSBIBLIOTHEK MÜNCHEN (zitiert StaBi M),
Handschriftenabteilung
Cod. germ. 6874, 183: Physikatsbeschreibung des Vohenstraußer Bezirksarztes 1862.
Cod. germ. 6875: Medizinische Topographie und Ethnographie des Regierungsbezirkes der Oberpfalz und von Regensburg.

STAATSARCHIV AMBERG (zitiert StA AM)
Kdl 345, 3745, 3974, 4195, 14338, 14423, 14423/IV, 14423/V, 14424, 14457.
Reg. d. Opf. 39, 3600, 5094, 5226, 5451-5453, 5485, 8243, 8312, 8584/4, 8689, 8699, 9043, 9194/1, 2, 9710, 11051, 13748-13752, 13754, 13755, 13883, 13884, 13922, 13928, 13932, 13933, 13940, 13963, 13984, 14055, 14112, 14119, 14122, 14198-14200, 14202, 14204.
Landgerichtsarzt Amberg 1.
Landgericht (zitiert LG) Auerbach 84.
Bezirksamt (zitiert BA) Beilngries 147, 150.
BA Cham (zitiert CHA) 1994, 1995.
BA Eschenbach (zitiert ESB) 221, 240.
BA Kemnath 223.
BA Nabburg (zitiert NAB) 744, 745.
BA Neunburg v.W. (zitiert NEN) 1259, 1272, 1692.
BA Parsberg 938.
BA Riedenburg 3106.
BA Stadtamhof 72, 2272.
BA Sulzbach (zitiert SUL) 1301, 1304, 1305.
BA Vohenstrauß (zitiert VOH) 1166.

BISCHÖFLICHES ZENTRALARCHIV REGENSBURG (zitiert BZA R)
OA 648.

STADTARCHIV NÜRNBERG (zitiert StdAr Nbg)
HR V d-15, Nr. 1516: Socialdemokratischer Agitationsverein für Franken und die Oberpfalz (zitiert AVFO).

STADTARCHIV AMBERG (zitiert StdAr AM)
Zugang (zitiert Zg) I: 1076, 1907, 1955.
Dollacker-Chronik.

PFARRARCHIV ST. MARTIN AMBERG
V 428: LIEBL, Wolfgang: Materialien zur Geschichte der Gesellschaft Concordia in Amberg (Kathol. Casino), Amberg 1873 (Manuskript).

STADTARCHIV BURGLENGENFELD
13/101: Gründung einer Bürgerwehr.

STADTARCHIV MITTERTEICH
2968: Arbeiter-, Soldaten-, Bauernräte.

STADTARCHIV SCHWANDORF
Beschlußbuch des Stadtmagistrats 1918/19, Regest.
Tagebuch Josef Krempl, Auszug.
Kreuzberg-Chronik (II, 71 ff.).

STADTARCHIV SULZBACH-ROSENBERG (zitiert StdAr SUL)
A 4284.

LANDRATSAMTS-REGISTRATUR NEUSTADT A.D.WN (zitiert LRA-Registratur NEW)
II, I, 3, 8.
VII, I, 1, 7a.
VII, I, 1, 8.
VII, I, 1, 9. VII,
I, 3, 10.

LANDRATSAMTS-REGISTRATUR SCHWANDORF (zitiert LRA-Registratur SAD)
AA-BUL 81-810.

B. Veröffentlichte Quellen

Zentralbibliothek der Gewerkschaften (zitiert ZBG) Berlin (O)
P II 52 – 1913: Protokoll über die Verhandlungen des 8. Gautages der Sozialdemokratischen Partei. Gau Nordbayern 1913 in Nürnberg.

P II 52 – 1915: Protokoll über die Verhandlungen der Kriegs-Gau- Konferenz der Sozialdemokratie Nordbayerns 1915 in Nürnberg.

P II 432: Jahresberichte des Gewerkschaftsvereins Regensburg 1908 – 1914.

P II 770 – 1906/07: Rechenschaftsbericht des Glasarbeiter-Zentralverbandes.

P II 771 – 1901 ff.: Protokolle der Generalversammlungen des deutschen Glasarbeiter-Zentralverbandes.

P II 778 – 1902 ff.: Protokolle der ordentlichen Generalversammlungen der Porzellanarbeiter.

P II 1099 – 1899 ff.: Berichte des DMV-Vorstandes an die Generalversammlungen.

P II 1102 – 1899 ff.: Protokolle der DMV-Generalversammlungen.

Bibliothek des DGB, Düsseldorf
AKP 700: Protokolle der 3. 1906 – 6. 1913 Konferenz der Bayerischen Gewerkschaftskartelle.

AKP 738: Arbeitersekretariat Nürnberg, Jahresberichte 1894 – 1920.

AKP 831: Jahresberichte 1908 – 1932 des Ortskartells Marktredwitz.

Industrie- und Handelskammer Regensburg
Jahres-Berichte der Handels- und Gewerbekammer der Oberpfalz und von Regensburg 1873 – 1876 ff.

Beiträge zur Statistik des Königreichs Bayern von 1850 (Heft 1) an.

Bericht des Bezirksvorstandes der Sozialdemokratischen Partei für Oberpfalz und Niederbayern für die Zeit vom 1. Januar 1920 bis 31. März 1922 auf dem Bezirksparteitag zu Pfingsten 4. und 5. Juni 1922 in Regensburg.

Das rote Nürnberg. Dokumente zur Geschichte der Arbeiterbewegung (hrsg. von der Verwaltungsstelle Nürnberg der Industriegewerkschaft Metall), Bände 3 und 4, Nürnberg 1984/85.

320 Haushaltsrechnungen von Metallarbeitern. Bearb.und hrsg. vom Vorstand des Deutschen Metallarbeiter-Verbandes. Stuttgart 1909. Nachdrucke hrsg. von Dieter DOWE mit einer Einleitung von Jens FLEMMING und Peter-Christian WITT, Berlin/Bonn 1981.

Ergebnisse der über die Frauen- und Kinderarbeit in den Fabriken auf Beschluß des Bundesraths angestellten Erhebungen, Berlin 1876.

Ergebnisse der über die Verhältnisse der Lehrlinge, Gesellen und Fabrikarbeiter auf Beschluß des Bundesraths angestellten Erhebungen, Berlin 1876.

Ergebnisse einer Erhebung über die in Bayerischen Fabriken und größeren Gewerbebetrieben zum Besten der Arbeiter getroffenen Einrichtungen, hrsg. v. kgl. Staatsministerium des Innern, München 1874.

Erhebungen von Wirtschaftsrechnungen minderbemittelter Familien im Deutschen Reiche. Bearb. im Kaiserlichen Statistischen Amte, Abteilung für Arbeiterstatistik (= Reichsarbeitsblatt, Sonderheft 2), Berlin 1909.

Generalberichte über die Sanitätsverwaltung im Königreiche, von Bd. 35 (1904) an unter dem Titel: Berichte über das Bayerische Gesundheitswesen.

Geschäfts-Berichte des Gauvorstandes der Sozialdemokratischen Partei Nordbayerns 1902 ff.

Jahresberichte der königlich bayerischen Fabrikinspektoren (später: Gewerbeinspektoren) 1879 ff.

Kassenberichte des Verbandes der Porzellan- und verwandten Arbeiter und Arbeiterinnen, Berlin-Charlottenburg 1905 ff.

Protokolle der Verhandlungen der Kongresse der Gewerkschaften Deutschlands (Reprints zur Sozialgeschichte, Hrsg.: Dieter DOWE), 7 Bände, Berlin/Bonn 1979/80.

Protokolle über die Verhandlungen der Parteitage der bayerischen Sozialdemokratie 1892 ff.

Protokolle und Berichte der Zentralbibliothek der Gewerkschaften, 2 Bände, Berlin (O) o.J.

Quellen zur Geschichte der deutschen Gewerkschaftsbewegung im 20. Jahrhundert, begründet von Erich MATTHIAS, hrsg. von Hermann WEBER, Klaus SCHÖNHOVEN und Klaus TENFELDE. Bd. 1: Die Gewerkschaften in Weltkrieg und Revolution 1914 – 1919. Bearbeitet von Klaus SCHÖNHOVEN, Köln 1985.

Sozialgeschichtliches Arbeitsbuch. Materialien zur Statistik des Kaiserreichs 1870 – 1914, hrsg. von Gerd HOHORST, Jürgen KOCKA, Gerhard A. RITTER, München 1975.

Statistische Bücher für das Königreich Bayern von 1894 (Band 1) an.

Verhandlungen der Kammer der Abgeordneten des Bayerischen Landtages. Stenographische Berichte und Beilagen, München 1848 – 1918.

Verwaltungsberichte des Stadtmagistrats Amberg 1874 ff.

Wahlgeschichtliches Arbeitsbuch. Materialien zur Statistik des Kaiserreichs 1871 – 1918, von Gerhard A. RITTER unter Mitarbeit von Merith NIEHUSS, München 1980.

Zeitschrift des Königlich Bayerischen Statistischen Bureaus von 1869 (Heft 1) an.

* * * * *

Fürther Demokratisches Wochenblatt Jg. 1871 – 1873.
Social-Demokratisches Wochenblatt Jg. 1874.
Nürnberg-Fürther Socialdemokrat Jg. 1874 – 1878.
Fränkische Tagespost Jg. 1878 – 1919.
Fränkische Volkstribüne Jg. 1900 – 1919.
Der Volksstaat Jg. 1869 – 1876.

II. LITERATURVERZEICHNIS

ALBRECHT, Dieter: Von der Reichsgründung bis zum Ende des Ersten Weltkrieges (1871 – 1918), in: SPINDLER, Max (Hrsg.), Handbuch der Bayerischen Geschichte, Bd. 4/1, München 1974, S. 283 – 386.

- ders.: Regensburg im Wandel. Studien zur Geschichte der Stadt im 19. und 20. Jahrhundert, Regensburg 1984.

ALBRECHT, Willy: Die Fuchsmühler Ereignisse vom Oktober 1894 und ihre Folgen für die innere Entwicklung Bayerns im letzten Jahrzehnt des 19. Jahrhunderts, in: ZBLG 33 (1970), S. 307 – 354.

- ders.: Die frühe organisierte Arbeiterbewegung in Bayern, in: Das andere Bayern. Lesebuch zu einem Freistaat, München 1976, S. 207 – 231.

- ders.: Fachverein, Berufsgewerkschaft, Zentralverband. Organisationsprobleme der deutschen Gewerkschaften 1870 – 1890, Bonn 1982.

- ders. / BOLL / BOUVIER / LEUSCHEN-SEPPEL / SCHNEIDER: Frauenfrage und deutsche Sozialdemokratie vom Ende des 19. Jahrhunderts bis zum Beginn der zwanziger Jahre, in: AfS 19 (1979), S. 459 – 510.

AMBERG 1034 – 1984. Aus tausend Jahren Stadtgeschichte, Amberg 1984 (Ausstellungskatalog).

ANDERL, Ludwig: Die roten Kapläne. Vorkämpfer der katholischen Arbeiterbewegung in Bayern und Süddeutschland, München 1963.

ARBEIT/Mensch/Maschine, 2 Bände, Linz 1987 (Katalog zur gleichnamigen Oberösterreichischen Landesausstellung 1987 in Steyr).

ARBEITER und Arbeiterbewegung im Vergleich. Berichte zur internationalen historischen Forschung, hrsg. v. Klaus TENFELDE, Historische Zeitschrift, Sonderheft 15, 1986.

AUFBRUCH ins Industriezeitalter, 3 Bände (hrsg. v. Claus Grimm), München 1985 (Katalog zur gleichnamigen Ausstellung 1985 in Augsburg).

AXTMANN, Hermann: Vor 70 Jahren 64 Maxhütten-Arbeiter unter Anklage gestellt, in: Das Städte-Dreieck 17 (1978), Nr. 195, S. 2.

- ders.: Vor 120 Jahren „Öffentliche Schule zu Maximilianshütte" begründet, in: Das Städte-Dreieck 19 (1981), Nr. 225, S. 13 f.

BAER, Heinrich-Jürgen: Die Bildungsarbeit des Kolping Bildungswerkes, Diözesanverband Regensburg e. V. unter besonderer Berücksichtigung seiner historischen Wurzeln, Regensburg 1986.

BAUER, Franz J.: Die Regierung Eisner 1918/19. Ministerratsprotokolle und Dokumente, Düsseldorf 1987.

BAVARIA. Landes- und Volkskunde des Königreichs Bayern, Bd. 2/1: Oberpfalz und Regensburg, 1863.

BAYER, Karl: 60 Jahre SPD-Ortsverein Pressath 1919 – 1979, Weiden 1979.

- ders.: Auf roten Spuren. Zu den Anfängen der Sozialdemokratie im ehem. Kgl. Bezirksamt Vohenstrauß, Weiden 1982.

- ders.: Der rote Weg. Zur Organisationsgeschichte der Sozialdemokratischen Partei in der nördlichen Oberpfalz von 1890 bis 1918, Weiden 1987.

BAYER, Karl/ BARON, Bernhard M./ MÖRTL, Josef: 80 Jahre Sozialdemokratie in Weiden: 1897 – 1977, Weiden 1978.

- ders. / BARON, Bernhard M. / LEHNER, Fred: 1906 – 1981: 75 Jahre Sozialdemokratische Partei in Floß, Weiden 1981.

ders. / BARON, Bernhard M. / SCHWÄGERL, Albert: 75 Jahre SPD-Ortsverein Flossenbürg, Weiden 1983.

BEBEL, August: Aus meinem Leben, 3 Bände, Stuttgart 1910 bis 1914.

BERGMANN, Jürgen: Soziallage, Selbstverständnis und Aktionsformen der Arbeiter in der Revolution von 1848, in: ders./ VOLKMANN, Sozialer Protest, S. 283 – 303.

BERLIN, Philipp: Die bayerische Spiegelglasindustrie, Berlin 1910.

BETTGER, Roland: Verlagswesen, Handwerk und Heimarbeit, in: Aufbruch ins Industriezeitalter, Bd. 2: Aufsätze zur

Wirtschafts- und Sozialgeschichte Bayerns 1750 – 1850 (hrsg. von Rainer A. MÜLLER), München 1985, S. 175 – 183.

BEYER, Hans: Von der Novemberrevolution zur Räterepublik in München, Berlin (O) 1957.

BLASIUS, Dirk: Geschichte und Krankheit, in: GUG 2 (1976), S. 386 – 415.

BLAU, Josef: Die Glasmacher im Böhmer- und Bayerwald, Kallmünz 1956.

BLESSING, Werner K.: Zur Analyse politischer Mentalität und Ideologie der Unterschichten im 19. Jahrhundert, in: ZBLG 34 (1971), S. 768 – 816.

- ders.: Allgemeine Volksbildung und politische Indoktrination im Bayerischen Vormärz, in: ZBLG 37 (1974), S. 479 – 568.

- ders.: Umwelt und Mentalität im Ländlichen Bayern, in: AfS 19 (1979), S. 1 – 42.

- ders.: Staat und Kirche in der Gesellschaft. Institutionelle Autorität und mentaler Wandel in Bayern während des 19. Jahrhunderts, Göttingen 1982.

BOCKS, Wolfgang: Die badische Fabrikinspektion, Freiburg/München 1978.

BORCHARDT, Knut: Wirtschaftliches Wachstum und Wechsellagen 1800 – 1914, in: Handbuch der deutschen Wirtschafts- und Sozialgeschichte, hrsg. v. Hermann AUBIN u. Wolfgang ZORN, Bd. 2: Das 19. und 20. Jahrhundert, Stuttgart 1976, S. 198 – 275.

BOSL, Karl: Gesellschaft und Politik in Bayern vor dem Ende der Monarchie, in: ZBLG 28 (1965), S. 1 – 31.

- ders: Heinrich Held. Journalist-Parteipolitiker-Staatsmann, in: ZBLG 31 (1968), S. 747 – 767.

- ders. (Hrsg.): Bayern im Umbruch, München 1969.

- ders.: Der Mensch in seinem Lande. Stand, Aufgaben und Probleme der südostdeutschen Landesgeschichte, in: Rhein. Vjbl. 34 (1970), S. 111 – 129.

- ders.: Der Kleine Mann – die Kleinen Leute, in: Dona Ethnologica. Beiträge zur vergleichenden Volkskunde. Leopold Kretzenbacher zum 60. Geburtstag, hrsg. von Helge GERNDT / Georg R. SCHROUBEK, München 1973, S. 97 – 111.

- ders.: Die Oberpfalz als historische Region, in: OH 24 (1980), S. 7 – 14.

- ders.: Bayerische Geschichte, München 1980.

- ders.: Bayern, München 1981.

BRAUN, Rainer: Amberg als Garnisonsstadt, in: Amberg-Ausstellungskatalog, S. 205 – 220.

BRENNEISEN, Reinhold: Das wirtschaftliche Schicksal der Oberpfalz – ein Beispiel für das Wirken raumgestaltender Faktoren in der Geschichte, Regensburg 1966 (Blätter zur Geschichte und Landeskunde der Oberpfalz, Heft 2).

BRENNER-SCHÄFFER, Wilhelm: Darstellung der sanitätlichen Volkssitten und des medizinischen Volks-Aberglaubens im nordöstlichen Theile der Oberpfalz, Amberg 1861.

BUSL, Franz: Die Knopfindustrie in Bärnau, in: DO 57 (1969), S. 8 f.

CHANTEAUX, Paul: Die ökonomische und soziale Entwicklung des Braunkohlenbergbaues der Oberpfalz, München (Diss. masch.) 1923/24.

CHROBAK, Werner: Politische Parteien, Verbände und Vereine in Regensburg 1869 – 1914, Teil I, II und III, in: VHVO 119 (1979), S. 137 – 223; 120 (1980), S. 211 – 384 und 121 (1981), S. 183 – 284.

- ders.: Kirchengeschichte Ambergs von 1803 bis 1918, in: Amberg- Ausstellungskatalog, S. 301 – 320.

CONZE, Werner: Vom „Pöbel" zum „Proletariat". Sozialgeschichtliche Voraussetzungen für den Sozialismus in Deutschland, in: VSWG 41 (1954), S. 333 – 364.

- ders.: Art. „Arbeiter", in: Otto BRUNNER / Werner CONZE / Reinhart KOSELLECK (Hrsg.), Geschichtliche Grundbegriffe. Historisches Lexikon zur politisch-sozialen Sprache in Deutschland, Bd. 1, Stuttgart 1972, S. 216 – 242.

DEMOKRATISCHE Bildungsgemeinschaft Ostbayern e.V. (Hrsg.): „Vorwärts immer, rückwärts nimmer!". Ein Bilderlesebuch zur Geschichte der ostbayerischen Arbeiterbewegung, Regensburg 1985.

DENK, Hans Dieter: Die christliche Arbeiterbewegung in Bayern bis zum Ersten Weltkrieg, Mainz 1980.

- ders.: Ein Keil in die Arbeiterbewegung? Zur Einschätzung der christlichen Arbeiterbewegung durch sozialdemokratische Arbeiterbewegung, Arbeitgeber und staatliche Institutionen in Bayern vor 1914, in: ZBLG 44 (1981), S. 543 – 569.

DIETZ, Eduard: Steinlese, München 1984.

DITTMAR, Gerhardt: Zur praktischen Landagitation der deutschen Sozialdemokratie unter den deutschen Kleinbauern in den 90er Jahren des 19. Jahrhunderts, in: BZG 10 (1968), S. 1091 – 1100.

DOMANSKY-DAVIDSOHN, Elisabeth: Der Großbetrieb als Organisationsproblem des Deutschen Metallarbeiter-Verbandes vor dem Ersten Weltkrieg, in: MOMMSEN, Hans (Hrsg.), Arbeiterbewegung und industrieller Wandel, Wuppertal 1980.

DOWE, Dieter: Bibliographie zur Geschichte der deutschen Arbeiterbewegung, sozialistischen und kommunistischen Bewegung von den Anfängen bis 1863, AfS, Beiheft 5, Bonn 1976.

DÜNNINGER, Eberhard: Die Oberpfalz im Spiegel der Jahrhunderte, in: DO 70 (1982), S. 210 – 216.

EBERLEIN, Alfred: Die Presse der Arbeiterklasse und der Sozialen Bewegungen, von den dreißiger Jahren des 19. Jahrhunderts bis zum Jahre 1967, 5 Bände, Berlin 1968/69.

ECKERT, Hugo: Liberal- oder Sozialdemokratie, Stuttgart 1968.

EISENWERK-Gesellschaft Maximilianshütte 1853 – 1953, Sulzbach-Rosenberg- Hütte 1953.

EISFELD, Gerhard / KOSZYK, Kurt: Die Presse der deutschen Sozialdemokratie. Eine Bibliographie, Bonn 1980 .

EMMERIG, Ernst: Regierungsbezirk Oberpfalz 125 Jahre, in: OH 8 (1963), S. 7 - 13.

- ders.: Verwaltungs- und Sozialstruktur der Oberpfalz 1838 – 1972, in: Die Oberpfalz, Regensburg 1984, S. 129 – 143.

- ders.: Zur Behördengeschichte der Oberpfalz von Montgelas bis heute, in: OH 29 (1985), S. 7 – 30.

ENGELHARDT, Thomas: Menschen nach Maß. Fabrikdisziplin und industrielle Zeitökonomie während der Industrialisierung Bayerns, in: Nürnberg- Ausstellungskatalog, S. 289 – 292.

ENGELHARDT, Ulrich: „Nur vereinigt sind wir stark". Die Anfänge der deutschen Gewerkschaftsbewegung 1862/63 bis 1869/70, 2 Bände, Stuttgart 1977.

- ders.: Von der „Unruhe„ zum „Strike". Hauptzielsetzungen und - erscheinungsformen des sozialen Protests beim Übergang zur organisierten Gewerkschaftsbewegung 1848/49 – 1869/70, in: Heinrich VOLKMANN / Jürgen BERGMANN (Hrsg.), Sozialer Protest. Studien zu tradioneller Resistenz und kollektiver Gewalt in Deutschland vom Vormärz bis zur Reichsgründung, Köln 1984, S. 228 – 252.

ENGELSING, Rolf: Analphabetentum und Lektüre. Zur Sozialgeschichte des Lesens in Deutschland zwischen feudaler und industrieller Gesellschaft, Stuttgart 1973.

ERNST, Georg: Die ländlichen Arbeitsverhältnisse im rechtsrheinischen Bayern, Regensburg 1907.

ERNSTBERGER, Alfred: Geschichte des Vaterstammes der Dorfner in Hirschau, Kallmünz 1940.

FISCHER, Ilse: Industrialisierung, sozialer Konflikt und politische Willensbildung in der Stadtgemeinde. Ein Beitrag zur Sozialgeschichte Augsburgs 1840 – 1914, Augsburg 1978.

FISCHER, Wolfram: Soziale Unterschichten im Zeitalter der Frühindustrialisierung, in: IRSH 8 (1963), S. 415 – 435.

FLEMMING, Jens: Landarbeiter zwischen Gewerkschaften und „Werksgemeinschaft", in: AfS 14 (1974), S. 351 – 418.

FRAENKEL, Eugen: Die Lage der Arbeiter in den Werkstätten der Bayerischen Staatsbahnen, in: Archiv für Sozialwissenschaft und Sozialpolitik 37 (1913), S. 808 – 863.

FRICKE, Dieter: Die deutsche Arbeiterbewegung 1869 bis 1914, Berlin 1976.

FRÖHLICH, Paulinus: Weiding bei Schönsee. Beiträge zur Geschichte des Ortes, o.O.u.J.

FUCHS, Achim: Quellen zur Geschichte der Arbeiterbewegung im Staatsarchiv Amberg, in: IWK 11 (1975), S. 353 – 364.

FÜNFUNDSIEBZIG Jahre Industriegewerkschaft. 1891 – 1966. Vom Deutschen Metallarbeiter-Verband zur Industriegewerkschaft Metall. Ein Bericht in Wort und Bild, Frankfurt a.M. 1966.

75 Jahre Industriegewerkschaft Bau-Steine-Erden, hrsg. v. Bezirksverband Schwandorf-Cham 1981 (Eigendruck).

GLADEN, Albin: Geschichte der Sozialpolitik in Deutschland. Eine Analyse ihrer Bedingungen, Formen, Zielsetzungen und Auswirkungen, Wiesbaden 1974.

GLASER, Hermann: Industriekultur in Nürnberg, München 1980.

GREBING, Helga: Geschichte der deutschen Arbeiterbewegung, München 1980[10].

GROTJAHN, Alfred: Der Alkoholismus nach Wesen, Wirkung und Verbreitung, Leipzig 1898.

GUGGENMOOS, Teresa: Spitzenklöppeln im Oberpfälzer Grenzland, in: DO 66 (1978), S. 35 – 40.

HAGELWEIDE, Gert: Deutsche Zeitungsbestände in Bibliotheken und Archiven, Düsseldorf 1974.

HANDBUCH der deutschen Geschichte. GEBHARDT. Hrsg. von Herbert GRUNDMANN, Bd. 3: Von der Französischen Revolution bis zum Ersten Weltkrieg, Stuttgart 1979[9].

HANDBUCH des Vereins Arbeiterpresse, hrsg. vom Vorstand des Vereins Arbeiterpresse, 3. Jg. 1914. Neue Folge des Jahrbuches für Partei- und Gewerkschafts-Angestellte, Berlin 1914.

HANDELSKAMMER Regensburg (Hrsg.): Die Industrie der Oberpfalz in Wort und Bild, Regensburg 1914.

HAPPATSCH, Martin G.: Über die ländliche Armenpflege, in: DO 69 (1981), S. 302 f.

HATTENKOFER, Peter: Regierende und Regierte, Wähler und Gewählte in der Oberpfalz 1870 – 1914, München 1979.

HAUSEN, Karin: Technischer Fortschritt und Frauenarbeit im 19. Jahrhundert. Zur Sozialgeschichte der Nähmaschine, in: GUG 4 (1978), S. 148 – 169.

HEIGL, Peter: Industriekultur in Regensburg, Regensburg 1985.

HEILFURTH, Gerhard: Wenzel Holek – ein Arbeiterschicksal im Kontaktbereich von Böhmen und Sachsen, in: Festschrift für Walter Schlesinger, hrsg. v. Helmut BAUMANN, Bd. 1, Köln/Wien 1973, S. 608 – 631.

HEIM, Georg: Die ländliche Dienstboten-Organisation, Regensburg 1907[4].

HESSE, Horst: Die sogenannte Sozialgesetzgebung Bayerns Ende der sechziger Jahre des 19. Jahrhunderts, München 1971.

- ders.: Behördeninterne Information über die Volksstimmung zur Zeit des liberal-ultramontanen Parteikampfs 1868/69, in: ZBLG 34 (1971), S. 618 – 651.

HIRSCH, Max: Verbreitungsbild der deutschen Gewerkvereine, Berlin 1880.

HIRSCHFELD, Paul: Die Freien Gewerkschaften in Deutschland. Ihre Verbreitung und Entwicklung 1896 – 1906, Jena 1908.

- ders. und TROELTSCH, W.: Die deutschen sozialdemokratischen Gewerkschaften, Berlin 1905.

HIRSCHFELDER, Heinrich: Die bayerische Sozialdemokratie 1864 – 1914, 2 Bände, Erlangen 1979.

HOCHLARMARKER Lesebuch. Kohle war nicht alles. 100 Jahre Ruhrgebietsgeschichte, Oberhausen 1981.

HOLEK, Wenzel: Lebensgang eines deutsch-tschechischen Handarbeiters (hrsg. von Paul GÖHRE), 2 Bände, Jena 1909.

HORN, Georg: Die Geschichte der Glasindustrie und ihrer Arbeiter, Stuttgart 1903.

HUCK, Gerhard: Arbeiterkonsumverein und Verbraucherorganisation. Die Entwicklung der Konsumgenossenschaften im Ruhrgebiet 1860 – 1914, in: Jürgen REULECKE / Wolfhard WEBER (Hrsg.), Fabrik – Familie – Feierabend, Wuppertal 1978, S. 215 – 245.

INDUSTRIEGEWERKSCHAFT Druck und Papier, Verwaltungsstelle Regensburg (Hrsg.): 60 Jahre Ortsverein Regensburg des Verbandes d. dt. Buchdrucker, Regensburg 1928.

- dies.: 75 Jahre Typographia Regensburg, Regensburg 1926.

- dies.: 90 Jahre Gewerkschaftsarbeit im graphischen Gewerbe Regensburg, Regensburg 1958.

JANSSON, Wilhelm: Die Zustände im deutschen Fabrikwohnungsbau, Berlin 1910.

JOCKISCH, Bernd: Die wirtschaftliche Struktur der Oberpfalz 1815 – 1840, Volkswirtschaftliche Diplomarbeit an der LMU München 1969.

KAACK, Heino: Geschichte und Struktur des deutschen Parteiensystems, Opladen 1971.

KALTENSTADLER, Wilhelm: Bevölkerung und Gesellschaft Ostbayerns im Zeitraum der frühen Industrialisierung (1780 – 1820), Kallmünz 1977.

- ders.: Bettelwesen in der Oberpfalz, in: OH 16 (1972), S. 7 – 14.

KAPFHAMMER, Ursula und Günther (Hrsg.): Oberpfälzisches Lesebuch, Regensburg 1977.

KERMANN, Joachim: Vorschriften zur Einschränkung der industriellen Kinderarbeit in Bayern und ihre Handhabung in der Pfalz. Ein Beitrag zur Entwicklung der bayerischen Arbeiterschutzgesetzgebung im 19. Jahrhundert, in: Jahrbuch für westdeutsche Landesgeschichte 2 (1976), S. 311 – 374.

KESSLER, Gustav: Geschichte der Organisation der Steinarbeiter Deutschlands, Berlin 1897.

KLEBER, Heinrich: Die Gewerbeaufsicht in Bayern, Diss. München 1930.

KLITTA, Georg: Die Geschichte der Tonwarenfabrik Schwandorf in Bayern. 1865 - 1965, Schwandorf 1965.

KLOTZBACH, Kurt: Bibliographie zur Geschichte der deutschen Arbeiterbewegung 1914 – 1945, AfS, Beiheft 2 (o.J.).

KNAACK, Rudolf / SCHRÖDER, Wolfgang: Gewerkschaftliche Zentralverbände, Freie Hilfskassen und die Arbeiterpresse unter dem Sozialistengesetz. Die Berichte des Berliner Polizeipräsidenten vom 4. September 1886 und 28. Mai 1888, in: Jahrbuch für Geschichte 22 (1981), S. 351 – 481.

KNAUER, E.H.: Der Bergbau zu Amberg, Amberg 1913.

KOCKA, Jürgen: Sozialgeschichte – Strukturgeschichte – Gesellschaftsgeschichte, in: AfS 15 (1975), S. 1 – 42.

- ders.: Lohnarbeit und Klassenbildung. Arbeiter und Arbeiterbewegung in Deutschland 1800 bis 1875, Berlin/Bonn 1983.

KÖLLMANN, Wolfgang: Bevölkerungsgeschichte 1800 – 1970, in: Handbuch der dt. Wirtschafts- u. Sozialgeschichte, S. 9 – 50.

KOELSCH, Franz: Die soziale und hygienische Lage der Spiegelglas-Schleifer und -Polierer, in: Soziale Medizin und Hygiene 1908, Bd. III, S. 400 – 408, 483 – 495 und 536 – 545.

KOLB, Eberhard: Die Arbeiterräte in der deutschen Innenpolitik 1918 – 1919, Düsseldorf 1962.

KOLB, Gerhard: Strukturelle Wandlungen im wirtschaftlichen und sozialen Gefüge der Bevölkerung Bayerns seit 1840, Diss. Erlangen-Nürnberg 1966.

KÖRNER, Michael: Staat und Kirche in Bayern 1886 – 1918, Mainz 1977.

KOSCHEMANN, Edwin: Aspekte des Industrialisierungsprozesses in der Stadt Amberg vom 19. Jahrhundert bis zum Ersten Weltkrieg, am Beispiel von vier Betrieben, Erlangen-Nürnberg (Schriftliche Hausarbeit) 1981.

KREINER, Karl: Wirtschaftsleben in Bayerisch-Böhmischen Waldgebiete, Leipzig/Erlangen 1919.

KRIEDTE, Peter/MEDICK, Hans/SCHLUMBOHM, Jürgen: Industrialisierung vor der Industrialisierung. Gewerbliche Warenproduktion auf dem Lande in der Formationsperiode des Kapitalismus, Göttingen 1977.

KUCZYNSKI, Jürgen: Die Geschichte der Lage der Arbeiter unter dem Kapitalismus, Berlin (O) 1961 ff., Bände 1 – 4, 9, 12 und 18 – 20.

KUHLO, Alfred: Geschichte der bayerischen Industrie, (o.O.) 1926.

KRITZER, Peter: Die bayerische Sozialdemokratie und die bayerische Politik in den Jahren 1918 bis 1923, München 1969.

KUHNLE, Robert R.: Ein Jahrzehnt der Not in der Oberpfalz, in: DO 57 (1969), S. 265 – 271.

-ders.: Das Ende alter Wirtschaftskultur. In der Mitte des 19. Jahrhunderts brach die oberpfälzische Industrie zusammen, in: DO 60 (1972), S. 263 – 267.

KULEMANN, Wilhelm: Die Berufsvereine, Bd. 2, Jena/Berlin 1908.

KÜNZEL, Richard: Die Abgordneten des Bayerischen Landtages aus den Wahlkreisen Amberg, Weiden und Tirschenreuth für die Zeit von 1871 – 1918, Zulassungsarbeit an der Universität Regensburg 1981.

LAUBE, Rudolf: Unsere Heimat während der deutschen Revolution 1848/49, in: Jahresbericht der Oberrealschule Schwandorf über das Schuljahr 1962/63, S. 43 – 62.

LEBEN und Arbeiten im Industriezeitalter. Eine Ausstellung zur Wirtschafts- und Sozialgeschichte Bayerns seit 1850. Im Auftrag des Freistaates Bayern veranstaltet vom Germanischen Nationalmuseum in Zusammenarbeit mit dem Centrum Industriekultur der Stadt Nürnberg vom 10. Mai bis 25. August 1985 (Ausstellungskatalog).

LEHMANN, Hans Georg: Die Agrarfrage in der Theorie und Praxis der deutschen und internationalen Sozialdemokratie. Vom Marxismus zum Revisionismus und Bolschewismus, Tübingen 1970.

LERN- und Arbeitsbuch Geschichte der deutschen Arbeiterbewegung, 3 Bände, Bonn 1984.

LIMMER, Hans: Die deutsche Gewerkschaftsbewegung, München 1966[9].

LOESCH, Achim von: Die gemeinwirtschaftlichen Unternehmen der deutschen Gewerkschaften. Entstehung – Funktionen – Probleme, Köln 1979.

LORECK, Jochen: Wie man früher Sozialdemokrat wurde. Das Kommunikationsverhalten in der deutschen Arbeiterbewegung und die Konzeption der sozialistischen Parteipublizistik durch August Bebel, Bonn 1977.

MACHTAN, Lothar: Zur Streikbewegung der deutschen Arbeiter in den Gründerjahren (1871 – 1873), in: IWK 14 (1978), S. 419 – 442.

- ders.: Zum Innenleben deutscher Fabriken im 19. Jahrhundert, in: AfS 21 (1981), S. 179 – 236.

MAGES, Emma: Die Eisenbahn in der südlichen Oberpfalz, Diss. masch. Regensburg 1983.

MATTHEIER, Klaus: Die Gelben. Nationale Arbeiter zwischen Wirtschaftsfrieden und Streik, Düsseldorf 1973.

MATZ, Klaus-Jürgen: Pauperismus und Bevölkerung. Die gesetzlichen Ehebeschränkungen in den süddeutschen Staaten während des 19. Jahrhunderts, Stuttgart 1980.

MAYER, Ludwig: Regensburg und die Revolution 1848, in: VHVO 102 (1962), S. 21 – 99.

MAYER, Norbert: Die Presse Regensburgs und der Oberpfalz von 1806 bis zum Weltkrieg, in: VHVO 87 (1937), S. 3 – 130.

MEIER, Hans: Die erste deutsche Fahrradfabrik in Neumarkt, in: DO 70 (1982), S. 345 – 348.

MEIER, Michael: Zwei Stunden Fußmarsch zum Arbeitsplatz, in: Das Städte- Dreieck 17 (1979), Nr. 200, S. 2.

MEYER, Rudolf: Der Emancipationskampf des vierten Standes, Bd. 1, Berlin 1882.

MITCHELL, Allan: Revolution in Bayern 1918/19. Die Eisner-Regierung und die Räterepublik, München 1967.

MÜHLBAUER, Karl: Die Entstehung von Kleinkinderbewahranstalten und die Beschäftigung von Kindern in Fabriken als Folge des Aufbruchs in das Zeitalter der Industrie, in: Augsburg-Ausstellungskatalog, Bd. 2, S. 356 – 373.

MÜLLER, Gerhard: Das Wirken der Räte 1918/19 in den wichtigsten Industrieorten der Oberpfalz, Sozialwissenschaftliche Fakultät der LMU München, Diplomarbeit 1980.

MÜLLER-Aenis, Martin: Sozialdemokratie und Rätebewegung in der Provinz. Schwaben und Mittelfranken in der Bayerischen Revolution 1918 – 1919, München 1986.

NICHELMANN, Volker: Beiträge zur Darstellung der Entwicklung der eisenschaffenden Industrie in der Oberpfalz, in: VHVO 97 (1956), S. 13 – 162.

- ders: Zur Geschichte der eisenschaffenden Industrie in der Oberpfalz. Die Zeit von 1871 bis 1918, in: VHVO 105 (1965), S. 89 – 199.

- ders.: Die Eisenwerk-Gesellschaft Maximilianshütte im Spiegel der Amberger und Sulzbacher Presse von 1851 – 1920, in: VHVO 117 (1977), S. 105 – 175.

- ders.: Die industrielle und wirtschaftliche Entwicklung Ambergs im 19. und 20. Jahrhundert (1800 – 1945), in: Amberg-Ausstellungskatalog, S. 282 – 300.

- ders.: Der Amberger Erzberg und die Luitpoldhütte von 1800 bis 1945, in: VHVO 126 (1986), S. 99 – 343.

NIETHAMMER, Lutz: Wie wohnten Arbeiter im Kaiserreich?, in: AfS 16 (1976), S. 61 – 134.

- ders. und TRAPP, Werner (Hrsg.): Lebenserfahrung und kollektives Gedächtnis. Die Praxis der „Oral History", Frankfurt a.M. 1980.

OBERPFÄLZER Klöppelschulen (Band 3 der Schriftenreihe des Kreismuseums Walderbach, Landkreis Cham), Roding 1987, Katalog zur gleichnamigen Sonderausstellung.

OERTZEN, Peter von: Betriebräte in der Novemberrevolution. Eine politikwissenschaftliche Untersuchung über Ideengehalt und Struktur der betrieblichen und wirtschaftlichen Arbeiterräte in der deutschen Revolution 1918/19, Düsseldorf 1963.

OFFERMANN, Toni: Arbeiterbewegung und liberales Bürgertum in Deutschland 1850 – 1863, Bonn 1979.

PACH, Paul: Arbeitergesangvereine in der Provinz. „Vorwärts" Pirkensee und „Volkschor Maxhütte" (Regensburger Schriften zur Volkskunde, Band 3), Berlin/Vilseck 1987.

PLANK, Hermann: Nach 50 Jahren: Hauptlehrer Lorenz Plank, in: DO 53 (1965), S. 228 – 232.

PLÖSSL, Elisabeth: Weibliche Arbeit in Familie und Betrieb. Bayerische Arbeiterfrauen 1870 – 1914, München 1983.

POERSCHKE, Stephan: Die Entwicklung der Gewerbeaufsicht in Deutschland, Jena 1913.

POPP, Adelheid: Jugend einer Arbeiterin, ND Bonn 1983.

RASEL, Eduard: Die oberpfälzische Kaolinindustrie, Diss. Erlangen 1909.

REISER, Rudolf: Bayerische Gesellschaft. Die Geschichte eines Volkes vom 5. bis 20. Jahrhundert, München 1981.

RENNER, Hermann: Georg Heim, der Bauerndoktor, München, Bonn, Wien 1960.

REULECKE, Jürgen: Die Entstehung des Erholungsurlaubs für Arbeiter in Deutschland vor dem Ersten Weltkrieg, in: Dieter LANGEWIESCHE / Klaus SCHÖNHOVEN (Hrsg.), Arbeiter in Deutschland. Studien zur Lebensweise der Arbeiterschaft im Zeitalter der Industrialisierung, Paderborn 1981, S. 240 – 266.

- ders.: Vom blauen Montag zum Arbeiterurlaub. Vorgeschichte und Entstehung des Erholungsurlaubs für Arbeiter vor dem Ersten Weltkrieg, in: AfS 16 (1976), S. 205 – 248.

RINGSDORF, Otto Ulrich: Der Eisenbahnbau südlich Nürnbergs 1841 – 1849, Nürnberg 1978.

RITTER, Gerhard A.: Die Arbeiterbewegung im Wilhelminischen Reich, Berlin 1966.

- ders.: Staat, Arbeiterschaft und Arbeiterbewegung in Deutschland, Berlin/Bonn 1980.

- ders. und TENFELDE, Klaus: Der Durchbruch der Freien Gewerkschaften Deutschlands zur Massenbewegung im letzten Viertel des 19. Jahrhunderts, in: Vom Sozialistengesetz zur Mitbestimmung. Festschrift zum 100. Geburtstag Hans Böcklers, Düsseldorf 1975, S. 61 – 120.

SCHNEIDER, Michael: Gewerkschaften und Emanzipation. Methodologische Probleme der Gewerkschaftsgeschichtsschreibung über die Zeit bis 1917/18, in: AfS 17 (1977), S. 404 – 444.

- ders.: Aussperrung, Köln 1980.

- dies. (Hrsg.): Bibliographie zur Geschichte der deutschen Arbeiterschaft und Arbeiterbewegung 1863 bis 1914, AfS, Beiheft 8, Bonn 1981.

ROBERTS, James S.: Der Alkoholismus deutscher Arbeiter im 19. Jahrhundert, in: GUG 6 (1980), S. 220 – 242.

ROSSMEISSL, Dieter: Arbeiterschaft und Sozialdemokratie in Nürnberg 1890 – 1914, Nürnberg 1977.

RUBNER, Heinrich: Die Anfänge der großen Industrie in der Oberpfalz, in: VHVO 111 (1971), S. 183 – 195.

RÜCKEL, Gert: Die Fränkische Tagespost. Geschichte einer Parteizeitung, Nürnberg 1964.

RÜCKERT, Joachim / FRIEDRICH, Wolfgang: Betriebliche Arbeiterausschüsse in Deutschland, Großbritannien und Frankreich im späten 19. und frühen 20. Jahrhundert. Eine vergleichende Studie zur Entwicklung des kollektiven Arbeitsrechts, Frankfurt a.M. etc. 1979.

RUPIEPER, Hermann-Josef: Arbeiter und Angestellte im Zeitalter der Industrialisierung, Frankfurt a.M. 1982.

RUPPERT, Wolfgang: Lebensgeschichten, Opladen 1980.
-ders. (Hrsg.): Die Arbeiter, München 1986.

RÜRUP, Reinhard: Probleme der Revolution in Deutschland 1918/19, Wiesbaden 1968.

SAUL, Klaus: Der Staat und die „Mächte des Umsturzes", in: AfS 12 (1972), S. 293 – 350.

-ders.: Der Kampf um das Landproletariat 1890 – 1903, in: AfS 15 (1975), S. 163 – 208.

SCHADE, Franz: Kurt Eisner und die bayerische Sozialdemokratie, Hannover 1961.

SCHIEDER, Wolfgang: Die Rolle der deutschen Arbeiter in der Revolution von 1848/49, in: Dieter LANGEWIESCHE (Hrsg.), Die deutsche Revolution von 1848/49, Darmstadt 1983, S. 322 – 340.

SCHMIERER, Wolfgang: Von der Arbeiterbildung zur Arbeiterpolitik. Die Anfänge der Arbeiterbewegung in Württemberg 1862/63 – 1878, Bonn 1970.

SCHNEIDER/KUDA: Arbeiterräte in der Novemberrevolution. Ideen, Wirkungen, Dokumente, Frankfurt/M. 1968.

- ders.: Streit um Arbeitszeit. Geschichte des Kampfes um Arbeitszeitverkürzung in Deutschland, Köln 1984.

SCHNORBUS, Axel: Die ländlichen Unterschichten in der bayerischen Gesellschaft am Ausgang des 19. Jahrhunderts, in: ZBLG 30 (1967), S. 824 – 852.

- ders.: Arbeit und Sozialordnung in Bayern vor dem Ersten Weltkrieg 1890 – 1914, München 1969.

- ders.: Wirtschaft und Gesellschaft in Bayern vor dem Ersten Weltkrieg (1890 – 1914), in: Karl BOSL (Hrsg.), Bayern im Umbruch, München 1969, S. 97 - 164.

SCHÖNHOVEN, Klaus: Expansion und Konzentration, Stuttgart 1980.

- ders.: Selbsthilfe als Form von Solidarität. Das gewerkschaftliche Unterstützungswesen im Deutschen Kaiserreich bis 1914, in: AfS 20 (1980), S. 147 – 193.

SCHOENLANK, Bruno: Die Lage der arbeitenden Klasse in Bayern. Eine volkswirtschaftliche Skizze, Nürnberg 1887 (ND Olching 1979).

SCHÖNWERTH, Franz Xaver von: Aus der Oberpfalz. Sitten und Sagen, 3 Bände, ND Hildesheim 1977.

SCHRÖDER, Wilhelm Heinz: Arbeitergeschichte und Arbeiterbewegung. Industriearbeit und Organisationsverhalten im 19. und frühen 20. Jahrhundert, Frankfurt a. M. 1978.

- ders.: Die Entwicklung der Arbeitszeit im sekundären Sektor, in: Technikgeschichte 47 (1980), S. 252 – 302.

SCHULZ, Günther: Integrationsprobleme der Arbeiterschaft in der Metall-, Papier- und chemischen Industrie der Rheinprovinz 1850 – 1914, in: Hans POHL (Hrsg.), Forschungen zur Lage der Arbeiter im Industrialisierungsprozeß, Stuttgart 1978, S. 70 ff.

- ders.: Fabriksparkassen für Arbeiter – Konzeption und Inanspruchnahme einer betrieblichen Institution, in: Zeitschrift für Unternehmensgeschichte 25 (1980), S. 145 – 178.

SCHWARZ, Gerard: „Nahrungsstand" und „erzwungener Gesellenstand". Mentalité und Strukturwandel des bayerischen Handwerks im Industrialisierungsprozeß um 1860, Berlin 1974.

SCHWARZ, Klaus-Dieter: Weltkrieg und Revolution in Nürnberg. Ein Beitrag zur Geschichte der deutschen Arbeiterbewegung, Stuttgart 1971.

SEIDEL, Anneliese: Frauenarbeit im Ersten Weltkrieg als Problem der staatlichen Sozialpolitik. Dargestellt am Beispiel Bayerns, Frankfurt a.M. 1979.

SEITZ, Jutta: Betriebliches Kassenwesen – Zur sozialen Fürsorge der Augsburger Fabrikarbeiter im 19. Jahrhundert, in: Augsburg- Ausstellungskatalog, Bd. 2, S. 445 – 449.

SICHLER, Franz jun.: Arbeitersportbewegung. Aus der Geschichte des Arbeiter- Radfahrer-Bundes „Solidarität", Ortsgruppe Schwandorf, in: Bilderlesebuch zur Geschichte der ostbayerischen Arbeiterbewegung, S. 101 – 109.

Das SOZIALISTENGESETZ 1878 – 1890. Illustrierte Geschichte des Kampfes der Arbeiterklasse gegen das Ausnahmegesetz, Berlin (O) 1980.

SPREE, Reinhard: Soziale Ungleichheit vor Krankheit und Tod. Zur Sozialgeschichte des Gesundheitsbereichs im Deutschen Kaiserreich, Göttingen 1981.

STARK, Franz: Verkehrskreuz Oberpfalz, Weiden 1978.

STEGLICH, Walter: Eine Streiktabelle für Deutschland 1864 bis 1880, in: JW 1960, S. 235 – 283.

STEINBACH, Peter: Die Berichte der lippischen Wanderprediger in Wilhelminischer Zeit, in: Lippische Mitteilungen 47 (1978), S. 151 – 207.

STEINER, Evi: Geschichte der Stadt Sulzbach in der Oberpfalz in der zweiten Hälfte des 19. Jahrhunderts, Zulassungsarbeit an der Universität Regensburg (o.J.).

STELZLE, Walter: Die wirtschaftlichen und sozialen Verhältnisse der bayerischen Oberpfalz um die Wende vom 19. zum 20. Jahrhundert, in: ZBLG 39 (1976), S. 487 – 540.

- ders.: Magister-Arbeit unter gleichem Titel, München 1975.

- ders.: „. . . dass die Bonzen auch nichts haben". Bauernelend und Bauernrebellion in der Oberpfalz, in: Unbekanntes Bayern 13 (1980), S. 99 – 110.

STRASSER, Willi: Die „Ostbahn" im Bild der Oberpfälzer Landschaft, in: DO 59 (1971), S. 111 – 117.

STURM, Heribert: Die Gebietsgliederung im Regierungsbezirk Oberpfalz seit Beginn des 19. Jahrhunderts, in: OH 14 (1969), S. 23 – 44.

TENFELDE, Klaus: Sozialgeschichte der Bergarbeiterschaft an der Ruhr im 19. Jahrhundert, Bonn 1977.

- ders.: Arbeiterhaushalt und Arbeiterbewegung 1850 – 1914, in: SOWI 6 (1977), S. 160 – 187.

- ders.: Wege zur Sozialgeschichte der Arbeiterschaft und Arbeiterbewegung. Regional- und lokalgeschichtliche Forschungen (1945 – 1975) zur deutschen Arbeiterbewegung bis 1914, in: GUG, Sonderheft 4: Die moderne deutsche Geschichte in der internationalen Forschung 1945 – 1975, Göttingen 1978, S. 197 – 255.

- ders. und VOLKMANN, Heinrich: Streik. Zur Geschichte des Arbeitskampfes in Deutschland während der Industrialisierung, München 1981.

- ders./ SCHÖNHOVEN/SCHNEIDER/PEUKERT: Geschichte der deutschen Gewerkschaften. Von den Anfängen bis 1945 (hrsg. v. Ulrich Borsdorf), Köln 1987.

TENNSTEDT, Florian: Geschichte der Selbstverwaltung in der Krankenversicherung von der Mitte des 19. Jahrhunderts bis zur Gründung der Bundesrepublik Deutschland, Kassel 1977.

THAMER, Hans-Ulrich: Von der Zunft zur Arbeiterbewegung, in: Ausburg- Ausstellungskatalog, Bd. 2, S. 469 – 478.

THEISS, Germanus: Lebenserinnerungen des Glasmachers Germanus Theiss, Stuttgart 1978 (hrsg. u. erg. v. Konrad Theiss).

VELHORN, Josef: Die Entwicklung der Porzellanindustrie in der Nordoberpfalz, Diss. Erlangen 1925.

WALLER, Karl: Die Sterblichkeit der Stadt Amberg (Obpf.) in den Jahren 1700 - 1914, Diss. München 1939.

WALTER HÖLLERERS oberpfälzische Weltei-Erkundungen (hrsg. v. Werner Gotzmann), Weiden 1987.

WEHLER, Hans-Ulrich: Das Deutsche Kaiserreich 1871 – 1918, Göttingen 1975.

WEINBERG, Magnus: Geschichte der Juden in der Oberpfalz, Bd. V: Herzogtum Sulzbach (Sulzbach und Floss), München 1927.

WEISSE Kassette: 100 Jahre Bauscher (Festschrift), Weiden 1981.

WERNER, Karl-Gustav: Organisation und Politik der Gewerkschaften und Arbeitgeberverbände in der deutschen Bauwirtschaft, Berlin 1968.

WIESEMANN, Falk: Kurt Eisner. Studie zu einer politischen Biographie, in: Bayern im Umbruch, München 1969, hrsg. v. Karl BOSL, S. 387 – 426.

WILD, Albert: Ueber Volks-Sitten und Volks-Aberglauben in der Oberpfalz, München 1862.

WITTMANN, Ingeborg: Die Gewerkschaftsbewegung in Bayern vom Ende des Sozialistengesetzes bis zum I. Weltkrieg, Zulassungsarbeit an der LMU München (o.J.).

WORMER, Eberhard: Das Leben der Oberpfälzer in Gesundheit und Krankheit an der Schwelle zum Industriezeitalter. Nach den Physikatsberichten der Bezirksärzte aus den Jahren 1858 bis 1861, Med. Diss. München 1986.

ZABEL, Ulf J.: Gewerbeaufsicht in Bayern und in Augsburg in der ersten Hälfte des 19. Jahrhunderts, in: Augsburg-Ausstellungskatalog, Bd. 2, S. 37 - 42.

ZORN, Eberhard: Bergbau in Bayern 1850 – 1980, in: Nürnberg- Ausstellungskatalog, S. 167 – 175.

ZORN, Wolfgang: Kleine Wirtschafts- und Sozialgeschichte Bayerns 1806 – 1933, München 1962.

- ders.: Einführung in die Wirtschafts- und Sozialgeschichte, München 1974.

- ders.: Bayerns Gewerbe, Handel und Verkehr (1806 – 1970),in: Max SPINDLER (Hrsg.), Handbuch der bayerischen Geschichte, Bd. 4/2, München 1975, S. 781 – 845.

- ders.: Medizinische Volkskunde als sozialgeschichtliche Quelle. Die Bayerische Bezirksärzte-Landesbeschreibung von 1860/62, in: VSWG 69 (1982), S. 219 – 231.

ZÜCKERT, Gerhard: Weiden, Weiden 1981.

ZWAHR, Hartmut: Zur Konstituierung des Proletariats als Klasse. Strukturuntersuchung über das Leipziger Proletariat während der industriellen Revolution, Berlin (0) 1978.

Bildnachweis

Für die Genehmigung zur Veröffentlichung der Fotos dankt der Verfasser folgenden Leihgebern/Stellen:

– Lothar Kraus, Weiherhammer: Titelfoto, Abb. 21
– Maxhütte Sulzbach-Rosenberg, Bildarchiv: Abb. 1
– Verkehrsmuseum Nürnberg, Verkehrsarchiv: Abb. 2a – c, 15, 16
– Bergbau- und Industriemuseum Ostbayern, Theuern: Abb. 3, 20
– Stadtarchiv Amberg: Abb. 4, 5, 9, 17 – 19, 22
– Kreismuseum Walderbach : Abb. 6
– Stadtarchiv Regensburg : Abb. 7, 8, 32 – 45
– Stadtmuseum Amberg: Abb. 10 – 12
– Stadtarchiv Weiden: Abb. 13, 14, 23, 24, 27 – 29
– Rudolf Glötzl, Burglengenfeld: Abb. 25, 26
– SPD-Ortsverein Tirschenreuth, Fotosammlung: Abb. 30, 31

ORTSVERZEICHNIS

Aachen 117
Achtel 315 f.
Allersberg 204, 252, 347
Altenessen 166
Altenhammer 349
Altenricht 344
Altenstadt 345
Altershausen 235
Altmannstein 281
Amberg 11 f., 16 f., 19, 22, 24–26, 28, 31 f., 34, 39–43, 49, 51, 53–60, 62, 64, 66, 68–70, 75, 77–82, 84, 88–92, 96–99, 101, 103, 105–108, 110, 112 f., 116 f., 120, 123–129, 131–136, 141, 143 f., 147, 149, 156, 158, 161–167, 170–173, 193–195, 198, 204–206, 208, 210 f., 214, 216, 219, 223, 227 f., 232–237, 239, 245–247, 249, 251, 254–256, 259, 268–271, 273–280, 282, 293, 316, 327–330, 332–337, 339–343
Annahütte 178, 344
Ansbach 303
Asang 314
Auerbach 49, 166, 169–171, 173 f., 226, 240, 245, 259, 268 f., 271, 290, 335
Augsburg 25, 36, 43, 64, 144, 230 f., 235
Bach 347
Bärnau 46, 320–322
Bamberg 227
Bartlmühle 353
Bayern 13, 17, 25, 31 f., 34–36, 39 f., 43 f., 48, 52 f., 55, 61, 63, 73, 77, 85 f., 89, 91 f., 97, 101 f., 105, 113, 115, 117, 122, 128, 141–145, 152 f., 157, 159, 166, 175, 179, 193, 205, 214, 225, 230–232, 240, 243, 246, 248, 254, 295, 308, 332 f., 336, 339–341
Bayreuth 13, 25, 73, 96, 103, 122, 136, 163, 168, 174, 199, 255, 272, 290, 305, 322, 324
Beilngries 14, 32, 54, 56 f., 202, 235, 245, 281
Beratzhausen 100
Berching 188, 252, 281
Bergedorf 177
Bergham 351
Berlin 13, 48, 155, 158 f., 201, 216, 218, 220–223, 242–244, 277, 290, 308
Blauberg 15, 80, 192, 201 f., 252
Blechhammer 79
Bochum 168, 174
Bodenwöhr 17, 79 f., 97, 161, 163 f., 166, 297 f., 300, 314, 335, 348
Böhmen 29, 44, 175 f., 178, 200, 324, 336
Böhmischbruck 183, 185, 352
Bremen 159
Brixenstadt 272
Bruck 247, 297, 314

Buchbach 256
Burggrub 220 f., 346
Burglengenfeld 12, 16, 19, 26, 31 f., 112, 120–122, 133 f., 141, 153, 163 f., 167 f., 235, 245, 258 f., 268–271, 273, 282–287, 327, 344
Burgschleif 190
Burgtreswitz 245, 325, 352
Carolinenhütte 186, 284, 344
Cham 12, 16, 25, 28, 32, 54, 133 f., 144, 178, 245, 252, 273, 288, 289, 297, 299
Charlottenburg 172, 220
Charlottental 178, 348
Chemnitz 234 f., 323, 340
Cleve 151
Danzerschleife 353
Dautersdorf 347
Deining 149
Deuerling 295, 345
Deutsches Reich 17, 25, 27, 31 f., 43, 51 f., 73, 83 f., 95 f., 102, 121, 153, 175, 193 f., 208, 231, 242 f., 244, 246, 329, 336 f.
Deutschland 17, 52, 83–85, 92, 132, 135, 156, 158, 177, 184, 225, 228, 242, 244, 257, 274, 285
Diendorf 346
Dietersberg 347
Dietersdorf 347
Dieterskirchen 176–178, 299, 336, 347
Dietldorf 112
Donaustauf 97
Drahthammer 344, 346
Dresden 183
Ebnath 186
Edelsfeld 251, 255, 276, 317 f.
Eger 178
Eichhofen 183, 252, 295
Eichlhofen 345
Eisenach 229 f., 339
Eismannsberg 295
Endorf 345
Engelsdorf 343
Ensdorf 280
Erbendorf 56, 66, 91, 135, 143, 180, 291, 305, 330, 345
Erfurt 48, 192, 204, 211, 242
Erlangen 25
Erzhäusl 343
Eschenbach 12, 16, 26 f., 31 f., 54 f., 70, 194, 200, 236, 269, 276, 290, 317, 336, 344 f.
Eschenfelden 317
Eslarn 245, 325 f.
Essen 170, 172
Etterzhausen 149
Ettmannsdorf 113, 344

Etzelwang 21, 280, 316 f.
Etzenricht 302, 309, 350
Falkenberg 321
Fichtelberg 199 f.
Finkenhammer 176, 353
Fischbach 252, 273, 298, 351
Floß 107, 113, 135 f., 138, 142, 146, 181, 185, 192, 194–196, 202 f., 210, 222, 227 f., 253, 273, 304–311, 324, 326, 338, 349
Flossenbürg 68, 91, 192, 194–196, 203, 253, 306–309, 330, 333, 336
Forsthof 171 f.
Franken 12, 230, 244 f., 248, 268, 282, 288, 314, 341
Frankenreuth 178, 190, 353
Frankenschleife 354
Frankenthal 297
Frankfurt a.M. 77, 199, 236
Frankfurt a.d.O. 223
Frankreich 85
Freihung 279 f.
Friedenfels 143, 195, 253, 291 f., 309, 345
Fronberg 344
Fuchsberg 347
Fuchsmühl 121, 247 f., 272, 315, 319 f., 341
Fürnried 316
Fürth 15, 110, 170, 175–178, 180 f., 184, 186–189, 209, 234 f., 240, 277, 305, 323, 336, 340
Furth i.W. 151, 177 f., 185, 245, 252, 288 f., 297, 334
Gärmersdorf 343 f.,
Gaisthal 347
Gebhardsreuth 353
Gent 77
Gotha 230, 233
Grafenwöhr 194–196, 198–200, 203, 336
Gröbenstädt 353
Grötschenreuth 345 f.
Groschlattengrün 86, 253, 309, 322
Großalbershof 172
Großberg 250, 273
Großbritannien 85
Grub 349
Grünthal 348
Häbermühle 349
Hagenmühle 352
Hahnbach 276, 280
Haidhof 27, 85, 88 f., 92, 97 f., 117, 119–123, 129, 164, 167–171, 173, 206–208, 335, 337, 351
Halle 192, 211, 244
Hamburg 48, 177, 192, 231, 233, 242
Hammergmünd 344

Hammerschleife 347, 354
Hammerthal 348
Hammertrevesen 346
Hannover 159
Haselmühl 39, 173, 280
Hausham 168, 170, 172 f.
Heidelberg 120, 282
Hellziechen 343
Hemau 15 f., 26, 56, 113, 345
Hermannsried 349
Hillstett 299, 348
Hilpoltstein 14
Hiltersdorf 343 f.
Hirschau 64, 66, 97, 212, 214, 216, 219–222, 343
Hirschbach 316, 318
Hirschling 351
Högen 251, 255, 276, 317
Hoell 354
Höllmühle 348
Hof 16, 25, 129, 304
Hohenburg 227
Hohenfels 313
Hohenstein 315, 317
Hohenthal 177, 347
Hohenthan 352
Hopfau 346
Hütten 349
Ibenthann 122
Iffelsdorf 346
Ilmenau 191
Jedesbach 347
Kallmünz 113, 186, 268
Kaltenthal 186, 347
Kastl 227, 280
Katharinental 347
Katzberg 122, 201
Katzdorf 122, 285 f.
Katzheim 122
Kaufbeuren 25
Keilberg 197, 273
Kelheim 137
Kemnath 16, 26, 31 f., 55, 70, 81, 100, 132–134, 143, 180, 195, 226, 291 f., 345 f.
Kemnitzerschleife 353
Klarahütte 178, 190
Klardorf 168, 173
Kleinfalz 228
Köln 186, 192, 199, 307
Königshütte 17
Königstein 228
Kohlberg 212
Kothmaißling 201 f., 288
Kröblitz 176 f., 189, 245, 297–300, 336, 348
Kronach 305
Krumbach 343 f.
Krummenaab 143, 217, 219–221, 223, 253, 291
Laaber 149, 200
Landshut 273
Langenbruck 343
Lauterhofen 295
Lehen 288
Lehenhammer 197, 204

Leidersdorf 17
Leipzig 83, 156, 159, 223, 229, 299, 339
Lengenfeld 116
Lenkenhütte 354
Lenkenthal 348
Leonberg 89, 120, 122, 132, 168, 206, 250, 255, 273, 283–287
Leuchtenberg 237, 326
Liebenstein 352
Lohma 353
Loisnitz 178, 344
Ludwigshafen 248
Ludwigstadt 256
Lutzmannstein 235
Magdeburg 220, 259
Mainz 155
Malstatt-Burbach 171
Mantel 146, 310 f.,
Marktredwitz 13, 135 f., 138, 146, 188, 191, 217, 223, 333
Mehlmeisl 346
Meßnerskreith 122, 255, 273
Michelfeld 290
Michelsthal 354
Mittelfranken 14, 22, 44, 55, 145, 169, 193, 227, 256, 342
Mitteraschau 348
Mittermurntal 348
Mitterteich 29, 86, 88, 108, 110 f., 135 f., 141, 146, 181–183, 185, 188, 191, 194, 196, 216, 219 f., 222 f., 247, 249, 253, 255 f., 259, 269, 273, 305, 308 f., 311, 319, 320–324, 333, 338, 352
Moosbach 138, 183, 185–187
Moosbürg 181 f.
Muckenthal 348
Mühlau 314
Mühlenthal 351
Münchberg 199
München 32, 43, 65, 73, 75, 83, 99 f., 103, 110, 120, 122, 141, 151, 157, 159 f., 162, 166 f., 180, 186 f., 194, 196–198, 201, 203, 210, 230, 239, 243, 248, 254, 259, 269–271, 297, 303, 306, 321, 342 342
Münchshofen 122, 250, 273, 286
Murntal 177 f., 189, 298 f., 336
Nabburg 16, 26, 31 f., 54, 58, 180, 187, 192, 201, 239, 276, 293 f., 317, 346 f.
Nasnitz 290
Neubäu 195 f.
Neuenhammer 352
Neuenschwand 348
Neuhaus 142, 279
Neukirchen 240, 326
Neumarkt 14, 16, 26, 30–32, 54, 56–58, 70, 77, 81, 84, 88, 96, 101, 110, 133 f., 144, 149, 158, 204 f., 208–211, 240, 246, 248 f., 251, 255 f., 259, 284, 295 f., 313, 347
Neunburg v. W. 16, 26, 31 f., 77, 101, 133 f., 146, 176–178, 183, 185, 245 f., 249, 252, 256, 259, 272 f., 288, 297 f., 300, 314, 327, 336, 342, 347–349

Neusorg 81, 143, 192, 194–196, 202
Neustadt a. K. 290
Neustadt a.d. WN 12 f., 16, 26 f., 29, 31 f., 55, 70, 75, 79, 103, 133, 146, 178, 180, 182 f., 185, 187 f., 194 f., 228, 246, 248, 253, 256, 259, 273, 301–312, 320, 322, 326, 336, 341 f., 350
Neuunterlind 346
New York 236
Niederbayerdorf 65
Niederbayern 32, 35 f., 40, 44, 54–56, 96, 102, 121, 141, 231, 240, 243, 245 f., 248, 254, 339–342
Niederland 353
Nittenau 314
Nößwarthing 28
Nordbayern 12, 103, 107, 110, 112, 158, 203, 210 f., 243, 245, 248–256, 269, 272 f., 297, 307, 341 f. 342
Nordoberpfalz 29, 93 f., 135 f., 138, 214, 226, 254, 330, 333, 338
Nürnberg 15, 19, 22, 25, 32, 43, 52, 59 f., 73, 75, 78, 89, 100, 103, 107, 110, 113, 116, 120–122, 128 f., 132, 135 f., 140, 142, 146, 157, 159 f., 170–172, 178 f., 186, 193, 197–200, 202–205, 209–211, 215–221, 227–231, 233–235, 243, 247–249, 256, 259, 268 f., 272, 274–277, 279–285, 287–293, 295, 297 f., 302–305, 308, 311–314, 316, 319–321, 324 f., 339–341
Nunzenried 348
Oberaschau 348
Oberbayern 54 f., 243, 245 f.
Obereinbuch 345
Oberfranken 13, 35, 40, 44, 54 f., 135 f., 138, 217 f., 255, 272, 333, 342
Obermurntal 180, 190, 245, 299, 348
Oberrosenthal 347
Obertraubling 273
Oberviechtach 15, 31, 101, 133 f.
Oberwildenau 307
Oed 204, 251, 351
Oedhütte 354
Ostbayern 17
Pappenberg 344
Parkstein 301
Parsberg 12, 32, 54, 149 f., 247, 313
Paulsdorf 293, 315
Pechbrunn 116
Pegnitz 307
Penzberg 170
Perlthal 348
Pfaffenreuth 352
Pfalz 22, 35 f., 145, 341
Pfreimd 180 f., 185–188, 245, 293 f., 346
Pilsach 113
Pingermühle 353
Pirk 146
Pirkensee 89, 139, 250, 255, 273, 285 f.
Pirkhof 348
Pirkmühle 188
Pischldorf 146
Plankenhammer 19, 90, 217–219, 222 f., 349

Pleystein 138, 176, 180, 183, 185 f., 245, 303, 325 f., 353
Plößberg 179
Premberg 122
Pressath 143, 290
Preußen 229, 232, 240
Pullenried 348
Ramspau 128, 290
Ranna 142
Redwitz 178
Regensburg 11–14, 16, 19, 22, 24–26, 28, 30–32, 37, 40, 43, 51 f., 54–58, 61–69, 73, 75, 77, 79–84, 86, 88 f., 91–97, 101–114, 116, 119–123, 130–136, 138–140, 142–145, 149, 151, 153–160, 168, 174, 180, 186, 192–197, 203 f., 207–209, 211, 213–216, 219 f., 223, 226 f., 229–232, 235, 237, 239–241, 244–246, 248–250, 254–257, 259–269, 271–273, 275, 278 f., 281, 283–287, 294, 297–300, 326–338, 340–342, 350 f.
Regenstauf 250, 273, 351
Reinhausen 146, 196 f., 231, 235, 245, 248, 250, 339
Reuth b. E. 291
Rheinpfalz 205, 245
Rialasreuth 346
Rieden 279 f.
Riedenburg 15, 100, 105, 226
Roding 16, 26 f., 32, 54, 56, 62, 146, 239, 314, 351
Röthenbach 178, 349
Rötz 77, 288, 297
Roggenstein 353
Rohrbach 344
Rosenberg 57, 85, 88 f., 97, 107, 117, 119–121, 166, 168, 170, 172 f., 205, 210, 317, 351
Rosenheim 230
Roth 204
Rothenbruck 251, 255, 276
Rothenstadt 112, 187, 290
Rudolstadt 216
Ruhrgebiet 90, 93, 164
Saarbrücken 307
Sachsen 29, 183, 240
Saltendorf 122
Schafbruck 352
Scheyen 142
Schirmitz 309
Schlammering 201
Schlesien 188
Schlicht 280
Schmidmühlen 113, 282, 286
Schnaittenbach 222, 256, 343
Schönau 44, 348
Schönhofen 180, 345
Schönsee 44, 175, 177 f., 336, 348

Schwabach 110, 204, 311, 326
Schwaben 35, 40, 44, 54, 141, 145, 240, 245, 340
Schwandorf 19, 23, 103, 107, 110, 132, 140, 143 f., 146, 168, 176, 181, 210, 236, 250, 254, 259, 268, 271, 273, 282 f., 285–287, 298, 344
Schwarzach 44, 226, 348
Schwarzenbach 321
Schwarzenberg 351
Schwarzenfeld 73, 180, 186, 276, 293, 347
Schweinfurt 25
Schweiz 160, 239 f.
Seebarn 348
Siebeneichen 228
Sinzing 273
Sperlhammer 181, 350
Speyer 73
Stadlern 44, 348
Stadtamhof 16, 26, 32, 54 f., 62, 65, 75, 90 f., 96, 106, 146, 155, 196 f., 226 f., 230 f., 237, 240, 272, 330, 351
Stefling 351
Steinfels 349
Steinmühle 178
Störnstein 349
Straubing 132
Strehberg 353
Süßlohe 325
Sulzbach 16, 18, 20, 32, 54, 57, 65, 77, 106, 121, 142, 146, 155 f., 161, 164, 166, 169–174, 194, 198, 204, 210, 226, 228, 235 f., 240, 245, 251, 259, 268–270, 276, 315–318, 335, 338, 351
Tachau 324
Teublitz 121 f., 255, 273, 286 f.
Teunz 176
Thanhausen 352
Theuern 16
Thumsenreuth 305
Tiefenbach 35, 44 f., 47, 77, 245, 354
Tirschenreuth 11 f., 16, 26, 32, 46, 55 f., 66, 70, 75 f., 81, 91 f., 97 f., 101, 110, 111, 113, 132 f., 135 f., 138, 146, 178, 181, 185, 194–196, 204, 213, 215–220, 222 f., 227, 245, 253, 255 f., 269 f., 303, 305 f., 308 f., 319–324, 330 f., 333, 352
Trabitz 178
Traidendorf 180, 187, 344
Trausnitz 347
Trautenberg 346
Triebendorf 116
Troschelhammer 345
Troschenreuth 345
Trutzhof 353
Ullersricht 181, 349
Undorf 295
Unterfranken 35, 40

Unterhütte 354
Unterlind 346
Untermurntal 245, 348
Unterrosenthal 347
Untersteinach 346
Velburg 15, 16, 25, 100, 235, 313
Vilseck 163 f., 276, 279 f.
Vilshofen 279 f.
Vöslesrieth 247 f.
Vohenstrauß 16, 26, 28, 32, 35, 46, 54, 62, 70, 96, 116, 133–135, 146, 176, 178, 180, 219, 222 f., 245, 247, 253, 272 f., 305 f., 308 f., 325 f., 352 f.
Voithenbergöd 86, 354
Wackersdorf 16, 52, 164, 166, 168–170, 173, 268
Waidhaus 245, 325
Waldershof 218 f., 223, 321
Waldmünchen 16, 26 f., 31 f., 54, 56, 58, 77, 86, 176, 184, 288, 329, 354
Waldsassen 28, 36, 88, 108, 110 f., 143, 175, 178 f., 181, 185, 194, 196, 200, 216 f., 219, 222 f., 253, 305 f., 319–321, 323 f., 338, 352
Warnthal 348
Weichs 248
Weiden 14, 22, 28 f., 70, 75, 77, 83, 86, 88, 99, 105, 107 f., 110–113, 133, 135–139, 141, 143 f., 146, 175 f., 178, 180–183, 186–188, 190, 193–198, 213 f., 216, 218 f., 221–223, 245, 247 f., 253–256, 258 f., 269 f., 272 f., 293, 298, 301–312, 316, 319–321, 326, 333 f., 336, 338, 341, 350
Weiding 348
Weidlitz 349
Weidlwang 290
Weigendorf 228, 317
Weiherhammer 17, 161, 163, 166 f., 335
Weißwasser 188
Wernberg 169, 198, 293, 300
Wiesau 217, 219, 223, 273, 305 f., 320, 323 f.
Wiesing 351
Wiesmühle 346
Wilchenreuth 310
Wildstein 349
Wilhelmsthal 347
Willmhofen 313
Windischeschenbach 29, 178, 180, 185, 187 f., 190, 198, 302, 304 f., 308–312
Winklarn 180, 190, 245
Woppental 316
Würzburg 248, 272, 277, 305, 310, 320, 341
Wunsiedel 108, 110, 146, 221, 248
Wutzschleif 180
Zangenstein 177, 349
Ziegelhütte 26
Zürich 239